Tomas Poledna / Brigitte Berger
Öffentliches Gesundheitsrecht

Stämpflis juristische Lehrbücher

Tomas Poledna
Prof. Dr. iur., Titularprofessor Universität Zürich,
Rechtsanwalt

Brigitte Berger
lic. iur.

Öffentliches Gesundheitsrecht

Stämpfli Verlag AG Bern · 2002

Bibliografische Information Der Deutschen Bibliothek
Die Deutsche Bibliothek verzeichnet diese Publikation in der
Deutschen Nationalbibliografie; detaillierte bibliografische Daten
sind im Internet über <http://dnb.ddb.de> abrufbar.

Alle Rechte vorbehalten, insbesondere das Recht der Veröffentlichung, der Verbreitung und der Übersetzung. Das Werk oder Teile davon dürfen ohne schriftliche Genehmigung des Verlags weder in irgendeiner Form reproduziert (z. B. fotokopiert) noch elektronisch gespeichert, verarbeitet, vervielfältigt oder verbreitet werden.

© Stämpfli Verlag AG Bern · 2002

Gesamtherstellung: Stämpfli AG,
Grafisches Unternehmen, Bern
Printed in Switzerland

ISBN 3-7272-0942-9

Vorwort

Das öffentliche Gesundheitsrecht ist – zumindest für schweizerische Verhältnisse – eine eher neue, sich in rascher Entwicklung befindende Rechtsmaterie. Das Gesundheitsrecht bildet keinen scharf abgeschlossenen Rechtskreis, sondern erfasst zahlreiche Rechtsgebiete unterschiedlichster Art. Das öffentliche Gesundheitsrecht stellt einen komplexen Querschnitt des Staatsrechts, des Verwaltungsrechts, des Sozialversicherungsrechts, des Heilmittelrechts, des Datenschutzrechts, des Strafrechts und von Teilgebieten des Privatrechts dar. Es beruht auf internationalem Recht, Bundesrecht und kantonalem Recht. Die Entwicklung zu einem sich als eigenständige Rechtsmaterie etablierenden Gesundheitsrecht wurde massgeblich durch das Inkrafttreten des Krankenversicherungsgesetzes begünstigt und hat mit dem neuen Heilmittelgesetz eine zweite wichtige Stütze erhalten. Diese schliessen sich an die bisherigen traditionellen Bereiche des Gesundheitsrechtes, die kantonalen Regelungen der Berufsausübung und der Gesundheitsversorgung sowie die Arzt- und Spitalhaftung an.

Die gesetzgeberischen Neuerungen auf der einen Seite, der immens steigende Kostendruck auf der anderen Seite rückten das staatliche Gesundheitswesen und damit auch das öffentliche Gesundheitsrecht in den letzten Jahren zunehmend in den Mittelpunkt der politischen Interessen. Damit ging auch der Bedarf nach einer breiten, dogmatisch fundierten, gleichzeitig praktisch orientierten und anschaulichen Information einher. Gesundheitsrecht wird zunehmend an den schweizerischen Universitäten gelehrt und bildet auch einen Bestandteil von universitären Nachdiplomstudien (Master-of-Public-Health-Kurse). Daneben ist auch die im Gesundheitsrecht einen hohen Weiterbildungsbedarf aufweisende Praxis auf ein Grundlagenwerk angewiesen. Juristinnen und Juristen, aber auch weitere Berater und Medizinalpersonen, die beim Bund und den Kantonen, Versicherern, Leistungserbringern und Patientenorganisationen tätig sind, benötigen für den Einstieg und die Weiterführung ein breit abgestütztes Lehrbuch. Das vorliegende Werk will diese Lücke füllen. Es kann jedoch nicht den Anspruch auf Vollständigkeit erheben. Aus Platz- und Zeitgründen wird auf das Verfahrensrecht oder international-rechtliche Abkommen nur am Rand eingegangen. Nicht besonders behandelt wird auch die Privatisierung von Spitälern, zu der genügend Spezialliteratur besteht.

Das Buch wäre ohne die Mithilfe verschiedener Personen nicht entstanden. Am Skript zum Öffentlichen Gesundheitsrecht für die Vorlesung im Wintersemester 2000/2001 an der Universität Zürich mitgearbeitet hat lic. iur. SUSANNE NÜESCH. Dieses Skript diente als Konzept für das vorliegende Buch. Korrekturarbeiten geleistet haben lic. iur. CHRISTIAN GERSBACH und lic. iur. GIAN MARTIN. Zahlreiche Hinweise haben wir von verschiedenen Seiten aus kantonalen Gesundheitsdirektionen, Krankenversicherungen und Rechtsdiensten von Spitälern erhalten. Allen Personen, die uns bei der Entstehung dieses Buches geholfen und unterstützt haben, gilt unser Dank. Besonders danken möchten wir dem Stämpfli Verlag, Bern, der unser Werk mit Aufgeschlossenheit und grossem Wohlwollen unterstützt und es in seine Reihe der Juristischen Lehrbücher aufgenommen hat.

Zürich, im August 2002

Tomas Poledna   Brigitte Berger

Inhaltsverzeichnis

Vorwort		V
Abkürzungsverzeichnis		XVII
Literaturverzeichnis		XXIII

Kapitel 1 – Grundlagen 1

§ 1 *Grundbegriffe und Definitionen* 1
    1. Gesundheit 1
    2. Gesundheitswesen 2
        a) Privatwirtschaftlicher Bereich 3
        b) Sozialversicherung: ambulante und teilstationäre Behandlung 4
        c) Sozialversicherung: stationäre Versorgung 4
        d) Staatlicher Bereich 5
    3. Public Health 5
    4. Gesundheitsrecht 7
    5. Gesundheitspolitik 8
    6. Gesundheitsökonomie 10

§ 2 *Kompetenzverteilung zwischen Bund und Kantonen* 11
    1. Überblick 11
    2. Bund 12
        a) Bundeskompetenzen 12
            (1) Gesundheit 13
            (2) Soziale Sicherheit 14
        b) Behördenorganisation im Bund 15
    3. Kantone 16
        a) Kantonale Kompetenzen 16
            (1) Gesundheitspolizei 16
            (2) Gesundheitsversorgung 16
            (3) Gesundheitspolitik 17
            (4) Vollzugskompetenzen der Kantone im Bereich der Durchführung der Krankenversicherung 17
        b) Kompetenzverteilung zwischen Kanton und Gemeinden 18
        c) Kantonale Behördenorganisation 19
        d) Revision des Gesundheitsrechts des Kantons Zürich .. 20

Kapitel 2 – Medizinische Berufe 21

§ 1 *Allgemeines* 21
§ 2 *Ausbildung* 22
    1. Allgemeines 22

Inhaltsverzeichnis

		2.	Vorentwurf für ein Bundesgesetz über die universitäre Ausbildung in den medizinischen Berufen (MedBG/Ausbildung)	23
		3.	Internationale Richtlinien	28
§ 3		*Bewilligungspflicht zur Berufsausübung*		29
	1.	Tätigkeiten des Gesundheitswesens		29
	2.	Selbständige und unselbständige Berufsausübung		30
	3.	Bewilligungsvoraussetzungen		31
		a)	Anerkennung von Diplomen	31
		b)	Regelung der selbständigen Tätigkeit	33
		c)	Wirtschaftsfreiheit im interkantonalen Bereich	34
		d)	Ausländische oder rein kantonal anerkannte Diplome und selbständige Berufsausübung	36
		e)	Bilaterale Abkommen und Auswirkungen	39
		f)	Gesetz über die Freizügigkeit des Medizinalpersonals (FZG)	42
§ 4		*Vorschriften zur Berufsausübung*		46

Kapitel 3 – Stellung des Patienten und Haftung 53

§ 1	*Stellung des Patienten*			53
	1.	Rechtsverhältnis zwischen Patient und Leistungserbringer		53
		a)	Öffentliche Spitäler	53
		b)	Private Spitäler	54
		c)	Privat (frei) praktizierende Ärzte	55
	2.	Patientenrechte		56
		a)	Grundlagen	56
		b)	Freie Arzt- und Spitalwahl	56
		c)	Recht auf Behandlung	59
		d)	Aufklärungsanspruch	62
		e)	Voraussetzung für einen Eingriff in die körperliche Integrität	67
		f)	Sonderfall der Patientenverfügung	72
		g)	Krankenunterlagen	74
			(1) Öffentliches Behandlungsverhältnis	74
			(2) Privatrechtliches Behandlungsverhältnis	75
		h)	Sonderfälle	77
			(1) Psychisch Kranke und fürsorgerischer Freiheitsentzug	77
			(2) Tarifanwendung für unterstützungsbedürftige Patienten	83
			(3) Unterricht und Forschung	83
			(4) Organentnahme, Obduktion und Transplantation	85
			(5) Sterbehilfe und Suizid	91
	3.	Patientenpflichten im Behandlungsvertrag		95

§ 2	*Arzt- und Spitalhaftung*	96
	1. Grundsätzliches	96
	2. Haftungssubjekte	96
	3. Anwendbares Recht	97
	a) Spitalhaftung	97
	(1) Privatspital	97
	(2) Öffentliches Spital	99
	b) Arzthaftung	101
	4. Voraussetzung der privaten Haftung und der Staatshaftung	106
	a) Allgemeine Voraussetzungen	106
	b) Haftungsgründe im Bereich der ärztlichen Tätigkeit im Besonderen	109
	(1) Allgemeines	109
	(2) Behandlungsfehler	110
	(3) Verletzung der ärztlichen Aufklärungspflicht	112
	5. Entwicklungstendenzen in der Arzthaftung	118
	Kapitel 4 – Datenschutz	121
§ 1	*Überblick und Grundlagen*	121
§ 2	*Bundesgesetz über den Datenschutz (DSG)*	122
	1. Anwendungsbereich	122
	2. Grundsätze	124
	a) Rechtmässige Beschaffung (Art. 4 Abs. 1 DSG)	124
	b) Treu und Glauben (Art. 4 Abs. 2 DSG)	125
	c) Verhältnismässigkeit (Art. 4 Abs. 2 DSG)	126
	d) Zweckbindung (Art. 4 Abs. 3 DSG)	126
	e) Richtigkeit (Art. 5 DSG)	127
	f) Datensicherheit (Art. 7 DSG)	128
	3. Auskunftsrecht (DSG 8)	131
	a) Form der Auskunft	132
	b) Umfang der Auskunft	134
	4. Bekanntgabe von Gesundheitsdaten an Dritte	138
	5. Meldepflicht und Melderecht	141
	6. Rechtsansprüche und Verfahren	143
	7. Eidgenössischer Datenschutzbeauftragter	144
§ 3	*Datenschutzrechtliche Bestimmungen im Krankenversicherungsgesetz (KVG)*	145
§ 4	*Kantonales Datenschutzrecht*	150
§ 5	*Strafbestimmungen*	151
	1. Verletzung des Berufsgeheimnisses (Art. 321 StGB)	151
	2. Berufsgeheimnis in der medizinischen Forschung (Art. 321bis StGB)	155
	3. Unbefugtes Beschaffen von Personendaten und weitere Straftatbestände des StGB	160

IX

		4. Strafbestimmungen des DSG	161
		5. Strafbestimmungen des KVG	163
§ 6		*Praktische datenschutzrechtliche Fragen im Gesundheitswesen*	164
		1. Elektronische Datenverarbeitung	164
		2. Elektronische Gesundheitskarte	167
		3. Forschung	169
		4. Recht auf Kenntnis der eigenen Abstammung	169
		5. Arbeiten mit DNA-Profilen	170
§ 7		*Neueste Entwicklungen: E-Health und Datenschutz*	171
		1. E-Health	171
		2. Bedeutung	172
		3. Datenschutzrelevante Entwicklungen	174
		4. Neue Herausforderungen	176

Kapitel 5 – Heilmittelrecht 179

§ 1	*Allgemeines*	179
§ 2	*Überblick über das alte Heilmittelrecht*	180
	1. Allgemeines	180
	2. Bundesrecht	181
	3. Kantonales bzw. Interkantonales Recht	182
§ 3	*Heilmittelgesetz (HMG)*	183
	1. Allgemeines	183
	2. Anwendungsbereich	184
	3. Grundzüge und Zielsetzungen (Allgemeine Bestimmungen, 1. Kapitel HMG)	186
	4. Umgang mit Arzneimitteln (2. Kapitel)	189
	a) Herstellung	190
	b) Zulassungspflicht	190
	c) Zulassungsvoraussetzungen	191
	d) Zulassungsverfahren	192
	e) Abgabe und Vertrieb	195
	f) Einfuhr, Ausfuhr und Handel im Ausland	201
	g) Werbung	203
	5. Umgang mit Medizinprodukten (3. Kapitel)	204
	6. Gemeinsame Bestimmungen für Arzneimittel und Medizinprodukte (4. Kapitel)	206
	a) Pharmakopöe	206
	b) Klinische Versuche	207
	c) Überwachung	209
	d) Schweigepflicht und Datenbekanntgabe	210
	e) Gebühren und Verwaltungsmassnahmen	211
	7. Schweizerisches Heilmittelinstitut (SHI) (5. Kapitel)	213

	8. Vollzug, Verwaltungsverfahren und Rechtsschutz (6. und 7. Kapitel)	215
	9. Strafbestimmungen (8. Kapitel)	216
	10. Schlussbestimmungen (9. Kapitel)	217
	11. Aufhebung und Änderung bisherigen Rechts	218
	12. Inhaltliche Änderungen im Überblick	220

Kapitel 6 – Soziale Krankenversicherung 223

§ 1	Bedeutung des Krankenversicherungsgesetzes	223
§ 2	Geschichte	223
§ 3	Überblick	225
	1. Allgemeines	225
	2. Struktur	225
	3. Kennzahlen	226
	4. Ausführungserlasse	229
	5. Erhebliche Komplexität	229
	6. Teilrevisionen	230
§ 4	Prinzipien des Krankenversicherungsrechts	233
	1. Überblick	233
	2. Bindung an verfassungs- und verwaltungsrechtliche Grundsätze	233
	3. Grundsatz der Gegenseitigkeit	234
	4. Gleichbehandlung der Versicherten	235
	5. Solidaritätsprinzip	235
	6. Zweckbindung der Mittel der sozialen Krankenversicherung	236
	7. Zweckmässige Organisation und Geschäftsführung	236
§ 5	Anwendungsbereich	238
	1. Soziale Krankenversicherung	238
	2. Versicherte Personen	240
	3. Wahl und Wechsel des Versicherers	242
§ 6	Organisation der sozialen Krankenversicherung	243
	1. Überblick	243
	2. Zulassungsregelung	244
	3. Gemeinsame Einrichtung	246
	4. Gesundheitsförderung	246
	5. Aufsicht und Statistik	247
	6. Weitere institutionalisierte Einrichtungen	248
§ 7	Versicherungsleistungen	249
	1. Grundsätze	249
	2. Allgemeine Leistungen bei Krankheit	251

§ 8	Leistungskatalog im Einzelnen	252
	1. Allgemeines	252
	2. Ärztliche Tätigkeiten	252
	3. Analysen, Arzneimittel, Mittel und Gegenstände	253
	4. Ärztlich angeordnete Badekuren	254
	5. Medizinische Rehabilitation	254
	6. Teilstationäre Einrichtungen	255
	7. Transport- und Rettungskosten	256
	8. Leistung der Apotheker und Apothekerinnen	256
	9. Zahnärztliche Behandlungen	257
§ 9	Leistungserbringer	258
	1. Grundsätze	258
	2. Ärzte, Zahnärzte und Apotheker	259
	3. Einrichtungen der ambulanten Krankenpflege durch Ärzte und Ärztinnen	260
	4. Andere Leistungserbringer	261
	5. Laboratorien	262
	6. Abgabestellen für Mittel und Gegenstände	262
	7. Transport- und Rettungsunternehmen	262
	8. Spitäler und andere Einrichtungen	262
	9. Heilbäder	268
	10. Transport- und Rettungsunternehmen	268
	11. Ausschlussverfahren	268
§ 10	Tarife und Kostenübernahme	269
	1. Überblick über die Tarifarten	269
	2. Tarifgrundsätze	271
	3. Tarifabschluss und Rechtsschutz	273
	4. Geltung des Tarifvertrages	275
	5. Besondere Tarife	276
	a) Ambulanter Bereich	276
	b) Spitaltarife	276
	6. Kostentragung	279
	7. Ausstand	284
§ 11	Kostenentwicklung und Wirtschaftlichkeitskontrolle	284
	1. Ausserordentliche Massnahmen zur Eindämmung der Kostenentwicklung	284
	2. Wirtschaftlichkeits- und Qualitätskontrollen	286
	3. Ausschluss von Leistungserbringern	287
	4. Vertrauensärzte	288
	5. Qualitätssicherung	289
§ 12	Finanzierung	290
	1. Verfahren und Rechnungslegung	290
	2. Prämien	291
	3. Kostenbeteiligung der Versicherten	292

	4. Besondere Versicherungsformen	293
	5. Prämienverbilligungen	294
§ 13	*Freiwillige Taggeldversicherung*	295
§ 14	*Koordinationsregeln*	296
§ 15	*Zusatzversicherungen*	297

Kapitel 7 – Gesundheitsrechtliche Bestimmungen im übrigen Sozialversicherungsrecht 301

§ 1	*Allgemeines*	301
	1. Überblick	301
	2. Vereinheitlichung und Koordination des Sozialversicherungsrechts: BG über den Allgemeinen Teil des Sozialversicherungsrechts	302
§ 2	*Soziale Unfallversicherung (UV)*	305
	1. Allgemeines	305
	2. Definition des Unfallbegriffs	306
	3. Versicherte Risiken	308
	4. Versicherte Personen	309
	5. Versicherer	311
	a) Schweizerische Unfallversicherungsanstalt (SUVA)	311
	b) Andere zugelassene Versicherer	312
	c) Ersatzkasse	313
	6. Aufsicht über die Versicherungen	313
	7. Versicherungsleistungen	313
	a) Pflegeleistungen und Kostenvergütungen	313
	b) Geldleistungen	315
	c) Kürzung und Verweigerung von Versicherungsleistungen	320
	d) Koordination mit haftpflichtrechtlichen Ansprüchen	322
	8. Leistungserbringer und Tarifwesen	323
	9. Finanzierung	324
§ 3	*Die Vorsorge in der Schweiz*	325
	1. Allgemeines	325
	2. Erste Säule – Existenzsicherung	325
	3. Zweite Säule – Fortsetzung der gewohnten Lebenshaltung in angemessener Weise (berufliche Vorsorge)	326
	4. Dritte Säule – Wahlbedarf / Selbstvorsorge	326
§ 4	*Alters- und Hinterlassenenversicherung (AHV)*	327
	1. Allgemeines	327
	2. Versicherte Risiken	327
	3. Versicherte Personen	327
	a) Obligatorisch versichert	328

XIII

		b) Freiwilliger Beitritt zur obligatorischen AHV	328
		c) Freiwillige Versicherung für Auslandschweizer	329
		d) Versicherer (Organisation)	329
	4.	Versicherungsleistungen	329
		a) Renten	329
		(1) Altersrente	331
		(2) Hinterlassenenrente	332
		b) Hilflosenentschädigung	334
		c) Hilfsmittel	334
		d) Verweigerung und Kürzung	335
		e) Nachzahlung und Rückerstattung	335
		f) Anpassung	335
	5.	Finanzierung	335
		a) Beiträge	336
		(1) Erwerbstätige Versicherte (selbständig – unselbständig)	336
		(2) Nichterwerbstätige Versicherte	338
		(3) Arbeitgeber	338
		(4) Flüchtlinge und Staatenlose	338
		b) Bezug	339
	6.	Ausblick: 11. AHV-Revision	339
§ 5		*Invalidenversicherung (IV)*	340
	1.	Allgemeines	340
	2.	Versicherte Risiken	341
	3.	Versicherte Personen	342
	4.	Leistungen	343
		a) Allgemeine Voraussetzungen	343
		b) Medizinische Eingliederungsmassnahmen Art. 12–14 IVG	344
		c) Berufliche Eingliederungsmassnahmen und schulische Massnahmen Art. 15–20 IVG	346
		d) Hilfsmittel	348
		e) Taggelder während Eingliederungs- und Abklärungsmassnahmen	349
		f) Renten (Art. 28–41 IVG)	350
		g) Hilflosenentschädigung Art. 42 IVG i. V. m. Art. 38 f. IVV	352
		h) Förderung der Invalidenhilfe	353
	5.	Leistungserbringer	353
	6.	Organisation	354
	7.	Finanzierung	354
	8.	Bilaterale Verträge	355
	9.	Die IVG-Revision	356
§ 6		*Berufliche Vorsorge*	357
	1.	Allgemeines	357
	2.	Versicherte Risiken	357

	3.	Versicherte Personen	358
	4.	Leistungen	359
		a) Altersleistungen	359
		b) Hinterlassenenleistungen	360
		c) Invalidenleistungen	360
		d) Kapitalauszahlung	361
		e) Freizügigkeitsleistungen und Wohneigentumsförderung	361
	5.	Trägerschaft	363
	6.	Finanzierung und Beiträge	364
	7.	Bilaterale Verträge	365
	8.	BVG-Revision	365
§ 7		*Militärversicherung (MV)*	366
	1.	Allgemeines	366
	2.	Versicherte Risiken	367
	3.	Versicherte Personen	368
	4.	Versicherungsleistungen	368
	5.	Leistungserbringer und Tarife	370
	6.	Organisation, Verwaltung und Finanzierung	370
§ 8		*Mutterschaftsversicherung*	371
	1.	Geschichtliche Entwicklung	371
	2.	Mutterschaftsschutz	372
§ 9		*Leistungskoordination in der Sozialversicherung*	374
	1.	Allgemeines	374
	2.	Prioritätenordnung	377
	3.	Vorleistungspflicht	378
	4.	Verbot der Überentschädigung	378
		Index	381

Abkürzungsverzeichnis

Abs.	Absatz
aBV	Bundesverfassung der Schweizerischen Eidgenossenschaft vom 29. Mai 1874, in Kraft bis 31. Dezember 1999
AHV	Alters- und Hinterlassenenversicherung
AHVG	Bundesgesetz über die Alters- und Hinterlassenenversicherung vom 20. Dezember 1946 (SR 831.10)
AHVV	Verordnung über die Alters- und Hinterlassenenversicherung vom 31. Oktober 1947 (SR 831.101)
AJP	Aktuelle Juristische Praxis
AMZV	Verordnung des SHI über die Anforderungen an die Zulassung von Arzneimitteln
Anm.	Anmerkung
AP-DRG	All Patient Diagnosis Related Groups
Art.	Artikel
ATSG	Bundesgesetz über den Allgemeinen Teil des Sozialversicherungsrechts vom 6. Oktober 2000 (BBl 2000 5041)
Aufl.	Auflage
AVIG	Bundesgesetz über die obligatorische Arbeitslosenversicherung und die Insolvenzentschädigung vom 25. Juni 1982 (SR 837.0)
AWV	Verordnung über die Arzneimittelwerbung
BA	Bilaterale sektorielle Abkommen
BAG	Bundesamt für Gesundheit
BASAN	Bundesamt für Sanität
BBG	Bundesgesetz über die Berufsbildung vom 19. April 1978 (SR 412.10)
BBl.	Bundesblatt der Schweizerischen Eidgenossenschaft
Bd.	Band
bes.	besonders
BetmG	Bundesgesetz über die Betäubungsmittel und die psychotropen Stoffe vom 3. Oktober 1951 (SR 812.121)
BfU	Beratungsstelle für Unfallverhütung
BGBM	Bundesgesetz über den Binnenmarkt vom 6. Oktober 1995 (SR 943.02)
BGE	Entscheidungen des Schweizerischen Bundesgerichts, Amtliche Sammlung
BGer	Bundesgericht
BGH	Der Deutsche Bundesgerichtshof
BIGA	Bundesamt für Industrie, Gewerbe und Arbeit
Bst.	Buchstabe
BSV	Bundesamt für Sozialversicherung
bV	berufliche Vorsorge
BV (nBV)	Bundesverfassung der Schweizerischen Eidgenossenschaft vom 18. April 1999 (SR 101)
BVET	Bundesamt für Veterinärwesen

Abkürzungsverzeichnis

BVG	Bundesgesetz über die berufliche Alters-, Hinterlassenen- und Invalidenvorsorge vom 25. Juni 1982 (SR 831.40)
BVV	Verordnung über die Inkraftsetzung und Einführung des Bundesgesetzes über die berufliche Alters-, Hinterlassenen- und Invalidenvorsorge vom 29. Juni 1983 (SR 831.401)
bzw.	beziehungsweise
CHF	Schweizer Franken
CVP	Christlichdemokratische Volkspartei der Schweiz
d. h.	das heisst
Diss.	Dissertation
DNA	Desoxyribonucleic Acid
DSG	Bundesgesetz über den Datenschutz vom 19. Juni 1992 (SR 235.1)
E.	Erwägung
E-Commerce	Electronic-Commerce
EDI	Eidgenössisches Departement des Innern
EDI	Electronic Data Interchange
EDSB	Eidgenössischer Datenschutzbeauftragter
EDSK	Eidgenössische Datenschutzkommission
EDV	Elektronische Datenverarbeitung
EFQM	European Foundation for Quality Management
EG	Europäische Gemeinschaft
EJPD	Eidgenössisches Justiz- und Polizeidepartement
EL	Ergänzungsleistung
ELG	Bundesgesetz über Ergänzungsleistungen zur Alters-, Hinterlassenen- und Invalidenversicherung vom 19. März 1965 (SR 831.30)
EMRK	Europäische Menschenrechtskonvention
EO	Erwerbsersatzordnung
EOG	Bundesgesetz über die Erwerbsersatzordnung für Dienstleistende in Armee, Zivildienst und Zivilschutz vom 25. September 1952 (SR 834.1)
EpG	Bundesgesetz über die Bekämpfung übertragbarer Krankheiten des Menschen vom 18. Dezember 1970 (SR 818.101)
ER-Konv	Konvention des Europarates
etc.	et cetera
ETH	Eidgenössische Technische Hochschule
EU	Europäische Union
EuGH	Europäischer Gerichtshof
EVD	Eidgenössisches Volkswirtschaftsdepartement
EVG	Eidgenössisches Versicherungsgericht, Luzern
evtl.	eventuell
EWR	Europäischer Wirtschaftsraum
f./ff.	und folgende (Ein- resp. Mehrzahl)
FDP	Freisinnig-Demokratische Partei der Schweiz
FFE	Fürsorgerischer Freiheitsentzug
FIAZ	Fahren in angetrunkenem Zustand
FL	Fürstentum Liechtenstein

FLG	Bundesgesetz über die Familienzulagen in der Landwirtschaft vom 20. Juni 1952 (SR 836.1)
FMH	Foederatio Medicorum Helveticorum, Verbindung der Schweizer Ärzte
FMPG	Bundesgesetz betreffend die Freizügigkeit des Medizinalpersonals in der Schweizerischen Eidgenossenschaft vom 19. Dezember 1877 (SR 811.11)
Fn.	Fussnote
FZG	Bundesgesetz über die Freizügigkeit in der beruflichen Alters-, Hinterlassenen- und Invalidenvorsorge vom 17. Dezember 1993 (SR 831.42)
GD	Gesundheitsdirektion
GesG	Gesundheitsgesetz
GgV	Verordnung über Geburtsgebrechen vom 9. Dezember 1985 (SR 831.232.21)
GPKV	Gute Praxis der Klinischen Versuche
HG	Haftungsgesetz
HIV	Human Immunodeficiency Virus Infection
HMG	Bundesgesetz über Arzneimittel und Medizinprodukte per 1. Januar 2002 in Kraft
HMO	Health Maintenance Organization
Hrsg.	Herausgeber
HVUV	Verordnung über die Abgabe von Hilfsmitteln durch die Unfallversicherung vom 18. Oktober 1984 (SR 832.205.12)
HWG	Heilmittelwerbegesetz von Deutschland
i. d. R.	in der Regel
i. e. S.	im engeren Sinne
i. S. d.	im Sinne des/der
i. S. e.	im Sinne eines/r
i. S. v.	im Sinne von
i. V. m.	in Verbindung mit
ICD-10	International Classification of Disease (10th Revision)
ICD-9-CM	International Classification of Disease (9th Revision) Clinical Modification
IKS	Interkantonale Kontrollstelle für Heilmittel
IKV	Interkantonale Vereinbarung über die Kontrolle von Heilmitteln vom 3. Juni 1971
inkl.	inklusiv
insb.	insbesondere
IOC	International Olympic Committee
IP	Internet Protocol
IV	Invalidenversicherung
IVG	Bundesgesetz über die Invalidenversicherung vom 19. Juni 1959 (SR 831.20)
IVV	Verordnung über die Invalidenversicherung vom 17. Januar 1961 (SR 831.201)
JZ	Juristenzeitung, Tübingen

Kap.	Kapitel
KG	Bundesgesetz über Kartelle und andere Wettbewerbsbeschränkungen vom 6. Oktober 1995 (SR 251)
KHV	Krankenhausverordnung
KLV	Verordnung über Leistungen in der obligatorischen Krankenpflegeversicherung vom 29. September 1995 (SR 832.112.31)
KSK	Schweizerisches Konkordat der Krankenversicherer
KUVG	Bundesgesetz über die Kranken- und Unfallversicherung vom 13. Juni 1911 (ausser Kraft)
KV	Krankenversicherung
KVG	Bundesgesetz über die Krankenversicherung vom 18. März 1994 (SR 832.10)
KVV	Verordnung über die Krankenversicherung vom 27. Juni 1995 (SR 832.102)
LASP	Gesetz des Kantons Tessin über die sozialpsychiatrische Betreuung
lit.	litera = Buchstabe
LMG	Bundesgesetz über Lebensmittel und Gebrauchsgegenstände vom 9. Oktober 1992 (SR 817.0)
LMV	Lebensmittelverordnung vom 1. März 1995 (SR 817.02)
LS	Loseblattsammlung
Lsan	Legge sulla promozione della salute e il coordinamento sanitario 19. Aprile 1989 (6.1.1.1.) Gesundheitsgesetz des Kantons Tessin
m. E.	meines Erachtens
MedBG/ Ausbildung	Vorentwurf für ein Bundesgesetz über die universitäre Ausbildung in den medizinischen Berufen
MepV	Medizinprodukteverordnung vom 17. Oktober 2001, ersetzt diejenige vom 24. Januar 1996 (SR 819.124)
MV	Militärversicherung
MVG	Bundesgesetz über die Militärversicherung vom 19. Juni 1992 (SR 833.1)
MVo	Verordnung über die Meldung übertragbarer Krankheiten des Menschen vom 13. Januar 1999 (SR 818.141.1)
MVV	Verordnung über die Militärversicherung vom 10. November 1993 (SR 833.11)
Nr.	Nummer
OECD	Organization for Econimic Cooperation and Development (Organisation für wirtschaftliche Zusammenarbeit und Entwicklung)
OG	Bundesgesetz über die Organisation der Bundesrechtspflege vom 16. Dezember 1943 (SR 173.110)
OR	Bundesgesetz betreffend die Ergänzung des Schweizerischen Zivilgesetzbuches (Fünfter Teil: Obligationenrecht) vom 30. März 1911 (SR 220)
PatD	Patientendekret
PG	Psychiatrie-Gesetz
PPO	Preferred Provider Organisation
Pra.	Die Praxis des Bundesgerichtes (Basel)

PRV	Patientenrechtsverordnung
PüG	Preisüberwachungsgesetz vom 20. Dezember 1985 (SR 942.20)
resp.	respektive
RKUV	Rechtsprechung und Verwaltungspraxis der Kranken- und Unfallversicherung, Bern
RN	Randnote
S.	Seite
SaG	Sanitätsgesetz
SAMW	Schweizerische Akademie der medizinischen Wissenschaften
SDK	Sanitätsdirektorenkonferenz
SGB	Schweizerischer Gewerkschaftsbund
SHI	Schweizerisches Heilmittelinstitut
SHK	Schweizerische Hochschulkonferenz
SJZ	Schweizerische Juristenzeitung, Zürich
SP	Sozialdemokratische Partei der Schweiz
SpV	Spitalverordnung
SR	Systematische Sammlung des Bundesrechts
SRK	Schweizerisches Rotes Kreuz
StGB	Schweizerisches Strafgesetzbuch vom 21. Dezember 1937 (SR 311.0)
SUVA	Schweizerische Unfallversicherungsanstalt
SVG	Strassenverkehrsgesetz vom 19. Dezember 1958 (SR 741.01)
SVP	Schweizerische Volkspartei
TCM	Traditionelle Chinesische Medizin
TCP	Transmission Control Protocol
THG	Bundesgesetz über die technischen Handelshemmnisse vom 6. Oktober 1995 (SR 946.51)
u. a.	unter anderem
u. E.	unseres Erachtens
u. U.	unter Umständen
UAW	unerwünschte Arzneimittelwirkungen
UFG	Entwurf zu einem Bundesgesetz über die Förderung der Universitäten und über die Zusammenarbeit im Hochschulbetrieb
UN/ EDIFACT	United Nations/Electronic Data Interchange for Administration, Commerce and Transport
usw.	und so weiter
UV	Unfallversicherung
UVG	Bundesgesetz über die Unfallversicherung vom 20. März 1981 (SR 832.20)
UVV	Verordnung über die Unfallversicherung vom 20. Dezember 1982 (SR 832.202)
UWG	Bundesgesetz gegen den unlauteren Wettbewerb vom 19. Dezember 1986 (SR 241)
v. a.	vor allem
v. Chr.	vor Christus
VAM	Verordnung über die Arzneimittel

VDSG	Verordnung zum Bundesgesetz über den Datenschutz vom 14. Juni 1993 (SR 235.11)
VG	Bundesgesetz über die Verantwortlichkeit des Bundes sowie seiner Behördenmitglieder und Beamten vom 14. März 1958 (SR 170.32)
vgl.	vergleiche
Vo	Verordnung
VOBG	Verordnung über die Offenbarung des Berufsgeheimnisses im Bereich der medizinischen Forschung vom 14. Juni 1993 (SR 235.154)
VPB	Verwaltungspraxis der Bundesbehörden
VStrR	Bundesgesetz über das Verwaltungsstrafrecht vom 22. März 1974 (SR 313.0)
VUV	Verordnung über die Verhütung von Unfällen und Berufskrankheiten vom 19. Dezember 1983 (SR 832.30)
VVG	Bundesgesetz über den Versicherungsvertrag vom 2. April 1908 (SR 221.229.1)
VwVG	Bundesgesetz über das Verwaltungsverfahren vom 20. Dezember 1968 (SR 172.021)
WEKO	Wettbewerbskommission
WHO	World Health Organization (Weltgesundheitsorganisation)
WTO	World Trade Organization (Welthandelsorganisation)
XML	eXtensible Markup Language
XML/EDI	eXtensible Markup Language/Electronic Data Interchange
z. B.	zum Beispiel
ZBl	Schweizerisches Zentralblatt für Staats- und Verwaltungsrecht (früher Schweizerisches Zentralblatt für Staats- und Gemeindeverwaltung [Zürich])
ZGB	Schweizerisches Zivilgesetzbuch vom 10. Dezember 1907 (SR 210)
Ziff.	Ziffer
zit.	zitiert
ZSR	Zeitschrift für Schweizerisches Recht Basel

Literaturverzeichnis

Bei Mehrfachpublikationen des selben Autors/der selben Autorin wird bei den Zitaten ein Stichwort aus dem betreffenden Titel des zitierten Werkes angeführt. Weitere Literaturhinweise finden sich in den Fussnoten.

ARTZ GUNTER: Die Aufklärungspflicht des Arztes aus strafrechtlicher Sicht, in: Arzt und Recht 1985

AYER ARIANE: Les effets des accords bilatéraux entre la Suisse et la Communauté européenne dans les cantons, en particulier en matière de reconnaissance des diplômes de professions de santé, Institut de droit de santé Université de Neuchâtel, mars 2000

BAERISWYL BRUNO: Tätigkeitsbericht 1997 des Kantons Zürich

BAERISWYL BRUNO: Tätigkeitsbericht 1998 des Kantons Zürich

BAERISWYL BRUNO: Entwicklungen im Datenschutzrecht 1996/1997, aus SJZ 93 (1997) Nr. 20

BAERISWYL BRUNO: Computer im Gesundheitswesen der Schweiz, Referat von B. BAERISWYL, gehalten an der Sommerakademie '97 in Kiel, publiziert in: Fakten 2/1997

BAERISWYL BRUNO: Datenschutz ist ein Qualitätsmerkmal, publiziert in: Schweizer Spital Nr. 1/1998

BAERISWYL BRUNO: Entwicklungen im Datenschutzrecht 1998/1999, aus: SJZ 95 (1999) Nr. 19

BAERISWYL BRUNO: Entwicklungen und Perspektiven des Datenschutzes in öffentlich-rechtlichen Krankenhäusern – Erfahrungen aus dem Kanton Zürich, in: Datenschutz im Gesundheitswesen, BARBARA HÜRLIMANN/RETO JACOBS/TOMAS POLEDNA (Hrsg.), Zürich 2001, 49

BÄR WALTER: Handbuch des Arztrechts, 8. Kapitel, Transplantation, 9. Kapitel, Leichenschau und Obduktion, Zürich 1994

BÄR WALTER/BOSSHARD GEORG: Sterbeassistenz und die Rolle des Arztes. Überlegungen zur aktuellen Debatte um die Regelung von Suizidbeihilfe und aktiver Sterbehilfe in der Schweiz, AJP 4/2002, 389

BARMETTLER JOST: Reform des Kantonsspitals Obwalden in zwei Schritten, in: Privatisierung und Wettbewerb im Gesundheitsrecht, BARBARA HÜRLIMANN/TOMAS POLEDNA/MARTIN RÜBEL (Hrsg.), Zürich 2000, 87

BELSER URS: Die Datenschutz-Zertifizierung als ein Mittel zur Sicherstellung des Datenschutzes im Gesundheitswesen am Beispiel des Projekts «Datenschutz-Zertifikat KSK», in: Datenschutz im Gesundheitswesen, BARBARA HÜRLIMANN/RETO JACOBS/TOMAS POLEDNA (Hrsg.), Zürich 2001, 173

BERGMANN JAN MICHAEL: Die materiellen Grundzüge des Koordinationsrechts der EU im Bereich der Sozialen Sicherheit, in: Die Durchführung des Abkommens EU/CH über die Personenfreizügigkeit (Teil Soziale Sicherheit) in der Schweiz, RENÉ SCHAFFHAUSER/CHRISTIAN SCHÜRER (Hrsg.), Bd. I, St. Gallen 2001

BERTSCHINGER URS: Konzernrechtliche Fragen bei der Privatisierung öffentlicher Spitäler, in: Privatisierung und Wettbewerb im Gesundheitsrecht, BARBARA HÜRLIMANN/TOMAS POLEDNA/MARTIN RÜBEL (Hrsg.), Zürich 2000, 37

Literaturverzeichnis

BOLL JÜRG: Die Entbindung vom Arzt- und Anwaltsgeheimnis, Diss. Zürich 1983
BOLLIGER G. E.: Leitfaden schweizerische Sozialversicherung, Wädenswil 1997
BONDOLFI ALBERTO/MÜLLER HANSJAKOB (Hrsg.): Medizinische Ethik im ärztlichen Alltag, Basel/Bern 1999
BRATSCHI PETER/EGGENBERGER STÖCKLI URSULA: Bundesgesetz über Arzneimittel und Medizinprodukte, Gesetzestext mit Erläuterungen, Bern 2002
BREITENMOSER STEPHAN: Der Rechtsschutz gemäss dem Personenfreizügigkeitsabkommen vom 21. Juni 1999 im Bereich der Sozialen Sicherheit, in: Die Durchführung des Abkommens EU/CH über die Personenfreizügigkeit (Teil Soziale Sicherheit) in der Schweiz, RENÉ SCHAFFHAUSER/CHRISTIAN SCHÜRER (Hrsg.), Bd. I, St. Gallen 2001
BRÜHWILER-FRÉSEY LUKAS S.: Medizinischer Behandlungsvertrag und Datenrecht, Zürich 1996
BRUNNER H. H./ZELTNER TH.: Ausbildung, Weiterbildung, Fortbildung für Ärztinnen und Ärzte in der Schweiz, Wegleitung der FMH vom 1. März 2001
CONTI CHRISTIAN: Die Pflichten des Patienten im Behandlungsvertrag, Bern 2000
CONTI CHRISTIAN: Die Malaise der ärztlichen Aufklärung. Zu den Grenzen ärztlicher Aufklärungspflichten und zu den Informationspflichten des Patienten, AJP 5/2000, 615 ff.
CONTI CHRISTIAN: Zusatzhonorar des Arztes und KVG, AJP 10/2001, 1148 ff.
COULLERY PASCAL: Der Grundrechtsanspruch auf medizinische Leistungen: ein verfassungsrechtlicher Diskussionsbeitrag zur Rationierungsdebatte im Gesundheitswesen, AJP 6/2001, 632 ff.
Departement für Finanzen und Soziales des Kantons Thurgau: Rechtsdienst, Casebook der öffentlichen Arzthaftung, Schriftenreihe der Staatskanzlei des Kantons Thurgau, 1994
DUC JEAN-LOUIS (Hrsg.): LAMal-KVG, Recueil de travaux en l'Honneur de la société de droit des assurances, Lausanne 1997
EDSB: 1. Tätigkeitsbericht 1993/1994
EDSB: 6. Tätigkeitsbericht 1998/1999
EDSB: 7. Tätigkeitsbericht 1999/2000
EDSB: Leitfaden für die Bearbeitung von Personendaten im medizinischen Bereich, Bern 1997
EGLI MICHAEL: Lehrgang Gesundheitswesen Schweiz 1998
EICHENBERGER THOMAS: Die Rechtsstellung des Arztes am öffentlichen Spital, Bern 1995
EICHENBERGER THOMAS: Wettbewerb aus der Sicht der Spitäler, in: Privatisierung und Wettbewerb im Gesundheitsrecht, BARBARA HÜRLIMANN/TOMAS POLEDNA/ MARTIN RÜBEL (Hrsg.), Zürich 2000, 133
EISNER BEAT: Die Aufklärungspflicht des Arztes, Die Rechtslage in Deutschland, der Schweiz und den USA, Bern 1992
ERB H.: Grundzüge des Versicherungswesens, 6. Aufl., Zürich 1990
EUGSTER GEBHARD: Krankenversicherung, in: Schweizerisches Bundesverwaltungsrecht, Soziale Sicherheit (Hrsg. ULRICH MEYER-BLASER), Basel/Genf/München 1998

EUGSTER GEBHARD/LUGINBÜHL RUDOLF: Datenschutz in der obligatorischen Krankenversicherung, in: Datenschutz im Gesundheitswesen, BARBARA HÜRLIMANN/RETO JACOBS/TOMAS POLEDNA (Hrsg.), Zürich 2001, 73

FLEMMICH G.: Einführung in das Gesundheitsrecht und die Gesundheitsökonomie, Wien 1994

GAILLARD SERGE/MUGGLIN URS: Personenverkehr, in: Schweizerischer Gewerkschaftsbund (SGB), Dokument Nr. 68 Bilaterale Abkommen Schweiz–EU 10

GATTIKER MONIKA: Die Widerrechtlichkeit des ärztlichen Eingriffs nach schweizerischem Zivilrecht, Dissertation Zürich 1999

GATTIKER MONIKA: Kausalhaftung für medizinische Behandlungen – Realität oder Zukunftsmusik, AJP 6/2001, 645 ff.

GIESEN: Arzthaftungsrecht, Die Zivilrechtliche Haftung aus medizinischer Behandlung in der Bundesrepublik Deutschland, in Österreich und der Schweiz, JZ Schriftenreihe

GPK (Geschäftsprüfungskommission des Nationalrats): Auswirkungen des Bundesgesetzes über den Binnenmarkt (BGBM) auf den freien Dienstleistungs- und Personenverkehr in der Schweiz, vom 27. Juni 2000

GROSS JOST: Haftung für medizinische Behandlung, im Privatrecht und im öffentlichen Recht der Schweiz, Bern 1987

GROSS JOST: Schweizerisches Staatshaftungsrecht, Stand und Entwicklungstendenzen, 2. Aufl., Bern 2001

GROSSEN DIETER W./DE PALÉZIEUX CLAIRE: Abkommen über die Freizügigkeit, in: Bilaterale Verträge Schweiz–EU; Ein Handbuch, hrsg. von DANIEL THÜRER/ROLF H. WEBER/ROGER ZÄCH, Zürich 2002, 87 ff.

GRÜNIG CHRISTINE: Verfahrensfragen in der Krankenversicherung, in: Aktuelles im Sozialversicherungsrecht, hrsg. von HANS-JAKOB MOSIMANN, Zürich 2001, 175 ff.

GUNTERN ODILO: 7. Tätigkeitsbericht 1999/2000 des EDSB

GUNTERN ODILO: Datenschutz und Gesundheitswesen, Einleitende Überlegungen, in: Datenschutz im Gesundheitswesen, BARBARA HÜRLIMANN/RETO JACOBS/TOMAS POLEDNA (Hrsg.), Zürich 2001, 9

GUNTERN ODILO: Referat anlässlich Pressekonferenz vom 3. Juli 2000

GUTZWILLER FELIX/JEANNERET OLIVIER (Hrsg.): Sozial- und Präventivmedizin Public Health, Bern 1996

HÄFELIN U./HALLER W.: Schweizerisches Bundesstaatsrecht, 4. Aufl., Zürich 1998

HANGARTNER YVO/RAINER J. (Hrsg.): Aktuelle Fragen des Datenschutzes in den Kantonen und Gemeinden, St. Gallen 1990

HÄNGGELI CH.: Die ärztliche Weiterbildung im Umbruch: Chance oder Untergang?, in: Schweizerische Ärztezeitung 2001; 82: Nr. 24, 1249

HAUSHEER HEINZ: Unsorgfältige ärztliche Behandlung, in: Handbücher für die Anwaltspraxis, Band V, § 15, hrsg. von GEISER THOMAS, MÜNCH PETER, Basel 1999

HOFER MARTIN/SCHMID-GEENE SASKIA: Die Haftung privatisierter Spitäler – ein Überblick, in: Haftung und Versicherung HAVE 3/2002, 196 ff.

HONSELL HEINRICH (Hrsg.): Handbuch des Arztrechts, Einleitung, Zürich 1994

HORSCHIK MATTHIAS: Krankentaggeldversicherung und Datenschutz, in: Datenschutz im Gesundheitswesen, BARBARA HÜRLIMANN/RETO JACOBS/TOMAS POLEDNA (Hrsg.), Zürich 2001, 147

HUMMER W./SIMMA B./VEDDER C.: Europarecht in Fällen, 3. Aufl., Baden-Baden 1999

HÜRLIMANN BARBARA/ILG WALTER/KIESER UELI/PFIFFNER RAUBER BRIGITTE/SCHWARZ-TÜRLER MARIA/SENN JÜRG/STAFFELBACH DANIEL: Krankenversicherung, Zürich 1998

HÜRLIMANN BARBARA/POLEDNA TOMAS/RÜBEL MARTIN: Privatisierung und Wettbewerb im Gesundheitsrecht, Zürich 2000

HÜRLIMANN BARBARA/JACOBS RETO/POLEDNA TOMAS: Datenschutz im Gesundheitswesen, Zürich 2001

IMBACH SUSANNE: Die Heilmittelkontrolle in der Schweiz aus staats- und verwaltungsrechtlicher Sicht, Bern 1970

JAAG TOBIAS/RÜSSLI MARKUS: Sterbehilfe in staatlichen Spitälern, Kranken- und Altersheimen, ZBl 102/2001, 113 ff.

JÄGER PETER: Neue Rechtsprechung des Bundesgerichts zum Arzthaftpflichtrecht, Zürich 1999

JAEGER FRANZ: Wettbewerbsaufsicht und besondere Regulierungen, Gemeinschaftsseminar der Universitäten Basel und St. Gallen im Kartellrecht, 7. Juli 2000 (www.unisg.ch)

JOSET ALAIN: Zwangsmedikation im Rahmen der fürsorgerischen Freiheitsentziehung, AJP 11/2000, 1424 ff.

KARASCH PATRICK: Elektronischer Datentransfer und effiziente Leistungskontrolle im Gesundheitswesen mit XML, Diplomarbeit, Zürich 2000

KÄSER H. P.: Unterstellung und Beitragswesen in der obligatorischen AHV, 2. Aufl., Bern 1996

KELLER KARIN: Das ärztliche Berufsgeheimnis gemäss Art. 321 StGB, Zürich 1993

KIESER UELI: Das Bundesgesetz über den Allgemeinen Teil des Sozialversicherungsrechts – eine Bestandesaufnahme, SZS 2000, 321 ff.

KIESER UELI: Das Verwaltungsverfahren in der Sozialversicherung, Zürich 1999

KIESER UELI: Rechtsprechung des Bundesgerichts zum Sozialversicherungsrecht, Bundesgesetz über die Alters- und Hinterlassenenversicherung, Zürich 1996

KIESER UELI/RIEMER-KAFKA G.: Tafeln zum Schweizerischen Sozialversicherungsrecht, 2. Aufl., Zürich 1998

KOCHER/OGGIER: Gesundheitswesen Schweiz 2001/2002, Ein aktueller Überblick (KSK/CAMS), Solothurn 2001

KÖNIG DAMIAN: Le droit face à l'éthique dans le domaine des thérapies géniques, Bern 2002

KOPP KÄCH CLAUDIA: Zur Leistungspflicht der obligatorischen Krankenpflegeversicherung für zahnärztliche Behandlungen, ZBJV 138/2002, 419 ff.

KUHN HANSPETER: Die Arztpraxis zwischen Staat und Markt, in: Privatisierung und Wettbewerb im Gesundheitsrecht, BARBARA HÜRLIMANN/TOMAS POLEDNA/MARTIN RÜBEL (Hrsg.), Zürich 2000, 157

KUHN MORITZ: Handbuch des Arztrechts, 1. Kapitel, Die rechtliche Beziehung zwischen Arzt und Patient, Zürich 1994

KUHN MORITZ: Handbuch des Arztrechts, 2. Kapitel, Kunst- bzw. Behandlungsfehler, Zürich 1994

KÜNZI MAX: Komplementärmedizin und Gesundheitsrecht, Basel/Frankfurt a. M. 1996

LANDOLT HARDY: Pflegerecht, Bd. I: Grundlagen des Pflegerechts, Bern 2001
LANDOLT HARDY: Das soziale Pflegesicherungssystem, Bern 2002
LAUFS A./UHLENBRUCK W. (Hrsg.): Handbuch des Arztrechts, 2. Aufl., München 1999
LAUTERBURG MARGARETA: Gesundheits- und Versicherungsmärkte – kartellrechtliche Fragen in der Praxis der Wettbewerbsbehörde (Wettbewerbskommission und Sekretariat), in: Privatisierung und Wettbewerb im Gesundheitsrecht, BARBARA HÜRLIMANN/TOMAS POLEDNA/MARTIN RÜBEL (Hrsg.), Zürich 2000, 101
LOCHER THOMAS: Grundriss des Sozialversicherungsrechts, Bern 1997
LUTHY PATRIZIA: Enregistrement et contrôle des médicaments sur les marchés des produits pharmaceutiques suisse et européen, Lausanne 1993
MÄCHLER AUGUST: Interkantonale Freizügigkeit am Beispiel der Medizinalpersonen, ZBl 103/2002, 336 ff.
MAESCHI JÜRG: Kommentar zum Bundesgesetz über die Militärversicherung, Bern 1999
MALLMANN OTTO: Kommentar zum Bundesdatenschutzgesetz, SPIROS SIMITIS/ULRICH DAMMANN/HANSJÖRG GEIGER/OTTO MALLMANN, 4. Aufl., Baden-Baden 1992
MANAÏ DOMINIQUE: Les droits du patient face à la médecine contemporaine, Genève 1999
MAURER ALFRED: Das neue Krankenversicherungsrecht, Basel 1996
MAURER ALFRED: Schweizerisches Sozialversicherungsrecht, Bd. I+II, Bern 1981 und 1983
MAURER ALFRED: Bundessozialversicherungsrecht, 2. Aufl., Basel 1994
MAURER ALFRED: Schweizerisches Unfallversicherungsrecht, 2. Aufl., Bern 1989
MAURER URS/VOGT NEDIM PETER (Hrsg.): Kommentar zum Schweizerischen Datenschutz, Basel 1995
MEYER-BLASER U.: Rechtsprechung des Bundesgerichts zum Sozialversicherungsrecht, Bundesgesetz über die Invalidenversicherung, Zürich 1997
MÜLLER ANDREAS: Grundlegende Überlegungen zur Privatisierung öffentlicher Spitäler, in: Privatisierung und Wettbewerb im Gesundheitsrecht, BARBARA HÜRLIMANN/TOMAS POLEDNA/MARTIN RÜBEL (Hrsg.), Zürich 2000, 9
MÜLLER MARKUS: Zwangsmassnahmen als Instrument der Krankheitsbekämpfung, Das Epidemiegesetz und die persönliche Freiheit, Basel 1992
MÜLLER ROLAND A.: Soziale Sicherheit, in: Bilaterale Verträge Schweiz–EG; Ein Handbuch, hrsg. von DANIEL THÜRER/ROLF H. WEBER/ROGER ZÄCH, Zürich 2002, 139 ff.
NATSCH RUDOLF: Gegenseitige Anerkennung beruflicher Qualifikationen, in: Bilaterale Verträge Schweiz–EG; Ein Handbuch, hrsg. von DANIEL THÜRER/ROLF H. WEBER/ROGER ZÄCH, Zürich 2002, 195 ff.
PAYLLIER PASCAL: Rechtsprobleme der ärztlichen Aufklärung, Zürich 1999
PELET ODILE: Organes, tissus, cellules: loin du corps, loin de la personne?, Bern 2002
POLEDNA TOMAS/AMMANN FELIX: Auf dem Weg zur Dreiklassenmedizin, Neue Zürcher Zeitung vom 2. Februar 2002
POLEDNA TOMAS/NÜESCH SUSANNE: Komplementärmedizin in der sozialen Krankenversicherung, AJP 06/01, 638 ff.
POLEDNA TOMAS: Staatliche Bewilligungen und Konzessionen, Bern 1994

POLEDNA TOMAS: Gesundheitsrecht, in: Aktuelle Anwaltspraxis 2001, hrsg. von WALTER FELLMANN/TOMAS POLEDNA, Bern 2002, 389 ff.

POLEDNA TOMAS: Krankenversicherungen und ihre rechtliche Organisation, Zürich 2002

POLEDNA TOMAS: Rahmenbedingungen von E-Health, digma 2002.2, 56 ff.

QUELOZ NICOLAS/RICKLIN FRANZ/SENN ARIANE/DE SIMMER PHILIP: Medizin und Freiheitsentzug, Bern 2002

RAMER PAUL: Datenschutz und Arztpraxis, in: Datenschutz im Gesundheitswesen, BARBARA HÜRLIMANN/RETO JACOBS/TOMAS POLEDNA (Hrsg.), Zürich 2001, 21

RAMER PAUL/RENNHARD JOSEF: Patientenrecht, Ein Ratgeber aus der Beobachter Praxis, Zürich 1998

REHBERG JÖRG: Handbuch des Arztrechts, 5. Kapitel, Arzt und Strafrecht, Zürich 1994

RICHLI PAUL (Hrsg.): Auf dem Weg zu einem eidgenössischen Heilmittelgesetz, Schriftenreihe der Schweizerischen Gesellschaft für Gesundheitspolitik Nr. 53, Muri/BE 1997

RICHLI PAUL: Die Spitalliste – Ein Planungsinstrument mit staats- und verwaltungsrechtlichen Geburtsgebrechen? FS Martin Lendi, Zürich 1998, 407

RICHLI PAUL: Instrumente des Gesundheits- und Lebensschutzes im neuen Heilmittelgesetz vor dem Hintergrund der Grundrechte, AJP 3/2002, 340

ROGGO ANTOINE: Aufklärung des Patienten, Bern 2000

RÖSCH BRUNO: Die Stellung des Erfahrungsheilkundigen aus verfassungs- und verwaltungsrechtlicher Sicht, Basel 1994

ROSENTHAL DAVID: Vernehmlassung Heilmittelverordnung, Persönliche Stellungnahme 19. März 2001

ROSENTHAL DAVID: Was Unternehmen über Internet und Recht wissen müssen, Zürich 1997

RUMO-JUNGO A.: Rechtsprechung des Bundesgerichts zum Sozialversicherungsrecht, Bundesgesetz über die Unfallversicherung, Zürich 1995

SCHAFFHAUSER RENÉ/KIESER UELI (Hrsg.): Wirtschaftlichkeitskontrolle in der Krankenversicherung, St. Gallen 2001

SCHAFFHAUSER RENÉ/POLEDNA TOMAS: Auslagerung und Privatisierung von staatlichen und kommunalen Einheiten: Rechtsformen und ihre Folgen, St. Gallen 2002

SCHLEGEL PETER: Heilmittelgesetzgebung im Bund und im Kanton Zürich, Zürich 1981

SCHMITT ERIKA: Revision des Bundesgesetzes betreffend die Freizügigkeit des Medizinalpersonals, in: Bilaterale Verträge Schweiz–EG; Ein Handbuch, hrsg. von DANIEL THÜRER/ROLF H. WEBER/ROGER ZÄCH, Zürich 2002, 195 ff.

SCHÖN MARKUS: Die Zulassung zu anstaltlich genutzten öffentlichen Einrichtungen aus verfassungsrechtlicher Sicht, Diss. Zürich 1985

SCHOTT MARKUS: Patientenauswahl und Organallokation, Basel 2001

SCHÜPFER GUIDO/KONRAD CHRISTOPH/STAFFELBACH BRUNO: Privatisierung von öffentlichen Spitälern in der Schweiz – Gedanken aus ärztlicher Sicht, in: Privatisierung und Wettbewerb im Gesundheitsrecht, BARBARA HÜRLIMANN/TOMAS POLEDNA/MARTIN RÜBEL (Hrsg.), Zürich 2000, 65

SCHÜRER CHRISTIAN: Die Durchführung der Kranken- und Unfallversicherung gemäss Abkommen EU/CH über die Personenfreizügigkeit (APF), in: Die Durchführung des Abkommens EU/CH über die Personenfreizügigkeit (Teil Soziale Sicherheit) in der Schweiz, RENÉ SCHAFFHAUSER/CHRISTIAN SCHÜRER (Hrsg.), Bd. I, St. Gallen 2001

SCHWARZ ANDREAS: Privatisierung öffentlicher Spitäler – Das Zuger Modell, in: Privatisierung und Wettbewerb im Gesundheitsrecht, BARBARA HÜRLIMANN/TOMAS POLEDNA/MARTIN RÜBEL (Hrsg.), Zürich 2000, 75

SCHWEIZER RAINER J.: Das neue Datenschutzgesetz des Bundes, Zürich 1992

SDK (Sanitätsdirektorenkonferenz): Bericht der Arbeitsgruppe «Zulassung zu beruflichen Tätigkeiten des Gesundheitswesens» an den Bildungsrat der SDK vom Juni 2000

SEILER BEAT: Konkrete Umsetzung des Datenschutzes in der Krankenversicherung – Beschreibung der Handhabung der medizinischen Akten durch den Vertrauensärztlichen Dienst der Helsana Versicherungen AG, in: Datenschutz im Gesundheitswesen, BARBARA HÜRLIMANN/RETO JACOBS/TOMAS POLEDNA (Hrsg.), Zürich 2001, 165

SPYCHER STEFAN: Risikoausgleich in der Krankenversicherung, Bern/Stuttgart/Wien 2002

STAUFFER H. U.: Rechtsprechung des Bundesgerichts zum Sozialversicherungsrecht, Bundesgesetz über die berufliche Vorsorge, Zürich 1996

STEINER ISABELLE: Das «Kind als Schaden» – ein Lösungsvorschlag, aus: ZBJV, Band 137, 2001, 646 ff.

TUOR RUDOLF: Die Durchführung des APF-EU/CH in den übrigen Zweigen der Sozialen Sicherheit, insbesondere aus Sicht der Kantone, in: Die Durchführung des Abkommens EU/CH über die Personenfreizügigkeit (Teil Soziale Sicherheit) in der Schweiz, RENÉ SCHAFFHAUSER/CHRISTIAN SCHÜRER (Hrsg.), Bd. I, St. Gallen

WAGNER THOMAS: Die Voraussetzungen der Zulassung zum Arztberuf und deren verfassungsrechtliche Grundlage, Zürich 1979

WICKI MICHAEL: Komplementärmedizin im Rahmen des Rechts, Bern 1998

WIDMER DIETER: Die Sozialversicherung in der Schweiz, Recht für die Praxis, 3. Aufl., Zürich 2001

WIEGAND WOLFGANG (Hrsg.): Arzt und Recht, Bern 1985

WIEGAND WOLFGANG: Handbuch des Arztrechts, 3. Kapitel, Die Aufklärungspflicht und die Folgen ihrer Verletzung, Zürich 1994

WIEGAND WOLFGANG: Die Aufklärung bei medizinischer Behandlung, recht 1993, 149 ff.

WIEGAND WOLFGANG/ABEGGLEN SANDRO: Die Aufklärung bei medizinischer Behandlung, recht 1993, 189 ff.

WIRTH THEOPHIL: Apotheker und Apotheken im Schweizerischen Recht, Bern 1972

WÜST FELIX: Die Interkantonale Vereinbarung über die Kontrolle der Heilmittel vom 16. Juni 1954, Muri/BE 1969

ZENGER CHRISTOPH ANDREAS: Privatisierung im Gesundheitswesen?, in: WOLFGANG WIEGAND (Hrsg.), Rechtliche Probleme der Privatisierung, Bern 1998, 257 ff.

ZENGER CHRISTOPH ANDREAS/GUILLOD OLIVIER/RUCKSTUHL NIKLAUS: Gesetzliche Grundlagen, in: F. GUTZWILLER/O. JEANNERET (Hrsg.), Sozial- und Präventivmedizin. Public Health, Bern u. a. 1996, 242 ff.

Literaturverzeichnis

I. Internetadressen

1. Bund

Bund
http://www.admin.ch/
Systematische Sammlung des Bundesrechts (SR)
http: //www.admin.ch/ch/d/sr/sr.html
Bundesamt für Gesundheit
http://www.bag.admin.ch/
Bundesamt für Sozialversicherung (BSV)
http://www.bsv.admin.ch/
Bundesamt für Statistik (BFS)
http://www.statistik.admin.ch/
Eidgenössischer Datenschutzbeauftragter (EDSB)
http://www.edsb.ch/
Preisüberwacher
http://www.preisueberwacher.admin.ch/
Bundesgericht
http://www.bger.ch
Bundesversammlung
http://www.parlament.ch/

2. Kantone/Kanton Zürich

Kantonale Internetseiten siehe weiter unten

Interkantonale Kontrollstelle für Heilmittel (IKS)
http://www.swissmedic.ch
Schweizerische Sanitätsdirektorenkonferenz (SDK)
http://www.sdk-cds.ch/
Schweizerische Universitätskonferenz
http://shkwww.unibe.ch/
Kanton Zürich
http://www.kanton.zh.ch/
Zürcher Gesetzessammlung (LS)
http://www.kanton.zh.ch/Appl/webktzh.nsf/GesetzeWeb?OpenFrameSet
Verwaltungsgericht des Kantons Zürich
http://www.vgrzh.ch/
Datenschutzbeauftragter des Kantons Zürich
http://www.datenschutz.ch/

3. Internationale Organisationen

WHO
http://www.who.int/
Europarat
http://www.coe.int/

Literaturverzeichnis

Europäische Union (EU)
http://www.europa.eu.int/
Integrationsbüro Schweiz–Europa
http://www.europa.admin.ch/

4. Private Organisationen

Schweizerische Akademie der Medizinischen Wissenschaften (SAMW)
http://www.samw.ch/
Verbindung der Schweizer Ärztinnen und Ärzte (FMH)
http://www.fmh.ch/
Vereinigung der invasiv und operativ tätigen Ärzte der Schweiz (FMS)
http://www.invasio-fms.ch/
Assoziation Schweizer Ärztegesellschaften für Akupunktur und Chinesische Medizin
http://www.akupunktur-tcm.ch/
Verband Schweizerischer Assistenz- und Oberärzte (VSAO)
http://www.vsao.ch/
Schweizerischer Apothekerverband (SAV)
http://www.pharmagate.ch/
Berufsgenossenschaft der Schweizer Apotheker (OFAC)
http://www.ofac.ch/
Schweizer Zahnärzte-Gesellschaft (SSO)
http://www.sso.ch/
Schweizerischer Gewerkschaftsbund
http://www.sgb.ch/
Die Schweizer Spitäler (H+)
http://www.hplus.ch/
Swiss Private Clinics
http://www.privatehospitals.ch/
Konkordat der Schweizerischen Krankenversicherer (KSK)
http://www.ksk-cams.ch/
forum gesundheitsrecht
http://www.gesundheitsrecht.ch/
Schweizerische Stiftung für eine verantwortungsvolle Gentechnik
http://www.gensuisse.ch/
Medicus Mundi Switzerland, The Swiss Network of Organisations for International Cooperation in Health Care
http://www.medicusmundi.ch/
Zeitschrift für Kommunikationsrecht (Pressemitteilungen)
http://www.medialex.ch/

5. Beiträge zum Gesundheitsrecht

Eidgenössischer Datenschutzbeauftragter, Leitfaden für die Bearbeitung von Personendaten im medizinischen Bereich
http://www.edsb.ch/d/doku/leitfaeden/index.htm

EGLI MICHAEL, Lehrgang Gesundheitswesen Schweiz
http://www.medpoint.ch/
KARASCH PATRICK, Elektronischer Datentransfer und effiziente Leistungskontrolle im Gesundheitswesen mit XML
http://www.ifi.unizh.ch/
Kranken- und Unfallversicherung, Rechtsprechung und Verwaltungspraxis, Zeitschrift des Bundesamtes für Sozialversicherung (RKUV)
http://www.bsv.admin.ch/publikat/rkuv/d/index.htm
Soziale Sicherheit, Zeitschrift des Bundesamtes für Sozialversicherungen (CHSS)
http://www.bsv.admin.ch/publikat/chss/d/index.htm

II. Gesetzeserlasse der Kantone

Aargau (AG) http://www.ag.ch/sar/index.htm?/sar/sar.htm
Gesundheitsgesetz (GesG) vom 10. November 1987 (SAR 301.100)
Bern (BE) http://www.sta.be.ch/belex/d/home.htm
Gesundheitsgesetz vom 2. Dezember 1984 (811.01)
Entwurf zu einem revidierten Gesundheitsgesetz, in Kraft seit 1.1.2002
Basel-Landschaft (BL) http://www.baselland.ch/index.htm
Gesundheitsgesetz vom 10. Dezember 1973 (SGS 901)
Verordnung zum Gesetz über das Gesundheitswesen vom 17. November 1975 (SGS 901.1)
Basel-Stadt (BS) http://www.gesetzessammlung.bs.ch/main/default.html
Gesetz über das Sanitätswesen und die Gesundheitspolizei vom 18. Januar 1964 (300.100)
Verordnung zum Gesetz über das Sanitätswesen vom 24. Dezember 1937 (300.110)
Fribourg (FR) http://www.fr.ch/ofl/de/lois/
Gesundheitsgesetz vom 16. November 1999 (821.0.1)
Genève (GE) http://www.geneve.ch/legislation/welcome.html
Unter «K santé» finden sich viele Gesetze und Reglemente die Gesundheit betreffend, es existiert aber kein eigentliches Gesundheitsgesetz. Es gibt ein Kapitel über die «Police sanitaire, lutte contre les maladies», ein Kapitel «Etablissements hospitaliers», eines über «Professions médicales et auxiliaires», ein weiteres über die «Médicaments, stupéfiants, produits divers» und schliesslich über die «Denrées alimentaires».
Glarus (GL) http://www.gl.ch/
Gesetz über das Gesundheitswesen des Kantons Glarus vom 5. Mai 1963
Graubünden (GR) http://www.gr.ch/
Gesetz über das Gesundheitswesen des Kantons Graubünden vom 2. Dezember 1984 (500.000)
Luzern (LU) http://www.lu.ch/index/systematische_rechtssammlung.htm
Gesetz über das Gesundheitswesen vom 29. Juni 1981 (SRL Nr. 800)
Neuchâtel (NE) http://www.ne.ch/rsn/
Loi de santé du 6 février 1995 (RSN 800.1)
Règlement provisoire d'exécution de la droit de santé, du 31 janvier 1996 (RSN 800.100)

Nidwalden (NW) http://www.nw.ch/
   Gesetz über das Gesundheitswesen vom 29. April 1973 (711.1)
Obwalden (OW) http://www.ow.ch/
   Gesundheitsgesetz vom 20. Oktober 1991 (810.1)
Schaffhausen (SH) http://www.sh.ch/
   Gesundheitsgesetz vom 19. Oktober 1970 (810.100)
Schwyz (SZ) http://www.sz.ch/
   Verordnung über das Gesundheitswesen im Kanton Schwyz vom 9. September 1971 (571.110)
Solothurn (SO) http://www.so.ch/
   Gesundheitsgesetz vom 27. Januar 1999 (811.11)
   Vollzugsverordnung zum Gesundheitsgesetz vom 28. Juni 1999 (811.12)
St. Gallen (SG) http://www.gallex.ch/gallex/fra_sys.html
   Gesundheitsgesetz vom 28. Juni 1979 (311.1)
   Nachtragsgesetz zum Gesundheitsgesetz vom 18. Juni 1998 (311.1)
Tessin (TI) http://www.ti.ch/
   Legge sulla promozione della salute e il coordinamento sanitario del 18 aprile 1989 (Lsan) (6.1.1.1)
   Decreto esecutivo concernente la designazione del Dipartimento competente per l'applicazione della legge sanitaria del 22 novembre 1989 (6.1.1.1.1)
Thurgau (TG) http://www.tg.ch/rechtsbuch/
   Gesetz über das Gesundheitswesen vom 5. Juni 1985 (810.1)
Uri (UR) http://www.ur.ch/
   Gesetz über das Gesundheitswesen vom 27. September 1970 (30.2111)
   Vollziehungsverordnung zum Gesetz über das Gesundheitswesen vom 17. November 1971 (30.2115)
Valais (VS) http://www.vs.ch/navig2/loisvs/de/frame522.htm
   Gesundheitsgesetz vom 9. Februar 1996 (800.1)
Vaud (VD) http://www.rsv.vd.ch/
   Loi sur la santé publique du 29 mai 1985 (LSP)
Zug (ZG) http://www.zug.ch/bgs/
   Gesetz über das Gesundheitswesen im Kanton Zug vom 21. Mai 1970 (821.1)
   Verordnung I zum Gesundheitsgesetz (medizinische und pharmazeutische Berufe, Hilfsberufe sowie wissenschaftlich nicht anerkannte Behandlungen) vom 22. Dezember 1981 (821.11)
   Verordnung III zum Gesundheitsgesetz (sozialmedizinischer Dienst) vom 19. Januar 1982 (821.13)
Zürich (ZH) http://www.kanton.zh.ch/Appl/webktzh.nsf/GesetzeWeb?OpenFrameSet
   Gesetz über das Gesundheitswesen vom 4. November 1962 (LS 810.1)
   Entwurf zu einem revidierten Gesundheitsgesetz

Die Kantone Appenzell Ausserrhoden (AR), Appenzell Innerrhoden (AI) und Jura (JU) haben ihre Gesetzestexte noch nicht auf dem Internet publiziert.

Kapitel 1 – Grundlagen

§ 1 Grundbegriffe und Definitionen

1. Gesundheit

Die Präambel der WHO-Satzung aus dem Jahre 1976 definiert den Begriff «Gesundheit» wie folgt: «Gesundheit ist der Zustand der vollständigen körperlichen, geistigen und sozialen Wohlbefindens und nicht nur das Freisein von Krankheit oder Gebrechen». Dieser Gesundheitsbegriff wird heute als utopisch betrachtet. Nach dem modernen sozialmedizinischen Verständnis wird Gesundheit viel eher als dynamischer Prozess interpretiert, in dem das Individuum sein Wohlbefinden in seiner Umwelt zu optimieren versucht. Zu optimieren sind dabei vier Faktoren, welche die Gesundheit beeinflussen:

- die biologischen und genetischen Gegebenheiten;
- die medizinisch-technischen Möglichkeiten (Gesundheitswesen);
- der Lebensstil und das Gesundheitsverhalten;
- die natürliche und soziale Umwelt.

Daraus hat sich ein neues Verständnis der Gesundheitsförderung entwickelt, nämlich ein Zustand, der ständig neu ausbalanciert und den konkreten Lebenssituationen angepasst werden muss. Nach HURRELMANN lautet die neue Gesundheitsdefinition deshalb:

> Gesundheit ist dann gegeben, wenn eine Person konstruktiv Sozialbeziehungen aufbauen kann, sozial integriert ist, die eigene Lebensgestaltung an die wechselhaften Belastungen des Lebensumfeldes anpassen kann, dabei individuelle Selbstbestimmung sichern und den Einklang mit den genetischen, physiologischen und körperlichen Möglichkeiten herstellen kann[1].

«Die Verantwortung für die Gesundheitsförderung liegt deshalb nicht nur beim Gesundheitssektor, sondern bei allen Politikbereichen und zielt

---

[1] GUTZWILLER/JEANNERET, Kap. 4.2.1 mit Verweis.

über die Entwicklung gesünderer Lebensweisen hinaus auf die Förderung von umfassendem Wohlbefinden hin.»[2]

Der Begriff «öffentliche Gesundheit» steht dabei «für die Gesamtheit der Probleme sowie Massnahmen, welche die Gesundheit einer Bevölkerung betreffen, einschliesslich aller präventiven, kurativen sowie rehabilitativen Leistungen»[3].

3 Eine ironische Definition der «Gesundheit als Illusion» besagt: «A well person is an incompletely worked up patient.» Ein gesunder Mensch sei in Wirklichkeit ein Patient(!), den man einfach zu wenig gründlich untersucht habe[4].

2. Gesundheitswesen

4 Das Gesundheitswesen umfasst alle Einrichtungen und Massnahmen zur Versorgung mit medizinischen, paramedizinischen und pflegerischen Gütern sowie Dienstleistungen, die das Ziel haben, den Gesundheitszustand der Bevölkerung zu erhalten oder zu verbessern. Dazu gehören neben der Gesundheitsförderung und Krankheitsverhütung insbesondere die Diagnose und Behandlung von Gesundheitsstörungen, Krankheiten und Unfällen sowie Pflege und nachfolgende Rehabilitation.

> Das Gesundheitswesen in der Schweiz hat sich vor dem Hintergrund der schweizerischen Staatsform entwickelt und ist daher als gewachsenes «Wesen» zu verstehen. Aus diesem Grunde wird nicht von einem durch Planer entworfenen Gesundheits*system* gesprochen. Das Schweizer Gesundheitswesen ist in grossen Teilen dezentral und föderativ organisiert. Es stützt sich auf ein Sozialversicherungssystem, weist aber gleichzeitig ausgeprägte Schwerpunkte im privaten und staatli-

---

[2] Definition gemäss der WHO Ottawa-Charta. Diese Charta stützt sich stark auf das Prinzip der Salutogenese. Danach sind die Gründe für die Bewahrung oder Wiedererlangung von Gesundheit zu untersuchen, eine komplementäre Sichtweise also zur bisher vorherrschenden, krankheitszentrierten Sichtweise (Pathogenese). Dabei wird davon ausgegangen (wie oben erläutert), dass die medizinisch-technische Versorgung nur *ein* Einflussfaktor für die Gesundheit der Menschen ist.

[3] GUTZWILLER/JEANNERET, Kap. 1.2.

[4] Diese ironische Definition stammt von einem zeitgenössischen amerikanischen Arzt, der damit hervorheben will, wie stark sich die Medizin an den Krankheiten orientiert. Die Frage, was Gesundheit sei, beschäftige die Medizin dagegen wenig. Vgl. dazu EGLI, Kap. 1.1.

> chen Bereich auf[5]. Durch die 26 verschiedenen kantonalen Gesundheitsgesetze und die Verbindung von Elementen verschiedenster Gesundheitssysteme[6] gilt die Schweiz als Land mit dem kompliziertesten Gesundheitswesen aller OECD-Länder[7].

Föderalismus und Subsidiarität als Merkmale des politischen Systems der Schweiz kennzeichnen auch den Organisationsaufbau im Gesundheitssystem. Der Subsidiaritätsgedanke findet seinen Niederschlag darin, dass die Preisbildung der Selbstverwaltung anvertraut worden ist, wobei Träger der Selbstverwaltung keine öffentlich-rechtlichen, sondern ausschliesslich privatrechtliche, zum Teil mit öffentlichen Aufgaben beliehene Organisationen sind[8].

Im Schweizer Gesundheitswesen sind vier Leistungsbereiche zu unterscheiden, die unter dem Einfluss verschiedener Ordnungsprinzipien stehen[9]:

a) Privatwirtschaftlicher Bereich

Zum rein privatwirtschaftlichen Bereich gehören die nicht kassenpflichtigen ärztlichen Leistungen, (weit gehend) die zahnärztlichen Leistungen, die Abgabe nicht rezeptpflichtiger Medikamente, die Privatkliniken (ohne öffentlichen Leistungsauftrag), die Naturheilpraktiker[10], die Psychologen, die Podologen, die Masseure etc. Massgeblich sind privates Angebot und private (und nicht sozialversicherungsrechtliche) Finanzierung. Die Patienten können diese Leistungen direkt auf eigene Wahl und unter Übernahme der Kostenfolgen beziehen. Die Preise wer-

---

[5] Siehe dazu weiter unten.
[6] Das dezentrale, auf dem Sozialversicherungsgedanken basierende System gleicht dem auf der Krankenversicherung beruhenden System Deutschlands. Ähnlich dem System der USA ist die teilweise Versorgung der freiberuflich tätigen Ärzte, die weitgehend über einen Eizelleistungstarif honoriert werden. Die Subventionierung des Gesundheitswesens durch Bund, Kantone und Gemeinden, welche das System zu einem nationalen Gesundheitsdienst macht, ist dem National Health Service Grossbritanniens ähnlich. Der Bund leistet dabei Unterstützungsbeiträge an die Kantone, während die Kantone die Prämien der Versicherten nach Massgabe ihrer wirtschaftlichen Leistungsfähigkeit subventionieren.
[7] Dies laut einer Studie über einen internationalen Vergleich. Vgl. dazu GUTZWILLER/JEANNERET, Kap. 5.1.3 mit Verweis.
[8] Vgl. dazu GUTZWILLER/JEANNERET, Kap. 5.1.4.
[9] Dieser Abschnitt ist dem Lehrgang Gesundheitswesen Schweiz entnommen (EGLI).
[10] Alle Personenbezeichnungen des vorliegenden Buches beziehen sich auf Personen beider Geschlechter.

Kapitel 1 – Grundlagen

den von den Anbietern festgelegt, welche sich dabei teils mehr, teils weniger stark an die Tarifordnungen aus dem Sozialversicherungsbereich anlehnen.

b) *Sozialversicherung: ambulante und teilstationäre Behandlung*

8   Die Angebote werden (zumeist) privat erbracht[11]. Es gibt bislang ebenso wenig eine öffentliche Steuerung der Zahl und Niederlassung der Ärzte[12] bzw. der teilstationären Einrichtungen[13], der nichtärztlichen Heilberufe, wie Planungen der medizinisch-technischen Grossgeräte in den Arztpraxen. Für die Versicherten besteht freie Arztwahl. Sowohl Allgemein- als auch Spezialärzte und Chiropraktoren können direkt aufgesucht werden. Ein Patient kann bei mehreren Ärzten gleichzeitig in Behandlung sein. Neu ist es je nach Versicherer möglich, zwischen verschiedenen Versorgungsformen mit eingeschränkter Arztwahl (HMO, Hausarztmodelle) zu wählen. Die Inanspruchnahme der übrigen ambulanten Dienste zu Lasten der Sozialversicherung ist hier – ausser in Notfällen – nur auf ärztliche Überweisung möglich.

c) *Sozialversicherung: stationäre Versorgung*

9   Dieser Bereich ist charakterisiert durch die kantonale Zuständigkeit für die Versorgung und die Aufteilung der Finanzierung zwischen Kanton und Krankenkasse. Die Angebote werden durch öffentliche und private Träger erbracht. Die Spitäler und Abteilungen, die Leistungen zu Lasten der Krankenkassen erbringen dürfen, sind Teil der kantonalen Spitalplanung. Der Patient hat freie Spitalwahl, wobei allerdings je nach Standort des Spitals und den näheren (medizinischen) Umständen unterschiedliche Kostentragungsregeln zur Anwendung kommen.

---

[11]   Ambulante und teilstationäre Leistungen werden auch an den staatlichen Spitälern erbracht.
[12]   Eine Ausnahme bildet die befristete Einführung der Bedürfnisklausel für ambulante Leistungserbringer auf den 4. Juni 2002. Vgl. hierzu das Kapitel 6 über die soziale Krankenversicherung.
[13]   Im Rahmen der laufenden zweiten Teilrevision des KVG sollen die teilstationären Einrichtungen hinsichtlich Planung den stationären Einrichtungen gleichgestellt werden.

d) Staatlicher Bereich

In diesen Bereich fallen verschiedene Leistungen des Gesundheitswesens, die von der öffentlichen Hand angeboten und auch finanziert werden. Dies betrifft vor allem die Bereiche der Public Health sowie der Planung und der Verwaltung.

3. Public Health

Public Health heisst wörtlich übersetzt «öffentliche Gesundheit». Dieser Ausdruck wird in der juristischen Terminologie jedoch auch für ein so genanntes Polizeigut verwendet, dessen inhaltliche Bedeutung viel enger ist als das, was man im allgemeinen Sprachgebrauch unter Public Health versteht. Zur klaren Abgrenzung ist daher der angloamerikanische Terminus zu verwenden. Public Health umfasst alle staatlichen analytischen und organisatorischen Anstrengungen, welche sich mit der Erkennung von Gesundheitsproblemen in der Bevölkerung sowie mit deren Verbesserung oder Verhinderung befassen. Es verbindet gesundheitswissenschaftliche Forschung mit Planung und Systemmanagement in den beiden Kernbereichen des Gesundheitssystems: Krankenversorgung und -pflege sowie Gesundheitsförderung und -schutz. Public Health beschlägt ein stark multidisziplinär geprägtes Gebiet; neben den medizinischen Wissenschaften spielen die Psychologie, Soziologie, Ökonomie, Statistik, Ethik sowie das Recht eine wichtige Rolle.

Public Health befasst sich mit der Erklärung von Problemen, denen Gesellschaften bei der Prävention von Krankheiten gegenüberstehen und damit mit der *Erforschung von Krankheitsursachen und mit der Gesundheitsförderung*. Es handelt sich um ein gesamtheitliches Konzept, das Gesundheitsschutz und Gesundheitsverhalten, aber auch Versorgungsfragen und schliesslich gesundheitspolitische Themen mit einschliesst.

> Die zentrale Aufgabe von Public Health besteht darin, sich für die Schaffung von gesellschaftlichen Bedingungen, Umweltbedingungen und Bedingungen der gesundheitlichen Versorgung einzusetzen, unter welchen die Menschen gesund leben können[14]. Als Ziel der Public Health soll das *Gesundheitspotential optimal ausgeschöpft* sowie die *höchstmögliche Lebensqualität erreicht* werden. Bei den Tätigkeiten im

---

[14] Diese Definition stammt aus den laufenden Arbeiten zu einem Weiterbildungsprogramm in öffentlicher Gesundheit der Deutschschweizer Universitäten.

> Zusammenhang mit Public Health geht es darum, prioritäre Gesundheitsprobleme zu identifizieren, ihr Ausmass und ihre Verteilung in der Bevölkerung festzustellen, Lösungsansätze im Lichte von Kosten-Nutzen-Überlegungen gegeneinander abzuwägen, die zur Lösung gewählten Programme durchzuführen und diese schliesslich zu evaluieren. Aus der Evaluation kann der Schluss gezogen werden, inwieweit noch immer Probleme vorliegen, die es zu lösen gilt[15].

12 Bei der Umsetzung der Ziele von Public Health sind folgende Grundsätze zu beachten[16]:
- Es geht im Wesentlichen darum, Krankheiten und vorzeitige Todesfälle in der Bevölkerung zu verhüten und zur Gesundheitserhaltung und -förderung jedes einzelnen Mitglieds der Bevölkerung, wie auch der Gesamtbevölkerung, beizutragen. Es soll eine wirksame und patientengerechte Wiederherstellung der Gesundheit ermöglicht werden.
- Die dafür zu leistende Arbeit basiert auf wissenschaftlichen Grundlagen.
- Für die Erfüllung der Public-Health-Aufgaben sind, nebst individuellen, vorwiegend gesellschaftliche Anstrengungen im öffentlichen und privaten Bereich erforderlich.
- Das Erledigen von Public-Health-Aufgaben erfordert den aufeinander abgestimmten Einsatz der Kompetenz verschiedener Disziplinen und Berufe.

13 Im Public-Health-Bereich lassen sich schematisch drei Arten von Tätigkeiten unterscheiden: die Durchführung von Interventionsprogrammen, deren Ziel es ist, den Gesundheitszustand der Bevölkerung zu verbessern; die Ausbildung der im Gesundheitswesen tätigen Berufe sowie die Forschung, die darauf ausgerichtet ist, die Ursachen der prioritären Gesundheitsprobleme und möglichen Methoden zu deren Beseitigung zu identifizieren. Heute sind diese drei Bereiche nicht mehr strikt getrennt, sondern ergänzen sich zu einer Gesamtsicht. So sind neue, dem Public-Health-Bereich eigene Disziplinen entstanden, wie etwa die Biostatistik, die medizinische Psychologie, die Medizinsoziologie und das Gesundheitsrecht.

---

[15] Ein Beispiel für den Einsatz dieser «PublicHealth-Vorgehensweise» bildet die von der Weltgesundheitsorganisation WHO geförderte Strategie «Health for All by the year 2000». Dabei wurde eine gewisse Anzahl klar definierter Gesundheitsziele festgelegt. Auch wenn sich die Ziele in vielen Fällen als unrealistisch erwiesen haben, so stellt die damit verbundene Einführung einer neuen Vorgehensweise für viele Länder einen entscheidenden Schritt zur Verbesserung des Gesundheitszustandes der Bevölkerung dar.

[16] Stammt aus: GUTZWILLER/JEANNERET, Kap. 1.3.

4. Gesundheitsrecht

Das Gesundheitsrecht umfasst alle *Rechtsnormen*, sei es auf internationaler, Bundes-, kantonaler oder kommunaler Ebene, *welche Fragen der Gesundheit und des Gesundheitswesens betreffen*. Dazu gehören sowohl Bestimmungen aus dem Bereich des Staats- und Verwaltungsrechts sowie des Sozialversicherungsrechts als auch aus dem Gebiet des Privatrechts sowie strafrechtliche Tatbestände. Das Gesundheitsrecht besteht aus spezifischen Verfassungsbestimmungen, Gesetzen, Staatsverträgen und Konkordaten (interkantonalen Verträgen) sowie aus Verordnungen. Es wird ergänzt durch die von öffentlichen Betrieben erlassenen Weisungen und Richtlinien und massgeblich weiter entwickelt und konkretisiert durch Entscheidungen von Verwaltungsbehörden und Gerichten. Im weitesten Sinne können auch private Normen, wie beispielsweise die Richtlinien der Schweizerischen Akademie der Medizinischen Wissenschaften, zum Gesundheitsrecht gerechnet werden. Das Gesundheitsrecht umschreibt die Rahmenbedingungen für das Gesundheitswesen insgesamt und bestimmt dessen Strukturen; es regelt den Betrieb von Organisationen, und nicht zuletzt ordnet es die Verhältnisse zwischen individuellen Personen[17].

Das schweizerische Gesundheitsrecht wird durch viele Faktoren beeinflusst:
- zum einen durch das *internationale Gesundheitsrecht*, denn direkt anwendbare internationale Vereinbarungen, welche die Schweiz unterzeichnet hat, gehen entgegenstehendem Landesrecht vor (Auswirkung des Primats des internationalen Rechts)[18];
- zum anderen durch die Arbeiten der *WHO*[19];
- so auch durch Arbeiten des *Europarates*, wobei die von der Schweiz 1974 unterzeichnete *Europäische Menschenrechtskonvention* wohl am bekanntesten sein dürfte;

---

[17] Dazu gehört das Recht der Gesundheitsberufe, der Heileinrichtungen, der Heilmittel und -verfahren einschliesslich neuer Technologien (z. B. Gen- und Fortpflanzungstechnologie), der Finanzierung von Gesundheitsleistungen (bes. Subventionierung und Versicherungssysteme), der Versorgung mit Gesundheitsleistungen, der gesundheitlichen Fürsorge, der Gesundheitspolizei und der Vorsorge im Hinblick auf Gesundheitsrisiken.
[18] Eine Kürzung der Invalidenrente wegen Selbstverschuldens des Versicherten ist beispielsweise rechtlich nicht zulässig, da die Schweiz internationalen Übereinkommen beigetreten ist, welche dies ausschliessen (BGE 119 V 171).
[19] Die Schweiz hat dabei jedoch die meisten Ziele bereits realisiert.

- schliesslich durch das *Europäische Gemeinschaftsrecht*, auch wenn die Schweiz nicht Mitglied der Europäischen Union ist[20].

15 Auch der Bereich der Public Health wird durch das Gesundheitsrecht abgedeckt. Im Unterschied zum allgemeinen Ansatz in der Public-Health-Praxis befasst sich das Public-Health-Law nicht nur mit bevölkerungsbezogenen Gesichtspunkten, sondern gerade auch mit den individuellen Rechten und Pflichten von Personen, welche von Public-Health-Massnahmen betroffen sind. Das Recht der Public Health gehört überwiegend zum öffentlichen Recht.

16 Das Gesundheitsrecht ist sowohl bei *politischen* Entscheidfindungen, wo pragmatische Zweckmässigkeitsüberlegungen angebracht sind[21], als auch bei *ethisch-politischen* Auseinandersetzungen, die im Gesetzgebungsverfahren gelöst werden, von Belang. *Moralische* Fragen kann das Recht jedoch in der Regel nicht beantworten; die verfassungsrichterliche Rechtsprechung muss den Beteiligten hier in besonders wichtigen und darum grundrechtlich geschützten Bereichen immer wieder die Möglichkeit öffnen, moralische Fragen für sich beantworten zu können.

5. Gesundheitspolitik

17 Unter Gesundheitspolitik soll die Summe aller Massnahmen verstanden werden, die der Förderung der Gesundheit durch Minimierung gesundheitsschädlicher Risiken und ihrer Ursachen, der Wiederherstellung der Gesundheit mit Hilfe der Einrichtungen des Gesundheitswesens und der Sicherung des Lebensunterhalts im Fall von Krankheiten dienen[22].

18 In der Schweiz fällt die Gesundheitspolitik in den Bereich des Bundesamtes für Gesundheit (BAG); ihre Umsetzung wird weitgehend von dessen *Facheinheit Öffentliche Gesundheit* wahrgenommen.

19 Die vom BAG aufgestellte Vision für eine umfassende Gesundheitspolitik lautet:

«Das oberste Ziel der Gesundheitspolitik ist das körperliche, seelische und soziale Wohlbefinden aller in der Schweiz lebenden Menschen. Sie setzt sich demnach ein für die Förderung des Gesundheitsbewusstseins jedes und jeder Einzelnen, die Ge-

---

[20] Besonders betroffen davon sind etwa der Arzneimittelmarkt, die berufliche Freizügigkeit, die Sozialversicherungen, die Forschungspolitik und die Politik der öffentlichen Gesundheit.
[21] Verwaltungsbehörden und Experten müssen prüfen, welche Massnahmen verhältnismässig sind.
[22] Vgl. FLEMMICH.

staltung gesundheitsförderlicher und die Verhinderung gesundheitsschädigender Lebensbedingungen. Dazu gehört auch der Schutz der physischen und psychischen Integrität jedes und jeder Einzelnen.

Jedes Individuum soll sein Gesundheitspotential voll entfalten und zur Erzielung eines grösstmöglichen Gesundheitsgewinnes auf den Einsatz gesellschaftlicher, persönlicher, sozialer und institutioneller Ressourcen zählen können. Die Erhaltung und Verbesserung der Lebensqualität von Kranken und Gesunden und die Chancengleichheit aller sind für die Gesundheitspolitik als Teil einer sozialen Gesellschaftspolitik von zentraler Bedeutung. Im Zweifelsfalle haben Investitionen in Lebensqualität und Wohlbefinden Vorrang vor weiteren Entwicklungen der medizinischen Spitzentechnologie. Dies im vollen Bewusstsein, dass Krankheit und Tod letztlich unvermeidbar und integrale Bestandteile unseres Lebens sind.»[23]

Mit der Gesundheitspolitik befassen sich Amtsträger aus Politik und Verwaltung in Bund, Kantonen und Gemeinden, Berufsleute und Institutionen im Gesundheits-, Bildungs- und Sozialbereich, Wissenschaftler und Wissenschaftlerinnen, die Medien und auch die Bevölkerung. Als Leitsätze und Grundprinzipien sind dabei Ethik, Lebensqualität, Chancengleichheit und Solidarität, Berücksichtigung des Individuums, wie auch der Gesellschaft, sowie Innovation zu beachten. Dabei wird vor allem in den Bereichen der Prävention, der Gesundheitsförderung, des Gesundheitsschutzes, des kurativen Sektors, der gesundheitsbezogenen Forschung sowie der Aus-, Weiter- und Fortbildung gearbeitet.

Als oberstes Ziel gilt für alle Beteiligten die Kostendämpfung unter gleichzeitiger Wahrung der gesundheitspolitischen Anliegen.

Die Erreichung folgender Unterziele wird angestrebt:
- die *KVG-Revision*, wobei die Solidarität zwischen Kranken und Gesunden, Ärmeren und Wohlhabenderen gesichert werden soll,
- eine *bedarfsgerechte Spitalplanung*, welche eine quantitativ und qualitativ ausreichende sowie wirtschaftlich tragbare medizinische Versorgung gewährleistet. Zudem sollten von spezialisierten Planungsgruppen auf fundierten Evaluationen und wissenschaftlichen Grundlagen basierende Spitallisten entworfen werden, wobei in der Grundversicherung künftig nur noch die Behandlungskosten eines Listenspitals des Wohnkantons vergütet werden.
- die Installierung eines *Qualitätsmanagements,* welches für jeden Patienten und jede Krankheit eine (nicht nur kurzfristige) optimale Behandlung zu angemessenen Preisen ermöglichen sollte. Um dieses Ziel zu verwirklichen, reichen staatliche Massnahmen nicht aus, sondern bedarf es einer Mitwirkung aller. Wie viel medizinischer Aufwand im Einzelfall gerechtfertigt ist, muss individuell abgeklärt werden.

---

[23] Vgl. www.admin.ch/bag/politik/d/kuerze.htm.

Kapitel 1 – Grundlagen

- eine generelle *Effizienzsteigerung*, um den nicht aufhaltbaren technischen Fortschritten und der wissenschaftlichen Forschung in der Medizin mit einer zukunftsweisenden Rationalisierung entgegenzutreten. Dabei sollen überflüssige Untersuchungen mit kostspieligen Apparaten und unnötige Operationen vermieden werden.
- die *Gesundheitsförderung* im Bereiche der Förderung von Bewegung und Sport sowie der Ernährung. Bewegungsmangel, wie auch falsche Ernährung, können enorme Auswirkungen für den Einzelnen und erhebliche Kostenfolgen für die Allgemeinheit zeitigen. Trotzdem muss die Gesundheitsförderung letztlich im Bereich der Eigenverantwortung bleiben; der Staat soll nicht über die Bürger wachen und schauen, wie gesund sich diese verhalten.

23   Als Endziel soll in der Bevölkerung ein Umdenken ausgelöst werden, das zu mehr *Eigenverantwortung* der Bürger führt. Als zukünftige Herausforderungen können dabei der Umgang mit der Überalterung und die Arbeitslosigkeit angesehen werden, denn nur eine leistungsfähige Wirtschaft schafft die Möglichkeit, den ungehinderten Zugang zu einem der besten Gesundheitssysteme der Welt für alle Personen dauerhaft zu erhalten.

6. Gesundheitsökonomie

24   Die Gesundheitsökonomie ist ein Teil der Wirtschaftswissenschaft und beschäftigt sich mit dem Thema der Knappheit von Ressourcen im Gesundheitswesen. Sie befasst sich dabei, unter Anwendung der Methoden der Ökonomie, sowohl mit den Ursachen der Knappheit wie auch den Möglichkeiten, diese zu mildern. Die Ansicht, die Gesundheit sei das höchste Gut, impliziert, dass der Bedarf an anderen Gütern als der Gesundheit erst dann gedeckt werden darf, wenn derjenige der Gesundheitsgüter gedeckt ist. Dies führt zu einer effizienten wirtschaftlichen Planung von Gesundheitsleistungen in einem Umfeld knapper Ressourcen. Angebot und Nachfrage müssen analysiert werden und darauf folgend Entscheidungen getroffen werden, wie die vorhandenen Mittel effizient und den gesellschaftlichen Wünschen entsprechend eingesetzt werden können.

> Ziel der Gesundheitsökonomie ist es, eine optimale Versorgung der Bevölkerung und den Fortbestand des Systems der Gesundheitsversorgung bei vorgegebenen Ressourcen zu garantieren.

Um ein Gesundheitsprogramm zu erstellen, müssen Prioritäten medizinischer Leistungen festgelegt werden. Die Prioritäten lassen sich anhand von acht Faktoren festlegen[24]:
- Anzahl Einwohner, welche vom Gesundheitsprogramm profitieren;
- Anzahl Erkrankte und Verstorbene oder erwartete Abnahme durch das Gesundheitsprogramm;
- Wirksamkeit der verfügbaren Technologien;
- Sicherheit des Wissens über Effektivität von Massnahmen;
- Grad der Selbstverschuldung;
- Vorhandensein gesicherter Massnahmen, welche den Unterhalt des Programms gewährleisten;
- Wahrscheinlichkeit der langfristigen Umsetzung;
- Tatsächliche Kosten des Programms;
- Erwarteter Effekt des Programms auf die wirtschaftliche Entwicklung des betroffenen Bereichs;
- Wunschvorstellungen der Bevölkerung.

Ähnlich den Public-Health-Aufgaben sollen auch in der Gesundheitsökonomie die individuelle Bewertung der Gesundheit, mit Folgerungen für die Kosten-Nutzen-Analyse, und die «Produktion» der Gesundheit auf individueller und gesellschaftlicher Ebene sowie die besondere Rolle der Krankenversicherungssysteme analysiert werden.

§ 2 Kompetenzverteilung zwischen Bund und Kantonen

1. Überblick

Im Bereich des Gesundheitswesens besteht keine allgemeine Bundeskompetenz. Grundsätzlich handelt es sich beim öffentlichen Gesundheitsrecht um einen *traditionellen Kompetenzbereich der Kantone*. Der Bund besitzt jedoch in verschiedenen besonders wichtigen, Schlüsselstellen besetzenden Teilbereichen Gesetzgebungskompetenzen. Die Aufgabenteilung führt zu zahlreichen Schnittstellen und Überschneidungen. Mit dem ansteigenden Bedarf an einheitlichen Regelungen und der zunehmenden Internationalisierung des Gesundheitsrechts ist eine *klare Tendenz zur Ausdehnung der Bundeskompetenzen* feststellbar.

---

[24] Aus: EGLI, 3.3.

2. Bund

a) Bundeskompetenzen

27　　Vorab ist darauf hinzuweisen, dass auch im Bereich des Gesundheitswesens (die zum grossen Teil in Form der Leistungsverwaltung abgewickelt wird) für die staatliche Tätigkeit die *Grundrechte* (Art. 7 BV) von Bedeutung sind.

28　　Im Verhältnis Patient–öffentlicher Leistungserbringer ist beispielsweise die *persönliche Freiheit* zu berücksichtigen (Art. 10 und 13 BV), wobei zu den wichtigsten Normgehalten im Bereich des Gesundheitswesens die Garantie der physischen Integrität, die Garantie der Bewegungsfreiheit, die Garantie der psychischen Integrität, das Recht auf Leben sowie der Schutz der sozialen Geltung und Ehre des Menschen gehören. Die persönliche Freiheit wird auch durch den gesundheitspolizeilichen Schutz konkretisiert.

29　　Bezüglich der Zulassung zu den medizinischen Berufen ist die *Wirtschaftsfreiheit* zu beachten (Art. 27 BV), d. h. das Recht des Einzelnen, uneingeschränkt von staatlichen Massnahmen jede privatwirtschaftliche Tätigkeit frei auszuüben und einen privatwirtschaftlichen Beruf frei zu wählen[25]. Auf das Recht der Wirtschaftsfreiheit können sich jedoch nur die privaten, nicht aber die öffentlichen Leistungserbringer berufen. Ist jedoch etwa eine Gemeinde Spitalträger, kann sich die Gemeinde – je nach kantonaler Regelung – auf die verfassungsrechtlich geschützte Gemeindeautonomie berufen (Art. 50 BV).

30　　Aus dem Grundsatz der *Rechtsgleichheit* (Art. 8 BV), der jede Form von Diskriminierung oder Willkür verbietet, kann auch der Grundsatz des Akteneinsichtsrechts abgeleitet werden. Der Einzelne hat dabei ein Recht zur Einsichtnahme in behördliche Akten, die personenbezogene Daten über ihn enthalten, und zwar auch ausserhalb laufender Verfahren[26].

31　　Im Bereich der Forschung spielt die in Art. 20 BV festgehaltene *Wissenschaftsfreiheit* eine wichtige Rolle. Die Wissenschaftsfreiheit kann mit dem verfassungs- und verwaltungsrechtlichen und bei Privatspitälern mit dem privatrechtlichen Persönlichkeitsschutz der betroffenen Testpersonen kollidieren. In diesen Fällen ist eine Abwägung zwischen den Forschungsinteressen einerseits und den Interessen des Persönlichkeitsschutzes andererseits vorzunehmen.

---

[25]　Vgl. HÄFELIN/HALLER, § 51, S. 466.
[26]　Vgl. dazu Kapitel 4 dieses Buches über den Datenschutz.

Unter dem Kapitel *Sozialziele* wird in Art. 41 BV sodann festgehalten, 32
dass sich Bund und Kantone dafür einsetzen, dass jede Person an der sozialen Sicherheit teilhat, die für ihre Gesundheit notwendige Pflege erhält und gegen die wirtschaftlichen Folgen von Krankheit, Unfall und Mutterschaft gesichert ist. Art. 41 BV ist jedoch keine reine Kompetenzzuweisung – Bund und Kantone haben die nötigen Massnahmen je innerhalb ihrer Kompetenzen zu treffen. Aus den genanten Sozialzielen können keine unmittelbaren Ansprüche auf staatliche Leistungen abgeleitet werden.

In der revidierten Bundesverfassung finden sich gesundheitsbezogene 33
Gesetzgebungskompetenzen hauptsächlich in Abschnitt 8 über «Wohnen, Arbeit, soziale Sicherheit und Gesundheit». So ist der Bund primär zuständig für Angelegenheiten der AHV und IV (Art. 112 BV), der Mutterschaftsversicherung (Art. 116 BV), die Kranken- und Unfallversicherung (Art. 117 BV), den Schutz der Gesundheit (Art. 118 BV), die Fortpflanzungsmedizin und die Gentechnologie (Art. 119 BV) sowie die Transplantationsmedizin (Art. 119a BV).

Der Bund regelt zudem die Freizügigkeit bzw. Anerkennung von Fä- 34
higkeitsausweisen der wissenschaftlichen Berufsarten, wozu auch Medizinalpersonen zu zählen sind (Art. 95 Abs. 2 BV). Schliesslich weist auch die Gesetzgebung des Bundes im Bereich des Umweltschutzes einen Bezug zum Gesundheitsrecht auf (Art. 74 und Art. 76 BV).

(1) Gesundheit

Der Bund trifft im Rahmen seiner Zuständigkeit Massnahmen 35
zum *Schutz der Gesundheit* (Art. 118 Abs. 1 BV). Er erlässt dafür Vorschriften über den Umgang mit Lebensmitteln, Heilmitteln[27], Betäubungsmitteln, Organismen, Chemikalien sowie Gegenständen, welche die Gesundheit gefährden können (Art. 118 Abs. 2 lit. a BV). Auf diesen Verfassungsbestimmungen beruhen das Lebensmittelgesetz, das Giftgesetz sowie das Gesetz über die Sicherheit von technischen Einrichtungen und Geräten. Gestützt auf diese Bestimmung wurde kürzlich das Heilmittelgesetz erlassen, womit die Zuständigkeit im Heilmittelbereich von den

---

[27] Die wichtigsten Erlasse im Bereiche des Verkehrs mit Heilmitteln sind nebst dem Heilmittelgesetz und den dazu gehörenden Ausführungserlassen: das Bundesgesetz über die Betäubungsmittel und die psychotropen Stoffe (SR 812.121, 3. Oktober 1951), die Verordnung über die immunbiologischen Erzeugnisse (SR 811.111, 23. August 1989), die Verordnung über die Förderung der wissenschaftlichen Begleitforschung zur Drogenprävention und Verbesserung der Lebensbedingungen Drogenabhängiger (SR 812.121.5, 21. Oktober 1992), der Bundesratsbeschluss betreffend Betäubungsmittel für das Internationale Komitee vom Roten Kreuz (SR 812.127, 30. Dezember 1953). Vgl. weiter zum Heilmittelgesetz Kapitel 5.

Kantonen zum Bund wechselte. Der Bund erlässt weiter Vorschriften über die Bekämpfung übertragbarer, stark verbreiteter oder bösartiger Krankheiten (Art. 118 Abs. 2 lit. b BV). Diese Verfassungsnorm ist die Grundlage für das Epidemiegesetz. Schliesslich erlässt der Bund Vorschriften über den Schutz vor ionisierenden Strahlen (Art. 118 Abs. 2 lit. c BV).

36   In den Bereichen der *Fortpflanzungs-* (Art. 119 BV)[28] und *Transplantationsmedizin* (Art. 119a BV) sowie der *Gentechnologie* (Art. 119 und 120 BV) besitzt der Bund ebenfalls eine Gesetzgebungskompetenz. Ein Transplantationsgesetz befindet sich in Ausarbeitung.

37   Eine weitere Gesetzgebungskompetenz des Bundes besteht für den Bereich der Aus-, Weiter- und Fortbildung von *Medizinalpersonen*[28a] (Art. 95 Abs. 2 BV). Diese Bestimmung betrifft die Berufe des Arztes, Zahnarztes, Apothekers und Tierarztes. Im Rahmen der Umsetzung der bilateralen Verträge sind hauptsächlich die Bestimmungen bezüglich der Anerkennung bestimmter ausländischer Ausbildungstitel und der Weiter- und Fortbildung revidiert worden.

38   Die Gesetzgebung des Bundes im Bereich des *Umweltschutzes* hängt eng mit dem Gesundheitswesen zusammen. Unter der Überschrift «Schutz des ökologischen Gleichgewichts» finden sich in der SR Erlasse zu allgemeinen umweltschutzrelevanten Themen sowie zum Schutz des Bodens, der Gewässer und der Luft, zur Lärmbekämpfung und zum Strahlenschutz.

(2)   Soziale Sicherheit

39   Unter den Sozialversicherungen steht im Rahmen des Gesundheitsrechts die *Krankenversicherung* im Vordergrund (Art. 117 BV). In diesem Bereich übt der Bund einen *sehr starken (indirekten) Einfluss auf das traditionelle Gesundheitswesen* aus. Gesundheitsrechtliche Bestimmungen finden sich aber auch im Bereich der Unfallversicherung

---

[28] Dazu neustens RAINER J. SCHWEIZER, Verfassungs- und völkerrechtliche Vorgaben für den Umgang mit Embryonen, Föten sowie Zellen und Geweben, Zürich 2002.

[28a] Die wichtigsten Erlasse dazu sind: das Bundesgesetz betreffend die Freizügigkeit des Medizinalpersonals in der Schweizerischen Eidgenossenschaft (SR 811.11, 19. Dezember 1877), die allgemeine Medizinalprüfungsverordnung (SR 811.112.1, 19. November 1980), die Verordnung des EDI über Einzelheiten des Verfahrens bei den eidgenössischen Medizinalprüfungen (SR 811.112.19, 30. Juni 1983), die Verordnung über die Prüfungen für Zahnärzte (SR 811.112.3, 19. November 1980), die Verordnung über die Prüfungen für Tierärzte (SR 811.112.4, 19. November 1980), die Verordnung über die Apothekerprüfungen (SR 811.112.5, 16. April 1980).

(Art. 117 BV), der Invalidenversicherung (Art. 112 BV) sowie der Militärversicherung (Art. 59 Abs. 5 BV). Am Rande ist auch die berufliche Vorsorge von Bedeutung (Art. 113 BV).

Die Mutterschaftsversicherung konnte trotz Gesetzgebungsauftrag seit 1945 bisher nicht verwirklicht werden (Art. 116 Abs. 3 BV bzw. Art. 34^{quinquies} Abs. 4 aBV), womit die Schweiz – im Gegensatz zu den Ländern der Europäischen Union – einen beträchtlichen Rückstand aufweist. Am 13. Juni 1999 wurde eine Vorlage für eine schweizerische Mutterschaftsversicherung vom Stimmvolk nach einer heftig und emotional geführten Kampagne abgelehnt. Die Mutterschaft ist in der Schweiz heute ungenügend geschützt, und eine eidgenössische Mutterschaftsversicherung wäre ein Gebot der Gerechtigkeit, Akt der Solidarität mit Müttern und Familien und ein Beitrag zur Gleichstellung von Mann und Frau[29]. Auf kantonaler Ebene hat Genf[30] als erster Kanton ein Gesetz verabschiedet, das auf den 1. Juli 2001 in Kraft getreten ist und Leistungen an Arbeitnehmerinnen und Selbständigerwerbende vorsieht. Während 16 Wochen nach der Niederkunft erhalten diese 80 Prozent des versicherten Lohnes. Finanziert wird die kantonale Mutterschaftsversicherung durch Beiträge von Arbeitnehmern, Arbeitgebern und selbständig erwerbstätigen Personen. Das heutige System des Mutterschutzes ist uneinheitlich, lückenhaft und nicht aufeinander abgestimmt in verschiedenen Erlassen von Bund, Kantonen und Gemeinden geregelt[31].

40

b) *Behördenorganisation im Bund*

Für den Vollzug des Gesundheitsrechts ist auf Bundesebene hauptsächlich das Bundesamt für Gesundheit (BAG) zuständig, das auch dafür sorgt, dass die Gesundheit «gefördert» wird. Im Bereich der Sozialversicherung ist das Bundesamt für Sozialversicherung (BSV) für die Umsetzung, Finanzierung und Aufsicht verantwortlich. Auch dem Eidgenössischen Datenschutzbeauftragten und der Preisüberwachung kommen gewisse Aufgaben zu. Daneben helfen auch andere Institutionen und Behörden, die Aufgaben des Bundes zu erfüllen: SUVA (Schweizerische Unfallversicherungsanstalt), BfU (Beratungsstelle für Unfallverhütung), seco (Staatssekretariat für Wirtschaft) und BASAN (Bundesamt für Sanität).

41

---

[29] Vgl. KOCHER/OGGIER, 19.
[30] Die Westschweiz hatte 1999 der eidgenössischen Mutterschaftsversicherung deutlich zugestimmt.
[31] In der Systematischen Sammlung des Bundesrechts (SR) sind die Bundesgesetze und Verordnungen zur Sozialen Sicherheit unter der Ziffer 83 aufgeführt.

Kapitel 1 – Grundlagen

Fachkommissionen, wie beispielsweise die Betäubungsmittelkommission, die Kommission für Tabakfragen, die Kommission für Alkoholfragen, die Kommission für Aidsfragen oder die Ernährungskommisson, sind für die Lösung von spezifischen Problemen zuständig.

3. Kantone

a) Kantonale Kompetenzen

(1) Gesundheitspolizei

Im Bereich der kantonalen Zuständigkeit stehen *gesundheitspolizeiliche Bestimmungen* im Vordergrund. Diese werden meistens in einem Gesundheitsgesetz geregelt. Dazu gehören Regelungen zu den *medizinischen Berufen*[32], welche Ausbildung[33], Berufsausübung und Aufsicht betreffen, aber auch die (ab dem Jahr 2002 nur noch sehr eingeschränkte) Regelung des *Heilmittelwesens*[34] sowie die *Kompetenzaufteilung* zwischen Bund, Kantonen und Gemeinden. Praktisch haben die kantonalen Zulassungsbestimmungen durch die Zulassungsregelungen des Bundes zur sozialen Krankenversicherung an Bedeutung verloren.

(2) Gesundheitsversorgung

42 Zu den kantonalen Kompetenzen gehört auch die Sicherstellung der *Gesundheitsversorgung*. Die Planung, der Bau, der Betrieb, die Finanzierung und die Organisation der öffentlichen Spitäler sind Sache

---

[32] Für die Ausbildung des Pflegepersonals sowie der medizinisch-technischen, wie auch der medizinisch-therapeutischen Berufe, sind die Kantone zuständig. In einer interkantonalen Übereinkunft haben sich die Kantone für eine einheitliche Regelung entschieden und die Durchführung der Ausbildung an das Schweizerische Rote Kreuz (SRK) delegiert, womit eine einheitliche Freizügigkeitsregelung im Gebiete der Schweiz gewährleistet wird.

[33] Nicht zuständig sind die Kantone, wenn es sich um wissenschaftliche Berufe handelt. Berufe des Gesundheitswesens mit einem Hochschulabschluss regelt der Bund.

[34] Dass die Gesetzgebung über die Marktzulassung und Kontrolle von Heilmitteln in die Kompetenz der Kantone fiel, war eine Besonderheit des Schweizer Gesundheitswesens. Die Kantone hatten dafür ein Konkordat gebildet (Interkantonale Vereinbarung über die Kontrolle von Heilmitteln IKV) und betrieben die Interkantonale Kontrollstelle für Heilmittel (IKS) mit eigenen Labors und Bauten in Bern. Diese Vereinbarungen sind mit Inkrafttreten des Heilmittelgesetzes hinfällig geworden.

der Kantone, ebenso die Subvention von privaten Spitälern[35], Kliniken und Spitex-Diensten. Bestimmungen bezüglich der Errichtung und des Betriebs von Krankenhäusern, d. h. der stationären Versorgung, finden sich häufig in speziellen Spitalgesetzen[36] oder auch im jeweiligen Gesundheitsgesetz[37].

Im ambulanten Bereich sehen sich die Kantone in der Regel nicht veranlasst, die Versorgung zu garantieren; diese ist mehrheitlich privatwirtschaftlich organisiert. Davon auszunehmen sind einzelne Kantone, die beispielsweise Regelungen über die Entrichtung von Wartegeldern an Ärzte oder andere Leistungserbringer kennen[38]. Zudem bieten öffentliche Spitäler häufig ambulante Behandlungen an.

(3)   Gesundheitspolitik

Die Gesundheitspolitik ist im Wesentlichen Sache der Kantone. 43
Sie bestimmen Art und Umfang der angebotenen Dienstleistungen des öffentlichen Gesundheitswesens und entscheiden darüber, ob Aufgaben durch Private oder durch die öffentliche Hand wahrgenommen werden. Die kantonalen Gesundheits- oder Sanitätsdirektionen vollziehen die eidgenössischen Gesetze, wobei ihnen hierbei ein zum Teil erheblicher Gestaltungsspielraum zukommt.

Die Aufwendungen für das Spitalwesen bilden heute, neben jenen für 44
das Bildungswesen, die bedeutendsten Ausgabenposten der Kantone.

(4)   Vollzugskompetenzen der Kantone im Bereich der
        Durchführung der Krankenversicherung

Der Bund delegiert Kompetenzen an die Kantone zum Vollzug 45
des KVG, insbesondere in den Bereichen der Spitalplanung, der Prä-

---

[35] Vgl. dazu ZBl 1997, S. 121 ff. mit Verweisen.
[36] In den meisten Kantonen existiert ein Spitalgesetz, eine Spitalverordnung oder einzelne kleinere Verordnungen, die diesen Bereich regeln. Kein Spitalgesetz in dem Sinne besitzt der Kanton Solothurn, in welchem diese Bereiche in kleinen Verordnungen und Verträgen geregelt sind. Im Kanton Zürich existiert auch kein umfassendes Spitalgesetz, sondern eine Verordnung über kantonale Krankenhäuser inkl. Taxordnung sowie diverse Reglemente.
[37] In den Gesundheitsgesetzen der Kantone Bern sowie Basel-Land sind keine Ausführungen betreffend Spitalorganisation enthalten, und im Kanton Thurgau sind in §§ 28–31 nur ein paar wenige Informationen zum Spitalwesen anzutreffen.
[38] Vgl. dazu § 33 GesG/ZG, wo die Entschädigung der Wartezeit der Hebammen gesetzlich geregelt ist.

Kapitel 1 – Grundlagen

mienverbilligung[39], der Überwachung der Einhaltung der Versicherungspflicht sowie zur Ausübung von Aufsichts- und Genehmigungsfunktionen bezüglich der Tarife[40]. Zudem müssen die Kantone die öffentlichen Spitäler in einem bestimmten Ausmass durch Betriebsbeiträge unterstützen, wozu sie nicht mehr nur durch kantonales Recht, sondern auch durch Bundesrecht verpflichtet sind.

b)   Kompetenzverteilung zwischen Kanton und Gemeinden

46   Im Kanton Zürich ist es nach § 1 des Gesundheitsgesetzes (GesG) eine gemeinsame Aufgabe von Kanton und Gemeinden, die Gesundheit des Volkes zu fördern[41]. Die *Gemeinden* erfüllen nach § 5 Abs. 1 GesG diejenigen Aufgaben, welche ihnen durch die Gesundheitsgesetzgebung übertragen werden. Sie haben insbesondere im Bereich der *gesundheitlichen Vor- und Fürsorge*[42] folgende Aufgaben wahrzunehmen (§ 54 ff. GesG):
– Schwangeren- und Mütterberatung[43] (vormals § 54 GesG, heute § 1 Jugendhilfegesetz);
– Gesundheitsunterricht in den Schulen (§ 55 GesG);
– Schulärztlicher Dienst (§ 56 GesG) sowie Schulzahnpflege (§ 58 GesG);
– Volkszahnpflege (§ 57 GesG);
– spitalexterne Kranken- und Gesundheitspflege (§ 59 GesG);
– Krankentransport (§ 60 GesG).

47   Die Errichtung und der Betrieb von Spitälern und Krankenheimen stellt eine gemeinsame Aufgabe von Kantonen und Gemeinden dar (§ 39

---

[39]   Die Kantone müssen ein System zur Entrichtung von Beiträgen zur Prämienverbilligung für wirtschaftlich schwächere Versicherte bereitstellen und diese Verbilligung – mit Unterstützung des Bundes – finanzieren. Die Prämienversicherung findet sich oft in Spezialgesetzen, da hier die Zuständigkeit innerhalb der Kantonsverwaltung oft nicht beim Sanitätsdepartement liegt.

[40]   In den meisten Kantonen ist dieser Bereich in einem kantonalen Einführungsgesetz zum Krankenversicherungsgesetz geregelt.

[41]   So beispielsweise auch in Art. 1 des GesG/BE, § 1 des GesG/BL sowie § 1 des GesG/TG.

[42]   So beispielsweise auch explizit in §§ 45 ff. des GesG/AG, in §§ 38 ff. des GesG/BL, Art. 18 und 40 ff. des GesG/NE, Art. 12, 13 des GesG/GR sowie Art. 10 Abs. 3 und Art. 72 ff. des GesG/VS.

[43]   Im Kanton Zug wurde 1998 die folgende Version ins Gesetz gebracht (§ 30 Gesundheitsgesetz): «Der Kanton unterstützt die Mütter- und *Väterberatung* und die Familienhilfe.

GesG)⁴⁴. Der *Kanton* ist im Übrigen zuständig für die Regelung der medizinischen Berufe, die Spitalplanung⁴⁵ und die Prämienverbilligung sowie (bis zum Inkrafttreten des Heilmittelgesetzes) für die Heilmittelkontrolle⁴⁶.

Die Kantone sind auch Prüfungs- und Genehmigungsinstanz der auf kantonaler Ebene ausgehandelten Tarifverträge zwischen den sozialen Krankenversicherern und den (kommunalen) Leistungserbringern. 48

c)   *Kantonale Behördenorganisation*

Im Kanton Zürich ist die *Gesundheitsdirektion* die für das Gesundheitswesen zuständige Stelle (§ 2 Abs. 1 GesG). Zur fachlichen Beratung wählt der Regierungsrat eine *Sanitätskommission*, deren Mitglieder vorwiegend aus Berufen der Gesundheitspflege stammen (§ 3 Abs. 1 GesG). Für besondere Aufgaben kann der Regierungsrat zudem weitere *Fachkommissionen* bestellen (§ 3 Abs. 3 GesG). Beratende Funktion kommt auch den *Bezirksärzten* zu, welche im Übrigen die ihnen gesetzlich übertragenen Aufgaben zu erfüllen haben (§ 4 GesG). 49

Die Kantone haben alle eine klar hierarchische Ordnung unter den verschiedenen Direktionen, Departementen und Kommissionen, nennen sie aber nicht alle gleich. In der Regel wird das ganze Gesundheitswesen vom Regierungsrat beaufsichtigt⁴⁷.

In den neueren Gesundheitsgesetzen sind nun auch Ethikkommissionen anzutreffen, so z. B. in Art. 17 loi de santé/NE (1995), Art. 69 GesG/FR (1999) und Art. 11 GesG/VS (1996). Nach dem Wortlaut des Gesundheitsgesetzes des Kantons Freiburg über die Ethikkommission für die Forschung schützt diese die Rechte, die Sicherheit und das Wohlergehen der Versuchspersonen nach den anerkannten Regeln der Guten Praxis der klinischen Versuche. Ihre besondere Aufmerksamkeit gilt der For- 50

---

⁴⁴   Nicht im Gesundheitsgesetz geregelt ist die Errichtung und der Betrieb von Spitälern beispielsweise in den Kantonen Bern und Basel-Landschaft.
⁴⁵   Die Spitalplanung stellt einen Schwerpunkt im Aufgabenbereich der Kantone dar: dabei können sie Träger eigener kantonaler Spitäler sein und Gemeinde-, Bezirks- oder private Spitäler mit öffentlichem Versorgungsauftrag subventionieren.
⁴⁶   Mehr zum Heilmittelrecht siehe unter Kapitel 5.
⁴⁷   Vgl. beispielsweise § 3 GesG/AG, Art. 7 GesG/BE, § 2 GesG/LU, Art. 2 GesG/SG, § 2 GesG/SO, § 1 GesG/SZ, Art. 3 loi sur la santé publique (LSP)/VD (conseil d'Etat), § 1 GesG/ZG, Art. 7 loi de santé/NE (conseil d'Etat), § 7 GesG/TG, Art. 5 GesG/GR, Art. 6 GesG/FR (Staatsrat), Art. 4 GesG/VS (Staatsrat). Demgegenüber ist im Kanton Basel-Land die Sanitätsdirektion die oberste Behörde und für die Oberaufsicht zuständig.

schung an gefährdeten Bevölkerungsgruppen und den medizinischen Notsituationen.

51 Um auf eine Harmonisierung der Gesundheitspolitiken hinzuwirken, treffen sich die kantonalen Sanitätsdirektoren in regelmässigen Abständen in der Schweizerischen Sanitätsdirektorenkonferenz (SDK), wo Stellungnahmen und Empfehlungen diskutiert werden. Der SDK kommt dabei koordinierende und empfehlende Funktion zu.

d)   Revision des Gesundheitsrechts des Kantons Zürich

52 Das Gesundheitsrecht des Kantons Zürich befindet sich zurzeit in Revision. Nach dem im Sommer 1999 in die Vernehmlassung gegebenen Entwurf zu einem neuen Gesundheitsgesetz ist eine Liberalisierung im Bereich der Komplementärmedizin vorgesehen. In Zukunft soll ein leistungsbezogenes Abgeltungssystem für Spitäler gelten und nicht mehr wie bisher eine Defizitfinanzierung. Die Rechtsstellung von Patientinnen und Patienten soll neu in einem separaten Patientenrechtgesetz geregelt werden.

Kapitel 2 – Medizinische Berufe

§ 1   Allgemeines

Die Bestimmungen über die medizinischen Berufe betreffend Ausbildung, Berufsausübung und Aufsicht fallen zum grossen Teil in die kantonale Zuständigkeit[48]. Auch wenn die Kantone über eine umfassende subsidiäre Zuständigkeit verfügen, so haben sie bei der Ausübung ihrer Kompetenzen die Bundesverfassung und dabei insbesondere die Grundrechte zu beachten. Dabei spielt die Wirtschaftsfreiheit gemäss Art. 27 BV eine wichtige Rolle, welche einen freien Zugang zu einer privaten Erwerbstätigkeit[49] und deren freie Ausübung nach getroffener Wahl ermöglicht. Eine Grundrechtseinschränkung ist nur unter den Voraussetzungen von Art. 36 BV möglich[50].   53

Die Gesundheitsberufe werden zumeist in generellen Gesundheitsgesetzen geregelt; für einzelne Berufsarten finden sich in Spezialerlassen weiter gehende Bestimmungen. Das *Gesundheitsgesetz* des Kantons Bern (GesG/BE) beispielsweise äussert sich zunächst in allgemeinen Bestimmungen zu den medizinischen Berufen. Für Ärzte, Zahnärzte, Chiropraktoren[51], Zahnprothetiker, Apotheker und Drogisten, Hebammen, Physiotherapeuten, Ergotherapeuten, Fusspfleger, Ernährungsberater und Psychotherapeuten bestehen daneben spezielle Bestimmungen, welche in den entsprechenden *Verordnungen* konkretisiert werden.   54

---

[48] In der Kompetenz des Bundes bleibt insbesondere die Anerkennung der Befähigungsausweise der wissenschaftlichen Gesundheitsberufe und darauf gestützt das Medizinalprüfungswesen, die Einrichtung der Kranken- und Unfallversicherung, die Bekämpfung übertragbarer Krankheiten und die Regelung der Lebens- und Betäubungsmittel.

[49] Dazu gehört jede privatwirtschaftliche, auf Erwerbseinkommen oder Erzielung eines Gewinns gerichtete Tätigkeit in der ganzen Schweiz.

[50] Danach braucht es für eine Einschränkung der Grundrechte eine gesetzliche Grundlage, ein überwiegendes öffentliches Interesse, der Eingriff muss verhältnismässig sein und der Kerngehalt des Grundrechts muss gewahrt bleiben. Die ganze Prüfung läuft auf eine Abwägung der gegenläufigen individuellen und öffentlichen Interessen hinaus.

[51] Chiropraktoren sind im Bereich der vorbeugenden diagnostischen und therapeutischen Aufgaben im berufsspezifischen Bereich des Bewegungsapparates und im Bereich der Interaktion zwischen Bewegungsapparat und Gesamtorganismus tätig.

§ 2 Ausbildung

1. Allgemeines

55 Das sechsjährige *Humanmedizinstudium* kann nach der eidgenössischen oder einer eidgenössisch anerkannten Matura an fünf Fakultäten (Basel, Bern, Genf, Lausanne und Zürich) absolviert werden[52], wobei an den Deutschschweizer Fakultäten der numerus clausus[53] (vorgängiger Eignungstest) eingeführt wurde[54]. Das Studium wird mit einem eidgenössischen Titel abgeschlossen, welcher mit Inkrafttreten der bilateralen Abkommen und des revidierten Freizügigkeitsgesetzes nur noch zur unselbständigen Tätigkeit unter Aufsicht eines Inhabers eines eidgenössischen Weiterbildungstitels berechtigt. Nach dem Erwerb des eidgenössischen Diploms beginnt die Phase der Weiterbildung[55]. Die im Freizügigkeitsgesetz aufgeführten Weiterbildungstitel sind Voraussetzung für die Aufnahme einer eigenverantwortlichen Tätigkeit als Arzt. Alle 44 im Freizügigkeitsgesetz aufgelisteten Facharzttitel werden mit einer Facharztprüfung abgeschlossen. Die Facharztausbildung erfolgt dabei in dafür anerkannten Weiterbildungsstätten, welche künftig gemäss einem Zertifizierungssystem anerkannt werden müssen. Seit 1998 kennt die FMH zudem eine Fortbildungsordnung, welche alle nicht in Weiterbildung stehenden Ärztinnen und Ärzte verpflichtet, jährlich eine mindestens 80-stündige Fortbildung[56] zu absolvieren.

56 Die *Zahnmedizin* kann nur in Basel, Bern, Genf und Zürich studiert werden, deren Grundlagenfächer jedoch auch in Lausanne, Fribourg und Neuchâtel. Auch das Zahnmedizinstudium soll einer Reform unterzogen

---

[52] Teile des Studiums können auch an den Naturwissenschaftlichen Fakultäten der Universitäten Fribourg und Neuchâtel absolviert werden.

[53] Problematisch bei der Regelung, bei der nur einige Universitäten einen numerus clausus vorsehen, um die Qualität des Studiums zu erhalten, ist, dass viele Studierende aus diesem Grunde an anderen Universitäten ihr Studium beginnen, was zu einer Qualitätseinbusse dieser Ausbildungsinstitute führt. Schliesslich resultieren daraus sehr unterschiedliche Qualitätsstandards unter den einzelnen Ausbildungsstätten.

[54] Bei diesem Eignungstest werden vorwiegend intellektuell-kognitive Fähigkeiten der Prüflinge getestet. Rechtlich ist dieser Test in den jeweiligen kantonalen Gesetzen und Verordnungen verankert. Vgl. dazu BGE 125 I 173 ff. und 121 I 22 ff.

[55] Unter der an die Grundausbildung angeschlossenen *Weiterbildung* wird die «evaluierbare Tätigkeit verstanden, die die erworbenen Kenntnisse, Fertigkeiten und Fähigkeiten im Hinblick auf eine selbständige Berufsausübung vertiefen und erweitern soll». Vgl. Erläuternder Bericht zum Vorentwurf für ein Bundesgesetz über die universitäre Ausbildung in den medizinischen Berufen, Mai 1999, S. 21.

[56] Unter der *Fortbildung* wird die kontinuierliche Aufdatierung und Erweiterung der beruflichen Qualifikation nach abgeschlossener Weiterbildung verstanden, welche das Ziel hat, die Qualität der Berufsausübung zu sichern.

werden. Gleich wie die Veterinär- und Pharmazieausbildung dauert das Zahnmedizinstudium fünf Jahre.

Veterinärmedizin kann nur an den Universitäten Bern und Zürich absolviert werden. Seit 1999 wird auch in der Veterinärmedizin ein Eignungstest durchgeführt. 57

Die *pharmaziespezifische* Ausbildung kann an den Universitäten Basel, Lausanne und Genf sowie an der ETH Zürich erworben werden. Die ersten Jahre können teils auch in Bern, Fribourg oder Neuchâtel absolviert werden. 58

Das geltende Gesetz sieht für die Grundsausbildung des *Chiropraktors* keine eidgenössische Regelung vor. Mangels eines schweizerischen Ausbildungsinstituts setzen Studenten der Chiropraktik nach der ersten medizinischen Vorprüfung ihre Ausbildung im Ausland fort und legen nach der Rückkehr in die Schweiz eine Abschlussprüfung in zwei Teilen ab, welche von der Sanitätsdirektorenkonferenz (SDK) überwacht wird. 59

> Grundsätzlich liegt die Berufszulassung wie auch die Berufsaufsicht in der Zuständigkeit der Kantone. Diese sind mit Inkrafttreten des neuen Freizügigkeitsgesetzes jedoch insofern eingeschränkt, als dass die Berufsausübungsbewilligung nur noch an Inhaber eines eidgenössischen oder eines anerkannten ausländischen Weiterbildungstitels abgegeben werden darf. Weitere zusätzliche (fachliche) Qualifikationen dürfen die Kantone nicht fordern.

2. Vorentwurf für ein Bundesgesetz über die universitäre Ausbildung in den medizinischen Berufen (MedBG/Ausbildung)

Schon im Juli 1997 hat sich Bundesrätin Ruth Dreifuss auf Druck der Studenten, der Ärzte, der Konsumenten und Patienten, der Kostenträger im Gesundheitswesen und der Ausbildungsinstitutionen im Sinne der Notwendigkeit und Dringlichkeit einer Studienreform für die akademischen Medizinberufe geäussert, zumal Bestrebungen zur Reform der Medizinerausbildung auch in den Nachbarländern und auf gesamteuropäischer Ebene im Gange sind[57]. Die Eidgenössische Kommission für die Reform der Ausbildung der akademischen Medizinalberufe unter 60

---

[57] Vgl. dazu www.bag.admin.ch/berufe; Auszug aus dem Referat von Bundesrätin Ruth Dreifuss vom 4. Juli 1997.

dem Vorsitz von Prof. Thomas Fleiner[58] sollte Vorschläge unter dem Aspekt «Welches Gesundheitswesen brauchen wir in Zukunft, und welche Anforderungen lassen sich daraus für die Schweiz ableiten»[59] erarbeiten[60]. Der Vorentwurf des neuen Bundesgesetzes über die universitären Ausbildungen in den medizinischen Berufen (MedBG/Ausbildung), der sich auf Art. 63 Abs. 2 und 95 der neuen BV stützt[61], wird in 52 Artikel und vier Titel aufgeteilt, welche die Ausbildung in Human-, Zahn- und Veterinärmedizin, Pharmazie und (neu) Chiropraktik regeln[62]. In Art. 2 Abs. 2 MedBG/Ausbildung erhält der Bundesrat jedoch die Befugnis, weitere Berufe des Gesundheitswesens in den Katalog der medizinischen Berufe aufzunehmen und für diese Berufe dann ein eidgenössisches Diplom vorzusehen. Dieses Gesetz, das voraussichtlich 2003 in Kraft treten wird, deckt die bisher vom Freizügigkeitsgesetz geregelte Phase der akademischen Grundausbildung ab. Das Gesetz soll einerseits die Qualität der Ausbildung im Interesse des Gesundheits- und Bevölkerungsschutzes sicherstellen, andererseits die Freizügigkeit gewährleisten. Während es beim Freizügigkeitsgesetz um die interkantonale (und neu: bilaterale) Freizügigkeit geht, soll mit dem Bundesgesetz über die universitäre Ausbildung in den medizinischen Berufen generell die internationale Freizügigkeit erreicht werden. Parallel zu den Arbeiten am Bundesgesetz über die universitäre Ausbildung in den medizinischen Berufen ist ein neuer Entwurf zu einem Bundesgesetz über die Förderung der Universitäten

---

[58] Prof. Dr. iur. Thomas Fleiner ist Direktor des Instituts für Föderalismus und Professor für Verfassungs- und Verwaltungsrecht an der Universität Fribourg.

[59] Dazu gehören die Fragen: «Welche Medizin brauchen wir im 21. Jahrhundert? Welche Medizinalpersonen brauchen wir für diese Medizin? Welche Ausbildung (und insbesondere welche universitäre Ausbildung) braucht es für diese Medizinalpersonen?» Vgl. www.bag.admin.ch/berufe.

[60] Eine wichtige Reformbewegung fand in den Siebzigerjahren in Bern mit der Rossi-Reform statt, welche die Zahl der Vorlesungsstunden stark reduzierte und dafür den Unterricht am Patientenbett aufwertete. Zudem führte diese Reform Gruppenunterricht, strukturierten Blockunterricht und ein Wahlstudienjahr ein und förderte den Selbstunterricht. Dieser Rossi-Plan hat die Reformdiskussion auf nationaler Ebene stark geprägt und führte zu einer Experimentierphase (Versuchscurricula in Genf und Lausanne, in Bern und Basel), deren Erfahrungen Einfluss auf die Revision der Medizinalprüfungsverordnung 1980 hatten.

[61] Daraus geht hervor, dass sich das Bundesgesetz über die universitäre Ausbildung in den medizinischen Berufen auf die gleichen verfassungsmässigen Bundeskompetenzen (Art. 31bis Abs. 2 und Art. 33 aBV) stützt, wie das Bundesgesetz über die Freizügigkeit des Medizinalpersonals, welches durch das neue Gesetz ersetzt werden wird.

[62] Die psychologischen und psychotherapeutischen Berufe sollen weiterhin nicht in diesem, sondern in einem separaten Gesetz geregelt werden. Für die Osteopathen ist hingegen keine Bundesregelung vorgesehen.

und über die Zusammenarbeit im Hochschulbetrieb (UFG) erarbeitet worden.

Der Vorentwurf des MedBG/Ausbildung soll folgende Neuerungen bringen: 61
- Neben dem Fachwissen soll der Umgang mit Menschen gefördert werden. Gemäss Art. 3 Abs. 3 MedBG/Ausbildung soll die *Sozialkompetenz*[63], insbesondere für den Umgang mit den Patienten und deren Angehörige, anderen Gesundheitsberufen und der Öffentlichkeit, gestärkt werden[64]. Am aktuellen Ausbildungssystem wird die ungenügende Relevanz der Ausbildung für den späteren Beruf und die mangelhafte Methodik und Didaktik der Ausbildung gerügt. Im selben Zusammenhang steht auch die überholte Gesetzesregelung und Prüfungsverordnung, denn gelernt wird primär, was geprüft wird. Gefordert wird, dass die menschliche Seite der Persönlichkeit beim Studium nicht vernachlässigt, sondern deren Weiterentwicklung gefördert werden soll.
- *Ethische und ökonomische Fragen* sollen mehr Gewicht erhalten. Im öffentlichen Gesundheitswesen des Gemeinwesens ist die praktische Tätigkeit in Bereichen der Lebensmittelpolizei, Toxikologie, Arbeitsrecht (Kinderarbeit), Umweltschutz, Präventivmedizin und Gesundheitsförderung wichtig und soll ins medizinische Denken einbezogen werden. Dabei geht es in all diesen Punkten um eine ausgeprägte Interaktion zwischen der Medizin und der Gesellschaft, welche bei den Studenten gefördert werden muss. Es müssen gesellschaftliche, wissenschaftliche und ökologische Auswirkungen auf die Gesundheit und Krankheit berücksichtigt werden. Da viele Ärzte zukünftig auch Organisations-, Management- oder Führungsaufgaben übernehmen werden, sind zudem vertiefte Kenntnisse in den Bereichen Management, Personalführung, Ökonomie und Organisationslehre erforderlich. Problemorientiertes Lernen[65] soll gefördert werden.

---

[63] Die soziale Kompetenz bei den medizinischen Berufen wird als Befähigung zum Aufbau und der Etablierung einer Beziehung zwischen Arzt und Patient und den Angehörigen verstanden. Vgl. Erläuternder Bericht zum Vorentwurf für ein Bundesgesetz über die universitäre Ausbildung in den medizinischen Berufen (MedBG/Ausbildung), S. 86.

[64] Die Schweizerische Hochschulkonferenz hat in der SHK-Info Nr. 5/99 (http://shkwww.unibe.ch) ihre Bedenken bezüglich des vermehrten Einbezugs nichtmedizinischer und praxisbezogener Inhalte in die Ausbildungsgänge angebracht. Sie befürchtet, dass dies zu Lasten der wissenschaftlichen Ausbildung gehen könnte. Die eigentlichen medizinischen Kompetenzen dürften nicht unter dieser Reform leiden.

[65] Als problemorientiertes Lernen wird das integrative Lernen in fächerübergreifenden Zusammenhängen, die sich jeweils an einem konkreten Problem orientieren, verstanden.

– Das *Studium* soll *flexibler* gestaltet werden. Es soll sich dabei aus einem *Kernbereich*, in welchem jene Fähigkeiten erlernt werden, die für unmittelbare medizinische Tätigkeiten nötig sind, und *Wahlpflichtfächern* (Mantelstudium)[66], welche den Studierenden ermöglichen sollen, sich nach den eigenen Wünschen in klinische oder andere Tätigkeitsfelder zu vertiefen, zusammensetzen, was zu mehr Flexibilität in der Gestaltung des Studiums führt. Mit der Einführung des leistungsbasierten Systems von *Studienkreditpunkten* sollen die Studenten auch bessere Möglichkeiten erhalten, im Laufe des Studiums die Hochschule im Inland und ins Ausland zu wechseln. Mit diesen Kreditpunkten wird auch eine gegenseitige Koordination der Ausbildungsinstitute gefördert, da die Studienkreditpunkte vergleichbaren Evaluationswerten entsprechen müssen[67]. Die Fakultäten erhalten damit den Spielraum, ihr Angebot zu differenzieren und die Möglichkeit, konkurrenzfähiger zu werden. Bei der Gestaltung der Ausbildungsgänge verfügen die Ausbildungsinstitutionen im Rahmen der vom Gesetz vorgegebenen Ausbildungsziele neu über mehr Autonomie und Gestaltungsspielraum, da keine Fächerkataloge mehr vorgeschrieben werden und nur noch eine eidgenössische Prüfung[68] vorgesehen ist. Im Gesetz werden nur noch die Ausbildungsziele und Rahmenbedingungen definiert, womit ein Wechsel von der traditionellen Fächeraufzählung zur *zielorientierten Kompetenzumschreibung* stattfindet. Das führt im Gegenzug aber auch zu mehr Eigenverantwortung der Ausbildungsstätten.
– Das Studium soll die Fähigkeit vermitteln, *kritisch mit dem Wissen umzugehen und lebenslang zu lernen*, was durch die *Weiterbildungspflicht*, die neu eine Voraussetzung zur selbständigen Ausübung der Human-

---

[66] Mindestens 20 Prozent der Studienzeit bleibt den Studierenden für selbstgewählte Studienthemata, damit die Studierenden die Möglichkeit erhalten, sich in Fachgebieten auszubilden, die den persönlichen Neigungen und Eignungen entsprechen. Die Ausbildungsstätten können jedoch vorsehen, dass der Wahlfachbereich bei Studienbeginn beispielsweise lediglich fünf Prozent ausmacht und dafür bei Studienende bedeutend höher liegt.

[67] Vgl. dazu Art. 5 Verordnung über die Erprobung eines besonderen Ausbildungs- und Prüfungsmodells an der Medizinischen Fakultät der Universität Bern und Art. 6 Verordnung über die Erprobung eines besonderen Ausbildungs- und Prüfungsmodells an der Medizinischen Fakultät der Universität Basel.

[68] Die Zahl der eidgenössischen Prüfungen wird auf eine, allenfalls auf zwei Prüfungen reduziert. Daneben sind die Ausbildungsstätten selbst verantwortlich, wie sie die fortlaufende Evaluation des Lernfortschritts bis hin zur Abschlussprüfung organisieren wollen.

medizin ist, im Gesetz ausdrücklich verankert wird[69]. Im Hinblick auf eine lebenslange Fortbildung sollen die Studierenden lernen, die eigenen Stärken und Schwächen fortlaufend zu evaluieren. Die Anzahl der eidgenössischen Prüfungen, mit welchen die Studierenden ohnehin nur punktuell evaluiert werden konnten, wird reduziert und durch das neue Evaluationsinstrument der Akkreditierung ergänzt.

– Ein nationales *Qualitätssicherungssystem* (*Akkreditation*) soll die Ausbildungsziele bedarfsgerecht definieren. Die Akkreditation der Ausbildungsprogramme und Ausbildungsinstitute soll auf der Grundlage einer periodischen *Selbstevaluation* der Hochschulen gemäss Art. 22 MedBG/Ausbildung erfolgen, welche von einer unabhängigen Akkreditierungsinstitution[70] gemäss Art. 23 MedBG/Ausbildung überprüft wird, welche dann den *Akkreditierungsentscheid*[71] gemäss Art. 24 f. MedBG/Ausbildung fällt[72]. Dabei überprüft der Staat, ob die Ausbildungsziele hinreichend erfüllt werden, und bewertet die Abläufe, Strukturen, Ressourcen und didaktischen Qualitäten der Ausbildungsprogramme, was eine Ausdehnung der Regelungskompetenz des Bundes nach sich zieht. Die Akkreditierung hat eine Geltungsdauer, in Anlehnung an ausländische Erfahrungen, von sieben Jahren. Die Akkreditierung ist das entscheidende Instrument zur Sicherstellung einer möglichst guten Verwirklichung der gesetzlichen Ziele.

– Ziel der ärztlichen Grundausbildung ist nach dem neuen Gesetz nicht mehr die Praxisbefähigung, sondern die Vorbereitung auf die Phase der anschliessenden obligatorischen beruflichen *Weiterbildung*. Erst der Abschluss der beruflichen Weiterbildung befähigt zur selbständigen und eigenverantwortlichen Tätigkeit als Arzt.

Durch diese Massnahmen soll die Qualität der beruflichen und sozialen Kompetenz der akademischen Medizinalberufe gefördert, eine grösstmögliche Flexibilität für Ausbildungsprogramme ermöglicht und damit die Attraktivität und die internationale Wettbewerbsfähigkeit der Universitäten und der Schweizer Ärztinnen und Ärzte gesteigert werden.

---

[69] Diese Weiterbildungspflicht zur selbständigen ärztlichen Tätigkeit gilt wegen der Europakompatibilität und zur Vermeidung einer Inländerdiskriminierung nur für die Humanmediziner, da die geltenden EU-Richtlinien für die anderen medizinischen Berufe kein Weiterbildungsobligatorium vorsehen.

[70] «Institution für die Qualitätsförderung der Ausbildung von Personen mit medizinischen Berufen», welche eine autonome Anstalt mit eigener Rechtspersönlichkeit ist.

[71] Der Akkreditierungsentscheid ist eine Verfügung nach Art. 5 VwVG und muss als solche eröffnet und begründet werden. Er kann mit Beschwerde gemäss Artikel 44 VwVG angefochten werden.

[72] Als mögliche Kriterien gelten beispielsweise das Verhältnis Anzahl Studierender zu den Mitteln, die für die Ausbildungsprogramme zur Verfügung stehen.

«Der Arzt muss imstande sein, Patienten mit medizinischen Problemen wirksam, wirtschaftlich und mit einer humanitären Grundhaltung zu untersuchen, behandeln, beraten und betreuen. Damit er dies unter Achtung der Würde und Autonomie des Menschen (Buchst. a) im ganzheitlichen Sinne (Buchst. e) und für den gesamten Bereich des Kontinuums von Gesundheit bis Krankheit (Buchst. g) tun kann, muss er die erforderlichen fachlichen Kenntnisse und Fertigkeiten besitzen (Buchst. f), die Grenzen der Medizin und seiner selbst erkennen und respektieren (Art. 9) und bereit sein, seine individuellen Lern- und Weiterbildungsbedürfnisse laufend zu erkennen und zu decken (Art. 8).»[73]

62   Für prüfungsbezogene Beschwerden wird eine verwaltungsunabhängige Rekurskommission geschaffen, welche endgültig entscheidet. Über Beschwerden gegen Akkreditierungsverfügungen der Institution entscheidet der Bundesrat, mit Weiterzugsmöglichkeit ans Bundesgericht.

Der Bundesrat ist grundsätzlich Aufsichtsorgan gemäss Art. 46 MedBG/Ausbildung, kann jedoch die Befugnisse zur Aufsicht und zum Vollzug auch dem zuständigen Departement übertragen.

3. Internationale Richtlinien

63   Auf internationaler Ebene gibt es verschiedene Richtlinien, welche die Ausbildung der medizinischen Berufe regeln[74]:
- *Humanmedizin*: Richtlinie 93/16/EWG (1993) zur Erleichterung der Freizügigkeit für Ärzte und zur gegenseitigen Anerkennung ihrer Diplome, Prüfungszeugnisse und sonstigen Befähigungsausweise.
- *Zahnärzte:* Richtlinie 78/686/EWG (1978) zur Koordinierung der Rechts- und Verwaltungsvorschriften für die Tätigkeiten des Zahnarztes.
- *Veterinärmedizin:* Richtlinie 78/1027/EWG (1978) zur Koordinierung der Rechts- und Verwaltungsvorschriften für die Tätigkeiten des Tierarztes.
- *Apotheker:* Richtlinie 85/432/EWG (1985) zur Koordinierung der Rechts- und Verwaltungsvorschriften über bestimmte pharmazeutische Tätigkeiten.
- *Chiropraktoren:* Chiropraktoren unterstehen in der EU keiner eigenen sektoriellen Richtlinie, sondern der Richtlinie 89/48/EWG (1988) über

---

[73] Vgl. Erläuternder Bericht zum Vorentwurf für ein Bundesgesetz über die universitäre Ausbildung in den medizinischen Berufen, S. 54, betreffend Art. 10 Abs. 2 MedBG/Ausbildung.

[74] EGR-Lex-Sammlung:
http://www.europa.eu.int/eur-lex/de/lif/reg/de_register_062050.html.

eine allgemeine Regelung zur Anerkennung der Hochschuldiplome, die mindestens eine dreijährige Berufsausbildung abschliessen.

§ 3   Bewilligungspflicht zur Berufsausübung

Die berufsmässige oder entgeltliche Ausübung einer *Tätigkeit* 64
im Bereich des Gesundheitswesens unterliegt grundsätzlich der Bewilligungspflicht, wobei die Bewilligung eine *Polizeierlaubnis* darstellt. Die Ausnahmen betreffen gemäss Art. 15a i.V.m. 14 GesG/BE Fachpersonen, welche unter fachlicher Aufsicht und Verantwortung einer Fachperson mit der entsprechenden Ausübungsbewilligung stehen, oder in anderen Kantonen oder im Ausland zur Berufsausübung Berechtigte, welche im Einzelfall beigezogen werden, oder Personen, welche nach internationaler Übereinkunft berufstätig sein dürfen. Die Bewilligungspflicht stellt einen Eingriff in die Wirtschaftsfreiheit dar, welcher jedoch zumeist durch gesundheitspolizeiliche Gründe gerechtfertigt wird. Die anderen medizinischen (Hilfs-)Berufe sind in der Verordnung über die Ausübung des Krankenpflegeberufes und der Verordnung über die Anstellungsverhältnisse des ärztlichen Spitalpersonals des Kantons Bern geregelt.

1.   Tätigkeiten des Gesundheitswesens

Folgende Tätigkeiten werden als *Tätigkeiten des Gesundheits-* 65
wesens qualifiziert[75]:
– Fachkundige Feststellung und Behandlung von Krankheiten, Verletzungen oder anderen Störungen der körperlichen und seelischen Gesundheit am Menschen sowie vorbeugend getroffene Behandlungsmassnahmen;
– Ausübung der Geburtshilfe;
– Herstellen, Vertreiben, Verschreiben, Abgeben oder Anwenden von Arzneimitteln.

Eine beispielhafte Aufzählung der Tätigkeiten, welche *nicht* als *medi-* 66
zinisch gelten, findet sich in § 3 der Verordnung über die Berufe der Gesundheitspflege des Kantons Zürich:

---

[75]   Vgl. Art. 14 GesG/BE.

§ 3 Nicht als bewilligungspflichtige medizinische Verrichtungen gelten insbesondere:
a) Verrichtungen der Grundpflege;
b) physikalische Anwendungen bei gesunden Personen zur Hebung des Wohlbefindens und der Leistungsfähigkeit sowie Haltungsturnen;
c) äusserliche kosmetische Behandlungen mit für die Gesundheit unbedenklichen Mitteln und Methoden;
d) Schneiden nichteingewachsener Nägel sowie unblutiges Abtragen leichter Druckschwielen an der Fussohle;
e) Schulung und Beschäftigung körperlich und geistig Behinderter;
f) psychologische Beratung und Beurteilung gesunder Personen;
g) Ernährungsberatung ohne Feststellung und Behandlung von Krankheiten;
h) Anpassen von Hilfsgeräten ohne Heilwirkung wie Prothesen, Stützapparate und Hörgeräte;
i) Anfertigen und Verkaufen von Brillen und optischen Instrumenten ohne Korrektionsbestimmung;
k) Heilversuche mit äusserlichen, ungefährlichen ausserwissenschaftlichen Methoden wie Handauflegen und Gesundbeten.

2. Selbständige und unselbständige Berufsausübung

67 Die *selbständige* Berufsausübung ist für alle medizinischen Tätigkeiten bewilligungspflichtig. Gemäss speziellen Verordnungen sind im Kanton Bern Ärzte, Zahnärzte, Chiropraktoren, Zahnprothetiker, Apotheker, Drogisten, Hebammen, Physiotherapeuten, Ergotherapeuten, Fusspfleger, Ernährungsberater und Psychotherapeuten zur selbständigen Berufsausübung berechtigt. Dentalhygienikerinnen fallen hingegen unter die Bestimmungen über die Zahnärzte. Ist ein medizinischer Beruf weder im Gesundheitsgesetz noch in einer Verordnung aufgeführt, ist zunächst davon auszugehen, dass bewusst darauf verzichtet worden ist, diesen aufzuführen. Die selbständige Ausübung dieses Berufes ist jedoch nur dann unzulässig, wenn die Voraussetzungen für die Einschränkung der Wirtschaftsfreiheit erfüllt sind[76]. Nach der Praxis des Bundesgerichts müssen beispielsweise auch in den massgeblichen Erlassen nicht erwähnte medizinische Masseure und Akupunkteurinnen zur selbständigen Berufsausübung zugelassen werden[77].

68 Das Bundesgericht hält es mit der Wirtschaftsfreiheit vereinbar, nichtmedizinischen Heilpraktikern, welche über keine genügende Ausbildung verfügen, die selbständige Berufsausübung zu untersagen. Das Bundesgericht hielt dabei fest, dass eine Bewilligung als Heilpraktiker auch nicht

---

[76] Siehe auch Fn. 50.
[77] BGE 117 Ia 440 ff. und 125 I 335 ff.

über das Bundesgesetz über den Binnenmarkt (BGBM) erlangt werden könne, da die Freizügigkeitskonzeption des BGBM die Kantone insbesondere nicht dazu verpflichte, Berufe zuzulassen, die als solche in der kantonalen Gesetzgebung nicht vorgesehen sind. Ein Anspruch aus Art. 4 BGBM steht zudem auch immer unter dem Vorbehalt des Schutzes von Leben und Gesundheit, wonach es einem Kanton nicht verwehrt werden kann, höhere Schutzwirkungen anzustreben als andere[78].

Für Ärzte, Chiropraktoren, Zahnärzte, Zahnprothetiker und Dentalhygienikerinnen ist auch die *unselbständige* Berufsausübung bewilligungspflichtig[79]. Bei den medizinischen Hilfsberufen bedarf die unselbständige Tätigkeit dagegen keiner Bewilligung[80]. 69

3. Bewilligungsvoraussetzungen

Grundsätzliche Voraussetzungen für die Erteilung der Bewilligung sind:
- das Erfüllen der fachlichen Anforderungen;
- die Vertrauenswürdigkeit;
- keine geistige oder körperliche Behinderung, welche zur Berufsausübung offensichtlich unfähig macht[81].

a) Anerkennung von Diplomen

Die *fachlichen Anforderungen* werden bei Ärzten, Zahnärzten und Apothekern nur von Inhabern des entsprechenden *eidgenössischen Diploms* erfüllt[82]. Die Kantone sind nicht berechtigt, weitere Ausbildungen zu verlangen, können die Zulassung jedoch aus Gründen polizeilicher Natur, beispielsweise wegen schlechten Leumunds, verweigern. 70

Das 1877 in Kraft getretene *Freizügigkeitsgesetz*, (FZG), welches auf Art. 33 aBV[83] beruht und im Zeitraum von 1886 bis 1999 nie revidiert, jedoch durch verschiedene Verordnungen ergänzt wurde, hält fest, dass 71

---

78 BGE 125 I 322.
79 Vgl. §§ 16 ff. GesG/ZH sowie entsprechende Verordnungen zu den einzelnen Berufen.
80 Vgl. § 35 der Verordnung über die Berufe der Gesundheitspflege des Kantons Zürich.
81 § 8 Abs. 1 GesG/ZH.
82 Vgl. § 16 Abs. 1, § 18 Abs. 1, § 23 Abs. 1 GesG/ZH.
83 Dieser Verfassungsartikel erteilte den Kantonen die Kompetenz, die Ausübung der wissenschaftlichen Berufsarten von einem Befähigungsausweis abhängig zu machen, verpflichtete jedoch den Bundesgesetzgeber, dafür zu sorgen, dass derartige Ausweise in der ganzen Schweiz Gültigkeit besitzen.

Ärzte, Tierärzte und Apotheker, die ein eidgenössisches Diplom erworben haben, ihren Beruf in der ganzen Schweiz ausüben dürfen. Nach diesem Gesetz *müssen* die Kantone die eidgenössischen Diplome anerkennen. Die Kantone sind aber frei, Ausweise mit geringeren Anforderungen als dem eidgenössischen Diplom für Tätigkeiten auf ihrem Hoheitsgebiet zuzulassen[84]. Für ausländische Diplome kann die Freizügigkeit durch eine Gegenrechtsvereinbarung[85] des betreffenden Landes erreicht werden; besonders zu beachten sind bezüglich der EG-Fachtitel die bilateralen Verträge.

Das Freizügigkeitsgesetz wurde zwecks Umsetzung der bilateralen Verträge revidiert; die Revision trat auf den 1. Juni 2002 in Kraft. Mit Inkrafttreten des revidierten Freizügigkeitsgesetzes werden ausländische Diplome anerkannt, sofern die Gleichwertigkeit in einem Vertrag über die gegenseitige Anerkennung mit dem betreffenden Staat vorgesehen ist. Zu den weiteren Auswirkungen der Revision vgl. N 55 ff. und N 74.

72 Im Juni 1999 wurde der Entwurf zum «*Gesetz über die universitäre Ausbildung in den medizinischen Berufen (MedBG/Ausbildung)*» in die Vernehmlassung gegeben, welcher sich mit der Grundausbildung der Ärzte, Zahnärzte, Veterinäre und neu auch der Chiropraktoren befasst. Damit sollen eine qualitativ hoch stehende medizinische Versorgung durch optimale Ausbildung der universitären Medizinberufe und die interkantonale und internationale Freizügigkeit dieser Medizinalpersonen gewährleistet werden[86].

73 Mit Inkrafttreten des neuen *Berufsbildungsgesetzes* (BBG) wird aufgrund von Art. 63 BV die gesamte Berufsbildung durch dieses Gesetz geregelt werden und der Bund kann neu auch die nicht universitären Ausbildungen im Gesundheitswesen regeln[87]. Bis zum Inkrafttreten des neu-

---

[84] Dies gilt beispielsweise bei den kantonal approbierten Zahnärzten des Kantons Appenzell Ausserrhoden.
[85] Vom Gegenrechtserfordernis kann in Ausnahmefällen, namentlich bei Unterversorgung im betreffenden Gebiet, abgewichen werden. Das Bundesgericht erklärt das Kriterium der Unterversorgung als verfassungsmässig, auch wenn dies aus Gründen der Wirtschaftsfreiheit und Rechtsgleichheit umstritten ist.
[86] Die EU unterstützt seit den Achtzigerjahren ihre Mitgliedstaaten in den Bereichen Bildungs-, Berufsbildungs- und Jugendpolitik, wobei die Qualität der Aus- und Weiterbildung sowie die Mobilität von Schülern, Lehrlingen, Studenten und Lehrkräften gefördert werden soll. Dazu gehören Programme wie Sokrates, Erasmus und Leonardo da Vinci. Die Schweiz kann wegen des EWR-Neins vom 6. Dezember 1992 an diesen Programmen nur als «stille Partnerin» teilnehmen, indem sie sich finanziell beteiligt, hat aber immer mit dem Risiko zu leben, dass die EU diese stille Teilnahme nicht mehr akzeptiert. Aus diesem Grunde wäre eine Teilnahme der Schweiz an der EU von Vorteil. Vgl. www.europa.admin.ch/nbv/expl/factsheets/d/index.htm.
[87] Bis dahin war eine der Hauptzuständigkeiten der Kantone im Gesundheitswesen die Regelung der Ausbildung der nichtakademischen Berufe des Gesundheitswesens.

en Berufsbildungsgesetzes[88] wird diese Aufgabe noch von den Kantonen wahrgenommen. Dabei ist die Schweizerische Sanitätsdirektorenkonferenz (SDK) zur Anerkennung von in- und ausländischen Ausbildungsabschlüssen berechtigt[89]. Sie hat die Anerkennung ausländischer und kantonaler Ausbildungsabschlüsse gewisser Berufe an das Schweizerische Rote Kreuz (SRK) delegiert. Nach SRK-Reglementen erworbene Ausbildungsabschlüsse sind öffentlich-rechtlich anerkannt, mit bindender Wirkung für die Kantone[90]. Ob eine Ausbildung anerkannt und damit auch reglementiert werden soll, entscheidet jedoch allein die SDK[91].

Die Anerkennung gleichwertiger ausländischer Ausweise obliegt dem Leitenden Ausschuss für die eidgenössischen Medizinalprüfungen.

b) Regelung der selbständigen Tätigkeit

Mit den bilateralen Abkommen und dem Freizügigkeitsgesetz ist eine Anpassung des eidgenössischen Arztdiploms an die sektoriellen EU-Richtlinien erforderlich geworden, welche beispielsweise für die selbständige Tätigkeit der Humanmediziner eine staatlich anerkannte Weiterbildung verlangen. Nach dem neuen Freizügigkeitsgesetz sollen nun auch in der Schweiz nur noch Inhaber eines eidgenössischen Arztdiploms unter der Aufsicht von Inhabern eines entsprechenden eidgenössischen Weiterbildungstitels ärztliche Handlungen vornehmen dürfen. Zur selbständigen Ausübung des Arztberufs ist gemäss Art. 11 Abs. 2 FZG ein eidgenössischer Weiterbildungstitel nötig[92]. Hinsichtlich der anderen Medizinalpersonen wie beispielsweise[93] Pharma-Assistentinnen, Augenoptikerinnen, Hörgeräteakustiker, Zahntechniker, Drogistinnen, Diätköchen, medizinischen Praxisassistentinnen und Kosmetikerinnen ist das

74

---

[88] Es wird damit gerechnet, dass dieses per 1.1.2003 in Kraft treten wird.
[89] Vgl. Art. 4 Abs. 2 der Interkantonalen Vereinbarung über die Anerkennung von Ausbildungsabschlüssen vom 18. Februar 1993.
[90] Die Kantone sind jedoch frei, weitere Ausbildungen zu anerkennen. Dasselbe gilt für die SDK-reglementierten Berufe, was zurzeit nur die Chiropraktoren, später allenfalls noch die Musiktherapeuten betrifft.
[91] Dabei werden grundsätzlich Berufe reglementiert, welche in einem Tätigkeitsbereich liegen, für welchen gesundheitspolizeiliche Kriterien und bildungspolitische Anforderungen gelten müssen, welche eine gesamtschweizerisch koordinierte Reglementierung und Transparenz unumgänglich machen.
[92] Dabei besteht kein gerichtlich durchsetzbarer Anspruch auf Begründung einer Weiterbildungsstelle. Fehlt es an Weiterbildungsplätzen, kann der Gesetzgeber weder die Träger der Weiterbildung noch die Kantone verpflichten, solche zu schaffen.
[93] All diese Berufe liegen an der Schnittstelle von Gesundheitswesen und anderen Sektoren und werden in gewissen Kantonen gar nicht als Gesundheitsberufe betrachtet.

Bundesgesetz über die Berufsbildung vom 19. April 1978 (BBG) massgebend, wonach weiterhin das eidgenössische Diplom für die selbständige Berufsausübung in der ganzen Schweiz reicht.

c) Wirtschaftsfreiheit im interkantonalen Bereich

75   Die Wirtschaftsfreiheit wird im interkantonalen Bereich auch durch das *Bundesgesetz über den Binnenmarkt* vom 6. Oktober 1995 (BGBM) geschützt, welches das Recht verankert, eine private Erwerbstätigkeit an jedem beliebigen Ort der Schweiz ausüben zu können und für alle Schweizer Bürgerinnen und Bürger, für in der Schweiz ansässige Ausländerinnen und Ausländer sowie für juristische Personen mit Sitz in der Schweiz gilt[94]. Leitgedanke dieses Gesetzes ist es, einen einheitlichen Wirtschaftsraum in der Schweiz zu schaffen. Das BGBM soll einen freien, nicht diskriminierenden Zugang für Waren, Dienstleistungen und Arbeitsleistungen gewährleisten, womit die Wettbewerbsfähigkeit der Schweiz auf nationaler und internationaler Ebene gestärkt werden soll. Dadurch sollen die von den Kantonen und Gemeinden hoheitlich erlassenen protektionistischen Massnahmen und Bestimmungen abgebaut werden. Ziel ist jedoch nicht eine Rechtsharmonisierung, da eine derart umfassende Binnenmarktregelung des Bundes in die Gesetzgebungskompetenz der Kantone eingreifen würde. Beim Binnenmarktgesetz wird grundsätzlich von der Vermutung ausgegangen, dass kantonale Fähigkeitsausweise[95] *gleichwertig* seien, sodass der Inhaber eines ausserkantonalen Ausweises in der Regel ohne weitere Prüfung der persönlichen Voraussetzungen zur Berufsausübung zuzulassen sei[96]. Dieser freie Marktzugang kann jedoch aus Gründen des öffentlichen Interesses eingeschränkt werden[97].

---

[94]   Nicht in den Bereich des BGBM fallen Saisonarbeiter, Inhaber einer Aufenthaltserlaubnis und der öffentliche Dienst.

[95]   Der Fähigkeitsausweis darf nicht mit der Berufsausübungsbewilligung verwechselt werden. Ein Fähigkeitsausweis beurkundet lediglich die Tatsache, dass der Inhaber ein bestimmtes Examen mit Erfolg bestanden hat und damit die erforderliche Fachkenntnis besitzt, stellt aber nur eine von mehreren Bewilligungsvoraussetzungen dar.

[96]   Analog dem Cassis de Dijon-Prinzip im europäischen Recht, bei welchem die Gleichwertigkeit der kantonalen Zulassungsvoraussetzungen für die Ausübung bestimmter Tätigkeiten vermutet wird.

[97]   Vgl. Art. 3 Abs. 2 lit. a, b, c BGBM, welcher die Voraussetzungen für eine solche Beschränkung enthält. Dabei darf eine solche Beschränkung nur stattfinden, wenn dieselbe auch für Ortsansässige gelten würde und zur Wahrung überwiegender öffentlicher Interessen unerlässlich und verhältnismässig ist. Als überwiegendes öffentliches Interesse gilt dabei beispielsweise der Schutz der Gesundheit und des Lebens. Verweigert

Aus einer Studie der Geschäftsprüfungskommission des Nationalrats[98] 76
geht hervor, dass die Auswirkungen des BGBM bisher nicht besonders
weit gingen. Insgesamt kann nur ein kleiner Teil der Liberalisierungen explizit auf das BGBM zurückgeführt werden. Zu den Erfolgen des BGBM
im Gesundheitswesen zählt der Medikamentenversand, die nunmehr teilweise Deregulierung in den medizinischen Hilfsberufen, die Verbesserung der Anerkennung der Diplome[99] und die Lockerung der Berufsausübungsbedingungen. Die Marktöffnung, welche das BGBM jedoch bringen sollte, erfolgt nur zögerlich, punktuell und unkoordiniert, was wohl
auch auf die Ausgestaltung des BGBM zurückzuführen ist, welches als
Rahmengesetz konzipiert ist und dadurch keine materiellen Regeln zur
Rechtsharmonisierung oder -vereinheitlichung durch den Bund vorsieht.
Die konkrete Umsetzung soll in Gesetzeserlassen untergeordneter öffentlicher Körperschaften erfolgen. Im BGBM wurden Grundprinzipien
aufgestellt und die Kantone hätten die Pflicht gehabt, ihre Vorschriften
und ihre Praxis anzupassen[100]. Das BGBM setzt somit auf die Zusammenarbeit zwischen Bund, Kantonen und Gemeinden. Von den Kantonen
sind jedoch nur wenige[101] und geringfügige autonome Gesetzesanpassungen zu verzeichnen und zwischen den Kantonen blieben grosse Unterschiede bestehen, was dem Hauptziel der Marktöffnung zuwiderläuft. Die
Rechtsprechung des Bundesgerichts nimmt zudem stark Rücksicht auf
kantonale Kompetenzen, wodurch das Wirkungsfeld des BGBM deutlich
eingeschränkt wurde. Die in Art. 8 BGBM für die Überwachung der Einhaltung des Gesetzes durch den Bund, die Kantone, Gemeinden und andere Träger öffentlicher Aufgaben zuständig erklärte Wettbewerbskom-

---

ein Kanton die Bewilligung mit der Begründung, der Fähigkeitsausweis gewährleiste keinen hinreichenden Ausbildungsstand, so trägt der Kanton nach Art. 4 BGBM die Beweislast für die Notwendigkeit einer solchen Zulassungsbeschränkung.

[98] «Auswirkungen des Bundesgesetzes über den Binnenmarkt (BGBM) auf den freien Dienstleistungs- und Personenverkehr in der Schweiz», Bericht der Geschäftsprüfungskommission des Nationalrats auf der Grundlage einer Evaluation der parlamentarischen Verwaltungskontrollstelle, vom 27. Juni 2000.

[99] Dabei vereinheitlichen zwei Verordnungen der Sanitätsdirektorenkonferenz (SDK) die Diplomanerkennung von zwanzig medizinischen Hilfsberufen.

[100] In Art. 11 Abs. 1 BGBM werden die Kantone und Gemeinden aufgefordert, ihre Vorschriften innert zweier Jahre nach Inkrafttreten des Gesetzes mit diesem in Einklang zu bringen. Daraus geht klar hervor, dass die Kantone nicht nur die Möglichkeit, sondern die Pflicht haben, ihre Vorschriften anzupassen.

[101] Seit Inkrafttreten des BGBM sind nur acht kantonale Gesetzesrevisionen verabschiedet worden, die explizit auf das BGBM Bezug nehmen, und auch der Abschluss interkantonaler Abkommen wurde kaum gefördert.

mission (WEKO), welche nicht mehr als unverbindliche Empfehlungen, Untersuchungen und Gutachten abgeben kann, vermag aufgrund ihrer gesetzlich normierten schwachen Stellung nur wenig zu bewirken[102]. Das ganze BGBM steht in einem Spannungsfeld zwischen der Wirtschaftsfreiheit und dem Prinzip des Föderalismus. Das Ziel des BGBM, ein freier und gleichberechtigter Zugang zum gesamten schweizerischen Markt für alle in der Schweiz niedergelassenen Anbieter, ist bislang nicht vollständig erreicht worden.

77 Gemäss Art. 95 Abs. 2 BV muss zudem auch der Bund dafür sorgen, dass ein einheitlicher schweizerischer Wirtschaftsraum gewährleistet wird und dass Personen mit einer wissenschaftlichen Ausbildung oder mit einem eidgenössischen, kantonalen oder kantonal anerkannten Ausbildungsabschluss ihren Beruf in der ganzen Schweiz ausüben können.

d) *Ausländische oder rein kantonal anerkannte Diplome und selbständige Berufsausübung*

78 Inhaber ausländischer Diplome waren bis zum Inkrafttreten der *bilateralen sektoriellen Abkommen* in den allermeisten Fällen von der selbständigen Berufsausübung ausgeschlossen, selbst wenn ihre Ausbildung gleichwertig oder gar besser als die eidgenössische war. Die Verfassungsmässigkeit dieser Ausschlüsse war sehr umstritten, wurde vom Bundesgericht jedoch – mit einer fragwürdigen Begründung – geschützt.

Das Bundesgericht hat im Fall eines deutschen Staatsangehörigen mit deutscher Approbation als Zahnarzt bestätigt, dass das Erfordernis eines schweizerischen Diploms für die eidgenössisch geregelten Medizinalberufe nicht unverhältnismässig sei, da die Gleichwertigkeit ausländischer Ausweise für die schweizerischen Gesundheitsbehörden schwieriger zu beurteilen sei. Daran ändere auch nichts, dass die Anwendung dieser generellen Regelung im Einzelfall dem inneren Sinn des Gesetzes zuwider laufe[103, 104].

---

[102] Die Geschäftsprüfungskommission schlägt daher dem Bundesrat vor, die WEKO zu ermächtigen, gegen alle Formen öffentlich-rechtlicher Einschränkungen des freien Marktzugangs i. S. v. Art. 9 Abs. 1 BGBM Beschwerde erheben zu können, in den das BGBM-betreffenden Verfahren vor Bundesgericht angehört zu werden und die Zweckmässigkeit eines autonomen Beschwerderechts für Konsumentenorganisationen zu prüfen.

[103] BGE 125 I 267 ff. Damit ist das Bundesgericht dem einige Monate zuvor vom Verwaltungsgericht Luzern festgehaltenen Prinzip, dass nach dem Grundsatz der Verhältnismässigkeit im konkreten Fall, sofern dadurch keine gesundheitspolizeilichen Interessen beeinträchtigt werden, der Nachweis der beruflichen Qualifikation eines Gesuchstellers auch in anderer Weise zuzulassen sei, nicht gefolgt.

[104] Auch betrachtete das Bundesgericht das BGBM nicht für anwendbar, da es sich einerseits um einen innerkantonalen Sachverhalt handelte und anderseits die Freizügig-

Das Kriterium der Verwaltungsökonomie vermag einen derartigen 79
Eingriff in die Wirtschaftsfreiheit des Betroffenen unseres Erachtens
nicht zu rechtfertigen – vor allem dann, wenn die Gleichwertigkeit der
Ausbildung durch die Bestätigung einer gesamtschweizerischen Institution belegt oder vom Gesuchsteller nachgewiesen wurde (vgl. Rechtsprechung zu den medizinischen Hilfsberufen).

Bei den *medizinischen Hilfsberufen* wurde in der Regel ein Fähigkeits- 80
ausweis einer von der Gesundheitsdirektion anerkannten Schule verlangt[105]. Das Bundesgericht hielt bei den medizinischen Hilfsberufen wie
z. B. Physiotherapeuten und Akupunkteuren die Voraussetzung eines
schweizerischen Diploms für unverhältnismässig, wenn ein gleichwertiges
ausländisches Diplom vorliegt und diese Gleichwertigkeit mit Hilfe einer
Überprüfung oder Registrierung durch gesamtschweizerische Institutionen nachgewiesen werden kann[106].

Besteht für einen Beruf kein eidgenössisches Diplom, wird auf die *kan-* 81
tonalen bzw. interkantonalen Abschlüsse abgestellt, so beispielsweise bei
Chiropraktoren, Zahnprothetikern und Drogisten[107].

Bei den *rein kantonal anerkannten* Ausbildungen, welche weder vom
Bund noch auf interkantonaler Ebene anerkannt sind, wird zwischen den
von der Schulmedizin[108] *anerkannten* Berufen und solchen ausserhalb
dieses Bereichs unterschieden. Zu den allgemein anerkannten Berufen
des Gesundheitswesens zählen dabei Berufe, die zwar selbst nicht als wissenschaftlich bezeichnet werden, jedoch in dieses System integriert sind
und von der Schulmedizin akzeptiert werden. Darunter fallen beispielsweise die Logopädin[109] aber auch der Psychologe und der nichtärztliche

---

keitswirkung von Art. 4 BGBM nur für in der Schweiz erworbene Fähigkeitsausweise gelte, nicht aber für ausländische, auch wenn diese in einigen Kantonen als dem schweizerischen Diplom gleichwertig anerkannt werden. Vgl. dazu die Kritik bei POLEDNA, Gesundheitsrecht, 390 ff.

[105] Vgl. beispielsweise § 20, § 24 Abs. 1 und § 26 der Verordnung über Berufe der Gesundheitspflege des Kantons Zürich.
[106] BGE 125 I 267 und 335.
[107] Vgl. § 19 Abs. 1, § 20 Abs. 1 und § 27 Abs. 1 GesG/ZH.
[108] Die Schulmedizin wird definiert als: Allgemeine oder weitaus überwiegende Anerkennung einer Regel von Forschern und Praktikern der medizinischen Wissenschaft und ihre weite Verbreitung in der Lehre oder die an Universitäten gelehrte Medizin. Dabei handelt es sich um eine Richtung der Medizin, die auf führenden Kongressen, in führenden Fachzeitschriften und von führenden Wissenschaftlern vertreten wird. Zudem wird diese Ansicht (Methode) in der medizinischen Wissenschaft nicht ernsthaft bestritten und ist wissenschaftlich abgestützt.
[109] Gemäss Art. 50 KVV ist der Logopäde ein Leistungserbringer im Sinne der obligatorischen Krankenversicherung und ist in einigen Kantonen zugelassen.

Kapitel 2 – Medizinische Berufe

Psychotherapeut[110]. Diese Berufe kennzeichnen sich durch eine kantonale Bewilligungspflicht und die Anerkennung als KVG-Leistungserbringer aus. Zu den wissenschaftlich nicht anerkannten Berufen, welche meist unter dem Titel «Komplementärmedizin»[111] in Erscheinung treten, zählen alternative Heilmethoden, wie beispielsweise die Homöopathie, Akupunktur, Neuraltherapie, Phytotherapie, Chinesische Heilkunst, Reflexzonentherapie und die Osteopathie.

> Gestützt auf Art. 4 Abs. 1 des *Bundesgesetzes über den Binnenmarkt (BGBM)* müssen in anderen Kantonen ausgestellte oder anerkannte Fähigkeitsausweise anerkannt werden. Nach Auffassung des Bundesgerichts ist der Anwendungsbereich von Art. 4 BGBM mit Blick auf dessen Entstehungsgeschichte auf schweizerische Fähigkeitsausweise beschränkt; die Anwendung auf ausländische Diplome, welche von einzelnen Kantonen anerkannt worden sind, sei nicht möglich[112].

82 Es ergibt sich jedoch bereits aus dem Wortlaut von Art. 4 Abs. 1 BGBM, dass neben den kantonalen auch kantonal anerkannte Fähigkeitsausweise in der gesamten Schweiz Geltung haben; da eidgenössische Diplome keiner Anerkennung durch die Kantone bedürfen, können unter die zweite Kategorie nebst privaten Ausweisen auch ausländische Diplome fallen; das Bundesgericht ist – wie dargelegt – anderer Auffassung[113].

83 Selbst wenn eine Ausbildung aufgrund des BGBM anzuerkennen ist, hängt die Zulässigkeit einer bestimmten Berufstätigkeit in einem Kanton nicht zwingend nur von den fachlichen Kenntnissen und Fähigkeiten ab, welche durch das Diplom belegt werden. Die Zulassung kann von weiteren polizeilich begründeten Voraussetzungen abhängig sein oder der kantonale Gesetzgeber kann innert den verfassungsmässigen Schranken einen Beruf überhaupt als unzulässig erklären.

---

[110] Auch die Tätigkeiten des Psychologen und des nichtärztlichen Psychotherapeuten gelten als wissenschaftlich abgestützt, ihnen wird aber wohl die Aufnahme in das neue eidgenössische Medizinalberufegesetz und damit die Anerkennung als Medizinalberuf versagt bleiben. Vgl. Erläuternder Bericht zum Vorentwurf für ein Bundesgesetz über die universitäre Ausbildung in den medizinischen Berufen (MedBG/Ausbildung), S. 6. Das Problem der Psychotherapeuten besteht darin, dass keine standardisierten Ausbildungen bestehen. Nicht in allen Kantonen ist diese Berufskategorie geregelt und somit nicht überall bewilligungspflichtig.

[111] Die Komplementärmedizin ist nach wie vor teils heftig umstritten und die Haltung dazu hängt stark davon ab, ob sie von approbierten Ärzten oder Nichtärzten angewendet wird.

[112] BGE 125 I 267 ff.
[113] BGE 125 I 267 ff.

e) Bilaterale Abkommen und Auswirkungen

> Mit Inkrafttreten der bilateralen sektoriellen Abkommen (BA) zwischen der Schweiz und der EU wird schrittweise der freie Personenverkehr[114] eingeführt, welcher zu einer Liberalisierung der personenbezogenen grenzüberschreitenden Dienstleistungserbringung führt. Zweck dieser Freiheit ist es, EU- und Schweizerbürgern zu ermöglichen, den Ort ihrer Tätigkeit sowie ihren Wohnort unabhängig von der Staatsangehörigkeit zu bestimmen. Es soll grösstmögliche Gleichbehandlung zwischen den EU- und den Schweizer Bürgern, nach dem Prinzip der Nichtdiskriminierung, geschaffen werden[115]. Danach haben sich die Vertragsparteien zur gegenseitigen Anerkennung von Diplomen, Zeugnissen und sonstigen Befähigungsausweisen verpflichtet[116].

Die Umsetzung der BA erfolgt über spezielle Anerkennungsrichtlinien, welche auf dem Prinzip der vorgängigen Harmonisierung der Ausbildung beruhen. Jede Vertragspartei ist für die ordnungsgemässe Durchführung der Verträge auf dem eigenen Hoheitsgebiet zuständig und wird bei Verletzung dieser Regeln je nach Bedarf von der Kommission oder vom Europäischen Gerichtshof sanktioniert. Als Ausdruck des Prinzips des gegenseitigen Vertrauens wird die Gleichwertigkeit der Diplome anderer Mitgliedstaaten vermutet. Weitere Anerkennungsvoraussetzungen sind die Ausstellung durch die zuständige Stelle des Mitgliedstaates, der Inhaber des Diploms muss EU-Bürger sein, das Diplom oder Prüfungszeugnis weist ein gleichwertiges Niveau der Ausbildung aus, die Ausbildung für den ausgewiesenen Abschluss erfolgte vorwiegend in der EU und das Diplom berechtigt zur Berufsaufnahme und -ausübung im Herkunftsland.

Diese Richtlinien gelten nur für Berufe, deren selbständige Ausübung reglementiert ist, d.h. nur für Tätigkeiten, bei denen der Zugang zum Be-

84

---

[114] Zum freien Personenverkehr gehört der Zugang zur unselbständigen und selbständigen Erwerbstätigkeit, die Inländergleichbehandlung, die geographische und berufliche Mobilität, der Anspruch auf Familiennachzug, das Recht auf Erwerbstätigkeit der Familienangehörigen, die automatische Verlängerung der Bewilligung, das Verbleiberecht nach Beendigung der Bewilligung, das Rückkehrrecht und die Freizügigkeit für Nichterwerbstätige.

[115] Voraussetzung des Aufenthaltsrechts ist die Aufnahme einer selbständigen oder unselbständigen Tätigkeit; es gibt im Binnenmarktrecht keine Freizügigkeit der Arbeitslosen. Die Freizügigkeit der Nichterwerbstätigen gilt für Rentner, Studenten und übrige Nichterwerbstätige, wenn sie gegen Krankheit versichert sind und über genügend finanzielle Mittel verfügen, sodass sie nicht der Sozialhilfe zur Last fallen.

[116] Nationale Diplome muss die Schweiz jedoch nur insoweit anerkennen, als diese in der EU selbst als den Spezialrichtlinien genügend anerkannt werden.

ruf, die Ausübung oder Vergütung durch das einzelstaatliche Sozialversicherungssystem vom Staat festgelegten Bedingungen untersteht[117]. Daraus folgt, dass alle im vorgenannten Sinne nicht reglementierten Tätigkeiten von anderen Mitgliedstaaten nicht anerkannt oder bewilligt werden müssen.

85   Durch die *gegenseitige Diplomanerkennung* der universitären medizinischen Berufe wird die berufliche Mobilität zwischen der Schweiz und der EU gesichert. Von einigen Seiten wird dadurch ein bedeutender Zustrom aus dem EU-Raum befürchtet, damit einhergehend eine grosse Zunahme der Praxiseröffnungen, was zu einem Kostenschub im ambulanten und teilstationären Bereich führen könnte. Um dem entgegenzuwirken werden flankierende Massnahmen wie Sprachprüfungen, Zulassungsbeschränkungen und Bedarfsnachweisklauseln (diese wurden bereits eingeführt) erwartet.

86   Der *freie Personenverkehr* wird schrittweise eingeführt: Die ersten fünf Jahre nach Inkrafttreten der bilateralen Abkommen kann die Schweiz die Kontingentierung für den Zugang zu einer Erwerbstätigkeit aufrechterhalten[118], danach wird für weitere sieben Jahre der probeweise kontingentfreie Personenverkehr für erwerbstätige Personen eingeführt, wobei die Schweiz bei einem übermässigen Anstieg der Einwanderung aus der EU die Möglichkeit hat, wieder Kontingente für jeweils zwei Jahre einzuführen[119]. Erst nach diesen insgesamt zwölf Jahren gilt die Freizügigkeit uneingeschränkt.

87   Die über 2500 Ärztinnen und Ärzte aus dem EU-Raum, die bereits vor den bilateralen Abkommen in der Schweiz gearbeitet haben, profitieren ab Inkrafttreten dieser Abkommen vom freien Personenverkehr, wobei ihre vorhandenen Titel sofort anerkannt werden[120]. Seit Inkrafttreten der bilateralen Abkommen[121] gilt das Prinzip der Inländerbehandlung für EU-Angehörige, die in der Schweiz leben, und für in der EU lebende

---

[117] Der EuGH nennt dies «durch Rechts- oder Verwaltungsvorschriften geregelten Zugangsbedingungen», was in etwa dem Begriff des «bewilligungspflichtigen Berufs» im Schweizer Recht entspricht.

[118] Für Daueraufenthalter wird das Kontingent auf 15 000, bei Kurzaufenthaltern auf 115 000 Personen festgelegt. Somit wird sich der Zustrom in diesen quantitativen Grenzen bewegen.

[119] Nach den ersten fünf Jahren kann die Schweiz auch wieder Kontingente einführen und die Einwanderung während der zwei folgenden Jahre, ohne Gefahr von Retorsionsmassnahmen, auf das Mittel der letzten drei Jahre plus 5 % beschränken. Vgl. SGB Dokumentation Nr. 68, Bilaterale Abkommen Schweiz–EU, S. 10 ff; Vgl. BBl 1999, S. 6313.

[120] Vgl. HÄNGGELI, S. 1249. In der Praxis hat sich jedoch gezeigt, dass die Anerkennung ein bis zwei Monate Zeit in Anspruch nimmt.

[121] Am 1. Juni 2002.

Schweizer. Dabei haben EU-Angehörige neu grundsätzlich Anspruch auf Bewilligungserteilung, jedoch bleibt für zwei Jahre die Kontrolle der Lohn- und Arbeitsbedingungen bestehen. Es ist den Ausländern weiter möglich, in ihre Heimat zurückzukehren, ohne sich dabei die Möglichkeit zu verbauen, wieder in die Schweiz einzureisen. Das volkswirtschaftlich und sozialpolitisch problematische Saisonnierstatut fällt mit der Inländerbehandlung weg. Eingeführt werden dagegen ein europakompatibler Kurzaufenthalterstatus mit Familiennachzug und geographischer und beruflicher Mobilität. Schweizer erhalten die Möglichkeit, sich überall in Europa gleichberechtigt um einen Ausbildungs- oder Arbeitsplatz zu bewerben. Anstelle einer fremdenpolizeilichen Kontrolle wird es Mindestnormen – flankierende Massnahmen[122] – geben, die für alle Beschäftigten gelten.

Die in den Abkommen festgehaltene 90-Tage-Regelung[123], welche die Dienstleistungs- und nicht die Niederlassungsfreiheit betrifft, ist von der Kontingentierungsmöglichkeit ausgeschlossen[124]. Hier können allenfalls Fälle der Inländerdiskriminierung[125] entstehen, indem der EU angehörende, in der Schweiz nicht niedergelassene ausländische Dienstleistungserbringer berechtigt werden, ihre Dienstleistungen in der Schweiz anzubieten, sofern diese Dienstleistungserbringung in ihrem Herkunftsland zulässig ist, während in der Schweiz niedergelassene in- und ausländische Dienstleistungserbringer sich an das strengere Zulassungsrecht ihres Niederlassungskantons zu halten haben. Ortsansässige Dienstleistungsanbieter sind bei dieser Anwendung des Rechts des Herkunftslandes dann schlechter gestellt als in der EU ansässige Dienstleistungserbringer, wenn die Zulassungsbedingungen des Herkunftslandes des auswärtigen Anbieters weniger streng sind als diejenigen des Kantons, in dem der auswärtige Anbieter seine Leistung erbringt. Hierbei ist es Sache der einzelnen Mit-

88

---

[122] Zu diesen flankierenden Massnahmen gehören beispielsweise die Festsetzung von Mindestlöhnen, allgemeinverbindliche Gesamtarbeitsverträge, ein Entsendegesetz, womit die Gewerkschaften Instrumente gegen den Lohndruck und die Verschlechterungen der Arbeitsbedingungen haben.
[123] Nach der 90-Tage-Regelung sollen sich Dienstleistungserbringer ohne Niederlassung für maximal 90 Tage pro Kalenderjahr in einen Mitgliedstaat begeben und dort Dienstleistungen erbringen können.
[124] Vgl. Art. 5 Abs. 4 BA.
[125] Bekannt ist diese Inländerdiskriminierung vom Cassis-de-Dijon-Prinzip, einem Urteil des EuGH vom 20.2.1979, wonach eine Ware, wenn keine zwingenden Erfordernisse des Mitgliedstaates vorliegen (wie beispielsweise dem Schutz der öffentlichen Gesundheit), die in einem Mitgliedstaat rechtmässig hergestellt und in Verkehr gebracht worden ist, ohne einschränkende Regelungen in andere Mitgliedstaaten eingeführt werden darf.

Kapitel 2 – Medizinische Berufe

gliedstaaten, allfällige Inländerdiskriminierungen zu beseitigen[126]; daran ändert auch Art. 6 BGBM nichts, welcher nur die Gleichbehandlung von kantonsfremden schweizerischen gegenüber ausländischen Personen im internationalen Verhältnis gewährleistet, nicht aber die Nichtdiskriminierung von im Kanton ansässigen.

Die Bilateralen Abkommen erhielten mit Inkrafttreten den Rang eines schweizerischen Bundesgesetzes, weshalb die Kantone ihre Gesundheitsgesetze anzupassen und diese auf Inländerdiskriminierung zu prüfen haben.

f) *Gesetz über die Freizügigkeit des Medizinalpersonals (FZG)*

Gleichzeitig mit dem Abkommen über den freien Personenverkehr traten das revidierte *Gesetz über die Freizügigkeit des Medizinalpersonals* (FZG) und die Verordnung über die Weiterbildung und die Anerkennung der Diplome und Weiterbildungstitel der medizinischen Berufe (VO FZG) in Kraft, welche die Oberaufsicht über die Aus-, Weiter- und Fortbildung der Medizinalpersonen neu dem Bund übertragen[127] und damit den freien Personenverkehr im Bereich der Medizinalberufe regeln. Die Revision dieses Gesetzes hat zum Ziel, die medizinische Spezialistenausbildung bundesrechtlich zu ordnen und damit den formalen Anforderungen des Gemeinschaftsrechts anzupassen. Die Anerkennung der Diplome erfolgt dabei gestützt auf die sechs Spezialrichtlinien[128]. Die Verbindung der Schweizer Ärzte FMH als

---

[126] Das Cassis-de-Dijon-Prinzip des EG-Rechts schützt nicht vor innerstaatlichen Regelungen, welche den Vertrieb von Waren oder Dienstleistungen einschränken, da dabei nicht spezifisch inländische Anbieter bevorzugt werden.

[127] Zuvor war für über siebzig Jahre, nämlich seit 1931, die FMH für die Regelung und Durchführung der ärztlichen Weiterbildung zuständig, womit die FMH eigentlich eine öffentlich-rechtliche Aufgabe wahrgenommen hat. Die FMH wünschte sich schon lange eine gesetzliche Verankerung der Weiterbildungsordnung.

[128] Es gibt für die Krankenschwestern (77/452/EWG), für die Zahnärzte (78/686/EWG), für die Hebammen (80/154/EWG), für die Apotheker (85/432/EWG), für die Tierärzte (78/1026/EWG) und die Ärzte (93/16/EWG) je eine eigene Richtlinie. Alle anderen Berufe sind über die allgemeinen Richtlinien wie die Allgemeine Regelung über die Anerkennung der Hochschuldiplome (89/48 EWG) oder die Regelung zur Anerkennung beruflicher Befähigungsnachweise in Ergänzung zur oben genannten Richtlinie (93/16 EWG) abzuwickeln.

gesamtschweizerischer Berufsverband führt die ärztliche Weiterbildung im Rahmen der akkreditierten[129] Weiterbildungsordnung durch.

Folgende Merkmale zeichnen die Regelungen aus[130]: 89
- Das Medizinstudium dauert sechs Jahre, wird mit einem eidgenössischen Arztdiplom abgeschlossen und berechtigt Ärztinnen und Ärzte zur *unselbständigen* Tätigkeit. Zur selbständigen Tätigkeit berechtigt sind Diplomträger im Bereich der Zahnmedizin, Veterinärmedizin und Pharmazie.
- Die in der EU-Richtlinie 93/16 aufgeführten Arztdiplome sind dem eidgenössischen Arztdiplom gleichgestellt und müssen nur noch formal anerkannt werden[131, 132]. Wer einen solchen Titel besitzt, erhält ohne weiteres den entsprechenden eidgenössischen Facharzttitel. Für nicht in dieser Richtlinie aufgeführte Weiterbildungstitel besteht keine Anerkennungspflicht.
- Im Ausland absolvierte Weiterbildungsperioden werden, soweit sie den Vorschriften der Verordnung zum FZG und der Weiterbildungsordnung der FMH entsprechen, für den Erwerb eines eidgenössischen Weiterbildungstitels ganz oder teilweise anerkannt.
- Weiterbildungstitelinhaber sind zur permanenten Fortbildung verpflichtet[133]. Dabei wird auf eine generelle, rechtlich durchsetzbare Pflicht zur Fortbildung verzichtet (lex imperfecta) und auf die Selbst-

---

[129] Die Akkreditierung, welche Sache des Bundes ist, ist ein Verfahren, mit dem die Qualität der Weiterbildung sichergestellt und laufend verbessert werden soll. In einer Selbstevaluation muss die Trägerorganisation nachweisen, dass ihr Weiterbildungsprogramm den Zielen des Gesetzes und den erforderlichen Standards entspricht, und erhält dafür bei Erfüllen der Anforderungen eine Akkreditierung für sieben Jahre. Ein Weiterbildungsprogramm wird dabei nicht automatisch, sondern nur auf Antrag seiner Trägerorganisation akkreditiert.

[130] Vgl. dazu BRUNNER/ZELTNER, www.bag.admin.ch/aktuell/d/Bilaterale.

[131] Unter Umständen kann sogar jemand, der kein in dieser Richtlinie aufgeführtes Arztdiplom besitzt, das eidgenössische Arztdiplom, nach Erwerb des Schweizer Bürgerrechts, erwerben.

[132] Die Antragsteller müssen jedoch weiter nachweisen können, dass sie eine der schweizerischen Landessprachen beherrschen, d.h. Deutsch, Französisch, Italienisch oder Rätoromanisch, da die Ärzte sich mit den Patienten, den Krankenkassen, den Spitälern, den Labors und den Behörden verständigen können müssen. Wer bereits vor dem 1.1.2001 in der Schweiz als Arzt praktiziert hat und keinen Facharzttitel der FMH besitzt, kann einen Weiterbildungstitel zu erleichterten Bedingungen erhalten. Ein in den EU-Richtlinien anerkanntes Arztdiplom berechtigt zu den gleichen Tätigkeiten, wie sie ein eidgenössisch diplomierter Arzt ausüben darf. Für die Praxiseröffnung ist jedoch noch ein eidgenössischer oder anerkannter EU-Weiterbildungstitel notwendig.

[133] Die Fortbildungspflicht beträgt 80 Stunden im Jahr, wobei 30 Stunden Selbststudium angerechnet werden.

verantwortung abgestellt[134]. Ziel der Fortbildung ist nicht die Erhaltung, sondern die Erweiterung und Vertiefung der einmal erworbenen Fähigkeiten.
- Wer einen Weiterbildungstitel sowie eine Berufsausübungsbewilligung besitzt, kann die Zulassung zulasten der Sozialversicherung verlangen[135]. Vorbehalten bleibt die Beachtung der Bedürfnisregelung des Krankenversicherungsgesetzes.
- Zur *eigenverantwortlichen* Tätigkeit als Humanmediziner bedarf es eines der 44 in der Verordnung zum FMPG aufgeführten eidgenössischen Weiterbildungstitels[136]. Die Dauer der Weiterbildung liegt zwischen zwei und sechs Jahren[137]. Die Weiterbildung wird dabei an anerkannten Weiterbildungsstätten absolviert und mit einer Facharztprüfung abgeschlossen[138]. Die Weiterbildungsmöglichkeiten sollen dabei jeder Inhaberin und jedem Inhaber eines eidgenössischen Diploms zugänglich sein, egal ob sie Mitglied des betreffenden Berufsverbandes sind[139]. Der Besitz eines eidgenössischen ärztlichen Di-

---

[134] Die Pflicht zur Fortbildung ist zwar rechtlich verankert (Art. 18 Freizügigkeitsgesetz der Medizinalpersonen), aber letztlich nicht durchsetzbar. Es handelt sich demzufolge um eine «lex imperfecta».

[135] Bei der Akupunktur, der chinesischen Medizin, der antroposophischen Medizin, der Homöopathie, der Neuraltherapie, der Phytotherapie, dem Schwangerschaftsultraschall sowie der Hüftsonographie muss sich der Arzt zur Zulassung der Leistungen zu Lasten der Krankenkasse über eine zusätzliche Qualifikation ausweisen können. Auch zum Betreiben eines Röntgenapparats braucht es den so genannten besonderen Sachverstand, um eine Bewilligung einholen zu können.

[136] Nur die Humanmediziner sind von dieser Regelung betroffen, da ein Obligatorium der Weiterbildung für alle Medizinalberufe zu einer Benachteiligung der Schweizer Zahn- und Tierärzte sowie Apotheker gegenüber ihren EU-Kollegen führen würde, da die betreffenden sektoriellen EG-Richtlinien von diesen Berufsgruppen keine Weiterbildung für die selbständige Tätigkeit verlangen. Um sich einer allfälligen Gesetzesänderung der EU möglichst schnell anpassen zu können, ist die Regelung im Bundesgesetz flexibel ausgestaltet.

[137] Für den Minimaltitel «Praktischer Arzt/Praktische Ärztin» dauert die Weiterbildung zwei Jahre und für einen Facharzttitel mindestens fünf bis sechs Jahre. Die FMH verleiht neben diesen 44 vorgesehenen Weiterbildungstiteln noch zusätzliche Weiterbildungstitel, welche jedoch im EU-Raum nicht anerkannt sind, aber für die Qualitätssicherung und teilweise für die Abrechnung von Leistungen zu Lasten der Sozialversicherer in der Schweiz eine Rolle spielen. Der neue Arzttarif Tarmed bringt gewisse fachgebietsbezogene Einschränkungen in der Leistungsabrechnung mit den Sozialversicherern mit sich.

[138] Durch die Erhöhung der Anforderungen an die Praxiszulassung soll die Qualität der medizinischen Versorgung verbessert werden. Weiterbildung kann jedoch nur dort verlangt werden, wo die EG-Richtlinien sie von den betreffenden Berufen ebenfalls verlangen.

[139] Damit sich die Weiterzubildenden gegen Machtmissbrauch, Diskriminierung oder Benachteiligung wehren können, ist eine unabhängige Rekursinstanz vorgesehen.

ploms ohne Weiterbildungstitel gestattet nur noch eine Tätigkeit unter Aufsicht.
- Die unselbständige ärztliche Tätigkeit ist bundesrechtlich nicht geregelt.
- Der Doktortitel bildet mit dem Übergang vom FMH-Titel zum eidgenössischen Facharzttitel keine generelle Voraussetzung mehr für den Erwerb eines Facharzttitels.
- Wer bei Inkrafttreten der bilateralen Verträge bereits in der Schweiz arbeitet und einen Arbeitsvertrag für die Dauer von mindestens einem Jahr hat, dem wird nach Ablauf der Jahresaufenthaltsbewilligung eine EG-Aufenthaltsbewilligung mit einer Gültigkeitsdauer von fünf Jahren erteilt[140]. Wer die fachlichen Qualifikationen erfüllt, erhält zudem ab Inkrafttreten des Gesetzes das Recht, eine eigene Praxis zu führen. Demnach profitieren diese Ausländer unmittelbar von der uneingeschränkten Inländergleichbehandlung und die Übergangsbestimmungen kommen für diese nicht zur Anwendung. Wer jedoch nach Inkrafttreten der Verträge neu in der Schweiz eine Tätigkeit aufnehmen will, unterliegt den arbeitsrechtlichen Beschränkungen[141].

Trotz dieser eidgenössischen Regelung der ärztlichen Aus-, Weiter- und Fortbildung liegen die Berufszulassung[142] sowie die Berufsaufsicht in der Zuständigkeit der Kantone und sind damit immer noch stark föderalistisch geprägt.

Durch die *gegenseitige Anerkennung der Berufsdiplome* werden die Schweizer Ärztinnen und Ärzte mit anerkanntem Facharzttitel den Inhabern des entsprechenden Facharzttitels im Aufnahmestaat gleichgestellt und umgekehrt. Ein solcher flexibilisierter Arbeitsmarkt steigert die Wettbewerbsfähigkeit und damit den Wirtschaftsstandort Schweiz, denn mehr Wettbewerb führt meist zu Rationalisierungen und Innovationen. Bei Staaten mit hohen Anforderungen an den Erwerb eines Facharzttitels

---

[140] Wer vor Inkrafttreten der bilateralen Verträge eine Kurzaufenthaltsbewilligung besitzt, hat Anspruch auf Erneuerung der Bewilligung.
[141] Danach gilt während der ersten zwei Jahre noch der so genannte *Inländervorrang* und während den ersten fünf Jahren gilt die Personenfreizügigkeit nur innerhalb der Kontingente. Der ausländische Arzt oder die Ärztin müssen dabei eine Aufenthaltsbewilligung und eine Arbeitsbewilligung beantragen, welche abgelehnt werden kann, wenn für die anvisierte Stelle ein Schweizer zur Verfügung steht, d.h. die Ausländer-Kontingente bereits ausgeschöpft sind.
[142] Seit Januar 2002 bewilligen die Kantone die selbständige Tätigkeit nur noch Inhabern eines eidgenössischen oder vom Weiterbildungsausschuss anerkannten ausländischen Weiterbildungstitels. Ärzte, welche nur vorübergehend, d.h. höchstens drei Monate, selbständig in der Schweiz tätig sind, müssen vorgängig ihren ausländischen Weiterbildungstitel anerkennen lassen.

Kapitel 2 – Medizinische Berufe

besteht dadurch jedoch die Gefahr der *Inländerdiskriminierung*, da derselbe Titel in einem anderen Staat viel einfacher erworben werden kann.

91   *Zwei grundlegende Neuerungen* der Gesetzesrevision bestehen darin, dass der bisherige FMH-Titel durch einen eidgenössischen Weiterbildungstitel abgelöst wird und dass das eidgenössische Arztdiplom alleine nicht mehr zur Aufnahme einer selbständigen ärztlichen Tätigkeit berechtigt. Ein Anspruch auf eine kantonale Berufsausübungsbewilligung besteht nur dann, wenn auch noch ein eidgenössischer *Weiterbildungstitel* vorgewiesen werden kann[143].

92   Durch die Übertragung der Oberaufsicht über die ärztliche Weiterbildung auf den Bund entfällt für den Titelerwerb das Erfordernis der obligatorischen Mitgliedschaft bei der FMH.

§ 4   Vorschriften zur Berufsausübung

93   Im Gesundheitswesen besteht aufgrund des mit der Berufsausübung verbundenen hohen Gefährdungsgrades für medizinisch relevante Tätigkeiten für zahlreiche Berufsarten ein Verbot mit Erlaubnisvorbehalt (polizeiliche Bewilligung)[144]. Merkmal dieser *Polizeibewilligung* ist, dass auf diese ein Rechtsanspruch besteht, sofern die gesetzlich geforderten Bedingungen erfüllt sind. Die meisten Kantone sehen für die selbständige[145] Berufsausübung von Ärzten, Zahnärzten und Apothekern sowie für

---

[143]   Um einer damit drohenden Inländerdiskriminierung zuvorzukommen, will der Bund einen dreijährigen Weiterbildungstitel schaffen, was insoweit sogar zu einer Vereinfachung der Eröffnung einer Arztpraxis führt, als dass damit gleichzeitig auch die fachlichen Voraussetzungen für die kantonale Berufsausübungsbewilligung und für die Zulassung zur Tätigkeit zu Lasten der Krankenversicherung erfüllt werden. Dadurch entfällt die von der Berufsausübungsbewilligung losgelöste zweijährige Weiterbildung nach KVG.

[144]   Um abstrakten Gefahren zu begegnen, kann der Gesetzgeber nach Massgabe des Verhältnismässigkeitsgrundsatzes bei nicht tolerierbarem Gefährdungspotential ein absolutes Verbot einer Tätigkeit verhängen, bei gefährlichen, aber als notwendig erachteten Tätigkeiten diese monopolisieren oder nach dem oben erwähnten Verbot mit Erlaubnisvorbehalt, als schwächste Massnahme, eine Erlaubnis mit Verbotsvorbehalt erteilen, wobei eine Tätigkeit grundsätzlich frei ausgeübt werden kann, bei Bedarf jedoch nachträglich Sanktionen ergriffen werden können. Vgl. POLEDNA, Bewilligungen, N 141 ff.

[145]   «Selbständig» wird dabei von den Kantonen teils nach *wirtschaftlichen* Aspekten, d. h. «auf eigene Rechnung» (§ 8 i. V. m. §§ 7 und 4 Verordnung über die medizinischen Hilfsberufe/AG), teils nach *fachlichen* Aspekten, d. h. «im eigenen Namen» oder «in eigener fachlicher Verantwortung» (§ 10 GesG/SO, § 2 Verordnung über die Medizinalpersonen/LU) definiert.

andere Berufe des Gesundheitswesens eine solche *Bewilligung* vor. Von einer blossen *Meldepflicht* gehen lediglich die Kantone Basel-Stadt[146], Solothurn[147] und Zug[148] aus.

Die Praxisbewilligung bestätigt lediglich, dass der Gesuchsteller *zur Zeit der Bewilligungserteilung* die gewerbepolizeilichen Voraussetzungen zur Berufstätigkeit erfüllt. Zu den Bewilligungsvoraussetzungen gehören beispielsweise ein nach Staatsvertrag, Bundesrecht, interkantonalem oder kantonalem Recht anerkannter Fähigkeitsausweis, die erforderliche praktische Erfahrung, die Handlungsfähigkeit, guter Leumund, Fehlen verwaltungsrechtlicher oder strafrechtlicher Sanktionen im Zusammenhang mit der Ausübung eines Gesundheitsberufes, die körperlichen und geistigen Voraussetzungen für die Berufsausübung und das Vorliegen einer Haftpflichtversicherung[149]. Auf einen Nenner gebracht heisst das, es müssen die von der Gesetzgebung verlangten fachlichen Anforderungen erfüllt werden, Vertrauenswürdigkeit vorliegen und allgemein Gewähr für eine einwandfreie Berufsausübung bestehen. Die Berufsausübungsbewilligung kann unter Auflagen oder Bedingungen erteilt werden oder später auch entzogen oder eingeschränkt werden.

Die Kantone können gewisse Tätigkeiten vom Besitze eines Fachausweises abhängig machen, wenn die fragliche Tätigkeit Gefahren für das Publikum mit sich bringt, welche nur durch beruflich besonders befähigte Personen in erheblichem Masse vermindert werden können[150]. Das Verlangen solcher Fähigkeitsausweise wurde aber in einigen Fällen als unverhältnismässig angesehen[151]. Das Erfordernis eines *Fähigkeitsausweises* wird als unverhältnismässiger Eingriff in die Wirtschaftsfreiheit betrach- 94

---

[146] Vgl. § 1 Gesetz betreffend Ausübung der Berufe der Medizinalpersonen und der Komplementärmedizin des Kantons Basel-Stadt vom 26. Mai 1978.
[147] Vgl. § 11 Gesundheitsgesetz/SO für alle weiteren berufsmässigen oder sonst entgeltlichen Tätigkeiten, die sich mit körperlichen oder seelischen Funktionsstörungen befassen.
[148] Vgl. § 27bis Gesetz über das Gesundheitswesen des Kantons Zug, für wissenschaftlich nicht anerkannte Behandlungen.
[149] Vgl. Art. 15b GesG/BE, § 13 GesG/SO, Art. 80 GesG/FR, Art. 56 GesG/VS.
[150] Vgl. BGE 112 Ia 322 E. 4b.
[151] Vgl. BGE 112 Ia 322 Meisterdiplom für den selbständigen Betrieb eines Augenoptikergeschäfts, BGE 110 Ia 99 ärztliches Rezept für die Anpassung von Kontaktlinsen ohne pathologischen Befund, BGE 113 Ia 38 Verbot der Führung von mehr als zwei Zahnarztpraxen, BGE 117 Ia 440 Bewilligungsverweigerung für medizinischen Masseur, BGE 125 I 335 Gesuch einer nichtärztlich ausgebildeten Akupunkteurin mit ausländischem Fähigkeitsausweis um selbständige Ausübung des Akupunkteurberufs.

tet, soweit die konkreten Therapiemethoden nicht gesundheitsgefährdend sind. In anderen Fällen erachtete das Bundesgericht die Voraussetzung eines Fähigkeitsausweises jedoch als verhältnismässig[152].

95 Die selbständige Ausübung von Berufen zur Feststellung und Behandlung von gesundheitlichen Störungen bedarf einer Bewilligung[153]. Was dabei nicht bewilligungspflichtig ist, ist verboten, sofern es sich nicht um schlichte Tätigkeiten zur Förderung des Wohlbefindens handelt.

96 Inhaber der Berufsbewilligung haben die bewilligte Tätigkeit *persönlich* auszuüben und Vertretungen sind nur in Ausnahmefällen zulässig[154]. In wirtschaftlicher Hinsicht wird Ärzten, Zahnärzten, Chiropraktoren, Zahnprothetikern, Hebammen und Apothekern vorgeschrieben, ihre Praxis *im Namen und auf Rechnung des Bewilligungsinhabers* zu führen[155]. Im Übrigen bestehen *restriktive Vorschriften*, was die Auskündung von medizinischen Tätigkeiten bzw. die *Werbung* dafür betrifft[156].

97 Bei den *komplementären Heilmethoden* bewegt sich das kantonale Zulassungsrecht in der Bandbreite vom völligen Verbot (Diplomorientiertes Modell mit zwei Varianten[157]) über eine mehr oder weniger stark ausgeprägte Bewilligungs-/Meldepflicht (Gefährdungsorientiertes Modell[158])

---

[152] Vgl. BGE 103 Ia 259, wobei eine Kosmetikerin eines Fähigkeitsausweises bedarf, BGE 103 Ia 272 Erfordernis eines Fähigkeitsausweises für die Anpassung von Kontaktlinsen, BGE 109 Ia 180 bei der Ausübung der Reflexologie.

[153] Was als bewilligungspflichtig gilt, wird auf Gesetzes- oder Verordnungsstufe abschliessend festgelegt.

[154] Vgl. § 10 Abs. 1 GesG/ZH.

[155] Vgl. § 11 GesG/ZH.

[156] Vgl. § 13 GesG/ZH sowie die entsprechenden Bestimmungen in den Verordnungen zu den einzelnen Berufen.

[157] Beim *traditionellen System*, wie es beispielsweise der Kanton Aargau kennt, sind alle nicht der Schulmedizin verpflichteten Berufe von der Berufsausübung ausgeschlossen und die medizinischen Verrichtungen sind bewilligungspflichtig. Dieses System steht mit der Verfassung und der Wirtschaftsfreiheit nicht im Einklang. Der Vorteil dieses Systems wäre jedoch, dass kein Koordinierungsaufwand bestünde. Daneben existiert das *diplomorientierte Modell mit Öffnung für bestimmte naturheilkundliche Verfahren* wie beispielsweise in den Kantonen Solothurn und Basel-Stadt. Auch dieses System wird als zu starr empfunden und widerspricht dem Verhältnismässigkeitsgrundsatz. Der Koordinationsbedarf bei diesem Modell ist beträchtlich.

[158] Beim *Gefährdungsorientierten Modell* ist das einzige Kriterium einer Bewilligungspflicht die Gefährdung der Gesundheit. Medizinische Tätigkeiten sind danach in der Ausübung grundsätzlich frei, soweit nicht präventiv Einschränkungen durch positive Enumeration aller bewilligungspflichtigen Tatbestände erfolgen. Die Konkretisierung erfolgt auf Verordnungsstufe. Von diesem Modell gehen die Kantone Bern, Fribourg und Wallis aus. Bei diesem grundsätzlich freigebenden und nur präventiv verbietenden System ist die schnelle Anpassungsfähigkeit von Vorteil, weist aber den Nachteil der geringeren Rechtssicherheit auf. Hier sind die Einschränkungen mit der Wirtschaftsfreiheit eher vereinbar. Die der Bewilligungspflicht unterstehenden Berufe lösen einen erheblichen Koordinierungsaufwand aus.

bis zur bewilligungsfreien Ausübung (Tätigkeitsspezifisches Modell[159])[160]. Innerhalb der verfassungsmässigen Schranken steht es den Kantonen frei, unterschiedlich Regelungen zu erlassen, was jedoch zu einem enormen Koordinierungsaufwand führen kann. Durch die Vermutung der Gleichwertigkeit kantonaler Fähigkeitsausweise gemäss BGBM und der Regelung der Aus- und Weiterbildung durch den Bund wurde dieser Koordinierungsbedarf jedoch relativiert[161].

Insgesamt ist von der einstigen ablehnenden Haltung gegenüber diesen alternativen Methoden eine Abkehr feststellbar und einige Kantone legen den Beruf des Heilpraktikers bereits gesetzlich fest[162].

Der Kanton *Solothurn*[163] beispielsweise unterstellt die Heilpraktiker und die nichtärztlichen Homöopathen[164] gemäss § 27 GesG/SO der Bewilligungspflicht. Gemäss § 11 GesG/SO besteht für «alle weiteren berufsmässigen oder sonst entgeltlichen Tätigkeiten, die sich mit körperlichen oder seelischen Funktionsstörungen befassen» eine Aufsichts- und Meldepflicht. Nur ungefährliche Tätigkeiten wie beispielsweise kosmetische Anwendungen, Sportmassagen sowie Behandlungen Gesunder[165] sind danach nicht meldepflichtig.

Gemäss Art. 76 GesG/FR dürfen Personen, welche keinen Beruf des Gesundheitswesens nach Art. 75 GesG/FR ausüben, Alternativverfahren nur anwenden, wenn diese die Gesundheit nicht gefährden und jede Ver-

---

[159] Bei diesem Modell sind die Bewilligungsvoraussetzungen *bereits auf Gesetzesstufe* positiv und abschliessend anhand detaillierter Kriterien verankert. Wie beim Gefährdungsorientierten Modell sind dabei medizinische Tätigkeiten in der Ausübung grundsätzlich frei, soweit nicht präventiv Einschränkungen durch positive Enumeration aller bewilligungspflichtigen Tatbestände erfolgen. Der Kanton Zürich geht in seinem Entwurf zum neuen Gesundheitsgesetz von diesem Modell aus, welches das Selbstbestimmungsrecht und die Eigenverantwortung des mündigen Patienten stärkt, welcher die Freiheit hat, selbst zu entscheiden, ob er sich ausserhalb des Bereichs der anerkannten Wissenschaften behandeln lassen will. Durch die gänzliche Freigabe der komplementären Heilmethoden entfällt der Koordinationsbedarf.
[160] Vgl. dazu SDK, S. 29 ff.
[161] Der Koordinierungsaufwand wird dabei kleiner, je enger das Feld der Bewilligungspflichtigkeit gesteckt ist.
[162] Vgl. § 1b Medizinalpersonengesetz/BS, § 10 Abs. 2 i. V. m. § 27 GesG/SO, Art. 76 GesG/FR. Seit dem 1. Juli 1999 unterliegen im Kanton Basel-Stadt die Heilpraktik, die Homöopathie, die traditionelle chinesische Medizin, die Akupunktur und das indische Ayurveda gemäss der Komplementärmedizinverordnung einer Bewilligungspflicht, andere Verfahren aus diesem Bereich unterliegen lediglich einer Meldepflicht.
[163] Das GesG/SO ist per 1.1.2000 in Kraft getreten.
[164] Zu den Verfahren der Heilpraktiker und nichtärztlichen Homöopathen gehören die Phytotherapie, die Homöopathie, die Akupunktur, das Ayurveda und die TCM.
[165] Zu den Behandlungen Gesunder gehören beispielsweise psychologische Beratungen oder Gymnastik.

wechslung mit einer dem Gesundheitsgesetz unterstellten Tätigkeit ausgeschlossen ist.

101 Im neuen Gesundheitsgesetz des Kantons *Bern* sind alle Tätigkeiten des Gesundheitswesens, bei welchen aus Gründen der Qualitätssicherung für den Gesundheitsschutz erhöhte Anforderungen gestellt werden müssen, bewilligungspflichtig[166]. All diese bewilligungspflichtigen Tätigkeiten werden auf Verordnungsebene aufgelistet[167]. Im Gegensatz zum alten Gesundheitsgesetz gilt der Grundsatz, was nicht bewilligungspflichtig ist, kann frei ausgeübt werden.

102 Nach dem Entwurf des Gesundheitsgesetzes des Kantons *Zürich* vom Juni 1999 soll die Bewilligungspflicht nur noch Berufe betreffen, die nach wissenschaftlich anerkannten Methoden arbeiten, Tätigkeiten, die zulasten der Grundversicherung abgerechnet werden können (KVG) oder welche ein besonderes Gefährdungspotential aufweisen[168]. Alle übrigen Tätigkeiten sollen bewilligungsfrei ausgeübt werden können und nur bei schwerwiegenden Verfehlungen bei Heilverfahren hat der Staat ausnahmsweise die Möglichkeit, mit einem Berufsverbot einzuschreiten. Diese von der SDK und der von ihr eingesetzten Arbeitsgruppe[169] erarbeiteten Vorschläge für ein koordiniertes Vorgehen der Kantone bei der Erteilung von Bewilligungen zur Ausübung von Berufen im Gesundheitswesen bewirken insbesondere im Bereich der Komplementärmedizin eine grössere Freizügigkeit.

103 Die Arbeitsgruppe «Zulassung zu beruflichen Tätigkeiten des Gesundheitswesens» *empfiehlt* den Kantonen grundsätzlich, die Bewilligungspflicht auf:
– alle medizinischen Tätigkeiten, deren Wirksamkeit nach wissenschaftlichen Methoden nachgewiesen ist;
– Berufe, die nach dem Bundesgesetz über die Krankenversicherung (KVG) zur Tätigkeit zulasten der obligatorischen Krankenpflegeversicherung berechtigen;

---

[166] Vgl. Art. 15 GesG/BE.
[167] Im Bereich der natürlichen Heilmethoden beschränkt sich die Bewilligungspflicht auf Heilpraktik, Homöopathie, Akupunktur, traditionelle chinesische Medizin und Osteopathie.
[168] Die Bewilligungen werden dabei befristet erteilt, müssen jedoch bei Fortbestand der Voraussetzungen erneuert werden. Damit beim Bürger nicht der Eindruck einer staatlichen Überwachung entsteht, soll zudem von der Meldepflicht abgesehen werden.
[169] Auf Beschluss des Vorstandes der SDK wurde durch den Bildungsrat eine Arbeitsgruppe eingesetzt, welche unter dem Vorsitz von Martin Brunnschweiler (GD/ZH) im Juni 2000 einen eingehenden Bericht zu den Zulassungen zu beruflichen Tätigkeiten im Gesundheitswesen vorlegte.

– sonstige medizinische Verrichtungen mit besonderem Gefährdungspotential

zu beschränken[170].

Dabei sollten die Voraussetzungen wegen des Gewaltentrennungsprinzips auf Gesetzesstufe in allgemeingültiger Form definiert, abschliessend und positiv aufgezählt und auf Verordnungsstufe konkretisiert werden. Alle sich ausserhalb dieses staatlich beaufsichtigten Tätigkeitsfeldes bewegenden Aktivitäten sollten bewilligungsfrei ausgeübt werden können. Der Entwurf des Gesundheitsgesetzes des Kantons Zürich, der sich am tätigkeitsspezifischen Modell orientiert, kommt dem wohl am nächsten.

---

[170] Vgl. SDK, S. 36 f.

Kapitel 3 – Stellung des Patienten und Haftung

§ 1 Stellung des Patienten

1. Rechtsverhältnis zwischen Patient und Leistungserbringer

Je nachdem, ob sich der Patient an einen privat praktizierenden Arzt, an ein Privatspital oder an ein öffentliches Spital wendet, untersteht das Behandlungsverhältnis öffentlichem oder privatem Recht. Um einen Überblick über die unterschiedlichen Rechtsverhältnisse zu erhalten, werden nachfolgend neben dem Verhältnis des Patienten zu den öffentlichen Spitälern auch diejenigen zu den übrigen Leistungserbringern kurz erläutert. 104

a) Öffentliche Spitäler

Träger öffentlicher Spitäler (z.B. Kantons-, Regional-, Bezirks-, Kreis- sowie Stadtspitäler) sind in aller Regel Gemeinwesen. Die Aufgaben, die Organisation und die Rechtsstellung des Spitals ergeben sich aus dem *öffentlichen Recht*, beispielsweise aus Gesundheitsgesetzen[171], Spitalgesetzen und diversen Verordnungen. Zwischen Patient und behandelndem Arzt – sei dies Assistenz-, Ober- oder Chefarzt – entsteht kein direktes Rechtsverhältnis. 105

Ausnahmen können sich in den folgenden Fällen ergeben: 106
– *Privatärztliche Tätigkeit der Ärzte:* Ein Arzt, der in einem öffentlich-rechtlichen Verhältnis zum Staat steht, kann mit einer staatlichen Bewilligung in beschränktem Rahmen eine privatärztliche Tätigkeit ausüben[172]. Im Umfang seiner privatärztlichen Tätigkeit handelt der Chefarzt in eigenem Namen und auf eigene Rechnung. Zwischen Privatpatient und Chefarzt entsteht ein *privatrechtlicher Behandlungsvertrag*[173].

---

[171] Vgl. dazu beispielsweise §§ 62 ff. GesG/LU, §§ 44 ff. GesG/SO, Art. 17 GesG/GR.
[172] Vgl. für den Kanton Zürich § 39a GesG sowie §§ 30 f. KHV.
[173] Vgl. § 2 Abs. 2 PRV/ZH; Eichenberger, § 7, B, I, 2., bb); BGE 82 II 321.

Hinsichtlich der Pflegeleistungen und der Unterkunft steht der Privatpatient dagegen in der Regel in einem öffentlich-rechtlichen Rechtsverhältnis zum Spital, sodass von einem *«gespaltenen Spitalverhältnis»* gesprochen wird. Es ist aber auch denkbar, dass ein Spital die gesamte Infrastruktur für die Behandlung an den Chefarzt vermietet, sodass der Patient nur mit diesem in einem Rechtsverhältnis steht.

– *Belegarzt:* Der *echte* Belegarzt behandelt seine Privatpraxispatienten in eigenem Namen und auf eigene Rechnung. Der echte Belegarzt erfüllt keine öffentliche Aufgabe. Er benutzt lediglich die Spitalinfrastruktur. Wie beim frei praktizierenden Arzt entsteht zwischen ihm und dem Patienten ein Arztvertrag, der den Regeln des Auftragsrechts nach Art. 394 ff. OR unterliegt. Mit dem Spital schliesst der Patient einen separaten Vertrag ab, wodurch es zu einem doppelten Rechtsverhältnis kommt.

Der *unechte* Belegarzt dagegen steht mit dem Patienten in keinem direkten Rechtsverhältnis; er behandelt auf Abruf durch das Spital die Spitalpatienten im Namen und auf Rechnung des Spitals. Der unechte Belegarzt ist somit Hilfsperson des Spitals.

107 Die Behandlung von Patienten in öffentlichen Spitälern gilt als Erfüllung einer öffentlichen Aufgabe, wobei der Patient zum Spital in ein öffentlich-rechtliches Verhältnis tritt. Die Rechte des Patienten sind im Prinzip die gleichen wie beim Patienten im Privatspital. Das Selbstbestimmungsrecht ist im öffentlichen Recht durch das Recht der persönlichen Freiheit in gleicher Weise gewährleistet wie durch das Persönlichkeitsrecht im Privatrecht. Die Pflichten des Arztes dem Patienten gegenüber sind die selben im öffentlichen wie im privaten Recht.

b) *Private Spitäler*

108 Privatrechtlich organisierte Privatspitäler treten häufig in der Rechtsform einer Aktiengesellschaft, einer Stiftung oder eines Vereins auf. Das Rechtsverhältnis zwischen dem Patienten und den betreuenden Personen beruht auf einem *privatrechtlichen Spitalvertrag*. Der Spitalvertrag kann entweder als totaler oder gespaltener Spitalvertrag ausgestaltet sein.

109 Beim *totalen oder einheitlichen* Spitalvertrag steht dem Patienten allein das Spital als Vertragspartner gegenüber, was zur Folge hat, dass auch allfällige Ansprüche aus Behandlungsfehlern gegen das Spital zu richten sind. Es handelt sich dabei um einen *Innominatkontrakt,* der neben Unterkunft, Verpflegung und Pflege auch die ärztlichen Leistungen um-

fasst[174]. Soweit dabei medizinische Leistung erbracht wird, kommt gemäss Art. 394 OR Auftragsrecht zur Anwendung. Im Rahmen des totalen Spitalvertrags gelten Ärzte und weiteres Spitalpersonal als Hilfspersonen im Sinne von Art. 101 OR.

Beim *gespaltenen* Spitalvertrag, dem Belegarztmodell, schliesst der Patient mit dem Arzt einen Vertrag über die medizinische Behandlung ab, und begründet parallel dazu mit dem Spital einen Vertrag, welcher Unterkunft, Verpflegung und Pflege umfasst[175]. Die medizinische Behandlung beurteilt sich auch hier nach den Regeln des Auftragsrechts (Art. 394 ff. OR). Das Verhältnis zwischen dem Spital und dem Arzt wird meist durch einen Belegarztvertrag und allfällige interne Reglemente umschrieben. 110

Laut der bundesgerichtlichen Praxis ist die Trägerschaft des Spitals für das anwendbare Recht nicht ausschlaggebend. Erfüllt ein Spital mit privater Rechtsform und privater Trägerschaft einen Auftrag des Kantons oder einer Gemeinde, kann das Rechtsverhältnis zum Patienten öffentlichrechtlicher Natur sein. 111

c)   *Privat (frei) praktizierende Ärzte*

Zwischen dem frei praktizierenden Arzt (oder anderen Leistungserbringern) und dem Patienten besteht in der Regel ein konkludent zustande gekommener[176] *privatrechtlicher Arztvertrag*, der sich nach den Regeln des einfachen *Auftrags* richtet (Art. 394 ff. OR)[177]. Der Inhalt des Vertrags konkretisiert sich im Gespräch zwischen Arzt und Patient. In Ausnahmefällen, in denen kein Vertrag zustande kommt, wie z. B. in Notfällen bei Bewusstlosigkeit des Patienten, beurteilen sich die Handlungen des Arztes nach den Regeln der Geschäftsführung ohne Auftrag (Art. 419 ff. OR). Dem Arzt steht es, in den Grenzen der anwendbaren Standesregeln, frei, einen Patienten oder eine Patientin anzunehmen oder nicht. Der Arzt kann durch öffentliches Recht jedoch zur Pflege verpflichtet werden, wenn die Gesundheit der Patientin oder des Patienten ernstlich und unmittelbar gefährdet ist[178]. 112

---

[174]   Beispiel für ein Privatspital mit eigenen Ärzten ist in Zürich die als privatrechtliche Stiftung ausgestaltete Klinik Wilhelm Schulthess. Soweit das Privatspital im öffentlichen Auftrag tätig wird, gelangt jedoch öffentliches Recht zur Anwendung.
[175]   Belegspitäler sind beispielsweise die AMI-Kliniken.
[176]   Der Patient schliesst nicht ausdrücklich schriftlich oder mündlich einen Vertrag mit dem Arzt, sondern geht zum Arzt, schildert seine Leiden und wünscht eine Behandlung, was den Vertrag stillschweigend zustande kommen lässt.
[177]   Vgl. BGE 119 II 458.
[178]   Vgl. Art. 84 GesG/FR.

2. Patientenrechte

a) Grundlagen

113 Zentrales Element der Patientenrechte bildet das *Selbstbestimmungsrecht*[179] des Patienten, das sowohl durch das öffentliche Recht wie auch durch das Privatrecht geschützt wird. Es basiert auf dem Persönlichkeitsschutz und umfasst sowohl den *Schutz der körperlichen Integrität* wie auch den darauf bezogenen *Schutz des Rechtsträgers, nach freiem Willen* über einen allfälligen Eingriff in seine körperliche Integrität *zu entscheiden*[180]. Unabhängig von der öffentlich- oder privatrechtlichen Rechtsnatur des Behandlungsverhältnisses beinhaltet das Selbstbestimmungsrecht im Wesentlichen die selben Elemente. Im *öffentlich-rechtlichen Behandlungsverhältnis* ergeben sich diese direkt aus der in Art. 10 BV verankerten persönlichen Freiheit und den entsprechenden kantonalen Erlassen[181]. Im Kanton Zürich ist dies neben dem Gesundheitsgesetz und der Krankenhausverordnung vor allem die Patientenrechtsverordnung (PRV); Letztere findet nicht nur auf die Spitäler mit öffentlicher Trägerschaft, sondern auch auf private, jedoch staatlich subventionierte Spitäler Anwendung (§ 1 PRV/ZH). Im *privatrechtlichen Behandlungsverhältnis* fusst das Selbstbestimmungsrecht auf den Regeln über den Persönlichkeitsschutz nach Art. 28 ZGB.

Wird das Persönlichkeitsrecht widerrechtlich[182] verletzt, kann der Betroffene zu seinem Schutz gegen jeden, der an der Verletzung mitwirkt, den Richter anrufen.

b) Freie Arzt- und Spitalwahl

114 Grundsätzlich hat jede Person, wenn sie sich zum ersten Mal an einen frei praktizierenden Arzt oder an ein Privatspital wendet, die Frei-

---

[179] Ausdrücklich beispielsweise in § 30 Abs. 3 GesG/SO geregelt.
[180] Die Aufklärungspflicht dient sowohl dem Selbstbestimmungsrecht als auch der körperlichen Integrität, welche untrennbar miteinander verbunden sind. Vgl. BGE 117 Ib 201.
[181] Dies geht beispielsweise aus § 49 GesG/AG, § 30 GesG/SO, Art. 20 GesG/GR, Art. 83 GesG/FR, Art. 29 GesG/VS hervor.
[182] Widerrechtlich ist die Verletzung, wenn sie nicht durch die Einwilligung des Verletzten, durch ein überwiegendes öffentliches oder privates Interesse oder durch das Gesetz gerechtfertigt ist.

heit, sich vom Arzt bzw. im Spital ihrer Wahl behandeln zu lassen[183]. Faktische *Einschränkungen* können sich aus *finanziellen Gründen* ergeben. So werden die Mehrkosten einer Behandlung durch die Krankenversicherung nicht übernommen, wenn die Behandlung durch einen Leistungserbringer ausserhalb des Wohnkantons erbracht werden soll (vgl. Art. 41 Abs. 1 KVG)[184]. Werden lediglich die Kosten nach dem örtlichen Tarif übernommen, führt dies zu einer Beschränkung des freien Wahlrechts. Lässt sich der Patient aus medizinischen Gründen ausserhalb des Wohnsitzkantons behandeln, muss der Versicherer dagegen die vollen Kosten nach dem Tarif des Leistungserbringers übernehmen. Nach Art. 41 Abs. 2 KVG liegen medizinische Gründe bei Notfällen vor oder wenn die erforderlichen medizinischen Leistungen innerhalb der örtlichen Grenzen nicht angeboten werden.

Auch bei Spitälern und Einrichtungen der Alters- und Gesundheitspflege bestehen jedoch Zulassungsschranken, die einerseits in *qualitative* und andererseits in *quantitative* unterteilt werden: Ist die Zulassung von Eigenschaften des Anwärters abhängig, spricht man von qualitativen Schranken, ist die Zahl der Zugelassenen mengenmässig beschränkt, ist von der quantitativen Schranke die Rede. Beide Zulassungsbeschränkungen sind das Ergebnis von Abwägungen zwischen dem Gemeinwohl einerseits und dem individuellen Wohl des Anwärters andererseits. 115

«Als Motiv für *qualitative* Zulassungsschranken steht die Ermöglichung der ungehinderten Aufgabenerfüllung durch die Institution im Vordergrund.»[185] Bei Altersheimen werden beispielsweise Personen von der Aufnahme ausgeschlossen, die infolge Krankheit einer besonderen Pflege bedürfen. Im Gegensatz dazu setzt die Aufnahme eines Patienten im Spital ein bestimmtes Mass an gesundheitlicher Beeinträchtigung voraus. Bei Einrichtungen der Alters- und Gesundheitspflege kann auch der Wohnsitz ein eigentliches Zulassungserfordernis statuieren[186]. Bei den

---

[183] Explizit geregelt beispielsweise in Art. 20 loi sur la santé publique/VD, Art. 21 Abs. 2 loi de santé/NE, Art. 45 GesG/FR, Art. 17 GesG/VS, Art. 41 Abs. 1 KVG.
[184] Nach Art. 41 KVG können nur die auf der Spitalliste aufgeführten Spitäler die Patienten zulasten der Krankenversicherung behandeln. Lässt er sich ausserhalb seines Wohnsitzkantons behandeln und befindet sich dieses Spital nicht auf der Spitalliste, so muss der Versicherte die Differenz zwischen den Tarifpreisen seines Wohnkantons und den allenfalls höheren Tarifpreisen des anderen Kantons selber tragen. Gerade für ambulante Behandlungen bestehen teils beträchtliche regionale Tarifunterschiede.
[185] Vgl. SCHÖN, 3. Kapitel, 1. Teil, § 2 I., S. 109.
[186] Mit dieser Aufnahmeeinschränkung kann einem begrenzten Kreis potentieller Benützer eine optimale Aufnahmechance verliehen werden.

Spitälern kann die Kostensicherstellung ein Zulassungserfordernis darstellen, wobei in Notfällen die Aufnahme jedoch immer vorbehaltlos erfolgt. Die Leistungsverweigerung bei Spitälern muss stets dem Verhältnismässigkeitsgrundsatz genügen.

Die *quantitative* Zulassungsbeschränkung hängt mit der begrenzten Leistungskapazität zusammen, d.h., ein mengenmässig ungenügendes Angebot wird gleichmässig auf die potentiellen Leistungsempfänger verteilt, wobei jedoch nicht alle berücksichtigt werden können. Die Grenze der Aufnahmefähigkeit bei Altersheimen und Spitälern ergibt sich aus der Zahl der verfügbaren Zimmer und der vorgesehenen Art der Belegung; zudem wird ein entsprechender Personalbestand vorausgesetzt. Die Verteilung der Zimmer erfolgt sodann nach den oben erwähnten qualitativen Kriterien wie beispielsweise der Einwohnerbevorzugung[187]. Diese Bevorzugung ist jedoch nur so lange zugelassen, als eine Platzknappheit herrscht. Grundsätzlich werden die Plätze nach dem Zeitpunkt der Anmeldung vergeben, wobei aber auch die Dringlichkeit ein Aufnahmekriterium darstellt. Bei Altersheimen ist auch das Führen von Wartelisten zulässig. Reichen bei einem Spital die räumlichen oder personellen Kapazitäten für eine Aufnahme nicht aus, sind die erforderlichen Vorkehren zur Überführung des Patienten in ein anderes Spital zu treffen. Notfallpatienten haben jedoch – soweit eine Notfallaufnahme besteht – einen eigentlichen Behandlungsanspruch.

Die Aufnahmevoraussetzungen ergeben sich aus dem Einrichtungszweck und sind in einem Rechtssatz fixiert.

116 Zur Dämpfung der Gesundheitskosten und der Krankenkassenprämien bieten Krankenkassen verschiedene Versicherungsmöglichkeiten an, in welchen die freie Arzt- und Spitalwahl zusätzlich zum KVG beschränkt ist. Die Grundlagen dieser *Managed-care-Modelle* mit reduzierten Prämien finden sich in Art. 41 Abs. 4 und Art. 62 Abs. 1 KVG. Als Beispiele solcher Versicherungsmodelle gelten etwa die HMO-Versicherungen (Health Maintenance Organisation)[188], die Gatekeeper-Versiche-

---

[187] Die Einwohnerbevorzugung rechtfertigt sich damit, dass der häufig nicht leicht fallende Eintritt in ein Heim wesentlich besser verkraftet werden kann, wenn dem Insassen die gewohnte Umgebung erhalten bleibt. Bei einer Privilegierung nach dem Gemeindebürgerrecht fehlt es an einem sachlichen Grund und eine solche sollte demzufolge nicht zulässig sein. Vgl. SCHÖN, 3. Kapitel, 1. Teil, § 3, II. A, S. 187f.

[188] Beim Eintritt in eine HMO-Versicherung verpflichtet sich der Patient, im Krankheitsfall die Behandlung in der HMO-Gruppenpraxis durchführen zu lassen, wobei die behandelnden Ärzte meist Angestellte der Krankenversicherung sind. Die HMO-Ärzte müssen einem allfälligen Beizug eines Spezialisten oder einem Spitaleintritt zustimmen, was zur Kostensenkung führen soll.

rungen (Hausarztversicherungen)[189] und die PPO-Modelle (Preferred Provider Organisation)[190].

c) *Recht auf Behandlung*

Ein generelles Recht auf Behandlung gibt es nicht. Art. 5 der 117
Standesordnung der FMH vom 1. Juli 1997 legt fest: «*Arzt und Ärztin sind frei, einen Abklärungs- oder Behandlungsauftrag anzunehmen oder abzulehnen*». Demnach können *private Leistungserbringer* im Rahmen der Vertragsfreiheit frei entscheiden, ob sie jemanden in Behandlung nehmen wollen[191]. Dem Arzt muss es aus ethisch-medizinischen Überlegungen frei gestellt sein, ob er die Behandlung vornehmen will oder nicht. Da der Arzt den Auftrag hat, menschliches Leben zu retten, sollten jedoch nicht persönliche, sondern berufs-ethische Motive den Ausschlag geben, ob ein Patient eine Behandlung erhält[192]. Aus Gründen des Berufsethos sollten an den Arzt höhere Anforderungen gestellt werden können. So dürfen soziale Stellung, religiöse oder politische Gesinnung oder die wirtschaftliche Lage des Patienten keine Ablehnungsgründe darstellen. Fehlen einem Arzt hingegen die Spezialkenntnisse für die Behandlung eines Patienten, so ist er nicht nur berechtigt, sondern verpflichtet, den Patienten abzuweisen. Sobald jedoch ein privatrechtlicher Behandlungsvertrag zustande gekommen ist, besteht ein Recht auf sorgfältige und gute Behandlung entsprechend den auftragsrechtlichen Grundsätzen. Ein solcher Auftrag kann aber jederzeit von beiden Seiten gekündigt werden. Erfolgt die Kündigung jedoch zur Unzeit[193], ist die

---

[189] Der Patient wählt beim Hausarzt-Modell einen Arzt aus einer Liste der Krankenversicherung, den er bei jeder Krankheit zuerst kontaktieren muss. Dieser Arzt muss jeder Überweisung an einen anderen Arzt zustimmen, damit die Versicherung die Kosten der Behandlung übernimmt. Durch diese überwachende Funktion des «Gatekeepers» (übersetzt: Pförtner, Torhüter) sollen Spezialisten gezielt eingesetzt und überflüssige Behandlungen abgewiesen werden.

[190] Auch bei diesem mit dem Ziel der Kostendämpfung befassten Modell stellt die Krankenversicherung eine Liste mit Leistungserbringern wie Spitälern, Ärzten usw. auf, mit denen sie besonders kostengünstige Tarifverträge abgeschlossen hat, an welche sich die Versicherten wenden müssen. Bei diesem Modell besteht die Gefahr, dass die Leistungserbringer nicht nach Qualität, sondern nach dem kostengünstigsten Tarif ausgesucht wurden.

[191] Vgl. dazu beispielsweise Art. 84 GesG/FR, Art. 30 GesG/VS.

[192] Vgl. Art. 2 Standesordnung der FMH.

[193] «Unzeit» ist dabei gegeben, wenn die Kündigung für den einen Vertragsteil besondere Nachteile bringt. Auf der Patientenseite ist dies selten der Fall. Zu nennen ist aber die Situation, in der ein Patient unabgemeldet nicht zu einem Behandlungstermin erscheint oder einen Operationstermin im letzten Moment ohne Begründung nicht ein-

zurücktretende Partei zum Ersatze des dem anderen verursachten Schadens verpflichtet[194].

118 *Öffentliche Spitäler* sind dagegen verpflichtet, Behandlungsbedürftige aufzunehmen[195]. Diese Verpflichtung ergibt sich aus dem Auftrag zur allgemeinen Gesundheitsversorgung gemäss dem kantonalen Gesundheitsrecht und beruht auch auf dem verfassungsrechtlichen Gleichbehandlungsgebot gemäss Art. 8 BV. Prioritäten[196] in Bezug auf die Patientenaufnahme können höchstens bei Kapazitätsengpässen gesetzt werden; in solchen Fällen wird Notfällen und Patienten des Wohnsitzkantons bzw. der Vertragskantone Vorrang gewährt[197]. Unzulässig wäre es, auf das Kriterium der Zahlungsstärke des Patienten abzustellen. Art. 12 BV gibt das Recht auf Hilfe in Notlagen; es enthält auch einen grundrechtlichen Anspruch auf Zugang zu grundlegenden medizinischen Leistungen[198] und, bei wirtschaftlicher Notlage[199], auf deren Finanzierung. Dieser Schutzbereich ist absolut unantastbar und damit der Disposition des Gesetzgebers entzogen. Sollten Rationalisierungstatbestände diesen Schutzbereich von Art. 12 BV tangieren, ist eine ausdrückliche Grundlage auf *Verfassungsstufe* nötig.

Das kantonale öffentliche Recht kann auch staatlich unterstützte private Spitäler der Behandlungspflicht unterstellen. Ansonsten gelten jedoch für das private Spital die gleichen Grundsätze wie für den privaten Arzt.

---

hält. Auf Seite des Arztes, der dem Patienten gegenüber getreue Ausführung des Auftrags schuldet, ist die «Unzeit» gegeben, wenn er die Behandlung unbegründet oder leichtfertig abbricht. Gründe zum Abbruch bestehen dann, wenn das Vertrauensverhältnis zwischen dem Arzt und dem Patienten schwer gestört ist oder der Patient sich wiederholt nicht an die therapeutischen Weisungen des Arztes gehalten hat. Dem Patienten muss es aber auf jeden Fall möglich sein, rechtzeitig einen anderen Arzt konsultieren zu können. (Vgl. dazu RAMER/RENNHARD, Beobachter, 2., S. 24.)

[194] Vgl. Art. 404 OR.
[195] Vgl. dazu beispielsweise § 23 PRV/ZH und § 33 neues GesG/ZH (Entwurf 1999), § 64 GesG/LU, Art. 33 GesG/SG, § 45 GesG/SO, Art. 19 GesG/GR, Art. 16 GesG/VS.
[196] Massgebend für den Zeitpunkt der Aufnahme sind die medizinische Dringlichkeit der Behandlung, betriebliche Möglichkeiten, aber auch Wünsche des Patienten und des überweisenden Arztes. Der Entscheid wird in der Regel vom Chefarzt gefällt.
[197] Vgl. § 16 KHV/ZH.
[198] Zur grundlegenden medizinischen Versorgung gehören nur Leistungen medizinischer Art, d.h., solange diese palliativen oder kurativen Charakter haben. Nicht aber Haushalthilfen, Komfort- oder Hotellerieleistungen im Spital. Vgl. COULLERY, S. 632 ff.
[199] Würde in Fällen wirtschaftlicher Notlagen (darunter ist nicht nur die aktuelle, sondern auch die drohende wirtschaftliche Schwierigkeit zu verstehen) neben dem Zugangsanspruch nicht auch die Finanzierung garantiert, würde der Zugangsanspruch seiner Bedeutung enthoben. Vgl. COULLERY, S. 632 ff.

Ein eigentliches *Recht auf Behandlung* besteht dagegen *in Notfällen*. 119
Aufgrund der kantonalen Gesundheitsgesetzgebung werden neben den
öffentlichen auch alle privaten Leistungserbringer (so genannte «Indienstnahme Privater») verpflichtet, Personen in dringenden Fällen Beistand zu leisten bzw. Personen, die dringend eine Krankenhausbehandlung benötigen, im Krankenhaus aufzunehmen[200]. Der jeweils für die
Aufnahme zuständige Krankenhausarzt oder der angerufene private
Arzt entscheidet, ob ein Notfall vorliegt, der ihn zu sofortiger Hilfe verpflichtet, oder nicht. Diesen Entscheid darf der Arzt niemals einer Hilfskraft überlassen. Unter Notfall sind «nicht nur Unfälle, plötzlich auftretende oder sich verschlimmernde Erkrankungen bedrohlichen Charakters zu verstehen, sondern Erkrankungen aller Art von einigem Gewicht,
deren Behandlung keinen Aufschub duldet»[201].

Ein Facharzt darf gegebenenfalls auf den für Notfälle geeigneteren Allgemeinpraktiker verweisen, wenn ein solcher erreichbar ist und rechtzeitig eintreffen kann. Andernfalls ist es auch dem Facharzt zuzumuten, dem
Notruf Folge zu leisten. Sogar eine Privatklinik, die nicht am öffentlichen
Notfallsystem teilhat, kann verpflichtet werden, in Notfällen erste Hilfe
zu leisten. Dies gilt insbesondere dann, wenn der betreffende Arzt deutlich früher beim Patienten sein kann als der Notfallarzt und die rasche Behandlung für die Behandlung des Patienten von entscheidender Bedeutung ist.

Vom Notfallarzt ist der speziell ausgebildete, fachlich qualifizierte Notarzt zu unterscheiden, der die über die ärztliche Grundversorgung hinausgehende notwendige medizinische Versorgung von Notfallpatienten am
Notfallort oder beim Transport vornimmt. 120

In Notfällen mit bewusstlosen Patienten handeln private Ärzte als Geschäftsführer ohne Auftrag gemäss Art. 419 ff. OR. 121

Eine Unterlassung gebotener Hilfeleistung stellt ein zivilrechtliches 122
Delikt dar und kann zur Schadenersatzpflicht führen. Gegebenenfalls erfüllt ein solcher Arzt auch den Straftatbestand der Körperverletzung oder
der fahrlässigen Tötung. Ebenfalls kann er sich der Unterlassung der Nothilfe im Sinne von Art. 128 StGB schuldig machen, wenn er einem Menschen, der in unmittelbarer Lebensgefahr schwebt, nicht hilft, obwohl es
ihm den Umständen nach zugemutet werden kann[202].

---

[200] Vgl. § 12 Abs. 2 bzw. § 41 GesG/ZH, Art. 30 neues GesG/BE, § 28 GesG/LU, Art. 50 GesG/SG, § 24 GesG/SO, Art. 180 ff. loi sur la santé publique/VD, § 25 GesG/ZG, Art. 68 f. loi de santé/NE, § 23 GesG/TG, Art. 19 und 34 GesG/GR, Art. 95 GesG/FR.
[201] Vgl. RAMER/RENNHARD, Beobachter, Kapitel 2, S. 28, mit Verweis.
[202] Vgl. REHBERG, II., 3.

d)   Aufklärungsanspruch

123   Damit der Patient im Rahmen des Selbstbestimmungsrechts eine sachgerechte Entscheidung treffen kann, muss er über die relevanten Fakten der Behandlung aufgeklärt werden. Die Aufklärung dient sowohl dem *Schutz der Willensfreiheit,* und damit dem Selbstbestimmungsrecht, als auch dem *Schutz der körperlichen Integrität* des Patienten. Dazu wurde in BGE 117 Ib 200 E. 2a festgehalten: «Die Aufklärungspflicht gehört deshalb zu den allgemeinen Berufspflichten des Arztes, und zwar unabhängig davon, ob er im Rahmen eines privatrechtlichen Vertragsverhältnisses oder als Beamter oder Angestellter des Staates handelt». Der Umfang der Aufklärung kann nicht generell festgelegt werden, sondern richtet sich nach dem Willen des Patienten. Der Patient darf auch auf eine Aufklärung verzichten[203]; allerdings muss u.E. zumindest der Versuch der Aufklärung unternommen worden sein und der Patient muss sich im konkreten Fall in der Lage befunden haben, die Folgen des Verzichts abzuschätzen[204].

124   Das Aufklärungsrecht ergibt sich im öffentlich-rechtlichen Bereich aus Art. 10 BV und aus den kantonalen Vorschriften[205], insbesondere den Patientendekreten oder -verordnungen, sowie aus dem Zivil- und Strafrecht. Daraus kann geschlossen werden, dass das Recht auf Aufklärung in öffentlichen Spitälern unabhängig davon besteht, ob im Kanton eine solche Regelung existiert. Auch in Art. 10 der Standesordnung der FMH ist die Aufklärungspflicht verankert, wobei unaufgefordert über die gesamte medizinische Tätigkeit informiert werden muss. Bei einer Behandlung durch einen privat praktizierenden Arzt oder ein Privatspital ergibt sich das Aufklärungsrecht zudem aus der Informations- und Rechenschaftspflicht des Beauftragten gemäss Art. 400 Abs. 1 OR sowie aus der Pflicht des Arztes gemäss Art. 28 Abs. 2 ZGB, vor jedem Eingriff die Einwilligung des Patienten einzuholen. Da Art. 28 ZGB direkt anwendbar ist und weiter gehenden Schutz als Art. 400 Abs. 1 OR bietet, ist es für privat-

---

[203]   Vgl. weiter hinten Rz. 138.
[204]   Zur Aufklärungspflicht des Arztes und die damit einhergehende Gefahr des Missbrauchs der Aufklärungsrüge, vgl. CONTI, S. 615 ff.
[205]   Kantonale Regelungen sind heute in den meisten Kantonen in Patientendekreten oder -verordnungen, Gesundheitsgesetzen oder Spitalgesetzen vorhanden. Vgl. dazu beispielsweise: § 31 GesG/SO, Art. 21 f. loi sur la santé publique/VD, Art. 23 loi de santé/NE, Art. 20 Abs. 2 GesG/GR, Art. 47 Abs. 1 GesG/FR, Art. 18 GesG/VS. Im Gesundheitsgesetz des Kantons Neuenburg, das 1995 in Kraft trat, und im Gesundheitsgesetz des Kantons Fribourg, das 1999 in Kraft trat, ist zudem in Art. 24 loi de santé/NE und in Art. 47 Abs. 2 und 3 GesG/FR festgehalten, dass der Patient bei Eintritt ins Spital über seine Rechte als Patient schriftlich aufgeklärt werden muss.

rechtliche Verhältnisse zweckmässig, den Aufklärungsanspruch auf jene Bestimmung abzustützen.

Die Aufklärung hat durch den behandelnden Arzt *persönlich* zu erfolgen, wobei die Hauptverantwortung etwa beim operierenden Arzt liegt, der den Eingriff zu rechtfertigen hat und den Verlauf und die Risiken[206] der vorzunehmenden Operation am besten kennt[207]. 125

Zudem hat die Aufklärung *mündlich* zu erfolgen, wobei der Arzt das Gespräch so führen muss, dass ihn der Patient auch wirklich versteht. Der Arzt hat sich dem geistigen Niveau des Patienten anzupassen, hat Fachausdrücke und Fremdwörter möglichst zu vermeiden, zumindest aber müssen solche erklärt werden. Eine schriftliche Aufklärung mittels eines Formulars genügt nicht. Eine unverständliche Aufklärung ist rechtlich unwirksam.

Die Aufklärung muss grundsätzlich die folgenden Bereiche beinhalten (vgl. § 12 PRV/ZH): 126
- Gesundheitszustand / Diagnose;
- Untersuchung;
- Behandlung;
- Behandlungsalternativen;
- Risiken des Eingriffs, Heilungschancen;
- evtl. Spontanverlauf der Krankheit;
- finanzielle Fragen/Versicherung.

Im Rahmen der Aufklärungspflicht[208] hat der Patient auch den Anspruch darauf, die *Diagnose* zu erfahren, wobei jedoch kein Rechtsanspruch auf eine richtige Diagnosestellung besteht. Der Arzt hat den Patienten auch über Gefahren der Krankheit, die Entwicklungsmöglichkeiten und Heilungschancen aufzuklären. Lässt der psychische Zustand des Patienten eine wahrheitsgetreue Diagnose nicht zu, so ist die Aufklärungspflicht des Arztes gemäss des *therapeutischen Privilegs* beschränkt, 127

---

[206] Gemäss CONTI, S. 623 f. muss in der Basisaufklärung nicht über sehr seltene Risiken informiert werden, im Einzelfall kann dies als zweiter Schritt jedoch gemacht werden, wenn sich erweist, dass der konkret betroffene Patient andere Bedürfnisse aufweist als der «verständige Patient». Bei der Basisaufklärung muss nur erwähnt werden, was ein durchschnittlich verständiger Patient erwarten durfte. Eine weitergehende individuelle Aufklärung muss nur stattfinden, wenn dieses Bedürfnis im Einzelfall erkennbar ist oder wenn der Patient diese ausdrücklich verlangt. Der Arzt hat aber keine Nachforschungspflichten, herauszufinden, welche Umstände für den Patienten allenfalls zusätzlich von Bedeutung sein könnten. Der Patient hat die Pflicht, selber mitzuwirken.
[207] Vgl. BGE 116 II 519 ff. betreffend Aufklärung durch eine Arztgehilfin.
[208] Die Informations- oder Aufklärungspflicht unterscheidet sich von der Auskunftspflicht insofern, als dass bei Ersterem dem Patienten die Auskunft unaufgefordert erteilt werden muss, während bei Letzterem die Information nur auf explizites Verlangen gegeben wird. Vgl. CONTI, S. 615 f.

denn die Diagnoseaufklärung darf «*keinen für den Gesundheitszustand des Patienten schädlichen Angstzustand hervorrufen*»[209]. Diese Beschränkung des Aufklärungsrechts ist jedoch nicht unproblematisch, da zwar einerseits auf die Konstitution des Patienten Rücksicht genommen wird, andererseits jedoch das Selbstbestimmungsrecht des Patienten eingeschränkt wird. Nach Möglichkeit sollte versucht werden, den Patienten geduldig und einfühlsam über die Diagnose aufzuklären und nicht allzu schnell im vermeintlichen Interesse des Patienten auf eine Aufklärung verzichtet werden. Das therapeutische Privileg darf nicht zu einer Schutzbehauptung der Ärzte werden, die Patienten nicht aufklären zu müssen[210].

128   Vor einem Eingriff ist dem Patienten in anschaulicher und für ihn verständlicher Weise in kurzen Zügen zu erklären, was im Einzelnen bei der *Untersuchung* oder *Behandlung* geschieht, denn erst eine umfassende Aufklärung ermöglicht es dem Patienten, der Behandlung rechtsverbindlich zuzustimmen.

129   In BGE 114 Ia 358 E. 6 wurde die Pflicht des Arztes zur Aufklärung von *Behandlungsalternativen* vom Bundesgericht anerkannt. Diese Pflicht ist auch in diversen Gesundheitsgesetzen aufzufinden[211]. Der Patient hat danach das Recht, über alle dem Arzt bekannten und in Frage stehenden Behandlungsmethoden aufgeklärt zu werden. Über Behandlungsmethoden der *Alternativmedizin* muss nur informiert werden, wenn es sich um allgemein anerkannte Methoden handelt. Damit der Patient dem ihm zusagenden Behandlungsplan zustimmen kann, muss die Aufklärung in einer dem Patienten verständlichen Weise erfolgen. Der Patient hat dadurch auch die Möglichkeit, bei einem anderen Arzt eine Zweitmeinung (second opinion) einzuholen.

130   Die Behandlungs*art* zu bestimmen oder die Behandlung *abzubrechen*, gehört auch zum Selbstbestimmungsrecht des Patienten. Faktisch kann dieses Recht dadurch eingeschränkt werden, dass eine Krankenkasse nicht alle Behandlungen übernimmt. Aus diesem Grunde sollten die Patienten immer vor der Behandlung abklären, ob die Kosten durch die Versicherung gedeckt sind.

131   Am Abbruch einer Behandlung oder am Austritt aus einem Spital kann der Patient nur gehindert werden, wenn er an einer schweren und ansteckenden, epidemischen Erkrankung leidet. Der Patient kann jedoch lebenserhaltende Massnahmen ablehnen, selbst wenn dies für ihn zum

---

[209] Vgl. BGE 117 Ib 203 E. 3b; BGE 105 II 285 ff.
[210] Zum therapeutischen Privileg siehe auch weiter hinten im Kapitel über den Datenschutz.
[211] Vgl. beispielsweise Art. 39 Abs. 2 lit. c GesG/BE, § 31 Abs. 1 lit. b GesG/SO.

Tod führen kann. Um beweisen zu können, dass der Patient das Spital entgegen des ärztlichen Ratschlags früher verlassen oder auf eine Behandlung verzichtet hat, besteht für den Arzt das Recht, sich dies durch den Patienten schriftlich bestätigen zu lassen. Weigert sich der Patient, diese Erklärung zu unterzeichnen, wird sich der Arzt den Sachverhalt durch einen Zeugen schriftlich bestätigen lassen müssen. Für öffentliche Spitäler ist dieser Grundsatz in Patientendekreten festgehalten[212].

Bei der Aufklärung über die *Risiken* sind die Vor- und Nachteile, der Verlauf und die Folgen der Methoden explizit aufzuzeigen, damit der Patient im Sinne einer freien Wahl entscheiden kann, ob er sich der Behandlung unterziehen möchte oder nicht. Auch muss aufgezeigt werden, welche Probleme sich im Falle einer Nichtbehandlung ergeben könnten. Dem Patienten soll eine konkrete Abwägung zwischen dem möglichen Nutzen des Eingriffs und den damit verbundenen Risiken eingeräumt werden[213]. Gemäss BGE 117 Ib 203 E. 3b muss die Risikoaufklärung alle Fakten über die der Medizin allgemein bekannten Gefahren und öfters auftretenden Zwischenfälle umfassen, die bei der in Aussicht gestellten Behandlungsmethode auftreten und schwer wiegende Schäden für den Patienten zeitigen könnten. Auf kleinere, folgenlose Beeinträchtigungen braucht in der Regel nicht hingewiesen zu werden. Laut BGE 117 Ib 240 E. 3b kann der Arzt die bei grossen Operationen dagegen allgemein bekannten Komplikationen wie Thrombosen, Embolien, Infektionen und Blutungen als bekannte Risiken voraussetzen[214]. Bestehen jedoch Zweifel, ob der Patient solche Kenntnisse hat, muss der Arzt diesen Patienten dennoch darüber aufklären. Die Aufklärung kann bei sehr geringen und gleichzeitig wenig gefährlichen Risiken sowie bei zwar verhältnismässig häufigen, indessen gut beherrschbaren Risiken vernachlässigt werden[215].

Grundsätzlich ist zu fordern, dass der Arzt immer über die möglichen Risiken eines Eingriffs aufklärt, soweit es nicht ausserhalb des Interesses des individuellen Patienten und gleichzeitig nicht ausserhalb aller Wahrscheinlichkeit liegt. Nicht massgebend ist die prozentuale Häufigkeit der Verwirklichung des Risikos, sondern viel mehr das konkrete Gewicht, das dieses Risiko für den individuellen Patienten aufweist. Auf besondere Risiken des Einzelfalles ist klar aufmerksam zu machen[216]. Die neuere Literatur und Rechtsprechung gehen zunehmend dahin, es müsse auch über

---

[212] Vgl. Art. 14 Abs. 2 PatD/BE, § 18 Abs. 2 Patientenrechtverordnung/ZH.
[213] Vgl. ZBl 1996, S. 286.
[214] Diese Annahme des Bundesgerichts wird insbesondere von W. WIEGAND m. E. zu Recht als problematisch kritisiert. Vgl. WIEGAND, Handbuch, II. 2. dd), Anm. 73.
[215] Vgl. BGE 66 II 34 ff.; BGE 113 Ib 420 ff. E. 5 und 6.
[216] Vgl. BGE 115 Ib 175 ff. betreffend eine dritte Operation eines schwer herzgeschädigten Kleinkindes.

seltene, entfernt liegende Risiken aufgeklärt werden, sofern deren Kenntnis für die Willensbildung des Patienten von Bedeutung sei. Je weniger sachlich und zeitlich dringend ein Eingriff ist, desto eher hat die Aufklärung über Risiken zu erfolgen. Der Umkehrschluss ist allerdings unzulässig.

133 Beim Anspruch des Patienten, über die *finanziellen Folgen* des Eingriffs aufgeklärt zu werden, wird nicht direkt das Selbstbestimmungsrecht des Patienten geschützt. Vielmehr sind hier die Interessen des Patienten als Auftraggeber von Bedeutung. Aus der Rechenschaftspflicht des Arztes gemäss Art. 400 Abs. 1 OR ergibt sich die Pflicht des Arztes, den Patienten zu benachrichtigen, wenn nicht zweifelsfrei feststeht, ob die Kosten der Behandlung durch die Krankenkasse gedeckt werden. Diese wirtschaftliche Aufklärungspflicht ist umso strenger zu handhaben, je höher die betreffende Summe ist. Dem Arzt obliegt die Pflicht, den Patienten über die wirtschaftlichen Besonderheiten aufzuklären, unabhängig davon, ob sich der Patient darüber beim Arzt erkundigt hat. Die wirtschaftliche Aufklärungspflicht wurde vom Bundesgericht immer wieder bestätigt[217].

134 Wie im Auftragsrecht allgemein, wird heute auch im Arztrecht die Meinung vertreten, angesichts der umfassenden Treuepflicht für Ärzte bestehe die Pflicht, den Patienten über eigene *Behandlungsfehler* oder Fehler anderer Ärzte aufzuklären. Dabei muss aufgezeigt werden, welche Ursachen zum Schaden führten, welche Konsequenzen sich daraus ergeben und welche Behandlungs- und Heilungsmöglichkeiten bestehen.

135 Über die Wirkungen und gefährlichen oder sonst weit tragenden Nebenwirkungen von *Medikamenten* muss wie bei Eingriffen aufgeklärt werden, wobei auf die allgemein bekannten Risiken nicht eigens eingegangen werden muss.

136 Das Aufklärungsgespräch ist an das *individuelle Arzt-Patienten-Verhältnis* anzupassen, wobei nicht die Interessen eines durchschnittlichen Patienten massgebend sind, sondern jene des individuellen Patienten und dessen konkrete Situation. Der Patient kann jederzeit zusätzliche Auskünfte verlangen, wobei der Arzt jedoch nicht verpflichtet ist, den Patienten exzessiv aufzuklären, wenn der Patient Informationen verlangt, die nicht der Wahrnehmung seiner Selbstbestimmung dienen.

137 Durch die Aufklärung kann der Patient eine sachgerechte und unabhängige Entscheidung treffen und es entstehen keine Zweifel an der Rechtsgültigkeit der Einwilligung des Patienten in die Behandlung. Im

---

[217] Vgl. BGE 114 Ia 358 E. 6, BGE 116 II 521 f. , BGE 119 II 456 ff. = Praxis 1995 Nr. 72, S. 234 ff.

Weiteren dient die Aufklärung dem Vertrauensverhältnis zwischen Arzt und Patient.

Ob der Patient auf die Aufklärung verzichten kann, wird in der Lehre und Rechtsprechung nicht einheitlich beurteilt. Die Mehrheit der Autoren und das Bundesgericht sind der Meinung, eine *minimale Aufklärung* vor dem Eingriff sei nötig. Bei einem *Totalverzicht* läge ein Verstoss gemäss Art. 27 Abs. 1 ZGB vor, wonach auf die Rechts- und Handlungsfähigkeit nicht verzichtet werden kann. Eine vorausgehende vertragliche Verzichtserklärung auf Aufklärung würde den Eingriff eines Arztes nicht rechtfertigen. 138

Das Arztgeheimnis ist durch das absolute Recht des Patienten auf Schutz seiner Geheimnissphäre begründet. Dieses Recht wird durch Art. 28 ZGB und im öffentlichen Recht durch das Recht der persönlichen Freiheit in Art. 10 BV geschützt. Insbesondere steht das Arztgeheimnis unter dem strafrechtlichen Schutz von Art. 321 und Art. 321bis StGB. Für Beamte des Bundes, der Kantone und der Gemeinden kommt eine Verletzung des Amtsgeheimnisses im Sinne von Art. 320 StGB in Betracht. Das Recht auf Verschwiegenheit des Arztes wird aber auch durch die Gesundheitsgesetze geschützt[218]. 139

Mehr zum Arztgeheimnis siehe unter dem Kapitel 4 über den Datenschutz.

e) *Voraussetzung für einen Eingriff in die körperliche Integrität*

Der *Eingriff in die körperliche Integrität* eines Menschen stellt eine *Verletzung absoluter Rechtsgüter* dar und ist somit widerrechtlich – ohne Rücksicht auf den positiven oder negativen Ausgang der Operation –, selbst wenn er zu Heilzwecken erfolgt. Die körperliche Unversehrtheit ist durch das Strafgesetzbuch in den Art. 122 ff. geschützt. Der Gesetzgeber verbietet damit jedermann den Eingriff in die physische oder psychische Integrität eines anderen. Für einen solchen Eingriff zu Heilzwecken wird daher regelmässig die *vorherige **freiwillige**[219]* Einwilli- 140

---

[218] Vgl. Art. 27 neues GesG/BE, § 16 GesG/BL, Art. 12 Vo über die Ausübung von Berufen der Gesundheitspflege/SG, §§ 18, 49 GesG/SO, § 21 GesG/SZ, Art. 62 loi de santé/NE, § 18 GesG/TG, Art. 35 Abs. 3 und 48 GesG/GR, Art. 89 GesG/FR, Art. 12 GesG/VS.

[219] Die Einwilligung darf nicht unter der Androhung ernstlicher Nachteile für den Fall der Ablehnung des Eingriffs gegeben worden sein. Als freiwillig gilt hingegen auch, wenn der Patient vom Arzt nachdrücklich auf die Folgen bei Ablehnung des indizierten Eingriffs hingewiesen wurde.

gung des Patienten verlangt, welche einen *Rechtfertigungsgrund* darstellt[220]. Kann sich jedoch jemand auf den Rechtfertigungsgrund i.S.e. Einwilligung berufen, ist sein Handeln genauso rechtmässig wie ein Verhalten, das von vornherein keinen Straftatbestand erfüllt. Diese Einwilligung kann der Patient nur aufgrund vorheriger, genügender Aufklärung rechtsgültig abgeben.

141 Die Einwilligung muss zu einem Zeitpunkt eingeholt werden, in welchem die Urteilsfähigkeit des Patienten nicht getrübt ist und er somit *in Kenntnis der Sachlage*[221] zustimmen kann. Der Patient muss genügend Zeit haben, sich gedanklich mit dem Eingriff auseinander zu setzen. Bei geringfügigen Eingriffen ohne erhebliches Risiko braucht der Patient seine Einwilligung *nicht ausdrücklich* zu erteilen, denn begibt sich jemand in ärztliche Behandlung, darf regelmässig davon ausgegangen werden, dass für die Therapie gewöhnlicherweise erforderlichen Massnahmen von der Zustimmung des Patienten getragen sind. Für grössere oder mit erheblicheren Risiken verbundene Operationen muss dagegen die *ausdrückliche Einwilligung* vorliegen, welche an keine Form gebunden ist. Eine Einwilligung kann bis zum Beginn des Eingriffs jederzeit widerrufen werden.

142 Einen problematischen Bereich der Einwilligung stellt die *Operationserweiterung* oder *-änderung* dar. Verschiedene Kantone haben dies für den Bereich der öffentlichen Spitäler in Patientendekreten oder -verordnungen wie folgt geregelt:

Kanton Zürich (§ 20 Patientenrechtverordnung)

«... ist der operierende Arzt zur Ausweitung berechtigt, wenn er damit im Interesse und mit mutmasslicher Einwilligung des Patienten handelt.»

Kanton Bern (Art. 15 Patientendekret)

«Zeigt sich im Verlauf einer Operation, dass sie über das den Patientinnen und Patienten bekanntgegebene Mass hinaus ausgedehnt werden sollte, sind die operierenden Ärztinnen und Ärzte zur Ausweitung nur berechtigt, wenn sie in deren Interesse liegt und sie ihr mutmasslich zugestimmt hätten.»

Kanton Aargau (§ 16 Patientendekret)

«Zeigt sich im Verlaufe einer Operation, dass die über das dem Patienten bekanntgegebene Mass hinaus ausgedehnt werden sollte, ist der operierende Arzt zur Ausweitung nur berechtigt, wenn diese dringlich oder unzweifelhaft nötig ist oder der Patient einer Ausweitung offensichtlich zugestimmt hätte.»

---

[220] Vgl. beispielsweise §§ 18 ff. PRV/ZH, §§ 34 ff. GesG/SO, Art. 23 ff. loi sur la santé publique/VD, Art. 40 ff. neues GesG/BE, Art. 25 loi de santé/NE, § 33a ff. GesG/TG, Art. 48 GesG/FR, Art. 19 und 32 GesG/VS.

[221] Vgl. BGE 117 Ib 203 E. 3b.

Die kantonale Regelung Aargaus entspricht grundsätzlich der Meinung des Bundesgerichts[222], enthält aber zusätzlich die alternative Voraussetzung der offensichtlichen Zustimmung. Diese Voraussetzung ist aber überflüssig, da eine solche offensichtliche Zustimmung nur angenommen werden kann, wenn die Ausdehnung der Operation dringlich oder unzweifelhaft nötig ist. Bern und Aargau regeln die Ausdehnung der Operation als strikten Ausnahmefall, während Zürich nicht ganz so streng ist und diese immer dann zulässt, wenn das Interesse und die mutmassliche Einwilligung als gegeben erachtet werden.

Die mutmassliche Einwilligung kann nach dem Bundesgericht (und nach deutschem Recht) angenommen werden, wenn (1) der unvorhersehbare, erst während des Eingriffs zutage getretene Befund ohne Operationserweiterung in absehbarer Zeit zum Tode des Patienten geführt hätte, (2) eine Unterbrechung des Eingriffs neue gefährliche Komplikationen hervorgerufen hätte und (3) ein der Operationserweiterung entgegenstehender Wille des Patienten nicht ernsthaft zu erwarten ist. Hätte jedoch der Operationsabbruch zu keiner Verschlechterung der Heilungschancen geführt und hätte die Einwilligung ohne grössere Schwierigkeiten eingeholt werden können, kann nicht von einer mutmasslichen Einwilligung ausgegangen werden. Die Operation muss unterbrochen werden und der Patient muss seine Einwilligung zur Erweiterung oder zum neuen Eingriff geben. Die Formulierungen «mutmassliche Einwilligung» und ähnliche dürfen nicht als Freipass für die Ärzte verstanden werden.

143

Vor einer Operation erteilte Operationsvollmachten müssen genau festhalten, *welche* Ausweitungen bei einem *bestimmten* Eingriff in Frage kommen könnten und vom Willen des Patienten getragen wären. Voraussetzung für die Gültigkeit einer solchen Erweiterungsvollmacht ist die Aufklärung des Patienten über die Art, Folgen und Risiken dieser allfälligen Erweiterungsoperationen. Niemand kann indessen gezwungen werden, ein solches Formular auszufüllen. Unbestimmte allgemeingültige Vollmachten[223] sind als Zustimmung unbeachtlich, da sich niemand im Voraus derart weitgehend in seiner Persönlichkeit einschränken lassen kann.

---

[222] Vgl. BGE 108 II 61 f.
[223] Beispielsweise: «Ich stimme zu, dass die endgültige Entscheidung über die Art der Operation erst aufgrund der unmittelbaren Besichtigung im Lauf der Operation gefällt werden kann. Im Fall eines unvorhergesehenen Befundes kann über den vorgeschlagenen Umfang der Operation hinausgegangen werden.» Vgl. RAMER/RENNHARD, Beobachter, Kapitel 3, S. 47.

144 Ist der Patient nicht mehr in der Lage, sein Selbstbestimmungsrecht wahrzunehmen, d. h. *urteilsunfähig, aber mündig*, da er beispielsweise bewusstlos ist, ist die *hypothetische Einwilligung*[224] von Bedeutung. Der Arzt hat den wahren Willen des Patienten zu ermitteln, wozu er allenfalls Angehörige als Auskunftspersonen[225] beiziehen und sonstige Indizien, wie beispielsweise eine Patientenverfügung, berücksichtigen muss. Kann der tatsächliche Wille des Patienten nicht ermittelt werden, muss der Arzt danach handeln, was ein vernünftiger Patient unter den konkreten Umständen gewollt hätte. Der Arzt handelt als Garant des Selbstbestimmungsrechts des Patienten, indem er seinem Behandlungsentscheid einen objektiven Massstab zugrunde legt und das unternimmt, was im Interesse des Patienten unumgänglich ist. Beim bewusstlosen Patienten sollen Massnahmen ergriffen werden, die im gesundheitlichen Interesse des Patienten keinen Aufschub ertragen. Grössere und risikoreichere Eingriffe dürfen nur dann erfolgen, wenn eine schwere, nicht anders abwendbare Gefahr für Leben und Gesundheit vorliegt[226]. Krankheiten, die nichts mit der Ursache oder dem Zustand der Bewusstlosigkeit zu tun haben, dürfen nicht ohne Zustimmung des Patienten durch einen Eingriff behandelt werden[227]. Nach Wiedererlangung des Bewusstseins muss der Patient umfassend über die erfolgten Eingriffe und Behandlungen vom Arzt informiert werden. Von diesem Zeitpunkt an bedarf die Weiterführung der Behandlung der Zustimmung des aufgeklärten Patienten. Ob die mutmassliche Einwilligung des Patienten angenommen und der Eingriff durchgeführt werden darf, *entscheidet der operierende Arzt* nach seinem pflichtgemässen Ermessen selber[228].

Beim bewusstlosen Patienten darf von der mutmasslichen Zustimmung zur Auskunftserteilung an die nächsten Angehörigen oder den mit ihm in einer Hausgemeinschaft zusammenlebenden Lebenspartner ausgegan-

---

[224] CONTI, S. 624, hält in seinem Aufsatz zur ärztlichen Aufklärung fest, dass der Einwand der hypothetischen Einwilligung nur dann greifen soll, «wenn mit Sicherheit feststeht, dass *dieser* Patient in den Eingriff durch *diesen* Arzt eingewilligt hätte».
[225] Bei den Angaben der Angehörigen muss die Glaubwürdigkeit der Aussagen geprüft werden.
[226] Vgl. Art. 16 Abs. 2 PatD/BE, § 19 Abs. 3 PRV/ZH.
[227] Bei einer unfallbedingten Beinoperation darf beim bewusstlosen Patienten nicht gleich noch ein Hallux am Fuss operiert werden.
[228] In Ausnahmefällen kann der Entscheid jemand anderem übertragen werden. Dies beispielsweise, wenn auf längere Zeit hinaus mit einer Urteilsunfähigkeit zu rechnen ist und nicht sofortige Entscheide gefällt werden müssen. Der Arzt kann in diesem Fall die Direktion der Klinik oder die Vormundschaftsbehörde am Wohnsitz des Patienten benachrichtigen, die dem Betroffenen einen Vormund oder Beistand bestellen wird, der an Stelle des Patienten die nötigen Entscheide zu treffen hat.

gen werden, sofern keine schwerwiegenden gegenteiligen Indizien ersichtlich sind.

Ist ein Kind *urteilsunfähig*[229], haben die *Inhaber der elterlichen Gewalt*[230] die Zustimmung zum ärztlichen Handeln zu geben. Ihnen obliegt es, für das geistige und körperliche Wohl dieser Person zu sorgen[231]. Aus diesem Grunde müssen die Inhaber der elterlichen Gewalt vom Arzt umfassend informiert werden, um über Untersuchungen und Behandlungen entscheiden zu können. Die Offenbarung des Arztgeheimnisses ist daher in diesem Fall zulässig. Der Arzt hat jedoch auch bei urteilsunfähigen Kindern das Arztgeheimnis zu wahren, sofern das Kind dem Arzt Dinge anvertraut hat, die intimster Natur sind und mit der konkreten Untersuchung oder Behandlung nichts direkt zu tun haben. Insbesondere im sexuellen Bereich wie beispielsweise bei der Abgabe von Verhütungsmitteln, einem Schwangerschaftsabbruch oder einer HIV-Positivität, wo der *urteilsfähige* Minderjährige das Geheimnis seinen Eltern gegenüber wahren will, muss dieses vom Arzt eingehalten werden. Vorzubehalten sind notfallmässig durchzuführende Eingriffe, über deren Vornahme der Arzt selber aufgrund der objektiven Interessenlage entscheiden muss. Hat der Arzt keine Zeit, Uneinigkeiten mit den Eltern über den Eingriff am Kind auszutragen, erlaubt es ihm der Rechtfertigungsgrund der Notstandshilfe gemäss Art. 34 Ziff. 2 StGB, sich über die negative Willensäusserung der Eltern hinwegzusetzen und den erforder-

---

[229] Gem. Art. 16 ZGB ist ein jeder urteilsfähig, dem nicht wegen seines Kindsalters oder infolge von Geisteskrankheit, Geistesschwäche, Trunkenheit oder ähnlichen Zuständen die Fähigkeit mangelt, vernunftgemäss zu handeln. Hierbei wird auf eine starre Grenze hinsichtlich des Alters verzichtet; massgebend ist die individuelle Fähigkeit im konkreten Fall. Damit ein Kind in Bezug auf ärztliche Eingriffe als urteilsfähig bezeichnet werden kann, muss dieses die Tragweite des ärztlichen Eingriffs für seinen Körper, sein berufliches und privates Leben und für sein Lebensglück abschätzen können. Die Anforderungen sind dabei unterschiedlich, je nach Bedeutung und Intensität des Eingriffs. Als allgemeine Regel wird davon ausgegangen, dass eine echte Zustimmung bis zehn Jahre als unmöglich erscheint, während zwischen zehn und fünfzehn Jahren den Jugendlichen diese Fähigkeit nach und nach zugestanden werden kann, abhängig von der individuellen Entwicklung und der Art des Falles. Ab 15 Jahren kann die Urteilsfähigkeit zugunsten des Jugendlichen wie beim Erwachsenen vermutet werden, wobei man sich im Einzelfall darüber vergewissern muss, ob dieser Vermutung nichts entgegensteht. (Vgl. dazu RAMER/RENNHARD, Beobachter, Kapitel 4, S. 51 mit Verweis).

[230] Der Arzt kann sich mit der Zustimmung der Mutter *oder* des Vaters begnügen, sofern ihm nicht bekannt ist, dass zwischen den beiden Elternteilen Meinungsverschiedenheiten herrschen. Lassen sich Meinungsverschiedenheiten der Eltern nicht bereinigen, kann bei der Vormundschaftsbehörde die Bestellung eines Beistandes für das Kind verlangt werden. Nicht die subjektive Ansicht der Eltern, sondern eine objektive Bewertung der Interessen des Kindes muss den Ausschlag geben.

[231] Vgl. Art. 301 Abs. 2, Art. 304 und Art. 406 f. ZGB.

lichen Eingriff vorzunehmen. Auch in dringenden Fällen, in denen die Eltern innert nützlicher Frist nicht erreicht werden können, kann das unmittelbar Notwendige, ausgehend vom mutmasslichen Willen der Eltern, vorgekehrt werden.

145 Aus dem Selbstbestimmungsrecht ergibt sich im Übrigen auch das *Recht* des Patienten, eine *Behandlung jederzeit abzubrechen*. Es liegt im Ermessen des Patienten, über den Umfang und die Dauer der Behandlung zu entscheiden. Weigert sich ein Patient von Anfang an, eine Behandlung, entgegen den Empfehlungen des Arztes, durchzuführen, muss diese Entscheidung, auch wenn sie noch so unvernünftig erscheint, respektiert werden.

Ausnahmen davon bestehen nur in Fällen des fürsorgerischen Freiheitsentzuges oder einer Epidemiegefahr, wo das öffentliche Interesse höher als das private Interesse an Selbstbestimmung gewichtet wird. Dieser Behandlungszwang, der die persönliche Freiheit verletzt, muss jedoch auf einer gesetzlichen Grundlage beruhen, die öffentlichen Interessen müssen die privaten überwiegen und die Massnahme muss als solche verhältnismässig sein. Das Bundesgericht hat dazu in BGE 118 Ia 427 eine staatsrechtliche Beschwerde gegen schulzahnärztliche Zwangsbehandlungen abgewiesen, da dies zwar einen Eingriff in die persönliche Freiheit darstelle, jedoch zum Wohl des Kindes erlassen und dadurch vom öffentlichen Interesse getragen werde. Zudem sei diese Zwangsbehandlung verhältnismässig, d.h. geeignet, notwendig und zumutbar und verstosse somit nicht gegen die EMRK. Auch die derogatorische Kraft des Bundesrechts werde nicht verletzt, da die Kantone in den vom Bund nicht abschliessend oder gar nicht geregelten Bereichen selber legiferieren könnten. Das Bundesgericht hat hier – über die vorstehend genannten Gründe des fürsorgerischen Freiheitsentzugs und der Epidemiegefahr hinaus gehend – volkshygienische und volkswirtschaftliche Gründe als genügend für eine Einschränkung der persönlichen Freiheit gewürdigt. Diese Würdigung darf u.E. nicht verallgemeinert werden und sollte sich auf unbestrittene Ausnahmefälle – wie bei der Kariesprophylaxe bei Kindern – beschränken.

f) Sonderfall der Patientenverfügung

146 Für den Fall bleibender Bewusstlosigkeit und des Komas besteht die Möglichkeit einer Patientenverfügung, um den Ärzten ihre Entscheidungen zu erleichtern und um damit in den letzten Grenzsituationen des Lebens sein unantastbares Selbstbestimmungsrecht selbst auszuüben.

Einige Regelungen dazu sind auch in den kantonalen Gesundheitsgesetzen zu finden[232].

Die Vereinigung für humanes Sterben fordert seit 1976, ihrer ersten Weltkonferenz in Tokyo, die absolute Anerkennung der Patientenverfügung (Living Wills). Ihr wesentliches Anliegen ist es, Ärzte zur so genannten passiven Sterbehilfe, d. h. zum Verzicht auf lebensverlängernde Massnahmen bei Todkranken, nicht nur zu ermächtigen, sondern zu verpflichten.

Vorformulierte Patientenverfügungen werden heute in vielfältiger Weise angeboten: so beispielsweise die Patientenverfügung von Exit oder der Schweizerischen Patientenorganisation, aber auch die Verbindung der Schweizer Ärzte FMH bietet ein eigenes Formular an. Durch die Auseinandersetzung mit einer Patientenverfügung wird die Realität des Todes nicht einfach verdrängt, sondern diese Menschen setzen sich bewusst und rechtzeitig mit dem Sterben auseinander.

Patientenverfügungen *müssen* nach allgemeiner Auffassung respektiert und befolgt werden, sofern diese nicht als unüberlegt erscheinen oder einem fehlerhaften Willen wie Verwirrtheit oder Depression entspringen. Beim Eintritt der Entscheidungssituation darf jedoch nicht einfach davon ausgegangen werden, der mutmassliche Wille des Patienten über Sterbehilfe entspreche der von ihm seinerzeit abgegebenen Erklärung, denn bei der Abgabe der Erklärung vermochte der Patient die nun eingetretene konkrete Sachlage nicht vorauszusehen. Bei Anzeichen einer anderen Einstellung des Patienten im fraglichen Zeitpunkt verliert die Verfügung ihre Wirkung. So dürfen Leben erhaltende Massnahmen einem Patienten, der noch aktuellen Lebenswillen in irgendeiner Form manifestiert, nie vorenthalten werden.

In der Patientenverfügung oder auf einem speziellen Patiententestament kann auch eine andere Person genannt werden, die in Grenzsituationen zwischen Leben und Tod für den Schwerkranken, der nicht mehr selbst das Bewusstsein oder die Kraft hat, sich für sein Selbstbestimmungsrecht einzusetzen, Leben erhaltende oder verlängernde Massnahmen ablehnt oder befürwortet.

---

[232] Vgl. Art. 40b neues GesG/BE, § 37 GesG/SO, Art. 49 f. GesG/FR, Art. 20 GesG/VS. Die Patientenverfügung ist erst in den neueren Gesetzen geregelt, was auch aus dieser Aufzählung hervorgeht, bei welcher das Gesundheitsgesetz des Kantons Wallis, das im Jahre 1996 in Kraft getreten ist, das älteste darstellt.

g)   Krankenunterlagen

(1)   Öffentliches Behandlungsverhältnis

147   Die *Pflicht zur Führung* einer Krankengeschichte beruht im *öffentlichen Behandlungsverhältnis* auf der Sorgfaltspflicht, der persönlichen Freiheit nach Art. 10 BV, Art. 8 EMRK sowie entsprechenden kantonalen Bestimmungen[233]. Die kantonalen Regelungen können jedoch das durch Art. 10 BV und Art. 8 EMRK gewährte Einsichtsrecht nicht einschränken, es sei denn, die Einschränkung liege im überwiegenden öffentlichen Interesse oder im überwiegenden Interesse eines Dritten[234].

Entgegen der Regelung betreffend Privatärzte oder private Spitäler fallen die öffentlichen Spitäler von Kanton, Bezirk, Gemeinden und Gemeindeverbänden, mit Ausnahme der wenigen Spitäler des Bundes[235], nicht in den Bereich des eidgenössischen Datenschutzgesetzes. Für diese gelten allfällige kantonale Datenschutzgesetze sowie die entsprechende Spital- und Gesundheitsgesetzgebung.

Im *öffentlich-rechtlichen Behandlungsverhältnis* ist die Krankengeschichte von Gesetzes wegen Eigentum des Spitals[236], weshalb der Patient nur *Kopien* davon herausverlangen kann. Allgemein kann hier jedoch festgehalten werden, dass der Patient, abgeleitet aus der persönlichen Freiheit und dem Selbstbestimmungsrecht, Anspruch auf Herausgabe oder Vernichtung seiner Krankengeschichte hat, sofern dem nicht Gründe höherer öffentlicher Interessen entgegenstehen.

---

[233]   § 13 PRV/ZH, Art. 26 und 39a neues GesG/BE, § 31 GesG/LU, § 20 GesG/SO, Art. 87 loi sur la santé publique/VD, Art. 26, 64 und 80 loi de santé/NE, § 8 Vo des Regierungsrates über Berufe des Gesundheitswesens TG, Art. 37 GesG/GR, Art. 57 GesG/FR, Art. 22 und 34 GesG/VS.

[234]   Regelungen wie § 14 Abs. 2 Bst. a PRV/ZH müssten daher eigentlich als verfassungswidrig angesehen werden, da vom Einsichtsrecht Angaben von nicht zum Krankenhaus gehörenden Drittpersonen generell ausgeschlossen werden, ohne dies von einer Interessenabwägung abhängig zu machen.
Richtig ist die Bestimmung in Art. 11 Abs. 2 lit. a des PatD/BE, gemäss welchem die Einsichtnahme nur dann eingeschränkt oder verweigert werden kann, wenn «besondere schützenswerte Interessen Dritter dies erfordern».

[235]   Bei Spitälern des Bundes müssen gem. Art. 21 DSG Personendaten, die nicht mehr benötigt werden, anonymisiert oder vernichtet werden, soweit die Daten nicht Beweis- oder Sicherungszwecken dienen oder dem Bundesarchiv abzuliefern sind.

[236]   Vgl. § 13 PRV/ZH.

Durchsetzbar ist das Einsichtsrecht in öffentlichen Spitälern in der Regel mittels eines *Verwaltungsverfahrens*[237, 238]. Weitere Regelungen finden sich in den kantonalen Patientendekreten oder Datenschutzgesetzen[239]. Schliesslich steht dem Patienten gegen einen letztinstanzlichen kantonalen Entscheid die staatsrechtliche Beschwerde wegen Verletzung der persönlichen Freiheit gemäss Art. 10 BV und wegen Verletzung des rechtlichen Gehörs zur Verfügung.

(2)   Privatrechtliches Behandlungsverhältnis

Im *privatrechtlichen Behandlungsverhältnis* ergibt sich die Pflicht des Arztes zur Führung einer Krankengeschichte aus dem Auftragsrecht gemäss Art. 400 Abs. 1 OR. Die Unvollständigkeit oder das gänzliche Fehlen einer Krankengeschichte stellt eine Vertragsverletzung dar. Sämtliche Krankengeschichten, die von Privatärzten in ihren privaten Praxen geführt werden, und sämtliche Krankengeschichten in privaten Spitälern sind Datensammlungen, sodass ein Einsichtsrecht auch gestützt auf die Datenschutzgesetzgebung gemäss Art. 8 DSG besteht (vgl. dazu Kapitel 4). 148

Im privatrechtlichen Bereich kann der Patient sein Einsichtsrecht auf dem Weg des Zivilrechts durchsetzen, da die *Verweigerung der Auskunft* nicht wie die vorsätzliche falsche oder unvollständige Auskunft unter die Strafbestimmung nach Art. 3 Abs. 1 DSG fällt. Die Durchsetzung des Auskunftsrechts ist gemäss Art. 15 Abs. 4 DSG auch auf dem gerichtlichen Weg möglich, wobei die Klage am Wohnsitz des Klägers oder des Beklagten eingereicht werden kann, was insbesondere bei ausserkantonalen Behandlungen oder Arztbesuchen Vorteile bietet. Der Richter hat gemäss dieser Bestimmung in einem einfachen und raschen Verfahren zu entscheiden.

---

[237] Der Rechtsweg wird dabei durch Bestimmungen des Verwaltungsrechts geregelt und von Verwaltungsbehörden entschieden.

[238] Bei den Spitälern des Bundes muss beim Beschreiten des Rechtswegs gem. Art. 25 Abs. 4 DSG nach dem Verwaltungsverfahrensgesetz vorgegangen werden. D. h., auch die Verweigerung oder Beschränkung der Auskunft muss verfügt werden. (Vgl. dazu BBl 1988 II, S. 479). Eine solche Verfügung kann gem. Art. 24 Abs. 5 DSG mit Beschwerde bei der Eidgenössischen Datenschutzkommission angefochten werden.

[239] In § 14 Abs. 2 der PRV/ZH ist beispielsweise festgehalten, dass im Streitfalle die Direktion des Gesundheitswesens über die Einsichtnahme entschieden wird.
Gem. Art. 27 Abs. 4 PatD/AG entscheidet im Streitfall der Kantonsarzt über die Vorlagepflicht.
Art. 21 des PatD/BE verweist ganz allgemein für Rechtsmittel gegen Verfügungen und Massnahmen auf die Vorschriften des Gesetzes über die Verwaltungsrechtspflege und das Gemeindegesetz.

149 Sorgfältig geführte Krankengeschichten sind nötig, damit die Pflege in einem Spital oder in Zusammenwirken mit anderen Leistungserbringern koordiniert ablaufen kann. Sie liegen aber auch im Interesse des Patienten, damit er sich im Detail darüber informieren kann, was an ihm vorgenommen wurde und wie er behandelt wird. Die Krankengeschichte kann aber ebenso sehr im Interesse des Arztes sein, um beim Vorwurf von Fehlern in der Diagnose oder der Behandlung nachzuweisen, wie er vorgegangen ist.

150 Aus dem *Einsichtsrecht* des Patienten[240] ergibt sich, dass der Arzt als Beauftragter dem Patienten *unaufgefordert* Einsicht in seine Krankenunterlagen gewähren muss. Das Einsichtsrecht bezieht sich auf *sämtliche den Patienten betreffenden Unterlagen*; dazu zählen neben der eigentlichen, schriftlich abgefassten Krankengeschichte auch patientenbezogene persönliche Notizen des Arztes sowie Unterlagen von zusätzlich konsultierten Ärzten.

Der Patient hat insbesondere das Anrecht darauf, dass ihm die Unterlagen wahrheitsgetreu und vollständig vorgelegt werden, wobei das therapeutische Privileg beim Einsichtsrecht analog dem Aufklärungsrecht behandelt wird.

151 Im Rahmen des *privatrechtlichen Behandlungsverhältnisses* werden die Krankengeschichte und die weiteren Unterlagen wie Röntgenbilder, EKG-Aufzeichnungen usw. im Auftrag und auf Kosten des Patienten erstellt und stehen somit in dessen Eigentum. Nach Beendigung des Behandlungsverhältnisses kann der Patient daher diese Unterlagen gemäss Art. 400 Abs. 1 OR *im Original* herausverlangen. Sofern ein rechtlich ausgewiesenes Bedürfnis besteht, kann sich der Arzt auf eigene Kosten Kopien anfertigen. Dies hängt jedoch davon ab, ob die Behandlung noch weiterläuft oder ein langjähriges Arzt-Patienten-Verhältnis besteht, das noch andauert. Bestehen Befürchtungen eines Vorwurfes wegen eines Behandlungsfehlers, hat der Arzt ein berechtigtes Interesse, zumindest während die Gefahr besteht, eingeklagt zu werden, Kopien der Krankengeschichte zu behalten, um sich allenfalls verteidigen zu können.

Grundsätzlich ist der Patient Herr seiner Krankengeschichte und kann diese, sofern das Behandlungsverhältnis nicht mehr andauert, herausverlangen oder vernichten lassen. Die Aufbewahrungspflicht des Arztes steht dem nicht entgegen, denn mit der Herausgabe der Daten an den Patienten erlischt auch die Aufbewahrungspflicht des Arztes. In gleicher Weise kann der Patient auch die Löschung entsprechender Eintragungen auf elektronischen Datenträgern verlangen.

---

[240] Vgl. § 14 PRV/ZH.

Gemäss dem eidgenössischen Datenschutzgesetz hat der Patient das 152
gleiche Recht auf Einsichtnahme, Berichtigung und Vernichtung sowie
auf Sperrung der Weitergabe von Daten dem *Privatversicherer* gegenüber. Dasselbe gilt im Verhältnis Patient–*Haftpflichtversicherung*, soweit
diese sich mit den gesundheitlichen und persönlichen Verhältnissen der
Betroffenen zu befassen hat. Auch bezüglich der *Sozialversicherung* gelten grundsätzlich die allgemeinen DSG-Bestimmungen. Die speziell geregelten Geheimhaltungsvorschriften des Sozialversicherungsrechtes gehen Art. 19 DSG vor[241].

h)   Sonderfälle

(1)   Psychisch Kranke und fürsorgerischer Freiheitsentzug

Die Frage, ob ein psychisch kranker Mensch *gegen seinen Wil-* 153
len in eine Anstalt **eingewiesen** werden kann, der so genannte fürsorgerische Freiheitsentzug (FFE), gibt immer wieder Anlass zu Diskussionen.
Die Voraussetzungen, Zuständigkeiten sowie das Verfahren der Zwangseinweisung sind in Art. 397a ff. ZGB wie auch in verschiedenen kantonalen Gesundheitsgesetzen[242] geregelt. Art. 397a Abs. 1 ZGB zählt die Einweisungsgründe abschliessend auf; andere Gründe wie Arbeitsscheu oder
Vernachlässigung von familiären Pflichten stellen keinen Grund für den
FFE dar[243].

---

[241] Eingehender zur Pflicht der Führung, der Richtigkeit und der Sicherung der Krankengeschichte sowie zum Einsichtsrecht äussert sich Kapitel 4 über den Datenschutz.

[242] *Ausführlich* werden die medizinischen Zwangsbehandlungen im neuen Gesundheitsgesetz des Kantons Bern in den Artikeln 41 bis 41e geregelt. Auch das 1999 in Kraft getretene Gesundheitsgesetz des Kantons Solothurn regelt die besonderen Bestimmungen für psychisch- und suchtkranke Personen in den §§ 52–55 ausführlich, so auch das 1999 in Kraft getretene Gesundheitsgesetz des Kantons Freiburg in den Artikeln 52 ff. Der Kanton Waadt sieht, obwohl das Gesundheitsgesetz schon 1985 in Kraft getreten ist, eine sehr umfassende Regelung in den Artikeln 57 bis 70 vor; auch das Gesundheitsgesetz des Kantons Zürich von 1962 regelt die Behandlung psychisch Kranker in den §§ 44 ff. für das Jahr des Inkrafttretens ungewöhnlich ausführlich. *Relativ wenig* findet sich in den Gesundheitsgesetzen der Kantone Thurgau, Graubünden und Schwyz (vgl. §§ 33c ff. GesG/TG, Art. 23 f. GesG/GR, § 29 GesG/SZ). *Keine explizite Regelung* kennt beispielsweise das neue Gesundheitsgesetz des Kantons Wallis (1996) (nur ein kleiner Hinweis als Ausnahme in Art. 24 Abs. 2).

[243] Auch in Art. 41a neues GesG/BE sind die Voraussetzungen eines FFE ausdrücklich geregelt. Daraus geht klar hervor, dass medizinische Zwangsmassnahmen nur zulässig sind, wenn freiwillige Massnahmen versagt haben oder nicht zur Verfügung stehen und wenn die Sicherheit anderer oder der Person selber gefährdet ist oder um eine schwer wiegende Störung des Zusammenlebens im Falle massiver sozialer Auffälligkeit zu beseitigen. Eine ausführliche Regelung findet sich auch in Art. 53 GesG/FR.

154 Wann Geisteskrankheit wirklich vorliegt und eine Einweisung rechtfertigt, wird im Einzelfall entschieden[244]. Sich vom Durchschnitt abhebende Charaktereigenschaften begründen noch keine Geisteskrankheit. Die Geisteskrankheit oder psychische Krankheit muss über die Behandlungsbedürftigkeit hinaus derart schwer sein, dass eine persönliche Fürsorge zum Schutz des Lebens des psychisch kranken Menschen oder dessen Mitmenschen nötig ist. Zudem muss der Freiheitsentzug verhältnismässig sein, d. h., keine anderen Massnahmen, welche die Freiheit des Patienten weniger einschränken würden, können den Schutz gewährleisten[245]. Oft muss der FFE aber mangels Alternativen ergriffen werden, da noch zu wenig alternative Möglichkeiten, wie ambulante oder halbstationäre Einrichtungen, bestehen.

155 Für die *Einweisung* in eine psychiatrische Heilanstalt ist gemäss Art. 397b ZGB die *vormundschaftliche Behörde* am Wohnsitz oder bei Gefahr eine vormundschaftliche Behörde am Aufenthaltsort der betroffenen Person zuständig[246]. Da gemäss Art. 397b Abs. 2 ZGB diese Zuständigkeit aber auch anderen geeigneten Stellen zugewiesen werden kann, ist es dennoch meist der *Arzt*, der psychisch kranke Menschen einweist[247].

Sobald keine therapeutische Notwendigkeit einer weiteren stationären Behandlung mehr besteht, ist der Betroffene zu *entlassen*[248].

156 Der Grundsatz, dass jede Behandlung der Zustimmung des urteilsfähigen Patienten bedarf, gilt auch für psychisch kranke Menschen[249]. Die

---

[244] Vgl. dazu Art. 41b Abs. 1 GesG/BE: «Über Anordnung, Durchführung und Beendigung einer medizinischen Zwangsmassnahme entscheidet die zuständige ärztliche Leitung der Institution auf Vorschlag der behandelnden Ärztin oder des behandelnden Arztes.»

[245] Dies geht auch klar aus Art. 41b Abs. 2 und 3 GesG/BE hervor: «Es sind alle Vorkehrungen zu treffen, damit medizinische Zwangsmassnahmen vermieden werden können. Den betroffenen Personen ist so weit Freiheit zu belassen, als es mit ihrer eigenen und der öffentlichen Sicherheit vereinbar ist. Es ist die jeweils mildeste geeignete Zwangsmassnahme zu wählen. Sie darf nur so lange andauern, als die sie rechtfertigenden Voraussetzungen gegeben sind.»

[246] Die Gesundheitsgesetze beispielsweise der Kantone Zürich und Solothurn verweisen bei der Einweisung explizit auf das ZGB (vgl. § 45 Ziff. 2 lit. a altes GesG/ZH, § 53 GesG/SO).

[247] Diese Vorherrschaft des Arztes in Bezug auf Freiheitsentzüge hat der Gesetzgeber eigentlich gar nicht gewollt.

[248] Vgl. dazu Art. 41b Abs. 3, 2. Satz GesG/BE, so auch § 54 Abs. 3 GesG/SO.

[249] Rein die Tatsache, dass jemand psychisch krank ist, heisst noch nicht automatisch, dass dieser auch urteilsunfähig ist; ob eine psychisch kranke Person im Zeitpunkt der vorgesehenen Medikation urteilsfähig ist, muss je im konkreten Einzelfall beurteilt werden. Zeigt sich dabei, dass die Person urteilsunfähig ist, muss ein anderer Rechtfertigungsgrund vorliegen, wie beispielsweise die Einwilligung der vertretenden Person (Vor-

Zwangsbehandlung, wobei gegen den Willen des Patienten eine Behandlung vorgenommen wird, stellt einen Eingriff in die physische und psychische Integrität des Patienten dar und ist somit widerrechtlich. Solche Eingriffe dürfen nur vorgenommen werden, wenn sie aufgrund einer gesetzlichen Grundlage durchgeführt werden, im überwiegenden öffentlichen Interesse stehen, verhältnismässig sind und den Kerninhalt der persönlichen Freiheit nicht verletzen[250]. Die gesetzliche Grundlage dazu fehlt in vielen Kantonen oder ist ungenügend[251]. Die Bestimmungen des ZGB über den fürsorgerischen Freiheitsentzug enthalten keine ausdrücklichen Regelungen darüber und sind für eine Zwangsmedikation somit keine genügende gesetzliche Grundlage[252].

In denjenigen Kantonen, in welchen die Zwangsbehandlungen nicht geregelt sind, erfolgen diese ohne gesetzliche Grundlage und sind von daher unzulässig. Das Bundesgericht nahm in einem Urteil im Jahre 1992[253] dazu Stellung und hielt fest, dass eine Zwangsmedikation nur in dringenden Notfällen zulässig und auf kurze Zeit zu beschränken sei. Eine länger andauernde Zwangsbehandlung wäre verfassungsrechtlich nicht zulässig. Grundsätzlich kann festgehalten werden, dass eine Zwangsmedikation, welche den Kerngehalt des Grundrechts der persönlichen Freiheit verletzt[254], nur als ultima ratio angewendet werden darf. Bevor eine solche

157

---

mund), eine Geschäftsführung ohne Auftrag in einer Notsituation oder die Verfügung einer Behörde. Vgl. JOSET, S. 1426 f.

[250] Vgl. dazu BGE 118 Ia 427; siehe dazu auch unter Kap. 3, § 1, 1., f.

[251] Vgl. dazu AJP 4/2000 S. 483. Eine Regelung Zwangsmassnahmen betreffend ist in § 54 Abs. 2 und 3 GesG/SO gegeben: «Die Anwendung von Zwangsmassnahmen wie physischer Zwang, Fixation, Isolation und Zwangsmedikation ist auf Notfälle zu beschränken. Diese Massnahmen dürfen nur angewendet werden, um eine unmittelbare Gefahr für Leib und Leben des Patienten oder der Patientin sowie Dritter abzuwenden oder eine schwerwiegende akute Störung des Zusammenlebens zu beseitigen. Zwangsmassnahmen dürfen nur so lange angewendet werden, als die Notsituation andauert. Sie sind in den Krankenunterlagen festzuhalten, insbesondere Art und Dauer der Massnahme, Gründe und verantwortliche Personen.» Auch in § 33e GesG/TG ist die Zulässigkeit physischen Zwangs bei der Durchführung einer Behandlung rudimentär geregelt. Vgl. auch JOSET, S. 1424 ff.

[252] Mit der Revision des Vormundschaftsrechts ist auch die Schaffung einer Gesetzesgrundlage für Zwangsbehandlungen auf eidgenössischer Ebene geplant. Der Abschnitt mit dem Titel «Die therapeutische Betreuung» soll die momentan bestehenden Gesetzeslücken schliessen. Danach sollen beispielsweise Personen im Rahmen eines fürsorgerischen Freiheitsentzuges von Gesetzes wegen eine therapeutische Betreuung erhalten. Im Weiteren geht der Vorentwurf grundsätzlich vom Selbstbestimmungsrecht der betroffenen Person aus, unterscheidet zwischen Not- und Akutsituationen sowie zwischen eigentlichen Therapien. Es fehlen aber spezielle Rechtsschutzbestimmungen. Vgl. zu diesem Thema: JOSET, S. 1429 ff. mit Verweisen.

[253] Vgl. ZBl 94 1993, S. 504 ff.

[254] Vgl. BGE 126 I 115; BGE 124 I 309.

durchgeführt wird, sind alternative Therapiemöglichkeiten zu prüfen und vorzunehmen.

BGE 126 I 112 hält dazu fest, dass die im Kanton Bern vorgesehene Zwangsmedikation[255] wegen ihrer Qualifikation als schwerer Eingriff in die persönliche Freiheit das Grundrecht in seinem Kerngehalt verletze. Erfolge der Eingriff jedoch zu Heilzwecken, dann sei der Kerngehalt nicht verletzt[256]. Solche schweren Eingriffe in die Freiheitsrechte bedürften einer klaren und ausdrücklichen Grundlage in einem formellen Gesetz, welche in vielen Kantonen fehlten. Der Kanton Bern wurde vom Bundesgericht ermahnt, ein solches Gesetz zu erlassen. Das Berner Verwaltungsgericht hatte den Eingriff jedoch in diesem Fall als zulässig erachtet, da sich die Zwangsbehandlung auf die polizeiliche Generalklausel stütze, welche eine fehlende gesetzliche Grundlage zu ersetzen vermochte, «wenn und soweit die öffentliche Ordnung und fundamentalen Rechtsgüter des Staates oder Privater gegen schwere und zeitlich unmittelbar drohende Gefahren zu schützen sind, die unter den konkreten Umständen nicht anders abgewendet werden können als mit gesetzlich nicht ausdrücklich vorgesehenen Mitteln»[257]. Der Eingriff wurde daher vom Bundesgericht ausnahmsweise als nicht verfassungswidrig betrachtet[258], soweit er in sachlicher und zeitlicher Hinsicht zum Schutz von Leib und Leben erforderlich und verhältnismässig war[259].

Jede Zwangsmassnahme ist zudem in der Krankengeschichte mit detaillierten Angaben zu dokumentieren[260].

158 Die Rechtsmittel gegen die Zwangsbehandlungen sind weder im ZGB noch in den meisten kantonalen Gesetzen genannt. Da Ärzte und Pflege-

---

[255] Vgl. zur Zwangsmedikation auch JOSET, S. 1424 ff., wobei die Neuroleptika mit ihren teilweise starken unerwünschten Nebenwirkungen als den Kerngehalt der Grundrechte verletzend taxiert werden.
[256] Vgl. ZBl 94/1993, S. 510 f.
[257] BGE 126 I 112, E. 4b).
[258] BGE 127 I 6 wiederholt mehrheitlich das in BGE 126 I 112 Gesagte, ergänzt dieses aber noch dadurch, dass durch Zwangsbehandlungen auch Art. 3 EMRK verletzt werden könne, dies aber nur, wenn die Behandlungen experimenteller Natur sind, nicht aber, wenn diese unter medizinischen Gesichtspunkten notwendig oder angebracht erscheinen und nach den ärztlichen Regeln durchgeführt wurden. Angemerkt wird zudem, dass der Schutz von Art. 8 EMRK nicht über den Gehalt von Art. 10 Abs. 2 BV hinausgeht. Der Kanton Basel-Stadt hat mit dem Psychiatriegesetz grundsätzlich eine hinreichende gesetzliche Grundlage für solche Behandlungen geschaffen. In § 22 Abs. 1 PG wird auch dem Verhältnismässigkeitsgrundsatz Ausdruck verliehen, indem die Zwangsbehandlung in Beziehung zu anderen erforderlichen Ersatzmassnahmen gesetzt und verglichen wird. Diese Bestimmung regelt aber die medikamentöse Zwangsbehandlung nur für urteils*un*fähige Personen.
[259] Vgl. auch Die Praxis 10/2000, S. 853 ff.
[260] Vgl. dazu Art. 54 Abs. 1 GesG/FR.

personal der öffentlichen Heilanstalten aber unter öffentlichem Recht handeln, sind ihre Handlungen wie jeder andere Verwaltungsakt nach den Regeln über das Verwaltungsverfahren und die Verwaltungsrechtspflege anfechtbar. Der Patient hat somit die kantonalen verwaltungsrechtlichen Rechtsmittel zu ergreifen.

Psychisch kranken Menschen stehen grundsätzlich die gleichen *Patientenrechte* zu wie körperlich Kranken. Durch die besondere Natur der Krankheit und der Therapiemassnahmen wäre aber eine umfassendere Regelung und Umschreibung der Patientenrechte nötig. Die meisten Kantone haben diesen Bereich bislang unzulänglich geregelt. Einzig der Kanton Tessin hat eine umfassende und vorbildliche Regelung in seinem Gesetz über die sozialpsychiatrische Betreuung vom 26. Januar 1983 (LASP) erlassen. 159

So steht beispielsweise auch dem psychisch Kranken das *Akteneinsichtsrecht* zu, auf das er in besonderem Mass angewiesen ist, um sich gegen eine drohende Zwangsmassnahme zur Wehr zu setzen. Bei Schriftstücken über Auskünfte Dritter muss eine Interessenabwägung vorgenommen werden, wobei in der Regel die persönliche Freiheit des psychisch Kranken die Interessen des Dritten an der Geheimhaltung überwiegt. Die sich bei psychisch kranken Menschen oft stellende Anwendung des therapeutischen Privilegs darf nur in einem ganz engen Rahmen erfolgen, denn gerade diese Personen müssen sich mit ihrer Krankheit auseinander setzen können.

Das *Verfahren* über den FFE ist kantonal unterschiedlich geregelt. Bestimmte Grundsätze sind jedoch für alle Kantone verbindlich[261]: 160
- Betroffene müssen angehört werden (rechtliches Gehör);
- Betroffene haben ein Akteneinsichtsrecht;
- Betroffene müssen über die Gründe der Einweisung informiert werden (Art. 397e Ziff. 1 ZGB);
- bei psychischer Krankheit muss ein ärztlicher Bericht von Sachverständigen beigezogen werden (Art. 397e Ziff. 5 ZGB)[262];
- Betroffene müssen schriftlich darauf aufmerksam gemacht werden, dass sie gegen den Einweisungsentscheid ein Rechtsmittel erheben können;
- jeder, der in eine Anstalt eintritt, muss sofort schriftlich darüber informiert werden, dass er bei Zurückbehaltung oder bei Abweisung eines Entlassungsgesuchs den Richter anrufen kann (Art. 397e Ziff. 2 ZGB).

---

[261] Diese Aufzählung wurde von: RAMER/RENNHARD, Beobachter, Kapitel 5, S. 67 f. übernommen.
[262] Ist die einweisende Stelle ein Sachverständiger, z. B. ein Psychiater, muss kein zusätzlicher Sachverständiger beigezogen werden.

Gemäss Art. 397d ZGB kann sich der psychisch Kranke oder eine ihm nahe stehende Person[263] innert zehn Tagen mittels *Anrufung eines Richters* gegen eine Einweisung wehren. Der Richter entscheidet dabei gemäss Art. 397f ZGB in einem einfachen und raschen Verfahren. Jeder letztinstanzliche kantonale Entscheid betreffend die Einweisung oder die Entlassung kann an das Bundesgericht und anschliessend an den Europäischen Gerichtshof für Menschenrechte weiter gezogen werden. Auf die dem zwangsweise eingewiesenen Patienten zustehenden Rechtsmittel wird auch in den kantonalen Gesundheitsgesetzen aufmerksam gemacht[264].

161 Ein *zu Unrecht Eingewiesener* hat gemäss Art. 429a ZGB Anspruch auf Schadenersatz und wo die Schwere der Verletzung es rechtfertigt, auch auf Genugtuung. Haftbar ist gemäss Abs. 2 der Kanton, unter allfälligem Rückgriff auf die Person, welche die Verletzung absichtlich oder grobfahrlässig verursacht hat. Das Verfahren richtet sich nach dem entsprechenden kantonalen Verfahrensrecht. Allfällige Ansprüche aus unzulässiger Zwangsbehandlung und/oder dabei erfolgter Schädigung durch Medikamente sind nach den Bestimmungen der jeweiligen kantonalen Staatshaftung geltend zu machen.

162 *Freiwillig eingetretene psychisch Kranke* fallen nicht unter den Rechtsschutz des Gesetzgebers über Zwangseinweisungen, obwohl diese Personen meist nicht wirklich freiwillig, sondern unter äusserem Druck der sozialen, namentlich der familiären Umgebung stehen. Zum Schutz dieser Patienten muss sichergestellt werden, dass diese auch wirklich freiwillig eintreten, und es muss verhindert werden, dass eine stationäre Behandlung erfolgt, obwohl andere weniger einschneidende Massnahmen genügen würden. Der freiwillig eintretende Patient darf keiner Zwangsbehandlung unterworfen werden, ausser es läge eine lebensgefährliche Situation vor. Wer freiwillig eintritt, kann die Klinik auch *jederzeit* wieder verlassen[265].

---

[263] Als «nahe stehende Personen» sind Personen zu verstehen, die dem Betroffenen zufolge Verwandtschaft (Vater, Mutter, Sohn, Tochter, Ehegatte, Schwägerin), Freundschaft (Freund, Lebenspartner), wegen ihrer Funktion (Arzt, Sozialhelfer, Priester, Pfarrer) oder beruflichen Tätigkeiten gut kennen. (Vgl. BGE 122 I 305 E. 2c/bb, BGE 114 II 213 E. 3). Kantonale Bestimmungen, die diesen Kreis der Verfahrensbeteiligung einschränken, sind verfassungswidrig.
[264] Vgl. Art. 54 Abs. 3 GesG/FR, § 49 alt GesG/ZH, § 55 GesG/SO, Art. 41 d GesG/BE.
[265] Liegen Gründe vor, die eine weitere stationäre Behandlung rechtfertigen würden, darf der Patient nicht einfach zurückgehalten werden, sondern es muss das normale Verfahren des fürsorgerischen Freiheitsentzugs durchgeführt werden. Bis zu diesem Entscheid ist der Patient zu entlassen.
Der freiwillige Klinikeintritt ist beispielsweise in § 52 GesG/SO, in Art. 58 loi sur la santé publique/VD, § 45 Ziff. 1 alt GesG/ZH geregelt.

Bei einer Behandlung eines psychisch Kranken in einem *Privatspital* 163
handelt es sich um ein gewöhnliches privatrechtliches Verhältnis zwischen
Patient und Privatspital. Der Patient darf dabei über Ein- und Austritt frei
entscheiden. Eine Zwangsbehandlung ist ausgeschlossen.
Wird eine Privatklinik jedoch von der zuständigen Behörde mit der
Durchführung eines fürsorgerischen Freiheitsentzugs beauftragt, verrichtet die Klinik eine öffentliche Aufgabe und untersteht somit in Bezug auf
diesen Patienten den entsprechenden öffentlich-rechtlichen Vorschriften.

(2)   Tarifanwendung für unterstützungsbedürftige Patienten

Die Gesundheitsgesetze – beispielsweise der Kantone Luzern 164
§ 32, Solothurn § 25 und Graubünden Art. 39 – halten fest, dass die Ärzte
verpflichtet sind, bedürftige Patienten zulasten des unterstützungspflichtigen Gemeindewesens nach dem Krankenkassentarif bzw. Sozialtarif zu
behandeln. In § 25 GesG/SO werden explizit die Ärzte, Zahnärzte sowie
Chiropraktoren aufgezählt, die sich an diese Tarifanwendung halten
müssen.

(3)   Unterricht und Forschung

Im Bereich der medizinischen Forschung muss man zwischen 165
drei verschiedenen Forschungstypen unterscheiden:
- Das *Humanexperiment,* wobei sich die Versuchsperson zu einem rein
  wissenschaftlichen Versuch zur Verfügung stellt. Auf diese Art werden
  neue Arzneimittel am Menschen ausprobiert, um bestimmte Charakteristika und Verträglichkeiten derselben kennen zu lernen.
- Der *Heilversuch* dient der Behandlung des Patienten als auch der Behandlung zukünftiger Patienten. Ein bekanntes Behandlungsverfahren
  soll damit verbessert oder ein neues entwickelt werden.
- *Auswertung* von Beobachtungen und Erfahrungen, die der Arzt bei der
  Behandlung seines Patienten gewinnt. Dabei geht es um die nachträglich entwickelte Fragestellung zu einer durchgeführten Therapie.

Die Durchführung von wissenschaftlichen Versuchen ist in der Schweiz 166
nur teilweise geregelt. Eine Bundesgesetzgebung dazu gibt es – mit Ausnahme der Heilmittelgesetzgebung[266] – nicht und in den Kantonen wird

---

[266] Art. 52–57 HMG; Verordnung über klinische Versuche mit Heilmitteln vom 17. Oktober 2001 (VKlin; 812.214.2). Vgl. dazu die Ausführungen im Kapitel über das Heilmittelrecht.

dieser Bereich sehr unterschiedlich gehandhabt[267]. Umfassend ist etwa die Regelung des Kantons Thurgau in der Verordnung des Regierungsrates über die Rechtsstellung der Patienten in den kantonalen Einrichtungen des Gesundheitswesens vom 16. Juni 1987 (Art. 17–21). Die Schweizerische Akademie der medizinischen Wissenschaften (SAMW) hat «Richtlinien für Forschungsuntersuchungen am Menschen» erlassen, welche zwar rechtlich nicht verbindlich sind, jedoch von einer ganzen Anzahl von Kantonen als verbindlich erklärt wurden. Diese Richtlinien setzen einen ethischen Standard bei der Durchführung von Forschungsuntersuchungen am Menschen, sofern keine kantonalen Regelungen bestehen. Diesen Richtlinien zur Folge muss beispielsweise mit der Forschung auf die Wahrung der Gesundheit abgezielt werden, die Untersuchungen dürfen nur von wissenschaftlich qualifiziertem Personal vorgenommen werden, die Risiken der Forschungsuntersuchungen müssen mit der Wichtigkeit des Zwecks der Untersuchung in einem ärztlich vertretbaren Verhältnis stehen und die geplante Forschung wie auch deren Ergebnisse sind einer medizinisch-ethischen Kommission zu unterbreiten. Eine wesentliche Voraussetzung einer Forschung ist die nach vorheriger Aufklärung[268] und nicht unter Zwang erteilte Zustimmungserklärung des Probanden[269]. Diese Einwilligung ist in angemessener Form festzuhalten. Die Versuchspersonen müssen genügend Zeit haben, sich für oder gegen eine Teilnahme am Versuch zu entscheiden. Jede Person kann zudem während eines Versuchs, ohne Nachteile erwarten zu müssen, ihre Einwilligung widerrufen.

---

[267] Der Kanton Solothurn regelt nicht mehr als Einzelheiten in §§ 7 und 39. Grundsatzbestimmungen nennen der Kanton Aargau in § 53 und der Kanton Waadt in Art. 25. *Ausführlicher* regeln die Kantone Bern, Neuenburg und Wallis den Bereich der Forschung, indem diese im Zusammenhang mit der Forschung auch die ethische Seite betrachten und sie Ethikkommissionen einsetzen (Vgl. Art. 34 neues GesG/BE, Art. 28 i. V. m. Art. 17 Abs. 1 lit. a loi de santé/NE, Art. 38 ff. GesG/VS). Im Kanton Bern sind dabei viele Ausführungsbestimmungen an den Regierungsrat delegiert.
Sehr ausführlich äussert sich der Kanton Fribourg in den Art. 66 ff. GesG zum Bereich des Unterrichts und der Forschung; dabei werden nebst der Ethikkommission explizit die Forschung an Minderjährigen, entmündigten oder urteilsunfähigen Personen sowie die Forschung in medizinischen Notsituationen geregelt.

[268] Die Aufklärung muss die Ziele, die genaue Durchführung sowie die Risiken und Nutzen des Versuchs umfassen. Das allfällige Entgelt für den Probanden sowie die Umstände unter welchen die Versuchsperson die Teilnahme abbrechen kann, müssen festgelegt werden. Des Weiteren muss die Person über sämtliche ihr zustehenden Rechte aufgeklärt werden. Um die Vertraulichkeit der Daten zu sichern, müssen alle möglichen Vorkehrungen getroffen werden. Zu diesem Zwecke müssen die Daten mit Codes verschlüsselt und speziell aufbewahrt werden.

[269] Die Voraussetzungen der Zustimmung sind unter anderem in Ziff. 1.8 der «Gute Praxis der Klinischen Versuche» (GPKV) geregelt.

Die Versuchsperson hat wie jeder Patient das Recht, Einsicht in ihre   167
Unterlagen zu nehmen.

Therapeutische Versuche an *urteilsunfähigen* Personen dürfen nur ge-   168
nehmigt werden, wenn die angestrebten Erkenntnisse nicht mittels Versuchen an urteilsfähigen mündigen Personen gewonnen werden können, sich die Versuchsperson nicht auf irgendeine Weise widersetzt und ihr gesetzlicher Vertreter seine Zustimmung erteilt hat[270]. Bei den rein wissenschaftlichen Versuchen sind die Voraussetzungen noch strenger.

Bei Forschungsuntersuchungen am Menschen muss gewährleistet sein,   169
dass für Versuchspersonen in *allen* Fällen einer Schädigung, welche auf den Versuch zurückzuführen sind, «volle Haftung und voller Versicherungsschutz für den gesamten Schaden besteht. Dieser Versicherungsschutz muss unabhängig von einer Sorgfaltspflichtverletzung und einem Verschulden bestehen»[271].

(4)   Organentnahme, Obduktion und Transplantation

Mit dem Tod endet zwar die Persönlichkeit gemäss Art. 31   170
Abs. 1 ZGB; die persönliche Freiheit schützt jedoch das Recht des Menschen, über seinen toten Körper zu verfügen. Der Patient kann somit Anordnungen über die Verwendung seiner Leiche oder über die Bestattungsart treffen. Auch kann jemand jedwelche Organentnahme und Autopsie ausdrücklich verbieten. Das Persönlichkeitsrecht zeitigt somit gewisse Nachwirkungen über seinen Tod hinaus[272]. Gemäss Art. 262 Ziff. 2 StGB sind dem Leichnam gegenüber zudem Pietät und Rücksicht auf den Totenfrieden angebracht.

Hat der Verstorbene keine Anordnungen seinen Tod betreffend gemacht, sind seine Angehörigen berechtigt oder verpflichtet, über das Schicksal des Leichnams zu entscheiden. Sind die Angehörigen nicht erreichbar und hat der Tote zu Lebzeiten einer Organentnahme nicht zuge-

---

[270] So auch in § 22 Abs. 2 und 3 des PatD des Kantons Aargau, wo der Versuch an Urteilsunfähigen nur erlaubt ist, wenn dieser aus medizinischen Gründen nicht an urteilsfähigen Personen durchgeführt werden kann. Auch Art. 67 GesG/FR hält die Voraussetzungen der biomedizinischen Forschung an Urteilsunfähigen fest.
Der Kanton *Thurgau verbietet* gem. § 20 der «Verordnung des Regierungsrates über die Rechtsstellung der Patienten in den kantonalen Einrichtungen des Gesundheitswesens» wissenschaftliche Versuche an urteilsunfähigen Personen generell. Ebenso der Kanton Tessin, der eine urteilsunfähige Person generell nicht zu einem Forschungsexperiment in einer Heilanstalt zulässt. (Vgl. dazu Art. 39 Abs. 4 Gesetz über die sozialpsychiatrische Betreuung, LASP).
[271] Vgl. RAMER/RENNHARD, Beobachter, S. 370.
[272] Vgl. dazu BGE 101 II 191.

stimmt, muss eine solche unterbleiben. Wer, aus welchen Gründen auch immer, verbieten will, dass nach seinem Tod der Körper einer Obduktion unterzogen und/oder ihm Organe entnommen werden, muss dies in einer Patientenverfügung, einem Spenderausweis von Swisstransplant, mit der Eintragung in ein Register oder mit einer klaren persönlichen Erklärung anderer Art eindeutig deklarieren. Die meisten Kantone haben gesetzliche Regelungen über die Entnahme von Organen und Gewebestücken bei Verstorbenen in den Gesundheitsgesetzen erlassen[273].

171 *Obduktionen*, bei denen den Leichen der Brust- und Bauchraum geöffnet und Organe untersucht werden, oder die Schädelkalotte zur Untersuchung des Gehirns entfernt wird, kommen klar einem massiven Eingriff in die Leiche gleich. Obduktionen behalten aber zur Entwicklung der medizinischen Forschung ihren Sinn; weiter können so allenfalls Fehldiagnosen nachgewiesen werden, was zur Begründung von Haftpflicht-Forderungen unentbehrlich sein kann. Daneben sind Leichen auch für den Anatomieunterricht für angehende Mediziner und die Aus- und Weiterbildung der Ärzte hilfreich.

Von Amtes wegen darf aus *gesundheitspolitischen* Gründen (klinische Obduktion) bei Verdacht auf eine gemeingefährliche, übertragbare Krankheit oder aus *kriminalpolizeilichen* Gründen (gerichtliche bzw. rechtsmedizinische Obduktion) zur Klärung der Frage, ob allenfalls ein Verbrechen vorliegt, eine Obduktion angeordnet werden. Liegt ein aussergewöhnlicher Todesfall vor, der eine Autopsie erfordert, übernimmt in der Regel der Staat die Kosten. Nur ein kleiner Rest wird, soweit zumutbar, den Angehörigen auferlegt.

Auch *Versicherungsgesellschaften* dürfen eine Obduktion anordnen (Versicherungsobduktion), die durchgeführt wird, wenn nicht eine Einsprache der nächsten Angehörigen erfolgt oder eine entsprechende Willenserklärung des Verstorbenen vorliegt. Wer sich gegen solche Wünsche wehrt, muss darauf gefasst sein, allenfalls auf Schwierigkeiten bei der Abwicklung des Versicherungsfalls zu stossen. Die Versicherungsgesellschaften haben ein Interesse zu wissen, ob eine Krankheit oder ein Unfall die Todesursache bildeten oder ob z.B. eine Selbsttötung vorliegt, die gewisse Versicherungsleistungen ausschliesst. Die Kosten der Autopsie muss die Versicherung selbst tragen. Auch die *militärgerichtliche Obduktion* ist möglich.

Eine *Privatobduktion* erfolgt auf Auftrag und Kosten der Angehörigen. Eine gegen eine Obduktion ausgesprochene Willensbekundung ist für die Angehörigen jedoch verpflichtend.

---

[273] Keine Regelung dazu erlassen haben beispielsweise die Kantone Schwyz, Zug, Glarus und Schaffhausen.

Die *anatomische Obduktion* dient im Wesentlichen der Ausbildung der Studierenden, angehenden Chirurgen und der Forschung. Sie gestattet in einmaliger Weise das Studium der topographischen Anatomie. Der eigene Leichnam kann durch Vermächtnis oder durch Vertrag zu Lebzeiten einem anatomischen Institut überschrieben werden. Bei der Privat- und anatomischen Obduktion besteht keine gesetzliche Regelung.

Bei der *Organentnahme und Obduktion* herrschen zwei Prinzipien, die 172 je nach Kanton angewandt werden:
– Zum einen die *Einwilligungslösung*, wobei eine Organentnahme nur erfolgen darf, wenn die Angehörigen oder per Verfügung der Tote der Entnahme *zugestimmt* haben. Diese Lösung gilt beispielsweise in den Kantonen FR, SO, VS[274].
– Zum anderen die *Widerspruchslösung*, wonach die Entnahme erlaubt ist, falls niemand rechtzeitig *widerspricht*. Für diese Lösung haben sich beispielsweise die Kantone AG, BE[275], BS, VD, GE[276], GR, LU, NE[277], SG, TG und ZH entschieden[278]. Unter diesen Kantonen befinden sich auch die Standorte der sechs Transplantationszentren (Basel, Bern, Genf, Lausanne, St. Gallen und Zürich).

Die entgegen der Willensäusserung durchgeführte Obduktion ist wi- 173 derrechtlich. Der Straftatbestand ist jedoch nicht klar umrissen. Ein eigentlicher strafrechtlicher Tatbestand kann nicht ausgemacht werden, da Körperverletzung entfällt, Beschädigung einer Sache nicht in Frage kommt, da der Leichnam nicht als Sache gilt und die Störung des Totenfriedens nach gängiger Rechtsprechung nicht angenommen wird.

Die wichtigsten die Transplantationsmedizin betreffenden Fragen sind 174 durch die medizinisch-ethischen Richtlinien der SAMW geregelt. Daneben enthält der neue Artikel 119a BV einen Gesetzgebungsauftrag an den Bund, Vorschriften auf dem Gebiet der Transplantation von Organen, Geweben und Zellen zu erlassen[278a]. Auch wird der Bund verpflich-

---

274 Vgl. Art. 61 ff. GesG/FR, § 41 GesG/SO, Art. 44 und 49 GesG/VS – alles Kantone mit neueren Gesundheitsgesetzen (Freiburg 1999, Solothurn 1999, Wallis 1996).
275 Im Kanton Bern gilt bei der Obduktion und der Organentnahme bei Lebenden die Einwilligungslösung, bei der Organentnahme bei Verstorbenen jedoch die Widerspruchslösung. (Vgl. Art. 35, 35a neues GesG/BE).
276 Im Kanton Genf muss der Widerspruch innerhalb von sechs Stunden geäussert werden.
277 Im Kanton Neuenburg gilt bei der Obduktion und der Organentnahme bei Toten die Widerspruchslösung, bei der Organentnahme am Lebenden jedoch die Einwilligungslösung (vgl. Art. 29, 30 loi de santé/NE).
278 Vgl. § 55 GesG/AG, Art. 35, 35a neues GesG/BE, Art. 27 loi sur la santé publique/VD, Art. 21, 22 GesG/GR, §§ 67, 68 GesG/LU, Art. 29, 30 loi de santé/NE, Art. 34, 35 GesG/SG, §§ 34, 35 GesG/TG, §§ 25, 26 PRV/ZH.
278a Dazu RAINER J. SCHWEIZER, Verfassungs- und völkerrechtliche Vorgaben für den Umgang mit Embryonen, Föten sowie Zellen und Geweben, Zürich 2002.

tet, für den Schutz der Persönlichkeit, der Menschenwürde und der Gesundheit sowie für eine gerechte Verteilung der Organe zu sorgen. Mit dem Gebot der Unentgeltlichkeit der Spende von Organen sollen zudem Missbräuche im Umgang mit menschlichen und tierischen Organen, Geweben und Zellen verhindert werden. Daraufhin eröffnete der Bundesrat am 1. Dezember 1999 die Vernehmlassung zum eidgenössischen Transplantationsgesetz, wonach die Schweiz als eines der ersten Länder des Westens ein umfassendes, detailliertes und einheitliches *Transplantationsgesetz* erhalten soll. Das Gesetz soll für den Umgang mit lebensfähigen Organen, Geweben und Zellen menschlichen oder tierischen Ursprungs, die zur Übertragung auf den Menschen bestimmt sind, gelten. Nach diesem Entwurf soll beispielsweise zwischen einer Organentnahme am Lebenden und von Toten unterschieden werden[279].

Die wichtigsten Grundzüge dieses Gesetzes sind[280]:
- *Organentnahme bei verstorbenen Personen*: Bezüglich der Entnahme von Organen, Geweben oder Zellen bei verstorbenen Personen werden die *Zustimmungslösung* und die *Widerspruchslösung* als zwei mögliche Modelle zur Diskussion gestellt.
- *Todeskriterium*: Das Gesetz stützt sich auf das «Hirntod-Konzept» ab, wonach der Mensch tot ist, wenn die Funktionen des Hirns, einschliesslich Hirnstamms, irreversibel ausgefallen sind oder das Herz irreversibel stillsteht.
- *Lebendspende*: Das Gesetz verlangt keine besondere Beziehung zwischen spendender und empfangender Person, aber in jedem Fall die Zustimmung durch eine dafür eingesetzte Lebendspendenkommission. Ein besonderer Schutz soll urteilsunfähigen oder unmündigen Personen zukommen. Ihnen dürfen nur in Ausnahmefällen regenerierbare Gewebe oder Zellen unter genau umschriebenen Voraussetzungen entnommen werden.
- *Allokation*: Zur Gewährleistung der Zuteilungsgerechtigkeit statuiert das Gesetz den *Grundsatz der Nichtdiskriminierung* und legt fest, dass als massgebende Kriterien nur die medizinische Dringlichkeit einer Transplantation, die bestmögliche physiologische Kompatibilität, die medizinische Prognose und die Wartezeit in Betracht kommen. Die Zuteilung erfolgt immer zentral und patientenspezifisch durch eine Zuteilungsstelle.
- *Transplantationszentren*: Aus Qualitäts- und Kostengründen soll die

---

[279] Auch der Kanton Wallis macht in seinem Gesundheitsgesetz diese Unterscheidung in Art. 44 ff.; so auch der Kanton Fribourg in den Artikeln 61 ff. des Gesundheitsgesetzes.
[280] Die Grundzüge des Transplantationsgesetzes stammen aus einer Medienmitteilung des Bundesamtes für Gesundheit. Vgl. www.gensuisse.ch/act/bag991201.html.

Anzahl der Transplantationszentren für die Übertragung von Organen *limitiert* werden. Die *Bewilligungen* für den Betrieb eines Transplantationszentrums sollen, da es sich um eine wichtige Aufgabe handelt, durch den Bundesrat erteilt werden.
– *Embryonale und fötale menschliche Gewebe oder Zellen*: Die Transplantation embryonaler oder fötaler menschlicher Gewebe oder Zellen soll nur mit einer *Bewilligung* der zuständigen Bundesstelle möglich sein. Bestimmte Tätigkeiten, z.B. die gerichtete Spende oder die Verwendung derartiger Gewebe oder Zellen von urteilsunfähigen Frauen, werden verboten. Ein Schwangerschaftsabbruch, der die fötale Zellspende zum Zweck hat, ist nicht zulässig.
– *Xenotransplantation*: Bezüglich der Übertragung tierischer Organe, Gewebe oder Zellen auf den Menschen wird die im Rahmen der Änderung des Bundesbeschlusses über die Kontrolle von Blut, Blutprodukten und Transplantaten vom Parlament verabschiedete Regelung übernommen. Xenotransplantationen sind deshalb nur mit einer *Bewilligung* der zuständigen Bundesstelle möglich. Um den mit dieser Technologie verbundenen Risiken, namentlich der Gefahr einer Übertragung von Krankheitserregern auf die empfangende Person, deren Kontaktpersonen und die Bevölkerung, Rechnung zu tragen, wird eine *Kausalhaftung* statuiert. Wer solche Eingriffe vornimmt, haftet verschuldensunabhängig für allfällige Schäden. Bei der Xenotransplantation darf die Gefahr des kommerziellen Organhandels nicht vergessen werden. Die Frage muss geklärt werden, ob es zulässig ist, Tiere zu züchten, um ihre Organe, Gewebe und Zellen auf den Menschen zu übertragen.

Bis zum In-Kraft-Treten des Transplantationsgesetzes gelten in diesem Bereich nach wie vor die teils widersprüchlichen kantonalen Erlasse.

Auch die von vielen Kantonen als verbindlich anerkannten *SAMW*[281]-*Richtlinien* schreiben für Organspenden von *verstorbenen Personen* einige Grundsätze vor: «Die *Anonymität*[282] des Organempfängers muss gegenüber den Angehörigen des Spenders und die des Spenders gegenüber dem Empfänger gewährleistet sein. Ebenso müssen beide beteiligten Seiten die Anonymität gegenüber Drittpersonen wahren.»

Diesen Richtlinien sind auch Anweisungen zur Organspende und Transplantation von *lebenden Spendern* zu entnehmen, die dem Gesetzes-

---

[281] Schweizerische Akademie der medizinischen Wissenschaften.
[282] Im GesG/VS, welches die Organspende relativ ausführlich in den Art. 44 ff. regelt, wird der Grundsatz der Anonymität in Art. 45 explizit festgehalten. So auch in den ausführlichen Bestimmungen über die Organentnahme des Gesundheitsgesetzes des Kantons Fribourg (vgl. Art. 64).

entwurf entsprechen. Dabei wird insbesondere festgehalten, dass Minderjährigen ebenso wie nicht urteilsfähigen Erwachsenen keine Organe zur Transplantation entnommen werden dürfen, wobei eine Ausnahme bei risikoarmen Entnahmen von regenerierbarem[283] Gewebe gemacht werden kann, sofern sich die Transplantation auf nächste Blutsverwandte beschränkt und zur Behebung einer nicht anders abwendbaren Lebensgefahr oder schweren Gesundheitsstörung beim Empfänger dient[284]. Die erforderliche Zustimmung muss getrennt vom Minderjährigen und vom gesetzlichen Vertreter eingeholt werden. Die Ablehnung des Minderjährigen bedarf dabei keiner Grundangabe. Grundsätzlich wird in der Schweiz die Möglichkeit, dass Kindern ihren Eltern eine Niere spenden, abgelehnt, um zu starke Abhängigkeiten der Kinder und moralischen Druck zu verhindern. In gut begründeten Fällen, in denen der Sohn oder die Tochter mindestens dreissig Jahre alt sind, werden Ausnahmen akzeptiert. In § 52 Abs. 5 GesG/AG ist selbst die fötale und embrionale Gewebeentnahme geregelt, wonach die Mutter die schriftliche Einwilligung dazu geben muss.

Ein Anspruch auf eine *Entschädigung* für Spender besteht nicht. Die Krankenkasse des Empfängers bezahlt jedoch die Arzt- und Spitalkosten des Spenders und kommt für den Lohnausfall für die Dauer von maximal sechs bis acht Wochen auf.

Durch den Mangel an transplantationsfähigen Organen aktualisiert sich immer wieder die Frage, nach welchen Prioritäten diese lebensrettenden Operationen vorgenommen werden sollten. Die Fachärzte für Nierenkrankheiten haben dazu eine ethische Wegleitung für Nieren-Transplantationen erarbeitet, wobei der oberste Grundsatz die *Chancengleichheit für alle* ist. Steht ein Organ zur Verfügung, muss das nationale Koordinationszentrum für Organe und Transplantationen entscheiden, wer das Organ erhält. Dabei spielen sowohl die erwartete Gewebeverträglichkeit als auch die Dringlichkeit eine Rolle. Die SAMW-Richtlinien halten dazu fest, dass die Anmeldung eines möglichen Empfängers an ein Transplantationszentrum, seine Eintragung in die Warteliste sowie die Zuteilung eines verfügbaren Organs aufgrund medizinischer, nicht aber aufgrund materieller oder sozialer Erwägungen[285] zu erfolgen hat.

Aus den Richtlinien des SAMW geht des Weiteren klar hervor, dass ein Organ unter keinen Umständen für kommerzielle Zwecke verwendet werden darf. Besteht Grund zur Annahme, dass die Entnahme oder

---

[283] Dazu gehört beispielsweise Knochenmark.
[284] Vgl. dazu beispielsweise Art. 30 Abs. 1 loi de santé/NE.
[285] Unter sozialen Erwägungen sind Rasse, Geschlecht, Zivilstand, wirtschaftliche Verhältnisse, Bekanntheitsgrad, sozialabweichendes Verhalten oder soziales Versagen zu verstehen.

Übertragung von Organen oder Vorbereitungshandlungen dazu Gegenstand kommerzieller Transaktionen sind, darf sich kein Arzt daran beteiligen. Betätigt sich ein Arzt auf dem Schwarzmarkt von Organen, muss er mit dem Entzug der Praxisbewilligung rechnen. Auch die neue Verfassungsbestimmung sagt unzweideutig: « Der Handel mit menschlichen Organen ist verboten.»

Klar ist, wie bei der Autopsie, dass über den Hirntod[286] des Patienten unzweifelhafte Klarheit herrschen muss. Der Tod muss durch einen oder mehrere Ärzte festgestellt werden, die weder mit der Organentnahme noch mit der Transplantation, noch mit dem Empfänger befasst sind. Zudem müssen Einsprachen gegen die Organentnahme durch eine Patientenverfügung oder durch die engsten Angehörigen[287] respektiert werden. 175

Auf *europäischer Ebene* hat der Europarat 1996 ein Übereinkommen über Menschenrechte und Biomedizin, die so genannte *Bioethikkonvention* verabschiedet, das dem Schutz der Menschenwürde und der Menschenrechte im Hinblick auf die Anwendung von Biologie und Medizin dient. Dies sind erstmals auf internationaler Ebene für den Bereich der Medizin verbindlich festgelegte Regeln. Ergänzt wird dieses Übereinkommen in einzelnen Bereichen durch Zusatzprotokolle. 176

Die Europäische Union hat bislang im Bereich der Organtransplantation noch keine Regelung erlassen, jedoch einen Beschluss zum Verbot des Handels mit Transplantaten verabschiedet.

Besondere Bedeutung haben die Prinzipien über die Transplantation von menschlichen Organen, welche die *WHO* 1991 beschlossen hat.

(5)   Sterbehilfe und Suizid

Da sich mit den heutigen Fortschritten der modernen Medizin der Mensch oft weit über den von der Natur gesetzten Sterbetermin hinaus am Leben erhalten lässt, stellt sich damit auch die Frage nach dem Sinn gewisser Massnahmen, die weder die Lebensqualität fördern noch etwas an der feststehenden Unheilbarkeits- oder Todesprognose ändern. Der Ausdruck «Sterbehilfe» schliesst nach der Wortbedeutung jede Art von Erleichterung der Beendigung des Lebens solcher Patienten ein. Unter juristischen Aspekten kommt diesem Ausdruck jedoch eine engere, auf die Beschleunigung des Todeseintrittes bezogene Bedeutung zu. Da- 177

---

[286] Beim Hirntod schlägt das Herz noch eine kurze Zeit weiter und durch künstliche Beatmung kann die Blutversorgung der Organe weiter aufrechterhalten werden, was eine ideale Voraussetzung für eine Organtransplantation schafft.

[287] Zu den engsten Angehörigen zählen sowohl die Eltern oder erwachsenen Kinder als auch die nicht ehelichen Kinder des Lebenspartners oder der Lebenspartnerin.

bei wird zwischen aktiver und passiver Sterbehilfe unterschieden. Vor allem die weltweit über 30 Sterbehilfe-Organisationen, wozu auch Exit[288] zählt, setzen sich intensiv mit der Sterbehilfe auseinander. Der Vereinszweck von Exit ist in Art. 2 der Statuten von Exit wie folgt formuliert:

«Exit anerkennt im Leben und im Sterben das Selbstbestimmungsrecht des Menschen, das so weit wie möglich zu beachten ist. Das einzelne Mitglied soll vorausschauend sterbeverzögernde Massnahmen einer technischen Medizin durch eine individuell abgefasste Patientenverfügung in Grenzen halten können. Exit setzt sich dafür ein, dass diese Willenserklärung von Ärzten und Pflegepersonal befolgt wird. Bei hoffnungsloser Prognose, unerträglichen Beschwerden oder unzumutbarer Behinderung soll – durch Abgabe einer entsprechenden Broschüre und allfällige Begleitung – Freitod ermöglicht werden.»

Patientenverfügungen sind, wie weiter oben erläutert, verbindlich. Auch der Entscheid Dritter über Leben und Tod eines todkranken Patienten ist zu beachten, wenn in einer Patientenverfügung ein Bevollmächtigter als Rechtsbeistand eingesetzt wird.

Somit kann die *passive Sterbehilfe*, bei welcher auf lebensverlängernde Massnahmen bei Todkranken verzichtet wird[289], als zulässig angesehen werden[290]. Die passive Sterbehilfe kann die Tatbestände nach Art. 111 ff. StGB auch erfüllen, aber nur unter besonderen Voraussetzungen: Als Täter kommen beispielsweise nur eine Garantenstellung[291]-innehabende Personen in Betracht. Sodann müssen die Garanten Tatmacht haben, d. h. objektiv und subjektiv in der Lage sein, die gebotenen Rettungshandlungen vorzunehmen. Privat- oder Spitalärzte haben gegenüber den Patienten, deren Behandlung sie übernommen haben oder für welche sie zuständig sind, zweifellos eine Garantenstellung inne. Dieser Hilfeleistungspflicht stehen jedoch erneut die Grenzen der Unantastbarkeit der körperlichen Integrität entgegen, woraus sich ergibt, dass die mutmassliche Einwilligung oder Zustimmung vorliegen muss.

---

[288] Vereinigung für humanitäres Sterben mit Sitz in Zürich.

[289] Als passive Sterbehilfe gilt das völlige oder teilweise Absetzen von Medikamenten und technischen Massnahmen wie Beatmung, Bluttransfusion oder künstlicher Ernährung.

[290] § 54 Abs. 2 GesG/AG *hält* die Voraussetzungen für eine zulässige passive Sterbehilfe *genau fest*. Der Kanton Bern dagegen regelt in Art. 36 *nur allgemein*, dass wenn eine Patientin oder ein Patient den Verzicht auf Behandlung oder lebensrettende Massnahmen verlangt, dieser Wille zu respektieren sei. Ähnlich geregelt in Art. 35 Abs. 3 loi de santé/NE. *Noch viel allgemeiner* regelt der Kanton Solothurn die Sterbeproblematik in § 40, der besagt: «Die Patienten und Patientinnen haben das Recht auf menschenwürdiges Sterben.» *Keine Angaben* zur Sterbehilfe sind beispielsweise im 1999 in Kraft getretenen Gesundheitsgesetz des Kantons Fribourg enthalten.

[291] D.h. Personen, die von Gesetzes wegen oder aus Vertrag dazu verpflichtet sind, Gefahren abzuwenden, die einem anderen Menschen für dessen Rechtsgüter drohen.

Sowohl in der Standesordnung der FMH als auch in den Richtlinien der SAMW ist eindeutig zu lesen, dass die *aktive Sterbehilfe*, bei welcher jemand auf irgendeine Art in die körperliche Integrität des Patienten eingreift, um den Eintritt des Todes zu beschleunigen, mit der ärztlichen Ethik nicht vereinbar und nicht Teil der ärztlichen Tätigkeit sei[292]. In der Schweiz[293] ist die aktive Sterbehilfe gemäss Art. 111 ff. StGB strafbar, da jeder Eingriff in die körperliche Integrität eines anderen Menschen unter Strafe gestellt ist. Mehrfach wurde jedoch versucht, mittels parlamentarischer Vorstösse diese Haltung zu ändern. Bis zu einer Neuerung in diesem Bereich gilt aber die alte Praxis, wonach die aktive Sterbehilfe unabhängig des Willens des Patienten strafbar ist und in den Fällen von Art. 114 StGB, denjenigen welcher aus achtenswerten Gründen, namentlich aus Mitleid, auf eines Menschen ernsthaftes und eindringliches Verlangen hin, tötet, lediglich eine mildere Bestrafung zum Tragen kommt. Bei der indirekten aktiven Sterbehilfe, bei der ein schmerzlinderndes Medikament bei einem todkranken Menschen allenfalls die Nebenfolge eines baldigeren Eintritts des Todes nach sich ziehen kann, besteht Einigkeit darüber, dass ein solches Vorgehen eines Arztes als zulässig betrachtet werden darf, soweit sich die Abgabe von Mitteln im Rahmen des Notwendigen hält. Die Begründung dazu dürfte in der gewohnheitsrechtlichen Berufspflicht des Arztes liegen, seinen Patienten vor unerträglichen Schmerzen zu bewahren.

Anzumerken bleibt, dass die aktive Sterbehilfe humaner sein kann als die passive, wenn man als Beispiel eine Überdosis Schmerzmittel (aktive Sterbehilfe) mit dem Verhungernlassen (passive Sterbehilfe) vergleicht.

Ein *Suizidversuch* ist aus juristischer Sicht nicht strafbar. Die Straflosigkeit hat auch dann zu gelten, wenn die Selbstmordhandlung von einer Schwangeren vorgenommen wird und den Tod des Embryos zur Folge haben soll[294]. Anders verhält es sich mit der *Beihilfe zum Selbstmord*. In Art. 115 StGB ist dies wie folgt geregelt:

> «Wer aus selbstsüchtigen Beweggründen jemanden zum Selbstmorde verleitet oder ihm dazu Hilfe leistet, wird, wenn der Selbstmord ausgeführt oder versucht wurde, mit Zuchthaus bis zu fünf Jahren oder mit Gefängnis bestraft.»

---

[292] Auch § 54 des GesG/AG hält in Abs. 1 klar fest, dass aktive Sterbehilfe nicht gestattet ist.

[293] Anders im Holländer-Modell, wo die aktive Sterbehilfe unter gewissen Umständen zugelassen ist.

[294] Als Abtreibung, nach Art. 118 Abs. 1 StGB, dürfen im Gegensatz dazu nur Handlungen gelten, welche sich auf die Tötung des nasciturus allein richten.

Daraus geht eindeutig hervor, dass nur die *selbstsüchtige* Hilfe[295] bestraft wird und diese auch nur, wenn der Selbstmord ausgeführt oder zumindest versucht wurde. Umgekehrt kann daraus aber auch abgeleitet werden, dass, wer auf das bewusste Bitten des Patienten hin und ohne eigennützige Gedanken dem Kranken die Mittel zur Tötung beschafft und zubereitet oder dem Patienten die nötigen Instruktionen gibt, in der Schweiz nicht gegen das Gesetz verstösst. Der sterbewillige Patient muss aber die Mittel selber einnehmen oder anwenden. Art. 115 StGB muss als abschliessend betrachtet werden. Aus diesen Ausführungen ergibt sich, dass selbst der Arzt, welcher einem suizidalen Patienten Mittel für die Selbsttötung beschafft, straflos bleibt, solange dieser nicht aus selbstsüchtigen Motiven handelt.

Eine *Verleitung zu Selbstmord* besteht darin, dass jemand bei einem anderen, in seiner Willensbildung freien Menschen, dessen Entschluss hervorruft, sich das Leben zu nehmen. Eine solche Einwirkung ist auch nach Art. 115 StGB strafbar und somit ebenso nur bei einem selbstsüchtigen Motiv.

Immer wieder zu reden gibt die organisierte Freitodhilfe, wie beispielsweise Exit (seit etwa 1990) oder Dignitas (seit 1998) diese anbieten. Diese stellen das Prinzip der Selbstbestimmung der Patienten über alles und halten wenig von der Mitsprache eines Hausarztes oder einer psychologischen oder medizinischen Beratung des zum Suizid entschlossenen Menschen, wie dies teils gefordert wird[296]. Die Sterbehilfe-Mitarbeiter müssen jedoch jeden Suizid als aussergewöhnlichen Todesfall der Polizei melden. Trotz seiner Legalität bleibt das Freitodhilfe-Angebot öffentlich umstritten, dies aus weltanschaulichen, ethischen und religiösen Gründen. Setzt sich ein Arzt über die fehlende Einwilligung in einen lebensrettenden Eingriff hinweg und will damit versuchen Leben zu retten, macht er sich im Rahmen von Art. 122 ff. StGB strafbar[297]. Im Zweifelsfall ist jedoch

---

[295] Als selbstsüchtige Hilfe gilt die Hilfe in der Hoffnung auf den befreienden Tod eines den Angehörigen zur Last fallenden schwerkranken Menschen oder in der Hoffnung auf dessen Erbschaft.
[296] Vgl. AJP 4/2000 S. 478 ff., L. A. MINELLI, Generalsekretär des Vereins Dignitas, befürwortet klar die Freitodunterstützung, wodurch «die Selbsttötung ohne Gefahr des verkrüppelten Weiterlebens des gescheiterten Suizidanten oder der Schädigung Dritter erfolgt, und dass mit dem dazu zur Verfügung gestellten Barbiturat keine Schädigungen von Personen erfolgen, die ihrerseits nicht sterbewillig sind». MINELLI erachtet die Freitodhilfe als Notstandshilfe gemäss Art. 34 Ziff. 2 StGB, wobei es sich beim zu rettenden Gut um die Freiheit handelt.
[297] Anders verhält es sich, wenn der Arzt von einer Urteilsunfähigkeit des Suizidanten weiss oder wenn dieser noch im Kinds- oder Pubertätsalter steht. In diesem Fall darf der Arzt oder hat er sogar die Pflicht, die zur Rettung des Patienten erforderlichen

von der mutmasslichen Einwilligung des Patienten in Rettungsmassnahmen auszugehen, weshalb dem Arzt keine zivil- oder strafrechtlichen Folgen erwachsen werden[298].

3. Patientenpflichten im Behandlungsvertrag

Der Patient ist primär zur *Bezahlung des Honorars* verpflichtet. 180
Eine Ausnahme davon besteht beim System des «Tiers payant», bei welchem die Honorarforderung des Leistungserbringers direkt durch die Versicherung beglichen wird.

Im Rahmen des Behandlungsverhältnisses ist der Patient zu *Mitwirkung und Kooperation* verpflichtet. Dazu gehört das Einhalten von Terminen, die Information über alle Tatsachen, die zur Diagnosestellung wichtig sind[299], und das Befolgen von Anordnungen[300]. Die Angabe von unvollständigen oder falschen Tatsachen kann unter Umständen zur Haftungsbefreiung des Leistungserbringers führen. Im Rahmen der Haftungsfragen können schliesslich auch die *Schadenminderungspflichten* des Patienten von Bedeutung sein.

Damit ein geordneter Ablauf im Spital möglich ist, muss sich der Patient in diesen einordnen; dies sowohl zugunsten eines erfolgreichen Verlaufs seiner Krankheit als auch aus Rücksicht auf die Ärzte, das Pflegepersonal und die Mitpatienten. Um ein gewisses Mass an Ordnung herzustellen, existiert in jedem Spital eine Hausordnung, an welche sich der Patient zu halten hat. Daneben muss der Patient auch die Weisungen des Personals respektieren, solange diese nicht das Selbstbestimmungsrecht des Patienten in Behandlungssachen verletzen.

Massnahmen, gestützt auf den Rechtfertigungsgrund der mutmasslichen Einwilligung, zu treffen.

[298] Sehr oft kommt es vor, dass Suizidversuche nicht von echten Selbstmordabsichten getragen sind, sondern nur als Demonstration gegen einen Menschen oder als Hilferuf begangen werden. Bei all diesen Fällen ist die Einwilligung in die Rettung klar gegeben.

[299] Vgl. CONTI, S: 627 ff.; Der Patient muss die Fragen des Arztes nach seinem Verständnis vollständig und gewissenhaft beantworten, wozu der Arzt aber angehalten ist, möglichst präzise Fragen zu stellen, um allfälligen Missverständnissen vorzubeugen.

[300] Vgl. § 8 PRV/ZH und Art. 27 f. GesG/VS. Art. 40 GesG/FR lautet beispielsweise: «Die Patientinnen und Patienten bemühen sich, zum guten Verlauf ihrer Pflege beizutragen, insbesondere indem sie die Anordnungen, in die sie eingewilligt haben, befolgen und indem sie den Gesundheitsfachpersonen möglichst vollständige Auskünfte über ihren Gesundheitszustand erteilen.» Abs. 2: «Bei stationärer Betreuung beachten sie das Hausreglement und nehmen auf die Gesundheitsfachpersonen und die übrigen Patientinnen und Patienten Rücksicht.»

§ 2 Arzt- und Spitalhaftung

1. Grundsätzliches

181 Vorab ist festzuhalten, dass keine spezielle Regelung der Arzt- und Spitalhaftpflicht besteht, weshalb die *allgemeinen Haftungsregeln des öffentlichen und des privaten Rechts* zur Anwendung gelangen. Für den Bereich der *öffentlichen Staatshaftung* ist das kantonale Verantwortlichkeitsrecht massgebend – im Kanton Zürich bildet beispielsweise das *Haftungsgesetz (HG)* vom 14. September 1969 die Rechtsgrundlage. Bei der Behandlung durch Praxisärzte und Privatspitäler sind die Haftungsbestimmungen des OR anwendbar.

2. Haftungssubjekte

182 Haftungssubjekt können grundsätzlich das Spital (bzw. dessen Träger) oder die verantwortliche Medizinalperson (in der Regel Arzt oder Apotheker) sein. Bei der Frage nach dem anwendbaren Recht ist dabei die Unterscheidung der Haftung nach privatem und öffentlichem Recht zu beachten. Spitalärzte können von Geschädigten nur haftbar gemacht werden, wenn ausnahmsweise ein privatrechtliches Behandlungsverhältnis vorliegt.

183 Haben mehrere Personen einen Schaden gemeinsam verschuldet, sei es als Anstifter, Urheber oder Gehilfe, haften diese gemäss Art. 50 f. OR solidarisch. Art. 50 OR gilt für die *echte Solidarität*, bei welcher die Schädiger zusammenwirken, d. h. vom Tatbeitrag des anderen wissen, wie beispielsweise beim Zusammenwirken mehrerer Ärzte in einem Operationsteam. Bei der *unechten Solidarität*, die in Art. 51 OR geregelt ist, haften mehrere Personen aus verschiedenen Rechtsgründen[301]. In beiden Fällen kann jeder solidarisch Haftende auf den Gesamtbetrag belangt werden. Intern können die in Anspruch genommenen gemäss Art. 50 Abs. 2 und Art. 51 Abs. 2 OR Regress auf die anderen nehmen.

---

[301] Dabei haftet beispielsweise ein Arzt aus privatrechtlichem Behandlungsvertrag, die mitwirkende Krankenschwester mangels vertraglicher Bindung jedoch aus unerlaubter Handlung. Vgl. GROSS, medizinische Behandlung, 4.72.

3. Anwendbares Recht

a) Spitalhaftung

Die medizinische Behandlung in einem Spital untersteht je nach Trägerschaft des Krankenhauses dem privaten oder öffentlichen Recht. 184

(1) Privatspital

Ein Privatspital ist privatwirtschaftlich in den Formen des Privatrechts organisiert, wird von Privaten getragen und untersteht auch bezüglich des Behandlungsverhältnisses zum Patienten dem Privatrecht. Zwischen dem Patienten, den behandelnden Personen und der Institution besteht ein privatrechtlicher Spitalvertrag[302], der je nach den Umständen unterschiedlich ausgestaltet ist. 185

Von einem *einheitlichen oder totalen Spitalvertrag* ist die Rede, wenn das Spital dem Patienten gegenüber als alleiniger Vertragspartner auftritt. Das Spital haftet sodann für die Unterkunft, Pflege und fachgerechte medizinische Behandlung des Patienten. Der Arzt und das weitere Pflegepersonal gelten als Hilfspersonen gemäss Art. 101 OR, wonach der Geschäftsherr, in diesem Fall das Spital bzw. dessen Träger, für Schäden, die das Personal in Ausübung der beruflichen Verrichtungen verursacht hat, einzustehen hat. Eine direkte Haftung der Ärzte und des weiteren Pflegepersonals ist nur in den ausservertraglichen Fällen nach Art. 41 ff. OR möglich. 186

Beim *gespaltenen Spitalvertrag*, bei welchem der Patient mit dem Arzt einen Vertrag über die medizinischen Leistungen abschliesst und gleichzeitig mit dem Spital einen anderen Vertrag über die Pflege und Unterkunft begründet, steht der Patient mit dem behandelnden Arzt in einem direkten Auftragsverhältnis und kann gegen diesen aus Art. 394 ff. OR vorgehen. Die ausservertragliche Haftung nach Art. 41 OR konkurriert mit diesen Ansprüchen. Bei Schäden, die durch das Verhalten des Spitalpersonals entstehen, hat das Spital bzw. dessen Träger grundsätzlich nach Art. 101 OR einzustehen. 187

---

[302] Der Spitalvertrag ist ein Innominatkontrakt, der die medizinischen Bereiche wie auch die Unterkunft und Pflege umfasst. Die einzelnen Teile können verschiedenen gesetzlichen Vertragstypen, welche ihrerseits Nominat- oder Innominatkontrakte darstellen können, zugeordnet werden.

Sowohl beim totalen als auch beim gespaltenen Spitalvertrag wird die medizinische Behandlung nach den Regeln des Auftragsrechts beurteilt[303].

188 Kantonal unterschiedliche Regelungen bestehen bei subventionierten Privatspitälern oder Privatspitälern, welche öffentlich-rechtliche Aufgaben übernehmen. Gemäss Art. 39 Abs. 1 lit. d KVG ist davon auszugehen, dass sämtliche auf den kantonalen Spitallisten aufgeführten Spitäler eine öffentliche Aufgabe erfüllen, wobei es sich auch um privatrechtlich organisierte Spitäler handeln kann. Unklar ist dabei, ob diese privaten Spitäler zwingend unter das öffentliche oder – wie bislang – unter das private Recht fallen, insbesondere in Bezug auf die Haftung gemäss Obligationenrecht oder Staatshaftungsgesetz. Gegen die Unterstellung unter das Staatshaftungsrecht spricht, dass die sozialversicherungsrechtliche Stellung eines Spitals nicht allein ausschlaggebend sein kann für die Beurteilung der anwendbaren Haftungsordnung.

Die herrschende Lehre[304] und der Kanton Zürich gehen davon aus, dass das anwendbare Recht aufgrund der *Trägerschaft des Spitals* festgelegt werden soll. Diese Lösung ist transparent und wird den Geschädigten damit am ehesten gerecht, da es den Geschädigten unzumutbar und teils kaum möglich ist, die Hauptaufgabe eines privaten Spitals zu erkennen und danach das anwendbare Recht abzuleiten. Auch müsste der Geschädigte hierbei teils zwei Verfahren einleiten, um seine Ansprüche durchzusetzen, da für die verschiedenen Behandlungsabschnitte verschiedene Haftungsgrundlagen zur Anwendung gelangen können.

Das bernische Verwaltungsgericht hat sich hingegen in einem Urteil von 1991 dafür entschieden, die Unterscheidung des anwendbaren Rechts nach der *Art und Weise der Aufgabenerfüllung* vorzunehmen, wonach die Tätigkeit von privaten Spitälern dem öffentlichen Recht unterstehen soll, sofern diese als Teil der staatlichen Leistungsverwaltung handeln[305]. Dies kann zu komplizierten und unnötigen Verfahren über die Zuordnung zum kantonalen oder kommunalen Haftungsrecht führen.

---

[303] Seit BGE 110 II 375 ff. gilt die Qualifikation der medizinischen Behandlung als Auftrag auch für den Zahnarztvertrag. Vorher wurde der Zahnarztvertrag in einen werkvertraglichen- und einen auftragsrechtlichen Teil unterteilt.
[304] Vgl. KUHN, 1. Kapitel, S. 47 und GATTIKER, Diss., S. 5 ff. mit Hinweisen.
[305] Die Behandlung an einem privaten Spital im öffentlichen Auftrag ist daher als öffentliche Aufgabe zu betrachten, weshalb öffentliches Recht zur Anwendung kommt. Demgegenüber soll das Bundesprivatrecht insbesondere für privatärztliche Tätigkeiten an privaten Spitälern anwendbar sein.

(2) Öffentliches Spital

> Tritt das Gemeinwesen (Kanton oder Gemeinde) als Träger eines Spitals auf, ist für das Verhältnis zwischen dem öffentlichen Spital und dem Patienten grundsätzlich *öffentliches Recht* massgebend. Sofern das öffentliche Spital über Rechtspersönlichkeit verfügt, haftet dieses selber; ansonsten ist gegen das die Krankenanstalt tragende Gemeinwesen vorzugehen.

Da die Sicherstellung der Gesundheitsversorgung durch öffentliche Spitäler als öffentliche Aufgabe und damit auch die ärztliche Behandlung in solchen Krankenhäusern als *amtliche Tätigkeit* qualifiziert wird, findet auf die Haftung von öffentlichen Spitälern grundsätzlich das *öffentliche Verantwortlichkeitsrecht* Anwendung[306]. Die kantonalen Verantwortlichkeitsgesetze sehen – wie beispielsweise § 6 Abs. 1 HG/ZH – eine *ausschliessliche kausale Staatshaftung* vor: Dem Geschädigten steht ein eigenständiger Anspruch nur dem Staat, nicht aber der schädigenden Person gegenüber zu, dies auch ohne Verschulden des Beamten[307]. Demnach gestaltet sich die Situation ähnlich wie bei der ausservertraglichen Haftung nach Art. 41 OR, mit der Ausnahme, dass der Geschädigte das Verschulden nicht nachweisen muss. Die Widerrechtlichkeit und damit den Behandlungsfehler hingegen hat auch hier der Patient nachzuweisen. Hat der Beamte den Schaden vorsätzlich oder grobfahrlässig verschuldet, steht dem Gemeinwesen gemäss § 15 HG/ZH ein Rückgriffsrecht auf den Beamten zu. 189

Haftungssubjekte im Rahmen der Spitalhaftung sind die Träger eines öffentlichen Spitals oder das Spital selber. Hier ist zum einen zwischen den möglichen Gebietskörperschaften Kanton und Gemeinden, zum andern zwischen Organisationsformen ohne eigene Rechtspersönlichkeit und juristischen Personen des öffentlichen Rechts zu unterscheiden. Bei Organisationsformen *ohne eigene Rechtspersönlichkeit* haftet gemäss 190

---

[306] Art. 61 Abs. 1 OR ordnet die Allgemeinabteilung öffentlicher Spitäler generell dem öffentlichen Recht zu. Die Kantone sind gemäss Art. 61 OR jedoch befugt, für den Bereich der amtlichen Verrichtungen von öffentlichen Angestellten besondere Haftungsregeln zu erlassen. Mittlerweile haben sämtliche Kantone solche Verantwortlichkeits- oder Haftungsgesetze erlassen, welche allerdings sehr unterschiedlich ausgestaltet sind. Ohne eine solche Regelung würden die Handlungen der Ärzte subsidiär Art. 41 OR unterstehen. Vgl. BGE 122 III 101; darin hat das Bundesgericht sogar allgemein dem kantonalen Recht anheim gestellt, auch die privatärztliche Tätigkeit am öffentlichen Spital dem kantonalen Verantwortlichkeitsrecht zu unterstellen.

[307] Der Geschädigte wird dadurch privilegiert, dass ihm ein Gemeinwesen und somit ein solventer Schuldner als Haftungssubjekt gegenübergestellt wird.

§§ 1 f. HG/ZH die dahinterstehende *Gebietskörperschaft*. Bei *juristischen Personen des öffentlichen Rechts* sind gemäss § 3 HG/ZH diese selbst Haftungssubjekt. Die Möglichkeit, bei Haftungsfällen über das Vermögen der juristischen Person hinaus auf das Vermögen der sie tragenden Gebietskörperschaft greifen zu können, muss im Gesetz ausdrücklich vorgesehen sein. Auf juristische Personen des privaten Rechts, denen die öffentliche Aufgabe der Gesundheitsversorgung übertragen worden ist, findet das Haftungsgesetz des Kantons Zürich gemäss § 4 HG/ZH nur subsidiär Anwendung.

191 Im Spitalbereich wird teils von einer Organisationshaftung i.s.e. *objektivierten Verschuldenshaftung* ausgegangen, welche greift, wenn eine organisationsbezogene Amts- oder Sorgfaltspflicht verletzt wird. Den Krankenhausträger trifft danach die Pflicht, «alle zumutbaren Anstrengungen zur optimalen medizinischen Betreuung zu treffen und einen umfassenden Schutz vor unzulänglichen oder fehlerhaften Organisations- und Behandlungsmassnahmen zu gewährleisten»[308]. Ein Organisationsverschulden liegt danach beispielsweise bei mangelnden Anweisungen bei einem plötzlichen Engpass in der medizinischen Behandlung oder bei nicht ausreichendem personellem Ausstattungsstandard vor. Für das zweckmässige Funktionieren ist der Träger der Organisation haftbar[309]. Soweit betriebsimmanente Risiken als beherrschbar gelten, sind daraus resultierende Schäden dem Spitalträger zuzuordnen[310]. Der Spitalträger kann sich dabei infolge der Umkehr der Beweislast von der Haftung befreien, indem er den Nachweis erbringt, der aufgetretene Schaden sei nicht im Spital und damit nicht im Risikobereich des Spitalträgers entstanden. Vor der Ausgestaltung der Spitalhaftung als Organisationshaftung scheiterte die Haftung des Staates oft am Nachweis der natürlichen Kausalität.

Das Bundesgericht sieht die primäre Kausalhaftung des Staates jedoch noch mehrheitlich i.S.e. *objektivierten Sorgfaltshaftung*, die eine individuell zurechenbare Amtspflichtverletzung des Arztes oder der Pflegepersonen voraussetzt[311].

192 Selten sind bei öffentlichen Spitälern auch aufgespaltene Vertragsverhältnisse anzutreffen, bei welchen der Patient mit dem Chef- oder Beleg-

---

[308] Vgl. GROSS, Staatshaftungsrecht, 6.2.3.
[309] Vgl. BGE 112 Ib 326 E. 3, wobei das Bundesgericht im Sinne einer Staatshaftung als Organisationshaftung befunden hat, eine psychiatrische Klinik müsse so organisiert und überwacht werden, dass eine Suizidgefährdung des Patienten nach Möglichkeit vermieden werde.
[310] Dies gilt beispielsweise bei Infektionen, die im Spital auftreten und keinem individuellen Fehlverhalten zuzuordnen sind.
[311] Anders hat dies das Bundesgericht in BGE 112 Ib 326 beurteilt.

arzt einen privatrechtlichen Vertrag abschliesst. Diese privatärztliche Tätigkeit setzt ein selbständiges Rechtsverhältnis des behandelnden Arztes zum Patienten voraus. Patient und Arzt stehen vor allem im Rahmen der Privatabteilungen der Spitäler in privatrechtlichen Verhältnissen zueinander. Die Tendenz geht jedoch auch hier in Richtung der Anwendung des kantonalen Haftungsrechts bei privatärztlichen Tätigkeiten an öffentlichen Spitälern[312].

b)   Arzthaftung

Im Anwendungsbereich des Privatrechts können der frei praktizierende Arzt, Zahnarzt[313] und der freiberufliche Apotheker persönlich haftbar gemacht werden.

Das medizinische Behandlungsverhältnis zwischen dem Patienten und dem frei praktizierenden Arzt, das meist als stillschweigender *Vertrag* geschlossen wird, untersteht als *Auftrag*[314] gemäss Art. 394 ff. OR dem Privatrecht. Danach haftet der Arzt dem Patienten für getreue und sorgfältige Geschäftsbesorgung gemäss Art. 398 Abs. 2 OR. Dieser Sorgfaltspflicht zur Folge muss der Arzt den Patienten nach dem Massstab der objektiven Sorgfalt und den Regeln der ärztlichen Kunst behandeln. Der Arzt muss alles unternehmen, was den Patienten heilen, und alles vermeiden, was dem Patienten schaden könnte[315]. Die Behandlung muss zweckmässig sein, d.h. die mit der Therapie verbundenen Risiken müssen in einem vernünftigen Verhältnis zu den Erfolgsaussichten stehen. Der Arzt schuldet, wie bei jedem Auftragsverhältnis, nie einen Erfolg, sondern ein

193

---

312   Vgl. BGE 112 Ib 336; BGE 111 II 151, wobei hoheitliche Verrichtungen ausdrücklich den amtlichen gleichgesetzt werden.
313   Der ganze Zahnarztbehandlungsvertrag ist gemäss BGE 110 II 375 E. 1b) in seiner Gesamtheit dem Auftragsrecht zu unterstellen, auch wenn die Behandlung die Herstellung von Werken (Brücken, Kronen usw.) umfasst. «Dans une telle situation, caractérisée par un rapport de confiance ainsi que des activités et services propres au mandat, il y a lieu de soumettre aux règles de ce contrat l'activité du médecin-dentiste dans son ensemble.»
314   Der Patient erklärt sich, wenn er den Arzt aufsucht, konkludent damit einverstanden, dass die notwendigen oder nützlichen Behandlungen, welche keine besonderen Gefahren in sich bergen und keinen wichtigen, dauernden oder definitiven Eingriff in die körperliche Integrität bedeuten, vorgenommen werden. In diesem Rahmen sind die ärztlichen Handlungen somit durch die stillschweigende Zustimmung des Patienten gedeckt. Vgl. KUHN, 1. Kapitel, S. 23.
315   Vgl. KUHN, 1. Kapitel, S. 24, mit Verweisen. Handelt der Arzt diesem Vertragszweck zuwider, begeht er eine positive Vertragsverletzung.

Tätigwerden lege artis³¹⁶. Fühlt sich der Arzt zur Vornahme eines medizinischen Eingriffs fachlich nicht in der Lage, den Patienten Erfolg versprechend zu behandeln, ist er zum Beizug eines Spezialisten verpflichtet, andernfalls haftet er aus Übernahmeverschulden. Aus der Treuepflicht von Art. 398 Abs. 2 OR folgt die Pflicht des Arztes zur Aufklärung des Patienten.

194   Liegt kein konkludenter oder ausdrücklicher Vertragsschluss vor, wie beispielsweise in Notfallsituationen, werden die ärztlichen Tätigkeiten nach den Regeln über die *Geschäftsführung ohne Auftrag* gemäss Art. 419 ff. OR beurteilt, wobei der Arzt im Sinne des hypothetischen Willens des Patienten handeln muss³¹⁷. Nebst den vertraglichen Ansprüchen kommen auch immer noch die dazu in Anspruchkonkurrenz stehenden Ansprüche aus unerlaubter Handlung gemäss Art. 41 ff. OR in Frage.

Das Verschulden und dessen Nachweis wird sowohl im vertraglichen als auch im ausservertraglichen Bereich vorausgesetzt, wobei es meist um Sorgfaltspflichtverletzungen und fahrlässiges Handeln geht:

Bei der *vertraglichen Haftung* nach Art. 97 OR muss der Patient die objektive Sorgfaltspflichtverletzung (Vertragsverletzung) beweisen, d. h., dass der Arzt objektiv unsorgfältig gearbeitet hat. Kann der Patient die objektive Sorgfaltspflichtverletzung, den Schaden und die Kausalität beweisen, wird das Verschulden des Arztes vermutet, d. h., der Geschädigte muss bei der vertraglichen Haftung das Verschulden des Arztes nicht beweisen³¹⁸. Die Sorgfaltspflicht wird aber insoweit subjektiviert, als dass sich der Arzt exkulpieren kann, indem er beweist, dass ihm der objektive Sorgfaltsverstoss unter den konkreten Umständen nicht vorgeworfen werden kann, da er zwar nicht die objektiv mögliche, aber die ihm zumutbare Sorgfalt angewendet habe und dass die aufgetretenen Komplikationen einem nicht beherrschbaren Risiko entsprechen³¹⁹. Eine Entlastung kommt hingegen nicht in Frage, wenn der Arzt aufgrund mangelnder Weiterbildung nicht über den allgemein zugänglichen neuesten Wissensstand verfügt oder er eine Tätigkeit übernommen hat, zu welcher ihm die entsprechende Ausbildung fehlt und er einen Spezialisten hätte beiziehen können (Übernahmeverschulden).

---

316   Vgl. BGE 116 II 516 ff. (521); BGE 115 Ib 175 ff. (180).
317   Anders sieht dies GATTIKER, AJP, S. 646, Fn. 11. Nach GATTIKER muss die hypothetische Einwilligung des Notfallpatienten bereits im Zeitpunkt der Behandlungsvornahme vorliegen, womit kein Raum für eine nachträgliche Genehmigung bleibt.
318   Daher wird oft versucht, Haftpflichtfälle über die vertragliche Haftung nach Art. 398 i. V. m. Art. 97 OR abzuwickeln.
319   Die Vertragsverletzung ist vom Verschulden klar zu trennen. Eine Vertragsverletzung allein begründet nie eine Haftung des Arztes, solange das Verschulden fehlt.

Bei der *Haftung aus unerlaubter Handlung* gemäss Art. 41 OR, bei welcher kein Vertragsverhältnis zwischen dem schädigenden Arzt und dem Patienten besteht, muss der Patient das Verschulden des Schädigers beweisen. Da dieser Beweis schwerer zu erbringen ist, stützt sich der Geschädigte meist auf die vertragliche Haftung. Die Widerrechtlichkeit, die bei jedem Eingriff ohne Einwilligung in ein absolutes Rechtsgut wie Leib, Leben oder Persönlichkeit gegeben ist, stellt das Korrelat zur Vertragsverletzung bei der vertraglichen Haftung dar. Anzumerken bleibt, dass beispielsweise die Unterlassung der Aufklärung per se eine Sorgfaltspflichtverletzung darstellt[320] und dass in der Praxis aufgrund der Entwicklung der Rechtsprechung – insbesondere bei ärztlichen Kunstfehlern – das Verschulden praktisch keine Bedeutung mehr hat. Dies führt auch zur Feststellung, dass in der Praxis zwischen der verschuldensunabhängigen Staatshaftung und der verschuldensabhängigen privatrechtlichen Haftung kaum noch relevante Unterschiede bestehen.

Für das Handeln von *Hilfspersonen*[321] haftet der Arzt vertraglich nach Art. 101 OR und ausservertraglich nach Art. 55 OR[322], d. h., er hat für deren Handlungen wie für die Seinigen einzustehen[323]. Im Rahmen der Geschäftsherrenhaftung kann der Arzt für fremdes Verschulden haftbar werden, ohne dass ihm eigenes Verschulden vorgeworfen werden kann. Der Arzt kann sich jedoch von der ausservertraglichen Haftung exkulpieren, indem er beweist, dass er die Hilfspersonen richtig ausgewählt, überwacht und instruiert hat[324]. Er muss aber auch für eine zweckmässige Ar-

---

[320] Vgl. weiter hinten (3) Verletzung der ärztlichen Aufklärungspflicht, S. 55.
[321] Zu den Hilfspersonen gehören beispielsweise Assistenzärzte, Arztgehilfinnen oder das Pflegepersonal, d. h. weisungsgebundene Personen, welche nicht wirtschaftlich selbständig arbeiten.
[322] Bei der ausservertraglichen Haftung nach Art. 55 OR kann sich der Geschäftsherr durch den Nachweis der drei curae exkulpieren, d. h., dass er bei der Auswahl, Instruktion und Überwachung der Hilfspersonen alle gebotene Sorgfalt angewendet habe, um den Schaden zu verhüten.
[323] Vgl. BGE 116 II 519 ff. Eine Arztgehilfin eines Kinderarztes gab den Eltern eines an Durchfall und Fieber leidenden Kindes ungenügende Auskünfte und hielt sie von einem Besuch beim Kinderarzt ab. Infolge Dehydration beim Kleinkind resultierten daraus schwere Hirnschäden und eine dauernde Pflegebedürftigkeit des Kindes.
[324] An den Entlastungsbeweis der Auswahl, Instruktion und Überwachung sollten hohe Anforderungen gestellt werden, denn schon die ganze Organisation sollte so sein, dass nach Möglichkeit keine Fehler auftreten und Schädigungen des Patienten vermieden werden können.
Nimmt eine Krankenschwester auf Weisung des Arztes eine objektiv fehlerhafte medizinische Verrichtung vor, was ihr bewusst ist, muss diese den Arzt mindestens auf die Verletzung der Sorgfaltspflicht aufmerksam machen. Stehen elementare Gesundheits-

beitsorganisation sorgen, damit eine Schädigung Dritter verhindert wird, ansonsten kann er sich nicht von der Haftung befreien. Wirtschaftlich selbständige Ärzte, die einen anderen Arzt beispielsweise während des Militärdienstes oder in den Ferien vertreten, gelten als Substituten und haften nach den Regeln des Auftragsrechts selbständig für ihre Tätigkeiten. Für beispielsweise an Physio- oder Psychotherapeuten delegierte medizinische Verrichtungen haftet der Arzt als Geschäftsherr nur, wenn die Verrichtung unter seiner Kontrolle erfolgt. Handelt die mit der Tätigkeit betraute Person jedoch wirtschaftlich selbständig, in eigener fachlicher Kompetenz und auf eigene Verantwortung, besteht lediglich eine Substitutenhaftung des delegierenden Arztes[325].

Das Hilfspersonal, als nicht mit dem Patienten verbundene Erfüllungsgehilfen, kann lediglich ausservertraglich haften[326].

196 Im Rahmen der Behandlung an einem *Spital* ist eine persönliche Haftung des Arztes in den folgenden Fällen möglich:
- *(Echte) Belegärzte* sind frei praktizierende Ärzte, die mit einem privaten oder öffentlichen Spital einen Belegarztvertrag abgeschlossen haben. Der Belegarzt behandelt sodann seine Patienten aus der Privatpraxis im Spital unter Inanspruchnahme der dort vorhandenen Infrastruktur. Zwischen dem Patienten und dem Belegarzt gilt der privatrechtliche Arztvertrag, der sich nach den Regeln des Auftrags richtet. Für die medizinische Behandlung ist der Belegarzt dem Patienten gegenüber, gleich wie der frei praktizierende Arzt, direkt aus diesem Vertragsverhältnis haftbar. Für Aufenthalt und Pflege steht der Patient in einem separaten Vertragsverhältnis mit dem Spital, bei welchem die Spitalhaftung zur Anwendung gelangt. Aus diesem Grunde spricht man bei einem Behandlungsverhältnis mit einem (echten) Belegarzt von einem, wie schon oben erwähnten, *gespaltenen Spitalvertrag*. Für die medizinische und die übrige Behandlung bestehen somit unterschiedliche Haftungsgrundlagen. Zieht der als Belegarzt arbeitende Privatarzt einen anderen Arzt zur Assistenz bei der Operation bei, wird dieser assistierende Arzt als Hilfsperson des Belegarztes gemäss Art. 101 OR tätig.
- *Chefärzte* an öffentlichen Spitälern unterstehen grundsätzlich dem *kantonalen öffentlichen Recht* und kommen daher als Haftungssubjek-

---

interessen des Patienten auf dem Spiel, ist sie verpflichtet, die Ausführung dieser Tätigkeit zu verweigern.
[325] Vgl. GROSS, medizinische Behandlung, 4.11.
[326] Vgl. GROSS, medizinische Behandlung, 4.11. Zum Hilfspersonal gehören auch ausgebildete Assistenzärzte, welche der frei praktizierende Arzt beizieht.

te nicht in Frage[327]. Bei den Chefärzten, denen es neben ihrer dienstlichen Tätigkeit gestattet ist, eine bestimmte Anzahl von Patienten im Rahmen eines privaten Auftragsverhältnisses zu behandeln, gestaltet sich die Haftungsfrage schwieriger. Das Bundesgericht hat sich in verschiedenen Fällen mit der Frage befasst, ob die Behandlung eines Privatpatienten durch den Chefarzt eines öffentlichen Spitals eine privatärztliche oder eine amtliche[328] Tätigkeit sei. Je nachdem, wie diese Frage beantwortet wird, haftet der Arzt persönlich nach Privatrecht oder aber das Spital nach kantonal-öffentlichem Recht für seinen Beamten im weiteren Sinn. Das Bundesgericht tendiert nun dazu, die gesamte Tätigkeit des Chefarztes der Staatshaftung zu unterstellen[329]. Im Falle hospitalisierter Patienten oder wenn mehrere Personen an einer Operation beteiligt sind, drängt sich eine einheitliche Regelung auf. Das BGer befand beispielsweise in BGE 112 Ib 334 E. 2c, dass die Regelung von § 2 Abs. 2 PRV/ZH[330], welche die Behandlung von Privatpatienten unter Privatrecht stellt, besoldungsrechtliche Gründe habe und haftpflichtrechtlich keine Auswirkungen zeitigen dürfe, da es durch die Unterstellung unter das Privatrecht zu einer Aushöhlung der Staatshaftung kommen würde.

---

[327] Vgl. beispielsweise § 6 HG/ZH.
[328] Die ärztliche Tätigkeit an einem öffentlichen Spital wird gemäss Bundesgericht in langjähriger Praxis als amtliche, nicht als gewerbliche Verrichtung im Sinne von Art. 61 Abs. 1 OR beurteilt, was zur Haftung gemäss kantonalem Haftpflichtrecht führt. Vgl. BGE 48 II 415, 56 II 199, 70 II 207, 101 II 177, 102 II 45, 111 II 151, 112 Ib 334, 112 Ib 322, 113 Ib 420, 115 Ib 175. Dass teils auch Private in diesem Bereich tätig werden (beispielsweise private Kliniken in der stationären medizinischen Versorgung), ändert nichts an der grundsätzlichen Zuordnung zur öffentlichen Aufgabenerfüllung. Vgl. GROSS, Staatshaftungsrecht, 3.2.1.
[329] Während das Bundesgericht in BGE 82 II 321 eine Aufspaltung des Vertragsverhältnisses in einen öffentlich-rechtlichen und einen privatrechtlichen Teil noch bejahte, änderte es seine Meinung dazu beispielsweise in BGE 102 II 45. Danach ist die Behandlung von Privatpatienten durch einen Chefarzt eines Privatspitals als integrierender Bestandteil der Chefarzttätigkeit zu betrachten, da beispielsweise die Taxordnung des Spitals auch die Tarife für die chefärztliche Behandlung in der Privatabteilung abschliessend regeln würde, was auf eine amtliche Tätigkeit schliessen lässt. Vgl. auch BGE 111 II 149 und 112 Ib 334.
[330] «Soweit die Ärzte öffentlich-rechtlicher Krankenhäuser befugt sind, Patienten auf eigene Rechnung zu behandeln, gilt für die Forderungen aus ihren persönlichen Bemühungen Privatrecht.» Vgl. § 36 Abs. 3 der PRV/ZH.

3. Voraussetzung der privaten Haftung und der Staatshaftung

a) Allgemeine Voraussetzungen

197 Zu prüfen ist, ob die folgenden Haftungsvoraussetzungen erfüllt sind:

– *Schaden*
Grundvoraussetzung der Haftpflicht ist – sowohl nach Privatrecht[331] als auch nach öffentlichem Recht[332] – das Bestehen eines Schadens[333]. Bei der ärztlichen Behandlung ergibt sich der Schaden aus dem Unterschied zwischen dem voraussichtlichen Zustand des Patienten bei pflichtgemässer Behandlung und dem tatsächlichen Resultat der durchgeführten Therapie in finanzieller Hinsicht[334]. Soweit es sich um einen Körperschaden handelt, besteht die Schädigung vorab in den zusätzlichen Heilungskosten, Kosten für Prothesen und Apparate und allenfalls im Erwerbsausfall. Im Falle einer Tötung steht zudem ein Versorgungsausfall in Frage. Dazu kommen bei immateriellen Schäden Genugtuungsansprüche, welche auch von dem Patienten nahe stehenden Personen gestützt auf Art. 47 oder 49 OR geltend gemacht werden können. Dabei kann es mitunter schwierig werden, den Schaden zu beziffern, wie beispielsweise im Fall einer fehlerhaften Unterbindung, nach welcher eine Frau wieder schwanger wird[335]. Der Kläger muss den Schaden beweisen.

– *natürlicher und adäquater Kausalzusammenhang*
Sowohl nach privatem als auch nach öffentlichem Recht muss zwischen der Vertragsverletzung oder der Widerrechtlichkeit und dem Schaden

---

[331] Vgl. Art. 97 oder 41 OR.
[332] Vgl. beispielsweise § 6 HG/ZH.
[333] Schaden im Rechtssinn bedeutet immer eine unfreiwillige Vermögensverminderung, welche in der Differenz zwischen dem effektiven Stand des Vermögens des Geschädigten und dem hypothetischen Vermögen ohne das schädigende Ereignis besteht. Dabei wird auch ein möglicherweise entgangener Gewinn (lucrum cessans) berücksichtigt.
[334] Vgl. KUHN, 1. Kapitel, S. 32, mit Verweisen.
[335] Ob ein ungewolltes Kind einen Schaden darstellt, wird in der Schweiz mehrheitlich verneint, obwohl die Unterhaltszahlungen einen Vermögensschaden darstellen. Aus ethischen Überlegungen wird ein Ersatz meist abgelehnt. Ein mit der ungewollten Schwangerschaft zusammenhängender Erwerbsausfall, wie auch eine Genugtuung für eine erneute Sterilisationsoperation werden jedoch als Schaden angesehen. Anders sieht dies der deutsche Bundesgerichtshof (BGH), welcher einen Arzt schadenersatzpflichtig werden lässt, wenn er die Geburt eines der Familienplanung widersprechenden Kindes schuldhaft verursacht hat. Für den BGH kann der Unterhaltsaufwand für das unerwünschte Kind einen Schaden darstellen. Vgl. zu diesem Thema auch STEINER, S. 646 ff.

ein natürlicher und adäquater Kausalzusammenhang bestehen, damit eine Haftung bejaht werden kann[336]. Bei der Verletzung der Aufklärungspflicht beruht die ärztliche Unsorgfalt auf einer Unterlassung, welche nur dann kausal für den eingetretenen Erfolg sein kann, wenn pflichtgemässes Handeln den Schadenseintritt verhindert hätte. Auch bei der Kausalität liegt die Beweislast beim Kläger. Da die Beweisführung Schwierigkeiten bereiten kann, werden die Beweisanforderungen nicht allzu hoch angesetzt. Nach Bundesgericht muss es «vielmehr genügen, wenn der Richter in Fällen, wo der Natur der Sache nach ein direkter Beweis nicht geführt werden kann, die Überzeugung gewinnt, dass die *überwiegende Wahrscheinlichkeit* für einen bestimmten Kausalverlauf spricht»[337]. Die Beurteilung, ob eine bestimmte schädigende Folge noch im Rahmen des objektiv Voraussehbaren liegt, ist Sache der rechtlichen Beurteilung und Würdigung und muss nicht vom Geschädigten bewiesen werden.

– *Vertragsverletzung bzw. Widerrechtlichkeit*
Die Vertragsverletzung im privatrechtlichen Arztverhältnis ist das Korrelat zur Widerrechtlichkeit bei der ausservertraglichen Haftung und derjenigen nach öffentlichem Recht. Sowohl die Vertragsverletzung als auch die Widerrechtlichkeit sind vom Kläger zu beweisen.
Die *Vertragsverletzung* kann gemäss Art. 97 OR in einer Nicht- oder Schlechterfüllung, aber auch in einer positiven Vertragsverletzung[338] liegen. Da sich das Arzt-Patienten-Verhältnis nach dem Auftragsrecht beurteilt, obliegen dem Arzt die in Art. 398 Abs. 2 OR statuierten Sorgfalts- und Treuepflichten, aus welchen sich auch die Aufklärungspflicht des Patienten ableitet.
Die *Widerrechtlichkeit* wird sowohl im privaten als auch im öffentlichen Recht als Verstoss gegen Gebote oder Verbote der Rechtsordnung, die dem Schutz des verletzten Rechtsguts dienen, umschrieben. Die Verletzung von absolut geschützten Rechtsgütern wie Leib, Leben, Gesundheit und Persönlichkeit ist nach der Erfolgsunrechtstheorie[339],

---

[336] Um die Kausalität zu bejahen, genügt es jedoch, wenn ein Schaden zwar relativ selten auftritt, aber doch als mögliche Folge ärztlichen Handelns betrachtet werden muss.
[337] BGE 107 II 269, E. 1b. Hervorhebung nicht im Originaltext. Beim Erfordernis der überwiegenden Wahrscheinlichkeit genügt eine lediglich über 50% liegende Wahrscheinlichkeit. Vgl. BGE 107 II 273.
[338] Darunter fällt der Verstoss gegen den Vertragszweck.
[339] Nach der *Erfolgsunrechtstheorie* «ist jeder Eingriff in die körperliche Integrität, sei er durch ein Tun oder ein Unterlassen verursacht, widerrechtlich, soweit kein Rechtfertigungsgrund vorliegt». Als Rechtfertigungsgrund kommen dabei Notwehr, Notstand und Einwilligung des Verletzten in Betracht. Im Gegensatz dazu die *Handlungsunrechtstheorie*, die ein Handlungsunrecht bejaht, wenn eine Norm der Rechtsordnung

an der sich auch das Bundesgericht orientiert, immer widerrechtlich[340].
Ein Eingriff in die körperliche Unversehrtheit durch einen ärztlichen Eingriff kann jedoch durch die *Einwilligung* des Patienten gerechtfertigt werden. In Fällen von Kunst- oder Behandlungsfehlern oder bei mangelnder Aufklärung[341] kann hingegen nie von einer gültigen Einwilligung ausgegangen werden, womit die Behandlung rechtswidrig bleibt. Die Einwilligung des Patienten sowie die genügende Aufklärung desselben hat der Arzt zu beweisen. Der Geschädigte muss lediglich glaubhaft machen, dass eine Verletzung der ärztlichen Aufklärungspflicht vorliegt.

– *Verschulden*
Weil die *Staatshaftung* eine *reine Kausalhaftung* ist, bildet das Verschulden hier keine Voraussetzung für die Haftung. Entscheidende Voraussetzung für die Staatshaftung ist, dass die Schädigung durch eine Person, welche eine öffentliche Aufgabe erfüllt, bei der Ausübung dieser amtlichen Verrichtung verursacht worden ist; *zwischen dem schädigenden Verhalten und der amtlichen Tätigkeit* muss ein *funktionaler Zusammenhang* bestehen. Das Haftungsgesetz findet keine Anwendung, wenn die Schädigung *nur bei Gelegenheit* einer amtlichen Verrichtung erfolgt.
Zum Verschulden bei der vertraglichen und ausservertraglichen Haftung siehe vorne unter § 2, 1, b).

---

verletzt wird, die Schäden von der Art des Eingetretenen verhüten soll. Diese Normen sind nur verletzt, wenn die erforderliche Sorgfalt durch ein Tun oder Unterlassen verletzt wurde, d. h. ein ärztlicher Behandlungsfehler vorliegt. Vgl. GATTIKER, AJP, S. 648, mit Verweisen.

[340] Vgl. BGE 113 Ib 423: Ist ein absolutes Rechtsgut des Menschen verletzt, wird, um die Widerrechtlichkeit zu bejahen, nicht noch zusätzlich ein Normverstoss verlangt. In BGE 115 Ib 175 wurde dies relativiert, indem neben der Rechtsgutsverletzung als Widerrechtlichkeitstatbestand auch die Sorgfaltspflichtverletzung geprüft wurde. Resultiert aus einer schwierigen, riskanten Operation eine Schädigung des Patienten, ist die Widerrechtlichkeit nicht ohne weiteres gegeben. Willigt ein Patient in eine solche Operation ein, dann umfasst die Einwilligung auch alle damit verbundenen Risiken. Wird dabei eine Sorgfaltspflichtverletzung verneint, haftet der Staat nicht für den Schaden.

[341] Eine gültige Einwilligung beruht auf einer genügenden ärztlichen Aufklärung.

b) Haftungsgründe im Bereich der ärztlichen Tätigkeit im Besonderen

(1) Allgemeines

Die Widerrechtlichkeit ergibt sich im Zusammenhang mit medizinischen Behandlungen, wie schon vorstehend erwähnt, in der Regel aus der Verletzung von absolut geschützten Rechtsgütern wie Leib, Leben, Gesundheit und Persönlichkeit. Nach der Rechtsprechung des Bundesgerichts bildet *jeder Heileingriff* eine *Verletzung der körperlichen Integrität* und des *Selbstbestimmungsrechts* des Patienten und ist damit als Eingriff in die persönliche Freiheit widerrechtlich[342]. Darüber hinaus wird regelmässig der Straftatbestand der Körperverletzung gemäss Art. 122 ff. StGB erfüllt sein[343]. In der Regel liegt aber die *rechtsgültige*[344] *Einwilligung* des Patienten zur ärztlichen Behandlung vor, welche einen *Rechtfertigungsgrund* für den Eingriff darstellt.

198

---

[342] Anderer Meinung dazu ist HONSELL, Handbuch, S. 16 ff. mit Verweisen. Danach ist bei einem Eingriff ohne volle Aufklärung nicht die körperliche Integrität, sondern das Selbstbestimmungsrecht des Patienten, das sich aus Art. 27 ZGB ableitet, verletzt. Die Verletzung des Selbstbestimmungsrechts kann nach dieser Meinung aber nicht dazu führen, dass der Arzt für alle Risiken einer Operation einzustehen hat, auch wenn ihn kein Verschulden trifft. Das Bundesgericht begründet in BGE 117 Ib 201 aber u.E. überzeugend damit, dass das Selbstbestimmungsrecht untrennbar mit der körperlichen Integrität verbunden ist und somit die Aufklärungspflicht dem Schutz beider Rechtsgüter dient.

[343] Die fahrlässige Körperverletzung nach Art. 122 StGB wird nur auf Antrag des Geschädigten verfolgt, wobei dieses Recht erlischt, wenn nicht binnen drei Monaten seit Kenntnis des Täters Antrag gestellt wird. Ist die Schädigung jedoch schwer, so wird der Täter gemäss Art. 125 Abs. 2 StGB von Amtes wegen verfolgt. Auch bei fahrlässiger Tötung wird der Täter von Amtes wegen verfolgt. Da ein Strafverfahren grundsätzlich dem Patienten-Arzt-Verhältnis schadet, ist von einem solchen Verfahren i.d.R. abzuraten, macht aber Sinn, wenn ein Sachverhalt vertuscht oder verschwiegen wird.

[344] Damit die Einwilligung rechtsgültig ist, muss der Patient vorgängig über Inhalt, Umfang und Ausmass des Eingriffs ausreichend aufgeklärt worden sein, ansonsten kann der Patient sein Selbstbestimmungsrecht nicht wahrnehmen. *Unterlässt* der Arzt die Aufklärung gänzlich, ist eine rechtsgültige Einwilligung nicht möglich. Ist die Aufklärung *fehlerhaft*, kann nur in den Teil rechtsgültig eingewilligt werden, über welchen genügend aufgeklärt wurde. Der andere Teil bleibt rechtswidrig. Somit kann eine *Teilrechtswidrigkeit* vorliegen. Oft wird jedoch der ganze Eingriff rechtswidrig sein, da eine partielle Aufklärung keine genügende Entscheidgrundlage zu schaffen vermag. Vgl. BGE 108 II 61 ff.

Kapitel 3 – Stellung des Patienten und Haftung

(2) Behandlungsfehler

199 Verstösst ein Arzt infolge eines Mangels an gehöriger Aufmerksamkeit oder Vorsicht vor, während oder nach der Behandlung gegen die allgemein anerkannten Regeln der ärztlichen Wissenschaft und Praxis, spricht man von einem Behandlungs- oder Kunstfehler[345, 346]. Dabei wird zwischen Diagnose- und Therapiefehlern unterschieden. Beim Diagnosefehler geht es nicht darum, dass die richtige Diagnose gestellt werden muss, sondern, dass die erforderlichen Mittel zur Stellung der Diagnose eingesetzt werden[347]. Die Therapiefehler können sich zum einen aus der *falschen Wahl der Therapie*[348] ergeben, aus einer *Unsorgfalt bei der Durchführung der Therapie*[349] oder aus einer *Unsorgfalt bei der Organisation*[350]. Der Arzt hat folglich «alle Massnahmen zu ergreifen, welche dem Behandlungsziel dienen, und sämtliche Handlungen zu unterlassen, die diesem zuwiderlaufen»[351]. Bei medizinischen Behandlungen hat der Arzt somit das notwendige Mass an Sorgfalt anzuwenden – es ist jedoch festzuhalten, dass niemals ein Erfolg geschuldet wird. Wer sich ärztlich behandeln lässt, kann einzig verlangen, dass sich das ärztliche

---

[345] Unter den Begriff Behandlungs- oder Kunstfehler fallen Behandlungs-oder Therapiefehler, Fehler im Zusammenhang mit operativen Eingriffen im Spital oder bei ambulanten Behandlungen, fehlerhafte Geräte oder mangelhafte Bedienung der Geräte, Operationszwischenfälle wie zurückgelassene Fremdkörper in der Wunde, Durchtrennung von Blutgefässen, Bluttransfusionszwischenfälle, Narkose- und Injektionszwischenfälle, kosmetische Schäden, falsche Medikamentierung, Strahlenschäden, Hygieneschäden sowie Organisationsmängel. Vgl. dazu, KUHN, 2. Kapitel, S. 86 ff.; Vgl. GROSS, medizinische Behandlung, 4.27.

[346] Vgl. GATTIKER, AJP, S. 647.

[347] Vgl. BGE 57 II 196 ff. Eine falsche Diagnose rührte daher, dass ein Arzt eine falsche Diagnose am Krankenbett stellte, wogegen eine einfach durchzuführende bakteriologische Untersuchung im Sprechzimmer auf die richtige Spur hätte verhelfen können und müssen. Vgl. 108 II 422 ff. Ein Herz- und Atemstillstand während einer Blinddarmoperation war darauf zurückzuführen, dass keine ausreichende Anamnese vorgenommen worden war.

[348] Bei der falschen Wahl der Therapie kann es sich beispielsweise um eine falsche Wahl (vgl. BGE 64 II 200 ff.), um eine Verwechslung oder um eine falsche Dosierung von Medikamenten handeln.

[349] Bei der Durchführung der Therapie kann das fehlerhafte Bedienen oder Warten technischer Geräte (vgl. BGE 57 II 196 ff., Überbelastung mit Röntgenstrahlen), das Zurücklassen von Fremdkörpern anlässlich einer Operation (vgl. BGE 30 II 304), die Verwechslung des zu operierenden Organs (vgl. 70 II 207), die Unsorgfalt bei einer Narkose oder ein anderer Operationszwischenfall zu Schäden führen.

[350] Von Unsorgfalt in der Organisation ist vor allem bei der mangelhaften Koordination medizinischer Tätigkeiten von Ärzten und medizinischen Hilfspersonen die Rede. Unsorgfalt wurde dabei in BGE 112 Ib 322 ff. bejaht, dagegen in BGE 120 Ib 411 ff. verneint.

[351] Vgl. GATTIKER, AJP, S. 647, mit Verweisen in Fn. 22.

Handeln nach den anerkannten Regeln der ärztlichen Kunst richtet[352]. Da ein Patient nie seine Einwilligung in eine nicht fachgerechte Behandlung geben würde, rechtfertigt sich eine solche Verletzung der körperlichen Integrität und des Selbstbestimmungsrechts nie. Die Einwilligung kann sich immer nur auf Risiken beziehen, die bei ordnungsgemässer Durchführung des Eingriffs bestehen, nicht auf solche, die auf einen Behandlungsfehler zurückzuführen sind[353].

Gemäss bundesgerichtlicher Rechtsprechung ist für öffentlich- und privatrechtliche Haftung ein einheitlicher Sorgfaltsmassstab[354] anzuwenden. Im privaten Recht ergibt sich die anzuwendende Sorgfalt aus dem Auftragsrecht[355]. Im öffentlichen Recht ergeben sich Grundsätze über die medizinische Behandlung aus dem kantonalen Recht[356]. Ein Behandlungsfehler kann somit als Verstoss gegen die ärztliche Sorgfaltspflicht, welche dem Arzt durch die Rechtsordnung auferlegt worden ist, bezeichnet werden[357]. Es ist zu prüfen, ob der Arzt unter Einsatz der von ihm zu

200

---

[352] Vgl. BGE 120 II 248 ff.

[353] Vgl. BGE 115 Ib 181 E. 2b: «Misslingt ein Eingriff, der nicht notwendig oder objektiv nicht geeignet war oder weil er unsachgemäss ausgeführt wurde, so ist die Widerrechtlichkeit selbst dann zu bejahen, wenn der Patient eingewilligt hat.» Bestätigung dieser Rechtsprechung auch in BGE 117 Ib 200 ff.

[354] Das Mass an Sorgfalt, das der Arzt aufzubringen hat, richtet sich grundsätzlich nach den Kunst- oder Berufsregeln, den «leges artis», d. h. dem Stand der medizinischen Erkenntnisse zur Zeit der Behandlung. Das Verhalten des Arztes wird am gegenwärtigen Wissen auf dem jeweiligen medizinischen Gebiet gemessen, wird jedoch nach den Umständen des Einzelfalls subjektiviert. Hat der Arzt eine Auswahl verschiedener in Betracht fallender Behandlungsmöglichkeiten, liegt es im Ermessen des Arztes, für welche er sich nach bestem Wissen und Gewissen entscheidet. Diese Entscheidung wird, wie in BGE 115 IV 184 festgehalten, *ex ante*, d. h. nach dem Sachverhalt, wie er sich im Zeitpunkt der Entscheidungssituation dargestellt hat, beurteilt. Im Allgemeinen hat der Arzt für Gefahren und Risiken, die immanent mit jeder ärztlichen Handlung und auch mit der Krankheit an sich verbunden sind, nicht einzustehen, da er aus seiner gefahrengeneigten Tätigkeit nicht alle Risiken übernehmen kann. Vgl. BGE 120 Ib 411; 120 II 249; 112 Ib 322.

[355] Nach dem Auftragsrecht haftet der Arzt dem Patienten für getreue und sorgfältige Ausführung der ärztlichen Behandlung. Die objektive Sorgfaltspflicht stellt demnach eine Vertragspflicht, der Behandlungsfehler eine Vertragsverletzung dar.

[356] Vgl. § 3 PRV/ZH, wonach sich die Behandlung des Patienten nach den anerkannten Regeln der medizinischen Wissenschaft und den Grundsätzen der Humanität zu richten hat.

[357] Nach KUHN, 2. Kapitel, S. 70 ist ein Behandlungsfehler eine schwerwiegende Sorgfaltspflichtverletzung. Jedoch stellt nicht jede Sorgfaltspflichtverletzung einen Behandlungsfehler dar. Die Reduzierung des Behandlungsfehlers auf grobe Regelverstösse wird jedoch teils heftig kritisiert. Das Bundesgericht tendiert dazu, den Arzt für jedes fahrlässige Verhalten haftbar zu machen. Vgl. BGE 113 II 432, 116 II 521, 117 II 563. Die zumutbaren Sorgfaltspflichten richten sich aber nach dem Einzelfall (Art des Eingriffes, Risiken des Eingriffes, Mittel die zur Verfügung stehen).

fordernden medizinischen Kenntnissen im konkreten Fall vertretbare Entscheidungen über die medizinischen Massnahmen getroffen und diese Massnahmen objektiv sorgfältig durchgeführt hat. Um den objektiven Erfordernissen der Sorgfalt nachkommen zu können, sind die Ärzte verpflichtet, sich stets weiterzubilden. Laut BGE 113 II 429 (432) gilt: «Je schwieriger der Eingriff, je weniger der Arzt spezialisiert ist und je weniger Mittel und Zeit ihm zur Verfügung stehen, desto näher liegt es, im Falle einer Schädigung, die Ersatzpflicht zu ermässigen oder überhaupt zu verneinen.» Hat ein Arzt einen Patienten nach allen Regeln der Kunst und unter Aufwendung der erforderlichen Zeit und Aufmerksamkeit untersucht und anschliessend eine geeignete Behandlung angeordnet, so wurde die Diagnose gewissenhaft vorgenommen, was bei einer im Ergebnis unrichtigen Diagnose für sich allein noch keine Haftung des Arztes zu begründen vermag.

201 Für die Bestimmung des Sorgfaltsmassstabes sind insbesondere die zeitliche und medizinische Dringlichkeit, die Diagnose- und Eingriffs- bzw. Behandlungsmittel, die Handlungsalternativen, die ausreichende Erfahrung sowie die Art und Intensität eines allfälligen Versehens massgeblich. Auszunehmen sind die Gefahren und Risiken, welche der medizinischen Tätigkeit als gefahrengeneigte Tätigkeit inhärent sind oder nach dem aktuellen Stand der Medizin unüberwindbar bleiben.

202 Der Beweis des Behandlungsfehlers und damit der Widerrechtlichkeit sowie der Kausalität und des den Schaden verursachenden Verhaltens des Arztes[358] obliegt dem Patienten. Der Arzt hingegen muss die aufgeklärte Einwilligung des Patienten beweisen. Je nach kantonaler Regelung räumt das Bundesgericht dem verantwortlichen Gemeinwesen oder Arzt allenfalls eine Exkulpationsmöglichkeit ein.

(3) Verletzung der ärztlichen Aufklärungspflicht[359]

203 Auf die Einwilligung als Rechtfertigungsgrund kann sich ein Arzt bzw. das Spital nur berufen, wenn der Patient über den Eingriff und

---

[358] Der Patient muss daher detailliert angeben, welche Handlung oder Unterlassung des Arztes den Behandlungsfehler bewirkte.
[359] Bei der Aufklärung muss zwischen der Eingriffs-, der Sicherungs- und der wirtschaftlichen Aufklärung unterschieden werden: Bei der *Eingriffsaufklärung* informiert der Arzt den Patienten über den vorzunehmenden Eingriff und schafft dadurch die Voraussetzung für einen rechtmässigen Eingriff. Bei der *Sicherungsaufklärung oder auch therapeutischen Aufklärung* hingegen wird der Patient zu einem der Heilung dienenden Verhalten angehalten, indem diesem Verhaltensregeln mitgeteilt werden und er auf Gefahren aufmerksam gemacht wird. Der Umfang der Sicherungsaufklärung geht

allfällige Risiken genügend aufgeklärt[360] worden ist (informed consent). Die Aufklärung, welche in aller Regel durch den Arzt selber zu erfolgen hat[361] und *vor* dem Eingriff durchzuführen ist[362], ist Bestandteil der medizinischen Behandlung und soll den Patienten in die Lage versetzen, selbstverantwortlich[363] zu entscheiden, ob er sich einer medizinischen Behandlung unterziehen will oder nicht[364]. Die ärztliche Aufklärungspflicht orientiert sich dabei an den konkreten Umständen des einzelnen Patienten. Ausgangspunkt des Massstabes zur Aufklärung ist jedoch der durchschnittlich vernünftige Patient[365]. Die Eingriffsaufklärung wird dagegen in Notfallsituationen, bei entsprechendem Vorwissen oder bei einem zum

---

erheblich weiter als bei der Eingriffsaufklärung. Was jedoch nach der allgemeinen Lebenserfahrung als offensichtlich angesehen werden kann, braucht nicht mehr erwähnt zu werden, es sei denn, der Patient bedürfe in erkennbarer Weise solcher Informationen. Kommt der Arzt seiner Sicherungsaufklärungspflicht nicht nach, liegt ein eigentlicher Behandlungsfehler vor, wofür der Patient die Beweislast trägt. Bei der *wirtschaftlichen Aufklärung* hat der Arzt dem Patienten darüber Auskunft zu geben, wer die Kosten der vorgesehenen medizinischen Massnahmen letztlich zu tragen hat.

[360] Die Aufklärung muss dabei in einer den intellektuellen Fähigkeiten des Patienten entsprechenden Art und Weise erfolgen. Fachausdrücke können dabei insofern gebraucht werden, als der Arzt davon ausgehen kann, dass diese dem Patienten geläufig sind.

[361] Vgl. BGE 116 II 519 ff. betreffend Aufklärung durch eine Arztgehilfin.

[362] Die Aufklärung hat bei schwerwiegenden Eingriffen mindestens drei Tage vor der Operation zu erfolgen, in leichten Fällen am Vorabend. Dieser Aufklärungszeitpunkt hängt aber auch von der Dringlichkeit der Behandlung ab; jedoch müssen dem Patienten auch in Notfällen die für den Entschluss erheblichen Fakten mitgeteilt werden. Grundsätzlich hat die Aufklärung so früh stattzufinden, dass dem Patienten eine Bedenkzeit verbleibt, die der Bedeutung des Eingriffs angemessen ist.

[363] Um selbstverantwortlich entscheiden und abwägen zu können und rechtsgültig einzuwilligen, muss der Patient in Kenntnis der Sachlage sein, d. h., er muss die Diagnose- und Behandlungsmöglichkeiten, die Art und Notwendigkeit des Eingriffs, den Verlauf und die Auswirkungen der Behandlung, deren Vor- und Nachteile, die Prognosen sowie Risiken kennen. Zur Eingriffsaufklärung gehört auch das Aufzeigen von Behandlungsalternativen. Je grösser der Eingriff oder die Risiken der Behandlung sind, desto ausführlicher ist der Patient aufzuklären. Der Arzt orientiert sich aber auch am Aufklärungsbedürfnis des einzelnen Patienten, kann aber in der Basis von einem verständigen Patienten in durchschnittlichen Lebensverhältnissen ausgehen. Vgl. CONTI, S. 621 f. Der Patient hat dabei keinen Anspruch auf eine richtige Diagnosestellung, jedoch auf eine vollständige Anamnese.

[364] Das Recht des Patienten auf Aufklärung ergibt sich einerseits beim Vertragsverhältnis aus der Treuepflicht des Auftrags gemäss Art. 398 Abs. 2 OR, andererseits aber auch aus dem allgemeinen Persönlichkeitsrecht gemäss Art. 28 ZGB. Im öffentlich-rechtlichen Bereich bilden das Grundrecht der persönlichen Freiheit sowie kantonale Gesundheitsgesetze die rechtliche Grundlage der Aufklärungspflicht. Vgl. § 12 PRV/ZH. Gemäss BGE 117 Ib 197 gehört die Aufklärungspflicht zu den allgemeinen Berufspflichten des Arztes, unabhängig davon, ob er im Rahmen eines privatrechtlichen Vertragsverhältnisses oder als Beamter oder Angestellter des Staates handelt.

[365] Vgl. BGE 105 II 284 ff.; BGE 113 Ib 426 E. 6.

Voraus erklärten Aufklärungsverzicht hinfällig. Eine *Einwilligung ohne genügende Aufklärung ist nicht rechtswirksam*. Gemäss bundesgerichtlicher Rechtsprechung[366] hat eine rechtsungenügliche Aufklärung zur Folge, dass der daher rechtswidrig handelnde Arzt für *allen verursachten Schaden* verantwortlich wird[367]. Verweigert der Patient die Einwilligung zum Eingriff, darf diese nicht vorgenommen werden, ansonsten würde sich der Arzt straf- und zivilrechtlich verantwortlich machen. Dem Selbstbestimmungsrecht zur Folge kann die Verweigerung aus irgendeinem Grund erfolgen, d.h. auch bei einem vital indizierten Eingriff[368]. Für eine *Operationserweiterung* muss der Arzt grundsätzlich, ausser in Fällen dringender Erweiterungen ohne schwerwiegende Folgen, vom Patienten eine erneute Einwilligung in die Erweiterung einholen[369]. Bei Einwilligungen in Heilversuche muss die Einwilligung nach einer ausführlichen Aufklärung grundsätzlich explizit erfolgen. Die immer häufiger auftretenden Aufklärungsformulare[370], die der Beweisvorsorge der Ärzte dienen sollen, bilden nicht selten eine ungenügende Aufklärungsbasis, da dem konkreten Einzelfall nicht genügend Rechnung getragen wird. Nebst der Abgabe von Merkblättern[371] haben deshalb stets auch Aufklärungsgespräche stattzufinden, welche in der Krankengeschichte vermerkt werden müssen[372]. Da der Auftrag als Interessenwahrungsvertrag verstanden wird, ist der Beauftragte verpflichtet, dem Auftraggeber unaufgefordert

---

[366] BGE 108 II 59.
[367] Vgl. BGE 108 II 59: «Er (der Chirurg) ist dann für allen Schaden verantwortlich, der infolge Misslingens der Operation entstanden ist, selbst wenn er keinen Kunstfehler begangen hat.»
[368] Erfolgt die Verweigerung des Eingriffs nach anfänglicher Einwilligung jedoch zur Unzeit, d.h. unmittelbar vor der Operation, schuldet der Patient dem Arzt Schadenersatz im Umfang des negativen Vertragsinteresses.
[369] Vgl. BGE 108 II 59 oder Pra. 71 Nr. 122.
[370] Vgl. CONTI, S. 618, FN 33, ein Aufklärungsformular entbindet den Arzt nicht von der Vornahme einer individuellen Aufklärung.
[371] Die Merkblätter sollten folgende Angaben enthalten: die Indikationen zur Intervention, Alternativen, die Bedeutung der Behandlung für die Heilung/Gesundung des Patienten, den Verlauf der Behandlung, die Risiken, die Erfolgsaussichten und Folgen des Eingriffs, einen Hinweis darauf, dass das Merkblatt vom Arzt erläutert wird, die Aufforderung an den Patienten, bei Unklarheiten Fragen zu stellen, und einen Hinweis darauf, dass das Merkblatt nur einen Teil der Aufklärung bildet. Vgl. HAUSHEER, RN 15.109.
[372] Aus diesem Vermerk muss die Person des Aufklärenden, der Ort und die Zeit der Aufklärung, der Zeitaufwand des Gesprächs, das Datum der Erstellung des Vermerks, die Zusammenfassung des Gesprächsgegenstandes, die Risiken, über welche der Patient informiert wurde und der Wunsch eines allfälligen Verzichts auf Aufklärung ersichtlich sein.

alles mitzuteilen[373], was für diesen von Interesse sein kann.[374] Die fehlende Einwilligung bzw. die Verletzung der Aufklärungspflicht muss der Kläger nur im Sinne eines Prima-facie-Beweises *glaubhaft* machen. Der Arzt bzw. derjenige, der für dessen Verhalten einzustehen hat, muss den Rechtfertigungsgrund der Einwilligung und damit auch die genügende Aufklärung des Patienten *beweisen*, denn gemäss Art. 28 ZGB wird die Nichteinwilligung in Eingriffe in die körperliche Integrität vermutet. Gelingt der Rechtfertigungsbeweis nicht, ist die Behandlung als Ganzes rechtswidrig, auch wenn kein Behandlungsfehler vorliegt[375]. Die Haftung wegen Verletzung der Aufklärungspflicht hat sich aus diesem Grund in den Fällen, wo ein Behandlungsfehler nicht vorliegt oder nicht bewiesen werden kann, zu einem Ausweich- oder Auffangtatbestand entwickelt[376]. Der Arzt kann jedoch den *Einwand der hypothetischen Einwilligung*[377] vorbringen. Gelingt es dem Arzt bzw. dem Spital zu beweisen, dass sich der betroffene Patient auch bei gehöriger Aufklärung zur vorgenommenen Behandlung entschlossen hätte, so entfällt die Widerrechtlichkeit und damit die Haftung[378]. Vermag der Patient glaubwürdig darzutun, dass er unter den gegebenen Umständen die Einwilligung zum Eingriff verweigert hätte, wird dem Arzt der Beweis des Gegenteils nur selten gelingen.

---

[373] In der Schweiz allgemein anerkannt ist, dass zur Aufklärung auch die wirtschaftliche Aufklärungspflicht gehört, wonach der Arzt den Patienten über die finanziellen Auswirkungen aufklären muss, so beispielsweise bei Zweifeln daran, ob die Versicherung die Kosten der Behandlung übernehmen wird (wirtschaftliche Aufklärung).

[374] Ob aus dieser Aufklärungspflicht auch die Pflicht abgeleitet werden kann, der Arzt müsse den Patienten auch hinsichtlich eigener Fehler aufklären, ist umstritten. Dagegen ist einzuwenden, dass selbst im Strafrecht niemand zur Selbstanzeige verpflichtet werden kann.

[375] Vgl. BGE 108 II 59.

[376] Vgl. CONTI, S. 617, «Während der Patient die Verletzung einer Sorgfaltspflicht als Vertragsverletzung beweisen muss, obliegt dem Arzt der Beweis der hinreichenden Aufklärung, das heisst, er muss den Nachweis einer wirksam erteilten Einwilligung erbringen. Kann er dies nicht, so haftet er unabhängig davon, ob ihm ein Kunstfehler unterlaufen ist oder ob er die gebotene Sorgfalt gezeigt hat.» Als mögliche Lösungen, dem Missbrauch der Aufklärungshaftung entgegenzuwirken, werden in diesem Artikel 1. die Möglichkeit, dass der Patient auch in diesem Fall, wie bei den anderen Sorgfaltspflichtverletzungen, den Tatbestand zu beweisen hat, und 2. die Möglichkeit, dass die ärztliche Aufklärungspflicht einschränkender umschrieben wird und somit dem Arzt mehr Gestaltungsspielraum offen bleibt, genannt.

[377] Nach HONSELL, Handbuch, S. 17, sollten an die hypothetische Einwilligung keine allzu hohen Anforderungen gestellt werden, da sich der vernünftige Patient nach den Empfehlungen des Arztes richtet und daher in den meisten Fällen auch nach der Aufklärung über die Risiken dem Eingriff zustimmen würde.

[378] Vgl. BGE 117 Ib 208, Pra. 85 (1996) Nr. 181, S. 671 ff.

Die rechtlichen Grundlagen der Aufklärungspflicht finden sich neben den zivilrechtlichen Vertragspflichten[379], daneben noch klarer in öffentlich-rechtlichen Erlassen[380].

204 Die fehlerhafte Aufklärung kann zu Schadenersatz-[381] oder Genugtuungsleistungen führen; ein fehlerhaftes Verhalten des Arztes bei der *Durchführung* des Eingriffs ist nicht vorausgesetzt.

205 Bei einem ohne gültige Einwilligung vorgenommenen Eingriff wird der handelnde Arzt für den ganzen Schaden, der infolge Misslingens der Operation entstanden ist, *schadenersatzpflichtig*. Der Schaden bemisst sich dabei nach der Differenz des Vermögens des Geschädigten nach dem Eintritt des schädigenden Ereignisses und dem Vermögensstand bei Ausbleiben des Ereignisses. Dazu gehören sowohl die Heilungskosten (damnum emergens) als auch der Verdienstausfall (lucrum cessans). Bei der Schädigung infolge Tötung sind auch die Bestattungskosten und der Versorgerschaden zu ersetzen. Damit der Arzt schadenersatzpflichtig wird, müssen sowohl die natürliche als auch die adäquate Kausalität gegeben sein. Das zudem notwendige Verschulden ist bei einer fehlenden Aufklärung wohl meist gegeben, ausser der Arzt könnte sich wegen Zufalls oder Drittverschuldens exkulpieren. Der Grad des Verschuldens ist bei der Verschuldenshaftung nur für die Bemessung des Schadenersatzes von Bedeutung. Dem Arzt steht jedoch der Beweis der hypothetischen Einwilligung des Patienten offen. Gelingt dem Arzt dieser Beweis, wird er trotz fehlender Einwilligung nicht schadenersatzpflichtig[382]. Bei der Höhe des Schadenersatzes sind auch Umstände zu berücksichtigen, für die der Geschädigte einstehen muss[383]. Der Schadenersatz kann in Form einer Rente oder einer einmaligen Kapitalabfindung zugesprochen werden. In der Regel handelt es sich beim Schadenersatz um eine Geldleistung; denkbar wäre aber auch eine Naturalrestitution. Anspruchsberechtigt sind der Geschä-

---

[379] Aufklärungspflicht aus dem Auftrag gemäss Art. 398 OR und Art. 28 ZGB. Die Aufklärungspflicht des Arztes kann auch aus Art. 400 OR als Rechenschaftspflicht des Beauftragten abgeleitet werden, welche sich aber insofern von Art. 398 OR unterscheidet, als dass sich dabei der Auftraggeber (der Patient) nach der Information erkundigen muss.

[380] Wie beispielsweise Art. 10 PatD/BE, § 4 PRV/BL.

[381] «Schadenersatz ist die völlige oder teilweise Wiedergutmachung des Schadens durch den Schädiger oder ein anderes Haftpflichtsubjekt mittels möglichst annähernder wertmässiger Wiederherstellung des wirtschaftlichen Zustandes vor dem schädigenden Ereignis.» Vgl. GROSS, medizinische Behandlung, 4.541.

[382] Vgl. BGE 117 Ib 206.

[383] Dazu gehören beispielsweise die gesundheitsbeeinträchtigenden konstitutionellen Prädispositionen des Geschädigten oder i.S.d. Schadenminderungspflicht die Weigerung, sich zumutbaren medizinischen Massnahmen zu unterziehen.

digte sowie sein Rechtsnachfolger und gemäss BGE 112 II 118 auch, wer durch die Folgewirkungen eines schädigenden Eingriffes in einem absoluten Recht beeinträchtigt ist.

Eine Schadenersatzpflicht gemäss Art. 97 OR kann auch ausgelöst werden, indem der Arzt seine Sorgfaltspflicht dadurch verletzt, dass er einen Patienten zu wenig behutsam aufklärt oder der Rechtspflicht des therapeutischen Privilegs nicht folgt und damit einen Aufklärungsschaden beim Patienten anrichtet.

Hat die Körperverletzung beim Verletzten zu einer immateriellen Unbill geführt, d. h. sein Wohlbefinden ist mehr als geringfügig beeinträchtigt, schuldet der Arzt dem Patienten neben dem Schadenersatz *zudem* eine *Genugtuung*[384]. War der eigenmächtig vorgenommene Eingriff erfolgreich, d. h. liegt kein Schaden vor, der zu Schadenersatz berechtigen würde, kann bei einer schweren Verletzung des Persönlichkeitsrechts[385] ein Genugtuungsanspruch analog zu Art. 49 OR gestellt werden. Die Genugtuung kann sich wie der Schadenersatz auf vertragliche oder ausservertragliche Grundlagen abstützen[386]. Bei öffentlichen Spitälern ist im Einzelfall abzuklären, ob die kantonale Gesetzgebung eine Genugtuung vorsieht[387] oder diese allenfalls von einem Verschulden des Beamten abhängig ist. Schweigt sich das Gesetz über eine Genugtuung aus, dann ist grundsätzlich für einen Genugtuungsanspruch per analogiam kein Platz.

Vertragliche Haftungsansprüche verjähren[388] innert zehn Jahren seit der schädigenden Handlung; Schadenersatzforderungen aus unerlaubter Handlung innerhalb eines Jahres seit dem Tag, an welchem der Geschä-

---

[384] Die Genugtuung «bezweckt die Wiedergutmachung einer immateriellen Beeinträchtigung des Betroffenen, die sich nicht als wirtschaftlich erfassbare Vermögensverminderung auswirkt». Vgl. Gross, medizinische Behandlung, 4.57. Die Höhe der Genugtuung richtet sich nach den allgemeinen Grundsätzen des Haftpflichtrechts, wie beispielsweise im Strassenverkehrsrecht, dabei darf nicht von Phantasiezahlen wie im amerikanischen Recht geträumt werden.

[385] Ein Eingriff in die körperliche Integrität des Patienten ohne dessen Einwilligung bedeutet dabei regelmässig einen massiven Eingriff in das Selbstbestimmungsrecht des Menschen, was i. d. R. als schwere Verletzung gilt.

[386] Da im Arzt-Patienten-Verhältnis i. d. R. ein Vertragsverhältnis vorliegt, wird der Patient seine Ansprüche auf den Vertrag stützend, geltend machen.

[387] Gemäss Art. 61 OR sind die Kantone befugt, eigene Bestimmungen über die Genugtuung aufzustellen.

[388] Die Verjährung, die der Rechtssicherheit dient, bringt nicht die Forderung als solche zum Untergang, sondern die rechtliche Möglichkeit der Durchsetzung gegen den Willen des Schädigers. Leistet der Schädiger aber trotz Verjährung, kann die geleistete Schadenersatz nicht zurückgefordert werden.

digte Kenntnis vom Schaden[389] und von der Person des Ersatzpflichtigen hat, jedenfalls aber mit Ablauf von zehn Jahren seit dem Eingriff. Bei öffentlichen Spitälern ist das kantonale Verantwortlichkeitsrecht für die Verjährung und Verwirkung der Ansprüche massgebend.

Probleme bei der Verjährung ergeben sich bei schädigenden Langzeitwirkungen medizinischer Eingriffe, wie Strahlenschäden oder Folgen medikamentöser Behandlungen, die für den Geschädigten allenfalls erst nach Ablauf der Verjährungsfrist erkennbar werden.

4. Entwicklungstendenzen in der Arzthaftung

208   Als Folge der weltweiten Zunahme von Haftpflichtprozessen gegen Ärzte und Klinikträger ist eine Tendenz in Richtung *Defensivmedizin* erkennbar. Danach versuchen sich die Ärzte in allen Bereichen abzusichern, d.h., es werden vielfach unnötige und umfangreiche Apparatediagnostiken und Übertherapien gemacht. An die Stelle des Vertrauensverhältnisses zwischen Arzt und Patient tritt eine mehr geschäftsmässige Beziehung. Aus der Angst vor dem Patienten als Kläger versuchen sich die Ärzte durch Formulare und Dokumentationen abzusichern. Durch den enormen Fortschritt der Medizin und dem damit verbundenen höheren und somit risikoreicheren Behandlungsstandard ist zudem die Zahl der medizinischen Eingriffe stark gestiegen; die kompliziertesten Eingriffe gehören heute zu den Routineeingriffen. Durch diese *Risikomedizin* und der Verschärfung der Rechtsprechung zur Arzthaftung[390] ist die Anzahl der Haftpflichtfälle auch in der Schweiz angestiegen.

Obwohl selbst bei öffentlich-rechtlichen Kausalhaftungen ein Behandlungsfehler Haftungsvoraussetzung wäre, wird in der Rechtsprechung die Haftung teils unabhängig von einem Behandlungsfehler bejaht, d.h. de facto eine verschuldensunabhängige Kausalhaftung statuiert[391]. Diese

---

[389]   Kenntnis vom Schaden hat der Geschädigte dann, wenn er in Bezug auf den Schaden diejenigen Umstände erfährt, die geeignet sind, eine gerichtliche Klage zu veranlassen und zu begründen. Entwickelt sich das Ausmass des Schadens noch weiter, beginnt die Verjährung nicht vor Abschluss dieser Entwicklung zu laufen.

[390]   Die Anforderungen an die Sorgfaltspflicht der Ärzte wurden zunehmend verschärft und die Haftung für ungenügende oder ausgebliebene Aufklärung wurde eingeführt, was auch zu einem extremen Anwachsen der Haftpflichtfälle geführt hat. Zudem ist in einigen Fällen (grobe Behandlungsfehler, unzulängliche oder falsche Dokumentation, mangelhafte oder nicht funktionierende Geräte, unterlassener oder unvollständiger Aufklärung) eine Beweislastumkehr vorgesehen, bei welcher nicht der Kläger, sondern der Arzt den Beweis erbringen muss. Vgl. HONSELL, Handbuch, S. 14.

[391]   Aus § 6 HG/ZH geht, wie in vielen anderen Kantonen, für öffentliche Spitäler eine verschuldensunabhängige Kausalhaftung hervor.

Kausalhaftungstendenz erstreckt sich dabei sowohl auf die vom öffentlichen Interesse abgedeckte Spitaltätigkeit wie auch teilweise auf den privatrechtlichen Bereich[392].

Vereinzelt wird der Lehre und der Rechtsprechung eine Beweislastumkehr zu Gunsten der Patienten gefordert, da die Patienten als Laien oftmals nicht in der Lage seien, einen ärztlichen Behandlungsfehler zu beweisen. Da in den meisten ärztlichen Haftpflichtfällen jedoch medizinische Gutachten von externen Stellen erstellt werden, entschärft sich diese Problematik weitgehend[393]. Der allfälligen Gefahr einer mangelnden Neutralität des Gutachters[394] mit einer Kausalhaftung zu begegnen, scheint eine über das Ziel hinaus schiessende Lösung zu sein. Die praktische Folge einer solchen Kausalhaftung wäre die oben erwähnte Defensivmedizin[395] und in finanzieller Hinsicht hätte die Allgemeinheit die Kosten[396] der exponentiell ansteigenden Zahl von Haftpflichtfällen zu tragen. Grundsätzlich ist zudem davon auszugehen, dass im Fall der Be-

---

[392] Das Bundesgericht ist sich in diesem Punkt nicht schlüssig. Während dieses in BGE 113 Ib 420 und BGE 115 Ib 175 sowie BGE 116 II 519 und BGE 120 II 248 von der Beweislastumkehr quasi auf eine verschuldensunabhängige Kausalhaftung schloss oder eine Sorgfaltspflichtverletzung vermutete, wenn ein Schaden eingetreten ist, änderte dies seine Meinung in BGE 120 Ib 411. Dabei kehrte das Bundesgericht den Spiess um und bürdete die volle Beweislast für den Behandlungsfehler und die Kausalität dem Patienten auf. Es hielt fest, dass es i.S.e. Umkehrschlusses unzulässig sei, vom eingetretenen Erfolg auf das Vorliegen eines Behandlungsfehlers zu schliessen. Diesen Entscheid rechtfertigte das Bundesgericht damit, dass jede medizinische Behandlung mit gewissen immanenten Gefahren und Risiken verbunden sei, und die Grundsätze des Umkehrschlusses aus BGE 120 II 248 nicht auf alle gesundheitlichen Verschlechterungen im Zusammenhang mit medizinischen Behandlungen anwendbar seien. Bleibt das Bundesgericht bei dieser Rechtsprechung, wäre der verschuldensunabhängigen Kausalhaftung ein Ende gesetzt und die Bezeichnung «Kausalhaftung» in den Gesetzen wäre irreführend, da ein Behandlungsfehler stets Haftungsvoraussetzung wäre.

[393] Die Gefahr der Befangenheit oder einer ärztefreundlichen Gesinnung des Gutachterarztes bleibt jedoch bestehen, was sich für den Patienten natürlich negativ auswirken kann. Grundsätzlich kann aber gesagt werden, dass die meisten Gutachter ihre Aufgabe mit der erforderlichen Distanz und Fachkunde wahrnehmen. Zudem hat die benachteiligte Partei auch noch die Möglichkeit, das Gutachten zurückzuweisen und die Erstellung eines neuen zu verlangen. Vgl. GATTIKER, AJP, S. 655.

[394] Die Tätigkeit des Gutachters stellt für beide Parteien ein Risiko dar, da dieser ein erhebliches Ermessen hat in seiner Entscheidung, da er sich oft nur auf Indizien stützen kann, deren Aussagekraft er selber festlegen muss.

[395] Die Ärzte gehen bei der Defensivmedizin weniger Risiken ein und lehnen eine Behandlung lieber ab, da bei einer allfälligen Klage jeweils auch ihr Ruf auf dem Spiel steht. Diese Haltung der Defensivmedizin würde auch den Interessen der Patienten zuwiderlaufen.

[396] Die Kosten müssten durch die Allgemeinheit mittels Kranken- oder Sozialversicherungsbeiträgen oder in Form von Steuergeldern getragen werden.

weislosigkeit der Arzt bei der Beweislastumkehr den Beweis ebenso wenig erbringen kann wie der Patient.

Für die gesamte medizinische Behandlung erscheint eine das öffentliche und das private Recht umfassende Spezialhaftungsordnung am adäquatesten.

Kapitel 4 – Datenschutz

§ 1   Überblick und Grundlagen

In der Schweiz wird der Datenschutz im Gesundheitswesen vornehmlich[397] durch Art. 13 BV, das *Bundesgesetz über den Datenschutz* (DSG), welches für die Bearbeitung von Personendaten durch private Personen (natürliche und juristische) und Bundesorgane anwendbar ist, *kantonale Datenschutzbestimmungen*, welche die kantonale Verwaltung erfassen, das *Krankenversicherungsgesetz* (KVG), das Datenschutzfragen im Rahmen der sozialen Krankenversicherung regelt, und *Art. 320f. StGB*, welche Schutz im Bereich des Berufsgeheimnisses ermöglichen, gewährleistet. 209

> Nicht Daten sind zu schützen, sondern die Personen, deren Daten bearbeitet werden.

---

[397] Im Einzelnen wird der Datenschutz in den folgenden Erlassen geregelt:
- BG vom 19. Juni 1992 über den Datenschutz (DSG; SR 251.1);
- Verordnung vom 14. Juni 1993 über die Offenbarung des Berufsgeheimnisses im Bereich der medizinischen Forschung (VOBG; SR 235.154);
- Verordnung über Dienste der elektronischen Zertifizierung vom 12. April 2000 (Zertifizierungsdiensteverordnung, ZertDV; SR 784.103)
- Verordnung vom 31. Mai 2000 über das DNA-Profil-Informationssystem (EDNA-Verordnung; SR 361.1);
- Schweizerisches Strafgesetzbuch vom 21. Dezember 1937 (StGB; SR 311.0);
- Verordnung vom 13. Januar 1999 über die Meldung übertragbarer Krankheiten des Menschen (Melde-Verordnung; SR 818.141.1);
- BG vom 18. März 1994 über die Krankenversicherung (KVG; SR 832.10);
- BG vom 15. Dezember 2000 über Arzneimittel und Medizinprodukte (HMG; SR 812.21)
- Verordnung über klinische Versuche mit Heilmitteln vom 17. Oktober 2001 (VKlin; SR 812.214.2)
- BG vom 20. Dezember 1946 über die Alters- und Hinterlassenenversicherung (AHVG; SR 831.10);
- BG vom 19. Juni 1959 über die Invalidenversicherung (IVG; SR 831.20);
- BG vom 19. März 1965 über Ergänzungsleistungen zur Alters-, Hinterlassenen- und Invalidenversicherung (ELG; SR 831.30);
- BG vom 25. Juni 1982 über die berufliche Alters-, Hinterlassenen- und Invalidenvorsorge (BVG; SR 831.40);
- BG vom 20. März 1981 über die Unfallversicherung (UVG; SR 832.20);
- BG vom 19. Juni 1992 über die Militärversicherung (MVG; SR 833.1);
- BG vom 2. April 1908 über den Versicherungsvertrag (VVG; SR 221.229.1);
- Datenschutzgesetze und gesundheitsrelevante Erlasse der Kantone.

210 Das Datenschutzrecht bildet eine *Querschnittmaterie*, welche dem Persönlichkeitsschutz dient und alle privaten und staatlichen Handlungsbereiche berührt. In der neuen Bundesverfassung wird der Anspruch auf Schutz vor Missbrauch der persönlichen Daten ausdrücklich als *Grundrecht* aufgeführt (Art. 13 Abs. 2 BV, vgl. auch Art. 8 EMRK)[398]. Man spricht in diesem Zusammenhang auch von einem *informationellen Selbstbestimmungsrecht*. Mit der Datenschutzgesetzgebung sollen einerseits der öffentlich-rechtliche Grundrechtsschutz und andererseits der privatrechtliche Persönlichkeitsschutz verstärkt werden.

211 Im medizinischen Bereich sind die *ärztliche Schweigepflicht* und das *Auskunftsrecht* von zentraler Bedeutung. Die Schweigepflicht war schon im Eid des Hippokrates[399] enthalten und gehört wohl zu den ältesten datenschutzrechtlichen Bestimmungen:

> «Was immer ich sehe und höre, bei der Behandlung oder ausserhalb der Behandlung, im Leben der Menschen, so werde ich von dem, was niemals nach draussen ausgeplaudert werden soll, schweigen, indem ich alles Derartige als solches betrachte, das nicht ausgesprochen werden darf». [400]

§ 2 Bundesgesetz über den Datenschutz (DSG)

1. Anwendungsbereich

212 Das Datenschutzgesetz ist auf die *Bearbeitung von Personendaten durch private Personen (natürliche und juristische) und Bundesorgane* anwendbar (Art. 2 DSG).

> Als private Personen gelten frei praktizierende Ärzte, Psychologinnen und Privatkliniken sowie Privatversicherungen und Krankenkassen im Bereich der Zusatzversicherungen[401]; bei der Durchführung der sozia-

---

[398] Vor der Revision der BV wurde der Datenschutz (Erheben, Sammeln, Aufbewahren und Weitergeben von Daten) durch das ungeschriebene Grundrecht der persönlichen Freiheit geschützt.
[399] Griechischer Arzt der Antike (460–377 v. Chr.); Übersetzt durch Karl Deichgräber.
[400] Dieser promissorische Eid zeichnet sich durch seine zeitlos gültige Aussage aus. So galt der Eid des Hippokrates als ärztliche Ethik religionsübergreifend bei Juden, Christen, Mohammedanern und Atheisten, bei den Ärzten der Renaissance, des Barocks und der Aufklärung.
[401] EDSB, Leitfaden, I.2.

len Krankenversicherung treten die Krankenkassen dagegen als Bundesorgane auf (vgl. Art. 84 KVG)[402].

Als Bundesorgane gelten Behörden und Dienststellen des Bundes sowie (natürliche und juristische) Personen, soweit sie mit öffentlichen Aufgaben des Bundes betraut sind[403].

Als Bearbeiten (vgl. Art. 3 lit. e DSG) gilt jeder Umgang mit personenbezogenen Informationen, unabhängig von den eingesetzten Methoden und technischen Hilfsmitteln[404]. Darunter fallen das Beschaffen, Aufbewahren, Verwenden, Umarbeiten, Bekanntgeben[405], Archivieren[406] und Vernichten.

Das Datenschutzgesetz erfasst alle Angaben, die Aufschluss über eine bestimmte oder bestimmbare Person geben. Darunter fallen auch Gesundheitsdaten, d. h. alle Informationen, die direkt oder indirekt Rückschlüsse über den physischen oder psychischen Gesundheitszustand einer Person zulassen. Daten über die Gesundheit gelten als besonders schützenswert und bedürfen daher eines besonderen Schutzes[407] (vgl. Art. 3 lit. c DSG). 213

---

[402] Nicht unter den Geltungsbereich fallen die Angestellten kantonaler öffentlich-rechtlicher Spitäler. Diese unterliegen den jeweiligen kantonalen Datenschutzgesetzen, sofern solche existieren (vgl. Art. 37 DSG).

[403] Vgl. MAURER/VOGT, Kommentar, Art. 3 Bst. h DSG. Private werden nur so weit wie Bundesorgane behandelt, als sie Personendaten *für die Erfüllung* einer öffentlichen Aufgabe des Bundes bearbeiten. In allen anderen Bereichen unterstehen sie dem Privatrecht.

[404] Vgl. MAURER/VOGT, Kommentar, Art. 3 Bst. e DSG, RN 22 ff.

[405] Unter «Bekanntgeben» versteht man jede Art des Zugänglichmachens. Darunter fällt jede aktive Weitergabe sowie jedes passive Zugänglichmachen, die es einem Dritten ermöglichen, vom Inhalt personenbezogener Informationen Kenntnis zu nehmen (vgl. Art. 3 lit. f DSG).

[406] Die Archivierung unterscheidet sich von der Aufbewahrung oder Speicherung dadurch, dass die Daten aus dem eigentlichen Bearbeitungsprozess herausgenommen werden und nur noch Sicherungs- und Dokumentationszwecken dienen. Die örtliche Trennung relativiert sich natürlich mit den elektronisch gespeicherten Daten.

[407] De facto bestehen aber sehr grosse Unterschiede in Bezug auf die tatsächliche Schutzwürdigkeit. Ein Brillenrezept, das formal gesehen auch besonders schützenswerte Daten enthält, ist ganz offensichtlich nicht dasselbe wie ein positiver HIV-Befund.

Als Gesundheitsdaten gelten Angaben, die im weitesten Sinne einen medizinischen Befund darstellen, so etwa Symptombeschreibungen, Diagnosen, Aufzeichnungen über den Verlauf einer Behandlung, Laborresultate oder Röntgenbilder, aber auch Rechnungen für Medikamente[408].

2. Grundsätze

214   Bei der Bearbeitung von Gesundheitsdaten sind die folgenden allgemeinen Grundsätze des Datenschutzes zu beachten:

a)   Rechtmässige Beschaffung (Art. 4 Abs. 1 DSG)[409]

215   Die Rechtmässigkeit der Beschaffung personenbezogener Daten beurteilt sich anhand der Art der Datenbeschaffung sowie den dafür eingesetzten Mitteln, d. h., die Datenbeschaffung muss für die betroffene Person in transparenter Weise erfolgen und darf gegen keinen Rechtssatz[410] verstossen.

Die Angaben für die Krankengeschichte sind, wenn immer möglich, bei der betroffenen Person selbst zu erheben, wobei diese über die Art und Weise der beabsichtigten Datenbearbeitung aufzuklären ist.

216   Werden Daten bei Dritten (wie Ärzten, Spitälern, Amtsstellen und Versicherungen) eingeholt, ist es wesentlich, dass ein Rechtfertigungsgrund vorliegt, sei dies in Form einer Einwilligung der betroffenen Person[411], durch überwiegendes privates oder öffentliches Interesse oder

---

[408] Nicht als Gesundheitsdaten gelten Daten über den körperlichen Zustand wie beispielsweise die Haar- oder Augenfarbe oder die Körpergrösse.

[409] Dieser Grundsatz basiert auf Art. 5 Bst. a ER-Konv-108, welcher neben dem «Beschaffen» jedoch richtigerweise auch die «Bearbeitung» diesen Grundsätzen unterstellt.

[410] Als solche Rechtssätze kommen nebst Artikeln aus dem DSG beispielsweise auch Normen aus dem Strafgesetzbuch (Art. 179bis, 179ter, 179^{quater}), dem OR und dem UWG (Art. 8) in Frage.

[411] Bearbeitungen von Gesundheitsdaten durch Bundesorgane (auch Krankenkassen gem. Art. 84 KVG) müssen gemäss Art. 17 DSG ausdrücklich in einem formellen Gesetz vorgesehen sein. Eine Einwilligung durch die betroffene Person kann diese nur ausnahmsweise ersetzen.

durch Gesetz. In Notfällen ist auf den mutmasslichen Willen des Patienten abzustellen. Zudem sollen Daten nur gesammelt werden, soweit sie nötig sind, um eine sachgemässe Behandlung durchzuführen.

Obwohl nicht explizit im Gesetz geregelt, gilt dieser Grundsatz der Rechtmässigkeit für *jede Bearbeitung von Daten*[412].

b) Treu und Glauben (Art. 4 Abs. 2 DSG)[413]

> Daten dürfen nicht in einer *Art* erhoben oder bearbeitet werden, mit welcher die betroffene Person nicht rechnen musste und nicht einverstanden gewesen wäre.

Als Auffangnorm verlangt der Grundsatz von Treu und Glauben ein faires und rücksichtsvolles Verhalten im rechtlichen Verkehr und ein Mindestmass an Anständigkeit. Wider Treu und Glauben handelt, wer sich *heimlich* Daten beschafft (Art. 18 Abs. 2 DSG), *ohne* dabei aber gegen eine spezielle Rechtsnorm zu verstossen[414]. Die Datenbearbeitung muss für die betroffene Person *transparent* erfolgen d. h. erkennbar sein[415]. *Eine Verletzung liegt dabei etwa vor, wenn ein Arzt ohne Erkennbarkeit für den Patienten eine Befragung durchführt, die er weder für die Anamnese noch für die Diagnose oder die Behandlung benötigt, sondern zu irgendwelcher anderwertiger Bearbeitung. Auch wird dieses Prinzip verletzt, wenn Telefongespräche oder Verbindungsdaten ohne Wissen der betroffenen Personen aufgezeichnet werden*[416]. 217

Dieser Grundsatz gilt für jede Bearbeitung von Personendaten, unabhängig davon, ob es sich um Organe des Bundes oder Private handelt.

---

[412] Einen materiellen Unterschied zwischen Art. 4 Abs. 1 und Art. 4 Abs. 2 DSG zu machen, fällt deshalb schwer.
[413] Dieser Grundsatz ist auch ausdrücklich im Bundeszivilrecht (Art. 2 Abs. 1 ZGB) und in der BV statuiert.
[414] BBl 1988 II 449.
[415] MAURER/VOGT, Kommentar, Art. 4 DSG, RN 9.
[416] Im Sozialversicherungsbereich hat das Bundesgericht am 18. Dezember 1997 allerdings entschieden, dass eine vermutete Simulation eine Videoüberwachung rechtfertige. Hier gehen die finanziellen Interessen der Versicherungsgesellschaft und deren ehrliche Kunden dem Recht am eigenen Bild vor.

c)   Verhältnismässigkeit (Art. 4 Abs. 2 DSG)

> Nach dem Verhältnismässigkeitsgrundsatz dürfen nur diejenigen Daten bearbeitet werden, die für einen Zweck *objektiv tatsächlich benötigt* werden und zur Persönlichkeitsbeeinträchtigung in einem vernünftigen Verhältnis stehen[417].

218   *Eine obligatorische Krankenversicherung, die verpflichtet ist, alle Antragsteller – unabhängig des Gesundheitszustandes – aufzunehmen, darf nach dem Verhältnismässigkeitsprinzip somit keine Gesundheitsangaben verlangen*[418]. *Auch ist in jedem Einzelfall zu prüfen, welche Personendaten an die Versicherer gelangen dürfen. Es ist weder geeignet noch erforderlich, den Versicherungen vollständige Austrittsberichte zuzustellen.*

Zur Verhältnismässigkeit gehört auch, dass Patientendaten nur so lange gespeichert werden dürfen, wie dies für das Behandlungsverhältnis erforderlich ist.

Vor der ersten ärztlichen Konsultation sind von Erwachsenen neben Namen, Adresse und Krankenkasse keine weiteren Angaben zu erheben; Angaben wie genaue Geburtstage oder Berufe der Eltern oder Ehepartner sind, sofern überhaupt erforderlich, erst zu einem späteren Zeitpunkt zu erfassen.

d)   Zweckbindung (Art. 4 Abs. 3 DSG)

> Personendaten dürfen nur zu dem Zweck bearbeitet werden, der bei der Beschaffung angegeben wurde, aus den Umständen ersichtlich oder gesetzlich vorgesehen ist[419].

219   Der Verwendungszweck der Daten muss bereits bei der Datenbeschaffung feststehen und näher bestimmt sein[420] und dann auch beibehalten

---

[417] BBl 1988 II 450. Auch das deutsche Recht leitet aus dem Grundsatz der Verhältnismässigkeit das Gebot der grösstmöglichen Schonung des Betroffenen aufgrund der Interessenabwägung im Einzelfall ab (vgl. MALLMANN, § 29, N 102).

[418] Für die Aufnahme in die *Zusatzversicherung* können hingegen Gesundheitsfragen gestellt werden; jedoch auch hier nur die erforderlichen und geeigneten. Damit Missbräuche zwischen obligatorischen Versicherungen und Zusatzversicherungen verhindert werden können, hat die eidgenössische Datenschutzkommission zu Recht getrennte Antrags-Formulare verlangt.

[419] Dieser Grundsatz ist auf Private und Bundesorgane gleichermassen anwendbar.

[420] Der Zweck muss näher bestimmt sein, d. h., unbestimmte oder weit gefasste Zweckbestimmungen sind nicht zulässig, da die betroffene Person, um einen informed consent abgeben zu können, genau wissen muss, worin sie einwilligt.

werden. Werden die Daten auch für weitere Zwecke verwendet oder der Zweck der Bearbeitung nachträglich abgeändert, ist die Einwilligung der betroffenen Person nötig.

Die Zugriffsrechte auf automatisch gespeicherte Patientendaten in Arztpraxen, Labors oder Krankenhäusern müssen so differenziert vergeben werden, dass jeder nur auf diejenigen Daten zugreifen kann, die er zur Erledigung seiner konkreten Aufgaben benötigt. So dürfen auch nur diejenigen Informationen weitergegeben werden, die für die Weiterbearbeitung durch den Dritten notwendig sind und mit deren Weitergabe der Patient rechnen musste.

Die Möglichkeit des Missbrauchs der Daten zu anderen Zwecken ist bei den heute zur Verfügung stehenden modernen Informationssystemen stark gestiegen[421].

e)   Richtigkeit (Art. 5 DSG)

> Wer Personendaten bearbeitet, hat sich über deren Richtigkeit zu vergewissern. Personendaten sind dann richtig, wenn sie die Umstände und Tatsachen, bezogen auf die betroffene Person, sachgerecht wiedergeben. Die Richtigkeit kann sich dabei nur auf Tatsachen beziehen, die auch objektiv festgestellt werden können, denn subjektive Werturteile lassen sich nur schwerlich als richtig oder unrichtig einordnen.

Da eine Person durch unrichtige Daten in ihrer Persönlichkeit erheblich verletzt werden kann, steht dieser gemäss Art. 5 Abs. 2 DSG das Recht zu, unrichtige Daten, die über sie bearbeitet wurden, berichtigen zu lassen[422]. Die Berichtigung kann in einer *Veränderung* des Inhalts der Daten, einer *Löschung* oder einer *Hinzufügung* der Angaben bestehen. Laut Art. 15 DSG kann die Person auch verlangen, dass die Personendaten berichtigt oder vernichtet werden, ihre Bekanntgabe an Dritte gesperrt oder ein Vermerk angebracht wird. Ähnlich wie beim Auskunftsrecht dürfen bei der Berichtigung von unrichtigen Daten ebenfalls *keine Kostenbeiträge* erhoben werden.

Wie weit ein Datenbearbeiter bei seinen Abklärungen über die Richtigkeit der Daten gehen muss, ist im Einzelfall zu prüfen.

220

---

[421] BBl 1988 II 451.
[422] Hierbei spielen weder die Gründe, die zum Fehler geführt haben, noch die Auswirkungen, die der Fehler haben kann, eine Rolle. *Jede noch so nebensächliche Unrichtigkeit i. S. v. Art. 5 Abs. 1 DSG ist zu berichtigen.* Der Berichtigungsanspruch besteht *ausnahmslos* und *uneingeschränkt*.

Damit Daten möglichst richtig sind, müssen Datensammlungen nachgeführt werden. Diese Pflicht entfällt hingegen, wo die Sammlung Informationen i.S. einer Momentaufnahme enthält. *Aus dem Prinzip der Richtigkeit geht weiter hervor, dass der Arzt die Krankengeschichte nicht manipulieren oder absichtlich oder fahrlässig unrichtige Daten festhalten darf.* Der Grundsatz der rechtzeitigen, wahrheitsgetreuen und vollständig erstellten Krankengeschichte ergibt sich bereits aus der auftragsrechtlichen Pflicht zur Rechenschaftsablegung in Art. 400 OR. Gestützt auf diese Regelung und aufgrund der Bestimmungen zum Schutze der Persönlichkeit in Art. 28 ff. ZGB kann der Patient auch verlangen, dass der beanstandete Bericht mit sämtlichen vorhandenen Kopien an ihn herausgegeben und bereits an Dritte ausgehändigte Berichte vom Arzt bei diesen zurückverlangt werden.

f) *Datensicherheit*[423] *(Art. 7 DSG)*

221   Ohne die Datensicherheit ist ein wirksamer Datenschutz gar nicht möglich.

Im Gegensatz zum Datenschutz, welcher dem Schutz der Persönlichkeit dient, gilt die Datensicherheit dem Schutz der Information.

[423] Um den Versicherten Vertrauen in die Datensicherheit der Krankenversicherungen zu schenken, hat das Schweizerische Konkordat der Krankenversicherer (KSK) die Idee eines *Datenschutz-Zertifikats* aufgegriffen und im Sinne einer Realisierbarkeitsstudie ein Grobkonzept erarbeiten lassen. Bei der Zertifizierung, die durch eine neutrale, krankenversicherungsexterne Stelle durchgeführt werden muss, wird ein System durch einen akkreditierten Zertifizierer «abgenommen». Vor Ort wird dabei durch Auditoren des Zertifizierers (wünschenswert wären Vertreter von Patienten und Versicherten) überprüft, ob einerseits das System die Forderungen der Norm erfüllt und andererseits in der Organisation auch danach gearbeitet wird. Das Ergebnis der Prüfung wird veröffentlicht. Die Zertifizierung sollte regelmässig überprüft werden. Der eidgenössische Datenschutzbeauftragte begrüsst den Zertifikats-Entwurf des KSK, da die Krankenkassen dadurch ihre Gesetzesverpflichtungen erfüllen können.
Durch Zertifikate kann *Vertrauen* bei den Benutzern oder Kunden geschaffen werden, da gewisse Anforderungen für den Erwerb eines Zertifikats erfüllt sein müssen, die regelmässig überprüft werden.
Als Datenschutzgütesiegel sind im Internet *Privacy-Siegel* verbreitet, von denen das TRUSTe-Siegel bis heute am weitesten verbreitet ist. In der Schweiz ist seit kurzem ein eCommerce-Gütesiegel für Web-Sites von JurisNet auf dem Markt. Diese Internet-Zertifikate sind für die Internet-Benutzer durchaus zweckmässig, sie lassen sich jedoch nicht mit einem Datenschutz-Zertifikat vergleichen, das die Geschäftstätigkeit eines ganzen Unternehmens zum Gegenstand hat.

Die Daten sind in der heutigen Zeit der vermehrten elektronischen Datenverarbeitung grundsätzlich sieben Grundbedrohungen ausgesetzt: 222

- **Vertraulichkeit**

Sicherstellung, dass Informationen nicht durch *unautorisierte Personen*, *Instanzen* oder *Prozesse* eingesehen werden können. Deshalb muss klar festgehalten werden, wer worauf Zugriffsmöglichkeiten haben soll.

- **Integrität**

Sicherstellung, dass Daten nicht in einer *unautorisierten Art und Weise* verändert oder zerstört werden.

- **Verfügbarkeit**

Sicherstellung, dass die gewünschte Information in der gewünschten *Form* zum gewünschten *Zeitpunkt* am gewünschten *Ort* zur Verfügung steht.

- **Verbindlichkeit**

Sicherstellung, dass die Aktionen einer Instanz (Benutzer, Prozess, System, Information) ausschliesslich dieser Instanz zugeordnet werden können und dass die Kommunikationsbeziehung beziehungsweise der Informationsaustausch nicht geleugnet werden können.

- **Authenzität**

Sicherstellung, dass die behauptete Identität mit der tatsächlichen übereinstimmt[424]. Die Authenzität ist die Voraussetzung für die Verbindlichkeit.

- **Revisionsfähigkeit**

Dokumentieren, wer welche Daten im System eingegeben, mutiert oder gelöscht hat.

Beim Zusammenschluss der Universitätsspitäler der Schweiz zur Definierung eines elektronischen Patientendossiers orientieren sich diese in Bezug auf die Qualitätssicherung am Modell des EFQM (European Foundation for Quality Management), welches erlaubt, basierend auf Assessments, komplexe Prozesse im Sinne des Total Quality Managements überprüfen zu können.
Ein Datenschutzzertifikat vermag jedoch die staatlichen Kontrollen nicht zu ersetzen, sondern ergänzt diese.

[424] Das Gegenteil ist der Fall bei einem Hacker, der eine fremde Identität vortäuscht.

- **Transparenz**

  Vollständige Dokumentation der Verarbeitungsverfahren, damit diese innert nützlicher Frist und ohne unverhältnismässigen Abklärungsaufwand nachvollzogen werden können.

223 Diesen Datensicherheitsgefahren kann mit verschiedenen Massnahmen entgegengetreten werden. In Art. 9 Abs. 1 Bst. a–h VDSG sind die acht Kontrollziele[425], die unter der Beachtung des Verhältnismässigkeitsgrundsatzes umzusetzen sind, aufgelistet. Neben diesen *organisatorischen* und *technischen* gibt es auch noch *personelle* Massnahmen, die diesen Gefahren vorbeugen können.

- **Organisatorische Massnahmen (Art. 9 Abs. 1 VDSG)**

  Sowohl durch die optimale Unterstützung der Unternehmensprozesse (*Logische Netztopologie*) als auch durch eine aufgabenspezifische Vergabe von Rechten (*Situative Rechtevergabe*) wird die Sicherheit vor Manipulationen von Daten erheblich gesteigert. Auch die *Anonymisierung* der Datensätze, womit eine Identifikation der betroffenen Person verunmöglicht wird, und die *Festlegung von Zuständigkeiten* und der damit verbundenen Verantwortlichkeiten sind zentrale Bestandteile der organisatorischen Massnahmen.

- **Technische Massnahmen (Art. 9 Abs. 1 VDSG)**

  Aus technischer Sicht gibt es vier grundlegende Punkte, die zur Sicherung bei der Verwendung von Internetdiensten zu beachten sind:

  – *Kryptographische Methoden*
  Die *Verschlüsselung* (Chiffrierung) dient dabei der vertraulichen Übermittlung von Nachrichten über vertrauensunwürdige Wege, d. h., Daten können von unbefugten Dritten nicht gelesen werden. Daneben dient die *Signatur* [426] dem Nachweis der Authenzität[427] des Absenders und der Integrität[428] des Textes.

---

[425] Die acht Kontrollziele: Zugangskontrolle, Personendatenträgerkontrolle, Transportkontrolle, Bekanntgabekontrolle, Speicherkontrolle, Benutzerkontrolle, Zugriffskontrolle und Eingabekontrolle. Für genauere Erläuterungen vgl. Art. 9 Abs. 1 VDSG. Inhaltlich überschneiden sich diese teils, weshalb sie nicht als eine Art Checkliste verstanden werden dürfen, sondern vom Datenbearbeiter sinnvoll in sein Sicherheitskonzept eingearbeitet werden sollen.

[426] Zur digitalen Signatur vgl. ROSENTHAL, Internet.

[427] Übereinstimmung der behaupteten Identität mit der tatsächlichen.

[428] Nachweis, dass eine Nachricht nach der Unterschrift nicht mehr verändert wurde.

§ 2 Bundesgesetz über den Datenschutz (DSG)

- *Firewalls*[429]
  Das aus Hard- und Software-Komponenten bestehende Firewall-System wird zwischen die zu verbindenden Teilnetze gesetzt, wonach jede Verbindung über die Filter- und Kontrollmechanismen der Firewalls läuft. Damit kann das interne Netzwerk vom Internet abgeschirmt und somit gegen unbefugte Personen geschützt werden.

- *Redundante Einrichtungen*
  Sind Teile eines Systems mehrfach vorhanden, sodass beim Ausfall einer Komponente die Funktion von einer anderen Komponente übernommen werden kann, spricht man von redundanten Systemen. Diese dienen der Sicherstellung der Verfügbarkeit von Informationen.

- *Auditwerkzeuge*
  Darunter fallen insbesondere Virenschutzprogramme, aber auch Angriffssimulatoren und Protokollauswertungssysteme, welche alle nachträglich und periodisch die Systemsicherheit überwachen und den Systemzustand überprüfen können.

- **Personelle Massnahmen**

  Dazu gehören *Schulungen*, die den verantwortlichen Mitarbeitern genügend Wissen vermitteln, damit diese überhaupt in der Lage sind, die Sicherheitsaspekte zu erfüllen. Zudem ist die Schaffung eines *Sicherheitsbewusstseins* bei den Mitarbeitern eine wesentliche Voraussetzung, um gegen den Schwachpunkt des vertraulichen Umgangs mit Informationen und Passwörtern anzukämpfen. *Handlungsanleitungen* dienen der Schaffung des Sicherheitsbewusstseins und sind als Nachschlagewerke brauchbar.

3. Auskunftsrecht (DSG 8)

Jede Person kann vom Inhaber einer Datensammlung Auskunft darüber verlangen, ob Daten über sie bearbeitet werden (Art. 8 DSG)[430]. Dieses Auskunftsrecht bildet die Voraussetzung für allfällige weitere Rechtsbehelfe zur Durchsetzung der übrigen Datenschutzrechte.

224

---

[429] Es gibt zwei grundlegende Firewall-Typen, die auch kombiniert eingesetzt werden können: den Paketfilter und das Application Gateway. Die Unterscheidung findet nach Filterungsebenen statt. Der Paketfilter arbeitet auf der TCP/IP-Ebene, während das Application Gateway auf der Anwendungsebene arbeitet. Eher neu, aber bereits weit verbreitet, sind Personal Firewalls, die einzelne Rechner vor Angriffen schützen.

[430] Dasselbe Recht ergibt sich bereits aus der auftragsrechtlichen Pflicht des Arztes zur Rechenschaftsablegung (Art. 400 OR).

Aus dem Recht der *informationellen Selbstbestimmung* fliesst der Anspruch, die Bürger müssten wissen, wer was, wann und bei welcher Gelegenheit über sie weiss.

Das Auskunftsrecht kann grundsätzlich nur *von der betroffenen Person selbst*[431] ausgeübt werden, und niemand kann im Voraus darauf verzichten (*relativ höchstpersönliches Recht*)[432]. Sofern ein Patient aus physischen oder psychischen Gründen jedoch nicht mehr in der Lage ist, sein Auskunftsrecht wahrzunehmen, kann sein gesetzlicher Vertreter (beispielsweise Angehörige oder der Vormund) zur Wahrnehmung der objektiven Interessen an seine Stelle treten.

Adressaten des Auskunftsrechts sind alle Inhaber einer Datensammlung (vgl. Art. 3 Bst. i DSG)[433].

a) Form der Auskunft

225   Die Modalitäten sind in Art. 1 VDSG geregelt. Die Auskunft muss in der Regel in *schriftlicher Form* beantragt werden und muss sich auf Angaben zur *eigenen* Person beschränken. Der Antragsteller muss sich über seine *Identität ausweisen*[434].

Ein Gesuch um Einsichtnahme in die Krankengeschichte muss (entgegen der Meinung mancher Ärzte) nicht begründet[435] werden.

---

[431]   Auch juristische Personen verfügen über das Recht auf Auskunft (Art. 3 Bst. b DSG i. V. m. Art. 8 Abs. 1 DSG). Die Geltendmachung des Anspruchs steht den nach den ordentlichen Regeln des Zivilrechts legitimierten Organen zu.

[432]   Eine urteilsfähige unmündige oder entmündigte Person kann deshalb das Auskunftsrecht selber, ohne Zustimmung des gesetzlichen Vertreters, ausüben (Art. 19 Abs. 2 ZGB).

[433]   Wird eine Datensammlung von mehreren Inhabern gemeinsam geführt, kann das Auskunftsrecht bei jedem Inhaber geltend gemacht werden. Outsourcing (wobei die Datenverarbeitung an eine externe Stelle ausgelagert wird) vermag den Auskunftsanspruch nicht zu schmälern, da der Inhaber der Datensammlung auskunftspflichtig bleibt (Art. 8 Abs. 4 Satz 1 DSG). Der beauftragte Datenverarbeiter wird aber auskunftspflichtig, wenn er entweder den Inhaber der Datensammlung nicht bekannt gibt oder dieser keinen Wohnsitz in der Schweiz hat.

[434]   Dem Privatarzt gegenüber sind weder der schriftliche Antrag noch der Ausweis der Identität notwendige Voraussetzungen für die Auskunftserteilung. Die Anforderungen an die Identitätsprüfung sind *relativ*. Sie richten sich nach der Schutzwürdigkeit der Daten und der Fallkonstellation im Einzelfall.

[435]   Kommentar zum DSG, Art. 8, RN 15. Im Gegensatz dazu muss der Betroffene beim *verfassungsmässigen* Einsichtsrecht *ausserhalb* eines Verfahrens ein schutzwürdiges Interesse glaubhaft machen (vgl. BGE 113 Ia 1 E. 4a sowie BGE 125 II 473). Das verfassungsmässige Recht beschränkt sich jedoch nicht wie der datenschutzrechtliche Anspruch kategorisch auf eigene Personendaten, sondern kann sich unter bestimmten Voraussetzungen auch auf *Drittdaten* beziehen.

Die Auskunft ist in der Regel *schriftlich*, in Form eines Ausdruckes oder einer Fotokopie zu erteilen (Art. 8 Abs. 5 DSG und Art. 1 VDSG)[436]. Gemäss § 13 Abs. 1 Satz 2 und § 14 Abs. 4 PRV[437] kann der Patient vom einsichtsfähigen Dokument eine Kopie verlangen, die Krankengeschichte bleibt aber im Eigentum des Krankenhauses. Somit bezieht sich die Herausgabepflicht nicht auf die Originaldokumente.

Die Sondervorschrift in Art. 8 Abs. 3 DSG sieht vor, dass Daten durch einen Arzt mitgeteilt werden können, wenn dadurch der Gesuchsteller vor Schaden, der ihm durch eine unmittelbare und unvorbereitete Einsicht in die medizinischen Daten entstehen könnte, bewahrt werden kann[438].

Die Kopien sind in der Regel *kostenlos* abzugeben[439].

Die Auskunftserteilung muss zudem innert *30 Tagen* seit Eingang des Auskunftsbegehrens erfolgen[440].

---

[436] Der Bundesrat kann *Ausnahmen* von dieser Regel vorsehen (Art. 8 Abs. 5 DSG), was er in Art. 1 Abs. 3 VDSG auch getan hat. Danach bestehen zwei Ausnahmen, die beide das *Einverständnis* des Betroffenen voraussetzen: (1) Einsichtnahme der Daten an Ort und Stelle; (2) Mündliche Erteilung. Vgl. dazu auch Die Praxis, 3/2000, S. 248 ff. wonach sich das umfassende Auskunftsrecht auch auf das Verhältnis mit der Krankenkasse bezieht.

[437] Im gleichen Sinne § 27 Abs. 3 PatD/AG und § 16 SpV/BS. Dagegen hat der Patient gem. Art. 22 GesG/VD das Recht, sich Röntgenbilder und andere Dokumente, die einer späteren Behandlung dienen können, aushändigen zu lassen. Auch aus PatD/BE Art. 11 Abs. 3 ergibt sich indirekt aus dem Umstand, dass Kopien gebührenpflichtig sind, dass nur ein Anspruch auf Herausgabe der Kopie besteht und nicht auf das Original.

[438] Diese paternalistische Regelung soll restriktiv ausgelegt werden und sich nur auf Fälle beschränken, bei denen die Möglichkeit einer Schädigung nahe liegt, da das Selbstbestimmungsrecht des Patienten dadurch verletzt wird (Interessenabwägung). Weigert sich der Gesuchsteller, einen Arzt zu bezeichnen, ist dies aufgrund des Prinzips der Eigenverantwortung grundsätzlich zu respektieren. Könnte die unmittelbare Einsicht im besonderen Fall aber mit hoher Wahrscheinlichkeit eine gravierende Gesundheitsschädigung zeitigen, so hat der Inhaber der Datensammlung anstelle des Gesuchstellers einen Arzt zu bestimmen, der die Auskunft erteilt.

[439] Ausnahmsweise kann eine Beteiligung an den Kosten dann verlangt werden, wenn der antragstellenden Person in den zwölf vorangegangenen Monaten die gewünschte Auskunft bereits gegeben wurde und kein schutzwürdiges Interesse an einer neuen Auskunftserteilung nachgewiesen werden kann oder wenn die Auskunftserteilung mit einem besonders grossen Arbeitsaufwand verbunden ist. Der zu erhebende Maximalbetrag beträgt CHF 300.– und kann nur verlangt werden, wenn der Gesuchsteller vor der Auskunftserteilung darüber in Kenntnis gesetzt wurde (Art. 2 VDSG).

[440] Diese Frist ist für das Arzt-Patienten-Verhältnis unangemessen, da meist sofortige Auskunft notwendig ist. Aus diesem Grunde beruft sich der Patient besser auf die auftragsrechtliche Rechenschaftspflicht gem. Art. 400 ff. OR, aufgrund welcher er die sofortige Auskunftserteilung verlangen kann. Eine Zustellung von Kopien aus der Krankengeschichte ist dabei im Normalfall innert Tagen möglich und zumutbar.

b)   Umfang der Auskunft

226   Das DSG geht von einem umfassenden und sehr weit gehenden Auskunftsrecht aus. Der Inhaber der Datensammlung muss der auskunftverlangenden Person grundsätzlich *sämtliche* über sie in ihrer Datensammlung vorhandenen Daten mitteilen[441]. Es gibt keine geheimen Angaben, Urkunden und Notizen, in welche der Patient keine Einsicht haben darf[442].

Was aufbewahrt wird, wird auch mitgeteilt.

Es gibt keine Geheimhaltungspflicht dem Patienten gegenüber. Das Arztgeheimnis schützt nicht die Ärzte vor dem Patienten, sondern den Patienten gegenüber dem Arzt[443].

Daneben sind der Zweck und die Rechtsgrundlage der Bearbeitung sowie die an der Datensammlung Beteiligten und die allfälligen Datenempfänger mitzuteilen.

Im ganzen Sozialversicherungsbereich[444] wurde lange zwischen internen und externen Akten unterschieden, wobei der Versicherte in interne Akten, welche nur der internen Meinungsbildung dienen, keinen Einblick erhielt. Nur externe Akten sollten Beweischarakter haben; daher waren nur diese mitzuteilen. Das Bundesgericht hat nun in einem Grundsatzurteil entschieden, dass diese generelle Unterscheidung mit dem Datenschutz nicht vereinbar ist[445]. Nur mit dem vollen Einsichtsrecht kann der Betroffene seine übrigen Datenschutzrechte wahrnehmen[446]. Eine gewisse Beschränkung ist gerechtfertigt, wenn durch die Offenlegung von Akten die interne Meinungsbildung gestört werden könnte. Jedoch ist auch diese Beschränkung auf das zeitlich und sachlich Notwendige zu begrenzen[447].

---

[441] Dazu gehört die ganze Krankengeschichte, objektivierbare Untersuchungsergebnisse, Labor- und Röntgenbefunde, erhärtete Diagnosen, Bild- und Tonaufzeichnungen über durchgeführte medizinische Massnahmen, Gutachten, Berichte und Zeugnisse.
[442] Die Unterscheidung zwischen subjektiven und objektiven Bestandteilen der Krankengeschichte wurde mit der Einführung des DSG aufgehoben.
[443] Vgl. RAMER, Datenschutz.
[444] Auch die Krankenkasse fällt bei der Bearbeitung von Personendaten unter das DSG (vgl. Art. 84 KVG).
[445] Vgl. BGE 125 II 473.
[446] Vgl. EDSB, 1999/2000, 7.5.; GUNTERN, Überlegungen, 7.2.
[447] Zeitlich darf die Auskunft nur für das erstinstanzliche Verfahren beschränkt werden. Sachlich nur so lange, als die verwaltungsinterne Meinungsbildung dies erfordert.

Einschränkung des Auskunftsrechts

Das Auskunftsrecht darf nicht schrankenlos sein, da diesem 227
auch private oder öffentliche Geheimhaltungsinteressen entgegenstehen können[448]. In den Art. 9 f. DSG sind diese Ausnahmen vom Auskunftsrecht abschliessend geregelt[449]. Demnach kann die Auskunft gem. Art. 9 Abs. 1 DSG *verweigert, eingeschränkt* oder *aufgeschoben* werden[450], sofern dies ein formelles Gesetz vorsieht (Abs. 1 lit. a), es wegen überwiegender Interessen eines Dritten erforderlich ist (Abs. 1 lit. b) oder bei Privaten als Inhaber einer Datenbank, wenn eigene überwiegende Interessen es erfordern und sie die Personendaten nicht an einen Dritten bekanntgeben (Abs. 3).

Diese Bestimmungen von Art. 9 DSG sollen «restriktiv ausgelegt und die Auskunft nur so weit beschränkt werden, als dies wirklich unerlässlich ist»[451]. Damit dies auch einigermassen gut überprüfbar ist, muss der Inhaber der Datensammlung angeben, *aus welchem Grund* er die Auskunft verweigert, einschränkt oder aufschiebt. Mit der restriktiven Auslegung der Ausnahmen soll auch unterbunden werden, dass «offizielle» und «inoffizielle» Datenbanken angelegt werden, wobei Informationen, die man dem Betroffenen vorenthalten möchte, in separaten «inoffiziellen» Dossiers geführt werden[452].

Beim überwiegenden Geheimhaltungsinteresse geht es in erster Linie um den Schutz des Informanten oder von Dritten, auf welche die eigenen Personendaten Bezug nehmen[453]. *Überwiegende Interessen Dritter* zur Verweigerung des Auskunftsrechts können in der Regel nicht vom Arzt geltend gemacht werden[454]. Meist handelt es sich um Fälle im Bereiche

---

[448] Stehen der Auskunft überwiegende private oder öffentliche Interessen gegenüber, so kann die speichernde Stelle die Auskunft nicht nur einschränken, sondern *muss* dies vielmehr tun.

[449] Diese abschliessende Normierung der Ausnahmen stimmt nicht unbedingt mit den Einschränkungen des Akteneinsichtsrechts überein, wonach z. B. aus Gründen der Funktionsfähigkeit der Verwaltung die Einsicht beschränkt werden kann. Gestützt auf das DSG besteht bei Akten mit persönlichen Daten unter Umständen ein weitergehender Anspruch auf Einsicht, vgl. dazu BGE 125 II 473.

[450] Die in concreto anzuwendende Art ergibt sich aus dem Ergebnis der Abwägung zwischen Auskunfts- und involvierten Geheimhaltungsinteressen.

[451] BBl 1988 II, S. 455. Vgl. MAURER/VOGT, Kommentar, Art. 9, RN 2, wonach diese Einschränkungen nur dort und nur insoweit greifen, «als in concreto das Geheimhaltungsinteresse dasjenige an der Auskunft tatsächlich überwiegt».

[452] Vgl. MAURER/VOGT, Kommentar, Art. 8, RN 34.

[453] Vgl. MAURER/VOGT, Kommentar, Art. 9, RN 13–16.

[454] Das überwiegende Interesse eines Arztes war ausnahmsweise gegeben bei der Weigerung der Herausgabe der kurzen Krankengeschichte an den Patienten, da es dem Arzt peinlich gewesen wäre, wenn der Patient seine Schreibfehler in der Fremdsprache gese-

der *Psychiatrie.* Familienangehörige oder Drittpersonen, die Angaben über einen Patienten gemacht haben, können schwerwiegende Geheimhaltungsinteressen haben, die gegen das Auskunftsrecht und insbesondere das Recht des Patienten auf Berichtigung unrichtiger Daten abgewogen werden müssen. Ein überwiegendes Interesse des Dritten darf nur angenommen werden, wenn ernstliche Gefahr durch den Patienten für den Informanten besteht. Die blosse Gefahr von Unannehmlichkeiten reicht zur Geheimhaltung des Informanten oder dessen Angaben nicht aus.

Von der Auskunft ausgenommen sind *Notizen des Arztes,* soweit diese ausschliesslich zum persönlichen Gebrauch bestimmt sind (Art. 2 Abs. 2 lit. a DSG)[455]. Diese Ausnahmen müssen sehr restriktiv ausgelegt werden und dürfen nur für Notizen gelten, die nicht auch von anderen (Berechtigten) eingesehen werden können. Streitfälle entscheidet die Gesundheitsdirektion[456].

Als persönliche Notizen des Arztes gelten reine Gedächtnisstützen, die ihm bei einem telefonischen Kontakt helfen, sich unverzüglich an die betroffene Person zu erinnern, oder die Supervisions-Unterlagen eines Assistenzarztes in der Psychotherapie, die einzig und allein dazu dienen, sein Verhalten gegenüber dem Patienten zu analysieren[457].

Therapeutisches Privileg

228   Bei dieser Ausnahmebestimmung geht es darum, inwieweit der Arzt dem Patienten die Mitteilung der Ergebnisse der Untersuchung oder der Folgen des Eingriffs bzw. seines Unterbleibens *zumuten* kann. Dabei

---

hen hätte. Der Arzt fürchtete sich vor einer Schädigung seines Rufes durch die Bekanntmachung der Rechtschreibefehler im Bekanntenkreis. In diesem Fall wurde die Krankengeschichte von der Sekretärin fehlerfrei, aber mit gleichem Inhalt getippt und an den Patienten ausgehändigt. (Vgl. EDSB, Leitfaden, II. 3. b).

[455] BBl 1988 II, S. 441. Vgl. dazu auch § 14 Abs. 2 und § 27 Abs. 1 Satz 2 PatD/AG, Art. 6 Abs. 4 GesG/TI sowie § 17 Abs. 2 SpV/BS, welche die persönlichen Aufzeichnungen des Arztes und des Pflegepersonals ausdrücklich vom Einsichtsrecht des Patienten ausschliessen. Auch aus Art. 11 PatD/BE ergibt sich, dass das Einsichtsrecht beschränkt werden kann, wenn es sich um Aufzeichnungen zum ausschliesslich persönlichen Gebrauch des Arztes handelt oder wenn besonders schützenswerte Interessen Dritter dies erfordern.

[456] Bei einem nichtstaatlichen Spital ist dagegen vorerst die Direktion und dann der Zivilrichter anzurufen.

[457] Vgl. EDSB, Leitfaden, II. 3. b).

handelt es sich um eine Ausnahmebestimmung, die an sich dem Selbstbestimmungsrecht des Patienten widerspricht. Aus diesem Grunde ist diese paternalistische Bestimmung nur sehr restriktiv anzuwenden[458].

Dabei gibt es zwei grundsätzliche Gefahren: Zum einen die Problematik, dass die Belastbarkeit des Patienten als Vorwand gebraucht wird, um die Aufklärungspflicht auszuhöhlen, zum anderen die Gefahr, dass der vom Arzt zu Recht nicht aufgeklärte Patient in späteren Rechtsstreitigkeiten behauptet, ihm hätte eine umfassende Aufklärung durchaus zugemutet werden können[459].

Das BGer hat dazu festgehalten, die Aufklärung des Patienten dürfe «keinen für seine Gesundheit schädlichen Angstzustand hervorrufen»[460]. Ziel der Aufklärung ist die Ermöglichung der Selbstbestimmung des Patienten. Wäre die Aufklärung aber in dem Sinne kontraproduktiv, dass die Entscheidungsfähigkeit des Patienten beeinträchtigt oder gar ausgeschlossen würde, darf der Arzt seiner Aufklärungspflicht nicht nachkommen. Massgebend für diese Entscheidung ist die konkrete Situation, die vom jeweiligen behandelnden Arzt entschieden wird[461].

Bei der Behandlung *psychisch Kranker* spielt das therapeutische Privileg eine wichtige Rolle. Potentiell schädigende Auskünfte werden im Interesse der Gesundheit des Patienten viel eher vom Einsichts- und Auskunftsrecht ausgenommen. Da bei der Behandlung psychisch Kranker vieles auf Gesprächen basiert, wovon nur die wichtigsten Teile notiert werden müssen, beschränkt sich das Einsichtsrecht auch nur auf diese Notizen.

Letzten Endes handelt es sich um einen Kompromiss, der dahingehend formuliert werden kann, dass der Arzt dem Patienten *so viel Aufklärung gibt, wie er verantworten zu können glaubt*. Sorgfältig ist zwischen Gesundheit und Selbstbestimmungsrecht abzuwägen. Bei einem Streitfall ist

---

[458] Ein Teil der juristischen Literatur ist der Auffassung, dass es ein derartiges therapeutisches Privileg nicht geben dürfe; das Selbstbestimmungsrecht des Patienten habe absoluten Vorrang. So insb. GIESEN, S. 133 ff. und 163 ff. Ein anderer Teil glaubt, eine generelle Ablehnung des therapeutischen Privilegs sei nicht gerechtfertigt; vgl. EISNER, S. 183 ff.; HONSELL, ZSR, I 148.

[459] Dazu illustrativ BGE 105 II 285 ff. = Pra. 1980, S. 362 ff. Das BGer verneinte in diesem Fall eine Pflicht zu weitergehender Aufklärung.

[460] Vgl. BGE 117 Ib 203, unter Bezugnahme auf BGE 113 Ib 426 E. 6 und 108 II 61 E. 2.

[461] BGE 105 II 284, 287 = Praxis 69 (1980) Nr. 135 E. 6c, S. 365 f. Die Prognose einer schwerwiegenden oder gar zum Tod führenden Entwicklung darf dem Patienten verschwiegen werden, muss aber in der Regel den Angehörigen bekanntgegeben werden. Dieser Entscheid wurde von vielen Seiten kritisiert, insbesondere von Prof. G. ARZT (ARZT, S. 72 A. 67), welcher festhält, der Arzt würde dadurch «bedenklich weit von der Aufklärung dispensiert». Vgl. auch CONTI, S. 623 f.

dann nicht die Frage zu entscheiden, ob zu viel oder zu wenig aufgeklärt wurde, sondern ob der Arzt die *Entscheidung mit der gebotenen Sorgfalt getroffen hat*[462]. In den Fällen, wo eine Aufklärung dem Patienten nicht zugemutet werden kann, andererseits aber auf eine Entscheidungshilfe nicht verzichtet werden will, bietet sich die *Information der Angehörigen* an.[463]

4. Bekanntgabe von Gesundheitsdaten an Dritte

229 Die Bekanntgabe von Gesundheitsdaten an Dritte ohne Rechtfertigungsgrund stellt grundsätzlich eine *Persönlichkeitsverletzung* dar (Art. 12 Abs. 2 lit. c in Verbindung mit Art. 3 lit. c Ziff. 2 DSG), da Träger des Einsichts- und Auskunftsrechts grundsätzlich nur der Patient selber ist[464]. Gemäss Art. 12 Abs. 3 DSG gilt dies nicht bei allgemein zugänglich gemachten und nicht mit einem ausdrücklichen Bearbeitungsverbot versehenen Daten.

230 *Rechtfertigungsgründe* für eine solche Datenbearbeitung können sich aus der *Einwilligung* des Berechtigten oder aufgrund *von überwiegenden privaten oder öffentlichen Interessen* ergeben (Art. 13 DSG). Die Einwilligung hat freiwillig und ohne Druck zu erfolgen und der Patient muss sich über das Ausmass der ganzen Datenbearbeitung, den Zweck und die Empfänger der Daten im Klaren sein. Daher sind pauschale Einwilligungserklärungen nichtig. Öffentliche Interessen, welche eine Bekanntgabe der Daten rechtfertigen, sind in der Regel in einem Gesetz normiert. Aus verfassungsrechtlicher Sicht ist eine *formelle gesetzliche Grundlage*[465] zu fordern, so wie es Art. 17 Abs. 2 DSG für Bundesorgane ausdrücklich vorsieht[466]. Soweit es die Zeitverhältnisse erlauben, hat der

---

[462] Vgl. WIEGAND, Handbuch, 3. Kapitel, II. 3. c).
[463] Dieser Weg wurde durch das BGer ausdrücklich gebilligt (vgl. BGE 105 II 285 = Pra. 1980, S. 362 ff.: «Un prognostic grave ou fatal ... peut être caché au patient, mais doit en principe être révélé à ses proches.»).
[464] Auch Angehörige und Ehegatten fallen grundsätzlich unter diesen Ausschluss, nicht aber, wenn der Patient nicht mehr verfügungsfähig ist. In diesem Fall genügt die mutmassliche Einwilligung.
[465] Nicht dazu zählen *einfache Bundesbeschlüsse* (d. h. Bundesbeschlüsse ohne Referendumsvorbehalt), wohl aber für die Schweiz verbindliche Beschlüsse internationaler Organisationen und von der Bundesversammlung genehmigte *völkerrechtliche Verträge*. Das Parlament hat die Übergangsfrist mit Beschluss vom 26. Juni 1998 bis zum 31. Dezember 2000 verlängert. Seit Ablauf dieser Übergangsfrist ist die Bearbeitung dieser Datensammlungen ohne die geforderte formellgesetzliche Grundlage nicht mehr zulässig.
[466] Vgl. auch Art. 6 des Bernischen Datenschutzgesetzes vom 19. Februar 1986.

Arzt die zuständige Behörde um Entbindung vom Arztgeheimnis zu ersuchen und dort die überwiegenden Interessen geltend zu machen, bevor er selbständig eine Interessenabwägung vornimmt. In Notfällen, in denen der Patient nicht mehr verfügungsfähig ist, genügt die *mutmassliche Einwilligung* des Patienten[467]. Mittels Interessenabwägung wird bei Interessenkonflikten im Zusammenhang mit urteilsunfähigen Personen ermittelt, ob die Interessen des Dritten oder die des Patienten überwiegen.

Auch die *Weitergabe* von Gesundheitsdaten *an Ärzte* oder andere Medizinalpersonen (Physiotherapeuten, Hebammen, Apotheker etc.) bedarf der Einwilligung des Patienten. Nur bei der *unmittelbaren Zusammenarbeit* zwischen verschiedenen Medizinalpersonen darf von einer stillschweigenden Einwilligung ausgegangen werden. Dabei muss der Patient aber von der Zusammenarbeit wissen und es dürfen nur diejenigen Informationen ausgetauscht werden, die wirklich notwendig sind. Wechselt der Patient von sich aus den Arzt, dürfen ohne Einwilligung des Patienten keine Daten ausgetauscht werden.

Sonderfälle 231

– Will der Arzt den Patienten *betreiben* oder das *Inkasso* durch eine von ihm beauftragte Firma durchführen lassen, muss er den Patienten eine Einwilligung zur Datenbekanntgabe unterzeichnen lassen. Meist wird dies im Fall der Betreibung unrealistisch sein, womit dem Arzt nur die Möglichkeit bleibt, sich durch die zuständige Aufsichtsbehörde vom Berufsgeheimnis entbinden zu lassen (Art. 321 Ziff. 2 StGB).
– *Gibt* ein Arzt seine *Praxis auf*, ist dieser weiterhin für die Aufbewahrung der Krankengeschichten verantwortlich. Er kann die Akten an den Patienten aushändigen, diese an einen Arzt nach Wahl des Patienten aushändigen oder bei ausdrücklicher oder stillschweigender *Einwilligung* des Patienten die Unterlagen an den Praxisnachfolger weitergeben.
– Am stärksten gefährdet ist das Patientendossier nach dem *Tod des Arztes*. Das DSG schweigt zu diesem Bereich; auch die Kantone haben nur

---

[467] Im Gegensatz dazu wird in § 15 Abs. 1 Satz 2 PRV *unabhängig vom Gesundheitszustand* des Patienten sein «Einverständnis ... für Auskünfte an die nächsten Angehörigen sowie an den gesetzlichen Vertreter vermutet». Zurückhaltender ist das PatD/BE, wo eine Einwilligungsvermutung für nahe Angehörige nicht ausdrücklich statuiert wird.

in wenigen Fällen entsprechende Vorschriften erlassen[468]. Die Erben sind Inhaber der Datensammlung, sind aber nicht befugt, diese ohne Einwilligung der Patienten weiterzugeben oder darüber zu verfügen. Übertragen die Erben die Praxis mitsamt den Unterlagen an einen fachkundigen Nachfolger, so ist dies gemäss Bundesgericht[469] durch das überwiegende Interesse der Patienten gerechtfertigt. Mit der Übernahme der Patientenkartei habe der Arzt (Käufer) jedoch nicht das Recht erhalten, ohne Einwilligung der Patienten in deren Krankengeschichte Einsicht zu nehmen, sondern lediglich insoweit, als dies zur Kontaktaufnahme mit den Patienten erforderlich sei.

- Bei der Bekanntgabe von Diagnose-Daten an *Spitex-Pflegepersonal*[470] kann von der stillschweigenden Einwilligung des Patienten in die Bekanntgabe von für die Pflege unentbehrlichen Informationen an das Pflegepersonal ausgegangen werden, da es durchaus im Interesse des Patienten ist, bestmöglich versorgt zu werden[471]. Zur Vermeidung von Rechtsunsicherheit ist es dennoch besser, eine ausdrückliche Einwilligung zur Bekanntgabe einzuholen.
- Art. 84 und Art. 84a KVG regeln die Datenbekanntgabe an Dritte explizit.
- Die *Einsichtnahme der Angehörigen in die Krankengeschichte eines Verstorbenen* wird in Art. 1 Abs. 7 VDSG klar gesetzlich geregelt[472].

«Wird Auskunft über Daten von verstorbenen Personen verlangt, so ist sie zu erteilen, wenn der Gesuchsteller ein Interesse an der Auskunft nachweist und keine überwiegenden Interessen von Angehörigen der verstorbenen Person oder von Dritten entgegenstehen. Nahe Verwandtschaft sowie Ehe mit der verstorbenen Person begründen ein Interesse.»

Zur Klärung einer allfälligen Arzthaftung müssen die Angehörigen die Krankengeschichte des Verstorbenen einsehen können. Nur so wird es ihnen in vielen Fällen ermöglicht, eine begründete Strafanzeige gegen die fehlbare Person zu erheben oder allenfalls Schadenersatz- oder Genugtuungsansprüche geltend zu machen. Je nachdem, ob ein

---

[468] In Genf ist es z. B. für die Erben verstorbener Ärzte Pflicht, die Patientendossiers bei der kantonalen Ärztegesellschaft oder beim Kantonsarzt zu hinterlegen. Im Kanton Bern bewahrt das Gerichtsmedizinische Institut Krankenunterlagen verstorbener Ärzte und stillgelegter Röntgeninstitute auf. Im Kanton Zürich bewahrt die kantonale Ärztegesellschaft im Notfall Krankengeschichten verstorbener Ärzte unentgeltlich auf.
[469] Vgl. BGE 119 II 222 ff. = Praxis 1994, Nr. 116, S. 397 ff.
[470] Auch das Spitex-Pflegepersonal fällt unter das DSG und ist bei Bekanntgabe von Gesundheitsdaten nach Art. 35 Abs. 1 DSG strafbar.
[471] Vgl. EDSB, 1999/2000, 8.3.
[472] Dies gilt nicht für nicht unter das DSG fallende Personen.

privates Arzt-Patienten-Verhältnis[473] oder ein öffentliches Spital[474] betroffen ist, sind andere Rechtsgrundlagen massgeblich.
Als nächste Angehörige gelten neben Ehepartnern, Nachkommen und Eltern auch Personen, die mit dem Verstorbenen in Lebensgemeinschaft standen, z. B. die gleiche Wohnadresse hatten[475]. Massgebend ist das effektive Näheverhältnis, nicht die juristische Abstammung[476]. Art. 1 Abs. 7 VDSG sieht die Berücksichtigung entgegenstehender überwiegender Interessen des *Verstorbenen* nicht vor. Diese wären allenfalls im Sinne von Art. 28 ff. ZGB denkbar, wenn beispielsweise intimste Daten des Verstorbenen eine Geheimhaltung offensichtlich rechtfertigen würden. Ein Grund zur Verweigerung der Herausgabe der Kopien der übrigen Teile der Unterlagen wäre dies jedoch nicht.

5. Meldepflicht und Melderecht

Besteht die Meldepflicht oder das Melderecht, ist keine Entbindung von der Schweigepflicht durch die Gesundheitsdirektion nötig.

In den meisten Kantonen ist die *Meldepflicht* des *aussergewöhnlichen Todesfalles*[477] im kantonalen Gesundheitsgesetz verankert. 232

---

[473] Beim privatrechtlichen Arztvertrag können die Angehörigen als Rechtsnachfolger des Verstorbenen die gleichen Rechte wie der Verstorbene aus dem Auftragsverhältnis gegen den Arzt geltend machen, also das Recht auf Rechenschaftsablegung und Kontrolle des Handelns des Arztes als Beauftragter. Die Angehörigen haben somit bei Arzthaftpflichtfällen und anderen Angelegenheiten, bei denen sie ein begründetes Interesse haben, in der Regel das volle Einsichtsrecht. Eine Einschränkung kann höchstens ausnahmsweise in besonders begründeten Fällen wegen des Schutzes der Geheimsphäre des Verstorbenen in Frage kommen. Zudem gilt auch hier die Verordnung zum Datenschutzgesetz.

[474] Für öffentliche Spitäler ist das Einsichtsrecht der Angehörigen in den kantonalen Bestimmungen meist nicht ausdrücklich geregelt. Vielfach ist in den entsprechenden Erlassen jedoch bestimmt, das Einverständnis des Patienten für Auskünfte an die nächsten Angehörigen dürfe vermutet werden (vgl. § 15 Abs. 1 PRV/ZH; 13 PatD/AG). Auch das Bundesgericht (Praxis 85, 1996, S. 289 ff.) hat im Bereiche des öffentlichen Spitals grundsätzlich anerkannt, dass nahen Angehörigen ein Recht auf Einsichtnahme in die Krankengeschichte des Verstorbenen zusteht, insoweit die Angehörigen ein begründetes Interesse haben und dieses nicht im Gegensatz zu einem überwiegenden Interesse des Verstorbenen steht. Die Literatur geht ebenfalls von der mutmasslichen Einwilligung der Angehörigen aus (Vgl. BÄR, 8. Kapitel, S. 443, BOLL, S. 34).

[475] Vgl. BÄR, 9. Kapitel, I. 10. c).

[476] «*C'est l'intensité des liens affectivs qui compte. Le critère déterminant est celui de la proximité relationnelle, donc un critère de fait, non juridique.*» MANAÏ, Chapitre IV, 6.

[477] Darunter fällt jeder nicht natürliche (gewaltsame oder auf Gewalt verdächtige Tod) oder unklare (plötzliche und unerwartete) Tod.

Gesundheitsgesetz Bern, Art. 22 Abs. 1
Personen, die einen Beruf des Gesundheitswesens ausüben, haben aussergewöhnliche Todesfälle unverzüglich den zuständigen Behörden zu melden.

Gesundheitsgesetz Zürich, § 15 Abs. 1
Die Angehörigen der Berufe der Gesundheitspflege haben der Polizeibehörde verdächtige und aussergewöhnliche Todesfälle, wie Unglücksfälle und Selbstmorde, unverzüglich zu melden.

Einzig im Kanton Neuenburg fehlt eine gesetzliche Grundlage.

Nebst den aussergewöhnlichen Todesfällen müssen auch *ansteckende Krankheiten* gem. Art. 27 EpG[478] der zuständigen kantonalen Stelle gemeldet werden. Ziel dieser Meldepflicht ist es, ein wahrheitsgetreues Bild über die epidemiologische Lage zu erhalten, um diese in der Schweiz veröffentlichen zu können. Daneben ist dies auch ein Instrument zur direkten Krankheitsbekämpfung. Durch die Meldungen soll eine rechtzeitige Reaktion auf neue Bedrohungen ermöglicht werden, sie sollen aber auch eine Hilfestellung für diagnostische Tätigkeiten der Ärzte sein.

233 Ein *Melderecht* des Arztes besteht bei:
– Verdacht auf *Vergehen oder Verbrechen gegen Leib und Leben, die Sittlichkeit oder die öffentliche Gesundheit*[479]. Je nach Kanton kann dies auch meldepflichtig sein[480]. Andere Kantone haben das Melderecht gar nicht geregelt[481].
– *nicht fahrtauglichen*[482] Personen (Art. 14 SVG): an das Strassenverkehrsamt oder die Gesundheitsdirektion.
– *Betäubungsmittelmissbrauch* (Art. 15 BetmG): an die Behandlungs- oder Fürsorgestelle.

---

[478] Ergänzt wurde das Epidemiegesetz durch die am 21. September 1987 in Kraft getretene *Meldeverordnung* (MVo), welche 22 Krankheitstypen der Anzeigepflicht unterstellte (Art. 2 MVo) – darunter auch AIDS. Bei AIDS ist jedoch nicht wie bei anderen Geschlechtskrankheiten schon der begründete Verdacht zu melden, sondern nur die Krankheit. Zudem müssen die Meldungen im Zusammenhang mit AIDS anonymisiert werden. Bei der neuen MVo, welche per 1. März 1999 in Kraft trat, wurde auf eine exemplifikative Aufzählung, zugunsten einer Rahmenbedingung, verzichtet.

[479] Vgl. Art. 22 Abs. 2 GesG/BE, § 15 Abs. 2 GesG/ZH, § 29 Abs. 2 GesG/AG, § 19 Abs. 1 GesG/TG, Art. 15 Abs. 2 GesG/AI, Art. 3 Abs. 3 GesG/AR, Art. 26 Abs. 2 GesG/ZG.

[480] Vgl. § 17 Abs. 1 GesG/BL, Art. 35 Abs. 2 GesG/GR, § 24 Abs. 2 GesG/NW, § 22 Abs. 2 GesG/SZ, Art. 14 Abs. 3 GesG/UR, Art. 68 Abs. 2 Lsan/TI, § 24 Abs. 2 GesG/NW.

[481] Basel-Stadt, Fribourg, Genf, Glarus, Jura, Luzern, Neuenburg, Obwalden, St. Gallen, Schaffhausen, Waadtland und Wallis.

[482] Fahr**tauglichkeit** bezieht sich auf einen längerfristigen Zustand (Fahruntauglichkeit infolge Krankheit). Fahr**fähigkeit** hingegen betrifft einen kurzen vorübergehenden Zustand (Fahrunfähigkeit infolge Alkohol oder Drogen).

Beispiele zur Meldepflicht und zum Melderecht: 234

Bei aussergewöhnlichen Todesfällen besteht gemäss § 6 Abs. 3 der Verordnung über die Bestattungen des Kantons Zürich eine Anzeigepflicht.

Die Weitergabe von Patientennamen an kommunale freiwillige Betreuungsdienste bedarf einer Einwilligung der Patienten.

Die Ärztin einer privaten Klinik darf von einer stillschweigenden Einwilligung des Patienten ausgehen, wenn sie dessen Hausarzt einen Austrittsbericht zustellt.

Die Mitteilung der HIV-Positivität eines Patienten an dessen Geschlechtspartner kann unter die Notwehrhilfe fallen, wenn die Entbindung vom Berufsgeheimnis aus zeitlichen Gründen nicht möglich ist, und ist in diesem Fall durch überwiegende private Interessen begründet.

Überwiegende private Interessen können auch bei der Verteidigung eigener Rechte in Haftpflicht- oder Strafprozessen vorliegen.

6. Rechtsansprüche und Verfahren

Grundsätzlich ist zwischen dem öffentlich-rechtlichen und dem zivilen Rechtsschutz zu unterscheiden. Die Ansprüche der Betroffenen stimmen jedoch weitgehend überein. Eine betroffene Person[483] kann auf *Unterlassung, Beseitigung oder Feststellung* des widerrechtlichen Bearbeitens klagen; insbesondere kann verlangt werden, dass unrichtige Personendaten *berichtigt, vernichtet* oder deren Bekanntgabe an Dritte *gesperrt* werden[484]. Im Übrigen kann auch ein *Bestreitungsvermerk*[485] angebracht werden, wenn weder die Richtigkeit noch die Unrichtigkeit der Personendaten dargetan werden kann. Darüber hinaus kann die betroffene Person verlangen, dass ein solcher *Entscheid Dritten mitgeteilt oder veröffentlicht* wird (vgl. Art. 15 und 25 DSG). 235

---

[483] *Aktivlegitimiert* ist nur diejenige Person, über welche Daten bearbeitet werden. Drittpersonen, die durch die Datenbearbeitung verletzt worden sind, müssen ihre Klage nicht auf das DSG, sondern auf Art. 28 ff. ZGB stützen. (Vgl. BBl 1988 II 465). Die *Passivlegitimation* bezieht sich auf jede Person, die an der Verletzung mitgewirkt hat. (Vgl. BBl 1988 II 464 f.). Grundsätzlich kann auch der Datenbearbeiter eine Klage, nämlich eine negative Feststellungsklage, als Verteidigungsmittel einreichen und die gerichtliche Feststellung, dass sein Vorgehen zu keiner Persönlichkeitsverletzung geführt hat, verlangen.

[484] Dieselben Rechte ergeben sich bereits aus der Klagemöglichkeit nach Art. 28a Abs. 1 und 2 ZGB. Ein solches Begehren ist auch als vorsorgliche Massnahme gemäss Art. 28c ZGB denkbar, für welches die rechtswidrige Persönlichkeitsverletzung bloss glaubhaft gemacht werden muss.

[485] Beim Bestreitungsvermerk handelt es sich um eine Ergänzung zu den Rechtsbehelfen gemäss Art. 28 ff. ZGB.

Wurden Personendaten durch **Bundesorgane**[486] bearbeitet, sind diese Ansprüche im Rahmen der *öffentlichen Rechtspflege* zu beurteilen. Die Verfügung des verantwortlichen Bundesorgans kann mit Beschwerde bei der eidgenössischen Datenschutzkommission (EDSK) angefochten und mit Verwaltungsgerichtsbeschwerde ans Bundesgericht weitergezogen werden (Art. 25 DSG). Das Verfahren richtet sich nach dem Verwaltungsverfahrensgesetz, welches vorliegend auch für Bundesorgane, die gemäss Art. 2 f. VwVG dem Verwaltungsverfahrensgesetz nicht oder nur teilweise unterstellt sind, gilt.

Ansprüche gegenüber **privaten Personen** sind dagegen auf dem *Weg des Zivilprozesses* durchzusetzen. Die betroffene Person hat dabei die Möglichkeit, aus Vertrag zu klagen oder eine unerlaubte Handlung geltend zu machen und sich auf den Persönlichkeitsschutz nach Art. 27 ff. ZGB sowie das DSG zu berufen (Art. 15 DSG).

Art. 12 lit. d GestG i.V.m. Art. 15 DSG begründet für Klagen zur Durchsetzung des Auskunftsrechts den alternativen Gerichtsstand am Wohnsitz des Klägers oder des Beklagten. Art. 15 Abs. 4 DSG schreibt für das Gericht ein *einfaches und rasches Verfahren* vor.

7. Eidgenössischer Datenschutzbeauftragter

236   Dem Datenschutzbeauftragten kommt gegenüber den Bundesorganen eine *Aufsichtsfunktion*[487] zu, gegenüber Privaten hat er eine *beratende Funktion*[488] (Art. 27 f. DSG). Durch die Beratungsmöglichkeit soll den Privaten eine Anlaufstelle zur Verfügung gestellt werden und das Verständnis und die Akzeptanz für die Anliegen des Datenschutzes gefördert werden. Privaten gegenüber ist die Gutachtertätigkeit des EDSB kostenpflichtig[489], für die Beratungs- und Überwachungstätigkeit hingegen wird keine Gebühr erhoben.

---

[486] Handeln Bundesorgane privatrechtlich, sind die Ansprüche der Betroffenen gem. Art. 23 Abs. 1 und Art. 15 DSG auf dem Zivilweg geltend zu machen.
[487] Die Kontrolle erstreckt sich auf alle vom DSG oder von anderen Datenschutzvorschriften des Bundes erfassten Sachverhalte und Vorgänge; somit auch das Spezialdatenschutzrecht im Sozialversicherungsrecht (Vgl. EDSB, 1993/1994, I. 7.1).
[488] Dabei handelt es sich um eine *Rechtsberatung*, d. h., er erklärt das DSG, die VDSG und weitere Datenschutzvorschriften und verfasst Gutachten. Zudem nimmt er Stellung zu Fragen rund um die Auskunfterteilung gem. Art. 8 f. DSG. Daneben erfüllt er auch *Vermittlungsaufgaben* bei Differenzen zwischen privaten Parteien oder zwischen Privaten und dem Staat oder berät in Fragen der *Datensicherheit*.
[489] Vgl. Art. 28 DSG i. V. m. Art. 33 VDSG.

Unter bestimmten Voraussetzungen kann er von sich aus oder auf Meldung von Dritten hin Abklärungen[490] vornehmen und Empfehlungen abgeben (Art. 29 DSG). Werden diese nicht befolgt, kann er die Angelegenheit dem Departement oder der Bundeskanzlei bzw. der Eidgenössischen Datenschutzkommission zum Entscheid vorlegen.

§ 3 Datenschutzrechtliche Bestimmungen im Krankenversicherungsgesetz (KVG)

Im KVG, das die obligatorische Krankenpflegeversicherung erfasst, finden sich auch Bestimmungen bezüglich des Datenschutzes zur Regelung des Datenflusses zwischen einem behandelnden Arzt und der Versicherung eines Patienten. Grundsätzlich richtet sich der Datenschutz im Rahmen der sozialen Krankenversicherung jedoch nach den Bestimmungen des DSG. Dies folgt aus Art. 84 KVG, ergibt sich aber auch aus Art. 11 KVV, nach welchem privatrechtlich organisierte Krankenversicherer als Bundesbehörden im Sinne von Art. 2 Abs. 1 lit. b DSG gelten.

237

---

[490] Das Gesetz verpflichtet die der Kontrolle unterstehenden *Behörden* zur Unterstützung des Datenschutzbeauftragten. Das Recht des EDSB auf Mitwirkung durch die Bundesorgane bei Sachverhaltsabklärungen ist umfassend.
Für die fehlende Mitwirkung von Bundesorganen hat der Gesetzgeber im DSG keine spezielle Strafbestimmung erlassen. Das wirksamste Mittel des EDSB stellt wohl jedoch das Informationsrecht dar, wonach der EDSB die fehlende Mitwirkung von Beamten dem Bundesrat sowie der Öffentlichkeit mitteilt.
Datenschutzrechtliche Abklärungen im *Privatbereich* sollen dann stattfinden, wenn Bearbeitungsmethoden angewandt werden, welche geeignet sind, eine *grössere Anzahl von Personen* in ihrer Persönlichkeit zu verletzen oder die *Persönlichkeit in besonders schwerwiegender Weise* zu verletzen.
Das Recht des EDSB auf Mitwirkung durch Private bei Sachverhaltsabklärungen ergibt sich aus Art. 34 Abs. 2 Bst. b DSG.
Verweigert ein *Privater* dem EDSB die Mitwirkung, hat dies strafrechtliche Konsequenzen. Dies gilt ebenso bei Erteilung falscher Auskünfte. Art. 34 Abs. 2 Bst. b DSG droht in diesen Fällen Haft oder Busse an. Erforderlich bei diesem Offizialdelikt ist Vorsatz bzw. Eventualvorsatz.
Sowohl bei Abklärungen im Privat- wie auch im Bundesorganbereich gilt: Der EDSB hat das Recht auf Auskunft, Aktenherausgabe und Vorführung von Datenbearbeitungen. *Das Amtsgeheimnis gilt ihm gegenüber nicht.* Die Mitwirkungspflicht findet dort seine Grenze, wo sich jemand selber oder nahe Verwandte durch die Auskunft der strafrechtlichen Verfolgung aussetzen würde.

Art. 84 KVG bildet die Rechtsgrundlage für sämtliche Bearbeitungen[491] der Personendaten, die zur Erfüllung der auf dem KVG beruhenden Aufgaben benötigt werden[492].

Besondere krankenversicherungsrechtliche Bestimmungen, welche Datenbearbeitungsbefugnisse regeln, gehen der allgemeinen Bestimmung des Art. 84 KVG, wie auch den Normen des DSG als leges speciales vor. Das betrifft namentlich Art. 42 Abs. 3–5 und Art. 57 Abs. 6 KVG. [493]

Die Tendenz der Versicherer geht dahin, immer exaktere Diagnosen ihrer Patienten zu erhalten, was mit den Interessen der Versicherten an der Geheimhaltung ihrer Daten kollidiert und daher vor allem zum Schutz der schwächeren Partei – den Versicherten – gesetzlich geregelt sein muss[494].

238 *Allgemeine Grundsätze für die Personendatenbearbeitung*
- Jedes Organ ist für den Schutz der Daten verantwortlich, die es bei der Erfüllung seiner Aufgaben bearbeitet (Art. 84 KVG).
- Es dürfen nur Daten bearbeitet werden, die *erforderlich*, d. h. geeignet und notwendig (Art. 80 KVG) sind[495].

---

[491] Die Begriffe «Bearbeitung» und «Personendaten» beziehen sich auf die Art. 3 lit. a und d DSG.

[492] Speziell geregelt sind die als Bindeglied zwischen Versicherung und Arzt geltenden *Vertrauensärzte*, die im konkreten Fall beurteilen, ob eine Versicherung leistungspflichtig ist oder nicht. Dabei sind sie in ihrem Entscheid insbesondere von der Versicherung unabhängig (Art. 57 KVG). Sie leiten nur diejenigen Angaben an die Versicherer weiter, die nötig sind, und wahren dabei die Persönlichkeitsrechte der Versicherten. Der Vertrauensarzt nimmt somit die Rolle eines Datenfilters ein.

[493] Vgl. BBl 2000, S. 263. Die Regeln und Vorschriften des DSG gelten uneingeschränkt, wenn und soweit im KVG nicht abweichend davon legiferiert wird.

[494] Die Übergangslösung, dass besonders schützenswerte Daten oder Daten mit Persönlichkeitsprofilen (Art. 17 Abs. 2 DSG) ohne formelle gesetzliche Grundlage weiter benutzt werden durften, galt nach einer Verlängerung bis zum 31. Dezember 2000. Seit Ablauf dieser Übergangsfrist ist die Bearbeitung dieser Datensammlungen ohne die geforderte formellgesetzliche Grundlage nicht mehr zulässig. Diese Übergangslösung wurde eingeführt, da bei Inkrafttreten des DSG (1. Juli 1993) viele Sammlungen von besonders schützenswerten Personendaten die Anforderungen von Art. 17 Abs. 2 DSG noch nicht erfüllten.

[495] Dies entspricht Art. 4 Abs. 2 DSG als Ausfluss des Verhältnismässigkeitsprinzips.
Beim *Erforderlichkeitsgrundsatz* gibt es verschiedene kritische Anwendungsfälle:
Die Erhebung von Gesundheitsdaten bei Personen, die eine *obligatorische Krankenpflegeversicherung* abschliessen wollen, ist **nicht erforderlich**.
Bei *Heilungskostenzusatzversicherungen* nach VVG sowie bei der Taggeldversicherung nach VVG ist eine Risikoselektion (d. h., der Versicherer kann einen Antragsteller auch ablehnen oder Gesundheitsvorbehalte anbringen) möglich und daher die Er-

§ 3 Datenschutzrechtliche Bestimmungen im Krankenversicherungsgesetz (KVG)

– Das Gebot der *Zweckbindung* ergibt sich aus dem Erforderlichkeitsgebot, aber auch aus Art. 84 und Art. 13 Abs. 2 lit. a KVG[496]. Sie ist an konkreten Aufgabenstellungen zu messen und nicht bloss an allgemeinen sozialpolitischen Zielen[497].

---

hebung von Gesundheitsdaten notwendig und zulässig, jedoch nur im dem Masse, als diese für die Formulierung zulässiger Versicherungsvorbehalte erforderlich sind. Das Bundesgericht geht davon aus, dass z. B. auch HIV-Positivität als Krankheit im Sinne des KVG zu betrachten und daher im Rahmen der Taggeldversicherung anzugeben sei (diese Meinung ist aber umstritten, da HIV mit den heutigen Mitteln nicht mehr höchstwahrscheinlich zur Arbeitsunfähigkeit führt). Ansonsten gilt auch für die *freiwillige Taggeldversicherung nach KVG* das DSG, da hier der Versicherer öffentliche Aufgaben des Bundes wahrnimmt und dem Versicherten gegenüber hoheitlich auftritt. *Taggeldversicherungen nach VVG* sind hingegen als private Personen im Sinne des DSG zu betrachten d. h., Datenschutzverletzungen sind auf zivilrechtlichem Weg nach Art. 12–15 DSG geltend zu machen. Die allgemeinen Datenschutzgrundsätze (rechtmässige Beschaffung, Verhältnismässigkeit, Zweckbindung, Vertraulichkeit und Auskunftsrecht) sind sowohl von Bundesorganen wie auch von privaten Personen einzuhalten.

[496] Über die Frage, ob die Bearbeitung bestimmter Personendaten für die Erfüllung einer Aufgabe der obligatorischen Krankenversicherung erforderlich ist, entscheidet allein der *Krankenversicherer*. Die Versicherten haben bei anderer Ansicht der Dinge den Rechtsweg zu beschreiten.

[497] In gewissen Fällen (so etwa im Rahmen von Art. 82 und 84 KVG) kann allerdings auch blosse Zweckkompatibilität genügen. Beispiele:
Personendaten, die zur Leistungskontrolle der Versicherung erhoben wurden, dürfen nicht für die Risikoselektion verwendet werden. Der ursprüngliche Erhebungszweck und der Zweck der Risikoselektion sind miteinander nicht vereinbar.
Die Verarbeitung und Nutzung von Sozialdaten, die sich rechtmässig im Informationshaushalt der Krankenversicherer befinden, sind auch für die Erfüllung von Marketingaufgaben zulässig, sofern diese im gleichen Zweckrahmen liegen, wie diejenigen Aufgaben, zu deren Erfüllung die Daten erfasst wurden.
Personendaten, die im Rahmen der Leistungserbringung erhoben und gespeichert wurden, dürfen zur Prüfung des allgemeinen Therapieverhaltens des Arztes gebraucht werden, da der Zweckrahmen gewahrt bleibt.
Gesundheitsdaten gehören nicht in die Hände des Arbeitgebers, wofür der Versicherer zu sorgen hat. Auch steht dem Arbeitnehmer gegenüber dem Arbeitgeber das Recht zu, Fragen, die keinen Arbeitsplatzbezug aufweisen, entweder gar nicht oder unrichtig zu beantworten («Notwehrrecht der Lüge»). Vgl. BGE 122 V 267.
Die Nutzung von Personendaten der Grundversicherung in den Zusatzversicherungen ist umstritten. Diese Konstellation ist problematisch, da trotz formaljuristischer Trennung der beiden Versicherungszweige faktisch vom gleichen Versicherer gesprochen werden muss. Ist eine Person bei der gleichen Kasse in beiden Sektoren versichert, ist es praktisch unvermeidlich, dass die Krankenkasse Kenntnis über Grund- und Zusatzversicherung erhält. EUGSTER/LUGINBÜHL äussern sich zu dieser Frage in dem Sinne, dass diese freie Zirkulation innerhalb des gleichen Krankenversicherers unproblematisch sei, da von der Einwilligung der versicherten Person zur Nutzung von Daten der obligatorischen Versicherung gem. Art. 19 Abs. 2 lit. b DSG ohne weiteres ausgegangen werden könne. Nach dem Zweckbindungsgebot hingegen ist es der Kasse nicht erlaubt,

239 Alle Personen, welche an der Durchführung der sozialen Krankenversicherung beteiligt sind, unterliegen der *Schweigepflicht* (Art. 83 i. V. m. Art. 92 lit. c KVG). Grundsätzlich gilt diese Regelung auch zwischen den Versicherern[498]. Ausnahmen bestehen gegenüber der versicherten Person, Sozialversicherungen[499], Sozialversicherungsgerichten, Strafgerichten und Strafuntersuchungsbehörden[500] sowie bei Einwilligung (Art. 130 KVV und Art. 81 f. und 84 KVG). Das Datenschutzgesetz gilt auch im Amts- und Verwaltungshilfeverfahren nach Art. 82 Abs. 1 KVG[501].

Die Schweigepflicht soll den Datenaustausch nicht verhindern, wenn dieser für die Anwendung des jeweiligen Gesetzes unabdingbar ist – so z. B. Art. 84a Abs. 2 lit. a KVG (vgl. BBl 2000 265).

240 Was die *Bekanntgabe von Personendaten an Dritte* betrifft, sind die Leistungserbringer gesetzlich verpflichtet, eine detaillierte Rechnung zuzustellen und dem Versicherer bzw. dessen Vertrauensarzt eine genaue Diagnose und zusätzliche Auskünfte medizinischer Natur anzugeben, damit die Wirtschaftlichkeit der Leistung überprüft werden kann (vgl. Art. 42 Abs. 3[502] Satz 2 und Abs. 4[503] sowie Art. 57 Abs. 6 Satz 1 KVG). Dabei handelt es sich einerseits um eine Offenbarungspflicht, andererseits um eine Offenbarungsermächtigung. Der Leistungserbringer ist nicht verpflichtet, vor der Offenbarung die Zustimmung des Patienten einzuholen. Andererseits ist die Offenbarung gegenüber dem Kranken-

---

ohne Ermächtigung Daten der sozialen Krankenversicherung für die Risikoselektion in der Zusatzversicherung zu verwenden.
Die Nutzung von Daten der obligatorischen Krankenpflegeversicherung für Marketingzwecke in der Zusatzversicherung ist grundsätzlich nur zulässig, soweit die Anonymität der Versicherten respektiert wird.

[498] Dies, obwohl diese Drittperson ihrerseits einer Geheimhaltungspflicht untersteht. Vgl. BGE 114 IV 48.

[499] Vgl. Art. 84 Abs. 2 lit. b KVG. Dem Sozialgeheimnis (Art. 83 KVG) gehen gesetzliche Verpflichtungen zur Offenbarung vor. Vgl. dazu BGE 124 III 170. Das Erfordernis der gesetzlichen Grundlage ist erfüllt, wenn die Ermächtigung im Gesetz ausdrücklich vorgesehen ist oder wenn ein Gesetz dem Verordnungsgeber eine diesbezügliche Regelungskompetenz einräumt.

[500] Vgl. Art. 84a Abs. 1 lit. c KVG und Art. 130 Abs. 1 lit. b KVV.

[501] Vgl. dazu BGE 126 II 132, bezüglich eines börsenrechtlichen Amtshilfeverfahrens und der Abgrenzung zur internationalen Rechtshilfe gem. Art. 2 Abs. 2 lit. c DBG. Eine Befugnis zur Datenübermittlung kann nur insoweit bestehen, als die Grundsätze des Datenschutzes eine solche gestatten.

[502] Art. 42 Abs. 3 gilt für beide Systeme der Honorarschuldnerschaft, d. h. für das System des *Tiers garant* (Art. 42 Abs. 1 KVG), wo die versicherte Person Schuldner ist, aber auch für das System des *Tiers payant* (Art. 42 Abs. 2 KVG), in welchem der Krankenversicherer Schuldner ist.

[503] Auch wenn der versicherten Person in Abs. 4 nicht explizit das Recht eingeräumt wird, eine genaue Diagnose verlangen zu können, ist dies dem Versicherten nicht zu verweigern, da dieser Geheimnisherr ist.

§ 3 Datenschutzrechtliche Bestimmungen im Krankenversicherungsgesetz (KVG)

versicherer eine gesetzliche Pflicht und steht nicht im Belieben des Leistungserbringers.

Obwohl von Gesetzes wegen alle diagnostischen Angaben als besonders schützenswert gelten, unterscheiden sich diese dennoch durch den Grad der Vertraulichkeit. Art. 59 Abs. 2 KVV klassifiziert daher zu Recht die Daten nach deren Sensibilität[504]. Für Diagnosen ohne erhöhtes Vertraulichkeitsbedürfnis reicht der Schutz durch die Schweigepflicht gemäss Art. 83 KVG; bei Daten mit erhöhtem Schutzbedürfnis wird dagegen die Instanz des Vertrauensarztes vorgeschaltet (Art. 57 Abs. 7 KVG). Dies ist ein angemessener Ausgleich zwischen den Erfordernissen des Datenschutzes und den praktischen Bedürfnissen der Krankenversicherer.

Das KVG regelt das verfahrensrechtliche Akteneinsichtsrecht der sozialen Krankenversicherung in Art. 81 KVG[505]. Da Art. 81 Abs. 1 KVG sich nur auf ein laufendes Verfahren beschränkt[506] und der Anspruch auf Einsicht ausschliesslich auf jene Akten begrenzt ist, die aufgaben- oder entscheidrelevant[507] sind, hat sich die versicherte Person für alle anderen Fälle auf das Auskunftsrecht nach Art. 8 Abs. 1 DSG zu berufen.

241

Das datenschutzrechtliche Akteneinsichtsrecht ist gegenüber dem verfahrensrechtlichen **enger**, indem es sich nicht auf alle für das Verfahren wesentlichen Akten erstreckt, sondern nur auf die Daten über die betreffende *Person*. Andererseits geht es aber auch **weiter**, indem es sich nicht nur auf die entscheidrelevanten Daten, sondern auf alle Akten zur Person bezieht[508] und zudem – unter Vorbehalt des Rechtsmiss-

---

[504] Diese Lösung ist sowohl mit Art. 42 Abs. 3 und 4 KVG als auch mit dem DSG vereinbar.

[505] Im Unterschied zum alten Art. 81 KVG zählt der neue Art. 81 KVG die verfahrensbeteiligten Personen oder Institutionen, denen ein verfahrensrechtliches Akteneinsichtsrecht zusteht, auf. Diese Aufzählung war in der vorangegangenen Normierung auf Verordnungsstufe (Art. 127 KVV) geregelt. Der neue Art. 81 KVG geht aber weiter als Art. 127 KVV, indem nun all diejenigen Personen und Institutionen einen Anspruch auf Akteneinsicht haben sollen, die ein *unmittelbares Interesse an einem Zugang zu den Akten* haben. Vgl. BBl 2000 264.

[506] Ausserhalb eines hängigen Verwaltungsverfahrens ist ein verfassungsmässiges Akteneinsichtsrecht nicht ausgeschlossen, hängt aber vom Glaubhaftmachen eines schutzwürdigen Interesses ab und davon, dass weder öffentliche Interessen des Staates noch schützenswerte Geheimhaltungsinteressen Dritter entgegenstehen. Vgl. BGE 122 I 161, E. 6a mit Hinweisen.

[507] Obwohl diese Regelung nur in Art. 81 Abs. 1 lit. b–d KVG explizit genannt ist, gilt sie auch für Art. 81 Abs. 1 lit. a KVG.

[508] Inkl. vertrauensärztliche Dossiers.

> brauchverbots – ohne jeglichen Interessennachweis auch ausserhalb eines Verwaltungsverfahrens geltend gemacht werden kann[509].

Art. 81 Abs. 1 lit. a–c KVG erstreckt sich auf alle Akten, die entscheidungsrelevant sind oder sein können d. h. nicht nur auf Personendaten (BGE 123 I 478; 121 I 255 E. 2a). Die Offenlegung nicht entscheidungsrelevanter Informationen, die *überwiegende Privatinteressen* der versicherten Person oder Dritter berühren, ist in jedem Fall zu verweigern (diese Regel hat auch dort zu gelten, wo sie in Art. 84a KVG nicht ausdrücklich vorgeschrieben ist). Allenfalls lässt sich der Schutz der Privatsphäre durch eine Anonymisierung der Daten sicherstellen.

Zur Verhältnismässigkeit der ICD-10-Diagnosecodes siehe Rz. 279 ff.

Um den Gesuchsteller vor Schaden zu bewahren, sieht Art 81 Abs. 2 KVG eine mit Art. 8 Abs. 3 DSG übereinstimmende Regelung vor, bei welcher die Daten durch einen Arzt mitgeteilt werden. Diese paternalistische Regelung soll, wie schon bei Art. 8 DSG erörtert, auch hier restriktiv angewandt werden.

242   Art. 8 DSG geht Art. 81 KVG in den nicht deckunsgleichen Teilen vor. Art. 81 KVG ist zwar die jüngere Norm als Art. 8 DSG, stellt aber im Verhältnis zu Art. 8 DSG keine datenschutzrechtliche lex specialis dar und geht der älteren Bestimmung auch nicht aufgrund des Prinzips der lex posterior vor.

§ 4   Kantonales Datenschutzrecht

243   Das Bundesgesetz über den Datenschutz erstreckt sich nicht unmittelbar auf die Tätigkeit kantonaler Verwaltungsorgane. In diesem Bereich gilt das kantonale Datenschutzrecht. Fehlt kantonales Datenschutzrecht, gelangen beim Vollzug von Bundesrecht die Grundsätze des DSG zur Anwendung (Art. 37 Abs. 1 DSG).

Massgebende Rechtsgrundlage bildet im Kanton Zürich das *Datenschutzgesetz des Kantons Zürich (DSG-ZH)*. Es ist auf das Bearbeiten von Personendaten durch Behörden und Amtsstellen des Kantons, der Gemeinden und anderer öffentlich-rechtlicher Einrichtungen anwendbar. Im Bereich des Gesundheitswesens ist es vorab für öffentliche Spitä-

---

[509] Vgl. BGE 123 II 536, E. 2e. Das Bundesgericht kommt daher zum Schluss, dass nebeneinander sowohl ein datenschutzrechtliches (Art. 8 DSG) als auch ein verfahrensrechtliches Auskunftsrecht (Art. 29 Abs. 2 BV) bestehen können.

ler von Bedeutung. In seinem materiellen Gehalt unterscheidet sich das kantonale Datenschutzgesetz nicht vom Bundesgesetz über den Datenschutz. Die Grundsätze für das Bearbeiten von Personendaten sowie die Rechtsansprüche entsprechen sich, und mit der Aufsicht wird ebenfalls ein Datenschutzbeauftragter betraut. Ergänzt wird das DSG-ZH durch die Datenschutzverordnung des Kantons Zürich, die dem VDSG entspricht.

> Die kantonalen Datenschutzerlasse gelten nur für die öffentlichen Organe, da der private Bereich durch Bundesrecht abschliessend geregelt ist.

Im medizinischen Bereich finden sich in der *Patientenrechtsverordnung* weitere datenschutzrechtliche Bestimmungen (vgl. §§ 9 und 13 ff. PRV/ZH). Daneben regeln kantonale Spitalgesetze und Dekrete den spezifischen Datenschutz im Medizinalbereich.

Im Bereich des kantonalen Verfahrensrechts verweist das Datenschutzgesetz des Kantons Bern im Kapitel über das Verfahren und den Rechtsschutz in Art. 26 subsidiär auf das Verwaltungsrechtspflege- und das Gemeindegesetz[510]. Eine ähnliche Verweisnorm ist im Datenschutzgesetz des Kantons Zürich nicht zu finden[511].

§ 5 Strafbestimmungen

1. Verletzung des Berufsgeheimnisses (Art. 321 StGB)

Ärzte[512], Zahnärzte, Apotheker, Hebammen sowie ihre Hilfspersonen[513] haben Informationen, die ihnen infolge ihres Berufes anver-

---

[510] Ebenso verweist der Kanton Basel Stadt in § 24 des Datenschutzgesetzes des Kantons Basel-Stadt auf das Gesetz betreffend die Organisation des Regierungsrates und der Verwaltung (Organisationsgesetz). Auch im Kanton Freiburg wird auf die Bestimmungen des Gesetzes über die Verwaltungsrechtspflege verwiesen.
[511] Auch keine Verweisnorm ist beispielsweise in den Kantonen Solothurn und St. Gallen zu finden, in welchen der Datenschutz zudem nur auf Verordnungsstufe geregelt ist.
[512] Dazu gehören auch Betriebsärzte und Vertrauensärzte von Krankenkassen. Nicht als Arzt gelten – soweit nicht durch eine Hochschule ausgebildet und vom Staat approbiert – in der Alternativmedizin tätige Personen.
[513] Dazu gehören v. a. Arztgehilfinnen und -sekretärinnen, das gesamte Pflege- und Laborpersonal von Krankenhäusern sowie im Einzelfall unter ärztlicher Kontrolle tätige Therapeuten. Anders verhält es sich aber z. B. mit Hausangestellten oder Personen, die dem Arzt in einem Einzelfall bei der Behandlung eines Patienten beistehen. Auch

traut[514] worden sind oder die sie in dessen Ausübung wahrgenommen[515] haben, geheimzuhalten. Damit soll die Persönlichkeitssphäre des Patienten bzw. der Patientin geschützt und das Vertrauen in den Arzt gestärkt werden[516]. Dieses Vertrauen liegt im Interesse der Öffentlichkeit an einer gesunden Bevölkerung, dient indirekt auch dem Arzt, der seine Tätigkeit nur dann fachgerecht auszuüben vermag, wenn er vom Patienten alle für die Diagnose und Therapie erforderlichen Informationen erhält.

Das strafbare Verhalten besteht objektiv darin, dass der Geheimnisträger ein Berufsgeheimnis *offenbart*[517]. Um nach diesem Antragsdelikt[518] strafbar zu sein, muss dieses Verhalten von *Vorsatz*[519] getragen sein ge-

---

Angestellte einer Krankenkasse, die ebenfalls Zugang zu entsprechend geheimen und schützenswerten Daten haben können, fallen nicht darunter; für sie gelangen die Bestimmungen des KVG und des DSG zur Anwendung.

Um Outsourcing vor allem im Bereich der Rechnungsstellung, aber auch im Bereich der Wartung der gesamten Informatiksysteme im grossen Stil und ohne Zustimmung der betroffenen Personen zu ermöglichen, wird der Begriff der «Hilfsperson» sehr weit ausgelegt und auch die Angestellten eines Dienstleistungsunternehmens sollen darunter fallen. Eine solche Ausweitung ist aber unbefriedigend und daher sollte eine explizite Lösung auf gesetzgeberischer Stufe gesucht werden. (Vgl. BAERISWYL, Perspektiven).

[514] Für die Schweigepflicht bleibt ohne Belang, ob der Arzt die betreffende Tatsache vom Patienten als Geheimnisherr selbst oder von jemand anderem, z.B. seiner Ehefrau oder seinem Arbeitgeber, erfahren hat. Die Information braucht auch nicht den medizinischen Bereich zu betreffen.

Am «Anvertrautsein» fehlt es z.B., wenn jemand bloss beim geselligen Zusammensein mit einem Arzt diesem von gesundheitlichen Problemen erzählt, selbst wenn er sich dabei einen Ratschlag erhofft.

[515] Darunter fallen alle Tatsachen, deren Kenntnis aus anderen Quellen stammen als aus den Mitteilungen der Patienten und Dritter. Dazu gehört namentlich, was der Arzt durch eigene oder von ihm veranlasste Untersuchungen, Explorationen usw. über die physische oder psychische Befindlichkeit des Patienten feststellt, selbst wenn er diesem davon keine Kenntnis gibt. Die Wahrnehmungen können aber auch das Umfeld des Patienten betreffen. Feststellungen, die der Arzt in seinem Privatleben über jemanden macht, fallen dagegen selbst dann nicht unter die Schweigepflicht, wenn sie nur durch dessen Fachwissen ermöglicht wurden.

[516] Auch die Namen von Spender und Empfänger bei Transplantationen dürfen den beiden und auch der Öffentlichkeit nicht bekannt gegeben werden (Ausnahme bei Spende unter nahen Blutsverwandten).

[517] Ein Geheimnis offenbart, wer es auf beliebige Weise jemandem zugänglich macht, der davon keine Kenntnis hat. Selbstverständlich fällt die Orientierung des Patienten selber nicht unter diesen Tatbestand, da Art. 321 Ziff. 1 StGB bezweckt, den Geheimnisherrn davor zu schützen, dass *andere* Einblick in seine Privatsphäre erhalten.

[518] Die Antragsbefugnis kommt einzig dem Geheimnisherren zu, nicht etwa nur mittelbar betroffenen Dritten.

[519] Zum erforderlichen *Wissen* gehört insb. das Bewusstsein des Arztes, dass die von der Mitteilung betroffene Tatsache die Merkmale eines Berufsgeheimnisses aufweist. Der erforderliche *Wille* bezieht sich darauf, diese Tatsache jemandem bekannt zu geben oder zugänglich zu machen, ohne dass dafür ein besonderes Motiv erforderlich wäre.

mäss Art. 18 Abs. 1 StGB. Unter Geheimnis sind dabei Tatsachen zu verstehen, die nicht offensichtlich sind und der Öffentlichkeit auch nicht bekannt sind. Nur ein kleiner Kreis von Personen (Geheimnisträger) ist darüber informiert. Der Geheimnisherr hat ein schutzwürdiges Interesse an der Geheimhaltung und bringt dies auch konkludent oder explizit zum Ausdruck. Dabei muss es sich nicht unbedingt um medizinische Tatsachen handeln.

Der Informationsaustausch innerhalb eines an der Behandlung eines Patienten beteiligten *Arbeitsteams* ist von vornherein kein «Offenbaren» eines Geheimnisses i. S. v. Art. 321 Ziff. 1 StGB[520]. Dies gilt aber nur in den Schranken der Verhältnismässigkeit.

Ärzte, wie z. B. Mitarbeiter rechtsmedizinischer Institute, aber auch private Mediziner, wenn sie im Einzelfall in amtlicher Funktion tätig sind, wie etwa nebenamtliche Bezirksärzte, aber auch solche, die im Auftrag von Gerichten und Behörden ein Gutachten erstatten[521], unterstehen der Strafbestimmung nach Art. 320 StGB über die Verletzung des *Amtsgeheimnisses* und nicht Art. 321 StGB. Medizinalpersonen im öffentlichen Gesundheitsdienst wie etwa Stadt-, Kantons- und Gefängnisärzte sowie solche an kantonalen und kommunalen Spitälern unterstehen alternativ Art. 320 oder 321 StGB, je nachdem ob das Geheimnis ihre amtliche oder therapeutischen Aufgaben betrifft. 246

Art. 321 Ziff. 2 StGB erklärt den Täter für *nicht strafbar*, wenn er das Geheimnis aufgrund einer *Einwilligung des Berechtigten* oder einer auf sein Gesuch hin erteilten *schriftlichen Bewilligung der vorgesetzten Behörde* oder *Aufsichtsbehörde* offenbart hat. 247

Dabei kommt der *Einwilligung*, die nur durch den Geheimnisherrn oder dessen gesetzlichen Vertreter erfolgen kann, besondere Bedeutung zu. Eine wirksame Einwilligung setzt nicht die Mündigkeit, wohl aber die *Urteilsfähigkeit* des Geheimnisherrn voraus. Die Entbindung von der Schweigepflicht darf den Patienten nicht übermässig in seiner Freiheit gemäss Art. 27 ZGB beschränken. Daher muss bei der Einwilligung, die

---

Am Wollen kann es fehlen, wenn der Arzt versehentlich Krankengeschichten irgendwo liegen lässt, wo sie von anderen eingesehen werden können (solange dies nicht eventualvorsätzlich geschieht).

520 Vorzubehalten ist der Fall, wo sich ein Patient einem Mitglied des Behandlungsteams mit dem ausdrücklichen Wunsch anvertraut, dieses möge das Geheimnis für sich allein behalten.

521 Der behandelnde Arzt kann ein Gutachten über seine Feststellungen nur erstatten, wenn er die Zustimmung seines Patienten erhalten hat. Sodann kann der Arzt die von der betreffenden Instanz gestellten Fragen beantworten. Im Übrigen untersteht er bei der Erfüllung seines Auftrags aber dem Amtsgeheimnis, was bedeutet, dass er Drittpersonen selbst mit Zustimmung des Patienten nicht über den Inhalt seines Gutachtens informieren darf.

schriftlich, mündlich oder konkludent erfolgen kann, klargestellt werden, *wen* und *worüber* der Arzt orientieren darf. Die Entbindung des Arztes von der Wahrung des Berufsgeheimnisses ist eine *Ermächtigung*, i.d.R. aber keine Verpflichtung[522].

Eine Berufung auf den Rechtfertigungsgrund der mutmasslichen Einwilligung kommt nur dann in Betracht, wenn der Patient, namentlich wegen vorübergehender Urteilsunfähigkeit, zur Frage der Entbindung seines Arztes von der Wahrung des Berufsgeheimnisses keine Stellung nehmen kann, obwohl ein Bedürfnis nach Orientierung eines Dritten besteht.

Die *Bewilligung der Aufsichtsbehörde* wird nur in Anspruch genommen, wenn ein legitimes Bedürfnis des Arztes nach Information einer Drittperson oder einer Behörde besteht, die Zustimmung des Geheimnisherrn jedoch nicht erhältlich ist oder eingeholt werden kann und dafür auch keine besondere gesetzliche Grundlage besteht[523]. Ein Gesuch um Entbindung kann nur vom schweigepflichtigen Arzt gestellt werden.

248 Art. 321 Ziff. 3 StGB behält gegenüber der Wahrung des Berufsgeheimnisses die eidgenössischen und kantonalen Bestimmungen über die Zeugnis- und Auskunftspflicht gegenüber einer Behörde vor. Diese Rechtfertigung bezieht sich nicht auf jedermann, sondern nur auf die zur Wahrung des Berufsgeheimnisses verpflichteten Personen[524].

249 Weitere Rechtfertigungsgründe ergeben sich aus Art. 34 Ziff. 2 StGB bei der *Notstandshilfe*[525], wo der Schweigeverpflichtete jemanden infor-

---

[522] Eine Verpflichtung besteht nur dann, wenn die Information eines Dritten Bestandteil des dem Arzt erteilten Auftrages bildet.

[523] Praktisch gesehen ist dabei an den Fall zu denken, wo der Arzt gegen einen Patienten einen Honorarprozess führen oder diesen betreiben muss.

[524] Aus der Meldepflicht kann sich nach REHBERG eine *Pflicht* ableiten lassen, darüber auch als Zeuge auszusagen, auch wenn dies gegen den Willen des Geheimnisherrn ist. Besteht dagegen nur ein Melderecht, dann ist der Arzt auch nur *berechtigt*, als Zeuge auszusagen.
Nebst diesen zwei Ausnahmen darf ein Arzt, der als Zeuge vor ein Gericht oder eine Strafuntersuchungsbehörde vorgeladen wird, im Normalfall nur insoweit aussagen, als er vom Geheimnisherrn von der Schweigepflicht entbunden wurde.
Ein Arzt, der, nach Zustimmung des Patienten, den Auftrag als Gutachter annimmt, darf selbstverständlich die von der betreffenden Instanz gestellten Fragen beantworten. Daneben darf der Arzt jedoch, selbst mit Zustimmung des Patienten, Dritte nicht über den Inhalt des Gutachtens informieren.
Ist der Arzt Prozesspartei, namentlich um bestrittene Honorarforderungen durchzusetzen oder in einem Strafverfahren gegen ihn, muss er sich, mangels meist fehlender Einwilligung des Patienten, von der Aufsichtsbehörde von der Schweigepflicht entbinden lassen, denn schon ein Arztbesuch als solcher fällt unter die Schweigepflicht.

[525] Ein Beispiel dazu wäre der Arzt, der seinen Patienten über dessen positiven HIV-Test aufklärt und aus den Reaktionen des Patienten schliessen muss, dass dieser den Befund seiner Lebenspartnerin verschweigen wird. Durch ein Verschweigen der HIV-Positivität gefährdet dieser seine Partnerin an Leib und Leben. Zwar ist in Art. 34 Ziff. 2 StGB

miert, um dessen Gut, wie namentlich Leib und Leben, aus einer nicht anders abwendbaren Gefahr zu erretten, und aus der *Berufspflicht*[526] nach Art. 32 StGB.

Die Schweigepflicht laut Art. 321 StGB gilt für den Arzt auch nach dem Todeseintritt seines Patienten, somit auch für anlässlich der Leichenschau und damit im Zusammenhang gemachte Feststellungen. Das Recht der Auskunftserteilung an nahe Angehörige darf vom Arzt vermutet werden (vgl. dazu auch § 15 PRV/ZH). Der behandelnde Arzt (z. B. Hausarzt des Verstorbenen) darf von einer mutmasslichen Einwilligung des Verstorbenen in die Bekanntgabe von Auskünften an den leichenbeschauenden Arzt ausgehen. Dem Bestatter gegenüber ist die Schweigepflicht jedoch zu beachten.

Die Datensicherheitsmassnahmen müssen auch bei nicht mehr gebrauchten Unterlagen mit Personendaten angewandt werden. Bei medizinischen Akten sind qualifizierte Anforderungen bei der Vernichtung zu beachten. Sie sind korrekterweise von dem gemäss Art. 6 DSG verantwortlichen Organ zu schreddern oder auf andere ebenso sichere Art und Weise zu entsorgen und dürfen nicht wie im Fall einer Schulzahnklinik für die gewöhnliche Papiersammlung bereitgestellt werden[527].

Nach dem Grundsatz «lex specialis derogat legi generali» geht Art. 321 StGB daher allgemeinen Auskunftsrechten und Auskunftspflichten, die sich an jedermann richten, vor.

250

251

2. Berufsgeheimnis in der medizinischen Forschung (Art. 321bis StGB)

Die Schweigepflicht laut Art. 321 StGB gilt nur für Ärzte und ihre Hilfspersonen, nicht aber für in der Forschung tätige Personen, was

252

---

von einer *unmittelbaren* Gefahr die Rede, doch wurde in BGE 122 IV 7 eine «Dauergefahr», solange diese «un danger actuel mais aussi concret» darstellt, als unmittelbare Gefahr zugelassen. Ebenso wurde im Fall Polizeihauptmann Grüninger entschieden, welcher Notstandshilfe geleistet hatte, als er 1940 Juden zur Flucht verholfen und dabei Urkunden gefälscht und seine Amtspflicht verletzt hatte (SJZ 92, Nr. 28). Die Interessenabwägung würde zudem klar zugunsten der Gesundheit als höherwertiges Interesse und gegen das Recht auf die ärztliche Schweigepflicht ausfallen. Durch die Notstandshilfe ist der Arzt gerechtfertigt, seine Schweigepflicht zu brechen und die Lebenspartnerin des Patienten über den positiven HIV-Test ihres Partners aufzuklären.

526 Ein Arzt, der die Angehörigen eines von ihnen zu Hause gepflegten Schwerkranken im Interesse einer sachgemässen Behandlung über seine Feststellungen orientiert, kann sich darauf berufen, wenn von ihm zu seiner Schonung keine Einwilligung in eine solche Information eingeholt werden kann.

527 Vgl. BAERISWYL, TB 1998.

der Grund ist, weshalb 1993 mit Inkrafttreten des DSG Art. 321bis StGB erlassen wurde. Mit der Ergänzung des Strafgesetzbuches wurde formal eine Erleichterung für Forscher geschaffen und es wurden die Rechte der Patienten gegenüber dem früheren totalen Schutz, der praktisch auch nur wenig respektiert wurde, durch Art. 321 StGB mit einem neuen, genau definierten Rechtfertigungsgrund zur Aufhebung des Berufsgeheimnisses eingeschränkt. Mit den klaren Regelungen sollten eigentlich sowohl die Forscher wie auch die Patienten zufrieden sein, denn dieser Artikel schafft einerseits eine besondere Rechtfertigung der Forschung kraft behördlicher Bewilligung (Bewilligungs-Forschung), andererseits werden die Forscher und auch ihre Hilfspersonen[528] in den Kreis der geheimhaltungspflichtigen Personen aufgenommen.

253 Art. 321bis StGB unterstellt alle Personen, die beruflich in der Forschung im Bereich der Medizin und des Gesundheitswesens tätig sind und entsprechende Berufsgeheimnisse offenbaren, der Strafdrohung nach Art. 321 StGB. Ergänzt wird dieser Artikel durch die Verordnung über die Offenbarung des Berufsgeheimnisses im Bereich der medizinischen Forschung (VOBG, SR 235. 154).

254 Was unter medizinischer Forschung im Bereich der Medizin und des Gesundheitswesens zu verstehen ist, wird von ARZT[529] offen gelassen. EICHENBERGER[530] hingegen schränkt den Begriff dahingehend ein, dass «die Forschung auf medizinische Fortschritte abzielen muss, die der Öffentlichkeit und damit der kranken Bevölkerung insgesamt zugute kommen». Bei der Forschung werden nicht individuelle Lösungen, sondern allgemeine Erkenntnisse gesucht. Im Unterschied zum therapeutischen Akt verlieren dabei sowohl der Arzt als auch der Patient einen Teil ihrer Selbstbestimmung zugunsten der Maximierung der kollektiven Gesundheit.

255 Art. 321bis Abs. 2 StGB sieht einen *besonderen Rechtfertigungsgrund* der *Bewilligung* durch die Sachverständigenkommission[531] vor, wobei der Berechtigte nach Aufklärung[532] über seine Rechte die Offenbarung nicht

---

[528] Dies ergibt sich unmittelbar aus Art. 321bis StGB, denn auch die Forschungshilfsfunktion ist eine «Tätigkeit für die Forschung». Vgl. MAURER/VOGT, Kommentar, Art. 321bis StGB.
[529] MAURER/VOGT, Kommentar, N 11 zu Art. 321bis StGB.
[530] EICHENBERGER, Rechtstellung, § 9, B, III, 4.
[531] Die Mitglieder der Sachverständigenkommission fallen nicht unter Art. 321bis Abs. 1 StGB, unterliegen aber der Verschwiegenheitspflicht nach Art. 320 StGB, was auch Art. 7 VOBG festhält.
[532] Dabei wird von einer Routineaufklärung ausgegangen, d. h., der Patient muss nicht im Kontext des konkreten Forschungsvorhabens über seine Rechte aufgeklärt werden.

ausdrücklich untersagt haben darf[533]. Ein Patient, der sein grundsätzliches Einverständnis erklärt hat, kann dabei jederzeit auf seine Entscheidung zurückkommen.

Die Bewilligung kann auch unter Auflagen erteilt werden. Die Missachtung der Auflagen kann zur Zurücknahme der Bewilligung führen, macht jedoch diese nicht hinfällig. Die Befolgung der Auflagen kann nicht mittels Strafandrohung von Art. 321 StGB erzwungen werden[534]. Die oft vorhandene Auffassung der Ärzte, dass «la volonté de savoir et la volonté de guérir sont indissociables, car la finalité de la recherche est l'amélioration de la qualité des soins médicaux»[535], kann nur in denjenigen Fällen geteilt werden, in denen die Patienten bei ihrer Behandlung in ein Forschungsprojekt integriert sind[536]. Hierbei ist die Forschung auch bei der individuellen Behandlung nützlich.

Forscht aber eine andere Person als der behandelnde Arzt selber, und braucht er dazu Informationen über den Patienten, muss der Arzt vor der Offenbarung der Daten eine Einwilligung des Patienten einholen. Die Einwilligung des Patienten gibt dem Arzt das *Recht* zur Information des Forschers. Eine *Pflicht* zur Kooperation mit dem Forscher kann daraus aber nicht abgeleitet werden. 256

Art. 10 VOBG beschränkt die Antragsberechtigung von Personen, die nicht an das Arztgeheimnis gebunden sind, auf Forscher und die für Medizinalregister verantwortlichen Organe sowie Kliniken und medizinische Universitätsinstitute. «Universitätsinstitute und Dienstleistungsbetriebe, welche den Gesundheitsmarkt und das Sozialversicherungssystem nach 257

---

[533] Ein Arzt, der Patienten behandelt, deren Daten zu einem späteren Zeitpunkt im Rahmen der Forschung von Nutzen sein könnten, muss seine Patienten vor der Behandlung mündlich oder mittels eines Formulars über die mögliche nicht anonymisierte Verwendung des Patientendossiers zu Forschungszwecken in Kenntnis setzen. Dabei ist der Patient darauf hinzuweisen, dass er das Recht hat, die Verwendung zu verweigern. Sollen Daten ohne vorherige Information im Nachhinein der Forschung zugänglich gemacht werden, so ist die ausdrückliche Einwilligung der Patienten gem. Art. 321 StGB erforderlich.
Gem. Art. 11 Abs. 1 VOBG muss die Expertenkommission das grundsätzliche Einverständnis des Arztes als Inhaber der Datensammlung einholen, wenn dieser nicht selber Gesuchsteller ist. Zu beachten ist auch Art. 11 Abs. 4 VOBG, wonach mit der Bewilligungserteilung für den Inhaber der Datensammlung nur ein Recht, nicht aber eine Pflicht zur Datenbekanntgabe entsteht.

[534] Es ist höchstens eine Strafandrohung wegen Ungehorsams gegen amtliche Verfügungen nach Art. 292 StGB möglich, gegen die nach Art. 33 Abs. 1 Bst. c DSG die Datenschutzkommission angerufen werden kann.

[535] Vgl. MANAÏ, Chapitre IV, 10.1.

[536] Dies geht auch aus Art. 10 Abs. 2 VOBG hervor, der behandelnde (und dann forschende) Ärzte von der Bewilligungspflicht ausnimmt, solange die Daten nicht an Dritte weitergegeben werden.

volks- und betriebswissenschaftlichen Gesichtspunkten untersuchen, sind auch dann nicht antragsberechtigt, wenn sie im öffentlichen Auftrag handeln.»[537] Forschungsprojekte zu rein statistischen Zwecken oder zur Überprüfung der Qualitätssicherung oder der Kosten der sozialen Krankenversicherung sind nicht antragsberechtigt; hierzu bedarf es bei der Verwendung von nicht anonymisierten[538] schützenswerten Personendaten der Einwilligung[539] der Betroffenen, welche freiwillig erfolgt sein muss und jederzeit widerrufbar[540] ist. Eine Einwilligung kann nur eine nicht sittenwidrige oder rechtmässige Forschung legitimieren. Bei Urteilsunfähigen muss der Vertreter über die Rechte des Vertretenen aufgeklärt werden. Hat ein Urteilsunfähiger keinen Vertreter, ist die Forschung mit Daten dieser Person verboten, da der forschende Arzt nicht nur im Interesse des Patienten handelt und von einer konkludenten Einwilligung nicht ausgegangen werden darf.

258 Das Recht auf informationelle Selbstbestimmung wird nur soweit eingeschränkt, als dies aus Gründen der Praktikabilität für die Forschung unabdingbar ist. Im Normalfall ist die Einwilligung des Berechtigten unerlässlich. Sie kann nur unter qualifizierten Voraussetzungen durch eine standardisierte Aufklärung und die Bewilligung der Sachverständigenkommission ersetzt werden.

259 Vom Bewilligungsverfahren ausgenommen sind im Bereich der Eigenforschung Ärzte, die hier ohnehin Geheimnisherren sind. Werden die Daten jedoch weitergegeben, so ist die ausdrückliche Zustimmung oder die standardisierte Aufklärung mit Vetorecht des Patienten nötig.

260 *Sonderbewilligungen* gemäss Art. 2 VOBG beziehen sich auf genau umschriebene Forschungsprojekte, wobei eine Bearbeitung derselben Daten im Rahmen eines anderen Projektes einer neuen Bewilligung bedarf.

261 Eine *generelle Bewilligung* kann gemäss Art. 321bis Abs. 5 StGB i. V. m. Art. 3 VOBG erteilt werden, sofern die schutzwürdigen Interessen der

---

[537] EICHENBERGER, Rechtsstellung, § 9, B, III, 4.
[538] Anonymisiert sind Daten, wenn die Person nicht identifizierbar ist.
[539] Grundsätzlich kann die Sachverständigenkommission keine Bewilligung für die Forschung mit Daten erteilen, wenn der Patient nicht einwilligt. Zu respektieren ist dabei jeder Protest des Patienten, nicht nur der *informed protest*. Es spielt keine Rolle, ob der Patient nach, vor oder ohne Aufklärung über seine Rechte protestiert. Eine aufklärende Einwirkung auf den Patienten, den Widerspruch aufzuheben, ist jedoch zulässig.
[540] Der Widerruf sperrt die *Bekanntgabe* der Erkenntnisse *an Dritte*. Die *Offenbarung* ist ex nunc unerlaubt. Es handelt sich im Strafrecht aber nicht um einen Widerruf ex nunc oder tunc, wobei der Forscher alle Daten «vergessen» müsste.
G. ARZT kritisiert im Kommentar zum Datenschutz Art. 321bis StGB betreffend die Botschaft (BBl 1988 II 493), in welcher die Ansicht vertreten wird, bei einem Widerspruch des Betroffenen dürften die Daten nicht mehr weiterbearbeitet werden.

Berechtigten nicht gefährdet sind und die Daten zu Beginn der Forschungstätigkeit anonymisiert wurden. Diese generelle Bewilligung, welche das mit der Forschung betraute Personal ermächtigt, zum Zwecke der Sammlung der erforderlichen Daten, in Patientendossiers Einsicht zu nehmen, wird nicht den Forschern selbst, sondern den Kliniken und medizinischen Universitätsinstituten erteilt. Die einzelnen Projekte müssen der Sachverständigenkommission dennoch gemeldet werden, damit diese überprüfen kann, ob der Rahmen der generellen Bewilligung eingehalten wird. Einen wichtigen Anwendungsfall der vereinfachten generellen Bewilligung bilden die Medizinalregister[541] (Tumorregister). Darunter fallen nicht nur Datensammlungen zu «medizinischen Forschungszwecken», sondern auch solche zur Planung im Bereich des Gesundheitswesens. Das Berufsgeheimnis ist tangiert, wenn diese forschenden Personen in Daten Einsicht nehmen können, zu denen sie sonst keinen Zugang haben.

Ein *Forschungsprivileg,* wonach Forscher Personendaten zu Forschungszwecken bearbeiten dürfen, wenn die *Publikation* anonym erfolgt, enthalten die Art. 13 Bst. e und Art. 22 DSG für die Bundesverwaltung und Privatpersonen. Insbesondere darf beim Forschungsprivileg, abweichend von Art. 4 Abs. 3 DSG, mit Personendaten auch dann geforscht werden, wenn sie nicht unter Hinweis auf den Forschungszweck beschafft worden sind[542]. Für kantonale Behörden, zu denen auch die öffentlichen Spitäler gehören, finden sich vergleichbare Regelungen im kantonalen Datenschutzrecht[543]. 262

Gegen versagte oder unter Auflagen erteilte Bewilligungen kann jeder, der am Forschungsprojekt ein unmittelbares Interesse hat (Art. 48 VwVG i. V. m. Art. 11 Abs. 6 VOBG) sowie auch der EDSB (Art. 32 Abs. 3 DSG) Beschwerde gemäss Art. 11 Abs. 6 VOBG i. V. m. Art. 19 VOVRS erheben. Gegen erteilte Bewilligungen besteht, ausser für den EDSB, keine Beschwerdeberechtigung. Beschwerdeinstanz ist dabei die Datenschutzkommission (Art. 33 DSG) und das Verfahren richtet sich nach dem VwVG. 263

---

[541] Antragsberechtigt sind gem. Art. 10 Abs. 1 VOBG die «für Medizinalregister verantwortlichen Organe wie Kliniken und medizinische Universitätsinstitute». Nahe gelegen hätte eine Ausdehnung des erleichterten Zugriffs auf Patientdaten auf betriebswirtschaftliche Institute, solange diese im Bereich der Kosten, Planung oder Effizienz des Gesundheitswesens forschen.

[542] Dies folgt explizit aus Art. 22 Abs. 2 Bst. a DSG und implizit aus Art. 13 Bst. e DSG (BBl 1988 II 463).

[543] Vgl. Art. 15 DSG-BE, wo nicht unbedingt volle Anonymisierung gefordert wird. Personendaten dürfen für Forschungszwecke bearbeitet werden, wenn die *Publikation* der Forschungsresultate anonymisiert erfolgt.

3. Unbefugtes Beschaffen von Personendaten und weitere Straftatbestände des StGB

264 Wer unbefugt besonders schützenswerte[544] Personendaten oder Persönlichkeitsprofile, die nicht frei zugänglich sind, aus einer Datensammlung beschafft, wird nach Art. 179^{novies} StGB[545] bestraft. Dabei sollte die Datensammlung nicht nur unter dem Aspekt des Vermögensschutzes, sondern auch unter dem der Persönlichkeit des Dateninhabers geschützt werden. Das *Beschaffen* aus einer Datensammlung ist dabei i.S.v. *unmittelbar* Beschaffen zu verstehen. Dabei muss eine Zugangssperre überwunden oder umgangen werden[546]. Kein Beschaffen liegt dort vor, wo keine technische Schranke, sondern ein Mensch als Schranke überwunden wird (Bestechung, Nötigung). Eine hinzunehmende Lücke besteht beim Beschaffen durch Täuschung[547]. Die Datenhehlerei[548] ist wie bei Art. 35 DSG nicht erfasst. Auch das *Hacking* als blosses Eindringen (ohne Kenntnisnahme) wird durch Art. 179^{novies} StGB nicht erfasst[549].

265 Damit der Tatbestand nach Art. 179^{novies} StGB erfüllt ist, muss mit Vorsatz gehandelt worden sein, d.h. mit Wissen und Wollen der Verwirklichung des objektiven Tatbestandes. Die irrige Annahme einer Befugnis schliesst demnach als Tatbestandsirrtum (Art. 19 StGB) den Vorsatz aus. Art. 179^{novies} StGB wurde, wie auch Art. 321bis StGB, erst mit Inkrafttreten des neuen Datenschutzgesetzes per 1. Juli 1993 eingefügt.

---

[544] Da eine Adressliste u.U. das wertvollste Kapital einer Unternehmung sein kann, sollte der Ausdruck «besonders schützenswert» auf den Inhaber der Datensammlung bezogen werden.
Bei der Auslegung der «besonders schützenswerten Personendaten» stützt sich das StGB auf die Auslegungen des DSG.

[545] Art. 179^{novies} StGB soll eine Ergänzung des Datengeheimnisses des Art. 35 DSG darstellen, denn Art. 35 DSG pönalisiert den Vertrauensbruch durch den Dateninsider, Art. 179^{novies} StGB soll dagegen die Geheimsphäre gegen Einbrüche von aussen schützen. Der Unterschied liegt auch darin, dass Art. 179^{novies} StGB nicht wie Art. 35 DSG auf *geheime* Daten beschränkt ist. Dass die Daten «nicht frei zugänglich» sein dürfen, zielt auf die *Datensicherung* durch den Inhaber der Datensammlung ab. Beim klaren Sonderfall der öffentlich zugänglichen Informationen wird man das Merkmal «geheim» aus Art. 35 DSG in die besonders schützenswerten Daten nach Art. 179^{novies} StGB mindestens abgeschwächt hineininterpretieren müssen.

[546] Bei Art. 179^{novies} StGB genügt eine allgemeine Sicherung, während bei Art. 143 StGB ein sich explizit gegen den Eindringling richtender Schutz gefordert wird.

[547] Bei Art. 179^{novies} StGB fehlt die Überwindung der technischen Schranke und bei Art. 35 DSG fehlt die Sondereigenschaft für mittelbare Täterschaft, da die Verletzung des Datengeheimnisses durch den Getäuschten nicht vorsätzlich erfolgt.

[548] D.h., jemand verwendet (z.B. Weitergabe) ein unbefugt nach Art. 35 DSG bekanntgegebenes oder nach Art. 179^{novies} StGB ausspioniertes Datengeheimnis.

[549] Vgl. dazu aber Art. 143bis StGB.

Damit der Datendiebstahl umfassend geschützt ist, wurde Art. 143 266
StGB, ein umfassender Tatbestand des Datendiebstahls (Unbefugte Datenbeschaffung), eingeführt. Dieser Artikel verlangt die Absicht, sich *unrechtmässig* zu bereichern. Eine irrige Annahme, die Information beanspruchen zu können, schliesst dieses subjektive Tatbestandselement aus[550]. Ergänzt wird dieser Artikel durch den neuen Art. 143bis StGB, der das unbefugte Eindringen in ein Datenverarbeitungssystem ohne Bereicherungsabsicht mit Strafe bedroht, und dem Art. 147 StGB, der betrügerischen Missbrauch einer Datenverarbeitungsanlage kriminalisiert. Neben der Datenspionage, dem Datendiebstahl und dem betrügerischen Missbrauch einer Datenverarbeitungsanlage ist auch die Datenbeschädigung nach Art. 144bis StGB strafbar.

Bei einem Diebstahl von Disketten tritt Art. 139 StGB in echte Konkurrenz mit Art. 179[novies] StGB. 267

Idealkonkurrenz besteht i.d.R. bei Art. 179[novies] StGB und Art. 143 StGB, wenn sich jemand geschützte Informationen in Bereicherungsabsicht verschafft.

4. Strafbestimmungen des DSG

Die berufliche Schweigepflicht wird durch die Strafbestimmung 268
von DSG 35 geschützt. Ihr unterliegen alle Personen, deren Beruf die Kenntnis besonders schützenswerter Personendaten[551] erfordert. Mit diesem strafrechtlichen Mittel wird nur der Schutz *geheimer*[552] Daten gewährleistet. Die berufliche Datenverarbeitung beinhaltet ein besonderes Gefährdungspotential, was den Sonderdeliktscharakter[553] von Art. 35 DSG, der eigentlich ein Erfolgsdelikt darstellt (Verletzung der Geheimsphäre als Erfolg), rechtfertigt. Der Kreis der möglichen Täter kann

---

[550] Fehlt die unrechtmässige Bereicherungsabsicht, eröffnet das nicht den Rückgriff auf die mildere Strafdrohung für Handeln ohne Bereicherungsabsicht nach dem Art. 143bis StGB.

[551] Diese besonders schützenswerten Daten richten sich nach der Legaldefinition des Art. 3 Bst. c DSG, die ihrerseits beeinflusst ist durch Art. 6 ER-Konv-108. Dabei ist eigentlich nur die Ausgrenzung wirtschaftlich-finanzieller Daten von Bedeutung.

[552] *Geheim* sind äussere (objektive) und innere (subjektive) Tatsachen, die nicht öffentlich bekannt oder öffentlichem Wissen zugänglich sind. Daten, die allgemein zugänglich sind, sind nicht geheim, und zwar auch dann nicht, wenn es (entgegen Art. 12 Abs. 3 DSG) nicht die betroffene Person war, welche die Daten allgemein zugänglich gemacht hat.

[553] Diese Charakterisierung des Art. 35 DSG als Sonderdelikt wird in der Botschaft (BBl 1988 II 485) besonders hervorgehoben. Der Sonderdeliktscharakter kann nur über dieses Gefährdungspotential und nicht über die Rechtsgutsverletzung erklärt werden.

nicht über die allgemeinen Regeln der Mittäterschaft erweitert werden. Die statt des Geheimhaltungspflichtigen tätigen Dritten gem. Art. 14 DSG fallen nicht unter Art. 35 DSG (denn der Dritte ist nicht Hilfsperson, wie der Lehrling oder Angestellte, vgl. dazu BBl 1988 II 486). Wohl aber ermöglicht Art. 35 Abs. 2 DSG, dass die Zurechnung der Sondereigenschaft an die bearbeitende natürliche Person fällt, wenn es sich beim geheimhaltungspflichtigen Datenbearbeiter um eine juristische Person handelt.

Um in den Strafbereich von Art. 35 DSG zu gelangen, muss die Person die Daten «bei der Ausübung ihres Berufes» erfahren haben, wobei nur solche Informationen erfasst werden, die in die berufliche Datenverarbeitung einfliessen. Es muss sich dabei um für den Beruf des Datenverarbeiters relevante Daten handeln.

269 Vom Straftatbestand nach Art. 35 StGB wird nur erfasst, wer vorsätzlich handelt, d.h. mit Wissen und Wollen den objektiven Tatbestand erfüllt. Auf die Rechtswidrigkeit braucht sich der Vorsatz nicht zu beziehen[554].

Der Versuch ist, da es sich um eine Übertretung handelt, nicht strafbar.

270 Rechtfertigungsgründe für die Datenbearbeitung können sich aus der Einwilligung des Betroffenen, aus der Wahrnehmung berechtigter Interessen (vgl. dazu Art. 13 Abs. 2 DSG) aber auch aus dem DSG, StGB oder aus anderen eidgenössischen oder kantonalen Gesetzen ergeben[555].

Keinen Schutz gewährt Art. 35 DSG gegen Datenverleumdung, d. h. erfundene Angaben, denn was nicht existiert, kann auch nicht «bekannt gegeben» werden.

271 Der Anstifter zur Verletzung der beruflichen Schweigepflicht ist gem. Art. 24 StGB i. V. m. Art. 101 und 333 StGB strafbar, nicht aber der Gehilfe.

272 Nur der Geheimnisherr als Verletzter ist zum Strafantrag berechtigt, und das nur innert der kurzen Frist von drei Monaten ab dem Tag, an welchem dem Antragsberechtigten der Täter bekannt wird (Art. 28 f. StGB). Das kantonale Recht regelt, bei welcher Behörde der Strafantrag einzureichen ist.

Ausgeschlossen ist die Inanspruchnahme der Hilfe gemäss dem Opferhilfegesetz, da Art. 2 OHG *unmittelbare* Beeinträchtigung der psychischen Integrität voraussetzt.

---

[554] Anders verhält sich dies bei Art. 179^{novies} StGB, wo sich der Vorsatz auch auf die Rechtswidrigkeit beziehen muss. Dies geht schon aus der Marginalie hervor, wo das «unbefugt» erwähnt wird und im Tatbestand als «ohne die Einwilligung» wiederholt wird.
[555] Für weitergehende Erläuterungen vgl. MAURER/VOGT, Kommentar, Art. 35, RN 31 ff.

Das Datengeheimnis gewährt – anders als bei anderen Berufsgeheim- 273
nissen, z. B. bei Art. 321 StGB – grundsätzlich *kein Zeugnisverweigerungsrecht*.

Die angedrohte «Haft oder Busse» kann im Rahmen der grossen Er- 274
messensfreiheit des Richters auch zu einer Kumulierung beider Strafen
führen (vgl. Art. 50 Abs. 2 und 63 StGB).

Im Unterschied zu Art. 321 StGB ist der Personenkreis bei Art. 35 DSG 275
weiter[556] und das Strafmass tiefer.

Zwischen Art. 35 DSG und 320 StGB herrscht unechte Gesetzeskonkurrenz i.d.S., dass die Verletzung des Datengeheimnisses in Art. 320
StGB aufgeht. Da die besondere Gefährlichkeit der Datenverarbeitung
in den klassischen Geheimnisverletzungstatbeständen nicht zwingend
enthalten ist, liegt nicht Spezialität, sondern Konsumtion vor.

Straftatbestände, die Privatpersonen zur Verschwiegenheit verpflichten, wie auch das ärztliche Berufsgeheimnis nach Art. 321 StGB, werden
durch Art. 35 DSG ergänzt.

5. Strafbestimmungen des KVG

Alle mit der Durchführung der Krankenversicherung betrau- 276
ten Personen unterliegen der Strafandrohung für die Verletzung der Verschwiegenheitspflicht nach Art. 92 lit. c KVG. Diese Straftat soll als Offizialdelikt nicht bloss auf Antrag, sondern von Amtes wegen verfolgt werden. Die Krankenkassenfunktionäre unterliegen daneben auch dem Antragsdelikt nach Art. 35 DSG, da das Datenschutzgesetz auch auf die
Krankenkassen, welche als Bundesorgane im Sinne von Art. 2 Abs. 1 lit. b
DSG gelten, anwendbar ist.

---

[556] Dies weil der Gesetzgeber den Art. 35 DSG nicht nur auf vertrauenswürdige Berufe
wie Psychologen, Sozialarbeiter und Ehevermittler beschränkt hat. Eine kasuistische
Aufzählung wäre geeigneter gewesen, da damit die Aufwertung der «Berufe» der
Wahrsager und Tischrücker ausgeblieben wäre, die nun auch unter diese Geheimhaltungspflicht fallen.

§ 6 Praktische datenschutzrechtliche Fragen im Gesundheitswesen

1. Elektronische Datenverarbeitung

277 Mit der obligatorischen Einführung der medizinischen Statistik sind alle Spitäler verpflichtet, Daten auf elektronischem Weg weiterzuleiten. Dieser elektronische Datentransfer (EDI, Electronic Data Interchange) bezeichnet den direkten, unternehmensübergreifenden Austausch von strukturierten Informationen und Nachrichten zwischen Computern mit Hilfe elektronischer Kommunikationsmittel. Das Ziel von EDI ist es, Daten einmal in elektronischer Form zu erfassen und den Empfängern ohne Neuerfassung zur Weiterverarbeitung zur Verfügung zu stellen, wobei diese Empfänger Computerprogramme oder Personen sein können.

Im Gesundheitswesen werden vor allem die Systeme *UN/EDIFACT* (speziell für den Datenaustausch zwischen Unternehmen) und *XML/EDI* (allgemeiner, da dank der Flexibilität Dokumente aller Art beschrieben und ausgetauscht werden können) für den Datenaustausch eingesetzt[557].

278 Die elektronische Verarbeitung von Gesundheitsdaten bringt den Vorteil einer administrativen Vereinfachung und Beschleunigung mit sich und kann damit zur Kostensenkung beitragen. Zu Sicherungszwecken müssen dabei alte Patientendaten periodisch ausgelagert werden.

Im Zusammenhang mit der Wartung von Hard- und Software ist zu beachten, dass die Wartungsfirma vertraglich verpflichtet wird, ihre Mitarbeiter auf die Vertraulichkeit der Daten hinzuweisen und sie zu entsprechendem Verhalten zu verpflichten[558]. Die elektronische Datenverarbei-

---

[557] Daneben stehen im Gesundheitswesen diverse Meldungstypen zur Verfügung:
INVOIC zur Leistungsabrechnung, Mahnung und Rechnungsrückweisung;
REQOTE zur Kostengutsprache-Anfrage;
QUOTES zur Kostengutsprache-Bestätigung;
MEDREQ für Laboraufträge (Auftragseingänge werden umgehend bestätigt);
MEDRPT für Laborbefunde;
GENRAL für Unfallmeldungen und Korrespondenzen dazu.

[558] Unter den Begriff «Wartung» fällt die Beseitigung von Programmierfehlern, Installation von neuen Programmversionen, wie auch die Erhöhung der Leistungsfähigkeit einer Anlage durch Einbau von neuer Hardware. Das Problem dabei ist, dass Personen Zugriff auf Daten haben, die eigentlich dem Arzt vorbehalten wären. Die Wartungsfirma sollte z. B. die Mitarbeiter auf die Schweigepflicht aus Art. 35 DSG aufmerksam machen, auf die allgemeinen Datensicherheitsaspekte (beispielsweise sollten keine Daten auf Disketten gespeichert werden) und die Wichtigkeit der Einhaltung der Datenschutzgrundsätze.
Auf Fernwartung sollte nach Möglichkeit verzichtet werden. Ist diese unumgänglich,

tung beinhaltet hauptsächlich die Gefahr des grenzenlosen Datentransfers ohne Kenntnis des Patienten, was insbesondere in Bezug auf Versicherungen als problematisch erscheint.

Beim heiklen Datenaustausch im Gesundheitswesen, wo das Patientengeheimnis auf dem Spiel steht, gibt die anonymisierte und verschlüsselte Übermittlung via *ICD-10 Codes* immer wieder Anlass zu heftigen Diskussionen. Mittels ICD-10 Codes (ICD-9-CM für Behandlungen), einer internationalen statistischen Klassifikation der Krankheiten und verwandter Gesundheitsprobleme, werden für alle Patienten in den Krankenhäusern die Diagnosen verschlüsselt erfasst. Der ICD-10 Code, der über 10 000 detaillierte Diagnosecodes aufweist, wird grundsätzlich in anonymisierter Weise zu statistischen Zwecken benötigt. Da die Erfassung von Mehrfachhospitalisationen eine bestimmte Identifizierbarkeit der Patienten erfordert und damit Variablen wie Vorname, Geschlecht, Geburtsdatum, Wohnort, Nationalität und Behandlungsart vorliegen, wird eine Bestimmbarkeit der betroffenen Personen in vielen Fällen einfach. Missbräuche können erschwert werden, indem auf zu detaillierte Angaben verzichtet wird und etwa statt des genauen Geburtsdatums der Jahrgang oder an Stelle des genauen Wohnorts die Region festgehalten wird und die Aufbewahrungsdauer auf 10 Jahre limitiert wird. Auf informationstechnischer Ebene wird die Anonymisierung soweit unterstützt, als dass nur mehr generalisierte Variablen verwendet werden, die eine Bestimmbarkeit der betroffenen Personen praktisch ausschliessen. Damit werden Rahmenbedingungen geschaffen, die eine datenschutzkonforme Bearbeitung der sensiblen Gesundheitsdaten für *statistische Zwecke* erlauben und das Patientengeheimnis wahren.

Viele Versicherer verlangen nun, dass diese Diagnosecodes in nicht anonymisierter Form zusammen mit der Rechnungsstellung auch an sie weitergeleitet werden sollten. Bisher wurden den Versicherungen zur Überprüfung der Behandlungskosten Rahmendiagnosen mitgeteilt, was einen verhältnismässigen Eingriff in die Persönlichkeitsrechte der betroffenen Personen darstellte. Diese Rahmendiagnosen erfüllen die Anforderungen von Art. 42 Abs. 3 KVG, wonach den Krankenkassen eine detaillierte und verständliche Rechnung zur Überprüfung der Wirtschaftlichkeit zuzustellen ist. Nach Art. 42 Abs. 4 KVG können im Einzelfall zusätzliche medizinische Auskünfte verlangt werden. Auf eine regelmässige Weitergabe detaillierter Diagnosen, wie sie der ICD-10 Code beinhaltet,

---

sollte eine Verbindung über Modem nur kurzfristig und in Absprache mit der Wartungsfirma aufgebaut werden.
Bei Software-Wartung sind die erforderlichen Tests nicht mit den effektiven Patientendaten, sondern mit erfunden Daten (dummy data) durchzuführen.

Kapitel 4 – Datenschutz

kann daraus aber nicht geschlossen werden. Dies ginge über die durch das KVG gedeckten Informationsflüsse weit hinaus (vgl. Art. 42 KVG). Für eine regelmässige Weitergabe der ICD-10 Codes an die Versicherer fehlt somit eine gesetzliche Grundlage und eine solche verstösst zudem gegen die Grundsätze der Zweckbindung und der Verhältnismässigkeit (ungeeignet und nicht erforderlich), da die ICD-10 Codes zu statistischen Zwecken erhoben werden und die Klassifizierung zur Kontrolle der Wirtschaftlichkeit der erbrachten Leistungen oder zur Konzipierung von neuen Versicherungsprodukten gar nicht geeignet sind. Mit einer regelmässigen Weitergabe von ICD-10 Codes würde sowohl das Patientengeheimnis unterlaufen, wie auch die Institution des Vertrauensarztes nach Art. 42 Abs. 5 KVG in Frage gestellt, da dieser gar nicht in der Lage wäre, all diese Daten zu bearbeiten. Aus diesen Gründen haben die schweizerischen Datenschutzbeauftragten schon sehr früh gegen das Ansinnen der Versicherer mit einer Resolution reagiert, sodass im Kanton Zürich eine Weisung der Gesundheitsdirektion an die Krankenhäuser ergangen ist, die festhielt, dass nur eine verkürzte Version des ICD-10 Codes[559] an die Versicherer weiterzugeben ist. Zudem sollten nur Krankenkassen mit einem Datenschutz-Zertifikat[560] ermächtigt werden, die Codes systematisch zu bearbeiten[561]. In der Praxis aber üben die Versicherer starken Druck aus,

---

[559] Eine auf drei Positionen reduzierte Version des ICD-10 Codes.
[560] Ein Prüffeld des Datenschutzzertifikats befasst sich mit der Datensicherheit. Dabei müssen die *Vertraulichkeit*, d. h. Zugriff nur für berechtigte Benutzer, die *Integrität*, d. h. Sicherstellung, dass die Daten während der Verarbeitung unverfälscht, vollständig und widerspruchsfrei bleiben, die *Verfügbarkeit*, d. h. die Gewährleistung, dass die Daten den Benutzern zeitgerecht für die vorgesehene Bearbeitung zur Verfügung stehen, die *Authenzität*, d. h. die Zuordnung der Daten zum Ursprung, im Hinblick auf die Rechtsverbindlichkeit, die *Revisionsfähigkeit*, d. h. die Dokumentation, wer welche Daten im System eingegeben, mutiert oder gelöscht hat und die *Transparenz*, d. h. eine Dokumentation der Verarbeitungsverfahren, damit diese innert nützlicher Frist und ohne einen unverhältnismässigen Abklärungsaufwand nachvollzogen werden können, gewährleistet sein. Vgl. dazu vorne Rz. 221.
[561] Die schweizerischen Datenschutzbeauftragten begrüssen den Zertifikats-Entwurf (EDSB, 1999/2000) und betrachten dies als geeignetes Instrument, mit welchem die Krankenkassen ihre Gesetzesverpflichtungen erfüllen können. Die Zertifizierung muss dabei durch eine neutrale, krankenversicherungsexterne Stelle durchgeführt werden. Der DSB kommt dafür nicht in Frage. Wünschenswert wäre es, Vertreter von Patienten und Versicherten einzubeziehen. Ein Datenschutzzertifikat ersetzt die staatliche Kontrolle jedoch nicht, sondern ergänzt diese nur. Ein Zertifikat kann einen Anreiz zur Selbstkontrolle schaffen und damit helfen, das Datenschutz-Vollzugsdefizit zu verringern. Der Datenschutz ist, trotz der Komplexität und der zum Teil nicht sehr präzisen gesetzlichen Vorgaben für eine Zertifizierung geeignet, denn die Zertifizierung ist ein geeignetes Mittel, um die Erfüllung von Anforderungen, meist gesetzlicher Art, in einer Organisation überprüfen, belegen und nach aussen kommunizieren zu können.

um generell mehr medizinische Informationen zu erhalten. Es ist ein –
schwierig zu findender – Interessenausgleich zwischen den wirtschaftlichen Interessen[562] und den Geheimnisschutzinteressen der Patienten zu
schaffen.

Nebst dem ICD-10 Code hat sich im Kanton Zürich die Frage von 281
Codes bei der geplanten Abrechnung der Leistungen mittels Fallkostenpauschale neu gestellt. Dabei handelt es sich um die *AP-DRG-Klassifikation*, die 641 Fallgruppen enthält. Der Datenschutzbeauftragte des Kantons Zürich erachtet die Verwendung der AP-DRG-Fallpauschalen grundsätzlich als möglich, auch wenn dadurch, gegenüber der heutigen Lösung, ein Mehr an Diagnosedaten an die Versicherer gelangen. Durch die unterschiedlich detaillierten Diagnoseangaben können jedoch die Erforderlichkeit und die Geeignetheit wohl gewährleistet werden.

Die Einführung von Bar-Codes auf Papierrechnungen zur Effizienz- 282
steigerung, damit die Versicherungen die Rechnungen über diesen Bar-Code in ihre EDV-Systeme einlesen können, wurde von den Datenschutzbeauftragten als mit dem Datenschutz vereinbar erklärt, sofern
– nur die *rechtmässig bearbeiteten* Personendaten aus den Rechnungen im Papierformat in den Bar-Code 1:1 übernommen werden
– *und* die Bearbeitung der im Bar-Code enthaltenen Personendaten ausschliesslich zu dem *Zweck* vorgenommen wird, der bereits der rechtmässigen Bearbeitung von Personendaten im Papierformat zugrunde liegt.

2. Elektronische Gesundheitskarte

Zu den Gesundheitsdatenformen der Zukunft gehören klar die 283
elektronischen Patientendossiers, in welchen grosse Mengen von Gesundheitsdaten[563] gespeichert werden können. Bald werden die medizinischen Informationen über die Patienten nicht mehr in Archivschränken in Arztpraxen oder Krankenhäusern liegen, sondern in riesigen Datenbanken, auf welche ein bestimmter Personenkreis nach einem bestimmten Modus greifen kann. Faktisch bedeutet das eine allumfassende, weltweite und jederzeitige Verfügbarkeit der medizinischen Informationen. Um dabei

---

Zertifikate schaffen Vertrauen und zeigen Schwachstellen und notwendige Änderungen bei Prozessen auf.
[562] Überprüfung der Leistungserbringungen nach qualitativen und wirtschaftlichen Kriterien durch Krankenhäuser und Versicherer.
[563] Dazu gehören neben Name, Adresse, Geburtsdatum und AHV-Nummer Krankheiten, Krankheitshäufigkeit, Diagnosen, Eingriffe, Therapien, verordnete Medikamente und Informationen für die Versicherungen.

den Persönlichkeitsschutz zu wahren, müssen alle mit der Bearbeitung betrauten Personen zur Verschwiegenheit verpflichtet werden; es muss streng unterteilt werden, wer auf welche Informationen Zugriff hat.

Die Gesundheitsdaten können dabei auf einer Karte gespeichert werden, welche im Besitz des Patienten ist, oder aber auf einer zentralen oder verschiedenen dezentralen Datenbanken, auf welche von überall her mit PIN und Benutzername oder noch zusätzlichen Sicherheitsmassnahmen zugegriffen werden kann. Die Diskussionen darüber, welchem von diesen Systemen der Vorrang gegeben werden soll, sind im Gange[564]. Bei der Patientenkarte soll jedenfalls nur der Karteninhaber die Gesamtheit der Daten über ein Passwort abrufen können. Der Besitz einer Gesundheitskarte muss dabei freiwillig sein, und niemandem, der über keine Karte verfügt, darf ein Nachteil entstehen. Zudem muss der gesamte Inhalt, der auf der Gesundheitskarte gespeichert ist, für deren Besitzer jederzeit vollständig einsehbar sein.

284 Mit der elektronischen Krankengeschichte wird auch die *Chipkarte* im Gesundheitswesen eine neue Bedeutung erlangen. Die im Bereich der Versicherungen bereits heute eingesetzten Chipkarten sollen nun vermehrt Träger auch von medizinischen Informationen werden. Die Vertraulichkeit und Sicherheit bei der Verwendung von Chipkarten kann jedoch nur gewährleistet werden, wenn auch das Gesamtsystem sicher und vertrauenswürdig ist.

285 Auch die Telemedizin mit Beratungen über das Internet, Diagnosen per E-Mail, Fernbedienung von Operationsinstrumenten sowie über Video zugeschaltete Operateure werden in Zukunft Anlass zu datenschutz-, wie auch haftungsrechtlichen Fragen geben. Beim Versand von solchen besonders schützenswerten Daten über das Internet sind Verschlüsselungsmechanismen zu wählen, welche die Vertraulichkeit (Schutz vor Kenntnisnahme durch Unberechtigte), die Integrität (Schutz vor Verfälschung) und die Authenzität (Identifizierbarkeit von Absender und Empfänger) gewährleisten (vgl. auch die nachfolgenden Ausführungen unter § 7 zu E-Health).

---

[564] Die Patientenkarte bietet Probleme wie beispielsweise: die Speicherkapazität, welche bei solchen Karten beschränkt ist, das Risiko des Verlustes der Karte und dem damit verbundenen Missbrauchspotential, das relativ hoch ist, und die Möglichkeit, dass der Karteninhaber mit psychischem oder physischem Druck gezwungen wird, die Daten preiszugeben. Solange hingegen der Arzt der Datenhüter ist, sind die Daten diesbezüglich besser geschützt. Im Gegensatz dazu hat der Patient mit seiner Karte hingegen die physische Macht über seine Daten, was die Akzeptanz der elektronischen Datenverarbeitung erleichtert. Bei den zentralen oder dezentralen Patientendossiers muss demgegenüber vor allem darauf geachtet werden, dass abgestufte Zugriffsrechte vergeben werden und der Zugriff allgemein organisatorisch und technisch strikt geregelt wird.

3. Forschung[565]

Wie zu Art. 321bis StGB vorne erläutert wurde, ist auch die medizinische Forschung auf Daten über ärztliche Untersuchungen und Befragungen angewiesen. Bei der Verwendung dieser Patientendaten wird zwischen drei erlaubten Arten unterschieden:
- Ein Arzt forscht mit Daten *seiner* Patienten und publiziert die Ergebnisse in strikt *anonymer* Form.
- Ein Arzt gibt Forschern Daten von Patienten weiter. Dazu muss der Arzt von den Patienten vorgängig die Einwilligung einholen.
- Die «Kommission für das Berufsgeheimnis in der medizinischen Forschung» erteilt eine Bewilligung für die Bekanntgabe von Patientendaten zu Forschungszwecken.

Dabei sind die Forschungsergebnisse so zu veröffentlichen, dass die betroffenen Personen nicht bestimmbar sind.

286

4. Recht auf Kenntnis der eigenen Abstammung

Mit den Fortschritten der Medizin ist nicht mehr immer auf den ersten Blick klar, wer der Vater des Kindes ist. Früher wurden meist die Interessen von Vater, Mutter und Pflegeeltern als höher gewichtige Geheimhaltungsinteressen angesehen (vgl. BGE 112 Ia 97). Heute wird zwar immer noch im Einzelfall eine Interessenabwägung vorgenommen, das Persönlichkeitsrecht auf Zugang zu Daten über die eigene Abstammung hingegen, welches aus Art. 119 Abs. 2 lit. g BV (Art. 24[novies] aBV) hervorgeht, als höherwertig angesehen. Es ist nicht mehr ausgeschlossen, dass die Identität eines Samenspenders in jedem Fall geheim gehalten wird. In BGE 119 Ia 460 wurde darauf hingewiesen, dass Art. 24[novies] aBV jeder Person ein Recht auf Zugang zu den Daten über ihre Abstammung einräumt. Wird ein solcher Interessennachweis als ausreichend erachtet, stellt sich in der Folge die Frage von Einschränkungen auf Grund überwiegender entgegenstehender Interessen Dritter[566].

In BGE 115 Ia 254 wurde festgehalten, dass die Vermutung der Vaterschaft des Ehemannes nach Art. 255 ZGB «auch im Falle der Geburt eines aufgrund einer heterologen Insemination gezeugten Kindes» gilt. Die Vermutung kann indessen mit der Klage nach Art. 256 ff. ZGB angefoch-

287

---

[565] Vgl. dazu auch vorne, § 5, 2.
[566] So z. B. Interessen der direkt betroffenen Person, aber auch von Zeugen, Sachverständigen usw.

ten werden⁵⁶⁷. Ist das Kind aufgrund der Gutheissung der Anfechtungsklage vaterlos geworden, so kann es die Vaterschaftsklage erheben und diese gegen den Samenspender richten. Hierfür muss aber die Identität des Samenspenders bekannt sein. Die Bekanntgabe dieser Identität wird in der Literatur teils bejaht. Es wird dazu ausgeführt, der Arzt sei zur Offenbarung verpflichtet und könne sich nicht auf das Arztgeheimnis oder die Anonymitätsabrede berufen; der Anspruch des Kindes auf Feststellung des Kindesverhältnisses gehe vor. Auch unter dem Gesichtswinkel der persönlichen Freiheit nach Art. 4 aBV habe das Kind ein berechtigtes Interesse an der Kenntnis seiner genetischen Abstammung. Diese Interessen sind gegen die entgegenstehenden Drittinteressen im Einzelfall abzuwägen. Auch in diesem Entscheid wurde klar aufgezeigt, dass eine Anonymitätsgarantie des Samenspenders nicht haltbar ist und dass die im Ausland teilweise praktizierte Anwendung von Samengemischen problematisch ist. Diese Gefahren sind aber zu wenig gewichtig, als dass sie ein gänzliches Verbot der heterologen Insemination rechtfertigen würden.

5. Arbeiten mit DNA-Profilen

288 Die Entschlüsselung des menschlichen Genoms, bei dem wesentlich sensiblere Daten als bei den traditionellen medizinischen Informationen erschliessbar werden, führt unweigerlich zu einer Nutzung der neuen Erkenntnisquelle. So sollen die aus Abstrichen von Schleimhaut und biologischen Spuren gewonnenen genetischen Daten in DNA-Datenbanken gesammelt und für die erkennungsdienstliche Identifikation aufbewahrt werden. Grundsätzlich ist eine DNA-Analyse wie jede andere Art der Bearbeitung von Personendaten im Rahmen von Art. 4 DSG erlaubt. Da hierbei aber besonders schützenswerte Personendaten bearbeitet werden, ist für eine solche Datenbank eine formellgesetzliche Grundlage nötig⁵⁶⁸. Eine Abnahme von solchen Proben sowie deren Auswertung ist nur statthaft, wenn entweder ein Tatverdacht oder eine ausdrückliche Einwilligung der zu untersuchenden Person vorliegt. Daten von Personen, die sich anhand des Genmusters eindeutig als Nichttäter erwiesen haben, müssen von Amtes wegen vernichtet werden. Massenun-

---

[567] Diese Klage steht dem Ehemann nicht zu, wenn er der Zeugung durch einen Dritten oder einer heterologen Insemination zugestimmt hat.(Vgl. BBl 1974 II 30).
[568] Das EJPD kam zur u.E. problematischen Überzeugung, dass für eine zeitlich begrenzte Übergangsfrist bis zur Schaffung dieser formalgesetzlichen Rechtsgrundlage eine Regelung auf Verordnungsebene, gestützt auf Art. 351^{septies} StGB ausreichend sei, sofern die Erarbeitung der notwendigen formellgesetzlichen Grundlage rasch an die Hand genommen würde. (Vgl. EDSB, 1999/2000, S. 52, und EDSB, 1998/1999, S. 96).

tersuchungen i.S.v. zwangsweiser Aufbietung aller im betreffenden Gebiet der Täterschaft lebenden Personen sind ausgeschlossen. Den Risiken und Gefahren für die Grundrechte der betroffenen Menschen muss Rechnung getragen werden, denn zu viele Informationen über Krankheiten sowie Krankheits- und Erbanlagen sind aus einer einzigen Speichelprobe in Erfahrung zu bringen.

Bei den DNA-Profilen handelt es sich nicht mehr nur um Gesundheitsdaten, da zusätzlich Aussagen über die Prädispositionen möglich sind. Diese Informationen können mehrere Personen oder sogar ganze Gesellschaftsgruppen betreffen. Es wird sich dabei insbesondere die Frage nach dem Zugang zu diesen Informationen stellen. Sollen beispielsweise verwandte Personen das Recht haben, auf solche Informationen zugreifen zu dürfen? Und mit welchen organisatorischen und technischen Massnahmen werden diese Daten angemessen gegen unbefugtes Bearbeiten geschützt? Damit der Geheimnisschutz nicht ausgehöhlt wird, muss der Datenschutz im Rahmen der Krankenhäuser als Qualitätsmerkmal anerkannt werden[569].

§ 7 Neueste Entwicklungen: E-Health und Datenschutz[570]

1. E-Health

Der Begriff E-Health tauchte erstmals Mitte 1998 auf, zuerst in den Vereinigten Staaten, dann auch in Australien, Kanada und später in den skandinavischen Ländern. E-Health hängt eng mit E-Commerce zusammen, geht jedoch über die E-Commerce-Tätigkeiten hinaus. Hinter E-Health steht die Umwandlung unserer Gesellschaft in Richtung Informationsgesellschaft, dies erheblich beschleunigt durch das Aufkommen von Internet und E-Mail-Diensten; weiteren Anschub erhält die Entwicklung durch die zunehmende Verbreitung von Breitbanddiensten (xDSL und Kabeldienste). Anders als E-Commerce beschränkt sich E-Health nicht auf Geschäftsbeziehungen zwischen Anbietern und Abnehmern.

---

[569] Vgl. BAERISWYL, Qualitätsmerkmal, S. 11 ff.
[570] Dieses Kapitel beruht im Wesentlichen auf TOMAS POLEDNA, E-Health ist erst in den Anfängen, Digma 2002.2, 56 ff. In Digma 2002.2 finden sich weitere Beiträge zum Thema E-Health und Datenschutz.

E-Health erfasst alle Rechtsbeziehungen wie auch den gesamten Informationsaustausch zwischen allen im Gesundheitswesen tätigen Akteuren, seien es Leistungserbringer, Versicherer, Patienten, Gemeinwesen oder diese begleitende beratende sowie Dienstleistungen und Güter anbietende Unternehmen.

290 E-Health umfasst die Verbreitung und Vermarktung aller Bereiche der Gesundheit im Internet mit Mitteln der Telekommunikation. Dazu zählen virtuelle Geschäfte, wie Online-Apotheken, Internet-Gesundheitsberatung, Angebote von Medizinalprodukthersteller, Diskussionsforen im Internet, Vernetzung von Patienten, Ärzten, Apotheken und Versicherern über das Internet wie auch die Telemedizin. E-Health bildet auch die wichtigste Schnittstelle für medizinische Forschungsvorhaben, insbesondere im Bereich der Epidemiologie. E-Health erfasst derart unterschiedliche Facetten wie Beratung, Austausch von Dienstleistungen, Bezug von Gesundheitsprodukten, Anlage elektronischer Patientendossiers, Patientenchipkarten, elektronischer Zahlungsverkehr zwischen Versicherern und Leistungserbringern, Übermittlung von Daten zum Zweck der Ferndiagnose usw. Gemeinsam ist allen E-Health-Aktivitäten, dass digitalisierte Daten angelegt, übermittelt, überwacht und elektronisch abgefragt und ausgewertet werden, sei es für klinische, Ausbildungs-, Verwaltungs-, Forschungs- oder geschäftliche Zwecke. E-Health kann sowohl lokale wie auch Distanzhandlungen erfassen. Der Zugriff auf ein elektronisches Patientendossier innerhalb eines Spitals wird ebenso abgedeckt wie der elektronische Versand von Röntgenaufnahmen an einen Spezialisten nach Köln zur Erstellung einer Diagnose. E-Health ist somit einerseits weiter als E-Commerce zu verstehen, geht andererseits über den älteren und vielen vertrauten Begriff der Telemedizin[571] bzw. Telegesundheit hinaus.

2. Bedeutung

291 Untersuchungen haben ergeben, dass der durchschnittliche Internetnutzer in besonders hohem Mass an gesundheitsrelevanten Themen interessiert ist; je nach Untersuchung dienen 40% bis 60% der Internetbesuche gesundheitsrelevanten Themen. Das Internet wurde zu einer selbstverständlichen Quelle für private Informationen, Recherchen und

---

[571] Vgl. dazu das Interview mit Prof. Günter Burg vom Universitätsspital Zürich und Präsident der Schweizerischen Gesellschaft für Telemedizin in: Schweizerische Ärztezeitung 2001, 2298 ff.

§ 7 Neueste Entwicklungen: E-Health und Datenschutz

Informationsflüsse, insbesondere für gesundheitsbezogene Themen[572]. Daneben nutzen auch Leistungserbringer und Versicherer die digitalen Formen der Datenerfassung, -speicherung und -weitergabe immer mehr zur Vernetzung der Informationen und zum Informationsaustausch. E-Health wird bei der zukünftigen Entwicklung des Gesundheitswesens – und dies ist bereits heute ganz klar erkennbar – eine tragende, wenn nicht gar die bedeutendste Rolle haben. Mit E-Health sind zahlreiche Erwartungen verknüpft, sei es hinsichtlich der besseren Erschliessung von medizinischen Informationen, besserer medizinischer Versorgung, Rationalisierungseffekte, Erhöhung der Effizienz, Erhöhung der Sicherheit, Gewinnung von Basismaterial für die Forschung und rascherer Erschliessung von neuen Entwicklungen. E-Health wird sich keiner der im Gesundheitswesen tätigen Akteure, kein Patient und kein Gemeinwesen auf längere Dauer verschliessen können. E-Health wird die gesundheitliche Versorgung und die Entwicklung in einem ähnlichen Masse umgestalten, wie es das Internet mit unserem täglichen Leben bereits getan hat.

E-Health wird uns in verschiedensten Spielarten begegnen, sei es als dezentrales, jedoch an allen Orten der Welt (mit)geführtes Patientendossier, als Instrument zur Teambildung bei der Erbringung von medizinischen Dienstleistungen, als unerschöpfliches Datenreservoir für Private, Leistungserbringer, Gemeinwesen, Versicherer und Forscher, als gesundheitsbezogene Register[573], als Geschäftsplattform für Dienst- und Güteranbieter, als mit dem Patienten wandelnde elektronische (allenfalls implantierte) Chipkarte, als Fernüberwachung des Patienten, als Ausbildungsinstrument, als Fernberatung, als Weg für Leistungsabrechnungen und -kontrollen oder als Videokonferenz. Die leichte Erfassung, Speicherung und der leichte Austausch der Daten eröffnen neue Dimensionen für das Gesundheitswesen und werden auch einen wichtigen Pfeiler in der beginnenden Auflösung nationaler Grenzen bei der Erbringung und im Bezug von Gesundheitsleistungen bilden.

292

---

572 STEFAN HEBENSTREIT/BERNHARD GÜNTERT, Qualitätsaspekte der Online-Gesundheitskommunikation, 278 (http://www.uni-bielefeld.de/gesundhw/ag5/personal/s_hebenstreit/d_heben.htm).

573 Vgl. dazu ANJA WESTHEUSER, Schutz von Patientendaten bei der bevölkerungsbezogenen Krebsregistrierung zu epidemiologischen Forschungszwecken, Frankfurt a. M. u. a. 1999, 142. Zu nennen sind Krebsregister, aber auch Alzheimer-Register, Epilepsie-Register, Suchtregister, Register psychisch kranker Straftäter, Suizid-Register usw.

3. Datenschutzrelevante Entwicklungen

293 E-Health ist ein neues, junges Fachgebiet und entsprechend stehen auch die Bemühungen, das Gebiet medizinisch, ökonomisch und rechtlich in den Griff zu bekommen, am Anfang. Geprägt ist E-Health bislang durch Selbstregulierungs- und private Qualitätsvorschriften[574]. Verbreitet sind verschiedene private Ethik-Codes, Akkreditierungen[575] und Guidelines[576]. Diese messen dem Datenschutz unterschiedliches Gewicht zu, dies aufgrund des gewachsenen öffentlichen Druckes.

---

[574] Zum Beispiel Health on the Net Foundation, Internet Health Coalition oder Organising Medical Network Information.
[575] Z. B. http://www.urac.org.
[576] Vgl. z. B. http://www.hon.ch oder Health Internet Ethics sowie weiter die Guidelines der American Medical Association. Als Beispiel die deutsche Übersetzung des HON-Code:
1. Alle medizinischen und gesundheitsbezogenen Ratschläge, die auf dieser Website erteilt werden, werden nur von medizinisch/gesundheitswissenschaftlich geschulten und qualifizierten Fachleuten gegeben; andere Information wird eindeutig als nicht von Fachleuten bzw. medizinischen Organisationen stammend gekennzeichnet.
2. Die Information auf der Website ist so angelegt, dass sie die existierende Arzt-Patienten-Beziehung unterstützt und keinesfalls ersetzt.
3. Diese Website respektiert die Vertraulichkeit von Daten, die sich auf individuelle Patienten und Besucher von medizinisch/gesundheitsbezogenen Websites beziehen, einschliesslich deren Identität. Die Website-Betreiber verpflichten sich, die juristischen Mindestanforderungen, die für medizinische/gesundheitsbezogenen Daten im jeweiligen Land/Staat der Website und ihrer Mirrorsites existieren, einzuhalten oder zu übertreffen.
4. Wo immer möglich und sinnvoll, werden alle Informationen auf der Website mit Referenzen auf die Quelle oder mit entsprechenden HTML-Links versehen. Auf Seiten mit klinischen Informationen wird das Datum, an dem die Seite das letzte Mal geändert wurde, klar angezeigt (z.B. am Fuss der Seite).
5. Alle Angaben bezüglich des Nutzens/der Wirksamkeit einer bestimmten Therapie, eines kommerziellen Produkts oder Dienstes werden durch geeignete, ausgewogene wissenschaftliche Beweise unterstützt (vgl. Prinzip 4).
6. Die Gestalter der Informationen auf der Website bieten Informationen so klar wie möglich dar und geben Kontaktadressen für Benutzer mit Fragen nach weiteren Informationen oder Hilfestellung an. Der Webmaster gibt seine/ihre E-Mail-Adresse auf der gesamten Website an.
7. Sponsoren und Unterstützer der Website werden klar genannt, einschliesslich kommerzielle und nichtkommerzielle Organisationen, die finanzielle Mittel, Dienstleistungen oder Material für die Website zur Verfügung gestellt haben.
8. Sofern Werbung eine Einnahmensquelle ist, wird auf diese Tatsache klar hingewiesen. Eine kurze Darstellung der Werberichtlinien der Websitebetreiber findet sich auf der Site. Werbung und anderes der Verkaufsförderung dienendes Material wird Benutzern in einer Art und in einem Kontext dargeboten, der eine klare Trennung zwischen Werbung und originalem Inhalt, der von der Website-betreibenden Institution hergestellt wurde, ermöglicht.

§ 7 Neueste Entwicklungen: E-Health und Datenschutz

Die Europäische Union hat sich im Rahmen ihrer EU-Aktionen für ein 294
E-Europa auch verschiedene Ziele im Bereich von E-Health gesetzt[577].
Die Europäische Union ist daran, die Qualitätskriterien und rechtliche
Rahmenbedingungen für E-Health zu erarbeiten[578]. Bislang liegt ein Entwurf für die «Guidelines on Quality Criteria for Health related Websites», welche auf den Grundsätzen der Transparenz und Ehrlichkeit, der Angabe der Urheberschaft, des Datenschutzes und der Vertraulichkeit, der Aktualität, der Zurechenbarkeit und der Zugänglichkeit beruhen[579]. Es ist zu erwarten, dass das Projekt im Jahr 2002 entscheidend vorangetrieben wird; parallel dazu laufen einzelstaatliche Bemühungen um eine Implementierung von E-Health.

In der Schweiz bestehen verschiedene Projekte zur Vernetzung von 295
Spitälern, so etwa im Kanton Waadt oder auf der Stufe aller Universitätsspitäler (Patientendossier 2003)[580]. Die Schweiz steht damit nicht alleine da; grossräumige, vom raschen Zugriff auf digitalisierte Daten besonders profitierende Flächenstaaten wie die USA, Kanada oder Australien[581] unterhalten seit längerem E-Health-Projekte, dies in verschiedensten Ausgestaltungsformen. Auch einzelne europäische Staaten kennen Bestrebungen um eine eingehende (auch rechtliche) Erfassung des Phänomens E-Health, dies nicht zuletzt vor dem Hintergrund der entsprechenden Initiative der Europäischen Union zur Stärkung und Beschleunigung des Wandels der Gesellschaft zur Informationsgesellschaft.

---

[577] http://europa.eu.int/information_society/eeurope/ehealth/text_en.htm
[578] http://europa.eu.int/information_society/eeurope/ehealth/quality/draft_guidelines/text_en.htm
[579] Die massgeblichen Rechtsgrundlagen der EU bilden die Richtlinie 95/46/EG vom 24. Oktober 1995 zum Schutz natürlicher Personen bei der Verarbeitung personenbezogener Daten und zum freien Datenverkehr, die Richtlinie 2000/31/EG über bestimmte rechtliche Aspekte der Dienste der Informationsgesellschaft, insbesondere des elektronischen Geschäftsverkehrs, im Binnenmarkt, weiter auch die Richtlinie 97/66/EG vom 15. Dezember 1997 über die Verarbeitung personenbezogener Daten und dem Schutz der Privatsphäre im Bereich der Telekommunikation und die Richtlinie 97/7/EG vom 20. Mai 1997 über den Verbraucherschutz bei Vertragsabschlüssen in Fernabsatz. Sodann besteht eine Empfehlung 2/2001 «Uncertain Minimum Requirements for Collection Personal Data on-line in the European Union» vom 17. Mai 2001.
[580] E. TAVERNA, Das Netz, Schweizerische Ärztezeitung 2001, 664; weitere Beispiele finden sich ANNE ECKHARDT, Computerbasierte Patientendossiers, Chancen und Risiken, Schweizerischer Wissenschafts- und Technologierat, Bern 2000, 22 ff.
[581] JOHN MITCHELL, From Telehealth to E-Health: The Unstoppable Rise of E-Health, Canberra 1999.

4. Neue Herausforderungen

296 Mit E-Health wird der Datenschutz vor neue Herausforderungen gestellt, denen er mit adaptierten Mitteln begegnen muss. Dabei darf nicht in Vergessenheit geraten, dass Datenschutz nur einer von mehreren Pfeilern ist, die es bei der Verankerung von E-Health zu festigen gilt. Die Qualität und Verlässlichkeit der Daten und damit der medizinischen Ressourcen stehen an oberster Stelle der Regulierungsbemühungen[582]. Zwischen Datenschutz und der Datenqualität sowie -verlässlichkeit besteht ein enger Zusammenhang. Datenschutz hat jedoch auch die ihm eigenen Grundanliegen zu beachten, in erster Linie den kontrollierten, die Persönlichkeitsrechte der betroffenen Personen angemessen wahrenden Umgang mit Daten. Dabei ist zu beachten, dass gewisse neue Gefahren (wie etwa die Gefahr der besseren Erfassung der Personen und Personenprofile aufgrund einer erhöhten Datentiefe und einer erheblich besseren Vernetzung) durch neue Techniken kompensiert werden können. Die selbe Technik, welche den Datenschutz potentiell gefährdet, kann ihn auch gewährleisten.

> Im Einzelnen wird der Datenschutz im Bereich von E-Health insbesondere folgenden Grundsätzen genügen müssen:
> – Einhaltung des Verhältnismässigkeitsgebotes, hier insbesondere der Gebote der Datenvermeidung und Datensparsamkeit.
> – Rechtmässigkeit der Bearbeitung, entweder bei gesetzlicher Grundlage oder bei Einwilligung der betroffenen Personen oder bei einzelnen gesetzlich geregelten Interessenslagen.
> – Automatisierter Schutz besonders sensitiver Daten (häufig besteht ein soziales Ungleichgewicht zwischen Medizinalpersonen und Patient; dieses darf nicht ausgenutzt werden, um zur Einwilligung des Patienten zu gelangen. Ebenso wenig dürfen medizinische Leistungen hiervon abhängig gemacht werden).
> – Nachvollziehbarkeit der Datenveränderungen.
> – Umfassende Sicherung der Datenbestände (Sicherungskopien, Virenschutz, Abspeicherung auf dauerhafte Speichermedien usw.).
> – Erhöhung der Anonymisierungsanforderungen; verstärkte Prüfung, ob Pseudonymisierungen noch genügen.
> – Einbindung der betroffenen Person in die Verwendung der Daten (laufende Information), eingeschlossen die Möglichkeit der Einsichtnahme und Korrektur der Daten.

---

[582] Vgl. dazu http://www.medcertain.org.

– Fortlaufende Prüfung der Zweckbindung der Daten mit Vernichtung nicht mehr benötigter Daten.
– Recht auf Datenschutz durch Technik: Sicherung der übertragenen Daten (Krypto- und Chiffrierprogramme), Sicherung der Datenbanken (Firewalls) gleich wie Sicherung des Zugangs und der Verwendung, unter Einschluss von externen Kontrollen und Zertifizierungen. Gleichzeitig erhält der Patient das Recht, auf technischem Weg auf seine Daten greifen zu dürfen. Die eingesetzte Software, das Verfahren und die internen Kontrollmechanismen sollten zertifiziert sein. Datenschutz muss einfach handhabbar, automatisiert sein.
– Einhaltung von Datenschutzstandards bei internationalem Datentransfer.

Prioritäten sind bei der Verbindung von Datenschutz und Technik bzw. bei der Automatisierung des Datenschutzes zu setzen. Die Systeme der Datenerfassung, -speicherung, -sicherung, -auswertung und -weitergabe sind auf ihre Bedienungsfreundlichkeit und Fehleranfälligkeit unter dem Blickwinkel des Datenschutzes zu prüfen. Damit geht auch die Automatisierung des Datenschutzes einher. Ähnliche Prioritäten bestehen m.E. hinsichtlich der sensitiven Daten, insbesondere bei der Entschlüsselung des Erbgutes. Hier stellt sich die Frage, ob Anonymisierungen künftig noch genügen werden oder ob nicht andere Datenschutzgrundsätze wie Datenvernichtung oder -vermeidung oder ein Verbot der Datenverknüpfung Platz greifen müssten. 297

Auch wenn E-Health zahlreiche der sich in neuester Zeit stellenden datenschutzrechtlichen Fragen besonders scharf und pointiert aufwirft, heisst dies nicht, dass bei deren Beantwortung gänzlich Neuland betreten werden müsste. Anleihen aus dem Bereich des E-Commerce sind anzustreben, so etwa im Bereich der Verschlüsselungstechniken beim Datenaustausch und bei der Datenverwahrung oder bei der elektronischen Signatur. Andere Bereiche – so etwa Forschung, medizinische Datenbanken, Entschlüsselung des menschlichen Erbgutes oder Online-Beratungen – werden nach neuen Lösungen rufen. 298

Kapitel 5 – Heilmittelrecht

§ 1   Allgemeines

Die Heilmittel nehmen im Gesundheitswesen einen wichtigen Platz ein und sind aus der erfolgreichen medizinischen Behandlung nicht wegzudenken, beinhalten jedoch auch besondere Risiken eines Miss- oder Fehlgebrauches. Die Gesundheit kann zudem durch die Verwendung von qualitativ minderwertigen, nicht sicheren oder nicht leistungsfähigen Medizinprodukten gefährdet werden. Es ist daher unumgänglich, für die Herstellung, Anwendung und den Vertrieb von Heilmitteln gesetzliche Leitplanken aufzustellen.

299

Die schweizerische Pharma- und Medizinprodukteindustrie ist zu einem Sechstel[583] am gesamten Export beteiligt. Etwa 90 % aller in der Schweiz hergestellten Humanarzneimittel werden exportiert, davon rund 60 % in die Europäische Union[584, 585]. Bei der Medizinprodukteindustrie handelt es sich um eine innovative und wachsende Wirtschaftsbranche, welche sehr viel Mittel in die Forschung und Entwicklung investiert. In rund 500 Unternehmungen sind etwa 30 000 Menschen beschäftigt. Aufgrund des hohen Exportanteils ist die Schweiz auf eine europakompatible Gesetzgebung zu den Heilmitteln angewiesen[586], die den technischen Handelshemmnissen Rechnung trägt[587]. Einen ersten Schritt in diese Richtung bildete die 1996 in Kraft getretene Medizinpro-

---

[583] 1997 belief sich der Arznei- und Heilmittelexport auf 16,8 Milliarden Schweizer Franken, was einen Anteil von 16 Prozent aller Exporte ausmacht.

[584] Vgl. BBl 1999, 3463.

[585] Bekannt sind vor allem die Arzneimittel; aber auch die Medizinprodukteindustrie nimmt laufend an Bedeutung zu und stellt eine wichtige Zukunftsbranche dar. Dabei machen die rezeptpflichtigen Medikamente mehr als das Doppelte der nicht rezeptpflichtigen Medikamente aus.

[586] Das HMG geht in vielen Belangen über das EG-Recht hinaus: so regelt das HMG auch die Gewinnung von Blut und den Umgang mit labilen Blutprodukten, regelt die Ausfuhr von Heilmitteln extensiver und geht in der Regelung über die Medizinprodukte im Bereich der Abgabe, Anwendung, Instandhaltung und Werbung über das EG-Recht hinaus.

[587] Zur Anpassung an die europäischen Normen war die Schweiz bis dahin Mitglied bei der Schweizerischen Normenvereinigung, sie war seit 1971 Mitglied des Übereinkommens zur Gegenseitigen Anerkennung von Inspektionen über die Herstellung pharmazeutischer Produkte, hatte mit den USA, Japan und Kanada Vereinbarungen über die Herstellungskontrolle und war seit 1995 Mitglied der Welthandelsorganisation (WTO) und seit 1948 auch Mitglied der Weltgesundheitsorganisation (WHO), welche auch Empfehlungen und Programme zum Umgang mit Heilmitteln entwirft.

dukteverordnung, welche das Inverkehrbringen von Arzneimitteln und Medizinprodukten den Vorschriften der Europäischen Gemeinschaft anpasste.

Ihrer Bedeutung im Gesundheitswesen entsprechend tragen die Heilmittel aber auch zu den Gesundheitskosten bei. Rund 11,5 % der gesamten Gesundheitskosten von 39,8 Milliarden Franken wurden 1997 für Arzneimittel ausgegeben[588]. Die Preisgestaltung vieler Arzneimittel erfolgt in der Spezialitätenliste; hier sind die gemäss KVG zugelassenen Arzneimittel mit Preisen aufgeführt. Da das Ziel des neuen Heilmittelgesetzes der Schutz der Patientinnen und Patienten sowie der Konsumentinnen und Konsumenten ist, wäre die Aufnahme vergleichbarer Preisbestimmungen ins HMG unzulässig, da Wettbewerbsfragen im HMG nur dort berücksichtigt werden, wo sie zusätzliche Risiken schaffen und den Schutz der Bevölkerung herabsetzen[589].

§ 2 Überblick über das alte Heilmittelrecht

1. Allgemeines

300   Die Heilmittelkontrolle beruhte bis Ende 2001 auf *kantonalen, interkantonalen und bundesrechtlichen Bestimmungen*. Dies führte zu Kompetenzvermischungen und Zuständigkeitslücken. Da diese Bestimmungen nur Teilbereiche regelten, war dadurch auch die nationale und internationale Zusammenarbeit erschwert. Für die Umsetzung des Heilmittelrechts waren verschiedene Behörden und Institutionen zuständig, was einen hohen Koordinationsaufwand an den Schnittstellen erforderlich machte.

301   Das alte Heilmittelrecht war zudem in Bezug auf Import und Export *lückenhaft*, was zu Gesundheitsrisiken und einem Rückstand auf internationale Rechtsentwicklungen führte oder hätte führen können. Eine

---

[588] Die Arzneimittel wurden dabei zu 62 Prozent in Apotheken, zu 20 Prozent durch Ärzte und Ärztinnen, zu 12 Prozent in Spitälern und zu 6 Prozent in Drogerien umgesetzt. Da in der Schweiz auf dem Pharmamarkt kein Wettbewerb herrscht, sind zudem die Medikamentenkosten um 15 Prozent gestiegen, was weit über den allgemeinen Steigerungsraten liegt und die Gesundheitskosten übermässig ansteigen lässt.

[589] Dies gilt beispielsweise bei den Artikeln über den Parallelimport von Arzneimitteln oder dem Versandhandel von verschriebenen Arzneimitteln durch Apotheken.

präventive Wirkung des Heilmittelrechts wurde dadurch vereitelt, dass Verstösse gegen das Heilmittelrecht häufig nur als Übertretungen geahndet und mit geringen Bussen bestraft wurden. Des Weiteren bestanden auf Bundesebene kaum Regelungen zum Doping[590] im Sport- und Arzneimittelbereich, womit gegen das Umfeld von Sporttreibenden[591] mit den Mitteln des Strafrechts nur beschränkt vorgegangen werden konnte. Auch erlaubten es die geltenden Grundlagen im Medizinproduktebereich nicht, alle In-vitro-Diagnostika[592] und gewisse Problemstoffe wie beispielsweise Silikon oder Amalgam zu regeln.

2. Bundesrecht

Die einstigen Bestimmungen über Heilmittel auf Bundesebene waren uneinheitlich, da sie im Verlaufe der Jahre nacheinander und meist isoliert erlassen wurden. Der Gesetzgeber reagierte punktuell auf neu auftauchende Risiken, gestützt auf die dem Bund in den Art. 31bis Abs. 2, 69 und 69bis aBV erteilten Kompetenzen, mit folgenden Erlassen: 302
- Epidemiegesetz (vom 18. Dezember 1970, SR 818.101);
- Betäubungsmittelgesetz (vom 3. Oktober 1951, SR 812.121)[593];
- Pharmakopöegesetz (vom 6. Oktober 1989, SR 812.21)[594];
- Tierseuchengesetz (vom 1. Juli 1966, SR 916.40);
- Landwirtschaftsgesetz (vom 29. April 1998, SR 910.1)[595];
- Strahlenschutzgesetz (vom 22. März 1991, SR 814.50)[596];

---

[590] *Doping* wird im Bundesblatt Nr. 21 vom 1. Juni 1999, 3570 definiert als: «die beabsichtigte oder unbeabsichtigte Verwendung von Wirkstoffen aus verbotenen Substanzklassen und von verbotenen Methoden». Wobei diese Substanzklassen vom IOC regelmässig neu bestimmt werden.

[591] Wie beispielsweise Ärztinnen und Ärzten sowie Trainerinnen und Trainern.

[592] Unter *In-vitro-Diagnostika* sind im Wesentlichen diagnostische Tests zu verstehen, mit denen Proben menschlichen oder tierischen Ursprungs zu medizinischen Zwecken untersucht werden, wobei die Anwendung ausserhalb des menschlichen oder tierischen Körpers erfolgt.

[593] Durch das Betäubungsmittelgesetz wird der legale Umgang mit Betäubungsmitteln als Arzneimittel geregelt.

[594] Beim Pharmakopöegesetz handelt es sich um ein Normenbuch betreffend die Qualität der Arzneimittel.

[595] Das neue Landwirtschaftsgesetz verbietet beispielsweise die Verwendung von Antibiotika und ähnlichen Stoffen zur Leistungsförderung im Tierbereich. Für therapeutische Zwecke wird die Verwendung meldepflichtig und muss mit einem Behandlungsjournal belegt werden.

[596] Das Strahlenschutzgesetz ist für den Umgang mit Radiopharmazeutika und Röntgenanlagen für die medizinische Anwendung massgebend.

- Lebensmittelgesetz (vom 9. Oktober 1992, SR 817.0);
- Medizinprodukteverordnung (vom 24. Januar 1996, SR 819.124);
- Verordnung über die In-vitro-Diagnostika (vom 24. Februar 1993, SR 818.152.1)[597];
- Bundesbeschluss über die Kontrolle von Blut, Blutprodukten und Transplantaten (vom 1. August 1996, SR 818.111).

Für den Vollzug dieser Gesetze waren aufgrund internationaler Abkommen und bundesgesetzlicher Regelungen das Bundesamt für Gesundheit (BAG) oder das Bundesamt für Veterinärwesen (BVET) mit dem ihm angeschlossenen Institut für Viruskrankheiten und Immunprophylaxe verantwortlich.

Im Übrigen hatte der Bund das Heilmittelrecht den Kantonen überlassen.

3. Kantonales bzw. Interkantonales Recht

303   Um die Heilmittelkontrolle zu vereinheitlichen und zu erleichtern, hatten die Kantone schon Anfang des 20. Jahrhunderts eine Interkantonale Vereinbarung über die Kontrolle der Heilmittel abgeschlossen. Die bis vor kurzem anwendbare *Interkantonale Vereinbarung über die Kontrolle der Heilmittel (IKV)* ging auf das Jahr 1971 zurück. Ihr waren alle Kantone sowie das Fürstentum Liechtenstein beigetreten. Auf die IKV stützten sich das Regulativ über die Ausführungen der Interkantonalen Vereinbarung über die Kontrolle der Heilmittel sowie zahlreiche andere Reglemente, Richtlinien, Weisungen und Listen. Nach bundesgerichtlicher Rechtsprechung waren diese *interkantonalen Bestimmungen* jedoch *bloss mittelbar rechtsetzend*[598]. Die Kantone hatten daher die Inhalte dieser interkantonalen Erlasse durch *kantonales Recht* zur Anwendung zu bringen. Entsprechend hatten die Kantone eigene Heilmittelgesetze bzw. Heilmittelverordnungen erlassen, welche für die Umsetzung der interkantonalen Erlasse sorgten[599].

---

[597] In-vitro-Diagnostika für den *Publikumsgebrauch* müssen gemäss den Vorschriften der IKS für Heilmittel registriert werden. Für alle anderen In-vitro-Diagnostika gelten keine besonderen Vorschriften.

[598] Vgl. ZBl 96/1995, 422 ff.

[599] Vgl. im Kanton Zürich §§ 32, 33 und 64 ff. GesG sowie die Verordnung über den Verkehr mit Heilmitteln.

Für die Zulassung[600] und Überwachung der meisten Arzneimittel für Menschen und Tiere war die *Interkantonale Kontrollstelle für Heilmittel* (IKS) zuständig, welche keine eigene Rechtspersönlichkeit besass. Die IKS musste den Schutz der Versuchspersonen gewährleisten und darauf achten, dass die Regeln der ‹Guten Praxis der klinischen Versuche› eingehalten wurden. Die Entscheide der IKS hatten gemäss der IKV für die Kantone nicht mehr als empfehlenden Charakter – sie waren nicht verbindlich und auch nicht anfechtbar[601]. Eine schweizweit einheitliche Umsetzung der IKS-Entscheide war deshalb nicht gewährleistet. Diese Schwäche hätte ein neues Heilmittelkonkordat 1988 beheben sollen. Es kam jedoch nicht zustande, weil nicht alle Kantone (ZH und AR) zu einem Beitritt bereit waren. Nach diesem Scheitern erhielt das BAG den Auftrag, ein Konzept einer künftigen Bundesregelung im Heilmittelbereich zu entwerfen. Darauf gestützt erarbeitete das EDI auf Auftrag des Bundesrates einen Entwurf zum Bundesgesetz über die Heilmittel, der 1997 unter einigen Abänderungen in die Vernehmlassung gegeben wurde.

§ 3 Heilmittelgesetz (HMG)

1. Allgemeines

Auf Bundesebene ist das neue Heilmittelgesetzt, auf den 1. Januar 2002 mit 95 Artikeln in neun Kapiteln[602] in Kraft getreten[603]. Als Verfassungsgrundlagen für die Vereinheitlichung des Heilmittelrechts wurden die Art. 31bis, 69 und 69bis aBV herangezogen. Diese Bestimmun-

304

---

[600] Im Rahmen des Zulassungsverfahrens beurteilte das IKS die Qualität, Wirksamkeit und Sicherheit der angemeldeten Heilmittel, indem sie die von den Antragsstellern eingereichten wissenschaftlichen Dokumentationen begutachtete und Muster der Heilmittel im Labor untersuchte. Erfüllte das Heilmittel die geforderten Kriterien, legte die IKS die Verkaufsart fest und beurteilte die an Konsumenten und Medizinalpersonen gerichteten Informationen.

[601] Vgl. Bundesgerichtsentscheid vom 19. Juni 1989, ZBl 92/1991, 117f.

[602] 1. Kap. allgemeine Bestimmungen, 2. Kap. Umgang mit Arzneimitteln, 3. Kap. Umgang mit Medizinprodukten, 4. Kap. gemeinsame Bestimmungen für Arzneimittel und Medizinprodukte, 5. Kap. Rechtsform, Stellung, Aufgaben, Organe und Zuständigkeiten des schweizerischen Heilmittelinstituts, 6. Kap. Vollzugsregeln, 7. Kap. Verwaltungsverfahren und Rechtsschutz, 8. Kap. Strafbestimmungen, 9. Kap. Schlussbestimmungen.

[603] Das Heilmittelgesetz wurde am 15. Dezember 2000 vom Parlament einstimmig verabschiedet; die Referendumsfrist ist am 7. April 2001 unbenutzt abgelaufen.

gen betreffen Handel und Gewerbe sowie die Seuchen- und Nahrungsmittelpolizei. In der revidierten Bundesverfassung ist nun in Art. 118 Abs. 2 lit. a die Rechtsetzungskompetenz des Bundes für den Umgang mit Heilmitteln ausdrücklich und damit auch klarer festgehalten. Mit der Schaffung eines eidgenössischen Heilmittelgesetzes wurden wesentliche gesundheitspolizeiliche Aufgaben, welche bislang im Zuständigkeitsbereich der Kantone lagen, auf den Bund übertragen[604].

2. Anwendungsbereich

305   Der Geltungsbereich des Heilmittelgesetzes erstreckt sich auf Arzneimittel für Menschen und Tiere[605], auf immunbiologische Erzeugnisse für Menschen und Tiere, auf Betäubungsmittel für die medizinische Anwendung, auf Radiopharmazeutika, auf Blut- und Blutprodukte sowie auf Medizinprodukte einschliesslich In-vitro-Diagnostika[606]. Das neue HMG gilt somit für den Umgang[607] mit allen Heilmitteln. Art. 2 Abs. 1 lit. b HMG hält zudem fest, dass das Heilmittelgesetz auch für Betäubungsmittel gilt, die für medizinische Zwecke als Arzneimittel verwendet werden dürfen[608].

306   Für *Blut- und Blutprodukte* gelten nebst den allgemeinen Bestimmungen über die Arzneimittel noch besondere Bestimmungen, welche in den Art. 34 ff. HMG geregelt sind:

---

[604] Die kantonalen Kompetenzen beschränken sich nur noch auf einige wenige Randsegmente. In der Lebensmittelgesetzgebung verfügen die Kantone im Vollzugsbereich über gut ausgebaute Mitwirkungs- und Mitgestaltungsmöglichkeiten und tragen wesentlich zu einem effektiven, realistischen und bürgernahen Vollzug bei.

[605] Die Bestimmungen über die Arzneimittel sind grundsätzlich auch auf Tierarzneimittel anwendbar, so beispielsweise diejenigen über die Zulassung, Bewilligung, Prüfung, Strafbestimmung usw. Wo dies aber nicht als sinnvoll erscheint, sind Ausnahmen vorgesehen. Vgl. beispielsweise Art. 5 Abs. 2 lit. b oder Art. 14 Abs. 1 lit. g HMG. Besondere Bestimmungen über Tierarzneimittel in Bezug auf Verschreibung und Abgabe sowie die Buchführungspflicht sind in den Art. 42 f. HMG enthalten.

[606] Für Arzneimittel mit synthetischen Wirkstoffen und für Arzneimittel, die auf gentechnologischem Weg gewonnen werden, sind die Vorschriften des eidgenössischen (wie beispielsweise die Verordnung über immunbiologische Erzeugnisse, SR 812.111) und kantonalen Arzneimittelrechts in gleicher Weise anwendbar.

[607] Mit «Umgang» werden alle Vorgänge von Beginn der Entwicklung eines Heilmittels bis zu seiner Anwendung am Mensch und Tier erfasst. Ausgenommen sind der Eigengebrauch und die Entsorgung.

[608] Dies betrifft insbesondere die Bestimmungen über die Zulassung, Herstellung, klinischen Versuche und die Werbung gemäss Art. 32 Abs. 2 lit. b HMG. Wo das BetmG über das HMG hinausgeht, wie beispielsweise bei der vollständigen Ein- und Ausfuhrkontrolle, ist hingegen das BetmG anwendbar.

- Zum Schutz der spendenden Person und zur Kontrolle der Gewinnung ist die Entnahme von Blut[609] für Transfusionen oder für die Herstellung von Arzneimitteln, wie auch die Lagerung der Blutprodukte *bewilligungspflichtig*[610].
- Für jede *Einzeleinfuhr* ist zusätzlich zu den Importvorschriften von Art. 18 HMG eine *Bewilligung* nötig[611].
- Da jede Transfusion von Blut das Risiko der Übertragung von Krankheitserregern beinhaltet, wird die *Tauglichkeit*[612] *der spendenden Person getestet*, was zum Schutz der spendenden als auch der empfangenden Person geschieht.
- Blut- und Blutprodukte müssen nach den *Regeln der Guten Herstellungspraxis* gewonnen und hergestellt werden[613]. Der Bundesrat legt diese Regeln fest.
- Das Blut ist auf die vom Bundesrat festgelegten Krankheitserreger zu testen.
- Alle für die Sicherheit relevanten Daten müssen aufgezeichnet werden und die Rückverfolgbarkeit bis zur spendenden und empfangenden[614] Person gewährleistet sein[615]. Die Aufbewahrungspflicht ist gemäss Art. 40 Abs. 1 HMG grundsätzlich auf 20 Jahre festgelegt.

Das HMG findet im Rahmen des Zollvertrages vom 29. März 1923 zwischen der Schweiz und dem Fürstentum Liechtenstein (FL) für das Fürstentum in gleicher Weise Anwendung wie in der Schweiz. Sofern ein Betrieb von Liechtenstein aus in der Schweiz Arzneimittel anpreisen, vertreiben oder abgeben will, benötigt er eine Bewilligung des Instituts. Das FL verfügt nebst diesen HMG-Vorschriften jedoch über ein eigenes Heil- 307

---

[609] Diese Regelung gilt auch für Spitäler, welche Eigenblutspenden entnehmen, da diese grundsätzlich den Fremdblutspenden gleichgestellt sind.
[610] Die Bewilligungserteilung wird davon abhängig gemacht, ob die erforderlichen fachlichen und betrieblichen Voraussetzungen erfüllt sind und ein geeignetes Qualitätssicherungssystem existiert.
[611] Ist eine Gefährdung von Personen ausgeschlossen, hat der Bundesrat die Kompetenz, Ausnahmen von der Bewilligungspflicht vorzusehen.
[612] Die Tauglichkeit einer spendenden Person hängt dabei vom Alter, dem Gewicht, dem Intervall zwischen den Spenden, der Hämoglobinkonzentration, dem Gesundheitszustand, der Medikamenteneinnahme und dem Risikoverhalten ab.
[613] Dazu gehört die Überprüfung des Spenders, der Entnahme, der Testung, der Lagerung, des Transports, der Verarbeitung, der Qualitätskontrolle, des Versands, der Dokumentation, der Ausrüstung, der Räumlichkeiten usw.
[614] Aus diesem Grunde ist auch die *verabreichende* Person nach Art. 39 Abs. 4 HMG zur Aufzeichnung verpflichtet.
[615] Da es sich dabei um besonders schützenswerte Personendaten handelt, wird auf Gesetzesstufe festgelegt, welche Daten bearbeitet werden dürfen.

mittelgesetz, eine Verordnung über den Verkehr mit aktiven implantierbaren medizinischen Geräten und Medizinprodukten im Europäischen Wirtschaftsraum und ein Gesetz über den Verkehr mit Arzneimitteln im Europäischen Wirtschaftsraum.

3. Grundzüge und Zielsetzungen (Allgemeine Bestimmungen, 1. Kapitel HMG)

308 Mit dem neuen Heilmittelgesetz werden gemäss Art. 1 HMG hauptsächlich folgende *Ziele* verfolgt:
– Beitrag zur *öffentlichen Gesundheit* durch Versorgung der Bevölkerung mit *qualitativ hoch stehenden, sicheren* und *wirksamen* Heilmitteln, womit die Übertragung von Krankheiten durch Heilmittel möglichst ausgeschlossen werden soll. Bei den Arzneimitteln erfolgt dieser Schutz primär durch Zulassungs- und Bewilligungsvorschriften, bei den Medizinprodukten durch die der Inverkehrbringerin auferlegten Pflichten.
– Schutz der Konsumentinnen und Konsumenten vor *Täuschung*; falsche Erwartungen hinsichtlich Qualität, Wirksamkeit, Zusammensetzung und Unbedenklichkeit des Heilmittels sollen verhindert werden. Gefördert werden soll auch die richtige Verwendung von Heilmitteln durch die Patientinnen und Patienten, womit Schäden infolge Anwendungsfehlern verhindert werden sollen. Dieses Ziel wird mittels korrekter Arzneimittelinformation[616] gemäss Art. 11 Abs. 1 lit. f HMG sowie durch das Verbot irreführender Werbung laut Art. 32 und 50 HMG erreicht.
– Stärkung des *Wirtschafts- und Forschungsstandortes* durch die europakompatible Ausgestaltung der Heilmittelvorschriften und den Abbau von technischen Handelshemmnissen gegenüber anderen wichtigen Handelspartnern.
– *Wirkungsvolle und kostengünstige* behördliche Heilmittelkontrolle, wozu die Zulassung und Kontrolle aller Heilmittel in einer Institution zusammengefasst ist, wobei die Kantone und bereits existierende Institutionen in den Vollzugsbereich mit eingeschlossen sind.

---

[616] Eine ungenügende Arzneimittelinformation kann ebenso gefährlich sein, wie ein schädliches oder verfallenes Heilmittel.

Zu dieser Kontrolle gehört insbesondere die Überwachung des inländischen Marktes und des grenzüberschreitenden Verkehrs von Heilmitteln.

Der Schutz der Gesundheit von Mensch und Tier sowie der **Täuschungsschutz** stehen überall im Vordergrund.

Der *Eigenverantwortung* wird im neuen HMG ein grosses Gewicht beigemessen. So muss gemäss Art. 3 HMG derjenige, welcher mit Heilmitteln umgeht und ein wirtschaftliches Interesse verfolgt, auch eigene Verantwortung übernehmen. Die Zulassung eines Produktes oder Verfahrens bedeutet nach Produktehaftpflichtgesetz noch keinen Haftungsausschluss in dem Sinn, dass die Haftung einfach dem Staat überbunden werden könnte. Die Anforderungen an die Sorgfaltspflicht ergeben sich aus dem aktuellen Stand der Technik und der Wissenschaft[617]. 309

Das HMG *fasst die bestehenden Regelungen der Heilmittelkontrolle in einem einzigen Gesetzeserlass zusammen* und modernisiert und ergänzt sie dort, wo es notwendig ist. Damit schafft das HMG klare Vorschriften für die Zulassung, Herstellungskontrolle, Qualitätskontrolle, Marktüberwachung sowie die nationale und internationale Zusammenarbeit in diesen Bereichen. Das Heilmittelgesetz ist ein Grundsatzerlass; einige offene Formulierungen setzen einen Rahmen, in dem zukünftige Entwicklungen rasch und flexibel aufgefangen werden können. Zahlreiche Delegationsvorschriften an den Bundesrat entlasten das Gesetz von Detailregelungen, was zur Folge hat, dass Einzelheiten in Vollzugs- und Ausführungserlassen erfolgen werden. Damit kann eine schnelle Anpassung an die aktuellen Gegebenheiten erfolgen[618]. Der Gesetzgeber kann die Konkretisierung des HMG auch an die dem Bundesrat untergeordneten Instanzen delegieren. Wichtige Entscheide sind jedoch den obersten Behörden vorzubehalten, weniger wichtige Entscheide können den unteren Instanzen übertragen werden. 310

Die Bestimmungen über die *Pharmakopöe* sind integriert worden, sodass das Pharmakopöegesetz aufgehoben werden kann. 311

---

[617] Vgl. dazu Art. 22 und 26 Abs. 1 HMG.
[618] So hält beispielsweise Art. 82 Abs. 2 HMG fest, dass der Bundesrat die Kompetenz zum Erlass von Ausführungsrecht hat. Dem Bundesrat werden Verordnungskompetenzen zudem in Art. 2 Abs. 1 lit. c, Art. 2 Abs. 2, Art. 4 Abs. 2, Art. 5 Abs. 2, Art. 7 Abs. 2, Art. 9 Abs. 3, Art. 11 Abs. 2 lit. a, Art. 11 Abs. 2 lit. b, Art. 18 Abs. 2, Art. 20 Abs. 3, Art. 21 Abs. 2, Art. 49, Art. 23 Abs. 3, Art. 25 Abs. 2, Art. 27 Abs. 2, Art. 29 Abs. 2, Art. 31 Abs. 2 und 3, Art. 50, Art. 36 Abs. 3, Art. 38 Abs. 2 und 3, Art. 39 Abs. 5, Art. 40 Abs. 2, Art. 41, Art. 44 Abs. 3 und 5, Art. 45 Abs. 2 und 3, Art. 46 Abs. 2, Art. 47, Art. 48 Abs. 2, Art. 51 Abs. 4, Art. 52 Abs. 2, Art. 53 Abs. 2, 3 und 5, Art. 56 Abs. 3, Art. 61 Abs. 2 und Art. 64 Abs. 3 HMG zugestanden.

312 Die Bestimmungen über *Blut und Blutprodukte* sind unverändert ins neue Heilmittelgesetz übernommen worden, weshalb der Bundesbeschluss über die Kontrolle von Blut, Blutprodukten und Transplantaten neu nur noch für Transplantate gilt. Zudem wird ein Mangel im Bereich der stabilen Blutprodukte behoben und der Vollzug vereinfacht; dabei wird neu die Kontrolle sämtlicher Blutprodukte dem Heilmittelinstitut übertragen[619].

313 Im Bundesgesetz über die Förderung von Turnen und Sport ist zur Verbesserung der Kontrolle ein spezielles *Doping*kapitel eingeführt worden, womit Doping im Sport neu wirksam verhindert und verstärkt sanktioniert werden kann. Zu diesem Zweck wurde im HMG die Kompetenz des Bundesrates verankert, die Einfuhr von Arzneimitteln mit hohem Missbrauchspotential einer Bewilligungspflicht zu unterstellen oder die Abgabeberechtigung auf besonders fachlich ausgebildete Personen zu beschränken. Die Gründe für das Verbot von Doping sind sowohl der Schutz der Gesundheit als auch die Erhaltung der Chancengleichheit im sportlichen Wettkampf.

314 Die restlichen Änderungen im bestehenden Recht sind vor allem gesetzestechnischer Natur und betreffen verschiedene Bundesgesetze, wie beispielsweise das Betäubungsmittelgesetz[620], das Epidemiegesetz, das Umweltschutzgesetz, das Lebensmittelgesetz[621], das Krankenversicherungsgesetz, das Tierseuchengesetz und das Radio- und Fernsehgesetz.

315 Die Kantone sind Teil des HMG-*Vollzuges*. Auf *Bundesebene* wird der Vollzug einem neuen *Schweizerischen Heilmittelinstitut (SHI)* übertragen (dieses tritt unter dem Namen Swissmedic auf), welches aus dem Zusammenschluss der Facheinheit Heilmittel des BAG mit der IKS entstanden ist. Auftraggeber des SHI ist der Bundesrat. Das Heilmittelinstitut ist überall dort zuständig, wo es um Bereiche geht, die das *internationale Um-*

---

[619] Diese Kontrollaufgabe wurde bisher vom BAG zusammen mit der Interkantonalen Kontrollstelle für Heilmittel und den Kantonen übernommen.

[620] Das BetmG regelt unter anderem die Verschreibung, die Abgabe und die Kontrolle des nationalen und internationalen Verkehrs mit Betäubungsmitteln, die zu medizinischen Zwecken als Arzneimittel verwendet werden. Die substanzbezogenen Bestimmungen werden ins HMG integriert, während die personenbezogenen Aspekte der Drogenmassnahmen weiterhin im BetmG geregelt bleiben.

[621] Die Abgrenzungen Lebensmittel–Heilmittel sowie Gebrauchsgegenstand–Heilmittel schaffen immer wieder Schwierigkeiten. Im Lebensmittelgesetz (LMG) wurde daher festgehalten, dass es den Anbietern überlassen sein soll, ihr Produkt als Lebensmittel, Heilmittel oder Gebrauchsgegenstand auf den Markt zu bringen. Ein Produkt, das jedoch als Arzneimittel angepriesen wird, objektiv aber kein Arzneimittel ist, wird trotzdem vom Geltungsbereich des HMG erfasst. Bei Streitigkeiten über die Zuordnung bestimmter Stoffe oder Erzeugnisse soll, nach Anhörung der betroffenen Behörde, weiterhin das EDI entscheiden. Die Koordination des Vollzugs der Gesetze liegt hingegen in der Kompetenz des Bundesrats.

feld berühren oder die Kantonsgrenzen überschreiten. Dies ist bei der Zulassung eines Arzneimittels, bei der Erteilung der Betriebsbewilligungen für die Herstellung, für den Grosshandel und für die Ein- und Ausfuhr von Arzneimitteln der Fall. Die hauptsächlichen Aufgaben der Kantone ergeben sich aus der Aufsicht und der Verantwortung für die *Arzneimittelkontrolle im Detailhandel und bei den Abgabestellen* (Apotheken, Arztpraxen, Drogerien) sowie aus der entsprechenden Bewilligungserteilung und dem Inspektionswesen.

4. Umgang mit Arzneimitteln (2. Kapitel)

Der Begriff des Heilmittels wird lediglich als Oberbegriff verwendet und fasst die *Arzneimittel* und die *Medizinprodukte*[622] zusammen[623]. Unter den Geltungsbereich der Heilmittel fallen auch *Heilverfahren*[624], soweit diese in unmittelbarem Zusammenhang mit den Heilmitteln stehen.

316

«Arzneimittel» werden durch Art. 4 Abs. 1 lit. a HMG wie folgt definiert:

> *Produkte chemischen oder biologischen Ursprungs, die zur medizinischen Einwirkung auf den menschlichen oder tierischen Organismus bestimmt sind oder angepriesen werden, insbesondere zur Erkennung, Verhütung oder Behandlung von Krankheiten, Verletzungen und Behinderungen; zu den Arzneimitteln gehören auch Blut und Blutprodukte.*

Zwischen Rohstoffen, Zwischenprodukten und Endprodukten wird nicht unterschieden. Für die *Abgrenzung von Gebrauchsgegenständen* wie Lebensmittel und Kosmetika ist das Anpreisen von Bedeutung. Damit soll verhindert werden, dass jemand ein Produkt in den Handel bringen kann, von dem er behauptet, es sei kein Arzneimittel, es aber trotzdem mit Heilanpreisungen versieht[625].

---

[622] Als Medizinprodukte gelten Produkte einschliesslich Instrumente, Apparate, In-vitro-Diagnostika, Software und andere Gegenstände oder Stoffe, die für die medizinische Verwendung bestimmt sind.
[623] Vgl. Art. 2 Abs. 1 lit. a HMG.
[624] Unter den Heilverfahren wird auch die somatische Gentherapie erfasst, welche damit erstmals bundesgesetzlich geregelt ist.
[625] Vgl. BGE 127 II 91 «Kuh-Lovely-Werbung», wobei gemäss Art. 19 Lebensmittelverordnung Hinweise irgendwelcher Art im öffentlichen (gesundheitspolizeilichen) Interesse verboten sind, welche einem Lebensmittel krankheitsvorbeugende, behandelnde oder heilende Wirkung zuschreiben oder den Eindruck entstehen lassen, dass solche Eigenschaften vorhanden sind.

a)   Herstellung

317   Jedes Unternehmen, welches Arzneimittel herstellt, braucht gemäss Art. 5 HMG eine Bewilligung des Instituts. Die Bewilligung wird dabei neu gesamtschweizerisch einheitlich für die Herstellung aller Arzneimittel vom Institut erteilt. Die Kompetenz zur Einführung von Ausnahmen von der Bewilligungspflicht liegt beim Bundesrat. Für die Erteilung der Ausnahmebewilligung muss der gesuchstellende Betrieb aufzeigen, dass er über ein Qualitätssystem verfügt und fachliche und betriebliche Anforderungen erfüllt. Zudem muss er sich einer Inspektion durch das Institut unterziehen.

Eine Ausnahme besteht für die Herstellung von Arzneimitteln nach Formula magistralis, nach Formula officinalis, nach eigener Formel, nach der Pharmakopöe oder nach einem anderen vom Institut anerkannten Arzneibuch oder Formularium; diese unterstehen einer kantonalen Bewilligungspflicht, welche in der Regel in der Bewilligung zur Führung einer Offizin oder einer Spitalapotheke inbegriffen sein sollte[626].

Die Regeln der *Guten Herstellungspraxis* gemäss Art. 7 HMG, welche auf die Herstellung aller Arzneimittel ausgedehnt werden, beinhalten Vorschriften, welche jeder Herstellungsbetrieb von Arzneimitteln einhalten muss. Der Bundesrat legt die Einzelheiten fest.

Beispiele für Regeln der guten Herstellungspraxis
Qualitätssicherungssystem, qualifiziertes Personal, Hygiene, zweckmässige Räumlichkeiten und Ausrüstung für die Produktion, Dokumentationen über Produktionsverfahren und Vorschriften, System zur Reaktion auf Qualitätsmängel.

b)   Zulassungspflicht

318   Für alle Arzneimittel und pharmazeutischen Hilfsstoffe, die in der Schweiz in Verkehr gebracht werden, gelten gemäss Art. 8 HMG die Vorschriften der Pharmakopöe. Verwendungsfertige[627] Arzneimittel dürfen nur in Verkehr gebracht werden, wenn sie vom Heilmittelinstitut zugelassen werden. Die Zulassung ist eine behördliche Bewilligung, welche

---

[626] Art. 5 Abs. 2 HMG; Art. 6 AMBV.
[627] Unter «verwendungsfertig» ist zu verstehen, dass das Produkt in der endgültigen Form ist, wie es an den Anwendenden, die Konsumenten und Patienten abgegeben werden darf. Darunter fallen auch gefriergetrocknete Arzneimittel, die vor der Anwendung mit einem Lösungsmittel aufgelöst werden müssen.

aufgrund des Bewilligungsgesuchs gemäss Art. 11 HMG[628] und der damit eingereichten Unterlagen[629] erteilt wird. Nicht verwendungsfertige Arzneimittel dürfen hingegen ohne Zulassung gehandelt, aber in dieser Form nicht angewendet oder abgegeben werden.

Von der Zulassungspflicht ausgenommen sind gemäss Art. 9 HMG lediglich die so genannten Magistral-[630] und Offizinalpräparate[631], welche nur auf ärztliche Verschreibung für eine bestimmte Person bzw. von einer Apotheke nur für ihre Kundschaft hergestellt werden, sowie die klinischen Versuchspräparate[632].   319

Erfolg versprechende neue Arzneimittel gegen lebensbedrohende Krankheiten können den Patienten sogar ohne Zulassung zugänglich gemacht werden (Art. 9 Abs. 4 HMG). Das Institut erteilt hierfür eine befristete Bewilligung.

Ist das Arzneimittel nicht standardisierbar, kann auch eine Zulassung des *Verfahrens*, mit dem das Präparat hergestellt wird, vorgeschrieben werden.

c)   *Zulassungsvoraussetzungen*

Voraussetzung für die Zulassung bilden gemäss Art. 10 HMG *Qualität*, *Sicherheit* und *Wirksamkeit*. Dabei muss die Wirksamkeit immer in Relation zum Risiko gesetzt werden und der potentielle Nutzen eines Präparates muss sein potentielles Risiko übertreffen. Das Institut hat bei   320

---

[628] Die Aufzählung in Abs. 1 ist nicht abschliessend.
[629] Zu den einzureichenden Unterlagen gehören administrative Daten und Arzneimittelinformationen, analytische, chemische und pharmazeutische, eine toxikologische und pharmakologische sowie eine klinische Dokumentation.
[630] *Magistralrezepturen* sind Zubereitungen, welche die Apothekerin oder der Apotheker auf ärztliche Verschreibung hin für einen bestimmten Patienten oder ein bestimmtes Tier herstellt (Einzelzubereitung). Vgl. Art. 9 Abs. 2 lit. a HMG. Die mengenmässige Abgrenzung «in kleinen Mengen» wurde so festgelegt, dass eine Abgabestelle (Apotheke oder Drogerie) ein Arzneimittel in Kleinmengen von 100 Stück pro Charge bis zu einer Menge von 1000 Stück pro Jahr ohne Zulassung herstellen kann. Für Spitalapotheken wird diese Limite auf 1000 Stück pro Charge und 10000 Stück pro Jahr festgelegt. Massgebend ist dabei die zuerst erreichte Grösse.
[631] Bei den *Offizinalrezepturen* gemäss Art. 9 Abs. 2 lit. b HMG handelt es sich um Einzelzubereitungen einer öffentlichen oder Spitalapotheke, einer Drogerie oder einer anderen Detailhandelsabgabestelle mit Herstellungsbewilligung (Reformhäuser oder Kräuterhäuser), sofern sie nach der Pharmakopöe oder nach einem anderen vom Institut anerkannten Arzneibuch oder Formularium hergestellt sind.
[632] Zulassungspflichtig sind auch Präparate, für welche die IKS bisher nicht zuständig war, da sie von den Kantonen lediglich das Mandat hatte, Arzneimittelspezialitäten zu registrieren.

seinem Entscheid gemäss Art. 13 HMG ausländische Berichte und Zulassungsakten angemessen zu berücksichtigen.

d) Zulassungsverfahren

321   Gemäss Art. 14 f. HMG bestehen drei *verschiedene Zulassungsverfahren*: Ordentliches, vereinfachtes und Meldeverfahren.
– Beim *ordentlichen Zulassungsverfahren* wird ein vollständiges Zulassungsdossier verlangt und es wird eine umfassende Prüfung hinsichtlich Qualität, Wirksamkeit und Sicherheit durchgeführt.
– Beim *vereinfachten Verfahren* werden Abstriche bei den Anforderungen an das einzureichende Zulassungsdossier gemacht; prohibitiv wirkende Hindernisse sollen beseitigt werden. Dieses Verfahren kann durch das Institut vorgesehen werden, wenn garantiert ist, dass die Zulassungskriterien der Qualität, Sicherheit und Wirksamkeit nicht umgangen werden und keine internationalen Verpflichtungen oder Interessen der Schweiz entgegenstehen. Dabei können die gewährten Vereinfachungen materieller oder dokumentarischer Natur sein. Ein solches Verfahren ist für pflanzliche oder komplementärmedizinische Arzneimittel oder für wichtige Arzneimittel gegen seltene Krankheiten vorgesehen. Gemäss Art. 12 HMG wird ein vereinfachtes Zulassungsverfahren auch bei Zweitanmeldungen, d. h. bei Arzneimitteln mit bekannten Wirkstoffen, zugelassen. Eine solche Zweitanmeldung bedarf entweder der Einwilligung des Erstanmelders, da der Zweitanmelder das Know-how des Erstanmelders nutzen kann, oder des Ablaufs der Schutzdauer[633]. Diese Regelung führt zu einem Erstanmelderschutz, der damit eine monopolähnliche Stellung geniesst. Dem Erstanmelder wird während der Zeit der Schutzdauer die ausschliessliche Nutzung der Informationen seines Zulassungsgesuchs gewährt. Die Wettbewerbskommission hat dabei die Aufgabe und Kompetenz einzugreifen, wenn ein Heilmittelanbieter seine aus dem Erstanmelderschutz fliessende Stellung zu unrechtmässigen Wettbewerbsbeschränkungen nützt[634].
Die Regelung des Erstanmelderschutzes bewirkt eine starke Regulierung des Heilmittelmarktes und des Marktzutritts. Jedes Tätigwerden

---

[633] Die Schutzdauer sollte gemäss Art. 12 Abs. 2 HMG-Entwurf vom Bundesrat festgelegt werden. Da die Schutzdauer in praktisch allen EU-Ländern zehn Jahre beträgt, hat der Nationalrat diese Dauer auch im Gesetz verankert. Vgl. Amtl. Bull. AB 2000, S. 589 ff. zu Art. 12.
[634] Die Wettbewerbskommission greift nur in Fällen in den Markt ein, die ihr durch das KG auch für alle anderen Industrien zugewiesen sind.

auf dem Markt bedarf einer behördlichen Bewilligung. Zutrittsschranken dürfen jedoch ausschliesslich gesundheitspolizeilich motiviert sein; wirtschaftspolitische Überlegungen dürfen den Entscheid nicht beeinflussen[635].

Ein *vereinfachtes Zulassungsverfahren* gilt gemäss Art. 14 Abs. 2 HMG auch für **Parallelimporte**[636], mit welchen den Schweizer Konsumenten und Konsumentinnen billigere ausländische Arzneimittel angeboten werden sollen, wobei die Preisdifferenz direkt dem Konsumenten zugute kommen soll. Beim Parallelimport ist das importierte Präparat sowohl in der Schweiz wie auch im betreffenden Exportland zugelassen; die importierende Firma ist indessen eine andere als die schweizerische Vertriebsfirma, welche als Inhaberin der Schweizer Zulassung die sanitätspolizeiliche Verantwortung für das betreffenden Arzneimittel trägt. Parallelimport setzt zudem voraus, dass das parallelimportierte Arzneimittel bereits in der Schweiz zugelassen ist[637]. Die Parallelimporte bildeten einen der umstrittensten Punkte des HMG[638]. Die gefundene Kompromisslösung findet sich in Art. 14 HMG, welcher erlaubt, dass im In- und Ausland zugelassene Medikamente aus jenem Land importiert werden können, in dem sie am billigsten sind, sofern sie die Anforderungen von Abs. 1 und 2 erfüllen[639]. Gemäss Art. 14

---

[635] Von dieser Regel auszunehmen ist die Preiskontrolle des BSV bei von der Sozialvesicherung übernommenen Heilmitteln.

[636] Parallelimport bedeutet, dass ein Schweizer Medikamenteneinkäufer das Recht hat, im Ausland Medikamente einzukaufen, in die Schweiz zu bringen und hier zu verkaufen. Unter Parallelimporte fällt als Spezialfall auch der Reimport, d.h., ein in der Schweiz hergestelltes und ins Ausland exportiertes Arzneimittel wird wieder in die Schweiz eingeführt.

[637] Ansonsten würde es sich um eine einseitige Anerkennung ausländischer Zulassungen handeln. Eine solche einseitige Anerkennung wird vom Bundesrat hingegen abgelehnt, da die Arzneimittelsicherheit und der Patientenschutz nicht mehr ausreichend gewährleistet wären, da es dabei nicht möglich ist, die Identität der Präparate, deren Zusammensetzung und Qualität zu überprüfen.

[638] Für die Parallelimporte setzten sich die SP, Grüne und CVP ein. «Wer Parallelimporte verbietet, ist für Marktbehinderung und Zusatzrenten zugunsten der Pharmaindustrie» (Rudolf Strahm, SP). Die SVP und die FDP wehrten sich hingegen dagegen und argumentierten damit, dass die USA, die EU und Japan auch ein striktes Verbot von Parallelimporten (Prinzip der nationalen Erschöpfung) kennen würden und eine Zulassung ein grosser Nachteil für die Volkswirtschaft und die Pharmaindustrie der Schweiz darstellen würde. Die Schweiz habe bei diesen wichtigsten Wirtschaftsräumen auch kein Gegenrecht. Vgl. www.parlament.ch/afs/data/d/rb/d_rb_19990020.htm.

[639] Gemäss Abs. 1 handelt es sich dabei beispielsweise um Arzneimittel mit bekannten Wirkstoffen der Komplementärmedizin, um wichtige Arzneimittel für seltene Krankheiten oder um solche, die in einem Spital für den Spitalbedarf hergestellt worden sind. In Abs. 2 geht es um ein weiteres Inverkehrbringen eines in der Schweiz bereits zugelas-

Abs. 3 HMG wird aber klargestellt, dass der Inhaber allfälliger Immaterialgüterrechte am parallelimportierten Arzneimittel trotz der Zulassung durch das Institut rechtlich gegen den Parallelimporteur vorgehen kann.

Dank den Parallelimporten können die Konsumenten von tiefen Preisen profitieren. Durch das vereinfachte Zulassungsverfahren kann aber trotzdem sichergestellt werden, dass nur sichere und wirksame Produkte auf dem Schweizer Markt vertrieben werden.

Schranken werden dem Parallelimport vorwiegend durch das Patentrecht[640] gesetzt[641], es kann sich dabei aber auch um wettbewerbsrechtlich motivierten Erstanmelderschutz handeln. Wettbewerbs- und immaterialgüterrechtliche Fragen bleiben vorbehalten, d.h., solange ein Patentschutz besteht oder die Schutzfrist nach Art.12 dieses Gesetzes noch läuft, sollen keine Parallelimporte zugelassen werden[642]. Das Verfahren des Patentschutzes für Originalpräparate soll durch den Bundesrat geregelt werden. Durch diese Kompromisslösung wird sowohl den gesundheitspolizeilichen als auch den wettbewerbspolitischen Anliegen Rechnung getragen[643].

---

senen Arzneimittels, welches aus einem Land mit einem gleichwertigen Zulassungssystem kommt.

[640] Das *Patentrecht* führt zu einer zeitlich limitierten Monopolstellung eines Produzenten, was wirtschaftlich insofern problematisch ist, als dadurch die Preise über dem Wert bei freier Konkurrenz liegen. Das Monopol stellt auf der anderen Seite jedoch den Vorteil dar, durch welchen der Anreiz mehr Forschung zu betreiben, geschaffen wird. Da die Preiselastizität der Nachfrage sehr klein ist, weil die Patienten im Krankheitsfall auf die Medikamente angewiesen sind, und andererseits substituierende Produkte fehlen, können die Anbieter ihre Preise beliebig in die Höhe treiben, ohne dass die Nachfrage merklich nachlässt. Damit die Patienten dem nicht völlig ausgeliefert sind, ist eine staatliche Preisüberwachung notwendig. Die Wettbewerbskommission muss gewährleisten, dass Absprachen verhindert werden.

[641] Beim Immaterialgüterrecht spricht man von der «internationalen Erschöpfung» des geistigen Eigentums, wenn Parallelimporte zulässig sind, und von «nationaler Erschöpfung», wenn der Schutzrechtsinhaber sie verbieten kann. Dieser immaterialgüterrechtliche Verbotsanspruch wird durch das neue HMG nicht aufgehoben. Beim Marken- (BGE 122 III 469) und Urheberrecht (BGE 124 III 321), im Gegensatz zum Patentrecht (BGE 126 III 129ff., 155), gilt der Grundsatz der internationalen Erschöpfung.

[642] Eine vom Ständerat geforderte Kumulation von Erstanmelder- und Patentschutz wurde vom Nationalrat (insbesondere Jost Gross, Jürg Stahl und Marc Suter) abgelehnt, da damit die Voraussetzungen des Imports billiger Medikamente erheblich erschwert worden wären. Die vom Nationalrat vorgeschlagene Kompromisslösung stellte daher eine echte Alternative zur Denner-Initiative dar.

[643] Den Bereich der Parallelimporte hatte auch die *Denner-Volksinsitiaitve für «tiefere Arzneimittelpreise»* zum Inhalt. Sie verlangte die Zulassung von parallel importierten Medikamenten sowie die Substitution von Arzneimitteln durch günstigere Generika. Entsprechend der Empfehlung des Bundesrates lehnte das Parlament diese Volksinitiative

Bis zum Inkrafttreten des HMG waren Parallelimporte aus sanitätspolizeilichen Gründen und unter Verweis auf den Grundsatz «**ein Präparat – eine Vertriebsfirma**» untersagt.
- Beim *Meldeverfahren,* der dritten Art der Zulassungsverfahren, werden noch weitergehende Erleichterungen gewährt. Diese Art kommt vor allem im Grenzbereich von Arznei- und Lebensmitteln wie Kräutertees oder Hustenbonbons in Betracht. Erfasst werden Arzneimittel, die in Art. 14 HMG aufgeführt sind. Im Rahmen der Marktüberwachung genügt die Meldung den Überwachungsbedürfnissen.

Der Zulassungsentscheid ergeht in Form einer beschwerdefähigen Verfügung. Die Zulassung erfolgt für fünf Jahre[644], nach deren Ablauf die Zulassung auf Gesuch hin erneuert werden kann[645]. Bestehen zwingende Gründe, kann die Zulassung auch während dieser fünf Jahre widerrufen werden. 322

e) Abgabe und Vertrieb

Die Arzneimittel werden in *Kategorien* mit und ohne Rezeptpflicht unterstellt. Die IKS teilte die registrierten Arzneimittel bisher in die folgenden Abgabekategorien ein: 323
- Abgabekategorie A: verstärkt rezeptpflichtig (ein Rezept berechtigt nur zur einmaligen Abgabe durch die Apotheke);
- Abgabekategorie B: rezeptpflichtig (ein Rezept berechtigt zur wiederholten Abgabe durch eine Apotheke);
- Abgabekategorie C: Verkauf nur in Apotheken, rezeptfrei;
- Abgabekategorie D: Verkauf in Apotheken und Drogerien, rezeptfrei;
- Abgabekategorie E: Verkauf in sämtlichen Geschäften[646].

---

jedoch ab, da einerseits das HMG unter gewissen Voraussetzungen die Möglichkeit des Parallelimports vorsieht und andererseits der Entwurf zu einer Teilrevision des KVG ein Substitutionsrecht für Apotheker einführen will, welches erlaubt, Originalpräparate der Spezialitätenliste durch billigere Generika zu ersetzen (wurde inzwischen eingeführt). Bei der Volksabstimmung vom 4. März 2001 wurde die Initiative mit dem klaren Neinanteil von 69,1 % vom Volk verworfen. Zudem äusserte sich auch keiner der Stände für die Initiative.

[644] Diese fünfjährige Geltungsdauer ist dem EG-Recht angepasst.
[645] Art. 16 Abs. 4 HMG.
[646] Für diese «frei verkäuflichen» Präparate gelten gemäss Art. 23 Abs. 2 HMG die Bestimmungen über Verschreibung, Abgabe und Versandhandel. Diese werden aufgrund ihrer Eigenschaften als Arzneimittel klassiert, das Risikopotential ist aber so gering, dass besondere Vorschriften gesundheitspolizeilich nicht gerechtfertigt werden können. Anwendbar sind jedoch die Regeln über Ein- und Ausfuhr sowie über den Grosshandel.

Kapitel 5 – Heilmittelrecht

Diese Einteilung kann grundsätzlich weitergeführt werden. Das HMG schreibt in Art. 24 HMG lediglich vor, dass rezeptpflichtige und auch nicht rezeptpflichtige Arzneimittel[647] durch Medizinalpersonen und Personen mit angemessener Ausbildung abgegeben werden müssen und nicht mehr der Abgabeort ein Kriterium ist[648]. Auch Drogistinnen und Drogisten in Randregionen können, nach einigen Diskussionen in der Vernehmlassung[649], gemäss Art. 25 Abs. 4 HMG durch die Kantone zur Abgabe von nicht rezeptpflichtigen Medikamenten (Präparate der bisherigen Liste C) ermächtigt werden, sofern diese über eine entsprechende kantonal anerkannte Ausbildung verfügen[650, 651].

---

[647] Vgl. Art. 25 HMG.

[648] Für Betäubungsmittel verlangt das BetmG eine Verschreibung auf speziellen Rezeptblöcken und die Aufbewahrung unter Verschluss. Die Betäubungsmittel sind nicht absolut verboten, sondern für bestimmte medizinische und wissenschaftliche Zwecke zugelassen. Das BetmG lässt somit dem Arzt die Freiheit, selbst über die Verwendung von Cannabispräparaten oder Diacetylmorphin, die im Einklang mit den Anforderungen des ärztlichen Berufs sind, zu entscheiden. Die Ärzte müssen dabei lediglich die Betäubungsmittelein- und -ausgänge sowie deren Verwendung belegen. Der Bund kann in diese kantonalen Zuständigkeiten nur insoweit eingreifen, als dass er die *Herstellung* oder den *Handel* mit diesen Mitteln regelt, nicht aber die ärztliche Verschreibung. Ein Arzt braucht keine Bewilligung beim BAG einzuholen, um Betäubungsmittel zu verschreiben oder abzugeben. Das BetmG regelt nur den Handel und die kommerzielle Vermarktung von Betäubungsmitteln, verbietet jedoch nicht deren private Herstellung und die Verwendung zu therapeutischen Zwecken. Vgl. dazu Rechtlicher Status der Betäubungsmittel in der Schweiz, verfasst vom Verein Schweizer Hanf-Freunde und -Freundinnen, mit Anhang. Vgl. www.asac.ch/d/08_recht_status_k.htm.

[649] Die Gegner der Abgabe von Medikamenten der Liste C durch Drogerien, wie beispielsweise der heutige Bundesrat Samuel Schmid, befürchteten eine Einbusse des Schutzes der Gesundheit der Konsumenten, wenn Heilmittel von unzulänglich ausgebildeten Personen erhalten. Die Versorgungssicherheit dürfe nicht unter solchen Abmachungen leiden. Die Befürworter hingegen, wie beispielsweise Ernst Leuenberger oder Hans Hess, argumentierten damit, dass die Versorgung der Bevölkerung mit Arzneimitteln zur Grundversorgung gehöre und zur Wohnattraktivität beitrage, welche besonders in ländlichen Regionen aufrechterhalten werden müsse.

[650] Dieses Recht der Kantone wurde durch den Ständerat in Ergänzung der Nationalratsfassung initiiert. Der Nationalrat akzeptierte diesen Vorschlag und ergänzte ihn dadurch, dass der Bundesrat die Bedingungen festlege.

[651] In Art. 94 Abs. 6 HMG wird eine Übergangszeit von fünf Jahren festgelegt, in welcher Personen, welche die Bestimmungen über die Abgabeberechtigung (Art. 24 und 25 HMG) nicht erfüllen, die Abgabe von Arzneimitteln einstellen müssen. Dagegen hat sich der Ständerat Hans Merz eingesetzt und bezüglich von Personen, welche vor 1980 mit einem Zertifikat die Drogistenfachschule in Neuchâtel abgeschlossen haben, durchgesetzt, dass für diese auf Grund der Besitzstandswahrung, der Nichtrückwirkung, der Wirtschaftsfreiheit und vor allem der Unverhältnismässigkeit eine Ausnahme vorgesehen ist. Es handle sich dabei um eine unnötige Schikane, da es Leute über fünfzig betreffe, welche als Härtefälle zu betrachten seien. Franz Wicki unterstützte diese Ansicht mit der Aussage: «Ich sehe nicht ein, warum man Drogistinnen und Dro-

Durch Art. 26 HMG wird eine missbräuchliche Verschreibung und Abgabe verboten. Insbesondere soll dem Arzt oder der Ärztin der Gesundheitszustand des Patienten bekannt sein; Blanko-Rezepte wären verboten.

Da der Grosshandel mit den Arzneimitteln häufig über die Kantonsgrenzen erfolgt, hat man sich dafür entschieden, die Bewilligung für den Grosshandel vom Institut erteilen zu lassen[652]. Dank einer einheitlichen Bewilligungsinstanz kann der administrative Aufwand für alle Beteiligten beträchtlich verringert werden. Die Anforderungen an den *Grosshandel* mit Arzneimitteln werden gemäss Art. 29 HMG durch den Bundesrat näher umschrieben[653]. Zur Gewährleistung und Aufrechterhaltung des Qualitätsniveaus gelten gemäss Art. 29 Abs. 1 HMG die Regeln der Guten Grosshandelspraxis[654].

Die Kantone regeln gemäss Art. 30 HMG (im Kanton Zürich gemäss §§ 23 ff. GesG/ZH) wie bis anhin die Voraussetzungen und das Verfahren für die Bewilligung zum *Detailhandel* mit Arzneimitteln. Der *Vertrieb* von Arzneimitteln erfolgt hauptsächlich über Apotheken. Hier ist zwischen den *Offizinapotheken* und den *privaten Apotheken* zu unterscheiden. Bei den Offizinapotheken handelt es sich um öffentliche, d. h. für jedermann zugängliche Apotheken. Als private Apotheken werden solche von Spitälern und von Ärzten, welche in Selbstdispensation Arzneimittel abgeben[655], bezeichnet, da neben den in Behandlung stehenden Patienten in der Regel keine anderen Personen Zugang zu diesen Apotheken haben. Ob und unter welchen Voraussetzungen die *Selbstdispensation* zulässig ist, regelt zum einen (für kassenpflichtige Medikamente) das Krankenversicherungsgesetz, zum anderen die Kantone. Das HMG wirkt sich insofern auf die spitalinterne Herstellung von Arznei- und Medizinprodukten aus, als dass eine strengere Heilmittelkontrolle herrscht, da unabhän-

324

325

326

---

gisten, die ihr Geschäft bis heute verantwortungsbewusst und ohne Beanstandung geführt haben, nun die Existenzgrundlage entziehen soll.» Vgl. Amtl. Bull. AB 2000, S. 589 ff.

[652] Früher unterstand der Grosshandel mit Arzneimitteln einer kantonalen Bewilligungspflicht.

[653] Unter Berücksichtigung des EG-Rechts wird die Bewilligung erteilt, wenn die Gesuchstellerin die fachlichen und betrieblichen Voraussetzungen erfüllt und ein Qualitätssicherungssystem besteht.

[654] Kriterien dazu: Lagerungsbedingungen, Vermeidung der Kontamination durch oder von anderen Erzeugnissen und genügend gesicherte Räume für die Lagerung, ein System der Rückverfolgbarkeit und des Rückrufs sowie eine umfassende Dokumentation.

[655] Unter den Begriff des «Abgebens» fällt auch die Anwendung an Drittpersonen oder am Tier, nicht aber die Verschreibung von Heilmitteln, d. h. das Ausstellen eines Rezeptes durch eine dazu berechtigte Medizinalperson.

gig vom Herstellungsort eines Heilmittels der gleiche Schutz für Patientinnen und Patienten gelten soll[656].

327 Als *Versandhandel*[657] gilt der Handel mit Waren, die in Katalogen, Prospekten oder Anzeigen angeboten und an die Kundschaft versendet werden. Bei der Zulassung des Versandhandels mit Arzneimitteln muss zwischen Sicherheitsaspekten sowie liberalen Prinzipien und gewerblichen Partikularinteressen abgewogen werden. Das HMG verbietet in Art. 27 grundsätzlich die Medikamentenabgabe auf dem Weg des Versandhandels im Interesse der Arzneimittelsicherheit und des Patientenschutzes[658]. Ein absolutes Versandhandelsverbot würde jedoch nach Ansicht des Gesetzgebers der Wirtschaftsfreiheit, dem Binnenmarktgesetz und dem Verhältnismässigkeitsgrundsatz widersprechen[659], weshalb der Versandhandel zugelassen werden kann, wenn ein ärztliches Rezept vorliegt sowie Beratung und Überwachung der Kundschaft sichergestellt sind[660]. Die Ausnahmen vom grundsätzlichen Verbot des Versandhandels mit Arzneimitteln werden vom Bundesrat definiert, der dabei insbesondere den gesundheitspolizeilichen Aspekten Rechnung tragen muss. Die Bewilligungen werden hingegen durch die Kantone erteilt[661].

328 Versandhandel mit *frei verkäuflichen Präparaten*, wie auch in Art. 23 Abs. 2 HMG erwähnt, ist zulässig, da diese keiner Fachberatung bedürfen und keinem speziellen Transportrisiko unterliegen.

329 Vom Versandhandel zu unterscheiden ist der *Nachversand*: Im Unterschied zum Versandhandel hat die Fachberatung beim Nachversand vorgängig stattgefunden, betrifft Einzelfälle, wird in der Regel nicht beworben und entspricht einer zusätzlichen Dienstleistung der Apotheken oder Drogerien für die Patienten.

330 Vom Versandhandel ebenfalls abzugrenzen ist der *E-Commerce* – ein für die Medikamentenabgabe heikler Vertriebsweg. Das HMG äussert sich mit keinem Wort zum E-Commerce oder Internet, verbietet den

---

[656] Der Aufwand für eine solche Qualitätssicherung in der Herstellung von Arzneimitteln und Medizinprodukten bewegt sich jedoch in einem vertretbaren finanziellen Rahmen, da viele Spitäler diese Kriterien schon vorher erfüllten.
[657] Zum Versandhandel gehört die Aufnahme der Bestellung, die Vermittlung von Bestellungen und der Versand von Bestellformularen.
[658] Der Versandhandel ist im ganzen europäischen Raum, mit Ausnahme von Holland, verboten.
[659] BGE 125 I 474.
[660] Ein Antrag auf ein Totalverbot, vertreten durch Roland Borer (SO), scheiterte mit 43 zu 111 Stimmen.
[661] Vgl. Art. 28 Abs. 4 HMG. Eine Kommissionsminderheit wollte festschreiben, dass der Bundesrat auch die Kompetenz haben sollte, die Ausnahmebewilligungen zu erteilen, damit einem allfälligen Missbrauch besser begegnet werden könnte. Dieser Antrag scheiterte knapp mit 81 zu 82 Stimmen.

E-Commerce aber auch nicht. Da der Versandhandel nicht definiert wird, muss auf den Zweck zurückgegriffen werden, um herauszufinden, ob der E-Commerce darunter fällt. Das Versandhandelsverbot bezweckt, dass *vor* der Arzneimittelabgabe eine fachliche Gefahrenkontrolle sichergestellt wird, eine fachliche Beratung nötigenfalls durchgeführt wird und andere Qualitäts- und Informationskriterien eingehalten werden. Kein Versandhandel liegt u. a. deshalb vor, wenn:

> «...(es muss) **vor** dem Kaufentscheid des Kunden oder zumindest vor der Abgabe des Heilmittels in ernsthafter Weise ein Austausch zwischen dem Kunden und einer fachlich qualifizierten Stelle vorgesehen sein, in dessen Verlauf der Kunde auf Risiken der Medikamenteneinnahme hingewiesen werden oder eine Bedürfniskontrolle stattfinden kann.»[662]

Fehlt diese zwischengeschaltete Fachkunde, liegt bei Arzneimittelbestellungen bzw. Einkäufen über das Internet oder andere Online-Medien ein Versandhandel vor, der grundsätzlich untersagt ist; das Versenden allein definiert den Versandhandel nicht. E-Commerce kann mit anderen Worten zwar in der Form des Versandhandels betrieben werden, aber nicht jede Form des E-Commerce ist deswegen Versandhandel. Eine solche Gefahrenkontrolle soll auch beim E-Commerce möglich sein, wie beispielsweise durch Beratung des Apothekers per Telefon oder durch schriftliche, behördlich genehmigte Arzneimittelinformationen[663]. Das Kontrollniveau kann somit unter Umständen gar über demjenigen beim Ladenverkauf liegen. Beim Arzneimittelverkauf per Internet muss also nicht zwingend eine höhere Gefahr für die Arzneimittelsicherheit und die Gesundheit der Patienten bestehen. Im erläuternden Bericht zur Ergänzung der Arzneimittelverordnung (VAM) vom Dezember 2000 wird demgegenüber mit einer gewissen Berechtigung festgehalten, dass Kontakte per Telefon oder Internet dem Erfordernis des direkten Kontakts mit einer speziell ausgebildeten Fachperson vor der Arzneimittelabgabe nicht genügen würden. Gemäss diesem Entwurf ist E-Commerce nur möglich, wenn die Patienten das Arzneimittel zwar per E-Mail bestellen, es dann

---

[662] Vgl. ROSENTHAL, Stellungnahme.
[663] Als Vorteile des E-Commerce werden des Weiteren auch der Wegfall des Beratungszuschlags trotz Beratung oder überlegtere Einkäufe ohne Zeitdruck und mehr Informationen genannt. Vgl. ROSENTHAL, Stellungnahme, Fn. 3. Vgl. zum Ganzen auch e-commerce mit arzneimitteln, Ein Bericht der Arbeitsgruppe «E-Commerce» zuhanden des Direktors der IKS vom 29. Juni 2001, www.swissmedic.ch.

aber selbst abholen und damit ein direkter Kontakt mit der Fachperson entsteht.

Eine Schweizer *Drogerie* mit eigenem Online-Shop, welche ihr gesamtes Sortiment auch im Internet anbietet, wobei Bestellung, Bezahlung und Auslieferung ohne persönlichen Kontakt online via Website der Drogerie möglich sind, ist in Rapperswil zu finden[664]. Diese Drogerie sieht dabei die Vorteile in der Erweiterung des Käuferpotentials, im zusätzlichen Verkaufskanal des Internets, den geringen Kosten für den Verkauf, den kürzeren Durchlaufzeiten beim Verkauf sowie beim gezielteren Ansprechen der Zielgruppen. Dabei handelt es sich um nicht rezeptpflichtige Medikamente, bei welchen dem persönlichen Austausch weniger Gewicht zugemessen wird. Bei einer Online-*Apotheke* wären jedoch ein umfassenderes Know-how und entsprechende Help Desks im Bereich Pharmakologie, Medikamenten-Interaktionen und Kontraindikationen nötig.

Da Online-Versandhändler oft auch ihnen unbekannte Personen mit rezeptpflichtigen Medikamenten ohne die nötigen Rezepte beliefern, kann der Arzneimittelversand per Internet ein grosses Risiko darstellen. Dieser Arzneimittelvertrieb ist sehr problematisch, da die Echtheit der Medikamente kaum überprüfbar ist und es schwierig ist, Haftbarkeitsansprüche geltend zu machen, weil der Versandhändler oft unbekannt und zudem häufig im Ausland angesiedelt ist. Frau Bundesrätin Ruth Dreifuss hielt dazu fest: «il s'agit d'un marché virtuel qui échappe aux réglementations nationales ... il est clair que nous n'avons pas la possibilité d'intervenir à travers une loi sur les médicaments pour limiter l'existence même de ce réseau. Mais nous avons la possibilité de combattre les ‹providers› et ceux qui utilisent Internet pour des offres qui ne sont pas correctes.»

«Die Frage, ob das Internet gut oder schlecht ist, stellt sich nicht. Der Konsument wird entscheiden, wo das Internet eingesetzt werden soll und wo eben nicht. Tatsache ist, dass die kommenden Generationen mit dem Internet umzugehen lernen wie die Nachkriegsgeneration gelernt hat, mit dem Kühlschrank umzugehen. Ein Unternehmen/Unternehmer braucht sich heute nicht mehr zu überlegen, ob es/er ins Internet einsteigen soll: Vom Entscheid, ins Internet einzusteigen, bis zum Zeitpunkt, zu dem Sie mit Ihren Kunden intensiv über Internet kommunizieren und Ihre Mitarbeiter gelernt haben, diesen neuen Marketingkanal sinnvoll zu nutzen, vergehen zwei Jahre. Ihr Kunde von morgen jedoch bewegt sich schon heute im Internet.»[665]

---

[664] www.drogerie-hoerler.ch.
[665] Vgl. EGLI, 3.9 Gesundheitswesen und Internet, S. 12.

Die Bestimmung über den Versandhandel gehört zu den umstrittenen 331
Regelungen des HMG⁶⁶⁶. Unter anderem im Hinblick auf den Versandhandel ist die «*Arzneimittel-Initiative*» eingereicht worden. Danach sollte der Bund die Vermarktung der Arzneimittel durch Gesundheitsfachleute regeln und den Anreiz zu zweckfremdem, unverhältnismässigem oder missbräuchlichem Arzneimittelkonsum verhindern und verbieten. Der Bundesrat war mit den Zielen der Initiative einverstanden, empfahl sie in seiner Botschaft jedoch zur Ablehnung ohne Gegenvorschlag. Er begründete dies damit, dass die bestehende Verfassungssituation und das künftige HMG diese Anliegen bereits erfüllen würden. Regulierende Eingriffe in den Heilmittelmarkt, welche über den Gesundheitsschutz hinausgehen und nur der Erhaltung der bestehenden Strukturen dienen würden, lehnte er ab.

f)   Einfuhr, Ausfuhr und Handel im Ausland

Die *Einfuhr* von Arzneimitteln wird in Art. 18 HMG gesamt- 332
schweizerisch einheitlich geregelt. Wer Arzneimittel *gewerbsmässig*⁶⁶⁷ einführt, ausführt oder von der Schweiz aus damit Handel treibt, benötigt eine Bewilligung des Instituts. Zusätzlich kann der Bundesrat weitere Bewilligungspflichten, aber auch Ausnahmen vorsehen. Zur Verhinderung der Gesundheitsgefährdung von Personen im Ausland können gemäss Art. 21 HMG vom Bundesrat Ausfuhrbeschränkungen oder Ausfuhrverbote für Arzneimittel erlassen werden.

Das HMG verbietet die *Ausfuhr* von Medikamenten, die im Zielland 333
wegen Gesundheitsgefährdung verboten sind. Mit der *Exportkontrolle* soll verhindert werden, dass Arzneimittel international *illegal gehandelt* werden. Zudem soll die Schaffung von *Doppelstandards* vermieden werden, damit Heilmittel, die in der Schweiz aus gesundheitlichen Gründen nicht zugelassen sind, nicht in Entwicklungsländer geliefert werden können. Mit dem Verbot des Exports von gesundheitsgefährdenden Arzneimitteln ins Ausland soll verhindert werden, dass die knappen finanziellen

---

⁶⁶⁶   Die Gegner wollten ein grundsätzliches Verbot des Versandhandels, andere wie beispielsweise Philipp Stähelin oder Rolf Büttiker setzten sich dafür ein, dass man sich den veränderten Verkaufsarten und -modalitäten anpassen müsse und zu diesen die aus gesundheitspolitischer Sicht notwendigen Vorkehrungen treffen müsse. Eine Bevormundung der Konsumentinnen und Konsumenten gehe über das Notwendige hinaus. Zudem würde ein vollständiges Verbot die Wirtschaftsfreiheit verletzen.

⁶⁶⁷   Wer nicht gewerbsmässig mit Arzneimitteln handelt, sondern für den Eigenbedarf Arzneimittel ein- oder ausführt, untersteht keiner Bewilligungspflicht.

Ressourcen im Gesundheitswesen, vor allem von Drittweltstaaten, für gesundheitsgefährdende Arzneimittel ausgegeben werden[668].

334 Zu den Bewilligungsvoraussetzungen gemäss Art. 19 HMG gehören entsprechend ausgebildetes Personal, geeignete Lagerräume und ein Qualitätssicherungssystem[669].

335 Grundsätzlich immer *eingeführt* werden dürfen zugelassene Arzneimittel und ausnahmsweise gemäss Art. 20 Abs. 2 HMG auch nicht zugelassene Arzneimittel, wenn diese dem Eigengebrauch[670] einer Einzelperson dienlich sind oder in kleinen Mengen für eine Medizinalperson[671] eingeführt werden. Der Bundesrat erlässt dazu eine Rahmenregelung und das Institut kann im Einzelfall eine Verfügung erlassen.

Bei der *Ausfuhr* von Arzneimitteln sind gemäss Art. 22 HMG gewisse Sorgfaltspflichten zu beachten[672]; ansonsten ist die Ausfuhr von Arzneimitteln und der Handel damit im Ausland unter dem Vorbehalt einer entsprechenden Betriebsbewilligung nach Art. 18 Abs. 1 HMG und den Ausnahmen nach Art. 21 Abs. 1 lit. a und b HMG grundsätzlich frei.

---

[668] Anlässlich verschiedener Untersuchungen haben entwicklungspolitische Organisationen festgestellt, dass Schweizer Firmen in der Dritten Welt in beträchtlichem Ausmass Arzneimittel anbieten, die in der Schweiz aus gesundheitlichen Gründen nicht zugelassen sind, eine andere Zusammensetzung aufweisen oder von ungenügenden oder irreführenden Produkteinformationen begleitet sind. Vgl. www.medicusmundi.ch/med/med981.htm. Gemäss einer von Robert Hartog, Arzt und Dritt-Welt-Experte, präsentierten Studie von 1989 waren 31 Prozent des von Schweizer Firmen in der Dritten Welt angebotenen Sortiments in der Schweiz selbst nicht oder nicht mehr registriert und 59 Prozent dieser Präparate wurden als unsinnig, viele davon überdies als gefährlich beurteilt. Vgl. www.medicusmundi.ch/med/heilmittel/mms9904.htm.

[669] Zum *Qualitätssicherungssystem* gehört die Überprüfung der Identität des Bestellers oder der Bestellerin, eine sichere Verpackung, ein sicherer Transport und eine rechtzeitige Auslieferung, die Anweisungen für eine korrekte Anwendung des Arzneimittels durch die Patienten, die Kontrolle, dass Arzneimittel nur an die Adressaten oder an von diesen schriftlich bevollmächtigte Dritte ausgeliefert werden, eine sachgemässe Beratung durch eine Fachperson sowie der Hinweis an die Patienten, sich bei allenfalls auftretenden Problemen an die behandelnde Ärztin oder den behandelnden Arzt zu wenden. Vgl. BGE 125 I 474, die aufgeführten Anforderungen entsprechen weitgehend den Anforderungen des Bundesgerichts in diesem Entscheid.

[670] Um Missbräuchen vorzubeugen, muss der Eigengebrauch restriktiv ausgelegt werden. Dazu gehören aber beispielsweise auch die im gleichen Haushalt lebenden Personen und Tiere.

[671] Die Einfuhr von kleinen Mengen nicht zugelassenen, aber verwendungsfertigen Arzneimitteln ist erlaubt, damit eine optimale medikamentöse Therapie für deren Patienten gewährleistet werden kann.

[672] Zu diesen Sorgfaltspflichten gehört beispielsweise, dass der Exporteur dem Belieferten im Zielland ohne Aufforderung die medizinischen und pharmazeutischen Basisinformationen über die exportierten Arzneimittel bekannt gibt.

g) Werbung

Werbung für Arzneimittel ist grundsätzlich erlaubt[673]. Es ist jedoch zwischen Publikums- und Fachwerbung zu unterscheiden. Die *Fachwerbung* richtet sich an Personen, welche Arzneimittel verschreiben oder abgeben, und ist allgemein zulässig. Die *Publikumswerbung*, welche sich an die Konsumenten richtet, ist gemäss Art. 31 Abs. 1 lit. b HMG nur für *nicht rezeptpflichtige* Arzneimittel zulässig. Publikumswerbung für rezeptpflichtige Arzneimittel, Mittel, deren Stoffe ein nachgewiesenes Suchtpotential aufweisen oder ein Abhängigkeitspotential in sich bergen, sind gemäss Art. 32 Abs. 2 lit. a HMG unzulässig. Dasselbe gilt, wenn Werbung irreführend ist oder zu einem übermässigen, missbräuchlichen oder unzweckmässigen Einsatz von Arzneimitteln verleiten kann[674]. Der Bundesrat kann gemäss Art. 31 Abs. 3 HMG zum Schutz der Gesundheit und zum Schutz gegen Täuschung die Werbung für Arzneimittel beschränken oder verbieten[675]. Durch eine solche Lösung sollen die Gesundheit geschützt, die Kosten kontrolliert und ein international kompatibles Gesetz geschaffen werden.

336

---

[673] In Deutschland ist die Werbung für Heilmittel durch das Heilmittelwerbegesetz beschränkt (HWG), welches von allen Medien den Warnhinweis «Zu Risiken und Nebenwirkungen lesen Sie die Packungsbeilage oder fragen Sie ihren Arzt oder Apotheker» verlangt. Daneben ist jede irreführende Werbung, die durch § 3 UWG ohnehin untersagt ist, unter Anführung von Beispielen für unzulässig erklärt worden. Ausserhalb der Fachkreise für Arzneimittel und Dienstleistungen ist die Werbung durch zahlreiche Einzelverbote besonders stark beschränkt. Vgl. www.aippi.org/reports/q151/gr-q151-d-germany.htm.

[674] Gegen die freie Werbung war beispielsweise Jean Studer, welcher dazu internationale Vergleiche anstellte: In den USA ist die Arzneimittelwerbung frei, was dazu führt, dass der Patient nach der Werbung entscheidet, welches Medikament er will. Gibt ihm der Arzt dieses nicht, wechselt er den Arzt, was den Arzt in einen Handlungszwang versetzt. In der EU demgegenüber herrscht ein Werbeverbot für verschreibungspflichtige Medikamente. Nach Studer sollte die Schweiz diesem System folgen.
Gegen das Unterscheidungskriterium der Verschreibungspflicht und damit für eine freie Werbung äusserte sich demgegenüber beispielsweise Bruno Frick, nach welchem ein solches Werbeverbot unverhältnismässig wäre, zumal für den Erhalt eines solchen Medikaments immer noch ein Rezept vorliegen muss. Dass sich der Arzt unter Druck gesetzt fühlen könnte, davon geht Frick nicht aus.
Frau Bundesrätin Dreifuss entgegnete darauf, dass eine freie Werbung auch für verschreibungspflichtige Medikamente den Regeln der internationalen Kompatibilität entgegenstehen würde, und mutmasste, dass das einzige die freie Werbung zulassende Land, die USA, sicherlich gegen den Medikamentenmissbrauch zu kämpfen habe. Vgl. Amtl. Bull., AB 2000 S. 589 ff.

[675] Für Werbung an Radio und Fernsehen gilt zusätzlich das Radio- und Fernsehgesetz, welches dahingehend geändert wird, dass Heilmittelwerbung nach Massgabe des Heilmittelgesetzes erlaubt wird.

337 Werden Produkte nicht ausdrücklich als Heilmittel in den entsprechenden Verfahren auf den Markt gebracht und auch in diesem Sinne angepriesen, gelten die Regeln des Lebensmittelrechts. Hierzu zählt das Verbot, den Lebensmitteln Eigenschaften zur Vorbeugung, Behandlung oder Heilung einer menschlichen Krankheit zuzuschreiben[676]. Art. 19 der Lebensmittelverordnung (LMV) will zum Schutz der Gesundheit der Konsumenten tatsachenwidrige Informationen verhindern. Der Konsument soll nicht irregeführt werden, indem einem Lebensmittel vorbeugende oder heilende Eigenschaften zugeschrieben werden, wodurch der Anschein entsteht, das Produkt wirke wie ein Heilmittel und sei auch als solches geprüft worden. Die gesetzliche Grundlage dazu liegt nunmehr in Art. 19 Abs. 1 lit. c HMG vor.

338 Damit die zur Abgabe und Verschreibung berechtigten Personen ihre Aufgabe möglichst objektiv erfüllen können, bestimmt Art. 33 HMG, dass diese Personen keine geldwerten Vorteile[677] für die Verschreibung oder Abgabe eines Arzneimittels fordern oder annehmen dürfen und diesen solche auch weder gewährt noch angeboten noch versprochen werden dürfen.

5. Umgang mit Medizinprodukten (3. Kapitel)

339 Der Begriff Medizinprodukt wird in Art. 4 Abs. 1 lit. b HMG wie folgt definiert[678]:

Produkte, einschliesslich Instrumente, Apparate, In-vitro-Diagnostika, Software und anderer Gegenstände oder Stoffe, die für die medizinische Verwendung bestimmt sind oder angepriesen werden und deren Hauptwirkung nicht durch ein Arzneimittel erreicht wird.

Zentrales Abgrenzungselement gegenüber Gebrauchsgegenständen des Lebensmittelrechts ist die *medizinische Verwendung* der Medizinprodukte. Medizinprodukte können sowohl Stoffe[679] und Stoffgemische[680] als auch Gegenstände[681] sein.

---

[676] Vgl. BGE 127 II 91 vom 22. Januar 2001. Darin erachtete das Bundesgericht die Werbung für Milch mit dem Hinweis, dass diese der Knochenbrüchigkeit im Alter, der so genannten Osteoporose, vorzubeugen vermöge, als unzulässig.
[677] Bei geringfügigen Beträgen, d. h., in Anlehnung an das Strafrecht, bei Werten bis zu 300 CHF pro Arzt pro Jahr greift diese Norm nicht.
[678] Der Begriff «Medizinprodukte» ist in der geltenden Fassung der Medizinprodukteverordnung (MepV; SR 812.213) noch eingehender definiert.
[679] Wie beispielsweise inaktiviertes Gewebe, inaktivierte Zellen oder anderes inaktiviertes biologisches Material menschlicher Herkunft.
[680] Wie beispielsweise Amalgam, Silikon oder In-vitro-Diagnostika.
[681] Wie beispielsweise Computertomographen, Herzschrittmacher, Hörgeräte, künstliche Gelenke, Skalpelle, Infusionsgeräte, Silikonimplantate, Spritzen und Brillen.

Bei Abgrenzungsfragen zu den Arzneimitteln entscheidet im Zweifelsfall die zuständige Behörde, in welche Kategorie ein Heilmittel gehört[682].

Im Gegensatz zu den Arzneimitteln erfolgt das *Inverkehrbringen*[683] von Medizinprodukten ohne vorgängige behördliche Bewilligung. Es gilt der *Grundsatz der Eigenverantwortung* der Firmen, welche solche Produkte herstellen[684], in Verkehr bringen oder anwenden (new and global approach). Dabei darf ein Medizinprodukt bei seiner bestimmungsgemässen Verwendung die Gesundheit aller damit in Berührung kommenden Personen nicht gefährden, d.h., die Anforderungen an Qualität, Sicherheit und Wirksamkeit müssen erfüllt werden, damit ein Produkt in Verkehr gebracht werden darf. Da auf eine behördliche Zulassung verzichtet wird, kommt der *Marktüberwachung* grosse Bedeutung zu. Um den behördlichen Aufwand gering zu halten und die Eigenverantwortung der Inverkehrbringerin zu betonen, wird diese zur Produktüberwachung verpflichtet. Mittels *Konformitätserklärung* oder *Konformitätsbescheinigung*[685] dokumentiert die Herstellerin oder Inverkehrbringerin, dass das Medizinprodukt ordnungsgemäss beurteilt und demnach mit den grundlegenden Anforderungen konform ist. Der Bundesrat kann[686] gemäss Art. 44 ff. HMG für bestimmte Produkte zudem eine Melde- oder Bewilligungspflicht[687] vorsehen. Rahmenerlasse halten die Ansprüche fest, denen die Medizinprodukte zu genügen haben. Für technische Ausführungsbestimmungen wird hingegen auf freiwillig einzuhaltende Normen

340

341

---

[682] Fällt ein Produkt unter die Medizinprodukte, untersteht es dem normalen Mehrwertsteuersatz, fällt ein Produkt unter die Heilmittel, wird es mit einem geringeren Sondersatz besteuert.

[683] Beim Begriff des «Inverkehrbringens» wird an die Definition des Art. 3 lit. d des Bundesgesetzes über technische Handelshemmnisse angeknüpft, wonach sowohl die entgeltliche als auch die unentgeltliche Übertragung oder Überlassung eines Produktes als Inverkehrbringen gilt.

[684] Im Bereich der Medizinprodukte muss die Herstellung den Prozess der Entwicklung beinhalten.

[685] Bei der Konformitätserklärung handelt es sich um eine eigene Beurteilung, wogegen die Konformitätsbescheinigung eine Beurteilung einer Drittstelle darstellt. Je nach Gefährdungspotential sind die Unternehmen gehalten, eine Konformitätsbescheinigung einzuholen.

[686] Christine Beerli hat im Ständerat im August 2000 die «kann-Vorschrift» von Art. 54 Abs. 3 HMG explizit hervorgehoben und erwähnt, dass es sich dabei nicht um eine generelle Erschwerung der Wiederaufbereitung von Medizinprodukten handle, sondern darum gehe, die Sicherheit zu gewährleisten.

[687] Eine Bewilligungspflicht für ein Medizinprodukt stellt jedoch eine Abweichung vom EG-Recht dar und ist deshalb nur dann EG-kompatibel, wenn das EG-Recht das betreffende Medizinprodukt ausnahmsweise einer Bewilligungspflicht unterstellt oder wenn es sich um ein Medizinprodukt handelt, welches noch nicht durch EG-Recht geregelt ist.

verwiesen. Hält sich eine herstellende Firma jedoch nicht an die Normen, so ist sie beweispflichtig, dass ihr Produkt trotzdem den grundlegenden Anforderungen entspricht.

342 Auch die Medizinprodukte werden gemäss Art. 44 Abs. 3 lit. b HMG nach dem Gefährdungspotential für das Leben und die Gesundheit der damit behandelten Personen, der anwendenden Personen sowie Dritter *in Klassen* (Klasse I bis III) *eingeteilt.*

343 Die *Abgabe und Verwendung* von Medizinprodukten ist gemäss Art. 47 HMG grundsätzlich an keine weiteren Voraussetzungen gebunden und die *Ein- und Ausfuhr* ist gemäss Art. 49 HMG grundsätzlich frei. Zum Schutz der Gesundheit kann der Bundesrat jedoch Beschränkungen oder Verbote dieses freien Imports und Exports vorsehen.

344 Die herstellende Firma ist *verpflichtet,* alle produktbezogenen Vorkommnisse, die zum Tod oder einer schwerwiegenden Verschlechterung des Gesundheitszustandes einer anwendenden Person geführt haben oder hätten führen können, systematisch *zu erfassen* und der Gesundheitsbehörde zu *melden.* Nicht konforme Produkte können so vom Markt ausgeschlossen werden.

345 *In-vitro-Diagnostika* gelten ebenfalls als Medizinprodukte, weshalb alle Vorschriften über die Medizinprodukte grundsätzlich auch für diese anwendbar sind. Der Bundesrat berücksichtigt die Besonderheiten auf Verordnungsstufe. Publikumswerbung für In-vitro-Diagnostika zur Erkennung von übertragbaren Krankheiten ist als Sonderfall gemäss Art. 50 HMG grundsätzlich verboten.

6. Gemeinsame Bestimmungen für Arzneimittel und Medizinprodukte (4. Kapitel)

a) Pharmakopöe[688]

346 Die Pharmakopöe enthält Vorschriften über *Zusammensetzung und chemische Form* von Arzneimitteln, Heilsubstanzen und phar-

---

[688] Die *Pharmakopöe* ist ein Arzneibuch, welches Qualitätsanforderungen (dazu gehört auch die Lagerung und Verwendung, die der Qualitätserhaltung dient) an Arzneimittel und pharmazeutische Hilfsstoffe sowie Herstellungs- und weitere Prüfvorschriften enthält. Die Pharmakopöe besteht aus der dritten Ausgabe der europäischen Pharmakopöe und der achten Ausgabe der schweizerischen Pharmakopöe. Jedes Jahr ist mit einem Nachtrag zu rechnen und alle fünf Jahre werden beide Werke vollständig neu herausgegeben.

mazeutischen Hilfsstoffen. Inhalt, Geltungsbereich, Erlass und Publikation waren bisher im Bundesgesetz über die Pharmakopöe geregelt. Mit Inkraftsetzung des HMG wurde dieses aber aufgehoben. Die notwendigen Bestimmungen wurden ins HMG[689] bzw. die Ausführungsverordnungen übernommen.

b) Klinische Versuche

Jede *Forschung am Menschen auf dem Gebiet der Medizin* gilt als klinischer Versuch. Im Bereich der Heilmittel sind klinische Versuche einerseits zur Entwicklung und Erforschung neuer Produkte notwendig, andererseits aber auch für die Sicherstellung der Wirksamkeit und Verträglichkeit der Produkte unabdingbar, welche bereits in Verkehr gebracht wurden. Zweck der gesetzlichen Bestimmungen (Art. 52 ff. HMG[690]) über die klinischen Versuche ist der Schutz der Gesundheit[691]. Der Forschung am Menschen sind insbesondere durch die Menschenwürde Grenzen gesetzt. 347

Eine begriffliche Unterscheidung zwischen Versuchspersonen als gesunde Probanden, die an einem Versuch «ohne eigenen Nutzen» teilnehmen, und Patienten, die «in eigenem Nutzen» an einem Versuch teilnehmen, wird nicht vorgenommen. Klar unterschieden wird jedoch zwischen Versuchen an *mündigen, entmündigten* oder *unmündigen* sowie *urteilsfähigen* und *unteilsunfähigen* Personen sowie in *Notfallsituationen*. Bei Unmündigen, Entmündigten oder Urteilsunfähigen sind restriktivere Bedin- 348

---

[689] Vgl. Art. 51 HMG. Zu Abs. 4: Da eine termingerechte Umsetzung in nationales Recht nur möglich ist, wenn die administrativen Wege vereinfacht werden, wird unter anderem ausnahmsweise auf eine Übersetzung in die italienische Sprache verzichtet.

[690] In diesen gesetzlichen Bestimmungen sind die bereits bestehenden Regelungen der Guten Praxis der Klinischen Versuche (GPKV) übernommen und weitergeführt worden.

[691] Im Nationalrat wurde darüber diskutiert, ob Pharmafirmen auch für das Entwicklungsrisiko haften müssten. Die Befürworter einer solchen Haftung (Marc Suter, Jost Gross) argumentierten damit, dass in diesem Bereich eine Gesetzeslücke bestehen würde und die Pharmabranche daher wie im Beispiel der «Contergenfälle» für Risiken während der klinischen Erprobung, die objektiv nicht voraussehbar waren, nicht haften würden. Die Gegner vertraten die Ansicht, dass durch eine solche Haftung die Innovationsfreudigkeit der Industrie gehemmt würde, zumal die Kosten für die Entwicklung eines neuen Medikamentes schon genug hoch seien. Eine solche Bestimmung sei, gemäss Hans Rudolf Gysin, «unvernünftig, unverhältnismässig und wirtschaftspolitisch unverantwortlich». Die Gegner einer solchen Haftung obsiegten schliesslich mit 107 zu 63 Stimmen.

gungen einzuhalten⁶⁹². Die Forschungsergebnisse müssen für die betroffene Person tatsächlich von einem unmittelbaren Nutzen sein und Forschung von vergleichbarer Wirksamkeit darf nicht an mündigen und urteilsfähigen Personen möglich sein. Zudem ist die Einwilligung des gesetzlichen Vertreters notwendig. Ausnahmen können nur gemacht werden, wenn mit dem Versuch wichtige Erkenntnisse erlangt werden können und diese für den Probanden nur ein geringfügiges Risiko und wenig Unannehmlichkeiten mit sich bringen.

349 Bei klinischen Versuchen sind die anerkannten *Regeln der Guten Praxis der Klinischen Versuche (GPKV)* einzuhalten. Diese beinhalten Regeln für die Planung, die Durchführung und den Bericht und bezwecken die Sicherstellung, dass Daten glaubwürdig sind und dass die Rechte und die Sicherheit der Versuchspersonen sowie die Vertraulichkeit der sie betreffenden Informationen geschützt sind. Sie stimmen mit den neusten Regeln auf internationalem Niveau überein. Gemäss Art. 52 Abs. 2 HMG hat der Bundesrat den Auftrag, die anerkannten Regeln der GPKV zu umschreiben.

350 Für die Durchführung von klinischen Versuchen müssen insbesondere die folgenden *Voraussetzungen* erfüllt sein (Art. 53 HMG):
– Freiwillige, ausdrückliche und aufgeklärte Einwilligung der Versuchspersonen⁶⁹³;
– Gewährleistung der vollumfänglichen Entschädigung der Versuchspersonen bei allfälligen Schäden⁶⁹⁴;
– Zustimmung der Ethikkommission⁶⁹⁵ zum Versuch.

Vor der Durchführung sind die Versuche dem Heilmittelinstitut zu melden. Mit dieser *Meldepflicht* soll die Möglichkeit der Überwachung

---

⁶⁹² Ein generelles Forschungsverbot würde jedoch Urteilsunfähige oder Unmündige ihrer Chance berauben, schneller die Behandlung zu erhalten, die besser auf sie zugeschnitten ist. Aus diesem Grunde sollen Versuche an Unmündigen, Entmündigten und Urteilsunfähigen möglich sein, dem Schutz dieser Personen soll jedoch besondere Aufmerksamkeit geschenkt werden.

⁶⁹³ Diese Voraussetzung gilt als Kernstück der gesamten Regelungen der Forschung am Menschen und davon gibt es, unter der Voraussetzung von Art. 13 ZGB, wonach die Person tatsächlich fähig sein muss, in den Versuch einzuwilligen, grundsätzlich keine Ausnahmen. Ausnahmsweise Einschränkungen dieses Grundsatzes sind in den Art. 54 f. HMG geregelt.

⁶⁹⁴ Dabei ist sicherzustellen, dass die Versuchspersonen, welche einen Schaden erlitten haben, ihre Entschädigung ohne Aufschub und unnötige bürokratische Hindernisse erhalten.

⁶⁹⁵ Die in Art. 56 HMG geregelte Ethikkommission für klinische Versuche, die sich zum Schutz der Versuchspersonen vergewissert, ob die gesetzlichen Anforderungen erfüllt sind, untersteht wegen ihrer grossen Verantwortung und Wichtigkeit dem Bundesrat.

gewährleistet und es soll verhindert werden, dass erfolglose Versuche nicht bekannt werden. Art. 53 Abs. 5 HMG erlaubt dem Bundesrat anstelle der Meldepflicht eine formelle Bewilligungspflicht für bestimmte Versuche einzuführen.

c)   Überwachung

Neben der behördlichen *Marktüberwachung* gemäss Art. 57 HMG ist für Hersteller und Vertreiberinnen gemäss Art. 58 HMG eine *Meldepflicht* im Zusammenhang mit unerwünschten Wirkungen und Vorkommnissen vorgesehen. 351

Wer Arzneimittel herstellt, vertreibt und neu auch anwendet oder abgibt, muss bei unerwünschten Wirkungen und Vorkommnissen dem Institut Meldung erstatten, dies bereits bei Verdacht. Für die Meldungen über die unerwünschten Arzneimittelwirkungen (UAW) sind ab dem 1. Juni 2001 die fünf Universitätsabteilungen für klinische Pharmakologie und Toxikologie[696] als regionale Pharmacovigilance-Zentren[697] die Ansprechpartner. Dabei sollten alle UAW gemeldet werden, welche andere Patienten vor Schaden bewahren oder die Behandlung der direkt betroffenen Patienten verbessern[698]. Wer gegen die Meldepflicht verstösst, kann gemäss Art. 87 Abs. 1 lit. d HMG strafrechtlich verfolgt werden. Aus der einst ethischen Verpflichtung ist demnach eine gesetzliche Pflicht geworden. Für die Patientinnen und Patienten sieht das Gesetz ein *Melderecht* vor. 352

Damit ein einheitlicher, gesamtschweizerischer Vollzug gewährleistet werden kann, überwacht das Institut Tätigkeiten, welche sich über die Kantonsgrenzen hinaus auswirken. Insbesondere der Detailhandel wird demgegenüber auf lokaler Ebene durch die Kantone überprüft und über- 353

---

[696] Diese fünf Zentren sind im Kanton Genf, Waadt, Bern, Basel-Stadt und Zürich angesiedelt. Vor dieser Regelung war vorwiegend die 1981 gegründete SANZ (Schweizerische Arzneimittel-Nebenwirkungszentrale) für solche Meldungen zuständig, welche als private Stiftung von der Pharmaindustrie sowie den Standesorganisationen der Ärzte und Apotheker finanziert wurde. Seit dem 1. Juni 2001 nahm diese aber keine Meldungen mehr entgegen.

[697] Die regionale Struktur, wie sie beispielsweise auch Frankreich und Schweden kennen, hat den grossen Vorteil, dass die unerwünschten Arzneimittelwirkungen nahe am meldenden Arzt und Patienten erfasst werden, und gewährleistet den kompetente Beratung der meldenden Fachleute. Vgl. www.iks.ch/News/Gen00106_D.htm.

[698] Dazu gehören schwerwiegende, tödlich verlaufende, lebensbedrohende, Hospitalisation erfordernde oder verlängernde, schwere oder bleibende Schädigung verursachende, sonstwie medizinisch wichtige oder neue UAW.

wacht[699]. Diese grundsätzliche Zuständigkeit des Instituts ist sinnvoll, damit negative Kompetenzkonflikte[700] möglichst vermieden werden können. Bei der *Marktüberwachung* unterzieht das Institut die sich im Handel befindlichen Heilmittel regelmässig einer Qualitätskontrolle und führt periodisch[701] produktespezifische Inspektionen durch[702]. Die Inspektionen der Abgabestellen und des Detailhandels liegen dagegen im Zuständigkeitsbereich der Kantone. Damit das Institut und die Kantone die Marktüberwachung effizient vollziehen können, besteht für die Betroffenen gemäss Art. 57 Abs. 4 HMG eine Mitwirkungspflicht[703].

d) Schweigepflicht und Datenbekanntgabe

354 Sowohl auf Bundes- wie auch auf kantonaler Ebene gilt für alle in einem öffentlich-rechtlichen Anstellungsverhältnis stehenden Vollzugsorgane und Private, die zu einer bestimmten Aufgabe beigezogen werden, für der Natur nach oder gemäss besonderer Vorschriften geheim zu haltende dienstliche Angelegenheiten die besondere Schweigepflicht nach Art. 60 HMG. Vertraulich sind dabei gemäss Art. 61 HMG alle aufgrund der Heilmittelgesetzgebung gesammelten Daten[704, 705]. Eine Verletzung dieser Pflicht kann nach Art. 87 Abs. 1 lit. f HMG mit Haft oder Busse bestraft werden, sofern nicht Art. 162, 320 oder 321 StGB anwendbar sind[706]. Bei den besonders schützenswerten Personendaten, wie bei-

---

[699] Diese Regelung ist die gleiche wie bis anhin, weshalb die Auswirkungen des HMG auf den Detailhandel nicht sehr gross sind. Die Betriebsbewilligung für den Grosshandel wird demgegenüber neu vom Institut erteilt.

[700] Bei einem negativen Kompetenzkonflikt betrachtet sich keine Behörde als zuständig, was zu Rechtsunsicherheiten führt.

[701] Durch die periodischen Inspektionen (mindestens alle zwei Jahre) soll die kontinuierliche Befolgung der Anforderungen an Herstellung, Vertrieb, Abgabe und Anpreisung sichergestellt werden.

[702] Damit besteht die behördliche Marktüberwachung in einer Zulassungsprüfung sowie in einer nachträglichen Überwachung.

[703] Zur Ausübung ihrer Tätigkeit haben das Institut und die kantonalen Behörden ein Zutrittsrecht zu Grundstücken, Betrieben, Räumen und Fahrzeugen. Sie brauchen dazu keine besondere Bewilligung, namentlich keinen Durchsuchungsbefehl. Die Kontrollen erfolgen grundsätzlich unangemeldet in den üblichen Betriebszeiten und im Beisein eines Verantwortlichen des Betriebs.

[704] Als Daten gelten dabei alle Informationen, welche die Rechtsunterworfenen den zuständigen Behörden in irgendeiner Form mitgeteilt haben.

[705] Der Geheimnisherr (Hersteller) hat ein schutzwürdiges Interesse und hat die Daten auch nur unter der Voraussetzung anvertraut, dass diese nicht veröffentlicht werden.

[706] Danach ist klar, dass bei Personen, welche einer spezifischen Schweigepflicht nach StGB unterstehen, die strengeren Strafandrohungen des StGB zur Anwendung gelangen.

spielsweise bei Daten im Bereich mit Blut- und Blutprodukten, welche sich auf Personen beziehen, die Blut spenden oder erhalten, sind unter anderem die Bestimmungen des DSG zu beachten.

Sofern es für den *Vollzug* des Gesetzes erforderlich ist, ist die Weitergabe von Daten an Behörden unter den Voraussetzungen von Artikel 62 HMG möglich. Der Bundesrat legt gemäss Abs. 2 fest, welche Daten der Öffentlichkeit zugänglich gemacht werden müssen. Zwischen den Vollzugsbehörden der Schweiz ist beispielsweise eine gegenseitige Bekanntgabe der Daten unerlässlich, damit die Heilmittelgesetzgebung koordiniert vollzogen werden kann. 355

Ins *Ausland* sollen Daten nur im Einzelfall und auf Ersuchen der ausländischen Behörde hin gegeben werden. Systematischer und automatischer Informationsaustausch ist im Rahmen eines internationalen Abkommens zu regeln. Wo es sich jedoch um nicht vertrauliche Daten handelt, können diese voraussetzungslos weitergegeben werden. 356

Fabrikations- oder *Geschäftsgeheimnisse* dürfen nur offen gelegt werden, wo es zur Abwendung einer unmittelbaren Gefahr für Mensch und Tier erforderlich ist. 357

e) Gebühren und Verwaltungsmassnahmen

Grundsätzlich sind die Kantone frei, für welche Bewilligungen, Kontrollen und Dienstleistungen sie *Gebühren* erheben wollen. Der Bundesrat kann zudem das Institut ermächtigen, Gebühren nach Art. 64 Abs. 3 HMG festzulegen. Die nach Art. 64 Abs. 2 und 3 HMG erhobenen Gebühren dienen der Finanzierung jener Aufgaben, welche entweder im Zusammenhang mit der Kontrolle von Arzneimitteln oder von Medizinprodukten erfüllt werden müssen. Der Gebührencharakter wird somit gesetzlich festgelegt. Eine Quersubventionierung zwischen Arzneimitteln und Medizinprodukten ist nicht gestattet, d. h., die Gebühren auf Arzneimitteln dürfen nicht der Finanzierung von Aufgaben im Medizinproduktebereich dienen oder umgekehrt. Die durch das Institut erlassene Gebührenverordnung legt kostendeckende[707] Gebühren fest. 358

Das Institut kann die Gesetzesbestimmungen des HMG mittels *Verwaltungsmassnahmen*, die in Art. 65 Abs. 2 HMG nicht abschliessend aufgezählt sind, vollziehen. Die dabei vom Institut getroffenen Massnahmen müssen erforderlich sein und zwischen dem angestrebten Ziel und dem Eingriff muss ein vernünftiges Verhältnis bestehen. Dabei kann beispiels- 359

---

[707] Zu den kostendeckenden Gebühren gehört, dass das Institut auch angemessene Reserven bilden kann.

weise die Bewilligung vorübergehend oder auf Dauer entzogen, der Betrieb geschlossen oder Produkte beschlagnahmt, verwahrt oder vernichtet werden. Des Weiteren kann der Handel mit dem Ausland oder die Werbung verboten und der Rückruf von Heilmitteln vom Markt verlangt werden. Besteht der Verdacht einer Gesundheitsgefährdung durch ein Heilmittel, können diese Produkte vorsorglich beschlagnahmt werden. Schliesslich können die Zollorgane Heilmitteleinfuhren oder -ausfuhren zurückhalten[708]. Schwer wiegende Eingriffe in die Wirtschaftsfreiheit[709], wie beispielsweise das Schliessen eines Betriebes, müssen auf Gesetzesstufe vorgesehen sein und dürfen nur angeordnet werden, wenn vom beanstandeten Betrieb eine unmittelbare und erhebliche Gefahr für die öffentliche Gesundheit ausgeht und mildere Massnahmen nicht zum Ziel führen. Dabei muss eine umfängliche Interessenabwägung stattgefunden haben.

360 Den am Heilmittelmarkt Beteiligten obliegen Selbstverantwortungspflichten. Zur Unterstützung bei der Wahrnehmung dieser Pflichten sollen sie vom Institut umfassend gewarnt, beraten und informiert werden. Die *Informationstätigkeit* darf dabei jedoch nicht die Rechte der Betroffenen verletzen und es ist auch das rechtliche Gehör zu wahren[710].

361 Durch die in Art. 67 HMG geregelte Belastung mit Geldbeträgen soll erreicht werden, dass auch juristische Personen, welche strafrechtlich infolge Deliktsunfähigkeit nicht verfolgt werden können, verwaltungsrechtlich belangt werden können. Bei einem Verstoss gegen eine rechtskräftige Verfügung einer Behörde oder bei Verletzung des Heilmittelrechts sind dabei Verwaltungs- und Strafsanktionen kumulativ anwendbar.

---

[708] Diese Kontrollen der Zollorgane werden aus personellen und zeitlichen Gründen nicht systematisch, sondern nur stichprobenweise durchgeführt oder auf Verdacht hin vorgenommen.

[709] Die Wirtschaftsfreiheit gilt grundsätzlich auch für die Herstellung, den Vertrieb und die Abgabe von Heilmitteln sowie für die Möglichkeit dafür zu werben. Einschränkungen bedürfen daher einer gesetzlichen Grundlage, eines überwiegenden öffentlichen Interesses, der Verhältnismässigkeit sowie der Rechtsgleichheit. Polizeilich motivierte Einschränkungen zum Schutz der Gesundheit sind zulässig, nicht aber wirtschaftspolitische oder standespolitische Massnahmen, die den freien Wettbewerb behindern, um gewisse Gewerbezweige oder Bewirtschaftungsformen zu sichern oder zu begünstigen.

[710] Auf eine *vorgängige* Anhörung kann im Ausnahmefall verzichtet werden, wenn eine schwerwiegende Gefährdung der Gesundheit mit dem Erfordernis der sofortigen Einleitung von Massnahmen vorliegt.

7. Schweizerisches Heilmittelinstitut (SHI) (5. Kapitel)

Der Vollzug des Heilmittelgesetzes ist auf Bundesebene einem neuen Schweizerischen Heilmittelinstitut (dieses tritt unter der Bezeichnung Swissmedic[711] auf) übertragen worden, das seinen Betrieb auf den Zeitpunkt des Inkrafttretens des HMG, 1. Januar 2002, aufgenommen hat. Das Institut entstand aus einem *Zusammenschluss der IKS mit der Facheinheit Heilmittel* des Bundesamtes für Gesundheitswesen (BAG). Es erhielt die Form einer *öffentlich-rechtlichen selbständigen Anstalt* des Bundes mit Rechtspersönlichkeit und bildet somit eine dezentralisierte Einheit der Bundesverwaltung. Auftraggeber des Instituts sind der Bundesrat und das EDI; das Institut handelt auf der Grundlage der Bundesgesetzgebung[712]. Das Heilmittelinstitut kann auch *Nebentätigkeiten* gemäss Art. 69 Abs. 2 HMG wahrnehmen, sofern der «service public» dadurch nicht gefährdet wird, diese Tätigkeiten voll kostendeckend sind und nicht zu einer Wettbewerbsverzerrung führen. *Leistungsaufträge* werden periodisch durch den Bundesrat im Rahmen seiner strategischen Aufsichts- und Steuerungsfunktion erteilt[713].

362

Das Heilmittelinstitut ist insbesondere für die *Zulassung* und *Marktüberwachung* von Arzneimitteln und Medizinprodukten sowie für Betriebsbewilligungen für die Produktion, den Grosshandel sowie die Ein- und Ausfuhr von Arzneimitteln zuständig. Es nimmt hierbei Aufsichts- bzw. Überwachungsfunktionen wahr. Es erlässt auch die *Pharmakopöe* als zentrales Referenz- und Normwerk für Qualitätssicherung der Arzneimittel und vollzieht die für den richtigen Gebrauch der Heilmittel notwendigen Informationsmassnahmen. Die Zuständigkeit für die Zulassung eines Heilmittels zur sozialen Krankenversicherung liegt beim Bundesamt für Sozialversicherung (BSV)[714], wo das Verhältnis Kosten–Nutzen geprüft wird, im Gegensatz zur Marktzulassung, wo das Verhältnis

363

---

[711] www.swissmedic.ch.
[712] Dazu gehören beispielsweise das HMG, das Betäubungsmittelgesetz sowie das Epidemiengesetz.
[713] Ein obligatorischer Einbezug der Kantone in die Ausarbeitung des Leistungsauftrages findet nicht statt.
[714] Diese Preisfestsetzungskompetenz des BSV stellt eine staatliche Preisordnung i.S. von Art. 3 Abs. 1 lit. a KG dar und schliesst folglich die Anwendbarkeit des Kartellgesetzes aus. In diesem Bereich verbleiben somit der Wettbewerbskommission keine Kompetenzen mehr. Die Wettbewerbskommission hat hingegen mit Entscheid vom 7. Juni 2000 die von der Sanphar (Verband der schweiz. Pharmabranche) herausgegebene Margen- und Rabattordnung verboten, welche den Vertrieb von Arzneimitteln reglementierte und fixe Margen und Rabatte festlegte. Vgl. JAEGER, Fn. 28.

Risiko–Nutzen massgeblich ist. Als wesentliche Neuerung nimmt das Institut auf Gesuch hin die Prüfung der therapeutisch äquivalenten Dosierung gegenüber anderen Heilmitteln vor mit Verbindlichkeit für das Bundesamt für Sozialversicherung. Dadurch sollen allfällige inhaltliche Widersprüche unter den Bundesbehörden vermieden werden. Gemäss Art. 68 Abs. 4 HMG kann das Institut Privaten und Organisationen einzelne Aufgaben mittels Leistungsauftrag übertragen und kann[715] gemäss Abs. 5 beratende Kommissionen sowie Expertinnen und Experten einsetzen.

364 Das Institut ist sowohl in der Organisation als auch in der Betriebsführung unabhängig, verfügt über seine eigene Finanzierung, besitzt eine eigene Rechnung nach den allgemein anerkannten Standards[716] und wird nach betriebswirtschaftlichen Grundsätzen geführt. In Art. 71 HMG sind die Institutsorgane aufgeführt: Der Institutsrat[717], die Direktorin oder der Direktor[718] und die Revisionsstelle[719].

365 Der Zentralverwaltung des Bundes, d.h. dem *BAG*, bleiben allgemeine Aufgaben im Heilmittelsektor im weiteren Sinne[720] vorbehalten, des Weiteren Controllingfunktionen sowie weitere Aufgaben wie beispielsweise der Vollzug der Transplantationsgesetzgebung, die Betreuung der Humanethikkommission sowie die Forschung am Menschen.

366 Die *Kantone* sind weiterhin für die Heilmittelkontrolle bei den Abgabestellen (Apotheken, Arztpraxen, Drogerien) sowie für die entsprechende Bewilligungserteilung und das dazugehörende Inspektionswesen zuständig.

367 Das Personal des SHI ist gemäss Art. 75 f. HMG grundsätzlich öffentlich-rechtlich angestellt[721]. In begründeten Fällen, wie beispielsweise bei

---

[715] Das Institut soll im Rahmen seiner Eigenverantwortung selbständig darüber entscheiden, ob es Know-how bei Kommissionen einsetzen will.

[716] Vgl. Art. 78 HMG.

[717] Die Mitglieder des Institutsrats werden gemäss Art. 71 Abs. 2 HMG durch den Bundesrat ernannt. Sie wirken anschliessend bei der Wahl der Direktorin oder des Direktors sowie der Revisionsstelle mit. Die Aufgaben des Institutsrats lehnen sich an diejenigen eines Verwaltungsrates bei einer Aktiengesellschaft an.

[718] Die Direktorin oder der Direktor führen das Institut nach den Grundsätzen der Delegation und der Zielvereinbarung.

[719] Die Revisionsstelle überprüft die Zweckmässigkeit, Angemessenheit und Funktionsweise der Kostenrechnung und des Controlling sowie die Berichterstattung über die Erfüllung des Leistungsauftrags.

[720] Zum Heilmittelsektor im weiteren Sinne zählen beispielsweise die Betreuung der Heilmittel-, Betäubungsmittel- und Transplantationsgesetzgebung zuhanden von Bundesrat und Parlament oder die Vertretung der Schweiz in internationalen Organisationen im Betäubungsmittel- und Heilmittelbereich.

[721] Merkmale der öffentlich-rechtlichen Anstellung sind das besondere Treueverhältnis dem Staat gegenüber sowie die Beachtung des Legalitätsprinzips, des Gleichbehand-

befristeten oder speziellen Anstellungsverhältnissen können Personen auch nach dem Obligationenrecht angestellt werden.

Das SHI deckt seine *finanziellen* Aufwendungen vor allem aus Gebühren und aus Bundesabgeltungen für die gemeinwirtschaftlichen Leistungen. Dabei soll neben Zulassungsgebühren vor allem eine Gebühr zur Überwachung des Arzneimittelverkehrs auf die in der Schweiz verkauften verwendungsfertigen Arzneimittel erhoben werden. Das SHI wird vorerst durch den Bund[722] und allenfalls die Kantone mit einem Dotationskapital gemäss Art. 77 HMG ausgestattet. Sollte ein Gewinn resultieren, ist keine Gewinnausschüttung vorgesehen; der Gewinn dient der Reservenbildung. Verluste werden gemäss Art. 79 Abs. 3 HMG auf das kommende Jahr übertragen. Damit der Bundesbeitrag an der Finanzierung des Instituts gesenkt werden kann, sollen die Effizienz[723] gesteigert und die Gebühren angepasst werden. 368

Für allfällige Schadensfälle haftet primär das Institut, das über eine eigene Rechtspersönlichkeit verfügt. Subsidiär haftet der Bund gemäss Verantwortlichkeitsgesetz[724] in Fällen, in denen die finanziellen Mittel des SHI nicht ausreichen («Ausfallhaftung»). Die dem Bund durch Organe zugefügten Schäden müssen primär durch die fehlbaren Organe übernommen werden, subsidiär durch die Organisation. 369

8. Vollzug, Verwaltungsverfahren und Rechtsschutz (6. und 7. Kapitel)

Grundsätzlich wird das HMG auf Bundesebene durch das Institut vollzogen. Dem *Bund* sind alle Zuständigkeiten zugeteilt, wo Einheitlichkeit, spezialisiertes Fachwissen, einheitliche Qualität oder kostenintensive Infrastrukturen vorausgesetzt werden. Zudem ist der Bund zuständig, wenn es um die Ein- und Ausfuhr sowie den Handel im Verkehr mit dem Ausland geht oder mehrere Kantone betroffen sind, die Ertei- 370

---

lungsgebots und des Willkürverbots. Des Weiteren garantiert das öffentliche Dienstrecht einen entsprechenden sozialen Schutz mit eigenen Verfahrensregelungen und verwaltungsrechtlicher Zuständigkeit in personalrechtlichen Streitigkeiten.

[722] Da mit dem HMG der Leistungsauftrag vollumfänglich in den Aufgabenbereich des Bundes übergeht, übernimmt der Bund die bisherigen Beiträge der Kantone.

[723] Durch eine solche Effizienzsteigerung soll die Bearbeitungszeit der Zulassungsgesuche insgesamt verkürzt werden, womit neue und innovative Arzneimittel noch rascher auf den Markt kommen und zur Verfügung stehen. Auf der anderen Seite sind die Anforderungen an die Qualität der Herstellung höher, was zu einem Mehraufwand führt.

[724] Vgl. Art. 19 Abs. 1 lit. a Verantwortlichkeitsgesetz vom 14. März 1958; SR 170.32.

Kapitel 5 – Heilmittelrecht

lung von Herstellungs-, Grosshandels- oder Betriebsbewilligungen in Frage steht oder Arzneimittel zuzulassen sind.

371 Des Weiteren ist das Heilmittelinstitut grösstenteils für die Strafverfolgung und die Kontrolle an den Grenzen zuständig. Der *Bund* regelt somit Vorschriften über die *Anforderungen* an Heilmittel, während die *Kantone* den *Kreis der abgabeberechtigten Personen* und *betriebliche Anforderungen* an die Abgabestellen regeln.

372 Die *Kantone* werden in den Vollzug einbezogen. Gemäss Art. 83 HMG sind die Kantone für den Vollzug in den vom Gesetz geregelten Fällen zuständig sowie überall dort, wo die Vollzugsaufgabe nicht explizit dem Bund übertragen ist. So sind die Kantone weiterhin für die Erteilung der Detailhandelsbewilligungen und für die Kontrolle in diesem Bereich zuständig. Die Erteilung der Herstellungsbewilligung kann unter gewissen Voraussetzungen vom Institut an die Kantone oder regionale Inspektorate übertragen werden. Die Marktüberwachung wird durch die Kantone und den Bund gemeinsam wahrgenommen.

373 Für das *Institut* gelten die selben Verwaltungsverfahrens- und Rechtspflegegrundsätze wie für die übrige Bundesverwaltung. In Art. 84 Abs. 2 HMG wird zudem das Institut zur Beschwerde gegen Verfügungen kantonaler Behörden, die in Anwendung des Heilmittelgesetzes und seiner kantonalen oder eidgenössischen Ausführungsbestimmungen ergehen, ermächtigt[725].

374 Für Beschwerden gegen Verfügungen des Instituts, des BAG oder BVET, die sich auf das HMG und seine Ausführungsbestimmungen stützen, ist die *Rekurskommission* zuständig. Gegen deren Entscheide wiederum kann *Verwaltungsgerichtsbeschwerde* beim Bundesgericht erhoben werden[726].

9. Strafbestimmungen (8. Kapitel)

375 Das HMG unterscheidet in den Art. 86 f. HMG zwischen Vergehen und Übertretungen.

376 *Vergehen* sind Widerhandlungen, welche die Gesundheit gefährden, d. h. *konkrete Gefährdungsdelikte*[727]. Wird die Gesundheit von Personen

---

[725] Somit hat das Institut auch Parteistellung und Anspruch auf Mitteilung kantonaler Entscheide.

[726] Unter dem alten Heilmittelrecht waren die Entscheide der Rekurskommission IKV endgültig; ein Weiterzug ans Bundesgericht war ausgeschlossen. Aus rechtsstaatlichen Gründen wurde dieser Instanzenzug jedoch ausgebaut.

[727] Im Gegensatz zum Verletzungsdelikt, bei welchem eine Schädigung des Rechtsgutes effektiv vorliegen muss, genügt beim konkreten Gefährdungsdelikt, dass das geschützte Rechtsgut gefährdet wird.

geschädigt, kommen hingegen die Bestimmungen des Strafgesetzbuches über die strafbaren Handlungen gegen Leib und Leben zur Anwendung[728]. Als Strafe sieht das HMG Bussen bis zu 500 000 CHF oder Gefängnis bis zu fünf Jahren vor.

Die als *Übertretungen* geltenden Tatbestände werden in Art. 87 Abs. 1 HMG aufgezählt. Übertretungen werden mit Bussen bis zu 50 000 CHF oder Haft bestraft. Bei besonders leichten Fällen kann gemäss Art. 87 Abs. 5 HMG auf eine Strafanzeige, Strafverfolgung oder Bestrafung verzichtet werden. 377

Für die Untersuchung und die Beurteilung von Vergehen und Übertretungen, die im Vollzugsbereich des Bundes liegen, ist das Institut zuständig. Das Institut ist aufgrund seiner Sachkenntnisse am geeignetsten, die in Frage stehenden Sachverhalte abzuklären. Mit der Ermächtigung zur Strafverfolgung erhält das Institut die Kompetenz zur Durchführung von Untersuchungen und zum Erlass von Strafbescheiden bzw. der Strafverfügung. Freiheitsstrafen sind durch ein Gericht zu beurteilen[729]. Für die Strafverfolgung im Vollzugsbereich der Kantone sind die kantonalen Behörden zuständig. 378

Die *Strafbestimmungen des Bundesgesetzes über technische Handelshemmnisse*[730] kommen in den in Art. 88 HMG genannten Spezialfällen zur Anwendung und gehen dabei als lex specialis den entsprechenden allgemeinen Strafbestimmungen des StGB vor. Die Verfolgung dieser Delikte liegt gemäss Art. 30 THG im Zuständigkeitsbereich der Kantone. Das *Verwaltungsstrafrecht* ist gemäss Art. 89 HMG nur direkt anwendbar, wenn die Verfolgung und Beurteilung von Widerhandlungen durch eine Bundesbehörde erfolgt. 379

10. Schlussbestimmungen (9. Kapitel)

Mit Übernahme der IKS und des BAG durch das Institut sind alle erforderlichen Akten dem Institut übertragen worden. Nach Abschluss aller Übernahmeformalitäten hat sich die Interkantonale Vereinigung für die Kontrolle der Heilmittel aufgelöst. Für das von der IKS und 380

---

[728] Dabei gelangen insbesondere die Bestimmungen über die fahrlässige oder vorsätzliche Tötung gemäss Art. 117 und 111 StGB und die Tatbestände über die Körperverletzung gemäss Art. 122 ff. StGB zur Anwendung. Auch die Bestimmungen über die Verbreitung menschlicher Krankheiten (Art. 231 StGB), der Warenfälschung (Art. 155 StGB) sowie der Urkundenfälschung (Art. 251 StGB) kommen dabei in Betracht.
[729] Vgl. Art. 21 Abs. 1 VStrR.
[730] THG, SR 946.51.

des BAG ins Institut übergetretene Personal gilt das neue Personalrecht spätestens seit dem 1. Januar 2001.

381 Die von den Bundesbehörden und der IKS zugelassenen Arzneimittel dürfen gemäss Art. 94 HMG für die Dauer von fünf Jahren weiterhin im Verkehr bleiben und kantonale Arzneimittelzulassungen und nach bisherigem Recht erteilte Bewilligungen des Bundes und der Kantone behalten ihre Gültigkeit ab Inkrafttreten des HMG für weitere fünf Jahre.

382 Art. 94 Abs. 6 HMG hält fest, dass es Personen, welche die Anforderungen nach Art. 24 f. HMG nicht erfüllen, während einer Übergangsfrist von fünf Jahren weiterhin möglich sein soll, Heilmittel abzugeben[731].

383 Der Gesundheitsschutz geht dem Vertrauensschutz vor, wenn es beispielsweise aus zwingenden Gründen des öffentlichen Interesses erforderlich sein kann, eine gemäss Übergangsbestimmungen rechtsgültige Bewilligung zu entziehen oder anzupassen.

11. Aufhebung und Änderung bisherigen Rechts

384 Im Anhang des HMG sind die Aufhebungen und Änderungen festgehalten:
– Das Pharmakopöegesetz wird aufgehoben und die Pharmakopöe wird in den Art. 4 Abs. 1 lit. g, 8 und 51 HMG neu geregelt.
– Eine umfassende Regelung der Dopingbekämpfung[732] wird sachgerechter im Bundesgesetz zur Förderung von Turnen und Sport verankert, da das HMG primär den Schutz der Gesundheit bezweckt und somit nur beschränkt für die rechtliche Erfassung des Umfeldes der Sportlerinnen und Sportler geeignet ist. Deshalb ist im Bundesgesetz zur Förderung von Turnen und Sport ein spezielles Kapitel zum Doping eingeführt worden.
Aus der Dopingregelung ergibt sich, dass nach wie vor der *Konsum* von Dopingmitteln oder -methoden *straflos* bleibt und nur das Herstellen, Einführen, Vermitteln, Vertreiben, Verschreiben oder Abgeben unter Strafe stehen[733]; wer «nur» sich selbst gefährdet, soll nicht staatlich be-

---

[731] In diesen fünf Jahren sollen diese Personen entweder die Arzneimittelvorräte abbauen oder aber sich so weiterbilden, dass sie die Voraussetzungen für die Abgabeberechtigung erfüllen.

[732] Doping wird im Bundesblatt Nr. 21 vom 1. Juni 1999, 3570, definiert als: «die beabsichtigte oder unbeabsichtigte Verwendung von Wirkstoffen aus verbotenen Substanzklassen und von verbotenen Methoden». Die Substanzklassen werden vom IOC regelmässig neu bestimmt.

[733] Dabei handelte es sich um einen im Ständerat umstrittenen Punkt. Rolf Büttiker beispielsweise setzte sich vehement für eine Strafbarkeit des Sportlers ein und verwies auf die umliegenden Länder, wie Frankreich und Italien, welche dieses Delikt unter Strafe

straft werden. Die Sportorganisationen sollen Sportler und Sportlerinnen, die des Dopingmissbrauchs überführt wurden, sanktionieren. Bestraft wird nur vorsätzliches Handeln; die Strafverfolgung ist Sache der Kantone.
- Das Radio- und Fernsehgesetz wird dem HMG insofern angepasst, als dass es kein grundsätzliches Werbeverbot für Heilmittel mehr gibt. Trotz des Verweises auf das HMG bleibt aber die konzessionsrechtliche Verantwortung eines Rundfunkveranstalters für die von ihm verbreitete Werbung bestehen.
- Die Regelungen der *Betäubungsmittel* werden auf zwei Bundesgesetze verteilt. Das Institut übernimmt die Kontrolle der legalen Betäubungsmittel, das BAG, basierend auf dem BetmG, bleibt für die illegalen Betäubungsmittel zuständig. Für Arzneimittel, die dem BetmG unterstellt sind, gilt in erster Linie das HMG. Somit müssen auch medizinisch verwendete Betäubungsmittel zugelassen werden und ihre Herstellung der Guten Herstellungspraxis entsprechen. Sieht jedoch das BetmG strengere Vorschriften als das HMG vor, gehen diese Bestimmungen denjenigen des HMG vor. Das Institut ist neu für die Herstellungsbewilligung sowie die Ein- und Ausfuhr der Betäubungsmittel zuständig; der Anbau und Handel bedarf jedoch einer kantonalen Bewilligung.
- Bei den *Nahrungsmitteln* gilt, wie schon weiter oben erörtert, dass diese unter dasjenige Recht fallen als was sie angepriesen werden. Bei so genanntem «Functional Food»[734] oder «Food Supplements» hat der Bundesrat die Kompetenz, für dieses Produktesegment eine Vormarktkontrolle im Sinne eines Melde- oder Bewilligungsverfahrens vorzusehen.
- Das Epidemiengesetz regelt den Verkehr und Umgang mit Erregern sowie mit Mitteln und Apparaten zur Entwesung, die In-vitro-Diagnostika wird hingegen neu vom Geltungsbereich des HMG erfasst.
- Der Bereich der Blut- und Blutprodukte wird neu im HMG geregelt, weshalb dieser Teil im Bundesbeschluss über die Kontrolle von Blut-, Blutprodukten und Transplantaten aufgehoben und der restliche Teil dieses Beschlusses an diese Änderungen angepasst werden muss. Für die Transplantate ist hingegen weiterhin der Bundesbeschluss anwendbar. Im Jahre 2002 sollte jedoch ein Transplantationsgesetz in Kraft treten.

---

stellen, da sie nicht nur das Umfeld bestrafen und diese Verantwortung nicht auf die Sportverbände abschieben wollen. Er kritisierte zudem, dass eine Liste mit den Stoffen, die als Doping gelten und somit strafbar sind, der Entwicklung immer hinterher hinken werde.

[734] Als «Functional Food» oder «Food Supplements» gelten Produkte, welche zwar für gesunde Menschen bestimmt sind, angeblich aber dem besseren Wohlbefinden und der Gesundheitsförderung dienen.

- Doppelspurigkeiten zwischen dem *KVG* und dem HMG sollen abgebaut werden, weshalb das Institut – für das Bundesamt für Sozialversicherung verbindlich – beispielsweise die Beurteilung der therapeutisch äquivalenten Dosierung eines Arzneimittels im Verhältnis zu anderen Arzneimitteln gleicher Indikation oder Wirkungsweise vornehmen soll, was für das BSV rechtsverbindlich ist. Der Rechtsweg dieser Verfügung richtet sich hingegen nach dem KVG.
- Das HMG gilt für Human- und Tierarzneimittel, weshalb für die Zulassung immunbiologischer *Tierarzneimittel* der Bundesrat beauftragt wird. Dabei muss die Zulassung den Anforderungen, wie sie im HMG aufgestellt sind, entsprechen und kann nicht mehr gemäss den Vorschriften des Tierseuchengesetzes vorgenommen werden. Das BVET bleibt jedoch für die Impfstoffpolitik im Bereich der Tierseuchenbekämpfung und der Zulassung immunbiologischer Erzeugnisse zur Verhütung und Bekämpfung von Tierseuchen zuständig.

12. Inhaltliche Änderungen im Überblick

385   Nachfolgend sind die wichtigsten Neuerungen des Heilmittelgesetzes kurz aufgeführt[735]:
- Die Herstellungsbewilligung für Arzneimittel wird gesamtschweizerisch einheitlich durch das Institut erteilt (Art. 5);
- die Grundsätze der Guten Herstellungspraxis werden auf die Herstellung aller Arzneimittel ausgedehnt (Art. 7);
- die Zulassungspflicht erstreckt sich grundsätzlich auf alle in der Schweiz in Verkehr gebrachten Arzneimittel mit Ausnahme von Magistral- und Offizinalpräparaten sowie klinischen Versuchspräparaten. Bei bestimmten Arzneimitteln kann anstelle der Produktezulassung eine Zulassung des Gewinnungs- oder Herstellungsverfahrens vorgesehen werden (Art. 9);
- der Vertrieb und die Abgabe von Arzneimitteln gegen lebensbedrohende Krankheiten kann befristet bewilligt werden (Art. 9 Abs. 4);
- für bestimmte Arzneimittel kann das Zulassungsverfahren vereinfacht (Art. 14) oder sogar durch eine Meldepflicht ersetzt werden (Art. 15);
- für die Einfuhr von parallelimportierten Arzneimitteln ist ein vereinfachtes Zulassungsverfahren vorgesehen (Art. 14 Abs. 2);
- die Einfuhr von Arzneimitteln wird gesamtschweizerisch einheitlich geregelt (Art. 18);

---

[735] Diese Liste wurde aus der Botschaft Nr. 21 vom 1. Juni 1999, 3479 f., übernommen.

- zur Verhinderung der Gefährdung der Gesundheit von Personen oder Tieren im Ausland können Ausfuhrbeschränkungen oder Ausfuhrverbote für Arzneimittel vorgesehen werden (Art. 21);
- bei der Ausfuhr von Arzneimitteln sind gewisse Sorgfaltspflichten zu beachten (Art. 22);
- der Versand von Arzneimitteln ist grundsätzlich verboten, Ausnahmen sind für verschriebene Arzneimittel vorgesehen (Art. 27);
- bei Tierarzneimitteln besteht eine umfassende Warenkontrolle (Art. 43);
- für alle In-vitro-Diagnostika sind die Bestimmungen über die Medizinprodukte anwendbar (Art. 4 und Art. 44 ff.);
- für bestimmte Medizinprodukte sind klinische Versuche am Menschen vorgesehen (Art. 45 Abs. 3);
- alle klinischen Versuche mit Heilmitteln sind meldepflichtig (Art. 53);
- es besteht die Pflicht zur Meldung von schwerwiegenden oder nicht bekannten unerwünschten Wirkungen und Vorkommnissen sowie von Qualitätsmängeln für Personen, die gewerbsmässig Heilmittel anwenden oder abgeben (Art. 58).

Kapitel 6 – Soziale Krankenversicherung

§ 1 Bedeutung des Krankenversicherungsgesetzes

Das Krankenversicherungsgesetz bildet das eigentliche Scharnier des gesamten öffentlichen Gesundheitsrechts. Mittels der Finanzierung der Leistungen bei Krankheit, (subsidiär) Unfall und Mutterschaft werden weite Teile des öffentlichen Gesundheitsrechts direkt oder indirekt über das Krankenversicherungsrecht geregelt. Dieses erfasst etwa nicht nur die Rechtsstellung der Krankenversicherer, die Finanzierung der sozialen Krankenversicherung, sondern auch die kantonale Spitalplanung, die Zulassung der Medizinalpersonen zur sozialen Krankenversicherung (und damit im Wesentlichen auch deren gesamtwirtschaftliche Betätigung[736]), die finanziell zu tragenden Behandlungsarten (und damit auch den Inhalt der medizinischen Tätigkeiten) sowie weite Teile des betrieblichen Verhaltens der Leistungserbringer. Die wesentlichste Wirkung des Krankenversicherungsgesetzes liegt darin, dass es in einem föderalistisch bestimmten Umfeld für wichtige Fragen zentralistische Lösungen bereithält, die zu einer gesamtschweizerischen Vereinheitlichung des Gesundheitsrechts geführt haben. Vereinheitlichend wirken hier auch die sektoriellen Abkommen mit der Europäischen Union.

386

§ 2 Geschichte

Im Vergleich zur altrechtlichen Regelung brachte das Krankenversicherungsgesetz vom 18. März 1994 mehrere Systemwechsel mit sich. Die altrechtliche Regelung (wie bis zum Inkrafttreten der neuen Bundesverfassung auch das bestehende KVG) beruhte auf Art. 34bis aBV, welcher in der Volksabstimmung vom 26. Oktober 1890 angenommen worden war. Der Bund bekam zum ersten Mal die Kompetenz und den Auftrag, die Kranken- und Unfallversicherung einzurichten. Gestützt hierauf wurde das Bundesgesetz über die Kranken- und Unfallversicherung vom

387

---

[736] Dies zeigt die Diskussion über die Steuerung der Zahl der ambulant tätigen Medizinalpersonen über die Bedürfnisklausel gemäss Art. 55a KVG eindrücklich.

13. Juni 1911 (KUVG) in der Abstimmung vom 4. Februar 1912 verabschiedet. Das ursprüngliche Bundesgesetz vom 13. Juni 1911 regelte sowohl die Kranken- wie auch die Unfallversicherung. Die Unfallversicherung wurde später aus dem KUVG herausgelöst und im Bundesgesetz über die Unfallversicherung vom 20. März 1981 (UVG) neu geregelt. Das KUVG wurde am 13. März 1964 der einzigen bedeutenden Revision unterzogen; ein Bundesgesetz über die Kranken- und Mutterschaftsversicherung wurde im Dezember 1987 anlässlich einer Referendumsabstimmung verworfen.

388 Verschiedene weitere Revisionen scheiterten. Ein dringlicher befristeter Bundesbeschluss vom 13. Dezember 1991 brachte die einzige wesentliche Neuerung der neueren Zeit. Mit dem Bundesbeschluss sollte der wachsenden Entsolidarisierung bei gleichzeitig steigenden Kosten und dem Aufkommen von Billigkrankenkassen Einhalt geboten werden. Das Ziel dieser Krankenkassen war die Jagd nach «guten» Risiken, vor allem jungen Personen.

389 Das KUVG beruhte auf zugelassenen, anerkannten Krankenkassen, welche Subventionen des Bundes beanspruchen konnten. Die Krankenkassen besassen eine beträchtliche Autonomie, welche sich in eingehenden Statuten und Reglementen niederschlug. Es bestand kein Versicherungsobligatorium; die Kantone waren ermächtigt, die Krankenversicherung für die ganze Bevölkerung oder für einzelne Teile obligatorisch zu erklären. Meist fielen nur Personen mit einem geringen Einkommen unter das Obligatorium. Versichert war in erster Linie das Krankheitsrisiko. Das Unfall-, Invaliditäts-, Todesfallrisiko sowie weitere Risiken konnten gedeckt werden, allerdings nur in einem engeren Leistungsspektrum. Der Krankheit gleichgestellt war die Mutterschaft. Zugelassen waren nicht nur Einzel-, sondern auch Kollektivversicherungen, die oft über den Arbeitgeber abgeschlossen wurden. Die Finanzierung der Krankenversicherung erfolgte durch Beiträge der Versicherten, bei Kollektivversicherungen zusätzlich durch solche des Arbeitgebers und durch Zuschüsse der öffentlichen Hand.

§ 3 Überblick

1. Allgemeines

Das KVG beruht auf dem Versicherungsobligatorium, welches im Sinne einer verstärkten Solidarisierung durch eine Einheitsprämie begleitet wird. Das KVG erfasst die Zusatzversicherungen nicht; diese unterliegen neu dem Versicherungsvertragsgesetz. Das KVG hat den Leistungskatalog für Leistungen der obligatorischen Krankenpflegeversicherung (Grundversicherung) erheblich erweitert. Neu erfasst werden auch Pflegemassnahmen, zum Beispiel bei Hausbesuchen oder in Pflegeheimen und medizinische Präventionsmassnahmen. Weggefallen ist auch die zeitliche Beschränkung für die Kostenübernahme bei Spitalaufenthalten. Der Übertritt in eine Krankenversicherung darf nicht mehr von Vorbehalten abhängig gemacht werden[737]. Es besteht ein Aufnahmezwang für die Versicherten.

Das Krankenversicherungsgesetz führt verschiedene Instrumente zur Kosteneindämmung ein, zum Beispiel die Spitalplanung, den Vertrauensarzt, Versicherungsprodukte mit eingeschränkter Leistungswahl oder Erhöhung der Selbstbeteiligung.

Die obligatorische Krankenpflegeversicherung beruht auf dem Grundsatz der Kopfprämien; Prämienunterschiede sind nur noch eingeschränkt gestattet, so für Kinder oder aufgrund regionaler Kostenunterschiede.

Im Gegensatz zum früheren System werden die Zuschüsse der öffentlichen Hand nicht mehr an die Krankenversicherer, sondern an die Prämienzahler ausgerichtet. Die Kantone setzen Prämienverbilligungen fest; an diesen beteiligen sich Bund und Kantone. Die Zuschüsse werden nur noch Versicherten in bescheidenen wirtschaftlichen Verhältnissen ausgerichtet.

2. Struktur

Das Krankenversicherungsgesetz ist in sechs Teile gegliedert:

1. Allgemeine Bestimmungen
2. Obligatorische Krankenpflegeversicherung
3. Freiwillige Taggeldversicherung

---

[737] Altrechtliche Vorbehalte sind aufgehoben worden, RKUV 1997 Nr. 984.

4. Koordinationsregeln
5. Verfahren, Rechtspflege und Strafbestimmungen
6. Schlussbestimmungen

395 Von den 107 Artikeln des KVG erfasst der zweite Titel über die obligatorische Krankenpflegeversicherung deren 64. Die obligatorische Krankenpflegeversicherung bildet das Kernstück des Krankenversicherungsgesetzes wie auch des gesamten öffentlichen Gesundheitswesens. Um das Krankenversicherungsgesetz gruppieren sich – wenn nicht rechtlich, doch faktisch – zahlreiche weitere Erlasse. Das Krankenversicherungsgesetz beeinflusst indirekt etwa die Zulassung von Medizinalpersonen, da eine gesundheitspolizeiliche Zulassung der Kantone wirtschaftlich wenig Sinn macht, wenn keine Zulassung zur sozialen Krankenversicherung besteht. Auch das kantonale Spitalwesen wird im Wesentlichen durch das KVG präjudiziert und mitbestimmt. Das KVG hat eine Schlüssel-, und Scharnierfunktion im gesamten Gesundheitswesen.

3. Kennzahlen

396 Das Krankenversicherungsgesetz regelt einen Bereich, der volkswirtschaftlich und für den öffentlichen Haushalt von besonderer Bedeutung ist. Der Anteil der Gesundheitskosten am Bruttoinlandprodukt ist in der Schweiz zwischen 1960 und 1998 von 4,8 % auf 10,4 % angestiegen; er liegt damit etwa gleich hoch wie in Deutschland, nur die Vereinigten Staaten haben einen höheren Anteil von 12,1 %. Dagegen liegen die Gesundheitskosten in Grossbritannien etwa bei 6,8 %, in Schweden bei 7,9 % und in Dänemark bei 8,3 % des Bruttoinlandproduktes[738]. Von den Direktzahlungen an die Kosten des Gesundheitswesens entfielen rund ⅓ auf die soziale Krankenversicherung, die Privatversicherung übernahm 10 %, andere Sozialversicherungen 8 %, der Staat 15 % und die privaten Haushalte auch wiederum ⅓[739]. Die Kosten des Gesundheitswesens sind zu rund einem Drittel auf die Spitäler zurückzuführen, 31 % auf die ambulante Versorgung, 17 % auf sozialmedizinische Institutionen, 10 % auf den Detailhandel, 5 % auf Versicherer und 2 % auf den Staat[740]. Die Kosten

---

[738] Statistik über die Krankenversicherung 2000, hrsg. vom Bundesamt für Sozialversicherung, Bern 2001, 118.
[739] Statistik über die Krankenversicherung 2000, hrsg. vom Bundesamt für Sozialversicherung, Bern 2001, 119.
[740] Statistik über die Krankenversicherung 2000, hrsg. vom Bundesamt für Sozialversicherung, Bern 2001, 120.

im Gesundheitswesen sind zwischen 1985 und 2000 zum Teil massiv angestiegen. Währenddem der Landesindex der Konsumentenpreise zwischen 1985 und 2000 von 100 auf 137,2 Punkte anstieg, betrug der Anstieg für die Gesundheitspflege insgesamt 44,9 Punkte. Unterdurchschnittlich war der Anstieg bei den Medikamenten (21 Punkte) und ärztlichen Leistungen (22,9 Punkte), in etwa gleich wie beim Landesindex der Konsumentenpreise bei den zahnärztlichen Leistungen (39,1 Punkte). Bei den Spitalleistungen war ein Anstieg um 90,3 Punkte zu verzeichnen[741]. Allerdings zeichnet sich eine Verflachung der Anstiegskurve ab, zum Teil sogar ein Rückgang (bei den Medikamenten). Zwischen 1985 und 2000 sind die Leistungen pro versicherte Person aus der Krankenpflege-Grundversicherung insgesamt um 156 Punkte gestiegen. Der Anstieg liegt erheblich über dem Anstieg des Lohnindexes (48,3 Punkte) und des Konsumentenpreisindexes (37,2 Punkte). Damit geht auch der Anstieg der Pflegekosten einher. Lagen diese 1985 bei rund CHF 5 Mia., so stiegen sie bis ins Jahr 2000 auf rund CHF 13,5 Mia. an[742]. Parallel zum Anstieg der Gesundheitskosten verläuft auch der Anstieg der Zahl der Leistungserbringer. Die Zahl der Ärzte stieg zwischen 1985 und 2000 von 9298 auf 13 935 an; die Ärztedichte wies 1985 703 Einwohner/Arzt auf, im Jahr 2000 517 Einwohner/Arzt. Die Anzahl Apotheken stieg zwischen 1985 und 2000 von 1381 auf 1664 an. Allerdings sind die innerschweizerischen Unterschiede erheblich. Währenddem im Kanton Obwalden auf einen Arzt 1005 Einwohner kommen, sind es im Kanton Genf 312 und im Kanton Basel-Stadt 281[743]. Rund 30% der Bevölkerung verfügt über keine Spitalzusatzversicherung, 39% über eine Spitalzusatzversicherung «Allgemein ganze Schweiz», 23% über eine Halbprivatversicherung und 8% über eine Privatversicherung[744].

In der obligatorischen Krankenversicherung waren im Jahr 2000 insgesamt 101 Versicherer tätig, damit acht Einrichtungen weniger als im Vorjahr. Von den rund 7,3 Mio. versicherten Personen bezogen rund 5,95 Mio. im Jahr 2000 mindestens einmal ambulante oder stationäre Leistungen; somit entfielen auf 100 Versicherte rund 82 Erkrankte (im Vorjahr 80 Erkrankte). Von den Versicherten haben rund 2,8 Mio. eine wählbare Jahresfranchise (1990 noch rund 300 000). Von der eingeschränkten Leis-

---

[741] Statistik über die Krankenversicherung 2000, hrsg. vom Bundesamt für Sozialversicherung, Bern 2001, 121.
[742] Statistik über die Krankenversicherung 2000, hrsg. vom Bundesamt für Sozialversicherung, Bern 2001, 124.
[743] Statistik über die Krankenversicherung 2000, hrsg. vom Bundesamt für Sozialversicherung, Bern 2001, 126.
[744] Statistik über die Krankenversicherung 2000, hrsg. vom Bundesamt für Sozialversicherung, Bern 2001, 128.

tungswahl (zum Beispiel HMO) haben rund 580 000 Versicherte Gebrauch gemacht (1994 noch rund 25 000)[745]. Im Risikoausgleich zwischen den Krankenversicherungen (Ausgleich der unterschiedlichen finanziellen Belastungen aufgrund unterschiedlicher Alters- und Geschlechtsstruktur) figurierten 59 Versicherer als Nettozahler, 42 Versicherer als Nettoempfänger von Risikoausgleichzahlungen. Es kam im Jahr 2000 zu einer Umverteilung von rund CHF 3,6 Mia. an effektiven Kosten von den jüngeren zu den älteren Versicherten und von rund CHF 1,1 Mia. von den Männern zu den Frauen[746]. Die durchschnittlichen Prämien stiegen von CHF 188.- im Jahr 1997 auf CHF 245.– für das Jahr 2002. Allerdings zeigt sich ein Gefälle zwischen Stadt und Land (Appenzell-Innerrhoden CHF 159.– und Basel-Stadt CHF 326.– Kanton Genf CHF 364.– im Jahr 2002) und der lateinischsprachigen und deutschsprachigen Schweiz[747].

398   Im Jahr 2000 kam rund ein Drittel der Bevölkerung in den Genuss von Prämienverbilligungen (insgesamt rund 2,4 Mio. Bezüger). Total wurden rund CHF 2,5 Mia. im Jahr 2000 an Prämienverbilligung ausbezahlt[748]. Im Durchschnitt wurden monatlich CHF 91.– an Prämienverbilligungen je Versicherten ausgerichtet. Somit wurden im Schnitt 60% der durchschnittlichen Monatsprämien subventioniert. Bei mehr als der Hälfte der subventionierten Haushalte handelt es sich um Einpersonen-Haushalte[749].

399   Im Zusatzversicherungsbereich sind zum Teil die nach KVG anerkannten Krankenversicherer tätig, zur Hälfte jedoch Versicherer, die allein dem Versicherungsvertragsgesetz unterstellt sind. Die anerkannten Krankenversicherer wiesen im Jahr 2000 ein negatives Gesamtbetriebsergebnis von CHF 0,167 Mia. auf[750].

---

[745] Statistik über die Krankenversicherung 2000, hrsg. vom Bundesamt für Sozialversicherung, Bern 2001, 7.
[746] Statistik über die Krankenversicherung 2000, hrsg. vom Bundesamt für Sozialversicherung, Bern 2001, 13.
[747] Statistik über die Krankenversicherung 2000, hrsg. vom Bundesamt für Sozialversicherung, Bern 2001, 15 und 64.
[748] Statistik über die Krankenversicherung 2000, hrsg. vom Bundesamt für Sozialversicherung, Bern 2001, 18.
[749] Statistik über die Krankenversicherung 2000, hrsg. vom Bundesamt für Sozialversicherung, Bern 2001, 19.
[750] Statistik über die Krankenversicherung 2000, hrsg. vom Bundesamt für Sozialversicherung, Bern 2001, 24.

4. Ausführungserlasse

Das Krankenversicherungsgesetz wird durch zahlreiche Regelungen auf Verordnungsstufe ergänzt. Zu den wichtigsten gehören: 400

> Verordnung über die Krankenversicherung (KVV)
> Verordnung über den Risikoausgleich in der Krankenversicherung (VORA)
> Verordnung über die Geburtsgebrechen (GgV)
> Verordnung über die Beiträge des Bundes zur Prämienverbilligung der Krankenversicherung
> Verordnung über Leistungen in der obligatorischen Krankenpflegeversicherung (Krankenpflege-Leistungsverordnung, KLV) mit Anhängen 1 und 2 (Anhang 2 ist die so genannte Mittel- und Gegenständeliste)

Weiter zu beachten sind diverse internationale Abkommen mit Regelungen betreffend die Krankenversicherung sowie die sektoriellen Abkommen mit der Europäischen Union und das Freizügigkeitsabkommen mit der EFTA. 401

5. Erhebliche Komplexität

Die Komplexität des gesundheitsrechtlichen Umfeldes wirkt sich auch auf die Gestaltung des Krankenversicherungsgesetzes aus. Das Krankenversicherungsgesetz regelt nicht einfach Beziehungen zwischen zwei beteiligten Subjekten, sondern je nach Konstellation komplexere, mehrschichtige Rechtsbeziehungen. Folgende Akteure erfasst das KVG: 402
– Patient/in und Versicherte;
– Leistungserbringer (Medizinalpersonen, Spitäler, weitere Einrichtungen);
– Versicherer;
– Bund;
– Kantone;
– weitere Personen (Schiedsgerichte, Sozialversicherungsgerichte, Zusatzversicherer, Hersteller von Heilmitteln, weitere Sozialversicherer, Arbeitgeber, Fachkommissionen, Preisüberwachung, Fachverbände usw.).

403 Um es an einem Beispiel aufzuzeigen: Bei der Spitalplanung stehen sich Kanton und Spital gegenüber. Dabei kann auf Seiten der Spitäler als Leistungserbringer eine Aufsplitterung nach öffentlichen, öffentlich subventionierten und rein privaten Spitälern erfolgen. Die Interessen dieser Leistungserbringer sind in der Regel nicht deckungsgleich. Der Kanton vertritt zum Teil als Betreiber eigener Spitäler Eigeninteressen, zum Teil jedoch auch öffentliche Interessen des Regulierers. Die Krankenversicherer haben in aller Regel unterschiedliche Interessen, die zum Teil mit denjenigen des Kantons deckungsgleich sein können. Spitallistenentscheide können sowohl von den Krankenversicherern wie auch von nicht berücksichtigten Spitälern an den Bundesrat weitergezogen werden. Der Bundesrat fungiert als Beschwerdeinstanz und nimmt hier unter anderem auch Interessen des Bundes sowie gesamtschweizerische Interessen wahr. Geht es bei zugelassenen Spitälern um die Festsetzung von Tarifverträgen, so stehen sich das Spital bzw. dessen Trägerschaft und die Krankenversicherer gegenüber. Bei nicht öffentlichen oder nicht öffentlich subventionierten Spitälern besteht ein Interesse der Krankenversicherer (mit) darin, mit diesen möglichst günstige Tarifverträge abzuschliessen bzw. darauf zu drängen, dass diese gar nicht Aufnahme in die Spitalliste finden (da hier keine anteilsmässige Finanzierung durch den Kanton besteht, die Krankenversicherer somit die gesamten anrechenbaren Kosten übernehmen müssen). Der Tarifvertrag wird durch den Kanton genehmigt, der je nachdem, ob es sich um ein eigenes Spital oder um ein Fremdspital handelt, eine unterschiedliche Position einnehmen kann. Der Tarifentscheid des Kantons ist an den Bundesrat weiterziehbar, der auch hier wiederum eine andere Interessensoptik wahrnimmt; zudem beteiligt sich am Tariffestsetzungsverfahren auch die Preisüberwachung.

6. Teilrevisionen

404 Das KVG trat am 1. Januar 1996 in Kraft und wurde seither mehreren kleineren[751] und einer grösseren Teilrevision[752] unterzogen; die

---

[751] Etwa im Hinblick auf die Anpassung des Sozialversicherungsrechts an die sektoriellen Abkommen mit der Europäischen Gemeinschaft, BBl 2000 4083 und 4104, AS 2001 685, 701 und 858, Anpassung an das Heilmittelgesetz, AS 2000 2790, Regelung der Aufsicht, der Bekanntgabe von Daten und des Datenschutzes (Änderung vom 23. Juni 2000), AS 2000 2755; Regelungen zur Genehmigung der Prämientarife (Änderung vom 18. Dezember 1998), AS 1999 2041, Teilrevision von Art. 66 Abs. 3 KVG (Änderung vom 20. März 1998), AS 1999 2043.

[752] Vgl. dazu die Botschaft des Bundesrates betreffend den Bundesbeschluss über die Bundesbeiträge in der Krankenversicherung und die Teilrevision des Bundesgesetzes über die Krankenversicherung vom 21. September 1998, BBl 1998 793. Im Rahmen dieser

zweite bedeutende Teilrevision ist gegenwärtig im Nationalrat als Zweitrat hängig⁷⁵³.

In der zweiten Teilrevision des KVG⁷⁵⁴ sollen verschiedene grundlegende Strukturen des Krankenversicherungswesens einer neuen Regelung zugeführt werden. Der Bundesrat schlägt eine neue Regelung der Spitalfinanzierung vor (stufenweiser Übergang zu einer monistischen Spitalfinanzierung), Übergang von der Defizitdeckung bei Spitälern zur Leistungsfinanzierung (Outputfinanzierung), Regeln zur Tarifgestaltung im stationären Bereich (gesamtschweizerische Tarifstruktur), Gleichstellung der teilstationären mit der stationären Versorgung (auch bei der Spitalplanung), (stark eingeschränkte) Aufhebung des Kontrahierungszwangs im ambulanten Bereich, Erfassung der stationären Behandlungen auf den Halbprivat- und Privatabteilungen (sowohl hinsichtlich Finanzierung wie auch Tarifschutz), Anpassungen im Bereich der Spitalplanung, neue Regelung des Ausschlusses von Leistungserbringern und des Risikoausgleichs unter den Versicherern. 405

Der bundesrätliche Vorschlag wurde in der parlamentarischen Debatte in mehreren Punkten bereits abgeändert. Ob der Nationalrat dem Ständerat in den meist politisch stark umstrittenen Bereichen folgt, ist noch offen⁷⁵⁵. Der Ständerat hat – nebst der Ausdehnung der Aufhebung des 406

Revision wurden einzelne Bestimmungen zum Versichererwechsel aufgenommen. Weiter wurde der Bedürfnisnachweis für die Zulassung von Leistungserbringern eingeführt (Art. 55a KVG) wie auch das Substitutionsrecht der Apotheker für Generika. Gescheitert ist der bundesrätliche Vorschlag zur Einführung eines Globalbudgets für alle Leistungserbringer.

⁷⁵³ Es wird erwartet, dass die zweite Teilrevision auf Beginn des Jahres 2005 in Kraft treten kann.

⁷⁵⁴ Botschaft über die Änderung des Bundesgesetzes über die Krankenversicherung vom 18. September 2000, BBl 2001 741.

⁷⁵⁵ Zu Beginn der Arbeiten an diesem Buch bestand die Hoffnung, die zweite Teilrevision berücksichtigen zu können. Diese Hoffnung hat sich nicht erfüllt; es ist – leider – eine Tatsache, dass im Krankenversicherungsbereich die Gesetzgebung kaum noch den tatsächlichen Entwicklungen zu folgen vermag und eine Konsensfindung aufgrund verschiedener, sehr unterschiedlich gelagerter Interessen besonders schwierig ist. Die Koordination des Gesetzgebungsverfahrens wird dadurch strapaziert. Die Entwicklungen der neuesten Zeit verdeutlichen die Sorgen: Die Bundesversammlung hat die zweite Teilrevision des KVG noch nicht abgeschlossen, und musste parallel zur Teilrevision im Frühsommer 2002 zum Mittel des dringlichen Bundesgesetzes, ausgestattet mit einer Rückwirkung (und dies ist ein Novum!) greifen. Der Bundesrat hat im selben Zeitraum die Einführung des Bedürfnisnachweises für die Zulassung neuer Leistungserbringer vorbereitet, gleichzeitig ein Strategiepapier ausgearbeitet, welches die Entwicklung des KVG für verschiedene Zeitperioden aufzeigen soll (Soziale Krankenversicherung, Analyse Bundesratsklausur vom 22. Mai 2002, Eidgenössisches Departement des Innern, www.bsv.admin.ch/aktuell/presse/2002/d/02052301.htm). Geplant ist hierbei, in diesem Rahmen auf die laufende zweite Teilrevision des KVG noch Einfluss

Kontrahierungszwanges auf alle ambulanten Leistungserbringer – folgende Modifikationen am bundesrätlichen Entwurf zur Spitalfinanzierung vorgenommen:
- Zum einen soll die Kostenaufteilung genau hälftig erfolgen, wobei die Krankenversicherer neu auch die Investitionskosten hälftig tragen sollen;
- weiter sollen nicht mehr die Spitaleinrichtungen unterstützt werden, sondern die Finanzierung an den Patienten/die Patientin geleitet werden. Man wechselt somit von der Objekt- zur Outputfinanzierung. Dabei sollen neu nicht nur die Leistungen an den öffentlichen und öffentlich subventionierten Spitälern, sondern auch an den rein privaten Spitälern geteilt getragen werden.

407   In einem dringlichen Bundesgesetz vom 6. Juni 2002 wurde als Reaktion auf den Entscheid des EVG vom 30. November 2001[756] eine Neuregelung der Spitalfinanzierung erlassen. Darin hatte das EVG die Geltung der Regelung von Art. 49 Abs. 1 KVG betreffend die Verpflichtung der Kantone, sich an den Zahlungen im Umfang des «Sockelbetrags» zugunsten der Halbprivat- und Privatabteilungen an den öffentlichen Spitälern und den öffentlich subventionierten[757] Privatspitälern bestätigt. Im Bundesgesetz werden entsprechende Zahlungspflichten der Kantone für das Jahr 2002 – teilweise rückwirkend – auf 60 % und für das Jahr 2003 auf 80 % beschränkt. Für das Jahr 2001 (bis Ende 2000 galt ein «Stillhalteabkommen» zwischen den Kantonen und den Versicherern[758]) wurde keine Regelung getroffen; hier kommt – wie für das Jahr 2004 – die volle Beteiligungspflicht der Kantone zum Zug. Auf Beginn des Jahres 2005 soll im Rahmen der laufenden Revision des KVG ein neues Spitalfinanzierungssystem zum Tragen kommen. Die nicht subventionierten privaten Spitäler erhalten – entgegen dem Antrag der vorberatenden Kommission des Nationalrates – keine Kantonsbeiträge[759].

---

zu nehmen (z. B. mit Verfeinerungen des Risikoausgleichssystems). Das vorliegende Kapitel beschränkt sich angesichts der Ungewissheit über das Schicksal der Revisionsvorhaben strikt auf die Darlegung des im Juli 2002 geltenden Rechts.

[756]   RKUV 2002 Nr. 197 = BGE 127 V 422 ff.
[757]   Nicht hingegen an den nicht subventionierten Privatspitälern.
[758]   Die rechtliche Würdigung des Stillhalteabkommens steht aus. Bedenklich erscheint, dass die Krankenversicherer mit den Kantonen in einem Bereich, der durch zwingendes öffentliches Recht bestimmt wird, vom Gesetz abweichende Vereinbarungen schliessen.
[759]   Hier werden sich neue rechtliche Probleme bei der Gestaltung der Tarife für die Zusatzversicherungen stellen, da absehbar ist, dass die Zusatzversicherer über die kantonale Kostenbeteiligung bei den öffentlichen und öffentlich subventionierten Spitälern für diese Kategorie günstigere Produkte werden lancieren können. Ob und in welchem Umfang dies zulässig sein wird, ist vorderhand noch nicht geklärt.

§ 4 Prinzipien des Krankenversicherungsrechts

1. Überblick

Im Krankenversicherungsrecht gelten zum einen die allgemeinen Prinzipien des Verfassungs-, Verwaltungs- oder Sozialversicherungsrechts selbst, dies auch ohne ausdrückliche Verankerung im KVG[760]. Weitere KVG-spezifische Grundsätze sind zu beachten, teils gelten sie als ungeschriebenes Recht: 408

> Bindung der Versicherer an verfassungs- und verwaltungsrechtliche Grundsätze;
> Solidaritätsprinzip;
> Gegenseitigkeitsgebot;
> Gleichbehandlungsgebot;
> Zweckbindung der Mittel der sozialen Krankenversicherung;
> zweckmässige Organisation und Geschäftsführung;
> Konkurrenzprinzip;
> Versicherungsobligatorium.

2. Bindung an verfassungs- und verwaltungsrechtliche Grundsätze

Die Versicherer gelten als Organe der mittelbaren Staatsverwaltung, als Durchführungsorgan der obligatorischen Krankenpflegeversicherung[761]. Im Gegensatz zur altrechtlichen Lage sind die Krankenversicherer nicht mehr verwaltungsexterne Institutionen, welche subventioniert werden; sie sind intensiv in die gesetzliche Ordnung der Umsetzung der sozialen Krankenversicherung eingebunden[762]. Die Versicherer sind Konzessionäre des öffentlichen Dienstes, die Bundesaufgaben erfüllen; Rechtsgrundlage, Inhalt und Zweck des wichtigsten Teils der Tätigkeit der Krankenversicherer werden durch Bundesverwaltungsrecht festgelegt und geregelt[763]. 409

Bei der Auslagerung von Bundesaufgaben auf Dritte muss gewährleistet sein, dass der Dritte unter der Aufsicht des Staates steht und bei der 410

---

[760] EUGSTER, Rz. 7.
[761] SVR 2000, KV 8; RKUV 1999 Nr. 61, S. 40 f., m. w. H.
[762] EVG, 6. Juni 1997, RKUV 1997, Nr. 7, S. 219.
[763] POLEDNA (Krankenversicherungen), Rz. 8.

Ausübung seiner Tätigkeit die verfassungs- und rechtsstaatlichen Grundsätze (insbesondere Grundrechte) zu beachten hat. Art. 35 Abs. 2 BV besagt explizit: «Wer staatliche Aufgaben wahrnimmt, ist an die Grundrechte gebunden und verpflichtet, zu ihrer Verwirklichung beizutragen.» Die Krankenversicherer sind nicht nur an die Grundrechte, sondern auch an allgemeine rechtsstaatliche Grundsätze (Gesetzmässigkeit, Rechtsgleichheit, Verhältnismässigkeit usw.) gebunden[764]. Dies heisst, dass die Krankenversicherer – ähnlich den staatlichen Betrieben – an verschiedene wirtschaftsverfassungsrechtliche Grundsätze gebunden sind, insbesondere an die Neutralitätspflicht sowie an das Gebot, keine Quersubventionierung aus staatlichen Mitteln bzw. für staatliche Zwecke eingenommenen Mitteln zu betreiben[765].

> Die verfassungs- und verwaltungsrechtlichen Grundsätze gelten nicht nur im Verhältnis zwischen den Krankenversicherern, sondern auch bezüglich der Leistungserbringer. So müssen die Krankenversicherer etwa alle Leistungserbringer unter Beachtung des Rechtsgleichheitsgrundsatzes behandeln und dürfen nicht etwa einen zugelassenen Leistungserbringer – ohne sachlichen Grund – systematisch schlechter stellen, indem sie etwa generelle Anweisungen erteilen, bei der Kontrolle von dessen Rechnungen einen strengeren Massstab anzulegen.

3. Grundsatz der Gegenseitigkeit

411   Der Grundsatz der Gegenseitigkeit ist im KVG nirgends näher definiert. Als zentrales Element des Gegenseitigkeitsprinzips gilt, dass die Krankenkassen keinem Erwerbszweck nachgehen dürfen[766]. Danach dürfen keine Gewinne ausgeschüttet werden und müssen die Rechnungsüberschüsse im Interesse sämtlicher Versicherter Verwendung finden; Rückschläge sind gemeinsam zu tragen[767]. Dieses Prinzip besagt weiter, dass zwischen den Beiträgen einerseits und den Versicherungsleistungen andererseits ein Gleichgewicht bestehen muss und dass den Kassenmitgliedern unter den gleichen Voraussetzungen die gleichen Vorteile zu gewähren sind[768]. Die beiden letztgenannten Grundsätze sind jedoch ins positive Recht überführt worden, weshalb sich der Grundsatz der Gegensei-

---

[764] BGE 127 V 51.
[765] POLEDNA, (Krankenversicherungen), Rz. 16.
[766] EUGSTER, Rz. 48; vgl. auch LOCHER, § 1 N 38.
[767] Botschaft KVG, BBl 1992 I 145 ff.
[768] BGE 115 V 393; Botschaft KVG, BBl 1992 I 146.

tigkeit im Wesentlichen auf das *Gewinnerzielungsverbot* beschränkt[769]. Zu Recht hat MAURER bereits für das alte Recht darauf hingewiesen, dass der Grundsatz der Gegenseitigkeit nicht weiter führt als die positiv-rechtliche Verankerung verschiedener, aus dem Gegenseitigkeitsgrundsatz abgeleiteter Ansprüche[770].

4. Gleichbehandlung der Versicherten

Die Gleichbehandlung der Versicherten beruht nunmehr auf dem Krankenversicherungsgesetz, nicht mehr auf dem allgemeinen Gegenseitigkeitsprinzip. Die Grundlage für die Gleichbehandlung findet sich bereits in Art. 8 Abs. 1 BV in Verbindung mit Art. 35 Abs. 2 BV. Im KVG wird nur das wiederholt, was für die Erfüllung öffentlicher Aufgaben durch Dritte selbstverständlich ist: Diese haben alle Bezüger ihrer Leistungen (wie auch ihre Tarifpartner) rechtsgleich zu behandeln. Gewisse Ausnahmen vom Gleichbehandlungsprinzip sind im KVG selbst umschrieben, so insbesondere die Möglichkeit der regionalen Abstufung. Sodann ist es zulässig, adaptierte Versicherungsprodukte anzubieten, in deren Rahmen eine Einschränkung der Vereinbarung der Leistungserbringer im Gegenzug zu tieferen Prämien ermöglicht wird; gleich verhält es sich bei der frei wählbaren Jahresfranchise. Genauer betrachtet handelt es sich jedoch hierbei auch nicht um Abweichungen vom Gleichbehandlungsprinzip, sondern um sachlich gerechtfertigte Unterscheidungen, die vor dem Gleichheitsgebot nicht nur standhalten, sondern gar zwingende Folge des Gleichbehandlungsgrundsatzes sind. Dagegen sind – als Ausfluss des mit dem Gleichbehandlungsprinzip in einem gewissen Spannungsverhältnis stehenden Solidaritätsprinzips – Differenzierungen nach dem Risiko (insbesondere Geschlecht und Alter) nicht zulässig.

412

5. Solidaritätsprinzip

Der Grundsatz der Solidarität ist im KVG nirgends explizit festgehalten, sondern ergibt sich aus zahlreichen (nicht nur an die Krankenversicherer gerichteten) Bestimmungen[771]. Das Solidaritätsprinzip ist ein tragendes Element des KVG, eines seiner wesentlichen Ziele[772]. Das Soli-

413

---

[769] Vgl. auch Botschaft KVG, BBl 1992 I 146.
[770] MAURER, Bundessozialversicherungsrecht, 254.
[771] MAURER (KVR), 3.
[772] Botschaft KVG, BBl 1992 I 125.

daritätsprinzip verbietet – von wenigen Ausnahmen abgesehen – eine risikogerechte Prämie (Solidarität zwischen Geschlechtern und Altersklassen)[773]. Bezogen auf die Krankenversicherer steht der Grundsatz einer Risikoselektion bzw. -steuerung bei der Handhabung des eigenen Versichertenstammes entgegen[774].

6. Zweckbindung der Mittel der sozialen Krankenversicherung

414   Die Mittel der sozialen Krankenversicherung dürfen nur zu deren Zwecken verwendet werden. Mit dem Zweckentfremdungsverbot soll unter anderem verhindert werden, dass die Zusatzversicherungen aus der sozialen Krankenversicherung finanziert werden. Ziel des KVG ist, eine für die gesamte Bevölkerung tragbare soziale Krankenversicherung zu gewährleisten. Diese Regel ergänzt das Gegenseitigkeitsprinzip, wonach keine Gewinne ausgeschüttet werden dürfen. Zwar dürfen Gewinne erzielt werden, doch sollen diese zur Äufnung von Reserven verwendet werden[775]. Im Zusammenhang mit dem Zweckentfremdungsverbot heisst es, dass alle für die soziale Krankenversicherung erwirtschafteten bzw. eingenommenen Mittel nur zu den im KVG genannten Zwecken verwendet werden dürfen. Im Vordergrund der Umsetzung dieses Grundsatzes stehen die Regeln von Art. 60 ff. KVG betreffend die Finanzierung der Krankenversicherung.

7. Zweckmässige Organisation und Geschäftsführung

415   Die Krankenkassen verfügen bezüglich der eigenen Organisation über einen gewissen Handlungsspielraum. Dieser ist allerdings nicht unbeschränkt, sondern unterliegt zahlreichen gesetzlichen Regelungen, insbesondere hinsichtlich der Finanzierung[776]. Weder das KVG noch die KVG-Ausführungsgesetzgebung regeln die Frage näher, was unter einer Organisation und Geschäftsführung zu verstehen ist, welche die Einhaltung der gesetzlichen Vorschriften gewährleisten soll. Sicherlich fallen darunter fachliche und qualitative Anforderungen, welche für die Sicher-

---

[773] Art. 61 Abs. 1 KVG.
[774] MAURER (KVR), 76.
[775] EUGSTER, Rz. 53.
[776] Nach EUGSTER, Rz. 6, sind die Versicherungen insbesondere im Bereich der Organisation des Geschäftsbetriebes, in Personalfragen und in der Regelung administrativer Verfahrensabläufe autonom.

stellung der KVG-Ziele unumgänglich sind. Im Mittelpunkt dieser Ziele steht eine nach Art. 32 KVG näher umschriebene Übernahme der Kosten von KVG-Leistungserbringern. Vorausgesetzt wird, dass die Leistungen, welche die KVG-Leistungserbringer anbieten, wirksam, zweckmässig und wirtschaftlich sein müssen. Zudem wird verlangt, dass ein bestimmtes Qualitätsniveau der Leistungen nicht unterschritten wird[777]. Somit muss der Krankenversicherer über eine Organisation verfügen, welche fachlich und personell in der Lage ist, die Einhaltung dieser Vorschriften zu kontrollieren. Gleich verhält es sich bezüglich der mit den Leistungserbringern abzuschliessenden Verträgen. Zu Recht wird deshalb unter anderem davon ausgegangen, dass die Verantwortlichen zur Durchführung einer Sozialversicherung über die nötigen Kenntnisse und Fähigkeiten verfügen[778]. Weiter soll der Betrieb der Krankenversicherung so eingerichtet sein, dass er selbst dem Wirtschaftlichkeitsgebot standhält[779].

Die Bestimmung, wonach die Organisation derart eingerichtet sein muss, dass der Gesetzeszweck nicht beeinträchtigt wird, ist umfassend zu verstehen. Dies zeigt der Wortlaut von Art. 13 Abs. 2 KVG, welcher verlangt, dass die Versicherer «insbesondere» die näher ausgeführten Voraussetzungen einhalten und gewährleisten müssen. Die organisatorischen Bestimmungen sind jedoch nicht allein bei der Bewilligungserteilung zu erfüllen; die Einhaltung der gesetzlichen Vorschriften soll vielmehr jederzeit gewährleistet sein. 416

Zu den zu beachtenden gesetzlichen Vorschriften gehören nicht nur diejenigen, welche in Art. 13 KVG für die Bewilligung der Durchführung der sozialen Krankenversicherung genannt werden, sondern alle Vorschriften, welche sich an die Versicherer richten[780]. In zeitlicher Hinsicht ist festzuhalten, dass die organisatorischen Anforderungen permanent zu erfüllen sind. Weiter gehört zu einer korrekten Wahrnehmung einer staatlichen Aufgabe auch eine gewisse organisatorische Unabhängigkeit. Die 417

---

[777] Vgl. dazu Art. 58 KVG.
[778] Botschaft KVG, BBl 1992 I 146 f.
[779] Botschaft KVG, BBl 1992 I 129 f.
[780] Insofern kann EUGSTER, Rz. 54, wonach die in Art. 13 Abs. 2 KVG genannten Bewilligungsbedingungen abschliessend zu verstehen sind, nicht zugestimmt werden. Dies ergibt sich aus Art. 13 Abs. 1 KVG, wonach die Versicherungseinrichtungen die Anforderungen dieses Gesetzes erfüllen müssen (und nicht nur diejenigen von Art. 13 Abs. 2 KVG), sowie aus dem Wortlaut von Art. 13 Abs. 2 KVG, welcher die Aufzählung der Bewilligungsvoraussetzungen als nicht abschliessend ansieht. Es wäre etwa unzulässig, wenn ein Krankenversicherer z. B. das Umlageverfahren oder Datenschutzbestimmungen dauernd verletzen würde oder nicht in der Lage wäre, diese Bestimmungen einzuhalten, er jedoch – da diese beiden Regelungen in Art. 13 Abs. 2 KVG nicht erwähnt sind – Anspruch auf Bewilligungserteilung bzw. Schutz vor einem Bewilligungsentzug hätte.

Unabhängigkeit kann in mehrfacher Hinsicht zum Ausdruck gelangen, sei es in personeller Hinsicht, sei es jedoch auch in finanzieller, administrativer wie auch vertraglicher Hinsicht. Von einer zweckmässigen Organisation, welche auf die Erfüllung der gesetzlichen Ziele ausgerichtet ist und nur darin ihren Zweck findet, kann nur dann gesprochen werden, *wenn diese Organisation nicht auf Fremdinteressen Rücksicht nehmen muss.* Dies schliesst Kooperationen, vertragliche Abreden, Auslagerungen von Teilen der Krankenkassentätigkeit auf Dritte, personelle Verflechtungen usw. nicht grundsätzlich aus, *sondern nur soweit, als dies nicht mehr im Einklang mit den Zielen des KVG stehen würde.* Die Auslagerung einer staatlichen Aufgabe auf einen Dritten darf nicht dazu führen, dass die für die Verwaltung geltenden wesentlichen Gegebenheiten ausser Kraft gesetzt würden. Nicht gestattet sind somit Massnahmen und rechtliche Bindungen, welche bewirken, dass die Ziele des KVG unterlaufen würden; als unzulässig anzusehen wäre auch die Aufnahme von Tätigkeiten, welche keine gesetzliche Grundlage finden.

418 Als ausdrücklich zulässig gilt, dass der soziale Krankenversicherer auch das Zusatzversicherergeschäft betreibt, dies jedoch nicht mehr als im Umfang einer Nebentätigkeit[781].

§ 5   Anwendungsbereich

1.   Soziale Krankenversicherung

> Die soziale Krankenversicherung umfasst die obligatorische Krankenpflegeversicherung und eine freiwillige Taggeldversicherung (Art. 1 KVG). Sie gewährt Leistungen bei Krankheit, Unfall (soweit dafür keine Unfallversicherung aufkommt) und bei Mutterschaft (Art. 1 Abs. 2 KVG).

419 Art. 2 KVG definiert die Begriffe der Krankheit, des Unfalls und der Mutterschaft. Die Krankheit ist danach «jede Beeinträchtigung der körperlichen oder geistigen Gesundheit, die nicht Folge eines Unfalles ist und die eine medizinische Untersuchung oder Behandlung erfordert oder eine Arbeitsunfähigkeit zur Folge hat.» Der medizinische Krankheitsbegriff ist weiter als die Definition des KVG[782]. Die Definition des Begriffes

---

[781] Art. 12 Abs. 1 und 2 KVG.
[782] EUGSTER, Rz. 72; BGE 116 V 240; RKUV 1994 K 929 19.

dient zugleich der Abgrenzung zur Unfallversicherung. Ob eine Gesundheitsschädigung unter den Begriff des Unfalls fällt, beurteilt sich aufgrund der für das UVG entwickelten Regeln über die adäquate Kausalität[783]. Scheidet Unfallkausalität aus, so ist für die Unterstellung der Beeinträchtigung der körperlichen oder geistigen Gesundheit unter das KVG deren genaue Ursache ohne Bedeutung[784]. So sind etwa gesundheitsbeeinträchtigende Folgen eines missglückten Suizids wie auch Komplikationen im Anschluss an eine medizinische Massnahme vom Krankheitsbegriff des KVG ebenso erfasst wie medizinische Massnahmen zur Erhaltung einer eingetretenen Schwangerschaft nach einer In-Vitro-Fertilisation[785]. Die Krankheit nach Art. 2 Abs. 1 KVG setzt voraus, dass die körperliche oder geistige Gesundheit beeinträchtigt ist[786]. Die geistige Gesundheit schliesst auch die psychische Gesundheit ein; somit erfasst das KVG den Patienten in seiner physischen wie auch in seiner intellektuell-psychischen Ausgestaltung. Den Krankheiten grundsätzlich gleichgestellt sind Geburtsgebrechen[787].

Die *Krankheit* im Sinne des KVG bedingt für eine vollumfängliche Anwendung des KVG auch eine Untersuchungs- und Behandlungsbedürftigkeit bzw. Arbeitsunfähigkeit der betroffenen Person. Eine Erkrankung, welche diese Folge nicht nach sich zieht, ist KVG-irrelevant. Erfasst wird nicht nur die akute Erkrankung, sondern auch die Abwehr eines drohenden Gesundheitsschadens[788]. Ob eine Erkrankung vorliegt, beurteilt sich nach objektiven Kriterien, nicht nach dem subjektiven Empfinden des Patienten. Der Patient übernimmt auch eine gewisse Selbstverantwortung, soll kleinere Erkrankungen selbst behandeln bzw. beim Apotheker Rat holen. Dies schliesst nicht aus, dass Behandlungsbedürftigkeit bereits im Verdachtsstadium sowie im Vor- oder Frühstadium einer Krankheit vorliegen kann; Grenzen findet die Behandlungsbedürftigkeit in jedem Fall jedoch am Gebot der Wirtschaftlichkeit. Dabei genügt es, wenn die gesundheitliche Störung bereits für eine gewisse Zeit beseitigt, unterdrückt oder günstig beeinflusst werden kann[789]. Zum Teil sind auch dritte Personen in die Behandlung des Patienten einzubeziehen (Organtrans-

420

---

[783] MAURER (Krankenversicherungsrecht), 29.
[784] EUGSTER, Rz. 74.
[785] Dagegen gehört die In-Vitro-Fertilisation selbst nicht zu den Pflichtleistungen, vgl. BGE 125 V 21 ff.
[786] Dies wurde etwa im Fall einer HIV-Infektion bejaht, RKUV 1998 Nr. 989, S. 151 f.; BGE 116 V 239.
[787] Art. 27 KVG sieht hier jedoch im Verhältnis zur Invalidenversicherung nur eine Ausfalldeckung vor. Vgl. einen Anwendungsfall in RKUV 2000 Nr. 122.
[788] Art. 26 KVG.
[789] EUGSTER, Rz. 78 und 79.

plantation, DNA-Analysen, Sterilisation des Mannes und Psychotherapie).

421 Im Einzelfall kann es schwierig sein, Krankheit oder Nichtkrankheit abzugrenzen, so etwa bei Minderbegabungen, Legasthenie oder erheblichen Schönheitsfehlern[790]. Abgrenzungsschwierigkeiten ergeben sich sodann bei psychischen Erkrankungen, insbesondere bei Depression oder neurotischen Schwierigkeiten[791].

422 Nach Art. 2 Abs. 2 KVG ist der *Unfall* die plötzliche, nicht beabsichtigte schädigende Einwirkung eines ungewöhnlichen äusseren Faktors auf den menschlichen Körper, die eine Beeinträchtigung der körperlichen oder geistigen Gesundheit zur Folge hat. Im Unterschied zu Art. 9 Abs. 1 UVV setzt Art. 2 Abs. 2 KVG eine Beeinträchtigung der körperlichen oder geistigen Gesundheit voraus; zudem muss aus dem Unfall eine Untersuchungs- oder Behandlungsbedürftigkeit oder eine Arbeitsunfähigkeit resultieren. In der Praxis dürften die Unterschiede zwischen der UVV-Definition und der KVG-Definition vernachlässigbar sein.

423 Die *Mutterschaft* umfasst nach Art. 2 Abs. 3 KVG die Schwangerschaft und Niederkunft sowie die nachfolgende Erholungszeit der Mutter[792]. Mit eingeschlossen ist auch die Fehlgeburt und die Frühgeburt. Inbegriffen sind auch die Kosten für Pflege und Spitalaufenthalt des gesunden Neugeborenen, obschon dies gesetzlich nicht ausdrücklich vorgesehen ist[793]. Die einzelnen Leistungen sind in Art. 29 KVG und Art. 13–16 KLV definiert[794]. Eine selbständige Versicherungsleistung bildet der straflose Abbruch der Schwangerschaft[795]. Bei entsprechender Versicherung können auch Taggeldleistungen von 16 Wochen vor und nach der Geburt ausgerichtet werden[796].

2. Versicherte Personen

Die Krankenpflegeversicherung ist für die gesamte Wohnbevölkerung, gewisse bundesrechtlich abschliessend geregelte Ausnahmen vorbe-

---

[790] Vgl. dazu eingehend mit zahlreichen Hinweisen EUGSTER, Rz. 81 ff.
[791] EUGSTER, Rz. 90, m. w. H.
[792] Zur Frage der Kostenbeteiligung bei Risikoschwangerschaften vgl. BGE 127 V 268 ff.; RKUV 2001 Nr. 188.
[793] RKUV 1999 Nr. 66 = BGE 125 V 8 ff.
[794] Vgl. dazu BGE 127 V 270.
[795] Art. 30 KVG.
[796] Art. 74 KVG.

halten[797], obligatorisch[798]. Das KVG begründet kein automatisches Versicherungsverhältnis, sondern verpflichtet jede Person mit Wohnsitz in der Schweiz, sich innert drei Monaten nach Wohnsitznahme oder bei Geburt in der Schweiz für Krankenpflege zu versichern, bzw. sich von ihrem gesetzlichen Vertreter versichern zu lassen (Art. 3 Abs. 1 KVG).

Der Bundesrat kann Ausnahmen von der Versicherungspflicht vorsehen (insbesondere für Angestellte von internationalen Organisationen und ausländischen Staaten) oder die Versicherungspflicht auf Personen ohne Wohnsitz in der Schweiz ausdehnen (Art. 3 Abs. 2 und 3 KVG). Nähere Regelungen bezüglich des Wohnsitzes, der Versicherungspflicht für Ausländer, der Stellung der Grenzgänger und der Angehörigen ausländischer diplomatischer Missionen finden sich in Art. 1–6 KVV. Das Versicherungsverhältnis beginnt für Personen mit Wohnsitz in der Schweiz mit der Anmeldung; erfolgt die Anmeldung innerhalb der vorgeschriebenen drei Monate, so kommt es zu einer rückwirkenden Deckung der Krankheitskosten sowie zu entsprechenden Beitragsleistungen der versicherten Person. Bei verspätetem Beitritt beginnt die Versicherung ab dem Zeitpunkt des Beitritts zu laufen[799]. Bei verspätetem Beitritt oder bei Zwangszuweisung kommt es zu keiner Rückwirkung des Versicherungsbeginns[800]. Die Versicherung endet auf den Zeitpunkt, da die versicherte Person der Versicherungspflicht nicht mehr untersteht (Art. 5 Abs. 3 KVG). Es handelt sich um den Tod der versicherten Person, den Zeitpunkt der Verlegung des Wohnsitzes ins Ausland, den Wegzug (falls in der Schweiz kein Wohnsitz bestand) oder bei Vorliegen eines besonderen Befreiungsgrundes[801]. Bei Wohnsitzverlegung ins Ausland endet die Versicherung am tatsächlichen Tag der Ausreise aus der Schweiz[802]. Dies gilt auch dann, wenn das gemeldete Auszugsdatum und das tatsächliche Auszugsdatum nicht übereinstimmen. Der Ausschluss eines Versicherten, insbesondere wegen ausstehender Prämien, ist unzulässig[803].

424

---

[797] Vgl. dazu etwa RKUV 2000 Nr. 102 und 1999 Nr. 81.
[798] Hiervon entbindet auch die Glaubens- und Gewissensfreiheit nicht, RKUV 2000 Nr. 99.
[799] Art. 5 Abs. 2 KVG.
[800] EUGSTER, Rz. 19.
[801] EUGSTER, Rz. 22.
[802] Art. 7 Abs. 3 KVV.
[803] RKUV 2000 Nr. 130 = BGE 126 V 265 ff., auch zur Frage, wann Ausnahmen zulässig sind. Dagegen kann der Versicherer in seinen allgemeinen Bestimmungen die Einforderungen von Umtriebsspesen und Mahngebühren vorsehen, RKUV 1999 Nr. 88 = BGE 125 V 276 ff.

425 Für nicht mehr dem Versicherungsobligatorium unterstellte Personen können die Versicherer auf vertraglicher Basis eine Weiterführung des Versicherungsschutzes anbieten; die Finanzierung von Leistungen, welche denjenigen der obligatorischen Krankenpflegeversicherung entsprechen, richtet sich nach den Grundsätzen der sozialen Krankenversicherung. Das Versicherungsverhältnis unterliegt dagegen dem VVG[804].

426 Die Pflicht zur Kontrolle der Erfüllung des Versicherungsobligatoriums obliegt den Kantonen. Diese können Personen, die ihrer Versicherungspflicht nicht nachkommen, einem Versicherer zuweisen[805]. Bei der Zwangszuweisung entfällt der Anspruch auf freie Wahl des Versicherers[806]. Die zugewiesene Person kann im Anschluss an die Zuweisung den Versicherer jedoch – im Rahmen der gesetzlichen Regelung – wechseln. Bei nicht entschuldbarem verspätetem Beitritt erhebt der Versicherer einen Prämienzuschlag[807].

427 Die Kantone trifft die Pflicht, die Bevölkerung periodisch über die Versicherungspflicht zu orientieren, insbesondere Personen, die aus dem Ausland zuziehen sowie Eltern von Neugeborenen[808].

3. Wahl und Wechsel des Versicherers

> Die versicherungspflichtigen Personen können die zugelassenen Versicherer (Krankenkassen im Sinne von Art. 12 KVG oder private Versicherungseinrichtungen mit entsprechender Bewilligung) frei wählen. Die Versicherer können die Aufnahme höchstens dann ablehnen, wenn ihr Tätigkeitsgebiet territorial eingeschränkt ist und die versicherungspflichtige Person ausserhalb ihres Herkunftskreises wohnt[809]. Ausgeschlossen ist die Aufnahmeverweigerung aus anderweitigen Gründen, etwa infolge eines bestimmten Alters oder des Gesundheitszustandes. Das in Art. 9 Abs. 3 KVV statuierte Verbot des Versichererwechsels bei ausstehenden Prämienzahlungen und Kostenbeteiligungen wurde als gesetzeswidrig eingestuft[810].

---

[804] Art. 7a KVV.
[805] Art. 6 KVG.
[806] EUGSTER, Rz. 24; MAURER (Krankenversicherungsrecht), 39.
[807] Art. 5 Abs. 2 KVG in Verbindung mit Art. 8 KVV.
[808] Art. 10 KVV.
[809] Art. 4 Abs. 2 KVG.
[810] BGE 125 V 266 ff.

Der *Wechsel des Versicherers* ist auf den 30. Juni bzw. 31. Dezember eines jeden Jahres möglich, unter Einhaltung einer dreimonatigen Kündigungsfrist[811]. Teilt der neue Versicherer dem bisherigen erst nach Ablauf der Kündigungsfrist mit, dass die versicherte Person bei ihm ohne Unterbrechung des Versicherungsschutzes versichert ist, endet das bisherige Versicherungsverhältnis auf das Ende des Monats, in dem die verspätete Meldung beim bisherigen Versicherer eingeht[812]. Einen selbständigen Kündigungsgrund stellt die Mitteilung einer neuen Prämie dar; hier gilt eine Kündigungsfrist von einem Monat auf das Ende des Monats, welcher der Gültigkeit der neuen Prämie vorangeht[813]. Die Kündigung muss innerhalb der gesetzlichen Frist beim Versicherer eintreffen (Empfangstheorie)[814]. Bei Wahlfranchisen gelten verschärfte Kündigungsmöglichkeiten[815]. Weitere Gründe für den Wechsel des Versicherers liegen in der Wohnortsverlegung oder im Stellenwechsel und in der Beendigung des Versicherungsbetriebes durch den Versicherer. Besteht beim selben Versicherer nicht nur die obligatorische Krankenpflegeversicherung, sondern auch eine Zusatzversicherung, so darf der bisherige Versicherer eine versicherte Person nicht dazu zwingen, bei einem Wechsel des Versicherers auch die bei ihm abgeschlossenen Zusatzversicherungen zu kündigen. Ebenso darf der Versicherer einer versicherten Person die bei ihm abgeschlossene Zusatzversicherung nach Art. 12 KVG nicht allein aufgrund der Tatsache kündigen, dass die versicherte Person den Versicherer für die soziale Krankenversicherung wechselt[816]. Mit dieser gesetzlichen Regelung wurde die Streitfrage erledigt, ob eine Koppelung zwischen der sozialen Krankenversicherung und der Zusatzversicherungen hinsichtlich des Versichertenwechsels gestattet ist[817].

428

§ 6 Organisation der sozialen Krankenversicherung

1. Überblick

Das zweite Kapitel regelt die Organisation der sozialen Krankenversicherung. Es äussert sich zur Zulassung der Krankenversicherer,

429

---

[811] Art. 7 Abs. 1 KVG.
[812] BGE 127 V 38 ff.
[813] Art. 7 Abs. 2 KVG.
[814] RKUV 2001 Nr. 172 = BGE 126 V 480 ff.
[815] Art. 94 Abs. 2 KVV.
[816] Art. 7 Abs. 7 und 8 KVG.
[817] Vgl. hierzu EUGSTER, Rz. 40.

zur internen Organisation, zur Rückversicherung und zu den weiteren Bestimmungen betreffend die Rechtsstellung der Versicherer. Es regelt auch die Grundzüge der gemeinsamen Einrichtung der Versicherer. Schliesslich enthält es auch Bestimmungen zur Förderung der Gesundheit sowie – von besonderer Bedeutung – die Grundzüge der Aufsicht und der Statistik.

2. Zulassungsregelung

430 Die obligatorische Krankenpflegeversicherung wird entweder betrieben durch die Krankenkassen im Sinne von Art. 12 KVG oder dem Versicherungsaufsichtsgesetz unterstehende Versicherungseinrichtungen, welche über eine besondere Bewilligung verfügen[818].

431 Die Krankenkassen müssen sich als juristische Person des privaten oder öffentlichen Rechts einrichten. Zugelassen sind folgende Formen: Verein, Stiftung, Genossenschaft, Aktiengesellschaft (mit anderen als wirtschaftlichen Zwecken) oder eine juristische Person des kantonalen öffentlichen Rechts[819]. Die Krankenkassen dürfen keinen Erwerbszweck verfolgen und haben die soziale Krankenversicherung als Hauptzweck zu betreiben. Für ihre Tätigkeit ist eine Anerkennung durch das EDI Bedingung. Die Anerkennung wird gleichzeitig mit der Erteilung der Durchführungsbewilligung nach Art. 13 KVG ausgesprochen. Sie wird auf Anfang eines Kalenderjahres wirksam, wobei allfällige Gesuche dem Bundesamt für Sozialversicherung bis am 30. Juni des Vorjahres einzureichen sind[820]. Die nach Art. 12 Abs. 1 KVG zugelassenen Krankenkassen können Zusatzversicherungen anbieten sowie allenfalls weitere Versicherungsarten betreiben, sofern sie sich an die vom Bundesrat festgesetzten Bedingungen und Höchstgrenzen halten[821]. Die Zusatzversicherungen unterliegen dem VVG. Weiter ist es Krankenkassen mit einem bestimmten Mindestbestand an Versicherten gestattet, eine Rückversicherung nach Art. 14 durchzuführen[822].

432 Die *Bewilligung* zur Durchführung der sozialen Krankenversicherung bedarf der Beachtung verschiedener Grundsätze der Krankenversicherer:

---

[818] Art. 11 KVG.
[819] Art. 12 Abs. 1 lit. a KVV.
[820] Art. 12 Abs. 2 KVV.
[821] Art. 12 Abs. 2 KVG.
[822] Näheres findet sich in Art. 16 ff. KVV.

- Grundsatz der Gegenseitigkeit;
- Gleichbehandlung der Versicherten;
- Zweckbindung der Mittel der sozialen Krankenversicherung;
- Gewährleistung der gesetzlichen Vorschriften durch eine zweckentsprechende Organisation und Geschäftsführung;
- Finanzielle Rahmenbedingungen für die Erfüllung der Verpflichtungen;
- Durchführung einer Einzeltaggeldversicherung;
- Sitz in der Schweiz[823].

Erfüllt ein Versicherer die Bewilligungsvoraussetzungen nicht, so entzieht ihm das EDI die Bewilligung. Die Bewilligung kann auch auf Ersuchen des Versicherers entzogen werden. Wird eine Krankenkasse aufgelöst, so kann sie ihr Vermögen und den Versichertenbestand durch Vertrag auf einen anderen Versicherer übertragen. Fehlt eine solche Übertragung, so fällt ein allfälliger Vermögensüberschuss einer privatrechtlich organisierten Krankenkasse in den Insolvenzfonds der gemeinsamen Einrichtung.

Zieht der Versicherer seine Bewilligung für Teile des regionalen Tätigkeitsbereichs zurück[824] bzw. wird ihm diese Bewilligung vom Departement entzogen, so hat der Versicherer einen Anteil seiner Reserven abzugeben. Dieser Betrag wird auf die Versicherer umverteilt, welche die von der Einschränkung des Tätigkeitsbereiches betroffenen Versicherten aufnehmen[825].

Die Versicherer können Leistungen, die sie ausrichten müssen, vertraglich rückversichern lassen; Rückversicherer bedürfen einer besonderen Bewilligung des EDI.

Die Versicherer sind sodann verpflichtet, interessierte Personen (nicht nur Versicherte) über ihre Rechte und Pflichten aufzuklären und sie zu beraten[826]. Weiter gelten für die Versicherer besondere Regelungen betreffend Steuer-, Abgaben- und Gebührenbefreiung[827]. Die Krankenversicherer nehmen Aufgaben der sozialen Krankenversicherung, mithin Bundesverwaltungsaufgaben wahr. Obschon sie aufgrund einer Bewilligung im Sinne des KVG tätig werden, sind sie bei näherer Betrachtung

433

434

435

436

---

[823] Art. 13 Abs. 2 KVG.
[824] In diesem Fall kann er für eine bestimmte Zeit von der Durchführung der sozialen Krankenversicherung ausgeschlossen werden, RKUV 1999 Nr. 73 = BGE 125 V 80 ff.
[825] Art. 13 Abs. 5 KVG. Diese Regelung wurde im Anschluss an die Teilliquidation der Visana ins Gesetz aufgenommen.
[826] Art. 16 KVG.
[827] Art. 17 KVG.

Konzessionäre des öffentlichen Dienstes. Das konzessionsrechtliche Verhältnis ist Grundlage für die Betätigung der Krankenversicherer und enthält auch Elemente einer Aufsichtskonzession.

3. Gemeinsame Einrichtung

437   Die in der Form einer Stiftung durch die Krankenversicherer errichtete gemeinsame Einrichtung übernimmt im Fall der Zahlungsunfähigkeit eines Krankenversicherers die Kosten für die gesetzlichen Leistungen. Dabei entrichtet sie nicht nur die Leistungen zuhanden der Versicherten, sondern auch (im System des Tiers payant) zugunsten der Leistungserbringer.

438   Die gemeinsame Einrichtung ist weiter für die Durchführung für die Leistungsaushilfe in der Krankenversicherung nach den internationalen Verpflichtungen der Schweiz zuständig[828]. Weiter kann das EDI der gemeinsamen Einrichtung Aufgaben bei der Umverteilung von Reserven zwischen Krankenversicherern übertragen[829]. Schliesslich führt die gemeinsame Einrichtung den Risikoausgleich zwischen den Versicherern durch[830].

4. Gesundheitsförderung

439   Die Versicherer sind verpflichtet, zusammen mit den Kantonen eine Institution zu betreiben, welche Massnahmen zur Förderung der Gesundheit und zur Verhütung von Krankheiten anregt, koordiniert und evaluiert[831]. Kommt die Institution nicht zustande, so gründet sie der Bund; das BSV übt die Aufsicht über die Institution aus. Die Institution soll insbesondere versuchen, die bisherigen Bestrebungen im Bereich der Gesundheitsförderung zu koordinieren. Aus Art. 19 KVG ergibt sich kein Anspruch der versicherten Personen auf individuelle Leistungen; dieser ist in Art. 26 KVG festgelegt. Die Institution wird durch die obligatorisch versicherten Personen über einen jährlichen Beitrag finanziert[832].

---

[828] Art. 19 Abs. 1 KVV.
[829] Art. 19a KVV.
[830] Art. 105 Abs. 1 KVG. Vgl. zum Risikoausgleich allgemein und zur Auslegung von Art. 12 Abs. 7 VORA im Besonderen die Ausführungen in BGE 127 V 156 ff. Weiter auch den Entscheid des EVG vom 19. Dezember 1996, RKUV 1997 Nr. 981.
[831] Art. 19 KVG.
[832] Art. 20 KVG.

5. Aufsicht und Statistik

Die Kontrolle und Überwachung der Durchführung der Krankenversicherung obliegt dem Bundesrat, dem Bundesamt für Sozialversicherung und zum Teil auch den Kantonen. Die Kontrollmittel sind nicht nur in Art. 21 ff. KVG umschrieben, sondern ergeben sich auch aus anderen Kapiteln des KVG (zum Beispiel bezüglich der Spitäler aus der Befugnis der Kantone zur Spitalplanung) und der KVV. Weiter gelten für Überwachungsmassnahmen, Kontrollen und Zwangsmittel die allgemeinen Grundsätze des Verwaltungszwangs. 440

Die Hauptverantwortung für die Durchführung der Krankenversicherung obliegt dem Bundesrat[833]. Der Betrieb der Zusatzversicherung untersteht hingegen der Aufsicht des Bundesamtes für Privatversicherungswesen gemäss der für die privaten Versicherungseinrichtungen geltenden Gesetzgebung. 441

Das BSV kann den Versicherern Weisung zur einheitlichen Anwendung des Bundesrechts erteilen. Dies schliesst die Befugnis ein, erforderliche Auskünfte und Belege zu verlangen und Inspektionen durchzuführen. Die Versicherer haben dem BSV freien Zugang zu sämtlichen im Rahmen der Inspektion als wesentlich erachteten Informationen zu verschaffen. Sie müssen dem BSV zudem ihre Jahresberichte und die Jahresrechnungen einreichen[834]. Allgemein hat das BSV darüber zu wachen, dass die Krankenkassen jederzeit in der Lage sind, die mit der Anerkennung und der Durchführungsbewilligung verbundenen Bedingungen zu erfüllen[835]. Das BSV ist befugt, Weisungen zu erteilen und entscheidet auch über Rechtsverzögerungs- und Rechtsverweigerungsbeschwerden, welche gegen die Krankenversicherer oder die gemeinsame Einrichtung erhoben werden[836]. Die Aufsicht über die gemeinsame Einrichtung obliegt dem EDI, welches durch das BSV hierin unterstützt wird. Das BSV ist befugt, gegen Entscheide der kantonalen Rekursbehörden, der kantonalen Versicherungsgerichte und der Schiedsgerichte bezüglich der sozialen Krankenversicherung Verwaltungsgerichtsbeschwerde zu erheben; entsprechende Entscheide sind dem BSV vorgängig zu eröffnen[837]. 442

Die Krankenversicherer unterliegen somit als Teile der dezentralisierten Bundesverwaltung der direkten Verbandsaufsicht durch Bundesorgane. Entsprechende Anordnungen der Bundesorgane sind nur dann als an- 443

---

[833] Art. 21 Abs. 1 KVG.
[834] Art. 21 Abs. 3 KVG.
[835] Art. 25 KVV.
[836] EUGSTER, Rz. 67.
[837] Art. 27 KVV.

fechtbare Verfügungen zu betrachten, wenn sie die Autonomie der Krankenversicherer berühren[838].

444 Besondere Bestimmungen bestehen bezüglich der Datenbekanntgabe durch Spitäler und Pflegeheime. Diese haben alle Daten den zuständigen Bundesbehörden zu liefern, welche bezüglich des Kostendeckungsgrades, der Wirtschaftlichkeit und der Qualität der Leistungen für die Umsetzung des KVG relevant sind[839].

445 Art. 28 ff. KVV regeln im Detail die Eingabe und Auswertung der Aufsichtsdaten. Zu erwähnen ist insbesondere Art. 32 KVV. Danach erstellt das BSV in Zusammenarbeit mit Versicherern, Leistungserbringern und Kantonen sowie Vertretern der Wissenschaft wissenschaftliche Untersuchungen über die Durchführung und Wirkung des KVG. Eine entsprechende konsolidierte Gesamtanalyse hat das BSV vor kurzem erstattet.

446 Die Stellung der Krankenversicherer als dezentralisierter Teil der Bundesverwaltung zeigt sich darin, dass diese verpflichtet sind, ihre Geschäftsführung auf das wirtschaftlich erforderliche Mass zu beschränken, insbesondere müssen sie das Gebot der Sparsamkeit beachten. Ob dieses Ausmass überschritten wird, beurteilt sich aufgrund von Betriebsvergleichen[840].

6. Weitere institutionalisierte Einrichtungen

447 Das KVG kennt weitere Organisationen und Einrichtungen, welche für die Umsetzung der sozialen Krankenversicherung zuständig bzw. mitverantwortlich sind. Es handelt sich hierbei um:
- vertrauensärztliche Dienste;
- diverse Fachkommissionen[841];
- Preisüberwachung;
- Wettbewerbskommission;
- weitere Personen, wie Kantone und Leistungserbringer[842].

---

[838] Vgl. RKUV 1997 Nr. 18.
[839] Art. 21 Abs. 4 KVG.
[840] Vgl. Art. 22 KVG.
[841] Art. 37a bis 37g KVV regelt die Aufgaben und Zusammensetzung der einzelnen Kommissionen.
[842] Diese werden gewöhnlicherweise nicht im Zusammenhang mit der Organisation der sozialen Krankenversicherung erwähnt, bilden jedoch einen unentbehrlichen Bestandteil für das Funktionieren des KVG. Ohne die Kantone, welche an einigen zentralen Punkten Aufgaben wahrnehmen (zum Beispiel Tariffestlegungen, soziale Versicherungsgerichtsbarkeit und Spitalplanung), und die Leistungserbringer würde die soziale Krankenversicherung überhaupt nicht funktionieren. Dessen ist man sich insbesondere bezüglich der Leistungserbringer gegenwärtig zu wenig bewusst, da ein Überangebot

§ 7 Versicherungsleistungen

1. Grundsätze

> Die Krankenversicherer dürfen nur die im KVG genannten Versicherungsleistungen, unter den dort aufgeführten Rahmenbedingungen übernehmen.

Werden in einem Behandlungskomplex Pflichtleistungen mit Nichtpflichtleistungen erbracht, so sind die Nichtpflichtleistungen ebenfalls zu erstatten, wenn mit beiden Leistungsarten verschiedene, jedoch unter sich zusammenhängende Zwecke verfolgt werden und das Schicksal der gesamten therapeutischen Behandlung vom überwiegenden (kostenpflichtigen) Zweck abhängig ist. *Massgeblich ist somit, ob die pflichtige Leistung überwiegt*[843]. Komplikationen bei Nichtpflichtleistungen gehen nicht zulasten des Krankenversicherers, ausser sie führen unter diagnostischen und therapeutischen Gesichtspunkten zu einem selbständigen Schaden[844]. 448

> Die Leistungen müssen wirksam, zweckmässig und wirtschaftlich sein. Für die Wirksamkeit ist nicht erforderlich, dass diese nach wissenschaftlichen Methoden nachgewiesen wird; damit werden auch komplementärmedizinische, von der Schulmedizin nicht fassbare Leistungen mit eingeschlossen[845].

Die Wirksamkeit, Zweckmässigkeit und Wirtschaftlichkeit[846] der Leistungen ist periodisch zu überprüfen; die Versicherer sind verpflichtet, diese Grundsätze bei der Erbringung von Leistungen anzuwenden. Die Versicherten sind an die Grundsätze ebenso gebunden[847]. Eine strikte 449

---

an Leistungserbringern besteht. Allerdings sind auch die Leistungserbringer in das KVG-System eingebunden, so bezüglich Qualität der Leistungen und Preis der Leistungen wie auch bezüglich der Verfügbarkeit der Leistungen. Auch wenn kein Zwang zur Leistungserbringung besteht, so gibt es doch Instrumente, welche in diese Richtung gehen (zum Beispiel Spitalplanung, Medikamentenversorgung und Massnahmen beim Ausstand von Leistungserbringern).

[843] So etwa, wenn die Verabreichung eines nicht kassenpflichtigen Medikamentes unerlässliche vorbereitende Massnahme für eine von der Krankenkasse durchzuführende Lebertransplantation ist, RKUV 1998 Nr. 991.
[844] RKUV 1999 Nr. 91. Vgl. auch RKUV 2000 Nr. 113.
[845] Art. 32 Abs. 1 KVG.
[846] Vgl. dazu etwa RKUV 1999 Nr. 60.
[847] BGE 127 V 46 f.

Trennung zwischen Leistungen, die ausschliesslich ambulant, und solchen, die auch stationär erbracht werden können, ist nicht möglich[848]. Wird – an Stelle einer ambulanten – eine unzweckmässige stationäre Leistung erbracht, besteht Anspruch auf Vergütung der Kosten in der Höhe der notwendigen ambulanten Behandlung[849]. Beim Übertritt von einem Akutspital in ein Pflegeheim oder eine Pflegeabteilung kann eine angemessene Übergangszeit eingeräumt werden[850].

450 Bezüglich der von den Ärzten und Ärztinnen oder von Chiropraktoren oder Chiropraktorinnen erbrachten Leistungen geht das KVG davon aus, dass (im Rahmen der Wirksamkeit, Zweckmässigkeit und Wirtschaftlichkeit) diese von der obligatorischen Krankenpflegeversicherung zu übernehmen sind. Die Details sind in der Krankenpflege-Leistungsverordnung festgelegt. Diese enthält unter anderem Bestimmungen zur ärztlichen Psychotherapie, zu den von den Chiropraktoren oder Chiropraktorinnen verordneten Leistungen, zu den pharmazeutischen Leistungen, zu den auf Anordnung oder im Auftrag eines Arztes oder einer Ärztin erbrachten Leistungen (Physiotherapie, Ergotherapie, Krankenpflege, Ernährungsberatung, Diabetesberatung und Logopädie) und zu den Präventionsmassnahmen.

451 Von besonderer Bedeutung ist der Anhang 1 zur KLV. Dieser Anhang enthält zum einen eine *Positiv-* zum anderen eine *Negativliste*. In der Praxis hat der Anhang Anlass zu Verwirrungen gegeben, da bei der Überprüfung der Kostenübernahme teilweise der Standpunkt vertreten wird, dass bestimmte (neue) Leistungen, die im Anhang nicht positiv erwähnt sind, nicht zu übernehmen sind. Dies widerspricht der Konzeption des Gesetzes, wonach *alle* Leistungen, die auf ärztliche Anordnung erfolgen, (immer unter Vorbehalt der allgemeinen Bestimmungen) durch die Krankenversicherer zu übernehmen sind[851]. Dementsprechend hält auch der

---

[848] Vgl. RKUV 2000 Nr. 139 bezüglich ausnahmsweiser stationärer Behandlung von Psoriasis.
[849] RKUV 2000 Nr. 100.
[850] RKUV 1999 Nr. 60.
[851] Vgl. dazu auch BGE 123 V 63: «Zum einen umschreibt Art. 16 MVG die Leistungspflicht der Militärversicherung generalklauselartig (Abs. 1 und 2). Damit besteht ein wesentlicher Unterschied zur Krankenversicherung, die unter dem neuen Recht dem Listenprinzip (Art. 34 KVG) folgt (vgl. MAURER, Krankenversicherungsrecht, a. a. O., S. 45). Diese Differenz erscheint als umso ausgeprägter, als die Krankenversicherung – wie früher (Art. 21 Abs. 2 Vo III und Anhang zur Vo 9) – eine zusätzliche Konkretisierung ihrer Leistungspflicht gemäss Empfehlung fachlich berufener Kommissionen auf Verordnungsstufe kennt, und zwar in Bezug auf ärztliche Leistungen nunmehr in Form von Negativlisten (Art. 33 Abs. 1 und 3 KVG; Art. 33 lit. a und c KVV; Art. 1 KLV; vgl. MARKUS MOSER, Erläuterungen durch den Vizedirektor, in: CHSS 1996 H. 2 S. 89).» In die gleiche Richtung zielt RKUV 1999 Nr. 67 = BGE 125 V 28 f.

Ingress zum Anhang 1 zur KLV fest, dass im Anhang 1 nur Leistungen enthalten sind, die bereits auf Wirksamkeit, Zweckmässigkeit und Wirtschaftlichkeit überprüft wurden, die sich allenfalls noch im Überprüfungsstadium (also in einer Art Schwebephase) befinden oder für deren Übernahme bestimmte qualifizierte Anforderungen (zum Beispiel hinsichtlich Zeit, Umfang, Art der Behandlung oder Leistungserbringer) bestehen. Treten auf dem Markt neue Leistungen auf, so müssen sie in ein Umstrittenheitsverfahren einbezogen werden; ansonsten oder bis zur Einleitung des Verfahrens (mit einer eigenständigen intertemporalen Regelung) gilt die Vermutung der Kostenübernahmepflichtigkeit. Für die Dauer dieses Verfahrens können sie vorläufig zugelassen werden, nach entsprechenden Abklärungen durch die Leistungskommission werden sie im negativen oder im positiven Sinne auf die Liste genommen.

2. Allgemeine Leistungen bei Krankheit

Von der obligatorischen Krankenpflegeversicherung übernommen werden Kosten für Leistungen, die der Diagnose oder Behandlung einer Krankheit und ihrer Folgen dienen[852]. Im Einzelnen:
- *Diagnose.* Die Diagnose dient der Klärung einer Krankheit oder eines Krankheitsverdachtes, sie muss auf eine Krankheitsbehandlung ausgerichtet sein. Einstellungs- und Tauglichkeitsuntersuchungen wie auch psychiatrische Begutachtungen im Zusammenhang mit der Bevormundung oder der Verwahrung scheiden aus[853]. Es genügt jedoch, wenn die Diagnose auf einer Krankheitsvermutung beruht.[854]
- *Krankheitsbehandlung.* Die Krankheitsbehandlung dient der Wiederherstellung der Gesundheit oder der Verbesserung des Gesundheitszustandes sowie der Abwendung drohender Gefahren für Leib und Leben. Eingeschlossen ist auch die blosse Symptombehandlung ohne Auswirkungen auf den Gesundheitszustand, zum Beispiel Leidensminderung bei schweren Erkrankungen. Miterfasst bei der Behandlung werden auch Rehabilitationsmassnahmen sowie die Behandlungs- und Grundpflege.

452

---

[852] Art. 25 Abs. 1 KVG.
[853] EUGSTER, Rz. 104 ff.
[854] MAURER (Krankenversicherungsrecht), 45.

§ 8 Leistungskatalog im Einzelnen

1. Allgemeines

453   Nach Art. 25 Abs. 2 lit. a KVG werden die Untersuchungen, Behandlungen und Pflegemassnahmen übernommen, die durch in Art. 25 Abs. 2 lit. a KVG genannten Personen erbracht werden. Damit wird nicht nur die Diagnose und die Behandlung erfasst, sondern auch die Pflege. Pflegemassnahmen sind bei allen Behandlungsarten anzutreffen, nicht nur bei den Leistungserbringern, sondern auch bei der Pflege von Langzeitpatienten zu Hause oder im Pflegeheim (spitalexterne Krankenpflege)[855]. Die Hauskrankenpflege muss durch den Arzt angeordnet sein und darf nur durch bestimmte Personen bzw. Organisationen erbracht werden[856].

2. Ärztliche Tätigkeiten

454   Art. 25 Abs. 2 lit. a KVG erfasst nicht nur die persönlich vom Arzt erbrachte Tätigkeit, sondern auch die delegierten Arbeiten (Assistenzpersonal, Praxispersonal oder sonstiger direkter ärztlicher Aufsicht unterstelltes Personal). Eine eigenständige Leistungskategorie bilden Leistungen von Personen, die selbständig auf Anordnung oder im Auftrag eines Arztes tätig werden[857]. Grundsätzlich darf der zugelassene Arzt alle medizinischen Disziplinen ausüben. Allerdings kann der Bundesrat für besonders kostspielige oder schwierige Untersuchungen oder Behandlungen eine bestimmte Qualifikation des Leistungserbringers verlangen[858]. Weiter kann auf Tarifstufe festgelegt werden, dass der Leistungserbringer bestimmte Aus-, Weiter- oder Fortbildungsqualifikationen mit sich bringt[859]. Diese Bestimmung bildet denn auch die Grundlage für die so genannten Dignitäten gemäss TarMed. Schliesslich ist darauf hinzuweisen, dass das revidierte Freizügigkeitsgesetz ebenfalls eine Abstufung hinsichtlich der Fachdisziplinen für Ärzte vornimmt und insofern eine Grundlage für eine sozialversicherungsrechtliche differenzierte Erfassung der Ärzte bildet[860].

---

[855] Vgl. zu den Details EUGSTER, Rz. 113 f.
[856] Art. 46, 49 und 51 KVV.
[857] Art. 25 Abs. 2 lit. a Ziff. 3 KVG.
[858] Art. 58 Abs. 3 lit. b KVG.
[859] Art. 43 Abs. 2 lit. d KVG.
[860] Zu beachten ist sodann auch Art. 58 Abs. 3 lit. a KVG, wonach für besonders kostspielige Diagnose- oder Behandlungsverfahren unter Umständen die Zustimmung des

Mit Ausnahme der Tätigkeit der Chiropraktoren und der Hebammen[861] bedürfen alle nichtärztlichen Untersuchungs-, Behandlungs- oder pflegerischen Handlungen grundsätzlich einer vorausgehenden ärztlichen Anordnung[862]. 455

Nicht zur sozialen Krankenversicherung zugelassen sind selbständige Psychotherapeuten[863]; eine Ausnahme gilt für die von Ärzten durchgeführte Psychotherapie oder die so genannte delegierte Psychotherapie[864].

Zahnärzte werden nicht unter Art. 25 KVG erfasst; die ausnahmsweise Kostenübernahme für zahnärztliche Leistungen durch die Krankenversicherung erfolgt nach Massgabe von Art. 31 lit. a KVG und Art. 17 KVV[865]. 456

3. Analysen, Arzneimittel, Mittel und Gegenstände

Die Analysen, Arzneimittel, Mittel und Gegenstände, welche zulasten der Krankenversicherung in Rechnung gestellt werden dürfen, müssen ebenfalls ärztlich oder vom Chiropraktoren verordnet sein[866]. Die Mittel- und Gegenständeliste enthält eine abschliessende Aufzählung der kassenpflichtigen Mittel und Gegenstände[867]. Die Analysenliste bildet den Anhang 3 zur KLV, wird jedoch weder in der Amtlichen Sammlung des Bundesrechts noch in der Systematischen Sammlung des Bundes- 457

Vertrauensarztes eingeholt werden muss; zur näheren Festlegung des Anwendungsbereiches dieser Bestimmung ist der Bundesrat zuständig.
[861] Art. 16 KLV.
[862] EUGSTER, Rz. 122. Dem Arzt kommt somit bei der Anordnung von krankenpflegeversicherungsrechtlich relevanten Leistungen eine Schlüsselfunktion zu. Zur Frage, wann und unter welchen Umständen die ärztliche Anordnung erfolgen soll, vgl. EUGSTER, Rz. 123.
[863] Vgl. dazu BGE 125 V 284 ff.
[864] RKUV 2001 Nr. 166; 1999 Nr. 87 und 98; BGE 125 V 444. Erfasst vom KVG wird so oder so nur die Psychotherapie zur Behandlung von Krankheit oder im Anschluss an Unfälle, nicht jedoch Psychotherapie zur Persönlichkeitsentfaltung oder als Selbstverwirklichung, Art. 2 Abs. 2 KLV.
[865] BGE 127 V 330 ff.; RKUV 1998 Nr. 40.
[866] Art. 25 Abs. 2 lit. b KVG; Art. 4 KLV; Anhang 2 zur KLV (Mittel- und Gegenstände-Liste; MiGeL). Bestimmte Gegenstände (Endprothesen) werden im Anhang 1 Ziff. 1.1 zur KLV erwähnt.
[867] RKUV 2002 Nr. 169.

rechts veröffentlicht[868]. Ähnlich verhält es sich mit der Arzneimittelliste, die Anhang 4 zur KLV bildet.

458   Eine eingehendere Regelung besteht bezüglich der Spezialitätenliste[869]. Über die Spezialitätenliste wird unter anderem auch der Abgabepreis gesteuert. Die Spezialitätenliste kann bei Lücken nicht durch die kantonale Regierung ergänzt werden; hierfür sind nur die Behörden des Bundes zuständig[870]. Die Spezialitätenliste hat auch die mit den Originalpräparaten austauschbaren preisgünstigeren Generika zu enthalten[871]. Die Spezialitätenliste wird durch das BSV veröffentlicht, dies in elektronischer Form und mindestens einmal jährlich in gedruckter Form[872]. Obschon die Krankenversicherer bei Aufnahme von neuen Arzneimitteln in die Spezialitätenliste die Kostenfolgen zu tragen haben, sind sie nicht befugt, Beschwerde gegen diesbezügliche Entscheide zu führen[873].

4. Ärztlich angeordnete Badekuren

459   Die obligatorische Krankenpflegeversicherung trägt nur einen Teil der Kosten der ärztlich angeordneten Badekuren[874].

5. Medizinische Rehabilitation

460   Die medizinische Rehabilitation dient der beruflichen und sozialen Wiedereingliederung des Versicherten im Anschluss an eine stationäre oder ambulante Behandlung. Die Rehabilitation kann stationär oder ambulant erfolgen[875]. Erfolgt eine Rehabilitation in einer Spitalumgebung, so muss eine Krankheit vorliegen, welche eine Akutbehandlung oder medizinische Rehabilitation unter Spitalbedingungen erforderlich macht. Spitalbedürftigkeit in diesem Sinne ist einerseits dann gegeben, wenn die notwendigen diagnostischen und therapeutischen Massnahmen nur in einem Spital zweckmässig durchgeführt werden können, andererseits

---

[868] Art. 28 Abs. 2 KLV.
[869] Art. 30 ff. KLV.
[870] RKUV 1999 Nr. 69.
[871] Art. 52 Abs. 1 lit. b KVG.
[872] Art. 64 KVV.
[873] BGE 127 V 80 ff.
[874] Art. 25 Abs. 2 lit. c KVG. Nach Art. 25 KLV beträgt der Kostenanteil CHF 10.-/pro Tag, höchstens für 21 Tage/Kalenderjahr.
[875] Vgl. dazu eingehend RKUV 2000 Nr. 125.

auch dann, wenn die Möglichkeiten ambulanter Behandlung erschöpft sind und nur noch im Rahmen eines Spitalaufenthaltes Aussicht auf einen Behandlungserfolg besteht. Dabei kann eine Leistungspflicht für den Spitalaufenthalt auch dann bestehen, wenn der Krankheitszustand der versicherten Person einen solchen nicht unbedingt erforderlich macht, die medizinische Behandlung jedoch wegen besonderer persönlicher Lebensumstände nicht anders als im Spital durchgeführt werden kann. Im Gesetz nicht näher umschrieben wird der Begriff der medizinischen Rehabilitation im Sinne von Art. 25 Abs. 2 lit. d KVG. Das besondere Merkmal der medizinischen Rehabilitation besteht darin, «dass die Behandlung der Krankheit an sich abgeschlossen ist und Therapieformen zur Nachbehandlung von Krankheiten zur Anwendung gelangen. Die medizinische Rehabilitation schliesst an die eigentliche Krankheitsbehandlung an und bezweckt, die durch die Krankheit oder die Behandlung selbst bewirkte Beeinträchtigung der körperlichen oder geistigen Leistungsfähigkeit mit Hilfe medizinischer Massnahmen ganz oder teilweise zu beheben, oder sie dient insbesondere bei Chronischkranken der Erhaltung und allenfalls Verbesserung des verbliebenen Funktionsvermögens. Sie kann ambulant, teilstationär, in einer Kuranstalt, in einem Pflegeheim oder in einer spezialisierten Rehabilitationsklinik erfolgen, wobei im letztern Fall eine Spitalbedürftigkeit vorausgesetzt ist, welche nach der notwendigen Behandlungsintensität, dem Behinderungsgrad, der Pflegebedürftigkeit und der Schwere des Hauptleidens oder zusätzlich komplizierender Krankheiten zu beurteilen ist.»[876]

Für die Abgrenzung zwischen Erholungskuren und der medizinischen Rehabilitation ist auf die Zielsetzung der Massnahme abzustellen. Die medizinische Rehabilitation ist auf die Wiedererlangung verlorener oder die Verbesserung beeinträchtigter Funktionsfähigkeiten mit medizinischen Mitteln gerichtet. Erholungskuren dienen Versicherten ohne besondere Pflege- und Behandlungsbedürftigkeit zur Erholung und Genesung nach Erkrankungen, die eine wesentliche Verminderung des Allgemeinzustandes zur Folge hatten[877].

6. Teilstationäre Einrichtungen

Der Aufenthalt in einer teilstationären Einrichtung wird ebenfalls durch die soziale Krankenversicherung gedeckt. Unter einer teil-

---
[876] BGE 126 V 326 f.
[877] BGE 126 V 327.

stationären Einrichtung versteht man eine Organisation, welche Spitalaufenthalte über die Nacht, auf jeden Fall nicht länger als 24 Stunden anbietet. Die teilstationäre Einrichtung muss im Wesentlichen den selben Anforderungen wie ein Spital genügen[878]. Die Krankenversicherung deckt bei der teilstationären Einrichtung jegliche Art von Aufenthalt und Behandlung ab, nicht nur diejenigen auf der «Allgemeinabteilung» wie bei den stationären Einrichtungen.

7. Transport- und Rettungskosten

463 Die Krankenversicherer übernehmen hier keine volle Kostendeckung, sondern nur einen Beitrag[879]. Entgegen dem Wortlaut von Art. 26 Abs. 1 KLV sind nicht nur die Transportkosten zum Leistungserbringer, sondern auch Rücktransporte zum Wohn- oder Aufenthaltsort der versicherten Person miterfasst[880]. Transportkosten zwischen Spitälern sind Bestandteil der stationären Behandlung[881]. Der Verlegungstransport geht zulasten des auftragserteilenden Spitals[882]. Ob Notwendigkeit eines Transportes besteht, beurteilt sich nach den Verhältnissen zum Zeitpunkt des Anrufs an das Transportunternehmen[883].

8. Leistung der Apotheker und Apothekerinnen[884]

464 Art. 36 Abs. 3 KVG geht vom Primat der Heilmittelversorgung durch die – ähnlichen Zulassungsregelungen wie die Ärztinnen und Ärzte unterliegenden – Apothekerinnen und Apotheker aus. Bei der Zulassung von Ärzten und Ärztinnen zur Abgabe von Medikamenten (Selbstdispensation) müssen die Kantone die Möglichkeiten des Zugangs zu einer

---

[878] Art. 39 Abs. 2 KVG.
[879] Art. 26 KLV zu den Details.
[880] EUGSTER, Rz. 149.
[881] Art. 33 lit. g KVV.
[882] HÜRLIMANN/ILG/KIESER/PFIFFNER-RAUBER/SCHWARZ-TÜRLER/SENN/STAFFELBACH, 197.
[883] RKUV 2001 Nr. 193.
[884] Nach Art. 52a KVG können die Apotheker oder Apothekerinnen Originalpräparate der Spezialitätenliste durch billigere Generika dieser Liste ersetzen, wenn nicht der Arzt oder die Ärztin oder der Chiropraktor oder die Chiropraktorin ausdrücklich die Abgabe des Originalpräparates verlangen. Vgl. dazu BBl 1999 840. Aus dieser Bestimmung wird ersichtlich, dass die pharma-ökonomische Verantwortung zwischen Arzt/Ärztin und Apotheker/Apothekerin geteilt ist und das Abgabeprimat bei den Apotheken liegt.

Apotheke berücksichtigen[885]. Nur wo der Zugang zu einer Apotheke nicht möglich oder objektiv nicht zumutbar ist (etwa bei echten Notfällen oder bei einer regionalen Unterversorgung) kann die ärztliche Selbstdispensation greifen. Kantonale Selbstdispensationsregelungen, die auf die bestehende Apothekendichte keine Rücksicht nehmen, stehen in Widerspruch zum KVG. Geben Ärzte Medikamente ausserhalb von Notfallsituationen ab oder ohne Vorliegen einer bundesrechtskonformen Selbstdispensationsbewilligung, so sind sie nicht berechtigt, hierfür zulasten der Krankenversicherungen Rechnung zu stellen.

9. Zahnärztliche Behandlungen

Die zahnärztliche Behandlung wird nur in den in Art. 31 KVG genannten und in Art. 17–19a KLV näher ausgeführten Fällen übernommen. Die Aufzählung in Art. 17 KLV ist abschliessend[886]. Vorausgesetzt wird, dass die Behandlung bedingt wird durch eine schwere, nicht vermeidbare Erkrankung des Kausystems oder durch eine schwere Allgemeinerkrankung oder ihre Folgen oder zur Behandlung einer schweren Allgemeinerkrankung oder ihrer Folgen notwendig ist[887]. Weiter werden die Kosten der Behandlung von Schäden des Kausystems übernommen, die durch einen Unfall verursacht worden sind und für die keine Versicherungsdeckung besteht.

465

---

[885] Vgl. dazu Bundesgericht, 24. Oktober 2001 und TOMAS POLEDNA, Medikamentenabgabe durch Ärzte (Selbstdispensation), in: Jusletter 14. Januar 2002.
[886] BGE 124 V 185; 127 V 332. Dies schliesst nicht aus, dass das EVG – unter sehr grosser Zurückhaltung – überprüft, ob eine Krankheit zu Unrecht nicht in der Liste enthalten ist. Vgl. hierzu und zur Frage der Amalgamsanierung von Zähnen RKUV 1999 Nr. 96.
[887] Vgl. zur Übernahme der Kosten bei zahnärztlicher Behandlung von Paradontopathie, die auf eine Chemotherapie eines malignen Leidens zurückzuführen ist, BGE 127 V 339 ff.

§ 9 Leistungserbringer

1. Grundsätze

> Gleich wie bei den Leistungen kennt das KVG auch bei den Leistungserbringern einen numerus clausus. Nur die im Gesetz genannten und gemäss den gesetzlichen Anforderungen zugelassenen Leistungserbringer dürfen zulasten der sozialen Krankenversicherung tätig werden.

466 Im Wesentlichen unterscheidet das KVG zwischen Medizinalpersonen, Personen, welche weitere Gesundheitsberufe ausüben sowie den Institutionen, die sich der Gesundheitsversorgung widmen. Das KVG kennt teilweise selbst ein formalisiertes Zulassungsverfahren (zum Beispiel für Spitäler), meist sieht es jedoch keine besondere Zulassungsregelung vor. Für einzelne Leistungserbringer hat der Bundesrat die Zulassung näher zu regeln[888]. Sodann hat der Bundesrat Regeln erlassen für Personen, die auf Anordnung oder im Auftrag eines Arztes oder einer Ärztin Leistungen erbringen[889].

467 Die Leistungserbringer können sich bezüglich ihrer Zulassung zur sozialen Krankenversicherung nicht auf die *Wirtschaftsfreiheit* berufen, dies mit der (fraglichen) Begründung, der Bund verfüge in diesem Bereich über ein mittelbar rechtliches Monopol[890]. Das Grundrecht kann seine Wirkungen dort entfalten, wenn und soweit sich die Einschränkung aus einer (unselbständigen) Verordnung ergibt. Vorbehalten bleibt in jedem Fall die Anrufung der Rechtsgleichheit[891].

468 Im Jahr 2000 waren 13 935 Ärzte in der Praxis tätig, daneben standen 1664 Apotheken in Betrieb. Kostenmässig belasteten die ambulanten Ärzte im Jahr 2000 die soziale Krankenversicherung mit 24,9 %, die stationären Spitalaufenthalte mit 23,9 %, die ambulanten Spitalaufenthalte mit 10,8 %, die durch die Ärzte abgegebenen Medikamente mit 7,4 % und die in den Apotheken abgegebenen Medikamente mit 13,6 %. In den Pflegeheimen fielen 7,8 % der Kosten an. Die übrigen Leistungserbringer fallen demgegenüber weit weniger in Betracht, Spitex mit 1,6 %, Physio-

---

[888] Art. 38 KVG.
[889] Art. 46 ff. KVV, so genannte nicht ärztliche Heilberufe.
[890] BGE 122 V 95 f. Die Begründung ist insofern fragwürdig, als der Bund zur Umsetzung des Monopols praktisch auf die Mitwirkung der grössten Teile der freiberuflich tätigen Leistungserbringer angewiesen ist.
[891] BGE 122 V 97.

therapeuten mit 2,9 %, Laboraufwände mit 2,9 %, Chiropraktoren mit 0,4 %, Mittel- und Gegenstände mit 1,2 %[892].

2. Ärzte, Zahnärzte und Apotheker

Ärzte, Zahnärzte und Apotheker sind einzelne Personen[893], deren Tätigkeit im ambulanten Bereich auf formell-gesetzlicher Stufe geregelt ist. Gemeinsam ist ihnen, dass sie nur zugelassen sind, wenn sie über ein eidgenössisches Diplom und über eine vom Bundesrat anerkannte Weiterbildung verfügen[894]. Ärzte und Ärztinnen müssen sich über eine zweijährige praktische Weiterbildung ausweisen, wovon mindestens sechs Monate an einer anerkannten klinischen Weiterbildungsstätte oder mindestens sechs Monate in der ambulanten Patientenbetreuung zu absolvieren sind[895]. Zahnärzte und Zahnärztinnen müssen eine zweijährige praktische Weiterbildung in einer zahnärztlichen Praxis oder einem zahnärztlichen Institut aufweisen[896]. Apotheker und Apothekerinnen haben sich über eine zweijährige praktische Weiterbildung in einer Apotheke auszuweisen[897].

469

Fehlt ein eidgenössisches Diplom, so kann sich die Frage stellen, ob die Zulassung trotzdem bei Vorliegen eines gleichwertigen wissenschaftlichen Befähigungsausweises gewährt werden kann. Das KVG hat die diesbezügliche Regelungskompetenz dem Bundesrat übertragen. Bis Ende Mai 2002 galt folgende Regelung von Art. 39 KVV: Den Medizinalpersonen mit einem eidgenössischen Ausweis gleichgestellt sind Personen, die über einen wissenschaftlichen Befähigungsausweis verfügen, der von der zuständigen Stelle des Bundes nach Anhörung der Kantone und der Berufsverbände als gleichwertig anerkannt worden ist. Verlangt werden kann zusätzlich, dass die Anerkennung von der Bedingung abhängig gemacht wird, dass der Staat, in welchem der Befähigungsausweis ausgestellt wurde, die eidgenössischen Diplome anerkennt. Fraglich ist, ob die Einführung der Gegenrechtsvereinbarung mit dem Wortlaut von Art. 36

470

---

[892] Statistik über die Krankenversicherung 2000, Bundesamt für Sozialversicherung, 40.
[893] Verwandtschafts- oder Eheverhältnisse bezüglich der versicherten Person ändern nichts an der Qualifikation der Leistungserbringer, zulasten der sozialen Krankenversicherung tätig zu werden. Vgl. RKUV 2000 Nrn. 109 und 110 und BGE 125 V 430ff.
[894] Art. 36 Abs. 1 und 37 Abs. 1 KVG. Anerkannt sind die Ausbildungsausweise, wie sie im Freizügigkeitsgesetz erwähnt sind, dies in Ausführung der sektoriellen Abkommen mit der EG.
[895] Art. 38 Abs. 1 KVV.
[896] Art. 42 KVV.
[897] Art. 40 KVV.

Abs. 2 bzw. Art. 37 Abs. 2 KVG vereinbar ist, welcher nur von der Anerkennung der wissenschaftlichen Befähigungsausweise im Bereich der Gleichwertigkeit spricht. Die Gegenrechtsvereinbarung ist ein Punkt, der die Gleichwertigkeit nicht berührt.

471 Nach der bisherigen Praxis wurden Ausbildungen im EU-Raum, den Vereinigten Staaten, Kanada, Israel, Südafrika und Australien als gleichwertig anerkannt. Gegenrechtsvereinbarungen bestehen nur mit den EU-Staaten, im Rahmen der sektoriellen Abkommen. Dies hat zu einer ab 1. Juni 2002 geltenden Revision von Art. 39 KVV geführt; anerkannt sind die gemäss dem Freizügigkeitsgesetz als gleichwertig bezeichneten EG-Ausbildungsausweise. Im Ergebnis berechtigen Ausbildungsausweise aus den übrigen Staaten – trotz Gleichwertigkeit – nicht zur Ausübung der medizinischen Tätigkeit zulasten der sozialen Krankenversicherung. Ausnahmen werden dort gemacht, wo lokal eine Unterversorgung besteht oder wo Bestandesschutz für bisher ausgeübte Tätigkeiten zu gewähren ist. Die Nichtanerkennung von Leistungsausweisen insbesondere aus dem amerikanischen Raum ist insbesondere vor dem Hintergrund der zunehmenden Mobilität im Rahmen der universitären Ausbildung bedauerlich.

472 Eine Sonderregelung besteht bezüglich der Zulassung zur Medikamentenabgabe. Art. 37 Abs. 3 KVG legt fest, dass Ärzte und Ärztinnen zur Führung einer Apotheke den zugelassenen Apothekern und Apothekerinnen gleichgestellt sind. Die diesbezügliche Zulassungskompetenz kommt den Kantonen zu, wobei diese zwingend insbesondere die Zugangsmöglichkeiten der Patientinnen und Patienten zu einer Apotheke zu berücksichtigen haben. Art. 37 Abs. 3 KVG geht somit vom Primat der Medikamentenabgabe durch die Apotheken aus; die Kantone haben sich bei ihrer Gesetzgebung zwingend an die diesbezüglichen Vorgaben des Bundesrechts zu halten.

3. Einrichtungen der ambulanten Krankenpflege durch Ärzte und Ärztinnen

473 Art. 36a KVG[898] anerkennt Einrichtungen, die der ambulanten Krankenpflege durch Ärzte und Ärztinnen dienen, als selbständige Leistungserbringer. Voraussetzung ist, dass die dort tätigen Ärzte und Ärztinnen die für sie geltenden Zulassungsvoraussetzungen erfüllen. Mit dieser Bestimmung soll die Grundlage geschaffen werden für Anstellungsverhältnisse von Ärzten und Ärztinnen ausserhalb von Spitälern, insbeson-

---

[898] Diese Bestimmung ist seit 1. Januar 2001 in Kraft.

dere (aber nicht ausschliesslich) an HMO-Praxen und ähnlichen Einrichtungen. Unseres Erachtens dürfen die Kantone in der kantonalen Gesundheitsgesetzgebung für Einrichtungen der ambulanten Krankenpflege keine Vorschriften aufstellen, welche entsprechende ambulante Organisationen von der ambulanten Tätigkeit ausschliessen würden (Verbot der Vereitelung des Bundesrechts)[899].

4. Andere Leistungserbringer

Nach Art. 38 KVG regelt der Bundesrat die Zulassung der in Art. 35 Abs. 2 lit. c–g und n erwähnten anderen Leistungserbringer. Der Zweck der Zuordnung der Gesetzgebungskompetenz beim Bundesrat liegt darin, dass damit die Flexibilität bei der Zulassung von neuen Leistungserbringern erhöht werden sollte. Das KVG lässt dem Bundesrat jedoch bei der Zulassung völlig freie Hand und regelt nicht einmal die wichtigsten Rahmenbedingungen für die Verordnungsregelung; unter diesem Blickwinkel erscheint sie als rechtsstaatlich problematisch. 474

In Art. 44 ff. KVV finden sich die entsprechenden Vorschriften. Dabei sind zwei Gruppen zu unterscheiden. Der ersten Gruppe gehören Chiropraktoren und Hebammen an, die selbständig auch ohne ärztliche Anweisung tätig werden. Unter die zweite Gruppe fallen Personen, die auf ärztliche Anordnung hin Leistungen erbringen, und Organisationen, die solche Personen beschäftigen. Zu ihnen gehören Physiotherapeuten, Ergotherapeuten, Krankenschwestern oder Krankenpfleger, Logopädinnen und Ernährungsberaterinnen[900]. 475

Eine andere Regelung gilt für die Spitäler. Für dort angestellte Ärzte genügt es, wenn lediglich das Spital als Leistungserbringer zugelassen ist; ähnliches dürfte auch für an einem anderen Ort angestellte Ärzte gelten[901]. Vorausgesetzt wird, dass die Personen mit einem anderen Befähigungsausweis unter der Aufsicht eines zugelassenen Arztes oder Ärztin stehen und die Frage der fachlichen Befähigung aufgrund einer Gesamtbeurteilung[902] positiv beantwortet werden kann. 476

Allen ist besonders gemeinsam, dass sie nicht nur die in Art. 44 ff. und Art. 46 ff. KVV genannten Bedingungen erfüllen, sondern auch über eine kantonale Zulassung verfügen müssen. Nebst den vorgenannten, selbständigen und auf eigene Rechnung tätigen Personen sind weiter auch 477

---

[899] Vgl. auch BBl 1998 838 f.
[900] Art. 46 ff. KVV.
[901] MAURER (Krankenversicherungsrecht), 64. Für Einrichtungen der ambulanten Krankenpflege besteht nunmehr in Art. 36a KVG eine klare gesetzliche Regelung.
[902] Art. 39 Abs. 1 lit. b KVG.

Organisationen im Bereich der Gesundheitsversorgung zugelassen: zum einen die Organisation der Krankenpflege und Hilfe zu Hause (Spitex)[903], zum anderen Organisationen der Ergotherapie.

5. Laboratorien

478 Art. 53f. KVV regelt die Zulassung von Laboratorien sehr eingehend. Je nach Art der Analyse unterliegen sie mehr oder weniger strengen Anforderungen hinsichtlich Leitung und Qualität.

6. Abgabestellen für Mittel und Gegenstände

479 Die Abgabestelle für Mittel und Gegenstände muss nach kantonalem Recht zugelassen sein und mit einem Krankenversicherer einen Vertrag über die Abgabe von der Untersuchung und der Behandlung dienenden Mitteln und Gegenstände abschliessen. Sind diese beiden Punkte erfüllt, so sind die Abgabestellen auch zur Tätigkeit zulasten der sozialen Krankenversicherung zugelassen[904].

7. Transport- und Rettungsunternehmen

480 Für diese gilt die selbe Regelung wie für die vorgenannten Abgabestellen.

8. Spitäler und andere Einrichtungen

481 Art. 39 KVG regelt die Zulassung von Spitälern und anderen Einrichtungen der stationären und teilstationären Krankenpflege. Erfasst werden Spitäler als Anstalten wie auch deren einzelne Abteilungen. Mit Ausnahme der Spitalplanung und der Spitalliste gelten die Anforderungen von Art. 39 KVG auch für teilstationäre Einrichtungen. Sinngemäss gelten die für die Spitäler geltenden Anforderungen von Art. 39 Abs. 1 KVG auch für Anstalten, Einrichtungen oder Abteilungen, die der Pflege

---

[903] Zum Verhältnis der Spitex-Organisationen zu den Pflegeheimen, insbesondere hinsichtlich der Frage der Kosten für Spitex-Pflegeleistungen vgl. die Rechtsprechung des EVG in RKUV 2001 8ff.
[904] Art. 46 ff. KVV.

oder medizinischen Betreuung sowie der Rehabilitation von Langzeitpatienten und -patientinnen dienen (Pflegeheim)[905]. Die Zulassungsbedingungen für die Spitäler lassen sich grob gesehen in zwei Bereiche aufteilen: Zum einen werden qualitative und infrastrukturelle Anforderungen gestellt (ausreichende ärztliche Betreuung, erforderliches Fachpersonal, zweckentsprechende medizinische Einrichtungen und pharmazeutische Versorgung), zum anderen müssen sie der kantonalen Spitalplanung entsprechen und sich mit einem näher definierten Leistungsspektrum und einem in der Regel auf das Bettenangebot bezogenen Leistungsumfang auf der kantonalen Spitalliste befinden.

> Die kantonale Spitalplanung ist eine «rollende» Planung, sie fixiert keinen bestimmten Zustand und bewirkt in diesem Sinn auch (für sich allein) keinen Bestandesschutz. Die Planung soll periodisch überprüft werden, auch wenn das KVG keine bestimmten Fristen festlegt[906]. Die kantonale Spitalplanung, die in der kantonalen Spitalliste resultiert, soll sich am Bedarf orientieren.

Nach der bundesrätlichen Praxis folgt die Erstellung von kantonalen Spitallisten anhand folgender Kriterien: 482
- Die Prüfung der *Dienstleistungs- und Infrastrukturvoraussetzungen* erfolgt in erster Linie durch die Behörden des Standortkantons[907].
- Die *Planung* und die Umsetzung der Planung auf der Ebene der Spitalliste umfasst mehrere Stufen: (a) Ermittlung des Bedarfs und des Angebots an stationärer medizinischer Versorgung, (b) Evaluation der Angebote der in Frage kommenden Spitäler, (c) Zuweisung und Sicherung der benötigten Kapazitäten durch Leistungsaufträge an die Listenspitäler.
- Bei der *Evaluation der Angebote* der Leistungserbringer bedarf es einer Gesamtbetrachtung, welche das wirtschaftlich günstigste Angebot zu Tage fördern soll. Die Auswahl darf sich nicht allein nach Kriterien der Wirtschaftlichkeit richten, die auf blossen Zahlenvergleichen beruhen. Die Bereitschaft und Fähigkeit der Spitäler zur Tarifbindung und zur Aufnahme schwieriger Fälle muss ebenfalls berücksichtigt werden[908].
- Bei der Planung ist auf die *Kapazitäten* in den Allgemeinabteilungen abzustellen, wenn eine Aufteilung der Listen in eine für die Allgemein-

---

[905] Art. 39 Abs. 3 KVG.
[906] Dies ergibt sich insbesondere aus dem Verhältnismässigkeitsgebot.
[907] RKUV 1997 262.
[908] VPB 64.13; RKUV 1999 221 f.

abteilung und eine für die Zusatzversicherungsabteilungen vorgenommen wird (Liste A und Liste B). Ansonsten sind alle Abteilungen und alle Versicherungsklassen bei der Planung zu erfassen[909].
– Der Begriff der *allgemeinen Abteilung* wird funktional ausgelegt; nicht erforderlich ist der Aufenthalt in einer örtlich ausgeschiedenen Abteilung[910].
– Die kantonale *Kapazitätsplanung* kann verschiedenen Wegen folgen[911]. Bei der Ermittlung des Bettenbedarfs[912] ist auf folgende Determinanten abzustellen: Spitalhäufigkeit, Aufenthaltsdauer, Einwohnerzahl, Bettenbelegung, Patientenströme und weitere besondere Faktoren[913].
– Der Bedarf ist getrennt nach *medizinischen Kategorien* zu ermitteln[914].
– In der Spitalliste ist der Leistungsauftrag (medizinische Fachgebiete) und die zugewiesene Bettenzahl eines Spitals aufzuführen[915]. Die Bettenzuweisung muss nicht nach Fachdisziplinen erfolgen[916].
– Ob ein Spital den Anforderungen gemäss Art. 39 Abs. 1 lit. a–c KVG genügt, überprüft in erster Linie der *Standortkanton*. In der Regel genügt die Vorlage einer kantonalen Betriebsbewilligung[917].
– Den Kantonen ist es nicht verwehrt, den Bedarf an stationärer medizinischer Versorgung vorerst *innerkantonal* – mit öffentlichen oder privaten Leistungsanbietern – zu decken und ausserkantonale Leistungserbringer nur dann zu evaluieren und in die Spitalliste aufzunehmen, wenn dies für die Versorgung der Kantonsbevölkerung erforderlich ist[918].
– Kleine Kantone können eine *«offene» Liste* führen, in welcher sie auf die Zulassung ausserkantonaler Spitäler in ihrem jeweiligen Standort-

---

[909] RKUV 1998 539.
[910] Vgl. auch BGE 123 V 300.
[911] RKUV 1999 222.
[912] Die bundesrätliche Rechtsprechung stellt auf den Bettenbedarf ab, obschon insbesondere seitens der Gesundheitsökonomie dieses Planungsinstrument immer wieder in Frage gestellt wird.
[913] Gebilligt wurden vom Bundesrat für den Kanton Aargau und ähnlich für den Kanton Thurgau eine Bettendichte von 3,3 Betten/1000 Einwohnerinnen und Einwohner, durchschnittliche Aufenthaltsdauer von 9,0 Tagen und eine Auslastung von 85 bzw. 90% (mit oder ohne Notfallabteilung). Für die Psychiatrie werden Bettendichten von 1,0–1,2 Betten nicht beanstandet.
[914] RKUV 1996 229.
[915] Bei sehr umfangreichen Leistungsaufträgen genügt auch der Verweis auf andere Dokumente.
[916] Entscheid Bundesrat vom 5. Juli 2000 (Spitalliste Kt. Thurgau), E. 4.2.4.1. = RKUV 2001 Nr. 183.
[917] RKUV 1997 262.
[918] RKUV 1998 546.

kanton verweisen[919]. Mittelgrosse[920] und grosse Kantone haben bei innerkantonaler Nichtabdeckung einer Nachfrage das ausserkantonale Angebot zu evaluieren. Bei marginalen Versorgungslücken entfällt diese Pflicht[921].
- Die Kantone sind nicht verpflichtet, eine *interkantonale Planung* zu betreiben[922]. Will ein Kanton eine Klinik gestützt auf ihre Leistungen für ausserkantonale Patientinnen und Patienten in die Spitalliste aufnehmen, so muss er in Abstimmung mit anderen Kantonen eine Bedarfserhebung durchführen[923].
- Es können auch *neu gegründete Spitäler* in die Spitalliste aufgenommen werden, wenn für sie ein Bedarf besteht[924].
- Bei Spitälern, deren *Einzugsgebiet* sich über mehrere Kantone erstreckt, kann der Additionseffekt berücksichtigt werden. Dabei muss der Standortkanton auch die ausserkantonalen Patientinnen und Patienten einrechnen, da ansonsten die Gefahr besteht, dass innerkantonal weniger bedeutende, gesamtschweizerisch tätige Spitäler bei der Spitalplanung zu Unrecht berücksichtigt bleiben[925].
- Die Aufnahme in die *Spitalliste B* (Behandlung von zusatzversicherten Patientinnen und Patienten) zieht die Rechtsfolgen von Art. 35 und 39 Abs. 1 KVG nach sich[926]. Der massgebliche Tarif für den «Sockelbetrag» bemisst sich aufgrund eines Referenzspitals[927]. Auf die Spitalliste B müssen die ausserkantonalen Spitäler nicht aufgenommen werden,

---

[919] RKUV 1998 546.
[920] Als mittelgross eingestuft wurden die Kantone Thurgau und St. Gallen.
[921] Entscheid Bundesrat vom 5. Juli 2000 (Spitalliste Kt. Thurgau), E. 3.2.1.3 und 4 = RKUV 2001 Nr. 183. Marginal ist eine Lücke, die bei 3% liegt. Der Bundesrat legt jedoch keine bestimmte Grenze fest.
[922] RKUV 2001 Nr. 182; Entscheid Bundesrat vom 5. Juli 2000 (Spitalliste Kt. Thurgau), E. 4.2.1= RKUV 2001 Nr. 183. Dem ist zu entgegnen, dass sich m.E. eine Pflicht zur interkantonalen Planung direkt aus dem Verhältnismässigkeitsgebot ergeben kann, nämlich für all diejenigen Fälle, wo eine rein innerkantonale Planung zu falschen Ergebnissen führen kann. Art. 39 Abs. 1 lit. d KVG erwähnt ausdrücklich die interkantonale Planung; ein Auswahlermessen der Kantone, ob sie hierauf verzichten wollen, kann in bestimmten Fällen intensiver Patientenströme wegfallen.
[923] RKUV 2001 Nr. 182. Vgl. zu diesem Entscheid POLEDNA/NÜESCH, 638 ff.
[924] RKUV 1997 266.
[925] Entscheid Bundesrat vom 5. Juli 2000 (Spitalliste Kt. Thurgau), E. 3.1.1.5. = RKUV 2001 Nr. 183.
[926] RKUV 1999 218. Dies heisst, dass diese Spitäler (häufig, aber nicht ausschliesslich handelt es sich um nicht in die Liste A aufgenommene Privatspitäler) die Versorgung von Patienten und Patientinnen auf den Zusatzversicherungsabteilungen zulasten der sozialen Krankenversicherung fakturieren dürfen.
[927] BGE 125 V 103.F

dies mangels einer Planungspflicht der Kantone in diesem Bereich. Die Zulassung richtet sich nach dem Entscheid des Standortkantons.
- Die Position der (privaten) Spitäler ist bei einer *integralen Spitalliste*[928] stärker betroffen als dort, wo es um den Ausschluss von der Spitalliste A (nur Allgemeinabteilung) geht.
- Die kantonale Regierung muss sich auch mit der Bedarfsplanung für die *eigenen Spitäler* befassen; dies allein genügt nicht, um sie befangen erscheinen zu lassen.
- Der Kanton kann die Spitalliste nutzen, um einen – vom Bundesrat hinsichtlich der Wirksamkeit und Verhältnismässigkeit nicht sehr eingehend überprüften – *Abbau von Spitalbetten* zu betreiben[929].
- Die (privaten) Spitäler können sich bei der Gestaltung der Spitalliste nicht auf die *Wirtschaftsfreiheit* berufen, insbesondere auch nicht dann, wenn sie nach altem Recht zur Tätigkeit zulasten der obligatorischen Krankenpflegeversicherung befugt waren[930]. Eine staatliche gelenkte Planung lässt sich schwerlich mit der *Wettbewerbsneutralität* und dem Gebot der Gleichbehandlung der Gewerbegenossen vereinbaren[931].
- Die Spitalplanung fällt nicht unter den Anwendungsbereich des *Kartellgesetzes*[932].
- Der angemessene Einbezug von *privaten Trägerschaften* in die Spitalplanung gilt nicht für Spitäler, deren wirtschaftliche Existenz von Gemeinwesen garantiert wird.
- *Private ausserkantonale Trägerschaften* können sich auf Art. 39 Abs. 1 lit. d Satz 2 KVG nicht berufen, wenn der Kanton seinen Bedarf (zu Recht) innerkantonal abgedeckt hat[933].
- Der angemessene Beizug von *Privatspitälern* bedeutet, dass diese nach Massgabe ihrer Bedeutung für die kantonale Versorgung zu evaluieren sind (Beitrag von einem gewissen Gewicht an der Versorgung der Bevölkerung in der allgemeinen Abteilung, kein einseitiger Abbau von Überkapazitäten auf Seiten der privaten Trägerschaften, Vergleich mit

---

[928] Bei einer integralen Spitalliste kann das Spital auf allen Spitalabteilungen Leistungen zulasten der sozialen Krankenversicherung erbringen, RKUV 1999 Nr. 83.
[929] RKUV 1999 225.
[930] Entscheid Bundesrat vom 5. Juli 2000 (Spitalliste Kt. Thurgau), E. 7.1.3. = RKUV 2001 Nr. 183. Kritisch dazu PAUL RICHLI, Die Spitalliste – ein Planungsinstrument mit staats- und verwaltungsrechtlichen Geburtsgebrechen?, in: FS Martin Lendi, Zürich 1998, 412 ff.; TOMAS POLEDNA, Bedürfnis und Bedürfnisklauseln im Wirtschaftsverwaltungsrecht: Festgabe zum Schweizerischen Juristentag 1994, Zürich 1994, 516.
[931] Entscheid Bundesrat vom 5. Juli 2000 (Spitalliste Kt. Thurgau), E. 7.1.3. = RKUV 2001 Nr. 183.
[932] RKUV 1997 268.
[933] RKUV 1998 546.

dem Abbau von Kapazitäten an öffentlichen Spitälern, wobei kein absolutes Gleichmass verlangt wird, wirtschaftliche Auswirkungen der Nichtaufnahme unter dem Aspekt der Verhältnismässigkeit). Der Additions- oder Aufaddierungseffekt findet bei den ausserkantonalen Privatspitälern keine Anwendung, ausser die Kantone würden (freiwillig) eine interkantonale Planung betreiben.
– Führt der Kanton eine geteilte Spitalliste, so haben Spitäler mit einer kantonalen Betriebsbewilligung einen *Anspruch auf Aufnahme* in die Spitalliste B (Liste für Halbprivat- und Privatabteilungen der Spitäler). Eine solche Liste muss nicht nach Leistungsaufträgen gegliedert sein[934].

483 Es genügt, wenn sich ein Spital in der Spitalliste seines Standortkantons befindet, um eine gesamtschweizerische Zulassung zu bewirken[935]. Selbst wenn die Spitalliste im Sinne von Art. 39 Abs. 1 lit. e KVG nach Leistungsaufträgen zu gliedern ist, bewirkt die Aufnahme in die Spitalliste nicht, dass damit eine *kantonale Subventionierung* (und damit die Regelung von Art. 49 Abs. 1 KVG für öffentlich subventionierte Spitäler) zum Tragen kommt. Die Aufnahme in eine integrale Spitalliste führt zur Verpflichtung des Spitals, allgemein versicherte Patientinnen und Patienten aufzunehmen, selbst wenn das Spital keine solche Abteilung führt[936].

484 Unter den *teilstationären Einrichtungen* werden so genannte Tages- oder Nachtkliniken verstanden. Diese sind insbesondere im Bereich der teil- oder kurzstationären Chirurgie tätig. Teilstationäre Einrichtungen verfügen über eine spitalähnliche Infrastruktur, jedoch nicht über eine dem Spital vergleichbare Bettenabteilung. Abgrenzungen zur ambulanten, chirurgisch tätigen «Grosspraxis» sind schwierig zu treffen. Im Gegensatz zu den Spitälern bedarf eine teilstationäre Einrichtung keiner Berücksichtigung in der Spitalplanung und keiner Aufnahme in die Spitalliste. Gegenüber Spitälern grenzen sich teilstationäre Einrichtungen dadurch aus, dass sie einen einmaligen oder wiederholten Aufenthalt von weniger als 24 Stunden bieten[937].

485 Für *Pflegeheime* gelten die Vorschriften für die Spitäler sinngemäss. Pflegeheime bieten langfristige Unterkunft, Betreuung, Rehabilitation und Pflege an. Sie können auch in Altersheimen als organisatorisch weniger eigenständige Stationen integriert sein. Für Pflegeheime bestehen be-

---

[934] RKUV 1999 Nr. 84.
[935] BGE 125 V 448ff. = RKUV 1999 Nr. 92. Ob von der Krankenversicherung die gesamten Kosten eines ausserkantonalen Aufenthaltes zu übernehmen sind, beurteilt sich jedoch nach Art. 41 KVG.
[936] RKUV 1999 Nr. 83; 2001 Nr. 181 (Sonderfall einer nicht echten integralen Spitalliste).
[937] BBl 1992 I 167.

sondere kantonale Pflegeheimlisten. Im Gegensatz zum Aufenthalt auf der Allgemeinabteilung eines Spitals übernimmt die soziale Krankenversicherung bei Aufenthalten in Pflegeheimen die Kosten für Unterkunft und Verpflegung nicht[938]. In diesem Sinn zählen die dort erbrachten und in Art. 7 KLV erfassten Leistungen zu den ambulanten Leistungen[939].

9. Heilbäder

486 Die Zulassung als Heilbad bedingt die Anerkennung durch das EDI[940]. In Art. 57f. KVV sind die Voraussetzungen für die Zulassung eines Heilbades im Einzelnen aufgeführt.

10. Transport- und Rettungsunternehmen

487 Die Leistungen für Rettungen und Transporte gehören zu den versicherten Leistungen nach Art. 25 Abs. 2 lit. g KVG. Da die Unternehmungen in der Erstfassung des KVG nicht aufgeführt waren und die entsprechende Regelung in Art. 56 KVV umstritten war, wurde mit der ersten Teilrevision des KVG eine formelle gesetzliche Grundlage für die Kostenübernahme geschaffen[941].

11. Ausschlussverfahren

488 Nur für die Spitäler besteht ein besonderes Zulassungs- und Ausschlussverfahren in der Form der Spitalliste. Die übrigen Leistungserbringer gelten als automatisch zugelassen, sofern sie die im Gesetz und in der Verordnung bzw. die nach kantonalem Recht aufgestellten Anforderungen erfüllen. Will ein Versicherer einem Leistungserbringer aus wichtigen Gründen, insbesondere bei Verstössen gegen das Gebot der Wirtschaftlichkeit der Leistungen und Qualitätssicherungsvorschriften[942], die Tätigkeit nach dem KVG für seine Versicherten nicht oder nicht mehr ge-

---

[938] Übernommen wird die medizinische Betreuung, Hilfe beim Essen und Ankleiden (allgemeine Pflegemassnahmen); vgl. Art. 25 Abs. 2 lit. a und e sowie f KVG.
[939] RKUV 1999 Nr. 86 mit weiteren Ausführungen zur bei den Pflegeheimen geltenden Methode der Tarifbemessung. Vgl. auch BGE 125 V 297 ff.
[940] Art. 40 KVG.
[941] BBl 1998 838; Art. 35 Abs. 2 lit. m KVG.
[942] Art. 56 und 58 KVG.

statten, so hat er das Schiedsgericht nach Art. 59 KVG anzurufen[943]. Will ein Leistungserbringer seinerseits bereits vor Aufnahme seiner Tätigkeit Sicherheit über seinem Rechtsstatus erzielen, so muss ihm unseres Erachtens die Möglichkeit einer Feststellungsverfügung durch den Bundesrat zustehen[944].

§ 10 Tarife und Kostenübernahme

1. Überblick über die Tarifarten

490 Leistungserbringer erstellen ihre Rechnungen nach Tarifen oder Preisen. Preise (Festlegung des Umfangs der Vergütung) kommen bei Analysen, Mitteln und Gegenständen sowie Heilmitteln zur Anwendung[945]. Die wichtigste Grundlage für die Berechnung der Vergütung bildet der Tarif[946].

> Das Gesetz geht davon aus, dass der Tarif zwischen Leistungserbringern und Versicherern ausgehandelt und vereinbart wird; in Ausnahmefällen kommen behördliche Tarife zur Anwendung.

490 Im Einzelnen lassen sich folgende Tarifarten unterscheiden[947]:
- *Ordentliche behördliche Tarife.* Die ordentlichen behördlichen Tarife werden bei der Vergütung von Analysen, Heilmitteln, Mitteln und Gegenständen sowie den beim Praxislabor des Arztes erfolgenden Analysen gemäss bundesrätlicher Bezeichnung angewandt[948]. Die ordentlichen behördlichen Tarife schliessen vertragliche Vereinbarungen zwischen Leistungserbringern und Krankenversicherern aus.
- *Ausserordentliche behördliche Tarife.* Diesen kommt die Funktion von Ersatztarifen zu für den Fall, dass ausnahmsweise kein Tarifvertrag zustande kommt, gar kein Vertrag besteht oder eine Vertragserneuerung

---

[943] Art. 59 KVG.
[944] Nach Art. 96 KVG ist der Bundesrat zum Vollzug dieses Gesetzes beauftragt. Somit müsste er auch überall dort, wo keine besonderen Zuständigkeiten bestehen, tätig werden.
[945] Art. 43 Abs. 1 KVG, BBl 1992 I 172.
[946] Art. 43 Abs. 2 KVG.
[947] Vgl. dazu etwa RKUV 1997 Nr. 9.
[948] Art. 52 Abs. 1 lit. a Ziff. 1 und 2; Art. 52 Abs. 1 lit. b; Art. 52 Abs. 1 lit. a Ziff. 3 und Art. 52 Abs. 3 KVG.

scheitert[949]. Einen Sonderfall bildet der Rahmentarif bei der Genehmigung eines Tarifvertrages mit einem oder mehreren Ärzteverbänden. Dem Rahmentarif kommt die Funktion eines Ausfalltarifes zu[950]. Der Rahmentarif kann allerdings auch als Ersatztarif zur Anwendung kommen, vgl. Art. 48 Abs. 3 KVG.

- *Zeittarif.* Der Zeittarif beruht auf dem für die medizinische Behandlung und die Pflege benötigten Zeitaufwand[951]. Er wird vor allem im Pflegebereich angewandt[952]; weniger geeignet ist er bei hohem technischem Aufwand und beim Einsatz teurer Infrastruktur. Im Spitex-Bereich kann der Zeittarif auch nach oben begrenzt werden (Zeitbudget)[953].
- *Einzelleistungstarif.* Beim Einzelleistungstarif werden den einzelnen tarifierten Leistungen so genannte Taxpunkte zugeordnet. Der Taxpunktwert kann regional unterschiedlich festgelegt werden; eine nationale Festlegung ist nicht ausgeschlossen[954]. Der Taxpunktwert ist so festzulegen, dass Wirtschaftlichkeitskriterien Rechnung getragen wird; Überkapazitäten sind nicht zu entschädigen[955]. Aus der Multiplikation des Taxpunktes mit dem Taxpunktwert ergibt sich der Rechnungsbetrag. Das Gerippe des Einzelleistungstarifs bildet die so genannte Tarifstruktur[956]. In der Tarifstruktur kann auch ein zeitliches Element vorgesehen sein[957]. Der Einzelleistungstarif ist vor allem im ambulanten Bereich verbreitet.
- *Pauschaltarif.* Bei Pauschaltarifen werden nicht die medizinischen Leistungen einzeln abgerechnet, sondern es wird ein durchschnittlich angenommener Aufwand der Pauschalierung zugrunde gelegt. Der Aufwand kann sich beziehen auf den Versicherten (Versichertenpauschale), den Patienten (Patientenpauschale) oder den Eingriff (Fallpauschale). Die Pauschaltarife können mit Einzelleistungstarifen gekoppelt werden, was insbesondere bei den Spitälern anzutreffen ist. Nebst Einzelleistungsrechnungen für ärztliche Leistung wird die so genannte Tagespauschale fakturiert. Möglich ist auch eine Abteilungspauschale, welche ärztliche Leistungen wie auch die Pflege- und Hotel-

---

[949] MAURER, 85f.; Art. 47 KVG.
[950] Art. 48 Abs. 1 und 2 KVG; RKUV 1997 Nr. 5; 2001 Nr. 180.
[951] Art. 43 Abs. 2 lit. a KVG.
[952] So etwa bei Spitex-Leistungen, vgl. RKUV 1997 Nr. 9.
[953] RKUV 1997 Nr. 9; 1999 Nr. 64.
[954] RKUV 1999 Nr. 58.
[955] RKUV 2001 Nr. 179 zu MRT-Leistungen.
[956] Art. 43 Abs. 2 lit. b und Abs. 5 KVG; die Tarifstruktur enthält die einzelnen Leistungen und die zugeordneten Tarifpunkte. Die Taxpunktwertfestlegung ist nicht Teil der Tarifstrukturen. Vgl. dazu MAURER, 80, und RKUV 1998 Nr. 29, S. 196.
[957] RKUV 1999 Nr. 65.

lerieleistungen eines Spitals zu einer übergreifenden Pauschale zusammenzieht.
- *Örtlich begrenzte Tarife.* Die vereinbarten oder festgelegten Tarife beziehen sich häufig nur auf ein begrenztes Gebiet (Regionen oder Kantonsgebiet) oder erfassen nur die Leistungen eines bestimmten Leistungserbringers. Die Tarifstruktur für Einzelleistungstarife muss gesamtschweizerisch vereinbart werden, was bis zum Inkrafttreten von TarMed noch nicht umgesetzt werden konnte[958].
- *Selektive Tarife.* Nach Art. 43 Abs. 2 lit. d KVG kann zur Sicherung der Qualität die Vergütung bestimmter Leistungen ausnahmsweise von Bedingungen abhängig gemacht werden, welche über die Zulassungsvoraussetzungen nach den Art. 36–40 KVG hinausgehen. Insbesondere kann verlangt werden, dass eine bestimmte Infrastruktur und notwendige Aus-, Weiter- oder Fortbildung eines Leistungserbringers vorliegen. Diese Bestimmung bildet die Grundlage für die so genannten Dignitäten im TarMed-Tarifvertrag.
- *Vereinbarte Tarife.* Die gegenseitige Vereinbarung von Tarifen bildet im KVG die Regel. In wenigen Bereichen kommen behördliche Tarife zum Tragen bzw. dann, wenn Vertragsvereinbarungen scheitern.

2. Tarifgrundsätze

Mit der Regelung des Tarifwesens erstellt das KVG eine eigene, nicht marktwirtschaftlich orientierte Preisfestlegungsordnung. Nicht gewährleistet wird sodann ein ärztliches Mindesteinkommen; ein solcher Anspruch ergibt sich weder aus der Bundesverfassung noch aus dem KVG[959].

Da im Bereich der sozialen Krankenversicherung sowohl Leistungserbringer wie auch insbesondere die Krankenversicherer öffentliche Aufgaben wahrnehmen, sind sie in diesem Bereich an die Grundrechte gebunden. Hieraus ergibt sich, dass die verfassungs- und grundrechtlichen Grundsätze auch im Bereich der Tariffestlegung zu beachten sind, darunter das Verhältnismässigkeitsprinzip, das Gebot der allgemeinen Rechtsgleichheit[960] und der Grundsatz der Wettbewerbsneutralität. Art. 46 Abs. 3 KVG hat ausdrücklich verschiedene Grundsätze festgehalten, die sich bereits aus den vorstehenden Prinzipien ableiten lassen. 491

---
[958] Art. 43 Abs. 5 KVG.
[959] Vgl. RKUV 1997 Nr. 5.
[960] Dies führt jedoch nicht so weit, als dass die Tarife für verschiedene Leistungserbringen gleich hoch sein müssten, vgl. RKUV 1997 Nr. 41.

492 Nach Art. 46 Abs. 3 KVG dürfen weder in einem neuen Tarifvertrag noch in anderen Vereinbarungen Sondervertragsverbote zu Lasten von Verbandsmitgliedern, Verpflichtungen von Verbandsmitgliedern auf bestehende Verbandsverträge, Konkurrenzverbote zu Lasten von Verbandsmitgliedern und Exklusivitäts- und Meistbegünstigungsklauseln enthalten sein. Ziel dieser Regelung ist es, die Vertragsfreiheit und damit auch den Wettbewerb zu stärken[961].

> Die Tarife sind betriebswirtschaftlich zu bemessen; es ist auf eine sachgerechte Struktur der Tarife zu achten[962].

493 Ein automatischer Teuerungsausgleich – etwa bei den Taxpunktwerten – wird abgelehnt[963]. Jede Tarifposition muss u. a. betriebswirtschaftlichen Kriterien standhalten[964]. Die betriebswirtschaftliche Bemessungsart bedingt entsprechende analytische Berechnungsgrundlagen[965]. Ziel der Tarifvereinbarung ist die Gewährleistung einer qualitativ hoch stehenden und zweckmässigen Versorgung zu möglichst günstigen Kosten[966]. Diese beiden Grundsätze stehen in einem gewissen Konflikt, wobei aus der gesetzlichen Formulierung hervorgeht, dass die Kostengünstigkeit nicht ein Primat beanspruchen kann. Die Tarifgrundsätze gelten für alle Tarifarten, einschliesslich der behördlichen Tarife[967].

494 Bei der Überprüfung der Tarife hat die Genehmigungsbehörde zu kontrollieren, ob diese mit dem Gesetz im Allgemeinen (einschliesslich des Wirtschaftlichkeitsgebotes) und der Billigkeit im Einklang stehen. Dies gilt auch für die direkte behördliche Festsetzung von Tarifen im vertragslosen Zustand nach Art. 47 KVG[968]. Aus dem Billigkeitserfordernis wurden noch keine näher definierten Grundsätze abgeleitet.

495 Da bei den Tarifverträgen die Umsetzung der sozialen Krankenversicherung geregelt wird, gehören sie aufgrund des Funktionsprinzips zu den öffentlich-rechtlichen Verträgen[969].

---

[961] MAURER (Krankenversicherungsrecht), 84; diese Bestimmung wurde von der Kartellkommission vorgeschlagen und auf Antrag der Kommission des Nationalrates in den Gesetzestext aufgenommen.
[962] Art. 43 Abs. 4 KVG.
[963] RKUV 1997 Nr. 5.
[964] EUGSTER, Rz. 298.
[965] Dabei gilt die Vorschrift von Art. 49 Abs. 6 KVG nach der Praxis nicht nur für die Spitäler, sondern auch für die Spitex-Organisationen, RKUV 1998 Nr. 38.
[966] Art. 43 Abs. 6 KVG.
[967] EUGSTER, Rz. 300.
[968] RKUV 1998 Nr. 29.
[969] Gleicher Ansicht, doch mit anderer Begründung, MAURER, 83.

3. Tarifabschluss und Rechtsschutz

Das Tarifabschlussverfahren gliedert sich in *drei Teile*. Die ersten beiden Teile sind zwingend. Im ersten Verfahrensstadium wird der Tarifvertrag zwischen den Vertragsparteien ausgehandelt. Hieran schliesst sich die Genehmigung der – je nach Tarifart jeweils zuständigen – Tarifgenehmigungsbehörde an. Kommt es zu keiner Einigung oder ist eine der beiden Parteien mit dem Tarifgenehmigungsbeschluss nicht einverstanden, so kann unter Umständen ein Rechtsmittel ergriffen werden.

496

Tarifpartner sind einzelne oder mehrere Leistungserbringer oder deren Verbände einerseits sowie einzelne oder mehrere Versicherte oder deren Verbände andererseits[970]. Das KVG geht somit von der Möglichkeit der *Verbandsvereinbarungen* auf beiden Vertragsseiten aus, dies im Gegensatz zum Zusatzversicherungsbereich, wo nach Ansicht der Wettbewerbskommission Verbandsabreden kartellgesetzwidrig sind[971]. Für Mitglieder eines Verbandes ist der Tarifvertrag nur dann verbindlich, wenn diese dem Vertrag beigetreten sind. Somit genügt die alleinige Mitgliedschaft bei einem Verband, der Tarifvertragspartei ist, nicht für die Verbindlichkeit des Vertrages gegenüber einem Verbandsmitglied. Aussenseiter (Nichtmitglieder eines Verbandes), die im Vertragsgebiet tätig sind, können dem Vertrag beitreten[972]. Dabei müssen sie in Kauf nehmen, dass sie einen angemessenen Beitrag an die Kosten des Vertragsabschlusses und die Durchführung leisten müssen. Im Vertrag selbst muss die Art und Weise des Beitritts sowie der Rücktrittserklärung und die Bekanntgabe erfolgen.

497

Ein Tarifvertrag, der sich nur auf das Kantonsgebiet oder einen Teil des Kantonsgebietes beschränkt, unterliegt der *Genehmigung* durch die zuständige Kantonsregierung. Gilt der Tarifvertrag für die ganze Schweiz, so bedarf er der bundesrätlichen Genehmigung[973]. Die Genehmigung selbst hat konstitutive Wirkung[974]. Im Verfahren der Tarifgenehmigung – wie auch der Festlegung des Tarifes bei vertragslosem Zustand[975] – ist die *Preisüberwachung* anzuhören[976]. Die Anträge der Preisüberwachung sind Empfehlungen, denen jedoch praktisch die Stellung einer Expertise zukommt. Will die Behörde den Empfehlungen der Preisüberwachung nicht

498

---

[970] Art. 46 Abs. 1 KVG.
[971] Vgl. dazu Recht und Politik des Wettbewerbs, 2001, 645 ff.
[972] Art. 46 Abs. 2 KVG.
[973] Art. 46 Abs. 4 KVG.
[974] MAURER (Krankenversicherungsrecht), 85; EUGSTER, Rz. 308.
[975] RKUV 1997 Nr. 5.
[976] Art. 14 Abs. 1 PüG; RKUV 1997 350.

folgen, so hat sie die abweichende Haltung zu begründen[977]. Die Preisüberwachung hat bei ihren Empfehlungen u. a. die wirtschaftliche Tragbarkeit der Tarife zu prüfen[978]. In der Praxis kommt den Empfehlungen der Preisüberwachung sehr hohe Bedeutung zu; die Genehmigungsbehörde (bzw. der Bundesrat als Beschwerdeinstanz) weicht nur sehr selten von den Empfehlungen ab. Wird die Preisüberwachung im kantonalen Verfahren nicht konsultiert, so führt dies zur Aufhebung des kantonalen Tarifbeschlusses und zur Rückweisung des Entscheides an die kantonale Regierung[979]. Die Preisüberwachung ist auch dann zu konsultieren, wenn es darum geht, ob ein bestehender Preis weiter angewandt werden kann[980].

499 Bei Tarifverträgen zwischen Verbänden sind vor deren Abschluss *Organisationen anzuhören,* welche die Interessen der Versicherten auf kantonaler oder Bundesebene vertreten[981]. Dabei handelt es sich um Versicherten-, aber auch um Patienten- oder Konsumentenorganisationen. Erforderlich ist, dass die Organisationen die Interessen von Versicherten vertreten, was bei Auftreten von Interessenskollisionen nicht mehr der Fall ist.

500 Der zwischen den Vertragsparteien abgeschlossene Tarifvertrag bedarf der *Genehmigung* durch die zuständige *Kantonsregierung* oder bei gesamtschweizerischer Geltung durch den *Bundesrat*. Kommt zwischen den Tarifpartnern kein Tarifvertrag zustande, so setzt die Kantonsregierung nach Anhörung der Beteiligten den Tarif fest[982]. Die behördliche Tariffestsetzung ist subsidiär zum Vertragsschluss; vorausgesetzt wird auf jeden Fall, dass die beiden Parteien ernsthafte Bemühungen um einen Vertragsabschluss bekundet haben[983]. Die Kantonsregierung kann auch einen bestehenden Tarifvertrag um ein Jahr verlängern, falls Aussicht auf Erneuerung des Tarifvertrages besteht[984]; welchen Weg sie wählt, ist ihrem (weiten) Ermessen anheim gestellt[985]. Die Verlängerung wirkt nur für die bisherigen Vertragsparteien. Von der Vertragsverlängerung auszu-

---

[977] Art. 14 Abs. 2 PüG.
[978] RKUV 1997 351 und 392 ff.
[979] RKUV 1997 232 und 348.
[980] RKUV 1997 Nr. 5.
[981] Art. 43 Abs. 4 KVG.
[982] Art. 47 Abs. 1 KVG.
[983] RKUV 1997 Nr. 42. Wer nicht Gründe für den Nichtbeitritt und konstruktive sowie substantiierte Lösungen für einen neuen Tarif vorlegen kann, muss damit rechnen, dass die Anwendung des Tarifvertrages – trotz Nichtbeitritt – auch auf ihn ausgedehnt wird. Vgl. dazu RKUV 1999 Nr. 70; 2001 Nr. 178.
[984] Art. 47 Abs. 3 KVG.
[985] RKUV 1997 Nr. 8. Vgl. auch das anschauliche Beispiel in RKUV 2001 Nr. 184.

nehmen sind Punkte, die gar nicht tarifvertragsfähig sind[986]. Kommt innerhalb der Verlängerungsfrist kein neuer Vertrag zustande, so setzt die Kantonsregierung nach Anhörung der Beteiligten den Tarif fest.

Die *bundesrätliche Kompetenz* zur Festsetzung von Tarifverträgen bei Nichtzustandekommen eines Tarifvertrages ist beschränkt. Der Bundesrat kann Rahmentarife nach Art. 48 KVG festsetzen; er kann auch für den ambulanten Bereich (Einzelleistungstarife) eine einheitliche Tarifstruktur bei Nichteinigung der Tarifpartner festlegen[987]. Dagegen ist es dem Bundesrat verwehrt, bei Nichtzustandekommen eines Tarifvertrages einen behördlichen, gesamtschweizerisch geltenden Tarif festzusetzen[988]. Art. 48 KVG als lex specialis schliesst die Anwendung von Art. 47 KVG nicht aus[989]. 501

Entscheide der kantonalen Regierungen über die Genehmigung von Tarifen, Ersatz- und Rahmentarifen, können mit *Verwaltungsbeschwerde* beim Bundesrat angefochten werden[990]. Bundesrätliche Tarifbeschlüsse des Bundesrates sind nicht weiterziehbar; gerichtlicher Schutz im Zusammenhang mit den Tarifgenehmigungen und -festsetzungen ist ebenfalls nicht vorgesehen. Allerdings kann der Richter bei einzelnen Leistungsstreitigkeiten die Anwendung eines Tarifs auf ihre Rechtmässigkeit überprüfen[991]. 502

4. Geltung des Tarifvertrages

Der Tarifvertrag gilt einzig für die Vertragsparteien bzw. für die dem Vertrag beigetretenen Mitglieder eines den Tarifvertrag abschliessenden Verbandes[992]. Fehlt für einen bestimmten Leistungserbringer ein Tarifvertrag, so ist ein Referenztarif anzuwenden[993]. Besteht für die ambulante Behandlung der versicherten Person ausserhalb ihres Wohn- oder Arbeitsortes oder deren Umgebung oder für die stationäre oder teilstationäre Behandlung der versicherten Person ausserhalb ihres Wohnkan- 503

---

[986] RKUV 2001 Nr. 177. In diesem Fall ging es um die Vergütung von Laborleistungen.
[987] Art. 43 Abs. 5 KVG.
[988] Dieses Vorgehen erwog der Bundesrat im Zusammenhang mit der Einführung des TarMed.
[989] RKUV 1997 Nr. 5.
[990] Art. 53 Abs. 1 KVG.
[991] Der Kantonsregierung steht bei der Tariffestsetzung allerdings ein weiter Ermessensspielraum zu, in den das Gericht nur mit grosser Zurückhaltung eingreift, BGE 126 V 344 ff.
[992] Art. 46 Abs. 1 und 2 KVG.
[993] BGE 123 V 304 für den Fall, dass ein Spital keine Allgemeinabteilung führt. Das selbe muss u.E. gelten, wenn ein Tarifvertrag aus anderen Gründen fehlt.

tons kein Tarifvertrag, so setzt die Regierung des Kantons, in dem die ständige Einrichtung des Leistungserbringers liegt, den Tarif fest. Dies ist dann der Fall, wenn in einem Vertrag die Klausel zu finden ist, dass der Vertrag nur für Behandlungen von Kantonseinwohnern oder für Einwohner in einer bestimmten Region gilt.

504 Ein Tarifvertrag kann auf mindestens sechs Monate gekündigt werden; innerhalb der selben Frist können die dem Tarifvertrag angeschlossenen Mitglieder vom Vertrag zurücktreten[994]. Der Tarifvertrag kann mehrere Kündigungs- und Rücktrittsfristen vorsehen. In der Regel werden die Tarifverträge jeweils (verlängerbar) auf ein Jahr abgeschlossen, wobei dann sechsmonatige Kündigungsfristen auf Ende des Jahres vorgesehen sind.

5. Besondere Tarife

a) Ambulanter Bereich

505 Im ambulanten Bereich werden zumeist *Einzelleistungstarife* vereinbart, auch wenn andere Tarifarten nicht ausgeschlossen sind. Für die Berechnung des Taxpunktwertes im Einzeltarifsystem kann auf ein Referenzeinkommen abgestellt werden, sofern genügend und qualitative Rückschlüsse zulassende statistische Unterlagen zu den Einkommensverhältnissen vorhanden sind[995]. Dabei kann unter Umständen auf den Lohn von Spitalangestellten zurückgegriffen werden[996].

506 Bis zum Erlass einer neuen Tarifstruktur (TarMed) gilt vorderhand der Spitalleistungskatalog[997].

507 Der Bundesrat folgert für Tarifrevisionen, dass diese dem – im KVG nirgends explizit festgehaltenen – Grundsatz der Kostenneutralität folgen müssen. Eine neue Tarifstruktur, die in etwa die selben Leistungen wie die alte aufweist, darf grundsätzlich zu keinen Kostensteigerungen führen[998]. Kann das allein mit der neuen Tarifstruktur nicht erreicht werden, so

---

[994] Art. 46 Abs. 5 KVG.
[995] Vgl. RKUV 1998 Nr. 29 zu den freiberuflich tätigen Hebammen.
[996] Fraglich ist, ob dieser Grundsatz für alle Kategorien von Leistungserbringern – insbesondere auch für die Ärzte – taugt. Auf jeden Fall müsste beim Beizug der Löhne der Spitalärzte auch untersucht werden, welcher Anteil auf die reine ärztliche Tätigkeit und welcher Teil auf die Administration, Weiterbildung und privatärztliche Tätigkeit fällt. Vgl. auch RKUV 1999 Nr. 65, wo zu Recht ausgeführt wird, dass die Kosten bei öffentlichen und privaten Leistungserbringern unterschiedlich sind und nicht verglichen werden können. Sie können auf beiden Seiten höher oder tiefer liegen. Demnach sollten die Kosten für jede Organisationsform individuell untersucht werden.
[997] RKUV 1999 Nr. 65, S. 77 f.
[998] RKUV 2001 Nr. 185.

bleibt ein Spielraum für die Korrektur bei der Festsetzung der Taxpunktwerte. Die regionale Festlegung der Taxpunktwerte soll auf der Grundlage der kantonalen Lohn- und Mietindizes erfolgen[999].

b)   Spitaltarife

> Für stationäre Behandlungen gilt der Vorrang der Pauschaltarife[1000]. Besondere diagnostische sowie therapeutische Leistungen dürfen bei Vereinbarung in Rechnung gestellt werden[1001].

Als Pauschalen kommen Tagespauschalen, Fallpauschalen wie auch Versichertenpauschalen zur Anwendung. Für ambulante Behandlungen und teilstationäre Aufenthalte in Spitälern dürfen die Vertragspartner abweichende Regelungen treffen[1002]; sie dürfen hier insbesondere nach Einzelleistungstarifen abrechnen.

Bei der Kostentragung durch die soziale Krankenversicherung ist zwischen *öffentlichen* und *öffentlich subventionierten Spitälern* sowie den *«echten» Privatspitälern* zu unterscheiden. Bei der Gruppe der öffentlichen oder öffentlich subventionierten Spitäler[1003] haben die Krankenversicherer für Kantonseinwohner höchstens 50% der anrechenbaren Kosten je Patient oder Versichertengruppe in der Allgemeinabteilung zu übernehmen[1004]. Bei den «echten», d.h. keine Beiträge der öffentlichen Hand an die Betriebskosten[1005] erhaltenden Spitälern, haben die Krankenversicherer die gesamten anrechenbaren Kosten zu übernehmen[1006]. Nachdem längere Zeit grosse Unsicherheit darüber bestand, welche Kosten anrechenbar sind und wie die genaue Ermittlung vor sich geht, hat

---

[999] RKUV 2001 Nr. 185. In diesem Entscheid finden sich weitere Details zur genauen Ermittlung des Taxpunktwertes.
[1000] Art. 49 Abs. 1 KVG.
[1001] Art. 49 Abs. 2 KVG.
[1002] Art. 49 Abs. 5 KVG.
[1003] Wann eine Subventionierung vorliegt, kann umstritten sein. Auf jeden Fall sollte die Regelung von Art. 49 KVG für sich allein den Kantonen keinen Anlass bieten, sich den Verpflichtungen in der öffentlichen Gesundheitsversorgung zu entziehen. Unter Umständen kann eine aus rein tariflichen Gründen erfolgte Privatisierung eines bislang öffentlichen Spitals im Lichte von Art. 49 Abs. 1 KVG unbeachtlich sein. Vgl. dazu RKUV 1998 Nr. 32, insb. S. 275.
[1004] Art. 49 Abs. 1 KVG.
[1005] Zuschüsse an die Investitionskosten führen nicht zu einer Subventionierung im Sinn von Art. 49 Abs. 1 KVG. Vgl. dazu RKUV 1997 Nr. 5. Unbeachtlich für die Frage der Subventionierung ist die Aufnahme in die Spitalliste.
[1006] RKUV 1997 Nr. 5.

sich in der Zwischenzeit aufgrund der Praxis der Preisüberwachung und der Rechtsprechung des Bundesrates zu Tarifbeschwerden ein über weite Bereiche standardisiertes Berechnungsverfahren herausgebildet[1007].

510 Für *Spitäler*[1008] gilt folgende Regelung:
- Bis der Bundesrat Regelungen zur Kostenstellenrechnung und Leistungsstatistik erlassen hat, wird anhand der Qualität der Finanzzahlen eines Spitals ein *Intransparenzabzug* vorgenommen, der in aller Regel zwischen 2 und 6 % liegt; bei Privatspitälern wird dieser Abzug verdoppelt. Damit soll vermieden werden, dass über die Kostendeckung hinausgehende Zahlungen erfolgen.
- *Nicht anrechenbar* sind Betriebskostenanteile aus Überkapazität[1009], Investitionskosten sowie Kosten für Lehre und Forschung[1010].
- Im Unterschied zu den öffentlichen oder öffentlich subventionierten Spitälern sind bei den nicht subventionierten Privatspitälern die *Betriebskostenanteile aus Investitionen* anrechenbar. Zudem haben hier die Krankenversicherer die gesamten (und nicht eine Deckungsquote von 50 %) anrechenbaren Kosten zu übernehmen[1011].
- Eine in der *privaten oder halbprivaten Abteilung* eines öffentlichen Spitals (inner- wie auch ausserkantonal) hospitalisierte Person hat Anspruch gegenüber dem Kanton auf den Anteil der in der allgemeinen Abteilung dieses Spitals (bzw. nach den Regeln von Art. 41 Abs. 2 und 3 KVG) zulasten des Kantons gehenden anrechenbaren Kosten[1012].
- Bei Aufenthalten in der Halbprivat- oder Privatabteilung eines Spitals ist für die Ermittlung des Sockelbetrags zulasten der obligatorischen Krankenpflegeversicherung ein *Referenztarif* anzuwenden. Es ist nicht ausgeschlossen, dass für ein Privatspital auf den Tarif einer Allgemeinabteilung eines anderen inner- oder ausserkantonalen Privatspitals Bezug genommen wird[1013].

[1007] Vgl. dazu WERNER MARTI, Die Tarifprüfmethoden der Preisüberwachung am Beispiel der Spitaltarife, in: Tarife und KVG (Arbeitstitel), Publikation Nr. 4 des forum gesundheitsrecht, hrsg. von PAUL RICHLI, Zürich 2002 (im Erscheinen); RKUV 1997 Nr. 5 und 16.
[1008] Die Rechtsprechung hat bei den Pflegeheimen ähnliche Grundsätze entwickelt, vgl. RKUV 1998 Nrn. 27 und 28. Hier ist zusätzlich Art. 9a KLV zu beachten.
[1009] Als Normgrössen gelten Belegungen von 85 % für Akutspitäler mit Notfallstation und 90 % für Spitäler ohne Notfallstation.
[1010] Entgegen dem klaren Wortlaut wird unter den Kosten für Lehre und Forschung auch die nichtuniversitäre interne Weiterbildung verstanden, dies selbst an Kleinstspitälern.
[1011] RKUV 1999 Nr. 83 und 1997 Nr. 8.
[1012] BGE 127 V 422 = RKUV 2002 Nr. 197; BGE 123 V 290 = RKUV 1998 Nr. 20.
[1013] RKUV 2001 Nr. 181.

Insgesamt am umstrittensten ist der in der Praxis vorgenommene «Intransparenzabzug». Aus Art. 49 Abs. 6 KVG ergibt sich, dass die Spitäler ihre Kosten ermitteln und ihre Leistungen nach einer einheitlichen Methode erfassen. Sie führen dazu (nach dem deutschen Text dieser Bestimmung) eine Kostenstellenrechnung und eine Leistungsstatistik. Die entsprechende Ausführungsgesetzgebung zu diesem Punkt, insbesondere zur Frage, welche Beschaffenheit die umfassende Kostenrechnung (Kostenstellen, Kostenträger und Kostenarten) aufweisen müsse, steht bislang noch immer aus[1014]. 511

Die Regelung von Art. 49 KVG zur Kostentragung bei Spitälern ist in mehrfacher Hinsicht problematisch. Zum einen hat sie erhebliche Rechtsunsicherheiten entstehen lassen bezüglich der Behandlung von nicht subventionierten Privatspitälern (Frage der anrechenbaren Investitionskosten, Frage der Verpflichtung des Kantons, an Privatspitäler mit Leistungsauftrag Subventionen auszurichten). Zum anderen führte sie zu einem Anreiz der Krankenversicherer, die Privatspitäler aufgrund der vollumfänglichen Kostentragung und der erhöhten anrechenbaren Kosten (inklusive Investitionsanteile) tendenziell bei den Tarifverhandlungen zu benachteiligen. Sodann blieb lange Zeit die Frage offen, ob die Krankenversicherer Anteile bei Behandlungen an öffentlichen oder öffentlich subventionierten Spitälern zu übernehmen haben. Der Gesetzgeber ist zurzeit daran, diese Punkte im Rahmen einer Revision der Spitalfinanzierung zu bereinigen, soweit nicht bereits die Gerichtspraxis Klärung gebracht hat. 512

6. Kostentragung

Nach Art. 41 Abs. 1 KVG dürfen die Versicherten unter den zugelassenen Leistungserbringern, die für die Behandlung ihrer Krankheit geeignet sind, frei wählen. Die freie Wahl des Leistungserbringers bedeu-

---

[1014] Es liegt ein undatierter, für das Vernehmlassungsverfahren vorgesehener Entwurf einer Verordnung über die Kostenermittlung und die Leistungserfassung durch Spitäler und Pflegeheime in der Krankenversicherung (VKL) vom Herbst 2001 vor. Die Einführung dieser Verordnung wird unter anderem davon abhängig zu machen sein, welches Schicksal die Spitalfinanzierung im Rahmen der laufenden zweiten Teilrevision des KVG nehmen wird.
Nach dem Verordnungsentwurf sollen die Spitäler eine Kostenrechnung führen, welche die Kosten sowohl hinsichtlich Leistungsort (Kostenstelle) wie auch Leistungsbezug (Kostenträger) ermittelt. Über die genaue Methodik und allfällige Modelle für die Kostenrechnung – für die praktische Umsetzung unentbehrliche Punkte – herrscht jedoch noch Unklarheit.

Kapitel 6 – Soziale Krankenversicherung

tet nicht, dass der Krankenversicherer hierfür auch die vollen Kosten übernehmen muss. Ein solcher Anspruch ergibt sich auch nicht aus der persönlichen Freiheit der versicherten Person[1015]. Den betreffenden Leistungserbringer trifft die Pflicht, die versicherte Person über die Nichttragung der Kosten durch die Versicherer aufzuklären; gleiches gilt, wenn Zweifel an der Kostentragung bestehen oder bestehen müssten[1016].

513 Art. 41 KVG sieht eine differenzierte, recht komplizierte Regelung vor. Folgende Grundzüge lassen sich feststellen:
– Unterscheidung zwischen *ambulanten und stationären Leistungserbringern*. Bei den ambulanten Leistungserbringern wird auf den Wohn- oder Arbeitsort[1017] der versicherten Person oder deren Umgebung abgestellt. Bei stationären oder teilstationären Leistungserbringern ist der Tarif des Wohnkantons massgeblich.
– Grundsatz der vollen Kostenübernahme bei Behandlung im *Wohnkanton* oder am *Wohn- oder Arbeitsort* oder in deren *Umgebung;* die «Umgebung» umfasst nicht bloss das Kantonsgebiet, in welchem der Wohn- oder Arbeitsort der versicherten Person liegt[1018]. Eine Ausnahme gilt nur dann, wenn medizinische Gründe vorliegen, einen anderen Leistungserbringer aufzusuchen. *Medizinische Gründe* liegen beim Notfall vor oder wenn die am Wohn- oder Arbeitsort der versicherten Personen oder in deren Umgebung angebotenen ambulanten Leistungen nicht genügen oder wenn eine stationäre oder teilstationäre Einrichtung diese Leistung im Wohnkanton nicht aufführt bzw. sie auch nicht von einem ausserkantonalen Spital, welches auf der Spitalliste des Wohnkantons aufgeführt ist, angeboten werden[1019]. Die Aufzählung der medizinischen Gründe in Art. 41 Abs. 2 KVG ist abschliessend; eine Erweiterung auf andere – plausible – medizinische Gründe ist nicht zulässig[1020].
– Bei *stationärer oder teilstationärer Behandlung* muss der Versicherer die Kosten nach dem Tarif übernehmen, der im Wohnkanton der versicherten Person gilt. Liegen keine medizinischen Gründe (Notfall oder

---

[1015] BGE 127 V 149; 126 I 114f.
[1016] BGE 127 V 50.
[1017] Der Wohnort ist der Aufenthaltsort und nicht der Wohnsitz, RKUV 2001 Nr. 154 = BGE 126 V 484.
[1018] BGE 126 V 17ff. mit weiteren Ausführungen zur Definition der Umgebung.
[1019] Art. 41 Abs. 2 KVG.
[1020] RKUV 2001 Nr. 154 = BGE 126 V 484ff..

Nichtanbieten der erforderlichen Leistungen im Wohnkanton[1021]) im Sinne von Art. 41 Abs. 2 KVG vor, so muss die versicherte Person die Differenz zu einer allfälligen höheren Rechnung des ausserkantonalen Spitals selbst übernehmen. Daran ändert auch der Umstand nichts, dass das ausserkantonale Spital ausdrücklich auf der Spitalliste des Wohnsitzkantons der versicherten Person als Leistungserbringer erwähnt ist[1022]. Das ausserkantonale Spital ist dabei weder an die Vorschrift betreffend die Pauschaltarifierung nach Art. 49 Abs. 1 KVG noch an weitere Tarifregeln gebunden[1023]. Beansprucht die versicherte Person dagegen aus medizinischen Gründen die Dienste eines öffentlichen oder öffentlich subventionierten ausserkantonalen Spitals, so übernimmt der Wohnkanton die Differenz zwischen den in Rechnung gestellten Kosten und den Tarifen des betreffenden Spitals für Einwohner und Einwohnerinnen des Kantons[1024]. Unter den Begriff der Dienste fallen alle am Spital erbrachten Leistungen (stationär, teilstationär und ambulant)[1025]. Die Ausgleichspflicht besteht auch bei Aufenthalt in der Halbprivat- oder Privatabteilung an einem kantonalen oder ausserkantonalen öffentlichen oder öffentlich subventionierten Spital[1026]. Grundlage für die Bemessung der Differenzzahlung des Wohnkantons bilden die Tarife für die allgemeine Abteilung für ausserkantonale Patienten und für die Einwohner des Kantons, in dem das Spital liegt.

- Bei Aufenthalt in einem *ausserkantonalen,* nicht öffentlich subventionierten *Privatspital* haben die Kantone keinen Differenzbetrag zu übernehmen[1027].

Hinsichtlich der *Rechnungsstellung* ist zu beachten, dass die Leistungserbringer keine über die vertraglichen oder behördlichen Tarife hinausgehenden Vergütungen in Rechnung stellen dürfen[1028]. Diese Vorschrift ist zwingend und kann auch nicht durch eine Vereinbarung zwischen dem

---

[1021] Wann kein genügendes medizinisches Angebot im Wohnkanton vorliegt, wird in BGE 127 V 138 ff. eingehend dargelegt. Bei zwei alternativen Operationsmethoden ist auf die Zweckmässigkeit, also die Relation von Nutzen und Risiken abzustellen. Wird in einem Kanton die vorteilhaftere Methode nicht angeboten, so liegt ein medizinischer Grund im Sinne von Art. 41 Abs. 2 lit. b KVG vor. Bei gleichwertigen Methoden ist grundsätzlich auf die kostengünstigere abzustellen.
[1022] BGE 127 V 398 = RKUV 2002 Nr. 198, S. 43 = BGE 125 V 448 ff.
[1023] EUGSTER, Rz. 317.
[1024] Art. 41 Abs. 3 KVG.
[1025] BGE 127 V 409 = RKUV 2002 Nr. 198.
[1026] BGE 127 V 422 = RKUV 2002 Nr. 197; BGE 123 V 290 = RKUV 1998 Nr. 20.
[1027] BGE 123 V 310; RKUV 1998 Nr. 21.
[1028] Art. 44 Abs. 1 KVG.

Leistungserbringer und dem Patienten ausser Kraft gesetzt werden[1029]. Zulässig sind dagegen Vereinbarungen im Privatpatientenverhältnis, welches aufgrund der umfassenden Leistungsabdeckung der sozialen Krankenversicherung im ambulanten und teilstationären Bereich nur noch für den stationären Bereich von praktischer Bedeutung ist[1030]. Der *Tarifschutz* hat auch keine Wirkung gegenüber den sich im Ausstand befindlichen oder den gar nicht zugelassenen Leistungserbringern. Ob der Tarifschutz auch bezüglich der im stationären Bereich auf den Halbprivat- und Privatabteilungen erbrachten Leistungen greift bzw. indirekt Wirkungen entfaltet, ist zurzeit umstritten[1031]. Selbst wenn man mit den Krankenversicherern der Ansicht ist, dass gewisse Leistungen bereits durch die soziale Krankenversicherung abgedeckt sind und nicht nochmals bei der Behandlung auf der Halbprivat- und Privatabteilung in Rechnung gestellt werden dürfen, so heisst es nicht, dass nicht bestimmte Leistungen für Halbprivat- und Privatpatienten nach anderen Gesichtspunkten in Rechnung gestellt werden dürften. Insbesondere können hier Leistungen in Rechnung gestellt werden, die zwar einen marktwirtschaftlichen Wert aufweisen, selbst wenn dieser nach sozialversicherungsrechtlichen Gesichtspunkten irrelevant ist. Zu denken ist insbesondere an die immateriellen Werte wie Sicherheit bezüglich des jederzeitigen Zugangs zu einem Leistungserbringer, erweiterte Auswahl von Leistungserbringern, Prestige, erhöhter Komfort, jedoch auch materielle Werte wie erweiterte Dienstleistungen usw.

515 Im Rahmen der Kostenübernahme sind auch Leistungen zu übernehmen, welche zwar über das notwendige Ausmass hinausgehen, jedoch eine kostengünstigere Pflichtleistung ersetzen. Die Kostenübernahme erfolgt im Rahmen der kostengünstigeren Leistung, aufgrund des Grundsatzes der *Austauschbefugnis*[1032]. Die Austauschbefugnis gilt nur im Bereich von Pflichtleistungen; nicht zulässig wäre es, Nichtpflichtleistungen mit Pflichtleistungen auszutauschen[1033].

516 Das Gesetz sieht für die Rechnungsstellung das System des *Tiers garant* vor. Danach schuldet der Versicherte dem Leistungserbringer die Vergü-

---

[1029] EUGSTER, Rz. 321.
[1030] BGE 126 III 345 ff.
[1031] Vgl. CONTI, Zusatzhonorar, 1150 ff., der sich für die Nichtanwendbarkeit des Tarifschutzes nach Art. 44 KVG im Zusatzversicherungsbereich ausspricht.
In Rechnung gestellt werden dürfen in einem Leistungen, die durch die soziale Krankenversicherung nicht abgedeckt werden, wie Nutzung einer besseren Infrastruktur (Zimmer, Kommunikationsmittel, teurere Apparaturen), nicht kassenpflichtige Medikamente, zusätzliche Pflege oder eine bevorzugte Behandlung bei den administrativen Abläufen.
[1032] Vgl. dazu im Einzelnen EUGSTER, N 218.
[1033] RKUV 2000 Nr. 133.

tung der Leistung; die Versicherten haben in diesem Fall gegenüber dem Versicherer einen Anspruch auf Rückerstattung[1034]. Zulässig ist es, die Forderung des Versicherten auf Leistungsvergütung an den Leistungserbringer abzutreten, selbst wenn dies gegen den Willen des Versicherers erfolgt[1035]. Vertraglich kann vereinbart werden, dass der Versicherer die Vergütung schuldet (System des *Tiers payant*)[1036]; in diesem Fall kann sich der Leistungserbringer direkt an den Versicherer halten, ansonsten entsteht nur zum Versicherten eine unmittelbare Rechtsbeziehung[1037]. Die Rechnungsstellung muss detailliert und verständlich sein. Sie muss alle Angaben enthalten, die benötigt werden, um die Berechnung der Vergütung und der Wirtschaftlichkeit überprüfen zu können. Art. 59 KVV legt fest, dass das Kalendarium der Behandlungen, erbrachte Leistungen und Detaillierungsgrad, den der massgebliche Tarif vorsieht, und allenfalls im Tarifvertrag näher aufgeführte Diagnosen bekannt zu geben sind. In begründeten Fällen kann der Leistungserbringer medizinische Angaben dem Vertrauensarzt oder der Vertrauensärztin des Versicherten bekannt geben[1038]. Er muss dies in jedem Fall immer dann tun, wenn es die versicherte Person verlangt. Im Einzelfall kann es umstritten sein, welche Angaben in welchem Detaillierungsgrad zur Überprüfung der Rechnungsstellung notwendig sind und wann der Vertrauensarzt einzuschalten ist. In der Praxis ist zu beobachten, dass ein beträchtlicher Teil der Fälle, die an den Vertrauensarzt weitergeleitet werden, nicht von diesem, sondern im ordentlichen Verwaltungsapparat des Krankenversicherers behandelt werden[1039].

Dem Krankenversicherer ist es gestattet, seine *Zahlungszusicherung* auf 30 Tage zu beschränken, wenn dies der Sicherung der Kontrolle der Wirtschaftlichkeit, Zweckmässigkeit und Wirksamkeit der Behandlung dient[1040]. 517

Das KVG regelt die *Rückerstattung* unrechtmässig ausgerichteter Leistungen nicht; analog anwendbar erklärt wurde deshalb die Regelung von Art. 47 AHVG[1041]. 518

[1034] Art. 42 Abs. 1 KVG.
[1035] BGE 127 V 439.
[1036] Art. 42 Abs. 2 KVG.
[1037] RKUV 2000 Nr. 103.
[1038] Art. 42 Abs. 5 KVG.
[1039] Vgl. dazu den Beitrag von BEAT SEILER, in: HÜRLIMANN/JACOBS/POLEDNA, 168 ff.
[1040] BGE 127 V 50.
[1041] BGE 126 V 23 ff.

283

7. Ausstand

519   Nach Art. 44 Abs. 2 KVG kann ein Leistungserbringer es ablehnen, Leistungen nach dem KVG zu erbringen. In diesem Fall spricht man vom Ausstand. Er muss dies der Kantonsregierung entsprechend bezeichnen. Diese Regelung trifft selbstverständlich nur diejenigen Personen, welche bereits als Leistungserbringer nach KVG zugelassen sind. Medizinalpersonen, welche die Zulassungsvoraussetzungen nach dem KVG nicht erfüllen, jedoch über eine kantonale Praxisbewilligung verfügen, müssen demnach den Ausstand nicht erklären. Gleich verhält es sich mit nicht in die Spitalliste aufgenommenen Spitälern oder einzelnen Spitalabteilungen[1042]. Die betreffende Medizinalperson hat dann zwar keinen Anspruch auf Vergütungen nach dem KVG, sondern steht in einem privatrechtlichen Verhältnis zu den von ihr behandelten Personen. Sie muss jedoch darauf hinweisen, dass sie nicht im Rahmen des KVG tätig wird.

520   Der Ausstand ist vor allem für hoch spezialisierte Leistungserbringer von Interesse. Der Ausstand ist für jeden Leistungserbringer gesondert zu betrachten. So kann etwa ein ambulant tätiger Arzt in den Ausstand treten, jedoch für seine teilzeitliche Belegarzttätigkeit an einem Spital im Rahmen der Spitalorganisation als Leistungserbringer tätig werden.

§ 11 Kostenentwicklung und Wirtschaftlichkeitskontrolle

1. Ausserordentliche Massnahmen zur Eindämmung der Kostenentwicklung

521   Dem Bund und den Kantonen stehen verschiedene Instrumente zur Verfügung, um die Kostenentwicklung und das finanzielle Gebaren der Leistungserbringer zu kontrollieren. Diese Mittel wurden allerdings bislang noch nicht breit eingesetzt. Es handelt sich zum einen um die Möglichkeit, für Spitäler und Pflegeheime ein Globalbudget einzusetzen. Dieses Recht steht den Kantonen zu, die einen Gesamtbetrag für die Finanzierung der Spitäler oder Pflegeheime festsetzen können[1043]. Zum an-

---

[1042] Nach Art. 39 Abs. 1 KVG können nicht nur Spitäler, sondern auch deren Abteilungen in die Spitalliste aufgenommen werden. Entsprechend kann nach der hier vertretenen Auffassung auch eine einzelne Spitalabteilung den Ausstand erklären.
[1043] Art. 51 KVG.

deren steht den Versicherern ebenfalls das Antragsrecht auf Ansetzung eines Globalbudgets zu[1044]. Liegt die Kostenentwicklung im Bereich der ambulanten und stationären Behandlung doppelt so hoch wie die allgemeine Preis- und Lohnentwicklung, so kann die zuständige Tarifgenehmigungsbehörde verordnen, dass die Tarife oder die Preise für sämtliche oder bestimmte Leistungen nicht erhöht werden dürfen, solange der relative Unterschied in der jährlichen Zuwachsrate mehr als 50 % im Vergleich zur allgemeinen Preis- und Lohnentwicklung beträgt[1045].

Letztlich steht dem Bundesrat das Recht zu, für bis zu drei Jahren die Zulassung von Leistungserbringern zur Tätigkeit zulasten der obligatorischen Krankenpflegeversicherung von einem Bedürfnis abhängig zu machen. Das KVG selbst überlässt es dem Bundesrat, – unter Strapazierung des Legalitätsgrundsatzes – die entsprechenden Zulassungskriterien festzulegen[1046]. Auf den 4. Juli 2002 trat die Verordnung über die Beschränkung der Zulassung von Leistungserbringern zur Tätigkeit zulasten der obligatorischen Krankenpflegeversicherung vom 3. Juli 2002 in Kraft, dies als direkte Folge des Inkrafttretens der Freizügigkeitsregelung gemäss den sektoriellen Abkommen mit der EG[1047].

Die Zulassungsverordnung benennt in Anhang 1 die Kategorie und die jeweilige Höchstzahl der Leistungserbringer. Erfasst werden verschiedene Gruppen von Leistungserbringern, zum Teil sehr differenziert nach der jeweiligen Fachausbildung. Die Kantone können jedoch festlegen, dass die Höchstzahl für eine oder mehrere Kategorien nicht gilt oder um-

---

[1044] Art. 54 KVG.
[1045] Art. 55 KVG.
[1046] Art. 55a KVG.
[1047] Die Begrenzung der Zahl der neuen Leistungserbringer wird derart direkt mit den staatsvertraglich vereinbarten Möglichkeiten der Inhaber von EG-Ausbildungsausweisen, in der Schweiz (neu) eine selbständige ambulante Tätigkeit aufnehmen zu können, in Zusammenhang gestellt, dass sich die Frage stellt, ob dieses Vorgehen nicht in Widerspruch zum Diskriminierungsverbot steht. Potentiell trifft die Massnahme die Inhaber von EG-Ausbildungsausweisen am stärksten, auch wenn von ihr auch Schweizer Jungärztinnen und Jungärzte betroffen sind. Die Zulassungsbeschränkung wird sicherlich noch viele weitere staats- und verwaltungsrechtliche Fragen aufwerfen, denen vorliegend nicht weiter nachgegangen werden kann.
Die ersten Erfahrungen kurze Zeit vor und nach Inkrafttreten der Verordnung zeigen, dass effektiv – wider Erwarten – weit mehr Schweizer Jungärztinnen und Jungärzte von der Massnahme betroffen sind als angenommen. Zudem haben sich derart viele Ärzte und Ärztinnen kurz vor Inkraftsetzung der Verordnung um eine Bewilligung beworben, dass die befristete Massnahme nur noch beschränkt greifen kann. Die Inhaber Schweizer Diplome waren hier gegenüber den Inhabern von EG-Ausweisen in einem erheblichen Vorteil, da sich diese zuerst einer Anerkennungsprozedur unterziehen mussten, die bei Inkraftsetzung der Verordnung in vielen Fällen noch nicht abgeschlossen war.

gekehrt bei besonderen Umständen keine neuen Zulassungen erfolgen (Art. 2). Bei Unterversorgung können Ausnahmen gemacht werden (Art. 3). Bestandesschutz geniesst, wer spätestens am 3. Juli 2002 ein kantonales Gesuch um Erteilung einer Berufsausübungsbewilligung im Bereich der sozialen Krankenversicherung gestellt hatte (Art. 5).

2. Wirtschaftlichkeits- und Qualitätskontrollen

524 Art. 56 KVG verlangt vom Leistungserbringer, dass er seine Leistungen auf das Mass zu beschränken hat, das im Interesse des Versicherten liegt und für den Behandlungszweck erforderlich ist. Für Leistungen, die über dieses Mass hinausgehen, kann im System des Tiers garant die versicherte Person und im System des Tiers payant der Versicherer die Vergütung verweigern bzw. zu Unrecht bezahlte Vergütungen zurückfordern. Art. 56 KVG wiederholt somit das, was bereits in Art. 32 KVG hinsichtlich der Wirksamkeit, Zweckmässigkeit und Wirtschaftlichkeit der erbrachten Leistungen zum Ausdruck gebracht wird. Massstab ist immer das objektiv notwendige Leistungsmass zur Behandlung einer versicherten Person.

525 Leistungserbringer und Versicherer sehen in den Tarifverträgen Massnahmen zur Sicherstellung der Wirtschaftlichkeit der Leistungen vor[1048]. Insbesondere müssen sie dafür sorgen, dass diagnostische Massnahmen nicht unnötig wiederholt werden, wenn Versicherte jeweils mehrere Leistungserbringer konsultieren.

526 Im Zusammenhang mit der Wirtschaftlichkeitskontrolle – insbesondere der ambulanten ärztlichen Tätigkeit – hat sich eine reiche, wenn auch komplexe Praxis der Krankenversicherer und Gerichte entwickelt[1049]. Bei der Überprüfung gelangen verschiedene Methoden zur Anwendung, so im Bereich der analytischen Methoden die einzelne Prüfung von Indexpunkten[1050], die systematische Einzelfallprüfung oder die repräsentative Einzelfallprüfung mit Hochrechnung. Sodann gibt es statistische Methoden, darunter vorherrschend der Durchschnittskostenvergleich. Dabei kann sich die Prüfung darauf beschränken, dass die durchschnittlichen Behandlungskosten des betreffenden Arztes mit denjenigen anderer Ärzte unter ähnlichen Bedingungen verglichen werden. Voraussetzung zur Anwendbarkeit dieser Methode ist, dass sich das Vergleichsmaterial hin-

---

[1048] Art. 56 Abs. 5 KVG.
[1049] Vgl. dazu die Beiträge in: RENÉ SCHAFFHAUSER/UELI KIESER (Hrsg.), Wirtschaftlichkeitskontrolle in der Krankenversicherung, St. Gallen 2001.
[1050] Vgl. etwa RKUV 1999 Nr. 994.

reichend ähnlich zusammensetzt und sich der Vergleich über einen genügend langen Zeitraum erstreckt, wodurch bloss zufällige Unterschiede mehr oder weniger ausgeglichen werden. Eine «Überarztung» liegt vor, wenn eine ins Gewicht fallende Zahl von Rechnungen desselben Arztes an eine Krankenkasse im Vergleich zu den Rechnungen von Ärzten im geographisch gleichen Tätigkeitsbereich und mit etwa gleichem Krankengut im Durchschnitt erheblich höher ist, ohne dass den Durchschnitt beeinflussende Besonderheiten geltend gemacht werden können[1051].

Erhält ein Leistungserbringer eine direkte oder indirekte Vergünstigung, die ihm ein anderer in seinem Auftrag tätiger Leistungserbringer gewährt oder die ihm Personen oder Einrichtungen gewähren, welche Arzneimittel oder der Untersuchung oder der Behandlung dienenden Mittel oder Gegenstände liefern, so hat er diese dem Schuldner der Vergütung weiterzugeben[1052]. Erfasst werden nicht normale Margen im Rahmen geschäftsüblicher Vorgänge, sondern geldwerte Vorteile, welche einen Anreiz zur Steigerung des Umsatzes geben sollen[1053]. 527

3. Ausschluss von Leistungserbringern

Die Zulassung von Leistungserbringern ist im KVG abschliessend geregelt. Das KVG selbst definiert die Zulassungsbehörde nur in Einzelfällen. Wo das KVG diese nicht benennt, ist nach Art. 96 KVG der Bundesrat als Zulassungsinstanz anzusehen. Will ein Versicherer einen Leistungserbringer nicht mehr zulassen, insbesondere infolge von Verstössen gegen das Wirtschaftlichkeitsgebot und bei ungenügender Qualität der erbrachten Leistungen, so kann er nicht nach eigenem Ermessen dessen Ausschluss beschliessen, sondern hat das Schiedsgericht nach Art. 89 KVG anzurufen[1054]. Das Gesetz selbst legt Kriterien für den Ausschluss nicht näher fest. Der Ausschluss bedarf eines «wichtigen» Grundes, mithin eines Grundes, welcher es dem Krankenversicherer unzumutbar macht, einen Leistungserbringer weiterhin zu finanzieren. Dabei kann es sich entweder um eine schwerwiegende Pflichtverletzung in einem Einzelfall oder um eine wiederholte, weniger schwerwiegende 528

[1051] BGE 119 V 453, E. 4b.
[1052] Art. 56 Abs. 3 KVG.
[1053] MAURER (Krankenversicherungsrecht), 98 f. Bekannt geworden ist im Juni 2002 der Fall von zahlreichen Ärzten, welche bei Dritten in Auftrag gegebene Analysen nach dem eigenen – bis zu dreimal höheren – Arzttarif verrechnet haben. Hier stellt sich nicht allein die Frage einer Verletzung von Art. 56 Abs. 3 KVG, sondern auch die Frage des Betruges und der Urkundenfälschung.
[1054] Art. 59 KVG.

Pflichtverletzung handeln. Der Ausschluss wirkt nur inter partes[1055]. Dies wird auch mit der Grund gewesen sein, dass Art. 59 KVG in der Praxis keine nennenswerte Wirkung entfaltet hat und die Krankenversicherer auf eine Aufhebung des Vertragszwangs drängen.

4. Vertrauensärzte

> Vertrauensärzten kommt im Bereich des KVG eine Schlüsselfunktion zu. Sie dienen der Kontrolle der Wirtschaftlichkeit und der Qualität der erbrachten Leistungen und sollen damit ein Hauptanliegen des KVG realisieren. Sie übernehmen in einem gewissen Umfang eine Mittlerrolle zwischen Versicherern, Leistungserbringern und Versicherten, haben hohe fachliche und persönliche Kompetenz aufzuweisen und sind darauf angewiesen, allerseits Vertrauen zu geniessen.

529 Jeder Versicherer muss einen Vertrauensarzt[1056] bestellen, wobei er dies auch zusammen mit anderen Versicherern tun kann oder sich dem verbandsärztlichen Dienst eines Verbandes anschliessen darf. Vertrauensärzte müssen die Zulassungsvoraussetzungen nach Art. 36 KVG erfüllen und mindestens fünf Jahre in einer Arztpraxis oder in leitender spitalärztlicher Stellung tätig gewesen sein[1057]. Ihre Bestellung bedarf der Rücksprache mit der kantonalen Ärztegesellschaft; bei gesamtschweizerischer Tätigkeit eines Vertrauensarztes muss die Zustimmung der Ärztegesellschaft des Kantons eingeholt werden, in dem der Versicherer seinen Hauptsitz oder der Verband der Versicherer seinen Sitz hat. Die Ablehnung durch eine kantonale Ärztegesellschaft darf aus wichtigen Gründen erfolgen[1058]; abschliessend entscheidet das Schiedsgericht nach Art. 89 KVG[1059].

530 Das Haupttätigkeitsgebiet der Vertrauensärzte liegt im Bereich der Wirtschaftlichkeits- und Qualitätsprüfung; überdies beraten sie die Versicherer in medizinischen Fachfragen sowie in Fragen der Vergütung und der Tarifanwendung. Sie sind berechtigt, den Ausschluss eines Leistungserbringers nach Art. 59 KVG beim Versicherer zu beantragen[1060]. Ihnen

---

[1055] MAURER (Krankenversicherungsrecht), 105 f.
[1056] Zur Stellung und Funktion des Vertrauensarztes vgl. auch BGE 127 V 47 f.
[1057] Art. 57 Abs. 1 KVG.
[1058] Kein wichtiger Grund liegt darin, dass der Vertrauensarzt für den Versicherer in einer HMO-Praxis arbeitet und die vertrauensärztliche Funktion im Rahmen dieser Anstellung ausübt, RKUV 2001 Nr. 189.
[1059] Art. 57 Abs. 3 KVG.
[1060] MAURER (Krankenversicherungsrecht), 101.

kommt – trotz ihrer Anstellung beim Versicherer bzw. dessen Beauftragung – eine gesetzlich vorgesehene Unabhängigkeit zu; weder Versicherer noch Leistungserbringer oder deren Verbände dürfen den Vertrauensärzten Weisungen erteilen[1061]. Ihren Berichten und Gutachten kommt grundsätzlich die gleiche Bedeutung zu wie den verwaltungsinternen Arztberichten und Gutachten der UVG-Versicherer[1062].

Die Schlüsselfunktion des vertrauensärztlichen Dienstes drückt sich auch darin aus, dass sie den zuständigen Stellen der Versicherer nur diejenigen Angaben weitergeben, die notwendig sind, um über die Leistungspflicht zu entscheiden, die Vergütung festzusetzen oder eine Verfügung zu begründen. Dabei wahren sie die Persönlichkeitsrechte der Versicherten[1063]. Der Vertrauensarzt darf keine Verfügungen im Sinne von Art. 80 KVG treffen. Er gibt lediglich Gutachten, Empfehlungen und Stellungnahmen ab. Schliesst sich der Versicherer einer ablehnenden Empfehlung des Vertrauensarztes an, so hat er auf Antrag der versicherten Person eine anfechtbare Verfügung zu erlassen.

5. Qualitätssicherung

An verschiedenen Stellen im KVG finden sich Vorschriften zur Qualität der erbrachten Leistungen und zur Qualitätssicherung[1064]. Art. 58 KVG sieht eine institutionelle Verankerung der Qualitätssicherung vor. Danach kann der Bundesrat nach Anhören der interessierten Organisationen systematische wissenschaftliche Kontrollen zur Sicherung der Qualität oder des zweckmässigen Einsatzes der von der obligatorischen Krankenpflegeversicherung übernommenen Leistungen vorsehen. Auf dem Weg der Delegation kann er die Durchführung der Kontrolle den Berufsverbänden oder anderen Einrichtungen übertragen. Hierbei muss er darauf bedacht sein, dass mit der Delegation des Aufgabenvollzugs auch der Grundsatz der Neutralität der Beurteilung gewahrt bleibt. Als Sondermassnahmen kann der Bundesrat vorsehen, dass vor der Durchführung bestimmter, namentlich besonders kostspieliger Diagnose- oder Behandlungsverfahren die Zustimmung des Vertrauens-

---

[1061] Art. 57 Abs. 5 KVG.
[1062] EUGSTER, Rz. 64.
[1063] Art. 57 Abs. 7 KVG.
[1064] Zu denken ist etwa an die Regelung der Zulassungsvoraussetzungen von Leistungserbringern, die Verpflichtung der Tarifvertragsparteien, für eine qualitativ hoch stehende Versorgung zu günstigen Preisen zu sorgen, die Möglichkeit, in Tarifverträgen die Vergütung für bestimmte Leistungen von Qualitätsanforderungen abhängig zu machen usw.

arztes einzuholen ist oder besondere kostspielige oder schwierige Untersuchungen oder Behandlungen nur vergütet werden, wenn sie von dafür qualifizierten Leistungserbringern durchgeführt werden[1065].

§ 12 Finanzierung

1. Verfahren und Rechnungslegung

533 Art. 60 ff. KVG und Art. 78 ff. KVV regeln die Finanzierung der sozialen Krankenversicherung. Die Finanzierung erfolgt auf der Grundlage folgender Prinzipien:
– *Ausgabenumlageverfahren*. Dabei müssen die laufenden Ausgaben eines Versicherers durch dessen laufende Einnahmen gedeckt werden. Zudem müssen die Versicherer über eine Reserve verfügen, die auf einer Finanzierungsperiode von zwei Jahren bemessen wird und sowohl eine Sicherheits- wie auch eine Schwankungsreserve beinhaltet[1066].
– *Wahrung des finanziellen Gleichgewichts*. Die Finanzierung der Krankenversicherung muss selbsttragend sein. Finanziert wird sie durch Prämien der Versicherten, die Kostenbeteiligung der Versicherten und durch Prämienverbilligungen der öffentlichen Hand.
– *Trennung der Betriebsrechnung und Transparenz*. Rückstellungen und Reserven für die obligatorische Krankenpflegeversicherung sind in der Bilanz gesondert auszuweisen[1067]. Die Versicherer müssen für die obligatorische Krankenpflegeversicherung eine besondere Betriebsrechnung führen. Prämien und Leistungen für Krankheit und Unfall sind getrennt auszuweisen. Dieser Grundsatz hängt damit zusammen, dass die für die soziale Krankenversicherung zu verwendenden Mittel zweckgebunden sind[1068].
– *Behördliche Aufsicht*. Im Zusammenhang mit dem Finanzierungsverfahren und der Rechnungslegung besteht eine eingehende und recht

---

[1065] Im Anhang 1 zur Krankenpflege-Leistungsverordnung finden sich entsprechende Regelungen, so zum Beispiel unter Ziff. 1.1 zur operativen Adipositas-Behandlung ist vorgesehen, dass hier die Rücksprache mit dem Vertrauensarzt notwendig ist. Ziff. 10 des Anhanges 1 verlangt im Zusammenhang mit komplementärmedizinischen Behandlungsmethoden, dass diese nur durch Ärztinnen und Ärzte erbracht werden dürfen, deren Weiterbildung in dieser Disziplin durch die FMH anerkannt ist.
[1066] Art. 78 Abs. 1 KVV.
[1067] Art. 60 Abs. 2 KVG.
[1068] Art. 13 Abs. 2 lit. a KVG.

enge behördliche Aufsicht, welche durch das BSV ausgeübt wird. Korrelat der Aufsicht ist die Pflicht der Versicherer, gegenüber dem BSV Rechenschaft über das Geschäftsjahr abzulegen[1069].
- *Unabhängige externe Revisionsstelle.* Jeder Versicherer muss eine externe und unabhängige Revisionsstelle bestellen, welche im Krankenversicherungswesen ausreichend bewandert ist[1070]. Der Revisionsstelle kommt insofern grosse Bedeutung zu, als sie nicht nur die Buchführung, die Jahresrechnung und die Statistiken vor allem materiell überprüft, sondern auch die Frage, ob die Geschäftsführung für eine korrekte und ordnungsgemässe Geschäftsabwicklung Gewähr bietet, namentlich ob sie zweckmässig organisiert ist und die gesetzlichen und internen Bestimmungen einhält. Stellt die Revisionsstelle wesentliche Mängel, Unregelmässigkeiten, Missstände oder andere Tatbestände fest, welche die finanzielle Sicherheit des Versicherers oder dessen Fähigkeit, seine Aufgaben zu erfüllen, in Frage stellen, so unterbreitet sie den Bericht unverzüglich dem leitenden Organ des Versicherers und dem BSV[1071].

2. Prämien

Die Prämien werden nicht behördlich, sondern durch den Versicherer festgelegt. Grundsätzlich gilt für alle Versicherten die selbe Prämie, folgende Ausnahmen sind gestattet: 534
- Kantonale oder regionale Abstufungen nach dem Wohnort der versicherten Person. Das BSV legt die Regionen für sämtliche Versicherten einheitlich fest[1072]. Dabei darf die oberste Prämienstufe nicht mehr als 50 % über der untersten liegen[1073]. Regionale Prämienunterschiede sind nur gestattet, wenn zwischen den Regionen auch tatsächlich unterschiedliche Durchschnittskosten bestehen[1074].
- Zwingend ist die Festsetzung einer tieferen Prämie für Versicherte bis zum vollendeten 18. Altersjahr. Der Versicherer ist berechtigt, dies auch für die Versicherten zu tun, die das 25. Altersjahr noch nicht vollendet haben. Der Bundesrat kann die Prämienermässigungen festlegen, wenn dies vom Versicherer nicht getan wird[1075].

[1069] Art. 85 KVV.
[1070] Art. 86 Abs. 1 KVV.
[1071] Art. 88 Abs. 3 KVV.
[1072] Art. 61 Abs. 2 KVG.
[1073] Art. 91 Abs. 1 KVV.
[1074] Art. 92 Abs. 3 KVV.
[1075] Art. 61 Abs. 3 und 3bis KVG.

535 Weitere Abstufungen der Tarife, etwa nach Alter (mit Ausnahme der vorstehend genannten Regelungen), Geschlecht, Häufigkeit der Erkrankungen, Einkommen, Beschäftigungs- oder Ausbildungsstatus usw. sind nicht gestattet. Soziale Unterschiede werden durch die Prämienverbilligungen der öffentlichen Hand ausgeglichen.

536 Die Prämientarife bedürfen der Genehmigung durch den Bundesrat; vor der Genehmigung können die Kantone zu den für ihre Bevölkerung vorgesehenen Prämientarifen Stellung nehmen, ohne dass dadurch das Genehmigungsverfahren verzögert werden dürfte[1076]. Die Prämientarife sowie deren Änderungen sind dem BSV seitens der Versicherer spätestens fünf Monate vor ihrer Anwendung zur Genehmigung einzureichen. Die Genehmigung wirkt konstitutiv; vor der Genehmigung ist somit eine Anwendung der neuen Tarife nicht gestattet[1077]. Das BSV kann dem Versicherer Weisung für die Festsetzung der Prämien der folgenden Geschäftsjahre erteilen[1078], so etwa bezüglich der gesetzeswidrigen Prämienbefreiung ab dem dritten Kind[1079].

3. Kostenbeteiligung der Versicherten

537 Die Versicherten beteiligen sich an den Kosten der für sie erbrachten Leistungen, zum einen mit einem festen Jahresbetrag (Franchise), zum anderen mit 10% der die Franchise übersteigenden Kosten (Selbstbehalt). Der Bundesrat bestimmt die Franchise und setzt den Selbstbehalt fest[1080]. Für Kinder gelten besondere Vorschriften[1081].

538 Für bestimmte Leistungen kann der Bundesrat eine höhere Kostenbeteiligung vorsehen, für Dauerbehandlung sowie für die Behandlung schwerer Krankheiten die Kostenbeteiligung herabsetzen oder aufheben. Sollte sich die Kostenbeteiligung bei einer Versicherung mit eingeschränkter Wahl als nicht zweckmässig erweisen, so kann der Bundesrat diese aufheben[1082]. Sodann kann der Bundesrat auch Leistungen, die im Rahmen von national oder kantonal organisierten Präventionsprogrammen erbracht werden, von der Franchise ausnehmen.

539 Das Risiko einer Kostenbeteiligung darf weder bei einer Krankenkasse noch bei einer privaten Versicherung versichert werden. Ebenso ist es

---

[1076] Art. 61 Abs. 4 KVG.
[1077] Art. 92 Abs. 1 KVV.
[1078] Art. 92 Abs. 5 KVV.
[1079] RKUV 1997 Nr. 18.
[1080] Art. 64 Abs. 1–3 KVG.
[1081] Art. 64 Abs. 4 KVG.
[1082] Art. 64 Abs. 6 lit. c KVG.

Vereinen, Stiftungen oder anderen Institutionen verboten, die Übernahme dieser Kosten vorzusehen[1083]. Eine Ausnahme wird gemacht, wo öffentlich-rechtliche Vorschriften des Bundes oder der Kantone dies vorsehen.

4. Besondere Versicherungsformen

> Versicherer können Versicherungen mit eingeschränkter Wahl des Leistungserbringers nach Art. 41 Abs. 4 KVG anbieten. Nach dieser Bestimmung können die Versicherten ihr Wahlrecht zwischen den zugelassenen Leistungserbringern im Einvernehmen mit dem Versicherer auf Leistungen beschränken, die der Versicherer im Hinblick auf eine kostengünstigere Versorgung auswählt.

Die Versicherung muss damit nur die Kosten für Leistungen übernehmen, die von diesem Leistungserbringer ausgeführt oder veranlasst werden. So muss der Versicherte damit rechnen, dass er bei der Wahl eines HMO-Modells auch Spezialisten nicht frei wählen kann (wie etwa einen Chiropraktor), sondern auf eine Überweisung durch den HMO-Arzt angewiesen ist[1084]. Vorbehalten bleibt das Aufsuchen eines anderen Leistungserbringers aus medizinischen Gründen im Sinne von Art. 41 Abs. 2 KVG[1085]. Nicht eingeschränkt werden darf die Auswahl an gesetzlichen Pflichtleistungen. Zulässig ist auch die Einschränkung der Auswahl bei den Medikamenten auf kostengünstigere Generika, obschon dies vom Gesetzeswortlaut nicht vorgesehen ist[1086]. 540

In der Praxis haben sich solche alternativen Versicherungsmodelle bislang wenig durchgesetzt. Am bekanntesten sind das HMO-Modell und das Hausarztmodell. Weiter sieht das Gesetz die Möglichkeit vor, dass sich die Versicherten gegen eine Prämienermässigung stärker an den Kosten der erbrachten Leistungen beteiligen (Erhöhung der Franchise). Ebenso darf sich die Höhe der Prämie der Versicherung bei besonderen Versicherungsformen danach richten, ob die Versicherten während einer bestimmten Zeit Leistungen in Anspruch genommen haben oder nicht. Die Regelung der Details obliegt dem Bundesrat[1087]. Eine Weiterversi- 541

[1083] Art. 64 Abs. 8 KVG.
[1084] RKUV 2000 Nr. 107 = BGE 125 V 437 ff.
[1085] RKUV 2000 Nr. 108.
[1086] RKUV 1999 Nr. 62.
[1087] Art. 62 Abs. 3 KVG.

cherung der vom Versicherungsschutz ausgenommenen Risiken ist ausgeschlossen.

542 Bei der Prämienberechnung für die alternativen Versicherungsmodelle ist zu beachten, dass Prämienermässigungen nur zulässig sind für Kostenunterschiede, die auf die eingeschränkte Wahl der Leistungserbringer sowie auf eine besondere Art und Weise der Entschädigung für Leistungserbringer zurückzuführen sind[1088]. Kostenunterschiede aufgrund eines günstigeren Risikobestandes geben keinen Anspruch auf Prämienermässigung.

543 Bei der Auswahl der Leistungserbringer durch die Krankenversicherer dürfen diese aufgrund ihrer Verpflichtung, verfassungs- und grundrechtliche Vorgaben zu beachten, nicht willkürlich oder rechtsungleich vorgehen. Insbesondere dürfen sie nicht Leistungserbringer ausschliessen, welche den selben Wirtschaftlichkeitsausweis vorlegen können wie die bereits aufgenommenen Leistungserbringer.

5. Prämienverbilligungen

> Das System der Solidarität und der Einheitsprämie kann wirtschaftlich schwächere Versicherte über Massen belasten. Deshalb sieht in Art. 65 f. KVG die Ausrichtung von Prämienverbilligungsbeiträgen des Bundes und der Kantone an Versicherte in bescheidenen wirtschaftlichen Verhältnissen vor.

544 Die Prämienverbilligung wird nicht nur den in der Schweiz wohnhaften Versicherten gewährt, sondern – in Anpassung an das Freizügigkeitsabkommen mit der EG – neu auch Versicherten, die in einem Mitgliedstaat der Europäischen Gemeinschaft wohnen, in den im Gesetz genannten Einzelfällen[1089]. Dagegen kann es ausserhalb dieser Regelung zulässig sein, Saisonangestellte oder Kurzaufenthalter von der Verbilligung auszuschliessen[1090]. Der Vollzug der Prämienverbilligungen wird den Kantonen überlassen, was dazu führt, dass je nach Kanton unterschiedliche Anspruchsvoraussetzungen bestehen. Grundsätzlich wird die Prämienverbilligung auf Antrag der versicherten Person, aufgrund der aktuellsten Einkommens- und Familienverhältnisse ausgerichtet[1091]. Die kantonalen Beiträge müssen mindestens der Hälfte des Gesamtumfangs des Beitra-

---

[1088] Art. 101 Abs. 2 KVV.
[1089] Art. 65a KVG; vgl. dazu Botschaft betreffend die Teilrevision des Bundesgesetzes über die Krankenversicherung vom 31. Mai 2000; BBl 2000 4083 ff., 4106.
[1090] RKUV 1997 Nr. 3.
[1091] Art. 65 Abs. 3 KVG.

ges entsprechen; der Bund setzt die Anteile der einzelnen Kantone am Bundesbeitrag nach deren Wohnbevölkerung und Finanzkraft fest[1092]. Den Kantonen ist es gestattet, den von ihnen zu übernehmenden Betrag um maximal 50% zu kürzen, wenn die Prämienverbilligung für Versicherte mit bescheidenen wirtschaftlichen Verhältnissen trotzdem sichergestellt ist. Der Beitrag des Bundes an diese Kantone wird sodann ebenfalls im gleichen Verhältnis gekürzt[1093].

Die Regelung der Prämienverbilligungen befindet sich zurzeit in einer wesentlichen Umgestaltung. Neu soll eine Obergrenze festgelegt werden, welche die Prämie für die obligatorische Krankenpflegeversicherung nicht überschreiten soll; sie soll 8% des um einen Vermögensfaktor bereinigten Einkommens nicht übersteigen. Weiter sollen Prämienverbilligungen so festgelegt werden, dass die jährlichen Beiträge des Bundes und der Kantone grundsätzlich voll ausbezahlt werden; damit soll der Erscheinung Einhalt geboten werden, dass einzelne Kantone von der Möglichkeit der Prämienverbilligung nur unzulänglich Gebrauch gemacht haben und dadurch auch zur Verfügung stehende Bundesbeiträge nicht ausgeschöpft wurden. 545

§ 13 Freiwillige Taggeldversicherung

Nebst der obligatorischen Krankenpflegeversicherung bildet die freiwillige Taggeldversicherung die zweite Säule des Krankenversicherungsgesetzes. Die Taggeldversicherung ersetzt den Lohn bei Krankheit, Mutterschaft und Unfall. Im Gegensatz zur Krankenpflegeversicherung ist sie freiwillig. Die Taggeldversicherung wird entweder über den Arbeitgeber oder als Einzelversicherung (zum Beispiel durch in Ausbildung stehende Personen, Hausfrauen oder Angestellte in kleineren Betrieben) abgeschlossen. 546

Die im KVG geregelte Taggeldversicherung ist Teil des Sozialversicherungsrechts und deshalb von verschiedenen sozialversicherungsrechtlichen Grundsätzen geprägt. So müssen die Prämien für alle Versicherten gleich gestaltet sein. Vorbehalte für bestehende Krankheiten dürfen nur in bestimmtem Rahmen (für fünf Jahre) angebracht werden. Es besteht seitens der Versicherer Aufnahmezwang und die Mutterschaft darf als Risiko nicht ausgeschlossen werden. 547

[1092] Art. 86 Abs. 3 KVG.
[1093] Art. 86 Abs. 5 KVG.

548 Das KVG legt weder eine bestimmte Maximal- noch eine Minimalgrenze für die Höhe der Taggelder fest. Folge davon kann sein, dass ein Versicherer infolge der Unattraktivität der freiwilligen Taggeldversicherung nur einen sehr bescheidenen Taggeldbetrag absichert und er deshalb keine genügende Erwerbsersatzversicherung anbieten kann. Zahlreiche Versicherer bieten nebst der freiwilligen Taggeldversicherung eine Taggeldversicherung nach dem VVG an.

549 Die freiwillige Taggeldversicherung ist in ihren Grundzügen in den Art. 67–77 KVG geregelt. Weitere Details finden sich in den Art. 107–109 KVV. Da die freiwillige Taggeldversicherung in der Praxis bedeutungslos geblieben ist, wird auf die gesetzliche Regelung sowie die weiterführende Literatur[1094] verwiesen.

§ 14 Koordinationsregeln

550 Art. 78 KVG auferlegt dem Bundesrat die Regelung des Verhältnisses der sozialen Krankenversicherung zu den anderen Sozialversicherungen. In Art. 110 ff. KVV finden sich die bundesrätlichen Ausführungsbestimmungen. Als Grundsatz gilt, dass die Leistungen der anderen Sozialversicherungen vorgehen, soweit in einem Versicherungsfall Leistungen der Krankenversicherung mit gleichartigen Leistungen der Unfallversicherung, der Militärversicherung, der Alters- und Hinterlassenen- oder der Invalidenversicherung zusammentreffen[1095]. Wann eine gleichartige Leistung vorliegt, lässt sich unter analoger Anwendung der Regressregelung in Art. 124 KVV beantworten[1096]. Den Krankenversicherer trifft eine Vorleistungspflicht, soweit nicht klar ist, ob die Unfallversicherung, die Militärversicherung oder die Invaliditätsversicherung eine Leistungspflicht trifft[1097]. Weiter enthält Art. 122 KVV Regelungen zur Vermeidung von Überentschädigungen bei Zusammentreffen der Krankenversicherung mit denjenigen anderer Sozialversicherungen.

551 Haften nebst dem Versicherer Dritte in einem Versicherungsfall, so tritt der Versicherer zum Zeitpunkt des Ereignisses bis zur Höhe der gesetzlichen Leistungen in die Ansprüche der versicherten Person ein (Subrogationsrecht). Im Rahmen von Art. 41 Abs. 2 KVG steht den Kantonen

---

[1094] EUGSTER, Rz. 357 ff., und MAURER (Krankenversicherungsrecht), 107 ff.
[1095] Art. 110 KVV.
[1096] EUGSTER, Rz. 388.
[1097] Art. 112 f. KVV.

ebenfalls ein Subrogationsrecht zu; gleich verhält es sich bei der gemeinsamen Einrichtung nach Art. 18 KVG[1098]. Das Subrogationsrecht gilt nur für Leistungen gleicher Art, namentlich für Vergütungen für Diagnosen und Behandlungskosten, Kosten für Pflegemassnahmen, Kosten für den Aufenthalt im Spital oder einer teilstationären Einrichtung sowie für Taggeld und Ersatz für Arbeitsunfähigkeit während der gleichen Zeitdauer[1099].

§ 15 Zusatzversicherungen

Das Krankenversicherungsgesetz trennt den Bereich der sozialen Krankenversicherung relativ scharf von den Zusatzversicherungen. Zusatzversicherungen unterstehen dem Bundesgesetz über den Versicherungsvertrag (VVG)[1100].

Das Krankenversicherungsgesetz selbst äussert sich nur an wenigen Stellen zu den Zusatzversicherungen: 552
– Zum einen können die *zugelassenen Krankenkassen* Zusatzversicherungen anbieten[1101].
– Nach Art. 102 Abs. 2 Satz 3 KVG sind die Krankenkassen verpflichtet, ihren Versicherten Versicherungsverträge anzubieten, die mindestens den *bisherigen Umfang* des (altrechtlichen) Versicherungsschutzes gewähren. Die unter dem früheren Recht zurückgelegten Versicherungszeiten sind bei der Festsetzung der Prämien anzurechnen.
– Nach Art. 44 Abs. 2 KVG kann ein Leistungserbringer in den *Ausstand* treten. Er behandelt in diesem Fall entweder zusatzversicherte Personen oder Selbstzahler. Er ist zudem verpflichtet, die ihn aufsuchenden Personen auf den Ausstand hinzuweisen.
– Gemäss BGE 127 V 422 ff. ist für Behandlungen auf den Halbprivat- und Privatabteilungen der *«Sockelbetrag»* aus der obligatorischen Krankenpflegeversicherung auszurichten. Dies gilt bislang für öffentliche und öffentlich subventionierte Spitäler, nicht jedoch für die von der öffentlichen Hand nicht unterstützten «echten» Privatspitäler.

[1098] EUGSTER, Rz. 396.
[1099] Art. 124 KVV.
[1100] Art. 12 Abs. 3 KVG.
[1101] Art. 12 Abs. 2 KVG.

– Art. 44 Abs. 1 KVG gewährleistet den *Tarifschutz*. Danach müssen sich die Leistungserbringer an die vertraglich oder behördlich festgelegten Tarife und Preise halten und dürfen für Leistungen nach dem KVG keine weitergehenden Vergütungen berechnen. Es stellt sich zudem die Frage, welche Auswirkungen diese Regelung auf die Zusatzversicherungen hat[1102].

– Da Zusatzversicherungen sehr häufig beim Versicherer nach KVG geführt werden und für die zusatzversicherten Personen sowohl für den KVG-Teil wie auch für den Zusatzversicherungsbereich zumeist nur ein Dossier geführt wird, bestehen aus *datenschutzrechtlicher Sicht* Probleme.

553 Trotz der gesetzgeberisch-dogmatisch klaren Trennung zwischen der sozialen Krankenversicherung und den privatrechtlich dominierten Zusatzversicherungen sind nicht alle Probleme beseitigt. Besonders nachteilig wirkt sich aus, dass das Sozialversicherungsrecht und das Privatversicherungsrecht für ähnliche Streitfragen und vergleichbare Probleme *unterschiedliche Rechtsmittelwege* vorsehen. Problematisch kann die Rechtslage insbesondere bei Behandlungen am Spital werden. Der Spitaldienstleistungen beziehende Patient oder die Patientin wird «aufgespalten», sofern er/sie Zusatzversicherungsleistungen bezieht. Kommt es etwa zur Streitfrage, ob und welche Leistungen auf welcher Rechtsgrundlage zu vergüten sind, so müssen unter Umständen verschiedene Rechtswege beschritten werden und müssen Streitigkeiten mit verschiedenen Versicherern geführt werden. Die bereits komplexen Rechtsverhältnisse werden damit noch komplizierter. Dies gilt insbesondere dann, wenn strittig ist, ob eine Leistung nach dem KVG zu entschädigen ist oder aufgrund der Zusatzversicherung. Hier besteht die Gefahr, dass das angerufene Zivilgericht[1103] mangels Vertrautheit mit der Materie fachlich überfordert wird. Folge sind parallele, sich lange hinziehende Verfahren, welche weder den Versicherern noch den Leistungserbringern, geschweige denn den einen raschen Entscheid suchenden Patientinnen und Patienten dienen.

Im Gegensatz zur sozialen Krankenversicherung sind die Versicherer im Zusatzversicherungsbereich – unter Vorbehalt der aufsichtsrechtlichen Genehmigung der Tarife – frei, die Tarife festzulegen. Sie können

---

[1102] HÜRLIMANN/ILG/KIESER/PFIFFNER-RAUBER/SCHWARZ-TÜRLER/SENN/STAFFELBACH, 286 ff. Vgl. auch vorstehend Rz. 514.

[1103] Die Kantone können jedoch die selben Gerichte als zuständig erklären, so etwa der Kanton Zürich, der das Sozialversicherungsgericht auch für VVG-Zusatzversicherungsstreitigkeiten als zuständig erklärt.

dabei bestimmte Risiken ausschliessen, die Prämien nach Risiko, Geschlecht und Alter usw. abstufen. Ebenfalls besteht seitens der Versicherer kein Aufnahmezwang für gesuchstellende Personen.

Zusatzversicherungen können in folgenden Bereichen zur Anwendung gelangen: 554
- Im *ambulanten Bereich* für sich in Ausstand befindliche Leistungserbringer oder für Leistungen, die nicht durch das KVG abgedeckt werden. Hier stehen die sozialen Krankenversicherer häufig in einem Interessenskonflikt, wenn es um die Beurteilung neuer Leistungen geht. Sie versuchen lukrative neue Angebote im Zusatzversicherungsbereich abzuwickeln, unter Umgehung der gesetzlichen Regelung in Art. 33 KVG und unter Vermeidung des im KVG vorgezeichneten Umstrittenheitsverfahrens.
- Bei der *stationären Behandlung* finden die Zusatzversicherungen ihre grösste Verbreitung. Versichert werden können zum einen Behandlungen «allgemein ganze Schweiz», womit den Versicherten die Bezahlung von Leistungen auf der allgemeinen Abteilung eines beliebigen schweizerischen Spitals gewährleistet wird, selbst wenn kein medizinischer Grund im Sinne von Art. 41 Abs. 2 KVG vorliegt. Weiter werden Aufenthalte in den Halbprivat- und Privatabteilungen versichert. Ebenfalls versicherbar sind Leistungen von sich im Ausstand befindlichen Abteilungen eines Spitals oder ganzen Spitälern bzw. von Spitälern, die sich gar nicht auf der Spitalliste befinden.
- *Behandlungen im Ausland.*
- Übernahme von *Heilmitteln, Gegenständen und Mitteln,* für welche keine Leistungspflicht nach dem KVG besteht.
- Zusatzversicherungen für *Kinder,* zum Beispiel für vorgeburtliche Risiken, Zahnkorrekturen und kieferorthopädische Massnahmen sowie das Risiko bei Invalidität durch Unfall.

Bei der Gestaltung der Zusatzversicherungsprodukte bewegen sich die Versicherer im *Privatrecht* und sind von daher in erster Linie privatrechtlichen Grundsätzen verpflichtet. Entgegen anderen Ansichten[1104] besteht unseres Erachtens für den Zusatzversicherer, der gleichzeitig in der sozialen Krankenversicherung für einen Versicherten tätig wird, eine Bindung an verfassungs-, verwaltungs- und sozialrechtliche Grundsätze. Die enge Verknüpfung zwischen den Leistungen aus der obligatorischen Krankenpflegeversicherung und den darauf aufbauenden Zusatzversicherungs- 555

[1104] MAURER (Krankenversicherungsrecht), 138.

leistungen lassen es unseres Erachtens nicht zu, dass die Anliegen des KVG über den Umweg über das VVG unterlaufen würden. Im Übrigen müssen die Krankenversicherer im VVG-Bereich die Vorgaben des Kartellgesetzes beachten und sind an den Grundsatz des lauteren Wettbewerbs gebunden.

Kapitel 7 – Gesundheitsrechtliche Bestimmungen im übrigen Sozialversicherungsrecht

§ 1 Allgemeines

1. Überblick

Die Sozialversicherung als staatlich anerkannte Aufgabe widerspiegelt die gesellschaftliche Ordnung eines Staates. Die Entwicklung ist von religiösen, politischen, wirtschaftlichen und rechtlichen Aspekten abhängig[1105]. Heute hat in der Schweiz eine Person, die zum Kreis der versicherten Personen gehört und der Versicherungs- bzw. Vorsorgefall eintritt, einen gerichtlich durchsetzbaren Rechtsanspruch.

> Unter dem Sozialrecht, welches kein klar abgegrenztes Gebiet der Gesetzgebung bildet, kann man jede Gruppe von Normen unserer Gesetzgebung verstehen, die mit einer sozialpolitischen Zielsetzung erlassen wird.

Als öffentliche Versicherung kann die Sozialversicherung mit oder ohne Beitragspflicht der Interessierten bestehen. In mehreren Zweigen, wie beispielsweise der AHV und der IV sowie der KV, werden die Versicherungskosten sowohl durch Prämien als auch durch öffentliche Beiträge (Subventionen), d.h. durch Steuermittel, finanziert.

Definiert wird das Sozialversicherungsrecht wie folgt[1106]:

«Sozialversicherungsrecht ist jener Bereich der Rechtsordnung, welcher die ganze Bevölkerung oder einzelne ihrer Schichten durch Versicherungsverhältnisse, die öffentlich-rechtlich ausgestaltet sind und der Sozialversicherungsgerichtsbarkeit unterliegen, gegen soziale Risiken zu sichern bestimmt ist.»

[1105] In Zeiten, in denen die Armut als gottgegeben und -gewollt angesehen wurde, überliess man die Betroffenen ihrem harten Schicksal. Im Rahmen der christlichen Nächstenliebe wurde jedoch schon früh durch die Kirche Hilfeleistung geboten. Als staatliche Aufgabe wurde die sozialstaatliche Zielsetzung der Förderung der gemeinsamen Wohlfahrt, wie dies auch in Art. 2 BV steht, erst später durch klare Kompetenzartikel konkretisiert.

[1106] Definition aus: MAURER, Sozialversicherungsrecht, § 4, S. 80.

Das Ziel der Sozialversicherung besteht darin, eine Ausgleichs- bzw. Ersatzfunktion wahrzunehmen, wenn ein Vorsorge- oder Versicherungsfall eingetreten ist[1107].

558 Für jeden Sozialversicherungszweig wurde ein eigenes Gesetz erlassen, wobei der jeweilige Detaillierungsgrad sehr hoch ist. So werden beispielsweise Leistungsarten, Leistungsumfang und Finanzierung zwingend und in allen Einzelheiten vorgeschrieben.

Zu den Sozialversicherungen gehören die folgenden Bundesgesetze:
– Bundesgesetz über die Krankenversicherung (KVG vom 18. März 1994, SR 832.10);
– Bundesgesetz über die Unfallversicherung (UVG vom 20. März 1981, SR 832.20);
– Bundesgesetz über die Alters- und Hinterlassenenversicherung (AHVG vom 20. Dezember 1946, SR 831.10);
– Bundesgesetz über die Invalidenversicherung (IVG vom 19. Juni 1959, SR 831.20);
– Bundesgesetz über Ergänzungsleistungen zur Alters-, Hinterlassenen- und Invalidenversicherung (ELG vom 19. März 1965, SR 831.30);
– Bundesgesetz über die berufliche Alters-, Hinterlassenen- und Invalidenvorsorge (BVG vom 25. Juni 1982, SR 831.40);
– Bundesgesetz über die Erwerbsersatzordnung für Dienstleistende in Armee, Zivildienst und Zivilschutz (EOG vom 25. September 1952, SR 834.1);
– Bundesgesetz über die obligatorische Arbeitslosenversicherung und die Insolvenzentschädigung (AVIG vom 25. Juni 1982, SR 837.0);
– Bundesgesetz über die Familienzulagen in der Landwirtschaft (FLG vom 20. Juni 1952, SR 836.1);
– Bundesgesetz über die Militärversicherung (MVG vom 19. Juni 1992, SR 833.1).

2. Vereinheitlichung und Koordination des Sozialversicherungsrechts: BG über den Allgemeinen Teil des Sozialversicherungsrechts

559 Das Sozialversicherungsrecht leidet unter einer verwirrlichen Unübersichtlichkeit und materiell- sowie formellrechtlichen Divergenzen

---

[1107] So erbringt beispielsweise die AHV Leistungen bei Alter und Tod des Versicherten; die IV, wenn jemand erwerbsunfähig bzw. invalid wird; die Krankenversicherung, wenn jemand erkrankt; die Unfallversicherung, wenn jemand eine Schädigung durch einen Unfall (inkl. Berufskrankheit) erleidet.

unter den einzelnen Sparten der Sozialversicherung, die nur schwierig zu verstehen und zu erklären sind. Die Praxis und die Lehre haben zahlreiche, jedoch nur punktuelle Klärungen bewirkt. Nach langem Ringen und vielen Vorarbeiten[1108] gelang es, auf dem gesetzgeberischen Weg eine Rechtsvereinheitlichung zu erreichen: Das noch nicht in Kraft gesetzte Bundesgesetz über den Allgemeinen Teil des Sozialversicherungsrechts (ATSG) vom 6. Oktober 2000[1109] dient der Koordination des Sozialversicherungsrechts des Bundes; ausgenommen ist allein das Recht der beruflichen Vorsorge. Das ATSG will diese Aufgabe durch verschiedene Vereinheitlichungsregelungen erreichen. Dabei sollen Grundsätze, Begriffe und Institute des Sozialversicherungsrechts übergreifend definiert werden, ein einheitliches Sozialversicherungsverfahren festgelegt und die Rechtspflege definiert werden, die Leistungen sollen aufeinander abgestimmt werden und letztlich soll auch der Rückgriff auf Leistungen Dritter geordnet werden[1110].

> Das ATSG geht nicht automatisch den einzelnen speziellen Sozialversicherungsgesetzen vor, sondern entfaltet nur dann und dort Wirkungen, wo es die Spezialgesetze vorsehen[1111]. Entsprechend hält das ATSG in seinem Anhang zur Änderung bisherigen Rechts für verschiedenste Sozialversicherungsgesetze genaue Festlegungen des Anwendungsbereiches des ATSG fest. Dabei werden in der Regel die Bestimmungen des jeweiligen Spezialerlasses genannt, auf welche das ATSG Anwendung findet und welche es nicht abdeckt (Regel), wobei festgehalten wird, dass einzelne der spezialgesetzlichen Bestimmungen bezüglich des Anwendungsbereiches Gegenteiliges vorsehen können (Ausnahmen von der Regel)[1112].

[1108] Vgl. BBl 1991 II 185, 1991 II 910, 1994 V 921 und 1999 4523 sowie Amtliches Bulletin Nationalrat 1999, 1241 und 1244.
[1109] BBl 2000 5041. Vgl. weiter die Ausführungserlasse: Verordnung der Bundesversammlung vom 21. Juni 2002 betreffend die Änderung des Anhangs zum Bundesgesetz über den Allgemeinen Teil des Sozialversicherungsrechts (Revision 1 des Anhangs zum ATSG) (BBl 2002 803); Verordnung der Bundesversammlung vom 21. Juni 2002 betreffend die Änderung des Anhangs zum Bundesgesetz über den Allgemeinen Teil des Sozialversicherungsrechts im Zusammenhang mit der Inkraftsetzung des Bundesgesetzes zum Abkommen zwischen der Schweizerischen Eidgenossenschaft einerseits und der Europäischen Gemeinschaft sowie ihren Mitgliedstaaten andererseits über die Freizügigkeit (Revision 2 des Anhangs zum ATSG) (BBl 2002 803).
[1110] Art. 1 ATSG.
[1111] Art. 2 ATSG.
[1112] Z. B. für das Unfallversicherungsgesetz (neuer Art. 1 UVG):
¹ Die Bestimmungen des Bundesgesetzes vom 6. Oktober 2000 über den Allgemeinen Teil des Sozialversicherungsrechts (ATSG) sind auf die Unfallversicherung anwend-

560 Von besonderem Interesse für die gesundheitsrechtlichen Aspekte des Sozialversicherungsrechts sind die Definitionen der versicherten Risiken. So wird etwa das Krankenversicherungsrecht bezüglich der Definition von Krankheit, Unfall und Mutterschaft vollständig auf das ATSG verwiesen. Art 3–5 ATSG definieren diese Risiken folgendermassen:

Art. 3 Krankheit
[1] Krankheit ist jede Beeinträchtigung der körperlichen oder geistigen Gesundheit, die nicht Folge eines Unfalles ist und die eine medizinische Untersuchung oder Behandlung erfordert oder eine Arbeitsunfähigkeit zur Folge hat.
[2] Als Geburtsgebrechen gelten diejenigen Krankheiten, die bei vollendeter Geburt bestehen.

Art. 4 Unfall
Unfall ist die plötzliche, nicht beabsichtigte schädigende Einwirkung eines ungewöhnlichen äusseren Faktors auf den menschlichen Körper, die eine Beeinträchtigung der körperlichen oder geistigen Gesundheit oder den Tod zur Folge hat.

Art. 5 Mutterschaft
Mutterschaft umfasst Schwangerschaft und Niederkunft sowie die nachfolgende Erholungszeit der Mutter.

Diese Unterstellung ist für das Krankenversicherungsgesetz allerdings ohne jede materielle Bedeutung, da Art. 2 KVG die selben Risiken heute ausnahmslos gleich definiert. Die praktische Bedeutung der Definitionen liegt jedoch darin, dass sie nunmehr über alle Sozialversicherungszweige hinweg verbindlich sind.

561 Das ATSG regelt weiter die Leistungen (Sach- und Geldleistungen), hier insbesondere den Grad der Invalidität[1113], die Revision der Invalidenrente[1114], sodann die Kürzung und Verweigerung von Leistungen[1115], das Erlöschen des Anspruchs auf Leistungen[1116], die Rückerstattung unrechtmässig bezogener Leistungen[1117] und die Verzugs- und Vergütungszinsen[1118]. Einen sehr grossen Teil des ATSG machen die Bestimmungen zum Verfahren und zum Rechtsschutz aus[1119]. Die Koordinationsregeln

---

bar, soweit das vorliegende Gesetz nicht ausdrücklich eine Abweichung vom ATSG vorsieht.
[2] Sie finden keine Anwendung in folgenden Bereichen:
 a. Medizinalrecht und Tarifwesen (Art. 53–57);
 b. Registrierung von Unfallversicherern (Art. 68);
 c. Verfahren über geldwerte Streitigkeiten zwischen Versicherern (Art. 78a).
[1113] Art. 16 ATSG.
[1114] Art. 17 ATSG.
[1115] Art. 21 ATSG.
[1116] Art. 24 ATSG.
[1117] Art. 25 ATSG.
[1118] Art. 26 ATSG.
[1119] Art. 27–62 ATSG.

des ATSG beziehen sich nur auf Leistungen der verschiedenen Sozialversicherungen; die Koordination von Leistungen innerhalb der einzelnen Sozialversicherung richtet sich nach dem jeweiligen Einzelgesetz[1120].

Besonders zu erwähnen ist, dass für die Heilbehandlung eine Kostenübernahmekaskade festgehalten wird. Sind die Leistungen der Kostenübernahme bei einer Heilbehandlung durch das jeweilige Spezialgesetz zu übernehmen, so gehen sie primär zulasten der Militärversicherung, dann zulasten der Unfallversicherung, der Invalidenversicherung und zuletzt der Krankenversicherung[1121]. Dabei muss der in Anspruch genommene Versicherer die vollen Kosten der stationären Behandlung selbst dann übernehmen, wenn der Gesundheitsschaden nur zum Teil auf einen von ihm zu deckenden Versicherungsfall zurückzuführen ist[1122]. 562

§ 2 Soziale Unfallversicherung (UV)

1. Allgemeines

Die Entstehung der sozialen Unfallversicherung ist eng mit derjenigen der sozialen Krankenversicherung verbunden; ursprünglich wurde die Unfallversicherung zusammen mit der Krankenversicherung im Bundesgesetz über die Kranken- und Unfallversicherung (KUVG) vom 13.6.1911 geregelt, wobei die beiden Bereiche jedoch strikt getrennt wurden. Zu jener Zeit war die Schweizerische Unfallversicherungsanstalt (SUVA), welche 1918 gegründet wurde, als einziger Versicherungsträger zur Durchführung des Versicherungsobligatoriums ermächtigt. Heute gilt für die Unfallversicherung die eigenständige Regelung im Bundesgesetz über die Unfallversicherung (UVG) vom 20. März 1981. Das UVG trat 1984 in Kraft, beruht auf Art. 117 BV und wird durch mehrere bundesrätliche Verordnungen ergänzt[1123]. Mit dem UVG werden sämtliche Arbeitnehmer versichert und zudem weitere Versicherungsträger anerkannt. Das Gesetz bestimmt in Art. 61 ff., welche Betriebe in den Bereich der SUVA fallen; die übrigen Betriebe müssen bei einer der anderen zugelas- 563

[1120] Art. 63 Abs. 1 und 3 ATSG.
[1121] Art. 64 Abs. 2 ATSG.
[1122] Art. 64 Abs. 3 ATSG.
[1123] So beispielsweise durch die Verordnung über die UV (UVV), die Verordnung über die Verhütung von Unfällen und Berufskrankheiten (VUV) oder durch die Verordnung des EDI über die Abgabe von Hilfsmittel durch die UV (HVUV).

senen Versicherungen[1124] ihre Versicherungspflicht erfüllen. Als Auffangnetz dienen die Ersatzkassen, die diejenigen Arbeitnehmer versichern, deren Arbeitgeberbetrieb den Versicherungspflichten nicht nachkommt.

2. Definition des Unfallbegriffs

> Die rechtliche Definition des Unfallbegriffes stimmt mit derjenigen in der Krankenversicherung überein; die Legaldefinition findet sich in Art. 9 Abs. 1 UVV: Als Unfall gilt die plötzliche, nicht beabsichtigte schädigende Einwirkung eines ungewöhnlichen äusseren Faktors auf den menschlichen Körper.

564   Dabei müssen fünf Merkmale kumulativ vorliegen:

– *Äusserer Faktor*
Das Ereignis, das auf den Körper einwirkt, muss sich zu einem erheblichen Teil in der Aussenwelt abspielen[1125]. Die Folgen können sich aber unter Umständen ausschliesslich im Körperinnern auswirken.

– *Ungewöhnlicher Faktor*
Der äussere Faktor muss «den Rahmen des im jeweiligen Lebensbereich Alltäglichen oder Üblichen»[1126] sprengen[1127]. Die Ungewöhnlichkeit bezieht sich nicht auf die Wirkung des äusseren Faktors, sondern nur auf diesen selber. Ob es sich um einen ungewöhnlichen äusseren Faktor handelt, beurteilt sich im Einzelfall, wobei grundsätzlich nur die objektiven Umstände in Betracht fallen[1128]. Auch eine ungewöhnliche Körperbewegung kann einen ungewöhnlichen äusseren Faktor darstellen. Eine ärztliche Behandlung erfüllt nur dann das Merkmal des ungewöhnlichen Faktors, wenn die Vornahme unter den jeweils ge-

---

[1124] Vgl. dazu Art. 68 ff. UVG.
[1125] Dazu gehören beispielsweise das Eindringen von Wasser in die Atmungswege, das Stolpern wegen eines Steins oder ein Schlag mit den dadurch verursachten Folgen.
[1126] BGE 116 V 147; 112 V 203.
[1127] Die Ungewöhnlichkeit wurde beim Sprung ins Wasser von einem Zehnmeterbrett bejaht, bei welchem das Trommelfell des Patienten perforiert wurde. Der plötzlich zunehmende Wasserdruck könne als ungewöhnlich angesehen werden. Als ungewöhnlich gelten zudem beispielsweise Sturz, Schlag, Fall, Stolpern, Ausgleiten, aber auch Überanstrengung und unkoordinierte Bewegungen. Gemäss RKUV 5/1999, S. 477 ff., wurde auch ein beim Verzehr eines Reisgerichts durch ein Steinchen verursachter Zahnabbruch als aussergewöhnlicher äusserer Faktor und damit als Unfall qualifiziert.
[1128] Vgl. BGE 121 V 38 E. 1a. So wurde in BGE 122 V 230 ff. ein Zeckenbiss als ungewöhnlicher äusserer Faktor anerkannt.

gebenen Umständen vom medizinisch Üblichen ganz erheblich abweicht und objektiv betrachtet entsprechend grosse Risiken in sich schliesst, wobei niemand im Voraus ernsthaft mit der Schädigung zu rechnen braucht[1129]. Durch dieses Kriterium soll die Abgrenzung zwischen Unfall und Krankheit erleichtert werden.

– *Plötzliche Einwirkung*
Der ungewöhnliche äussere Faktor muss rasch und einmalig auf den menschlichen Körper *einwirken*[1130], d.h., die Einwirkung ist auf kürzeste Zeit, auf Sekunden oder Bruchteile davon beschränkt[1131]. Eine länger anhaltende Einwirkung wird als plötzliche anerkannt, wenn es sich beispielsweise um ionisierende Strahlen handelt[1132]. Auf die Festlegung einer generellen zeitlichen Obergrenze wird in der Rechtsprechung verzichtet. Durch das Kriterium der plötzlichen Einwirkung kann zwischen einer gewöhnlichen, meist schleichend auftretenden Krankheit und dem Unfall unterschieden werden.

– *Schädigende Einwirkung*
Das äussere Ereignis muss einen Gesundheitsschaden bewirken, wobei es sich um eine körperliche oder psychische[1133] Störung handeln kann. Die medizinisch feststellbare Störung muss eine Heilbehandlung nötig machen, eine Arbeitsunfähigkeit oder den Tod nach sich ziehen.

– *Nicht beabsichtigte Schädigung*
Nicht um einen Unfall handelt es sich, wenn sich jemand absichtlich gesundheitlich schädigt, wobei die Absicht auf die gesundheitliche Schädigung selbst gerichtet sein muss. Die Selbsttötung stellt daher nur dann einen Unfall dar, wenn die versicherte Person für die Handlung urteilsunfähig im Sinne von Art. 16 ZGB war[1134].

[1129] Vgl. BGE 118 V 283 und BGE 121 V 35.
[1130] Die *Einwirkung* auf den menschlichen Körper muss plötzlich sein, nicht aber die Schmerzen.
[1131] So z.B. bei Schuss, Schlag, Sturz.
[1132] Bei Sonnenstich, Sonnenbrand, Hitzschlag oder Erfrierungen wird die Plötzlichkeit verneint, ausser sie treten unter ausserordentlichen Umständen auf, wie beispielsweise wenn ein Bergsteiger wegen Erschöpfung liegen bleibt und der Sonnenbestrahlung oder auch der Kälte ausgesetzt ist. Vgl. RKUV 1987, S. 373; BGE 98 V 166.
[1133] Zur Problematik des adäquaten Kausalzusammenhangs bei psychischen Unfallfolgen: Die Praxis 4/2000, S. 430 ff. Danach ist bei banalen Unfällen der adäquate Kausalzusammenhang zwischen Unfall und psychischer Schädigung meist zu verneinen, bei schweren Unfällen dagegen meist zu bejahen. Bei Unfällen aus dem mittleren Bereich kann die Frage nicht allein auf Grund des Unfalls beantwortet werden, sondern weitere objektiv erfassbare Umstände sind in die Gesamtwürdigung mit einzubeziehen.
[1134] Vgl. BGE 113 V 62.

3. Versicherte Risiken

565 Die soziale Unfallversicherung versichert Gesundheitsschäden unterschiedlicher Herkunft:

- Berufsunfälle (Art. 7 UVG i. V. m. Art. 12 f. UVV);

  Berufsunfälle sind Unfälle, die sich im Zusammenhang mit der beruflichen Arbeit ereignen, um deretwillen eine Person nach UVG versichert ist (inkl. Arbeitspausen). Art. 7 Abs. 1 UVG i. V. m. Art. 12 UVV hält diese kasuistisch fest.

- Nichtberufsunfälle (Art. 8 UVG i. V. m. Art. 13 UVV);

  Gemäss Art. 8 Abs. 1 UVG gelten als Nichtberufsunfälle alle Unfälle, die nicht zu den Berufsunfällen gehören. Insbesondere Sportunfälle, Unfälle im häuslichen Bereich und Verkehrsunfälle, die nicht mit der Arbeit zusammenhängen, zählen zu den Nichtberufsunfällen.

  Die Unterscheidung Berufs- und Nichtberufsunfälle ist im Hinblick auf den Versicherungsschutz der teilzeitbeschäftigten Personen massgebend, da diese bei einer Arbeitszeit unter acht Wochenstunden nicht obligatorisch für Nichtberufsunfälle versichert sind[1135].

- Berufskrankheiten (Art. 9 UVG i. V. m. Art. 14 UVV);

  «Als Berufskrankheiten gelten Krankheiten, die bei der beruflichen Tätigkeit ausschliesslich oder vorwiegend durch schädigende Stoffe oder bestimmte Arbeiten verursacht worden sind.»[1136]

  Auch Krankheiten, von denen nachgewiesen wird, dass sie ausschliesslich oder stark überwiegend durch die berufliche Tätigkeit verursacht wurden, gehören dazu. Anhang 1 Ziff. 1 UVV (einfache Liste) führt abschliessend die schädigenden *Stoffe* auf, die unabhängig vom Krankheitsbild als Ursachen für Berufskrankheiten in Betracht kommen. Ziff. 2 enthält eine abschliessende Aufzählung der *Krankheiten*, die mit bestimmten Arbeiten korrespondieren. Dabei handelt es sich um eine so genannte Doppelliste, da zu den aufgelisteten Arbeiten jeweils gewisse Krankheitsbilder erforderlich sind. Zwischen dem verursachenden Stoff oder der verursachenden Arbeit einerseits und der Berufskrankheit andererseits

---

[1135] Vgl. Art. 7 Abs. 2 UVG i. V. m. Art. 13 UVV.
[1136] Wortlaut des Art. 9 Abs. 1 UVG.

muss ein Kausalzusammenhang bestehen. Ist eine Berufskrankheit gegeben, haftet der Versicherer auch für die weiteren Folgen, soweit diese in adäquatem Kausalzusammenhang zur Berufskrankheit stehen.

- Unfallähnliche Körperschädigungen (Art. 9 Abs. 2 UVV)

Bei den unfallähnlichen Körperschädigungen, die den Unfällen im Rechtssinn gleichgestellt werden, handelt es sich um die oft strittigen Fälle, in denen der ungewöhnliche äussere Faktor fehlt, somit juristisch gesehen kein Unfall vorliegt, medizinisch jedoch nicht ohne weiteres eine «gewöhnliche» Krankheit diagnostiziert werden kann. Um diesen unbefriedigenden Zustand zu mildern, wurde mit Art. 9 Abs. 2 UVV eine abschliessende Liste eingeführt, welche durch Analogieschlüsse der Richter nicht erweitert werden darf[1137]. Danach ist zwar kein aussergewöhnliches, doch aber ein plötzliches Ereignis erforderlich[1138]. Die aufgezählten Verletzungen gelten, mit Ausnahme der Knochenbrüche, auch dann als versichert, wenn sie ganz oder teilweise auf Krankheits- oder Degenerationserscheinungen beruhen.

Nebst den adäquat kausal auf einen Unfall zurückzuführenden Schäden müssen von der UV auch Unfallfolgen im Sinne von Rückfällen[1139] oder Spätfolgen[1140] übernommen werden.

566

4. Versicherte Personen

Obligatorisch versichert sind gemäss Art. 1 UVG alle in der Schweiz beschäftigten[1141] *Arbeitnehmer und Arbeitnehmerinnen*[1142], wo-

567

[1137] Vgl. BGE 114 V 302 E. 3d, BGE 116 V 145.
[1138] Ein solches ist beispielsweise gegeben, wenn jemand plötzlich aus der Hocke aufsteht oder sonst eine heftige Bewegung macht, woraus eine der aufgezählten Verletzungen resultiert.
[1139] Unter Rückfall ist das Wiederaufflackern einer vermeintlich geheilten Unfallfolge mit erneuter Behandlungsbedürftigkeit oder Arbeitsunfähigkeit zu verstehen. Vgl. LOCHER, § 29, II.
[1140] Bei einer Spätfolge führt eine scheinbar geheilte Unfallfolge im Verlauf der Zeit zu anders gearteten Gesundheitsschäden. Vgl. LOCHER, § 29, II.
[1141] Beschäftigt ein Arbeitgeber seinen versicherten Arbeitnehmer für beschränkte Zeit im Ausland, wird die UV dann nicht unterbrochen, wenn der Arbeitnehmer unmittelbar vor seiner Entsendung ins Ausland obligatorisch versichert war, weiterhin zu einem Arbeitgeber in der Schweiz in einem Arbeitsverhältnis bleibt und ihm gegenüber einen Lohnanspruch hat. Vgl. Art. 2 UVG i. V. m. Art. 4 UVV. Für die in die Schweiz entsandten Arbeitnehmer gilt Art. 2 UVG i. V. m. Art. 6 UVV.
[1142] Der Begriff des Arbeitnehmers bzw. der Arbeitnehmerin wird im Gesetz nirgends umschrieben. In BGE 115 I 58 wird als Arbeitnehmer bezeichnet, «wer um des Erwerbes

bei Teilzeitbeschäftigte mit weniger als acht Wochenstunden[1143] gemäss Art. 7 Abs. 2 und Art. 8 Abs. 2 UVG nur für Berufsunfälle und Unfälle auf dem Arbeitsweg versichert sind. Beträgt die wöchentliche Arbeitszeit der Teilzeitbeschäftigten bei *einem* Arbeitgeber mindestens acht Wochenstunden, sind diese gemäss Art. 13 Abs. 1 UVV auch gegen Nichtberufsunfall versichert[1144]. Seit dem 1. Januar 1996 sind Personen, die Taggelder der Arbeitslosenversicherung beziehen, bei der SUVA obligatorisch gegen Nichtberufsunfälle versichert.

Der Bundesrat kann gemäss Art. 1 Abs. 2 UVG die Versicherungspflicht einerseits auch auf Personen ausdehnen, die in einem arbeitsvertragsähnlichen Verhältnis stehen, im Gegenzug dazu aber auch Ausnahmen von der Versicherungspflicht vorsehen. In den Art. 1 ff. UVV hat der Bundesrat von dieser Ermächtigung Gebrauch gemacht. Danach sind beispielsweise auch Insassen von Straf-, Verwahrungs- und Arbeitserziehungsanstalten sowie Erziehungsheimen für die Zeit, in der sie ausserhalb des Anstalts- oder Heimbetriebs von Dritten gegen Lohn beschäftigt werden, obligatorisch versichert.

568 Gemäss Art. 4 UVG können sich in der Schweiz wohnhafte Selbständigerwerbende[1145] und deren mitarbeitende Familienmitglieder *freiwillig* versichern. Davon ausgeschlossen sind gemäss Art. 4 Abs. 2 UVG nichterwerbstätige[1146] Arbeitgeber, welche lediglich Hausbedienstete beschäftigen[1147]. Für die freiwillige Versicherung des Arbeitgebers ist jener Versi-

---

oder der Ausbildung Willen für einen Arbeitgeber, mehr oder weniger untergeordnet, dauernd oder vorübergehend tätig ist, ohne hiebei ein eigenes wirtschaftliches Risiko tragen zu müssen». Blosse Handreichungen und kleinere Freizeitbeschäftigungen reichen in der Regel nicht; weisen diese aber eine beträchtliche Intensität und Regelmässigkeit auf, können diese Personen Arbeitnehmer i.S.d. UVG sein.

[1143] Vgl. Art. 13 UVV.
[1144] Analog der Regelung der AHV/IV können Versicherte für einen geringfügigen Nebenerwerb, mit welchem sie höchstens CHF 2000.– pro Jahr verdienen, mit der Zustimmung des Arbeitgebers auf den Versicherungsschutz für diese Tätigkeit verzichten. Vgl. dazu WIDMER, 9.2.1.
[1145] Der Begriff des Selbständigerwerbenden kann von Art. 9 Abs. 1 AHVG übernommen werden. Daraus resultieren folgende Tatbestandsmerkmale der selbständigen Tätigkeit: 1) Leistung von Arbeit, 2) mit Erwerbsabsicht, 3) in selbständiger Stellung. Vgl. dazu LOCHER, § 21.
[1146] Nichterwerbstätige Personen können sich in der UV nicht versichern lassen. Problematisch ist dies bei der vorwiegend durch Frauen ausgeführten Familienarbeit, die als nichterwerbstätig gilt und somit nicht versicherbar ist.
[1147] D.h. Hausmänner und Hausfrauen, die «nicht erwerbstätig» sind und beispielsweise ein Dienstmädchen angestellt haben, können sich somit nicht freiwillig bei der UV versichern lassen. Sie haben nur die Möglichkeit, sich bei privaten Versicherungsgesellschaften oder bei Krankenkassen gegen Unfall versichern zu lassen, sofern sie über den subsidiären Schutz der Krankenversicherung bei Unfällen gemäss Art. 28 KVG hinausgehen wollen.

cherer zuständig, der die Arbeitnehmer dieses Arbeitgebers obligatorisch versichert[1148]. Auch Versicherte, die ins AHV-Alter eintreten, nicht mehr als Arbeitnehmer tätig sind und somit aus der obligatorischen Versicherung ausscheiden, können unter den Voraussetzungen von Art. 134 Abs. 2 UVV der freiwilligen Versicherung beitreten.

Im Gegensatz zur Krankenversicherung ist die Unfallversicherung somit eine Klassenversicherung und nicht eine Volksversicherung. 569

Personen, die nicht nach dem UVG gegen Unfall versichert sind, sind für dieses Risiko gemäss Art. 1 und 8 ff. KVG subsidiär über die obligatorische Krankenpflegeversicherung abgedeckt. 570

5. Versicherer

Je nach Versichertenkategorie wird die Unfallversicherung durch die Schweizerische Unfallversicherung (SUVA) oder durch andere zugelassene Versicherer bzw. eine von diesen betriebene Ersatzkasse durchgeführt[1149]. 571

a)   Schweizerische Unfallversicherungsanstalt (SUVA)

> Die Schweizerische Unfallversicherungsanstalt mit Sitz in Luzern ist eine öffentlich-rechtliche Anstalt des Bundes mit eigener Rechtspersönlichkeit. Die SUVA besitzt eine grosse Autonomie und kann deshalb Satzungen[1150] erlassen. Die Organisation der SUVA ist in Art. 61 ff. UVG festgelegt. Die SUVA, eine juristische Person des öffentlichen Rechts, steht ausserhalb der Bundesverwaltung, ist finanziell unabhängig und erhält keine Subventionen (Selbstverwaltungsorganisation). Sie erhebt Prämien nach dem Prinzip der Gegenseitigkeit aufgrund der Unfallkosten, den Aufwendungen zur Unfallverhütung und den Verwaltungskosten; die SUVA ist nicht gewinnorientiert.

In Art. 66 UVG und 73–89 UVV sind die Betriebe aufgezählt, die in den Tätigkeitsbereich der SUVA fallen. Dazu gehören vor allem Betriebe 572

[1148] Vgl. Art. 135 UVV.
[1149] Vgl. Art. 58 UVG.
[1150] Satzungen haben den Charakter eines Rechtssatzes, gelten dabei aber in der Regel nur für Personen, welche in einem besonderen Rechtsverhältnis zum Versicherungsträger stehen. Über diesen Personenkreis hinaus können sie per Aussenwirkung nur wirksam sein, wenn das Gesetz dies festlegt. Vgl. dazu beispielsweise Art. 63 UVG, in welchem die SUVA befugt wird, Prämientarife aufzustellen.

des primären und sekundären Wirtschaftssektors. Das Versicherungsverhältnis mit der SUVA entsteht und endet gemäss Art. 59 Abs. 1 UVG *von Gesetzes wegen*, d.h., es muss kein Antrag gestellt und auch kein Vertrag abgeschlossen werden. Durch Vereinbarung ist eine freiwillige Versicherung gemäss Art. 61 ff. UVG möglich, welche durch schriftlichen Vertrag begründet wird. Alle übrigen Betriebe fallen in den Tätigkeitsbereich der anderen Versicherer gemäss Art. 68 UVG, welche den gleichen Versicherungsschutz wie die SUVA zu bieten haben. Dies zeigt, dass die Grenzziehung zwischen den Tätigkeitsbereichen der SUVA und der anderen Versicherer keine soziale, sondern nur noch eine rein wirtschaftliche und politische Funktion hat.

Damit keine Versicherungslücke entsteht, sind die Arbeitnehmer von Gesetzes wegen gemäss Art. 59 UVG auch bei der SUVA versichert, wenn der Arbeitgeber die Eröffnung oder die Einstellung des Betriebes nicht pflichtgemäss gemeldet hat.

b) *Andere zugelassene Versicherer*

573   Für Betriebe und Verwaltungen, die nicht zum Tätigkeitsbereich der SUVA gehören, sind die in Art. 68 UVG genannten Versicherer zugelassen, welche rund einen Drittel der Arbeitnehmer versichern. Bei den Versicherten handelt es sich vor allem um Dienstleistungsbetriebe wie Banken, Versicherungen, Spitäler sowie um handwerkliche, gewerbliche und landwirtschaftliche Betriebe.

Zur Erfüllung dieser Tätigkeit zugelassen sind private Versicherungseinrichtungen, öffentliche Unfallversicherungskassen und anerkannte Krankenkassen, die im Register des Bundesamtes für Sozialversicherung[1151] eingetragen sind. Gemäss Art. 69 UVG sind die Arbeitgeber verpflichtet, ihre Arbeitnehmer bei einem dieser Versicherer zu versichern. Die Versicherer nach Art. 68 UVG haben, wie schon vorstehend erwähnt, die selben Gefahren zu versichern und die gleichen Leistungen zu erbringen wie die SUVA.

Das Versicherungsverhältnis mit einer Versicherungsgesellschaft nach Art. 68 UVG, welche dem Versicherungsaufsichtsgesetz untersteht, wird nach Art. 59 Abs. 2 UVG mit dem Abschluss eines Versicherungs*vertrags* begründet.

[1151] Art. 68 UVG sowie Art. 90 UVV regeln die Registrierung der Versicherer.

c)   Ersatzkasse

Damit auch bei den Versicherern nach Art. 68 UVG die Versicherungslücke geschlossen wird, schreibt Art. 72 UVG ff. eine Ersatzkasse vor, die als Auffangnetz dient und (im Versicherungsfall) für den nichtversicherten Arbeitnehmer die gesetzlichen Leistungen erbringt. Die Ersatzkasse kann Arbeitgeber, die ihrer Versicherungspflicht trotz Mahnung nicht nachkommen, einem solchen Versicherer durch Verfügung zuweisen. 574

Das Versicherungsverhältnis mit einer Ersatzkasse entsteht *von Gesetzes wegen* und erlischt, sobald der Versicherte einer anderen zugelassenen Versicherung beigetreten ist oder mit seinem Tode.

6. Aufsicht über die Versicherungen

Gemäss Art. 79 UVG ist der Bundesrat oberste Aufsichtsbehörde über die Unfallversicherungen. Dieser hat seine Aufsichtskompetenz in Art. 104 UVV an das Bundesamt für Sozialversicherung und das Bundesamt für Privatversicherungswesen delegiert. Die beiden Ämter müssen dabei ihre Aufsicht koordinieren. Sie sorgen für eine einheitliche Anwendung des Gesetzes durch die Versicherer, sorgen für die Führung einheitlicher Statistiken, klären Sachverhalte ab und ordnen allenfalls Massnahmen zur Behebung des Mangels an. 575

7. Versicherungsleistungen

a)   Pflegeleistungen und Kostenvergütungen

Die *Pflegeleistungen* entsprechen weitgehend denjenigen der Krankenversicherung[1152]; im Gegensatz zur Krankenversicherung sind gemäss Art. 10 UVG jedoch auch Zahnschäden versichert.

Gemäss Art. 10 Abs. 2 i. V. m. Art. 53 UVG und Art. 68 f. UVV kann der Versicherte den Arzt, den Zahnarzt, den Chiropraktor, die Apotheke 576

[1152] Gemäss der Aufzählung von Art. 10 UVG hat der Versicherte Anspruch auf: a) die ambulante Behandlung durch den Arzt oder Zahnarzt, b) die verordneten Arzneimittel und Analysen, c) die Behandlung, Verpflegung und Unterkunft in der allgemeinen Abteilung eines Spitals, d) die ärztlich verordneten Nach- und Badekuren, e) die der Heilung dienlichen Mittel und Gegenstände.

oder die Heilanstalt, sofern diese für die Behandlung *geeignet* sind, *frei wählen*. Der Versicherte hat dabei Anrecht auf eine *zweckmässige*[1153], d.h. eine wissenschaftlich anerkannte und wirtschaftliche Behandlung[1154]. Die *Wirtschaftlichkeit* ist dabei verletzt, wenn der Leistungserbringer mehr oder Kostspieligeres tut, als angemessen wäre. Im Gegensatz zur Krankenversicherung gilt bei der Unfallversicherung nicht das Kostenvergütungs- sondern das *Naturalleistungsprinzip*, d.h., die Versicherung ist Schuldnerin des Leistungserbringers und nicht der Versicherte selbst. Dabei hat der Versicherte weder Franchise noch Selbstbehalt zu tragen. Beim Sonderfall des Unfalls im Ausland gilt ausnahmsweise auch bei der Unfallversicherung das Kostenvergütungsprinzip, wobei der Patient die Rechnung des Spitals oder Arztes vorerst selbst zu bezahlen hat, die Kosten nachträglich aber von der Versicherung zurückverlangen kann. Gemäss Art. 17 UVG ist diese Rückerstattungspflicht der Versicherung auf das Doppelte der Kosten beschränkt, die bei der Behandlung in der Schweiz entstanden wären.

Das *Kostenvergütungsprinzip* gilt gemäss Art. 11 ff. UVG für Hauspflege[1155], Reise-, Transport- und Rettungskosten[1156], Leichentransport- und Bestattungskosten[1157], Hilfsmittel sowie für Schäden an Sachen, welche einen Körperteil oder eine Körperfunktion ersetzen[1158].

[1153] Aus Art. 48 UVG kann das sonst nicht im UVG ausdrücklich festgehaltene Kriterium der Wirksamkeit der Behandlung abgeleitet werden. Ohne konkrete Aussicht auf Besserung ist eine Heilbehandlung abzuschliessen, womit eine übermässige Behandlung verhindert werden soll. Im Gegenzug dazu kann einem Versicherten nach Art. 48 Abs. 2 UVG die Versicherungsleistung jedoch auch ganz oder teilweise gekürzt werden, wenn diese Person eine zumutbare Heilbehandlung zu früh abbricht.

[1154] Vgl. Art. 10 Abs. 1 i. V. m. Art. 48 und Art. 54 UVG.

[1155] Die Hauspflege umfasst Heilbehandlung und medizinische Pflege, die in der Regel durch zugelassene Personen ausgeführt wird. Vgl. Art. 10 Abs. 3 UVG i. V. m. Art. 18 UVV.

[1156] Vgl. dazu Art. 13 UVG i. V. m. Art. 20 UVV. Für solche im Ausland entstandenen Kosten wird höchstens der Betrag bis zu einem Fünftel des Höchstbetrages des versicherten Jahresverdienstes vergütet. Vgl. Art. 20 Abs. 2 UVV.

[1157] Vgl. Art. 14 UVG i. V. m. Art. 21 UVV.

[1158] Bei den Hilfsmitteln nach Art. 11 UVG handelt es sich beispielsweise um Prothesen oder Hörgeräte. Die Liste der Kategorien der Hilfsmittel wird in der Verordnung des EDI über die Abgabe von Hilfsmitteln durch die Unfallversicherung (HVUV) abschliessend aufgezählt. Gemäss Art. 12 UVG hat der Versicherer auch die Schäden an Sachen zu decken, die einen Körperteil oder eine Körperfunktion, wie beispielsweise eine Prothese, ersetzen. Dabei muss der Schaden durch den Unfall entstanden sein.

b) Geldleistungen

> Durch die ausgerichteten *Taggelder oder Renten*, die als *Ersatzeinkommen* gelten, soll der Verdienst, der dem Betroffenen wegen des Unfalls entgeht, ganz oder teilweise ersetzt werden. Mit der *Integritätsentschädigung* hingegen soll ein immaterieller Nachteil ausgeglichen werden. Die *Hilflosenentschädigung* deckt dagegen Auslagen, die dem Invaliden wegen seiner Hilflosigkeit entstehen.

Gemäss Art. 16f. UVG besteht bei voller Arbeitsunfähigkeit[1159] ab dem dritten Tag ein Anspruch auf **Taggeld** in der Höhe von 80 % des versicherten Verdienstes[1160]. Dieses wird für sieben Tage pro Woche ausbezahlt[1161]. Bei teilweiser Arbeitsunfähigkeit wird das Taggeld entsprechend gekürzt[1162]. Die Höhe des Taggeldes richtet sich nach Art. 25 UVV. Für die Wartefrist[1163] des Unfalltages und der zwei diesem folgenden Tage hat der Arbeitgeber gemäss Art. 324 lit. b Abs. 3 OR mindestens vier Fünftel des Lohnes zu entrichten. Die Sonderfälle des Taggeldes und der Renten werden in den Art. 23f. UVV geregelt. Der Anspruch auf ein Taggeld erlischt mit der Wiedererlangung der vollen Arbeitsfähigkeit, dem Beginn einer Rente oder mit dem Tod des Versicherten.

577

Wenn mit der Hilfe der ärztlichen Behandlung keine namhafte Besserung des Gesundheitszustandes des Versicherten erwartet werden kann, dieser voraussichtlich bleibend oder für längere Zeit in seiner Erwerbsfähigkeit beeinträchtigt ist und allfällige Eingliederungsmassnahmen der IV abgeschlossen sind, entsteht gemäss Art. 19 Abs. 1 UVG ein lebenslänglicher Anspruch auf eine **Invalidenrente** (*Dauerrente*)[1164]. Die Tag-

578

[1159] Die Arbeitsunfähigkeit wird dabei im Normalfall vom Arzt eingeschätzt, im Streitfall durch einen Richter entschieden.

[1160] Der versicherte Verdienst ist nach oben begrenzt, sodass bei Spitzenverdienern nicht der ganze Lohn erfasst wird. Gemäss Art. 15 Abs. 3 UVG i. V. m. Art. 22 Abs. 1 UVV setzt der Bundesrat diesen Höchstbetrag fest. Arbeitslosenentschädigungen gelten beispielsweise nicht als Lohn. Künftige Lohnerhöhungen, mit denen der Versicherte rechnen konnte, bleiben in der Regel unberücksichtigt, da das Gesetz auf den vor dem Unfall bezogenen Lohn abstellt. Eine Lohnerhöhung wird nur berücksichtigt, wenn die Heilbehandlung wenigstens drei Monate gedauert hat und der Lohn in dieser Zeit um mindestens 10 % erhöht worden wäre. Vgl. WIDMER, 9.7.12.4.

[1161] Vgl. Art. 25 Abs. 1 UVV.

[1162] Vgl. Art. 17 Abs. 1 UVG i. V. m. Art. 22 Abs. 1 und 2 UVV.

[1163] Diese Wartefrist, die nach Art. 13 Abs. 2 KVG auf das Taggeld beschränkt ist, soll die Kranken- und Unfallversicherungen finanziell entlasten.

[1164] Eine Dauerrente wird festgesetzt, wenn zum Vornherein mit einer bleibenden Erwerbsunfähigkeit gerechnet wird. Auch eine Dauerrente kann jedoch geändert oder gar aufgehoben werden, wenn später ein Revisionsgrund nach Art. 22 UVG festgestellt werden sollte.

geldleistungen sowie die Heilbehandlung fallen hingegen grundsätzlich dahin. Die Ausnahmen dazu sind in Art. 10 ff. UVG geregelt. Mit der Invalidenrente soll dem Versicherten für die Verminderung der Erwerbsmöglichkeiten ein finanzieller Ausgleich in Form eines Ersatzeinkommens ausgerichtet werden, woraus aber keine Überentschädigung resultieren soll. Aus dem Schadenminderungsgrundsatz geht der Grundsatz der Eingliederung vor Rente hervor, wobei die Renten gekürzt oder entzogen werden können, wenn ein Versicherter eine zumutbare Heilbehandlung nicht weiterführt oder wieder aufnimmt[1165].

Eine volle Rente beträgt gemäss Art. 20 Abs. 1 UVG 80% des versicherten Verdienstes[1166]; eine kombinierte AHV/IV/UV-Rente kann 90% erreichen, wobei die UV-Rente gemäss Art. 20 Abs. 2 UVG als *Komplementärrente*[1167] ausgerichtet wird, d. h., die Komplementärrente der UV entspricht der Differenz zwischen 90% des versicherten Verdienstes und der Rente der IV oder AHV, höchstens aber dem für Voll- oder Teilinvalidität vorgesehenen Betrag. Bei Teilinvalidität[1168] wird die Rente, die so genannte *abgestufte Rente*, welche bei *Zeit-*[1169] und *Dauerrenten* zulässig ist, entsprechend herabgesetzt. Der Anspruch auf eine Invalidenrente erlischt nach Art. 19 Abs. 2 UVG « mit der gänzlichen Abfindung, mit dem Auskauf der Rente oder dem Tod des Versicherten». Die Rente erlischt überdies, wenn diese durch eine Revision nach Art. 22 UVG aufgehoben wird.

[1165] Vgl. Art. 21 Abs. 2 und 48 Abs. 2 UVG i. V. m. Art. 59 UVV.

[1166] Grundlage für die Bemessung der Invalidenrente ist der innerhalb eines Jahres vor dem Unfall bezogene Lohn. Ein Verdienstausfall wie Militär, Zivildienst, Unfall, Krankheit, Mutterschaft usw. wird dabei aufgerechnet, d. h., der normalerweise bezogene Lohn ist massgebend.

[1167] Durch das Institut der Komplementärrente soll eine Überentschädigung des Versicherten verhindert werden, indem bloss eine Zusatzrente zur IV- oder AHV-Rente gewährt wird. IV- oder AHV-Renten werden nicht gekürzt, solange der Versicherte zusätzlich eine Invalidenrente nach UVG beanspruchen kann.

[1168] Der Grad der Invalidität wird aus der Differenz des voraussichtlichen künftigen Erwerbseinkommens mit und ohne Invalidität, dem so genannten hypothetischen Einkommen, ermittelt. Wie der Grad der Invalidität in gewissen Sonderfällen ermittelt werden soll, wird in den Art. 28 f. UVV festgehalten. Daraus geht hervor, dass die Abstufung der Invalidität bei der UV-Rente, anders als bei der IV-Rente, sehr fein ist. Das EVG hat den umstrittenen Entscheid gefällt, dass auch eine Invalidität von weniger als 10% eine Dauerrente rechtfertigen könne. Vgl. BGE 120 V 268, 122 V 335.

[1169] Bei der Zeitrente wird die Invalidenrente nur für eine bestimmte Zeit gewährt. Diese Zeit wird gestützt auf die Prognose aus einem überzeugenden medizinischen Gutachten festgelegt. Erweist sich die Prognose im Nachhinein als falsch, muss die Rente aufgrund einer Revisionsverfügung weitergeführt werden.

Entsteht eine psychische Störung, beispielsweise eine Neurose[1170], als natürliche und adäquat kausale Folge auf einen Unfall, besteht auch in diesem Fall ein Anspruch auf eine Invalidenrente in Form einer einmaligen Abfindung. Dabei muss der Unfall als Ursache ernsthaft ins Gewicht fallen. Um eine solche Abfindung nach Art. 23 UVG zu erhalten, muss eine Prognose gemacht werden können, wonach aus der Situation geschlossen werden kann, dass der Versicherte durch die Kapitalabfindung wieder erwerbsfähig werde. Beim Versicherten mit einer psychischen Störung soll das Geld den Anreiz geben, den kranken Willen anzuspornen und wieder zu arbeiten, indem er sieht, wie das Geld andernfalls aufgebraucht wird, wenn er nichts verdient. Bei dieser speziellen Form der Eingliederungsmassnahme ist es angezeigt, zusätzlich therapeutische Hilfe anzubieten.

Bei erheblicher Änderung des Invaliditätsgrades des Rentenbezügers wird die Rente den Umständen entsprechend mittels einer Revision gemäss Art. 22 UVG abgeändert, d.h. erhöht, herabgesetzt oder aufgehoben. Damit soll die Rente an eine Änderung der Erwerbsunfähigkeit angepasst werden. Anlass zu einer Revision kann jeder Umstand geben, der geeignet ist, den Invaliditätsgrad und somit den Rentenanspruch zu beeinflussen. Dabei kann es sich um eine Änderung des Gesundheitszustandes oder der Erwerbssituation handeln. Der Invaliditätsgrad muss sich dadurch *erheblich* geändert haben.

Bei der ***Integritätsentschädigung*** geht es um eine einmalige Entschädigung für eine dauernde[1171] und erhebliche[1172] Schädigung der körperlichen oder geistigen Integrität. Damit sollen nicht finanzielle Nachteile behoben, sondern soll gemäss Art. 24 Abs. 1 UVG ein Ausgleich geschaffen werden, wenn jemand beispielsweise dauernd Schmerzen hat oder sein Leben sonst beeinträchtigt ist. Die Höhe der Entschädigung richtet sich nach einer Art «Gliedertabelle», somit nach objektiv ermittelten medizinisch-theoretischen Werten und nicht nach persönlichen Eigenheiten[1173]. Die Skala der Integritätsschäden ist in Anhang drei der UVV festgehalten

579

[1170] Bei der Neurose handelt es sich um eine psychische Störung, bei der vorwiegend unbewusste Konflikte und Erlebnisse abnorm verarbeitet werden. Die Symptome führen dabei von blosser Schweissabsonderung bis hin zu Lähmungen oder psychischer Blindheit. Anatomisch sind Neurosen nicht fassbar. Beruht eine Störung auf einem Hirnschaden, handelt es sich nicht um eine Neurose.
[1171] Gemäss Art. 36 UVV gilt eine Schädigung als *dauernd*, wenn diese voraussichtlich während des ganzen Lebens mindestens im gleichen Umfang besteht.
[1172] Als *erheblich* gilt die Schädigung, wenn «die körperliche oder geistige Integrität, unabhängig von der Erwerbsfähigkeit, augenfällig oder stark beeinträchtigt wird». Vgl. Art. 36 Abs. 1 Satz 2 UVV.
[1173] Somit erhält ein Bauarbeiter für ein entstelltes Gesicht die gleiche Entschädigung wie ein Dressman.

(vgl. Art. 36 Abs. 2 UVV). Dieser Anhang wird durch Feinraster der medizinischen Abteilung der SUVA ergänzt. Der Integritätsschaden wird einzig anhand des medizinischen Befundes bemessen, wobei unbeachtlich ist, ob der gesundheitliche Defekt allenfalls durch ein Hilfsmittel ausgeglichen werden kann[1174]. Voraussehbare Verschlimmerungen des Integritätsschadens werden bei der Bemessung der Entschädigung angemessen berücksichtigt. Führen ein oder mehrere Ereignisse zu verschiedenen Integritätsschäden, werden die Prozentsätze addiert, wobei jedoch das Verhältnis zu anderen Listenpositionen gewahrt bleiben muss. Die vom Verdienst des einzelnen Versicherten unabhängige Integritätsentschädigung kann zusätzlich zur Invalidenrente ausgerichtet werden.

580   Ist ein Versicherter dauernd auf Hilfe von Dritten angewiesen, hat er gestützt auf Art. 26 f. UVG i. V. m. Art. 37 f. UVV Anspruch auf *Hilflosenentschädigung*. Die Hilflosenentschädigung soll Kosten ausgleichen, die dem Hilflosen dadurch entstehen, dass er für die Bewältigung des täglichen Lebens auf Hilfe Dritter angewiesen ist, weshalb sie nicht gerechtfertigt ist, solange ein anderer Sozialversicherer die Kosten bei Hospitalisierung des Hilflosen trägt. Besitzt der Hilflose einen Anspruch auf Hilflosenentschädigung der UV, müssen die IV und AHV diese nicht mehr entrichten. Da die Höhe der Pflegekosten in keinem Zusammenhang mit dem Einkommen des Hilflosen steht, ist die Entschädigung unabhängig vom Verdienst, den der Hilflose vor Eintritt der Hilflosigkeit bezog. Die Höhe der Entschädigung richtet sich nur nach dem Grad der Hilflosigkeit, wobei eine gewisse Schwere erreicht werden muss, um eine Anspruchsberechtigung zu bewirken. Gemäss Art. 27 Abs. 2 i. V. m. Art. 22 UVG richtet sich die Revision der Hilflosenentschädigung nach den Regeln über die Revision der Rente.

581   Gemäss Art. 28 ff. UVG haben der überlebende Ehegatte und die Kinder Anspruch auf *Hinterlassenenrenten*, wenn ein Versicherter an den Folgen eines Unfalls stirbt. Die Hinterlassenenrenten werden dabei schematisch in Prozenten des versicherten Jahresverdienstes festgesetzt. Der Anspruch der Hinterlassenen leitet sich dabei aus dem Tod des Versicherten ab, wobei ein Verzicht des Versicherten auf Versicherungsleistungen die Hinterlassenen nicht berührt. Mit der Voraussetzung, dass eine Rente nur entrichtet wird, wenn bei der Verwitwung rentenberechtigte Kinder vorhanden sind oder der überlebende Ehegatte zu mindestens zwei Dritteln invalid ist, kommt der Aspekt des Versorgerschadens klar zum Ausdruck. Diese in Art. 29 UVG niedergeschriebenen Voraussetzungen des Anspruchs auf Leistung gelten für Witwe und Witwer in gleicher Weise. In Art. 29 Abs. 3 Satz 2 UVG wird die Witwe jedoch dahingehend privile-

---

[1174] Vgl. BGE 115 V 149 E. 3.

giert, als sie auch dann einen Anspruch auf eine Hinterlassenenrente hat, wenn sie bei der Verwitwung nicht mehr rentenberechtigte Kinder hat *oder* wenn sie das 45. Altersjahr zurückgelegt hat. Der kinderlose Witwer hat hingegen überhaupt keinen Anspruch. Gemäss Art. 29 Abs. 3 i. V. m. Art. 32 UVG hat auch nur die Witwe einen Anspruch auf eine einmalige Abfindung, wenn die Voraussetzungen für eine Rente nicht gegeben sind. Dem Witwer oder der Witwe gleichgestellt ist nach Art. 29 Abs. 4 UVG der geschiedene Ehegatte, sofern dieser zu Unterhaltszahlungen verpflichtet war[1175].

Mittels Art. 29 Abs. 2 UVG sollen missbräuchliche Eheschliessungen nach dem Unfall, für den Fall, dass das Ereignis nicht während der Ehe eingetreten ist, verhindert werden.

Art. 31 UVG setzt die Höhe der Renten, Art. 32 UVG die Höhe der Abfindungen fest. Der Anspruch auf die Rente beginnt erst im Monat nach dem Tod des Versicherten und erlischt mit der Wiederverheiratung[1176], dem Tode des Berechtigten oder dem Auskauf der Rente.

Die Kinder[1177] des Verstorbenen haben laut Art. 30 UVG Anspruch auf eine **Waisenrente**. Die Höhe der Waisenrente ist in Art. 31 UVG geregelt. Der Anspruch auf eine Waisenrente erlischt gemäss Art. 30 Abs. 3 UVG mit der Vollendung des 18. Altersjahres, mit der Heirat, dem Tode des Waisen oder mit dem Auskauf der Rente, dauert aber bis zum *Abschluss der Ausbildung*[1178] weiter, längstens aber bis zum vollendeten 25. Altersjahr[1179].

582

Gemäss Art. 31 UVG wird die Rente durch Zulagen, die an den Landesindex der Konsumentenpreise gebunden sind, an die Teuerung angepasst.

[1175] Es ist unerheblich, ob der verstorbene Ehegatte mit seinem Tod mehrere Witwen- bzw. Witwerrenten auslöst.

[1176] Der Rentenanspruch kann aber wieder aufleben, wenn die neue Ehe nach weniger als zehn Jahren geschieden oder für ungültig erklärt wird. Vgl. Art. 33 UVG.

[1177] Pflegekinder sind dabei den eigenen Kindern gleichgestellt, sofern sie zur Zeit des Unfalles unentgeltlich zu dauernder Pflege und Erziehung aufgenommen waren. Der Rentenanspruch erlischt, wenn das Pflegekind zu seinen leiblichen Eltern zurückkehrt oder von diesen unterhalten wird, damit dieses nicht gleichzeitig aus dem Tode der Pflegeeltern und der leiblichen Eltern eine Waisenrente beziehen kann.

[1178] Dazu gehören berufliche Ausbildungen im eigentlichen Sinne, wie beispielsweise Lehre oder Studium, die Ausbildung zur Ausübung eines Berufes ohne Diplom oder die Ausbildung zur Erwerbung von allgemeinen Grundkenntnissen, wie beispielsweise der Matura. Die «Ausbildung» soll aber weit verstanden werden als Tätigkeit, welche die systematische Vorbereitung auf eine künftige Erwerbstätigkeit zum Ziele hat und während welcher der Waise ein wesentlich geringeres Erwerbseinkommen erzielt, als ein Erwerbstätiger mit abgeschlossener Berufsbildung erzielen würde. Vgl. dazu LOCHER, § 39, III. 2.

[1179] Bei der Obergrenze im Falle einer Ausbildung handelt es sich um eine starre Grenze.

c) Kürzung und Verweigerung von Versicherungsleistungen

583   Damit die Gesamtheit der Prämienzahlenden nicht für die finanziellen Folgen des risikoreichen Verhaltens Einzelner aufkommen muss, können in vier Fällen die Versicherungsleistungen gekürzt oder verweigert werden:

– *Die Gesundheitsschädigung ist nur teilweise Folge eines Unfalls*
Liegen unfallfremde Faktoren vor oder treffen verschiedene Schadensursachen zusammen, ist eine *angemessene*[1180] Kürzung gemäss Art. 36 UVG in engen Grenzen und mit Ausnahme der Pflegeleistungen, Kostenvergütungen, Taggelder und Hilflosenentschädigungen zugelassen. Somit ist die Kürzung nur bei Renten und Integritätsentschädigungen zulässig. Damit eine Kürzung stattfinden kann, müssen der Unfall und der unfallfremde Faktor den Gesundheitsschaden *gemeinsam bewirkt* haben, d. h., die zwei Ereignisse müssen sich gegenseitig beeinflusst haben. Die Kürzung erfolgt dabei in der Regel prozentual und wird in der Form einer Verfügung erlassen.

– *Der Unfall wird schuldhaft herbeigeführt*
Führt der Versicherte den Unfall absichtlich herbei, besteht gemäss Art. 37 UVG, ausser für Bestattungskosten, kein Anspruch auf Versicherungsleistung. Wird der Versicherte durch einen Dritten gesundheitlich geschädigt oder gar getötet, ist dies ein Unfall, den der Versicherer zu übernehmen hat. Ist dieser Dritte aber ein Hinterlassener, so hat dieser[1181] gemäss Art. 38 UVG keinen Anspruch auf die Versicherungsleistung. Gemäss Art. 37 Abs. 3 UVG können die Geldleistungen auch gekürzt werden, wenn der Versicherte den Unfall bei Ausübung eines Vergehens oder Verbrechens herbeigeführt hat, wie beispielsweise bei einem Unfall nach Fahren in angetrunkenem Zustand[1182]. Das Mass der Leistungskürzung richtet sich nach der Schwere des Verschuldens, unter Berücksichtigung des Verhältnismässigkeitsgrundsatzes[1183]. Praxisgemäss betragen die Kürzungen mindestens 10 Prozent.

[1180] Gemäss Art. 47 UVV dürfen bei der Kürzung soziale Gesichtspunkte berücksichtigt werden.
[1181] Die Sanktion der Kürzung trifft nur den Schuldigen. Die anderen Hinterlassenen können ihre Renten beanspruchen.
[1182] FIAZ gilt als Vergehen und ist nach Art. 91 SVG strafbar. Vgl. BGE 120 V 224.
[1183] Vgl. BGE 111 V 319.

– *Es wurden aussergewöhnliche Gefahren*[1184] *und Wagnisse*[1185] *eingegangen*
Der Bundesrat hat von seiner Kompetenz gemäss Art. 39 UVG Gebrauch gemacht und die aussergewöhnlichen Gefahren in Art. 49 UVV abschliessend aufgezählt sowie die Wagnisse in Art. 50 UVV mit einer Generalklausel umschrieben. Bei den Gefahren gemäss Art. 49 Abs. 1 UVV wird die Versicherungsleistung ausgeschlossen, bei den Gefahren gemäss Abs. 2 mindestens um die Hälfte gekürzt. Bei Wagnissen nach Art. 50 UVV werden die Versicherungsleistungen um mindestens die Hälfte gekürzt und bei besonders schweren Fällen verweigert. Damit eine Gefahr oder ein Wagnis angenommen werden kann, muss ein adäquater Kausalzusammenhang zwischen dem Verhalten des Versicherten und der Gesundheitsschädigung bestehen.

– *Beim Zusammentreffen mit anderen Sozialversicherungsleistungen*
Geldleistungen, mit Ausnahme der Hilflosenentschädigung, werden gemäss Art. 40 UVG, unter Vorbehalt, dass keine Koordinationsregel des UVG vorliegt, gekürzt, wenn durch das Zusammentreffen mit anderen Sozialversicherungen eine Überentschädigung des Versicherten resultieren würde. Gemäss Art. 16 Abs. 3 UVG besteht beispielsweise kein Anspruch auf Taggeld, solange der Versicherte ein Taggeld der IV bezieht[1186].

[1184] Wie beispielsweise ausländischer Militärdienst, Teilnahme an kriegerischen Handlungen, Terrorakten und bandenmässigen Verbrechen, Beteiligung an Schlägereien oder Teilnahme an Unruhen. Vgl. Art. 49 UVV.

[1185] «Wagnisse sind Handlungen, mit denen sich der Versicherte einer besonders grossen Gefahr aussetzt, ohne die Vorkehren zu treffen oder treffen zu können, die das Risiko auf ein vernünftiges Mass beschränken. Rettungshandlungen zugunsten von Personen sind indessen auch dann versichert, wenn sie an sich als Wagnisse zu betrachten sind.» Art. 50 UVV. Darunter fällt beispielsweise, wer aktiv an einem Boxwettkampf teilnimmt, wer mit der Hand ein Glas zerdrückt oder wer an einem Moto-Cross-Rennen teilnimmt. Vgl. RUMO-JUNGO, Art. 39, III. Vgl. auch RKUV 5/1999, S. 473 ff. Danach wird das Schlitteln mit aufgeblasenen Auto- und Lastwagenschläuchen als ein relatives Wagnis darstellt. In RKUV 5/1999, S. 489 ff., wird zudem festgehalten, dass Canyoning vom Schwierigkeitsgrad C2 kein absolutes und unter den konkreten Umständen auch kein relatives Wagnis darstellt.

[1186] Vgl. RKUV 5/2000, S. 302 ff.; Art. 16 Abs. 2 UVG stellt eine so genannte besondere Koordinationsvorschrift dar, welche einen *gleichzeitigen* Leistungsanspruch von Taggeldern der IV und der UV ausschliesst. Von diesen Koordinationsnormen ist beispielsweise die allgemeine Überversicherungsregel von Art. 40 UVG zu unterscheiden, mit welcher vermieden werden soll, dass «der Versicherte durch die Gesamtheit der erbrachten Sozialversicherungsleistungen besser gestellt wird als im Fall, in welchem sich das versicherte Ereignis nicht verwirklicht hätte». Massgebend ist dabei eine Globalrechnung.

584   Wurde eine Rente unrechtmässig bezogen, muss der Empfänger diese gemäss Art. 52 UVG rückerstatten[1187].

d) Koordination mit haftpflichtrechtlichen Ansprüchen[1188]

585   Durch die verschiedenen Koordinationsregeln im UVG und UVV sollen Leistungen aufeinander abgestimmt und eine Überentschädigung verhindert werden. Dabei wird zwischen drei Leistungskoordinationen unterschieden: der *intra-*, der *inter-* und der *extra-systemischen* Koordination[1189]. So wird die UV gemäss Art. 3 Abs. 4 UVG in der Regel[1190] nicht leistungspflichtig, wenn ein Versicherter der *Militärversicherung* (MV) untersteht. Gemäss Art. 20 Abs. 2 und 31 Abs. 4 UVG gelten die UVG-Renten im Zusammenhang mit *AHV-* oder *IV-*Renten als Komplementärrenten. Art. 128 UVV regelt die Koordination zwischen UV und KV, wenn der Versicherte in einer Krankenanstalt untergebracht ist. Die subsidiär anwendbare Generalklausel von Art. 40 UVG hält den Grundsatz des Überentschädigungsverbotes fest und kürzt danach die UVG-Renten, sofern diese mit anderen Sozialversicherungen zusammentreffen. Die Generalklausel wird durch Art. 51 Abs. 4 UVV ergänzt, wonach in Härtefällen auf eine Kürzung ganz oder teilweise verzichtet werden kann. Haftet ein Dritter für einen Unfall, tritt gemäss Art. 41 UVG der Versicherte im Zeitpunkt des Ereignisses bis auf die Höhe der gesetzlichen Leistungen in die Ansprüche des Versicherten und seiner Hinterlassenen.

[1187] «Die Verwirkungsfrist für die Rückforderung von infolge Überversicherung zu viel bezahlten Taggeldern beginnt in Nachachtung des Systems der Globalrechnung in der Regel mit dem Abschluss der Taggeldleistungen zu laufen.» Vgl. dazu Die Praxis 7/2000, S. 640 ff.

[1188] Vgl. auch weiter hinten unter § 9.

[1189] Bei der *intra-systemischen* Koordination wird innerhalb eines einzelnen Versicherungszweigs koordiniert, wie beispielsweise in Art. 16 Abs. 2 und 19 Abs. 1 UVG oder Art. 30 Satz 3 UVV, bei der *inter-systemischen* zwischen den verschiedenen Sozialversicherungszweigen, dazu gehört beispielsweise Art. 3 Abs. 4 UVG, und bei der *extra-systemischen* zwischen den verschiedenen Sozialversicherungssystemen und anderen Schadensausgleichssystemen; vgl. dazu Art. 41 ff. UVG i. V. m. Art. 52 UVV.

[1190] Anders verhält es sich, wenn ein Versicherter UV-Leistungen für gesundheitliche Schädigungen erhält, welche sich im Militärdienst verschlimmern.

8. Leistungserbringer und Tarifwesen

Medizinalpersonen[1191] können gemäss Art. 53 UVG im Rahmen der sozialen Unfallversicherung ihre Leistungen erbringen, wenn sie das erforderliche Diplom besitzen bzw. vom Kanton zur Berufsausübung zugelassen sind. Die Zulassungsvoraussetzungen für Heilanstalten sind in Art. 68 UVV geregelt. Soll eine Medizinalperson, ein Laboratorium oder eine Heil- oder Kuranstalt von der UV-Tätigkeit ausgeschlossen werden, kann ein Unfallversicherer vor dem kantonalen Schiedsgericht klagen.

586

Der Versicherte kann den Leistungserbringer gemäss Art. 10 Abs. 2 UVG frei wählen; bei der stationären Versorgung hat er gemäss Art. 15 UVV Anspruch auf Behandlung in der allgemeinen Abteilung einer Heilanstalt, mit der ein Tarifvertrag abgeschlossen worden ist.

Die Leistungserbringer haben sich gemäss Art. 54 UVG am Grundsatz der *Wirtschaftlichkeit der Behandlung* zu orientieren, wonach sich die Behandlung bei der Verordnung und Abgabe von Arzneimitteln sowie in der Anordnung und Durchführung von Heilanwendungen und Analysen auf das durch den Behandlungszweck geforderte Mass beschränken muss. Die Versicherer regeln gemäss Art. 56 UVG i. V. m. Art. 70 f. UVV Tarife und Zusammenarbeit mit den Leistungserbringern in Verträgen[1192], welche auf gesamtschweizerischer Ebene abgeschlossen werden, damit auch für die Koordination mit den Tarifordnungen anderer Sozialversicherungszweige gesorgt wird. Gemäss Art. 56 Abs. 4 UVG müssen für alle Versicherten der UV die gleichen Taxen berechnet werden. Die Tarifverträge mit den verschiedenen Anbietern gelten für die ganze Schweiz; ob eine Behandlung in Genf oder im Appenzell durchgeführt wird, beeinflusst den Preis nicht. Mit Heil- und Kuranstalten werden jedoch in der Regel regionale oder individuelle Verträge geschlossen. Sollte zwischen Unfallversicherer und Leistungserbringer kein Vertrag abgeschlossen worden sein, hat der Bundesrat gemäss Art. 56 Abs. 3 UVG die erforderlichen Vorschriften zu erlassen.

587

[1191] Dazu gehören Ärzte, Zahnärzte, Apotheker, Chiropraktoren, das medizinische Hilfspersonal und die Laboratorien.
[1192] Die Zusammenarbeits- und Tarifverträge werden als öffentlich-rechtliche Verträge qualifiziert, da sie im UVG und somit im öffentlichen Recht ihre Grundlage haben.

9. Finanzierung

588 Die UV finanziert sich mehrheitlich durch Prämien der Versicherten und Arbeitgeber, aus Erträgnissen aus Kapitalanlagen sowie durch Regresseinnahmen gegenüber schadenersatzpflichtigen Dritten, wird jedoch nicht vom Staat subventioniert.

*Berufs*unfälle und Berufskrankheiten werden gemäss Art. 91 Abs. 1 UVG durch Prämien der Arbeit*geber* finanziert. Eine Vereinbarung, wonach der Arbeitnehmer ganz oder teilweise die Prämien zu bezahlen hätte, wäre nichtig, denn der Arbeitgeber setzt die Arbeitnehmer den Gefahren des Berufes aus. *Nichtberufs*unfälle gehen gemäss Abs. 2 grundsätzlich zulasten der Arbeit*nehmer*, da es sich um Freizeitunfälle handelt. Der Arbeitgeber schuldet die ganze Prämie und zieht den Arbeitnehmeranteil direkt an der Quelle ab. Art. 89 UVG schreibt den Versicherern für diese verschieden finanzierten und je selbsttragenden[1193] Versicherungen der Berufs- und Nichtberufsunfälle vor, je eine gesonderte Rechnung zu führen.

Die Höhe der Prämie ergibt sich gemäss Art. 92 UVG i. V. m. Art. 115 UVV aus Promillen des versicherten Verdienstes und ist nach dem *branchenspezifischen Risiko* abgestuft. Zum branchenspezifischen Risiko gehört vor allem die Unfallgefahr und der Stand der Unfallverhütung, wonach Betriebe nach ihrer Art und ihren Verhältnissen in Klassen und Stufen eingeteilt werden. Ändern sich die Verhältnisse erheblich, können gemäss Art. 92 Abs. 3 und 4 UVG die Stufen geändert werden, gegebenenfalls sogar rückwirkend. Die Prämien für die Nichtberufsunfallversicherung können, müssen aber nicht, risikogerecht abgestuft werden. Eine Unterscheidung der Prämien nach Geschlecht ist seit 1993 nicht mehr zulässig[1194].

Für die kurzfristigen Leistungen wie Taggelder, Kosten für Heilbehandlung usw. gilt das *Ausgabenumlageverfahren*, wonach die jährlich zu erbringenden Leistungen durch Einnahmen des gleichen Jahres gedeckt sein müssen. Bei Rentenleistungen hingegen findet das *Kapitaldeckungsverfahren*, bei welchem künftige Leistungen vorfinanziert werden, Anwendung. Dabei werden bei der Festsetzung einer Rente Rückstellungen (Deckungskapital) gemacht, aus denen künftige Rentenraten voraussichtlich finanziert werden können.

[1193] D. h., Einnahmen und Ausgaben müssen sich innerhalb einer Periode die Waage halten.
[1194] Vgl. Art. 92 Abs. 6 UVG.

Die Prämienbeträge werden für das kommende Jahr zum Voraus geschätzt, endgültig berechnet werden diese jedoch erst, wenn das Rechnungsjahr abgelaufen ist. Differenzen, die sich ergeben, werden im Nachhinein erhoben[1195], zurückerstattet[1196] oder verrechnet.

§ 3 Die Vorsorge in der Schweiz

1. Allgemeines

1972 wurde die Verfassungsgrundlage für das Drei-Säulen-Prinzip geschaffen und in der (alten) Bundesverfassung in Art. 34^{quater} verankert. Mit diesem Prinzip wurde ein klares Konzept eingeführt, das den Versicherungsschutz der Wohnbevölkerung bezüglich der Risiken Invalidität, Alter und Tod des Versorgers auch in Zukunft gewähren soll.

589

1. Säule		2. Säule		3. Säule	
1a	1b	2a	2b	3a	3b
Staatliche Vorsorge	Staatliche Vorsorge	Obligatorische Berufliche Vorsorge	Freiwillige Berufliche Vorsorge	Gebundene Selbstvorsorge	Freie Selbstvorsorge
AHVG/IVG	**ELG**	**BVG (UVG)**	**OR**	**BVV 3**	**(VVG)**

2. Erste Säule – Existenzsicherung

Die *erste Säule* soll für die ganze Bevölkerung den *Existenzbedarf* decken. Allein durch die AHV/IV kann dieses Ziel jedoch nicht erreicht werden. Die bestehende Lücke wird durch die ursprünglich als Übergangslösung gedachte, mittlerweile als Dauerlösung etablierte Ergänzungsleistung (EL) geschlossen.

[1195] Der Nachzahlungsanspruch verwirkt fünf Jahre nach Ablauf des Rechnungsjahres, für das die Prämien geschuldet sind. Vgl. Art. 94 Abs. 1 UVG.

[1196] Der Rückerstattungsanspruch erlischt mit Ablauf eines Jahres, nachdem der Versicherte Kenntnis davon erhält, dass die Zahlung nicht geschuldet gewesen wäre, absolut spätestens fünf Jahre nach Ablauf des Rechnungsjahres, für welches er die Prämien bezahlt hat. Vgl. Art. 94 Abs. 2 UVG.

Mittels dieser ersten Säule soll der *gesamten Bevölkerung* ein gewisser Versicherungsschutz zuteil werden.

Diese Säule wird nach dem *Umlageverfahren* finanziert, d. h., die Einnahmen eines Jahres müssen ausreichen, um die Ausgaben in der gleichen Zeitspanne zu decken. Aus diesem Grund wirkt sich die demographische Entwicklung der Bevölkerung in der AHV so gravierend aus[1197]. Die Renten von immer mehr Betagten müssen von einer konstant bleibenden oder gar abnehmenden Anzahl Personen im Erwerbsalter finanziert werden.

3. Zweite Säule – Fortsetzung der gewohnten Lebenshaltung in angemessener Weise (berufliche Vorsorge)

Die *zweite Säule* soll allen Arbeitnehmern und Arbeitnehmerinnen zusammen mit der AHV/IV die Fortsetzung der gewohnten Lebenshaltung in angemessener Weise ermöglichen. Man spricht in diesem Zusammenhang von beruflicher Vorsorge. Seit dem 1. Januar 1985 sind bei der beruflichen Vorsorge nur Arbeitnehmer obligatorisch versichert, deren Lohn den Betrag der maximalen Vollrente der AHV übersteigt. Andere Arbeitnehmer und Selbständigerwerbende können sich freiwillig der beruflichen Vorsorge anschliessen; Nichterwerbstätigen bleibt dies verwehrt.

Mittels der zweiten Säule werden die *Arbeitnehmer und Arbeitnehmerinnen mit einem bestimmten Mindesteinkommen* zum Zwangssparen angehalten und gegen die Risiken Tod und Invalidität versichert.

Die weniger von der demographischen Entwicklung beeinflusste Finanzierung der zweiten Säule basiert auf dem *Kapitaldeckungsverfahren*. Jede versicherte Person spart ihre spätere Altersrente selbst. Die Pensionskasse muss dazu jederzeit über ausreichend Mittel verfügen, um alle künftigen Verpflichtungen erfüllen zu können.

4. Dritte Säule – Wahlbedarf / Selbstvorsorge

Die dritte Säule ermöglicht die Selbstvorsorge des einzelnen Bürgers und der einzelnen Bürgerin. Gefördert wird diese Selbstvorsorge durch den Bund und die Kantone mit Mitteln der Eigentums- und Fiskal-

---

[1197] D. h., die Altersstruktur der Bevölkerung und deren künftige Entwicklung sind für ein künftiges Überleben des Sozialversicherungssystems von fundamentaler Bedeutung.

politik. Dazu wurde die Säule 3a geschaffen, wobei jährlich ein bestimmter Betrag (8% des dreifachen Jahresbetrages der maximalen einfachen AHV-Rente) auf ein Sperrkonto mit relativ hoher Verzinsung bei einer Bank einbezahlt wird. Als zusätzliche Motivation kann dieses Vermögen gegenüber der Steuerbehörde vom Einkommen abgezogen werden. Die Besteuerung erfolgt später beim Bezug des Geldes zu viel günstigeren Bedingungen. Die einbezahlten Beträge können frühestens 5 Jahre vor Erreichung des AHV-Rentenalters vom Sperrkonto abgezogen werden. Eine vorzeitige Auszahlung des für die Altersvorsorge reservierten Guthabens ist nur unter bestimmten Voraussetzungen möglich. Im Todesfall sind der Ehemann oder die Ehefrau oder sekundär die direkten Nachkommen begünstigt und erhalten das Guthaben im Sinne eines Todesfallkapitals ausbezahlt. Sind weder Ehegatten noch Nachkommen vorhanden, sind die Eltern, Geschwister oder die übrigen Erben begünstigt.

§ 4 Alters- und Hinterlassenenversicherung (AHV)

1. Allgemeines

Das Bundesgesetz über die Alters- und Hinterlassenenversicherung (AHVG) vom 20. Dezember 1946 beruht auf Art. 112 BV. 590

2. Versicherte Risiken

Durch die AHV werden die Risiken Alter, unabhängig vom Gesundheitszustand oder der Erwerbsfähigkeit, und Tod abgesichert. Die AHV wird leistungspflichtig, wenn ein gewisses Alter erreicht oder der Tod des Versicherten eingetreten ist und rentenberechtigte Kinder oder Ehegatten vorhanden sind. 591

Die in der 10. AHV-Revision festgelegten neuen Bestimmungen traten auf den 1. Januar 1997 in Kraft und bringen Neuerungen im Bereich des Splittingmodels und den vom Zivilstand unabhängigen Renten.

3. Versicherte Personen

Der Kreis der versicherten Personen wurde mit Inkrafttreten der 10. AHV-Revision präziser definiert. Nun wird zwischen der obligato- 592 rischen Unterstellung unter die AHV/IV Beitragspflicht gemäss Art. 1 Abs. 1 AHVG, dem freiwilligen Beitritt zur obligatorischen AHV/IV gemäss Art. 1 Abs. 3 und 4 AHVG und dem Beitritt zur freiwilligen Versicherung für Auslandschweizer gemäss Art. 2 AHVG unterschieden.

a) Obligatorisch versichert

593 Alle natürlichen Personen (Schweizer und Ausländer[1198]), die in der Schweiz ihren Wohnsitz begründen, hier arbeiten oder als Schweizer Bürger im Ausland im Dienste der Eidgenossenschaft tätig sind[1199], werden durch die AHV obligatorisch versichert. Nicht versichert, trotz Erfüllens mindestens einer der Voraussetzungen, sind die nach Art. 1 Abs. 2 AHVG genannten Personen.

b) Freiwilliger Beitritt zur obligatorischen AHV

594 Arbeitnehmende (Schweizer und Ausländer[1200]), die im Ausland für einen Schweizer Arbeitgeber tätig sind, können sich gemäss Art. 1 Abs. 3 AHVG i. V. m. Art. 5–5c AHVV freiwillig versichern, wenn diese Personen zuvor schon während mindestens fünf aufeinanderfolgenden ganzen Jahren versichert waren, der Arbeitgeber und der Arbeitneh-

---

[1198] Ausländische Staatsangehörige sind in der AHV den Schweizern grundsätzlich gleich gestellt, jedoch nur so lange, wie diese ihren Wohnsitz in der Schweiz haben und sie sich gewöhnlich auch hier aufhalten. Für Ausländer aus Staaten aus dem EU-Raum, mit welchen die Schweiz ein Sozialversicherungsabkommen unterhält, werden Renten auch exportiert. Angehörige anderer Staaten können sich die entrichteten Sozialversicherungsbeiträge beim definitiven Verlassen der Schweiz auszahlen lassen. Da die Schweiz schon bis anhin mit allen EU Staaten Sozialversicherungsabkommen hatte, bleibt das bilaterale Abkommen mit der Europäischen Union über den Personenverkehr ohne grosse Auswirkungen auf die AHV. Es gilt der Grundsatz der Gleichbehandlung: Bürgerinnen und Bürger aus dem Ausland und aus der Schweiz werden gleich behandelt, d. h., in der Schweiz «erworbene» AHV-Renten werden auch ins Ausland überwiesen und umgekehrt. Mehr dazu siehe in: WIDMER, 4.8.

[1199] Der Tätigkeit im Auftrag der Eidgenossenschaft gleichgesetzt sind Einsätze im Dienste internationaler Organisationen und im Dienst privater, vom Bund namhaft subventionierter Hilfsorganisationen.

[1200] Vgl. Die Praxis 7/2000, S. 633 ff., wonach auch eine nie erwerbstätig gewesene ausländische Staatsangehörige «das erwähnte gesetzliche Erfordernis der Beitragsentrichtung entweder durch Anrechnung von Erziehungs- oder Betreuungsgutschriften oder auch dadurch erfüllt, indem sie während der massgeblichen Zeit mit einem erwerbstätigen Ehegatten verheiratet war, der Beiträge von mindestens der doppelten Höhe des Mindestbeitrages bezahlt hat». Seit der 10. AHV-Revision ist eine persönliche Beitragsentrichtung bei der AHV und IV nicht mehr erforderlich.

mer dem Beitritt zustimmen und der Beitritt innert sechs Monaten ab Aufnahme der Auslandserwerbstätigkeit erfolgt.

Der obligatorischen AHV können des Weiteren Personen, die gemäss Art. 1 Abs. 4 AHVG i. V. m. Art. 5d–f AHVV aufgrund eines Sozialversicherungsabkommens nicht der obligatorischen AHV/IV unterstellt sind, jederzeit beitreten.

Beamte mit Schweizer Nationalität, die obligatorisch bei einer Vorsorgeeinrichtung einer zwischenstaatlichen Organisation mit Sitzabkommen versichert sind, können der obligatorischen AHV/IV freiwillig beitreten. Dieser Anspruch verwirkt drei Monate nach Abschluss der Vorsorgeeinrichtung.

c) *Freiwillige Versicherung für Auslandschweizer*

Personen mit Schweizer Bürgerrecht, die ihren Wohnsitz seit mindestens drei Monaten ins Ausland verlegt haben, können sich gemäss Art. 2 AHVG freiwillig versichern. 595

d) *Versicherer (Organisation)*

Die AHV wird von den Ausgleichskassen durchgeführt. Für die Berufsverbände und Verbände von Arbeitgebern und Selbständigerwerbenden sind die *Verbandsausgleichskassen* und für Betriebe, Selbständigerwerbende und Nichterwerbstätige, die keiner Verbandskasse angehören, die *kantonalen Ausgleichskassen* zuständig. Das Personal der Bundesverwaltung und der Bundesanstalten ist bei der *Eidgenössischen Ausgleichskasse* und die freiwillig sich der AHV Unterstellenden und die im Ausland lebenden Schweizer bei der *Schweizerischen Ausgleichskasse* versichert. 596

4. Versicherungsleistungen

a) *Renten*

Bei den Renten wird zwischen *ordentlichen* Renten gemäss Art. 29 ff. AHVG und *ausserordentlichen* gemäss Art. 42 ff. AHVG unterschieden. Ordentliche Renten werden dabei aufgrund der Beitragsleistung, ausserordentliche sind beitragsunabhängig und werden aufgrund der Versicherteneigenschaft ausgerichtet. Eine ausserordentliche Rente 597 gemäss Art. 42 Abs. 1 AHVG erhält demnach eine Person, die zwar während gleicher Anzahl Jahre versichert war wie ihr Jahrgang, indessen aber keine ordentliche Rente beanspruchen kann, weil sie nicht während eines vollen Kalenderjahres[1201] der Beitragspflicht unterstellt war.

598 Im Weiteren wird bei der ordentlichen Rente zwischen *Voll-* und *Teilrenten* unterschieden, wobei die Beitragsdauer der versicherten Person verglichen mit der für den Jahrgang der betreffenden Person möglichen Beitragsjahre massgebend ist. Eine Vollrente kriegt gemäss Art. 34 AHVG derjenige, der gleich viele Beitragsjahre ausweist, wie dies für den betreffenden Jahrgang möglich ist[1202]. Bei der Teilrente wird ein Bruchteil der Vollrente ausbezahlt, welcher sich nach der Verhältniszahl zwischen der effektiven Beitragsdauer einerseits und der vollständigen Beitragsdauer des Jahrgangs andererseits berechnet[1203].

599 Bei allen ab 1997 errichteten Renten handelt es sich um zivilstandsunabhängige Einzelrenten, d. h., Eheleute erhalten wie unverheiratete Personen je eine eigene, aufgrund der individuellen Verhältnisse berechnete Rente. Neben der Beitragsdauer ist dazu auch das durchschnittliche Erwerbseinkommen[1204] massgebend. Die bis dahin entstandenen Ehepaarrenten[1205], einfache Renten an Verwitwete, einfache Renten an geschiedene Frauen und Doppel-Kinderrenten sind gemäss der Schlussbestimmungen zur 10. AHV-Revision in lit. c ins neue Rentensystem zu überführen.

600 Für die Berechnung der Rente ist gemäss Art. 29^{quater} AHVG das durchschnittliche Jahreseinkommen, welches sich aus dem Erwerbseinkommen[1206], den Erziehungs- und den Betreuungsgutschriften[1207] zusam-

---

[1201] Gemäss Art. 50 AHVV liegt ein volles Beitragsjahr vor, wenn die Person insgesamt länger als elf Monate versichert war und in dieser Zeit den Mindestbetrag bezahlt hat.
[1202] Vgl. Art. 29 Abs. 2 AHVG.
[1203] Vgl. Art. 29ter AHVG.
[1204] Beim durchschnittlichen Erwerbseinkommen eines unter 45-Jährigen wird seit der 10. AHV-Revision ein Karrierezuschlag gewährt, damit dem Umstand Rechnung getragen wird, dass das Durchschnittseinkommen relativ tief liegt. Vgl. Art. 33 Abs. 3 AHVG i. V. m. Art. 54 AHVV. Die Erhöhung beträgt je nach dem Todeszeitpunkt zwischen 5 und 100%. 100% Erhöhung werden aufgerechnet, wenn der Tod vor dem 23. Altersjahr eingetreten ist.
[1205] Die am 1. Januar 1997 bereits festgesetzten Ehepaarrenten wurden bis zum 31. Dezember 2000 weitergeführt und auf den 1. Januar 2001 umgerechnet, d.h. in das neue Rentensystem überführt. Dabei darf die Summe der beiden Renten den Betrag der bisherigen Ehepaarrenten wegen der Besitzstandsgarantie nicht unterschreiten.
[1206] Was alles zum Erwerbseinkommen gehört, vgl. Art. 29^{quinquies} AHVG.
[1207] Die Erziehungsgutschriften werden in Art. 29^{sexies} AHVG näher erläutert und die Betreuungsgutschriften in Art. 29^{septies} analysiert. Die Erziehungsbeiträge sind nicht effektiv geleistete Beiträge, sondern fiktive im Zeitpunkt der Entstehung des Rentenanspruchs.

mensetzt, massgebend. Erziehungsgutschriften werden für Kinder ausgerichtet, die das 16. Altersjahr noch nicht erreicht haben. Betreuungsgutschriften kommen gemäss Art. 29^{septies} AHVG all denjenigen zugute, die schwer behinderte nahe Angehörige[1208] versorgen, welche im gemeinsamen Haushalt wohnen. Die Erziehungs- und Betreuungsgutschriften bringen auch im europäischen Vergleich eine wesentliche Neuerung, mit welcher erstmals die unbezahlte Familienarbeit beim Aufbau der Altersvorsorge als rentenbildend einbezogen wird.

Durch die 10. AHV-Revision wurde das in Art. 29^{quinquies} Abs. 3 AHVG geregelte Einkommenssplitting eingeführt. Auch das Einkommenssplitting soll wie die Erziehungs- und Betreuungsgutschriften die Leistung von Familienarbeit der nichterwerbstätigen Person in der Ehe nicht mehr benachteiligen. Danach werden sämtliche Beiträge aus Erwerbs- und Nichterwerbstätigkeit während der Ehe je hälftig angerechnet.

(1)   Altersrente

Anspruch auf eine Altersrente haben gemäss Art. 21 AHVG Männer, welche das 65. Altersjahr, und Frauen, welche das 64. Altersjahr[1209] vollendet haben. Der Anspruch erlischt mit dem Tod. Dabei haben beide Ehegatten je einen eigenen Rentenanspruch. Sofern beide Ehegatten Anspruch auf eine Altersrente haben oder der eine Ehegatte Anspruch auf eine Altersrente und der andere auf eine Invalidenrente, darf die Summe der beiden Renten eines Ehepaares gemäss Art. 35 AHVG maximal 150 % des Höchstbetrages der Altersrente betragen. Bei der Altersrente handelt es sich nicht um eine Ruhestandsrente, d.h., die Rentenberechtigung ist unabhängig davon, ob die Person noch erwerbstätig ist oder nicht[1210]. Bei der Altersrente mit Kindern bis zum vollende-

601

[1208] Als nahe Angehörige gelten Verwandte in auf- und absteigender Linie, Geschwister, Ehegatten, Schwiegereltern und Stiefkinder.
[1209] Dazu ist die Schlussbestimmung lit. d. der Änderung vom 7. Oktober 1994 (10. AHV-Revision) zu beachten. Daraus geht hervor, dass das Rentenalter der Frau vier Jahre nach Inkrafttreten der zehnten AHV-Revision (1997) auf 63 Jahre und acht Jahre nach dem Inkrafttreten auf 64 Jahre erhöht wird. Somit gilt ab dem Jahre 2005 für Frauen das Rücktrittsalter von 64 Jahren. Vorbehalten bleiben die Bestimmungen über den Vorbezug gemäss den Schlussbestimmungen der 10. AHV-Revision lit. d Abs. 2 AHVG.
[1210] Bei weiterhin andauernder Erwerbstätigkeit besteht allerdings noch eine betragsmässig begrenzte Beitragspflicht.

ten 18. Altersjahr wird eine *Kinderrente*[1211] im Betrag von 40% der Altersrente ausgerichtet. Die *Zusatzrente* für die Ehefrau nach Art. 22 AHVG i. V. m. Schlussbestimmung lit. e über die 10. AHV-Revision gilt nur noch für Frauen bis Jahrgang 1941.

602 Der Rentenanspruch erlischt gemäss Art. 21 Abs. 2 AHVG mit Ablauf des Monats, in dem die rentenberechtigte Person stirbt.

(2) Hinterlassenenrente

603 Zu den Hinterlassenenrenten werden Kinder-, Witwen- und Witwerrenten gezählt. Die Witwenabfindung wurde mit der 10. AHV-Revision abgeschafft.

604 Der Anspruch auf eine *Waisenrente* beginnt gemäss Art. 25 Abs. 4 AHVG «am ersten Tag des dem Tode des Vaters oder der Mutter folgenden Monats» und «erlischt mit der Vollendung des 18. Altersjahres oder mit dem Tod des Waisen». Für Kinder, die noch in der Ausbildung sind, dauert die Rentenberechtigung gemäss Abs. 5 bis zum Abschluss der Ausbildung, längstens aber bis zum 25. Altersjahr.

605 Der Anspruch auf eine *Witwen- oder Witwerrente*[1212] entsteht gemäss Art. 23 AHVG nur, sofern die versicherten Personen im Zeitpunkt der Verwitwung Kinder[1213] haben. Ist diese Voraussetzung gegeben, ist am ersten Tag des dem Tod des Ehemannes oder der Ehefrau folgenden Monats der Anspruch auf eine Rente entstanden und erlischt mit der Wiederverheiratung[1214] oder dem Tode der Witwe oder des Witwers. Der Rentenanspruch lebt wieder auf, wenn die neue Ehe geschieden oder für ungültig erklärt wird. Als Witwe oder Witwer gelten nur Ehegatten. Lebt ein Paar unverheiratet in einer eheähnlichen Gemeinschaft, erfüllt der Tod des Lebenspartners die Voraussetzungen der Rente nicht. Nach wie vor besteht eine ungleiche Regelung für Witwen und Witwer in Art. 24 Abs. 1 AHVG, wonach die Witwe auch Anspruch auf eine Witwenrente hat, wenn sie im Zeitpunkt der Verwitwung keine Kinder oder Pflegekin-

---

[1211] Vgl. Art. 22ter AHVG.
[1212] Die Witwerrente wurde erst mit der 10. AHV-Revision eingeführt. Dabei ist der Witwer der Witwe nach wie vor nicht gleichgestellt, indem er keinen Anspruch auf eine Rente hat, wenn er keine Kinder hat oder diese über 18 Jahre alt sind.
[1213] Den Kindern von Witwen oder Witwern sind dabei gemäss Art. 23 Abs. 2 AHVG die Kinder des verstorbenen Ehegatten und Pflegekinder gleichgestellt. Die im Zeitpunkt der Verwitwung schwangere Frau wird eine Witwe mit Kind gleichgestellt, sofern das Kind lebend geboren wird.
[1214] Bei Aufnahme einer eheähnlichen Lebensgemeinschaft erlischt der Anspruch jedoch nicht.

der hat, jedoch das 45. Altersjahr vollendet[1215] und mindestens fünf Jahre verheiratet[1216] war. Der Witwer ohne Kinder oder mit Kindern älter als 18 Jahre hat hingegen gemäss Art. 24 Abs. 2 AHVG keinen Anspruch auf eine Witwerrente. Auf Antrag des Witwers wird der neu eingeführte Witwerrentenanspruch auch dann gewährt, wenn die Ehe vor diesem Datum durch Tod aufgelöst worden ist.

Die Voraussetzungen für die Rentenberechtigung geschiedener Ehegatten sind in Art. 24a AHVG geregelt. Danach ist die Voraussetzung der Rente grundsätzlich geschlechtsunabhängig, allerdings gelten die eingeschränkten Ansprüche des Witwers auch für den geschiedenen Witwer. Der Rentenanspruch des geschiedenen Witwers oder der geschiedenen Witwe wurde jedoch von der Frage des zivilrechtlichen Verschuldens an der Scheidung und am Vorsorgerschaden gelöst. Damit eine geschiedene Person dem Witwer oder der Witwe gleichgestellt wird, muss die Ehe entweder mindestens zehn Jahre gedauert haben und Kinder vorhanden sein, oder die Frau über 45 Jahre alt sein. Hat die Ehe weniger als zehn Jahre gedauert, erfolgt die Gleichstellung nur, wenn das jüngste Kind das 18. Altersjahr in einem Zeitpunkt vollendet, in welchem die geschiedene Person das 45. Altersjahr zurückgelegt hat oder haben wird. Die geschiedene Person ist dabei nicht Witwe oder Witwer, sondern eine hinsichtlich des Rentenanspruchs gleichberechtigte Person, sofern ihr abgeschiedener Ehegatte vorverstorben ist. Bei einer Verheiratung erlischt der Anspruch. Erfüllt eine geschiedene Person die Voraussetzungen für eine Hinterlassenenrente, erhält der abgeschiedene Ehegatte diese unabhängig davon, ob der Versicherte aus einer weiteren Ehe eine Witwe oder einen Witwer mit Anspruch hinterlässt.

Erfüllt eine Person gleichzeitig die Voraussetzungen für eine Witwen- oder Witwerrente und für eine Alters- oder Invalidenrente, wird gemäss Art. 24b AHVG im Sinne des Überentschädigungsverbots nur die höhere Rente ausgerichtet.

Mit der 10. AHV-Revision wurde klar festgehalten, dass der Bezugsbeginn der Altersrente nicht mehr starr an das Erreichen des AHV-Rentenalters gebunden ist. Gemäss Art. 39 f. AHVG i. V. m. lit. d der Schlussbestimmungen zur 10. AHV-Revision kann die Altersrente unter gewissen Voraussetzungen vorbezogen oder aufgeschoben werden. Aus diesem Grunde wird von einem flexiblen Rentenalter gesprochen. Wird die Ren-

---

[1215] Vor dem 45. Altersjahr der Witwe geht das Gesetz von der Vermutung aus, der kinderlosen Witwe sei ein Wiedereinstieg ins Erwerbsleben zumutbar. Dem Mann wird im Moment noch, unabhängig von dessen Alter, ein Wiedereinstieg ins Erwerbsleben zugemutet.

[1216] Gemäss Art. 24 Abs. 1 AHVG wird bei der Dauer der Heirat bei mehrmaliger Verheiratung auf die Gesamtdauer der Ehen abgestellt.

te jedoch um ein oder zwei Jahre vorbezogen, hat dies gemäss Art. 40 Abs. 2 AHVG eine lebenslängliche Kürzung des Rentenanspruchs zur Folge[1217]. Wird die Rente jedoch um mindestens ein Jahr, maximal aber um fünf Jahre aufgeschoben, erhält die rentenberechtigte Person gemäss Art. 39 Abs. 2 AHVG eine höhere Rente, die dem Gegenwert der während des Aufschubs nicht bezogenen Leistungen entspricht.

b) Hilflosenentschädigung

609 Bezüger von Altersrenten oder Ergänzungsleistungen mit Wohnsitz oder gewöhnlichem Aufenthalt in der Schweiz, die in schwerem[1218] oder mittlerem[1219] Grad hilflos sind, d. h. auf Hilfe Dritter angewiesen sind, haben gemäss Art. 43bis AHVG zusätzlich zur AHV-Rente Anspruch auf eine Hilflosenentschädigung. Die Entschädigung ist dabei von der finanziellen Situation der versicherten Person unabhängig. Die Hilflosenentschädigung der AHV wird nur subsidiär entrichtet, wenn kein Anspruch auf eine Hilflosenentschädigung nach UV oder MV besteht.

c) Hilfsmittel

610 Bezüger von Altersrenten mit Wohnsitz und gewöhnlichem Aufenthalt in der Schweiz, die für die Herstellung des Kontaktes mit der Umwelt oder für die Selbstsorge kostspieliger Geräte bedürfen, haben gemäss Art. 43ter AHVG Anspruch auf Hilfsmittel; dies unabhängig von der finanziellen Situation der Versicherten.

[1217] Während des Vorbezugs werden keine Kinderrenten ausgerichtet. Vgl. BOLLIER, I, 8.1.4.6.
[1218] Eine Hilflosigkeit schweren Grades liegt gemäss Art. 66bis AHVV i. V. m. Art. 36 Abs. 1 IVV vor, wenn die versicherte Person in sämtlichen Lebensverrichtungen auf die Hilfe Dritter angewiesen ist und der dauernden Pflege oder Überwachung bedarf. Der Rentenbetrag beläuft sich dabei gemäss Art. 43bis Abs. 3 AHVG auf 80 % der minimalen vollen Altersrente.
[1219] Die Hilflosigkeit gilt gemäss Art. 36 Abs. 2 AHVV als mittelschwer, wenn der Versicherte trotz der Abgabe von Hilfsmitteln in den meisten alltäglichen Lebensverrichtungen regelmässig in erheblicher Weise auf die Hilfe Dritter angewiesen ist oder in mindestens zwei alltäglichen Lebensverrichtungen regelmässig in erheblicher Weise auf die Hilfe Dritter angewiesen ist und überdies einer dauernden persönlichen Überwachung bedarf.

d) Verweigerung und Kürzung

Hat eine rentenberechtigte Person, d. h. die Witwe, der Witwer 611
oder die berechtigten Nachkommen, den Tod des Versicherten vorsätzlich oder grobfahrlässig oder bei Ausübung eines Verbrechens oder Vergehens herbeigeführt, können die Renten gemäss Art. 18 Abs. 1 AHVG dauernd oder vorübergehend gekürzt, verweigert oder entzogen werden. Diese Sanktion betrifft nur die verursachende Person selbst, nicht aber andere an der Rente berechtigte Personen. Wurde der Tod fahrlässig herbeigeführt, treten diese Sanktionen nicht in Kraft.

e) Nachzahlung und Rückerstattung

Der Anspruch auf Nachzahlung nicht bezogener AHV-Renten 612
erlischt gemäss Art. 46 AHVG mit dem Ablauf von fünf Jahren seit des Monats, für welchen die Leistung geschuldet war. Die Nachzahlung von Hilflosenentschädigungen ist in Abs. 2 geregelt und beträgt i.d.R. zwölf Monate.

Unrechtmässig bezogene Renten und Hilflosenentschädigungen sind 613
gemäss Art. 47 AHVG zurückzuerstatten. Würde die Rückerstattung einer vom Rentenempfänger in gutem Glauben empfangenen Leistung eine grosse Härte bedeuten, kann diese ganz oder teilweise erlassen werden. Die relative[1220] Verjährungsfrist beträgt ein Jahr, die absolute[1221] fünf Jahre.

f) Anpassung

Die Renten werden gemäss Art. 33ter AHVG alle zwei Jahre 614
durch den Bundesrat mittels Rentenindex der Lohn- und Preisentwicklung angepasst.

5. Finanzierung

Die AHV wird gemäss Art. 102 AHVG hauptsächlich durch 615
Beiträge der Versicherten und der Arbeitgeber, aber auch durch Beiträge

---

[1220] Die relative Frist beginnt mit dem Ablauf eines Jahres, nachdem die Ausgleichskasse davon Kenntnis erhalten hat, dass zu viel ausbezahlt wurde.
[1221] Die absolute Frist beginnt mit der ersten Rentenzahlung. Sieht jedoch das Strafrecht für die strafbare Handlung eine längere Frist vor, dann gilt die strafrechtliche Frist.

des Bundes und der Kantone, durch die Zinsen des Ausgleichsfonds und die Einnahmen aus dem Rückgriff auf haftpflichtige Dritte finanziert. Die Finanzierung erfolgt nach dem *Ausgabenumlageverfahren*, d. h., die in einer Periode eingenommenen Beiträge werden zur Deckung der AHV-Leistungen derselben Periode verwendet.

a) *Beiträge*

616 Die Beitragspflicht von Erwerbstätigen beginnt gemäss Art. 3 Abs. 2 lit. a AHVG am 1. Januar des Jahres, in dem sie das 18. Altersjahr vollenden, und endet mit Erreichen des ordentlichen Rentenalters. Nichterwerbstätige haben gemäss lit. d ab dem 1. Januar des Jahres, in dem sie das 21. Altersjahr vollenden, bis zur Erreichung des ordentlichen Rücktrittsalters Beiträge zu bezahlen. Erwerbstätige im Rentenalter sind gemäss Art. 4 Abs. 2 lit. b AHVG für das den Freibetrag übersteigende Erwerbseinkommen weiterhin beitragspflichtig[1222].

Bei den Beiträgen wird zwischen denjenigen der erwerbstätigen Versicherten gemäss Art. 4 ff. AHVG, der nichterwerbstätigen Versicherten gemäss Art. 10 ff. AHVG und der Arbeitgeber gemäss Art. 12 f. AHVG unterschieden.

(1) Erwerbstätige Versicherte (selbständig – unselbständig)

617 Bei den Erwerbstätigen muss abgeklärt werden, ob jemand *selbständig* oder *unselbständig* erwerbstätig ist, denn der obligatorische Versicherungsschutz der Arbeitslosenversicherung, der Familienzulagenordnung, der Unfallversicherung und ab einem gewissen Entgelt auch bei der beruflichen Vorsorge entfällt bei den Selbständigerwerbenden. Die zu entrichtenden Beiträge Unselbständigerwerbender ist in den Art. 5 ff.

[1222] Ob eine Herabsetzung der Beiträge wegen Unzumutbarkeit gemäss Art. 11 Abs. 1 AHVG möglich ist, muss im Einzelfall beurteilt werden. Im Zeitpunkt, in welchem der Versicherte die Beiträge bezahlen sollte, wird geprüft, ob eine Notlage besteht, d. h. ob der Beitragspflichtige bei Bezahlung des vollen Beitrags seinen Notbedarf und denjenigen seiner Familie nicht befriedigen könnte. Dies wird aufgrund der gesamten wirtschaftlichen Verhältnisse und nicht anhand des Erwerbseinkommens beurteilt. Vgl. Die Praxis 7/2000, S. 626 ff., m. w. H.

AHVG[1223] geregelt, diejenigen Selbständigerwerbender in den Art. 8 ff. AHVG[1224]. Ob eine selbständige oder eine unselbständige Arbeit vorliegt, beurteilt sich nach den wirtschaftlichen Gegebenheiten. Zivilrechtliche Verhältnisse bieten dazu allenfalls Anhaltspunkte für die AHV-rechtliche Qualifikation. Unselbständig ist dabei, wer in arbeitsorganisatorischer Hinsicht abhängig ist und kein spezifisches Unternehmensrisiko trägt. Selbständigerwerbstätig ist, wer in eigenem Namen, auf eigenes Risiko unter Einsatz erheblicher Eigenmittel eine Erwerbstätigkeit ausübt. Jeder Fall muss aber als Einzelfall unter Würdigung der gesamten Umstände beurteilt werden[1225].

Unselbständig Erwerbstätige bezahlen auf ihrem Lohn die gleichen Beträge wie der Arbeitgeber, nämlich gemäss Art. 5 Abs. 1 AHVG 4.2 % des massgeblichen Lohns. Dieser Betrag wird vom Arbeitgeber direkt vom Lohn abgezogen und der Ausgleichskasse überwiesen.

Der Beitragssatz *selbständig* Erwerbstätiger basiert auf dem steuerpflichtigen Erwerbseinkommen[1226]. Der Ansatz liegt dabei zwischen 4,2 und 7,8 %.

Arbeitgeber und Arbeitnehmer können zusammen eine Nettolohnvereinbarung abschliessen, wonach der Arbeitgeber auch den Arbeitnehmerbetrag übernimmt, der Arbeitnehmer somit einen Lohn frei von Abzügen erhält.

Geringfügige Beiträge aus Nebenerwerb, d. h. Entgelt bis zu CHF 2000 je Kalenderjahr pro Arbeitgeber, müssen nicht der AHV/IV unterstellt werden.

[1223] Danach gilt «als massgebender Lohn [...] jedes Entgelt für in unselbständiger Stellung auf bestimmte oder unbestimmte Zeit geleistete Arbeit». Dieser Lohn umfasst auch Teuerungs- und andere Lohnzulagen, Provisionen und Gratifikationen, Naturalleistungen, Ferien- und Feiertagsentschädigungen sowie Trinkgelder, sofern diese einen wesentlichen Bestandteil des Arbeitsgeldes darstellen.

[1224] Art. 9 Abs. 1 AHVG hält fest: «Einkommen aus selbständiger Erwerbstätigkeit ist jedes Erwerbseinkommen, das nicht Entgelt für in unselbständiger Stellung geleistete Arbeit darstellt.»

[1225] Vgl. dazu BOLLIER, I. 6.

[1226] Als Erwerbseinkommen gilt das im In- und Ausland aus einer Tätigkeit erzielte Bar- und Naturaleinkommen inklusive Nebenbezüge. Davon ausgenommen sind Militärsold und Funktionsvergütungen des Zivilschutzes, Versicherungsleistungen bei Unfall, Krankheit oder Invalidität, Leistungen der Fürsorgeeinrichtungen, Familienzulagen, Stipendien usw. Vgl. WIDMER, 4.5.2.1.

(2) Nichterwerbstätige Versicherte

618 Als Nichterwerbstätige gelten Personen, die keine oder nur geringe AHV/IV-Beiträge aus Erwerbstätigkeit entrichten, wie beispielsweise Schüler, Studenten, Invalide, Ausgesteuerte, Arbeitslose usw. Die Höhe der obligatorisch zu leistenden Beiträge von Nichterwerbstätigen richtet sich gemäss Art. 10 AHVG nach den sozialen Verhältnissen der betreffenden Personen, wobei in erster Linie das Vermögen und ein allfällig kapitalisiertes Ersatzeinkommen massgebend sind. Seit der 10. AHV-Revision sind nun auch nichterwerbstätige Witwen, die das Rentenalter noch nicht erreicht haben, als Nichterwerbstätige von der AHV/IV-Beitragspflicht zu erfassen und nicht mehr beitragsfrei mitversichert.

(3) Arbeitgeber

619 Arbeitgeber sind beitragspflichtig, wenn diese in der Schweiz eine Betriebsstätte[1227] haben und obligatorisch Versicherten Arbeitsentgelte gemäss Art. 5 Abs. 2 AHVG ausrichten[1228]. Der Beitrag, den der Arbeitgeber ausrichten muss, beträgt dabei gemäss Art. 13 AHVG 4,2 % der an die beitragspflichtigen Personen ausbezahlten Löhne. Der Arbeitgeber kann von dieser Pflicht durch zwischenstaatliche Vereinbarungen oder aus völkerrechtlicher Übung befreit werden.

(4) Flüchtlinge und Staatenlose

620 Personen, die in der Schweiz vorübergehend Asyl geniessen und keiner Erwerbstätigkeit nachgehen, sind von der Versicherungspflicht ausgenommen.

Für anerkannte Flüchtlinge und Staatenlose mit Wohnsitz in der Schweiz gilt seit der 10. AHV-Revision die Mindestbeitragsdauer von einem Jahr.

[1227] Als Betriebsstätte gilt «jede *feste Geschäftseinrichtung*, in welcher die Geschäftstätigkeit eines Unternehmens oder ein freier Beruf *ganz oder teilweise* ausgeübt wird». Vgl. KÄSER, 12.3.2.

[1228] Vgl. Art. 12 AHVG.

b)   Bezug

Für Schweizer Bürger, egal ob diese im Ausland oder in der 621
Schweiz wohnhaft sind, entsteht gemäss Art. 18 Abs. 1 AHVG ein Anspruch auf eine ordentliche Rente, wenn mindestens ein volles Jahr Einkommen oder Erziehungs- bzw. Betreuungsgutschriften angerechnet werden können. Ausländer hingegen sind gemäss Abs. 2 nur rentenberechtigt, wenn diese ihren Wohnsitz oder gewöhnlichen Aufenthalt in der Schweiz haben; dabei gilt auch für Ausländer die einjährige Mindestbeitragsdauer. Ob ein im Ausland lebender Ausländer eine AHV-Leistung erhält, hängt von dessen Staatsangehörigkeit und den damit zusammenhängenden zwischenstaatlichen Vereinbarungen ab. Angehörige eines in einem Nichtvertragsstaat lebenden Ausländers erhalten von der AHV keine Leistung, dabei können aber während mindestens eines Jahres entrichtete Beitragsleistungen während fünf Jahren zurückgefordert werden[1229].

6.   Ausblick: 11. AHV-Revision[1230]

Mit der 11. AHV-Revision soll die langfristige Sicherung des fi- 622
nanziellen Gleichgewichtes bewirkt werden. Die Erreichung dieses Zieles soll mit folgenden Mitteln erfolgen: Die Mehrwertsteuer soll zugunsten der AHV und IV um maximal 2,5 Prozentpunkte erhöht werden. Das Rentenalter der Frau soll ab dem Jahre 2009 von 64 auf 65 Jahre heraufgesetzt werden[1231] und das Rentenalter insgesamt noch flexibler gestaltet werden, indem ein Vorbezug bis maximal drei Jahre vorher und auch die Möglichkeit eines Teilvorbezugs der halben Rente, d. h. während sechs Jahren im vornherein, möglich sein soll. Auch kombinierte Renten sind möglich, d. h. während beispielsweise vier Jahren eine halbe und während eines ganzen Jahres eine ganze Rente[1232]. Durch dieses flexible Rentenal-

---

[1229] Vgl. Art. 18 Abs. 3 AHVG.
[1230] Vgl. www.bsv.admin.ch; www.parlament.ch.
[1231] Die Erhöhung des Frauenrentenalters auf 65 Jahre soll schrittweise vorgenommen werden und auf den 1.1.2009 abgeschlossen sein. Die Regelung des Rentenalters basiert auf der Übergangsregelung der 10. AHV-Revision.
[1232] Damit kein Anreiz für den Vorbezug geschaffen wird, erfolgt pro vorbezogenes Rentenjahr ein unterschiedlicher Kürzungssatz. Je näher das Vorbezugsjahr beim ordentlichen Rentenalter liegt, desto kleiner ist der Kürzungsfaktor. Der Kürzungssatz ist zudem vom Durchschnittseinkommen abhängig: je kleiner das Einkommen, desto kleiner der Kürzungsfaktor.

ter sollen nicht mehr voll leistungsfähige ältere Leute ihre Fähigkeiten im Rahmen einer Teilzeiterwerbstätigkeit einsetzen können.

Die Privilegierung der Witwe soll wegfallen; ein Anspruch auf eine Witwen- bzw. Witwerrente soll nur bestehen, solange Kinder unter 18 Jahren zu betreuen sind. Sowohl Witwen wie auch Witwer erhalten aber weiterhin eine Hinterlassenenrente, wenn sie bei vollendetem 18. Altersjahr des jüngsten Kindes mindestens 50 Jahre alt sind. Härtefälle sollen dadurch vermieden werden, dass ein Anspruch auf Witwen- oder Witwerrente in jedem Fall besteht, wenn die verwitwete Person das Rentenalter erreicht hat. Für Frauen, die im Zeitpunkt des Inkrafttretens der AHV-Revision über 50 Jahre alt sind, gilt das alte Recht. Verwitwete, die ein behindertes Kind betreuen, haben auch Anspruch auf eine Rente.

Um das Einkommen zu erhöhen, sollen die Beiträge der Selbständigerwerbenden, die im Moment zwischen 4,2 und 7,8 % liegen, auf den Maximalsatz von 8,1 % erhöht werden.

Auch zur Erhöhung der Einnahmen wird der Maximalbetrag der Nichterwerbstätigen aufgehoben, damit einige sehr vermögende Versicherte wesentlich mehr als bis anhin zur Finanzierung der AHV beitragen müssen, wodurch eine Gleichbehandlung mit den Erwerbstätigen erreicht wird.

Der Rhythmus der Anpassung an die Lohn- und Preisentwicklung soll neu von zwei auf drei Jahre verlangsamt werden. Übersteigt die Teuerung jedoch 4 %, erfolgt die Anpassung früher.

Der Freibetrag für Erwerbstätige im Rentenalter soll aufgehoben werden.

§ 5 Invalidenversicherung (IV)

1. Allgemeines

623　　Beruhend auf Art. 111 f. BV, wonach der Bund Vorschriften zur Invalidenversicherung zu erlassen hat, wurden beispielsweise durch das Bundesgesetz über die Invalidenversicherung (IVG), die Verordnung über die Invalidenversicherung (IVV) und die Verordnung über die Geburtsgebrechen (GgV) erlassen. Aus Art. 112 BV ergibt sich, dass die IV, wie auch die AHV, obligatorisch ist, die Renten den Existenzbedarf angemessen decken müssen, die Höchstrente limitiert ist und die Renten der Preisentwicklung angepasst werden müssen.

> Der Hauptzweck der IV ist das *Eingliedern bzw. Wiedereingliedern von durch Geburtsgebrechen, Krankheits- oder Unfallfolgen behinderten Personen.* Renten werden erst zweitrangig ausgerichtet, wenn die Eingliederung ins Erwerbsleben nicht möglich ist oder trotzdem eine Erwerbseinbusse von mindestens 40% besteht. Durch die IV soll i. d. R. nicht das Leiden an sich behandelt werden, ausser die medizinische Behandlung hat Eingliederungscharakter. Die Behandlung der Unfallfolgen gehört grundsätzlich ins Gebiet der Unfallversicherung gemäss Art. 12 IVG i. V. m. Art. 2 IVV.

2. Versicherte Risiken

Versichert wird gemäss Art. 4 IVG das Risiko der *Invalidität*[1233], 624 d. h. körperliche oder geistige Gesundheitsschäden, die für längere Zeit[1234] oder bleibend erwerbsunfähig[1235] machen – unabhängig davon, ob sie durch Unfall, Krankheit oder Geburtsfehler verursacht worden sind. Der Gesundheitsschaden ist dabei die Ursache der Erwerbsunfähigkeit i. S. d. natürlichen und adäquaten Kausalität[1236]. Um eine Invalidenleistung zu erhalten, muss die Invalidität schon eingetreten sein oder unmittelbar drohen, d. h. sie wird in absehbarer Zeit voraussichtlich eintreten[1237]. Der Begriff der Invalidität ist ein relativer, da dieser je nach in

---

[1233] Damit die Invalidität bejaht wird, müssen drei Voraussetzungen gegeben sein: 1. Gesundheitsschaden, 2. eine durch den Gesundheitsschaden verursachte bleibende oder längere Zeit andauernde Erwerbsunfähigkeit und 3. ein Kausalzusammenhang zwischen dem Gesundheitsschaden und der Erwerbsunfähigkeit.

[1234] Als für längere Zeit arbeitsunfähig gilt nicht, wer durch einen Gesundheitsschaden in der Arbeitsfähigkeit lediglich beeinträchtigt ist. Ist ein Gesundheitsschaden mit guter Prognose behandelbar, muss der Versicherte im Sinne der Schadensminderungspflicht diese Behandlung machen, sonst liegt keine Invalidität vor. Vgl. BGE 122 V 218 wonach die versicherte Person auf ihre Mitwirkungspflicht mittels einer formellen Verfügung hingewiesen wird; befolgt sie diese Aufforderung nicht, wird ihr die Rente gemäss Art. 31 Abs. 1 IVG vorübergehend oder dauernd entzogen.

[1235] Bei Erwerbsunfähigkeit kann der Versicherte, nach erfolgter Eingliederung, auf dem gesamten in Frage kommenden ausgeglichenen Arbeitsmarkt nicht mehr erwerbstätig sein. Die Erwerbsunfähigkeit ist somit von der Arbeitsunfähigkeit, bei welcher die bisherige berufliche Tätigkeit nur gesundheitlich bedingt eingeschränkt ist, klar zu trennen.

[1236] Keine Invalidität liegt demnach vor, wenn die versicherte Person aus persönlichen Gründen wie beispielsweise Alter, Arbeitseinstellung usw. keiner Arbeitsverrichtung nachgeht.

[1237] Die Unmittelbarkeit ist nicht gegeben, wenn der Eintritt der Erwerbsunfähigkeit zwar als gewiss erscheint, der Zeitpunkt des Eintritts aber noch ungewiss ist. Vgl. BGE 105 V 140.

Frage stehender Leistung unterschiedlich geregelt ist[1238]. Damit ein Anspruch auf eine Leistung der IV besteht, muss die versicherte Person mindestens teilweise arbeitsunfähig sein, d. h., wer trotz psychischen oder physischen Leidens voll arbeitsfähig ist, kann nicht invalid sein[1239]. Im Sinne der Schadenminderungspflicht muss die versicherte Person vorerst selber das Zumutbare zur Eingliederung ins Erwerbsleben vornehmen. Dabei dürfen jedoch nicht realitätsfremde, unmögliche oder unzumutbare Vorkehren verlangt werden. Die Versicherten müssen sich jedoch mindestens den Eingliederungsmassnahmen, die ihnen vorgeschlagen werden, unterziehen[1240].

Weitere versicherte Risiken sind gemäss Art. 11 IVG *Krankheit und Unfall*, die im Verlaufe der Eingliederungsmassnahmen der IV erlitten werden, sowie verschiedene *Geburtsgebrechen* gemäss Art. 13 IVG.

3. Versicherte Personen

625   Der Kreis der versicherten Personen ist gemäss Art. 1 IVG identisch mit demjenigen in der AHV. *Obligatorisch* versichert sind danach[1241] grundsätzlich alle natürlichen Personen, die ihren Wohnsitz in der Schweiz haben oder in der Schweiz erwerbstätig sind. Bei der Invalidenversicherung handelt es sich somit um eine *Volksversicherung*: Daneben ist unter bestimmten Voraussetzungen eine *freiwillige* Versicherung möglich[1242].

[1238] Bei der Arbeitsvermittlung gemäss Art. 18 Abs. 1 IVG muss beispielsweise die versicherte Person bei der Suche nach einer neuen geeigneten Stelle gesundheitlich bedingte Schwierigkeiten haben (BGE 116 V 80), für die Rentenberechtigung hingegen muss die Arbeitsfähigkeit durch den Gesundheitsschaden i. d. R. während mindestens eines Jahres erheblich beeinträchtigt sein. Der Invaliditätsbegriff ist jedoch nach ständiger Rechtsprechung des EVG grundsätzlich der gleiche im ganzen Sozialversicherungsrecht (BGE 119 V 470).

[1239] Dies schürt die Haltung, bei körperlichen oder geistigen Gebrechen nicht mehr zu arbeiten, da sonst die IV-Leistungen verweigert werden, was natürlich nicht zu einer Kostensenkung in diesem Sektor führt.

[1240] Vgl. dazu RKUV 3/2000, S. 122 ff., wonach Versicherte unter dem Blickwinkel der Schadenminderungspflicht einen Berufswechsel vorzunehmen haben. Die Krankenkassen sollen diese dazu auffordern und ihnen eine Übergangsfrist von drei bis fünf Monaten einräumen. Während dieser Zeit sind die Taggelder weiterhin geschuldet.

[1241] Vgl. Art. 1 AHVG.

[1242] Vgl. Art. 2 AHVG.

4. Leistungen

a) Allgemeine Voraussetzungen

Wer auf Leistungen der Invalidenversicherung Anspruch erhebt, hat sich gemäss Art. 46 IVG bei der zuständigen IV-Stelle *anzumelden*. 626
Alle *bei Eintritt der Invalidität versicherten Personen* haben, sofern ihnen mindestens ein volles Jahr[1243] Einkommen oder Erziehungs- bzw. Betreuungsgutschriften angerechnet werden können, gemäss Art. 6 Abs. 1 IVG Anspruch auf Leistungen. Die Invalidität gilt als eingetreten, sobald sie die für die Begründung des Anspruchs erforderliche Art und Schwere erreicht hat[1244]. Derselbe Gesundheitsschaden kann somit verschiedene Invaliditätseintritte auslösen.
In Bezug auf Leistungen der Invaliditätsversicherung gilt «*Eingliederung vor Rente*» als oberster Grundsatz. Danach wird ein Rentenanspruch erst geprüft, wenn eine Eingliederung nicht oder nur teilweise realisiert werden kann. Zur Eingliederung gehören medizinische Massnahmen, Massnahmen beruflicher Art, Hilfsmittel und Taggelder.
Ausländische Staatsangehörige von über zwanzig Jahren müssen gemäss Art. 6 Abs. 2 IVG bei Eintritt der Invalidität, vorbehaltlich anderer Bestimmungen in zwischenstaatlichen Sozialversicherungsabkommen, mindestens ein Jahr[1245] Beiträge geleistet und in der Schweiz ihren Wohnsitz oder gewöhnlichen Aufenthalt haben oder sich ununterbrochen während zehn Jahren[1246] in der Schweiz aufgehalten haben. Minderjährige Ausländer, die in der Schweiz invalid geboren wurden oder sich bei Eintritt der Invalidität seit mindestens einem Jahr in der Schweiz aufhalten, haben Anspruch auf eine IV-Leistung, wenn beim Eintritt der Invalidität mindestens ein Elternteil die AHV/IV-Beitragspflicht erfüllt[1247]. Auslän-

---

[1243] Ein volles Jahr liegt vor, wenn eine Person während insgesamt länger als elf Monaten obligatorisch oder freiwillig versichert war, in dieser Zeit den Mindestbetrag bezahlt hat oder als nichterwerbstätige Person mit einem Ehegatten verheiratet war, der mindestens den doppelten Mindestbetrag bezahlt hat oder Anspruch auf Erziehungs- bzw. Betreuungsgutschriften hat. Vgl. BOLLIER, 7.1.1.
[1244] Vgl. Art. 4 Abs. 2 IVG.
[1245] Früher mussten während zehn Jahren Beiträge geleistet werden.
[1246] Früher waren 15 Jahre notwendig.
[1247] Vgl. RKUV 4/2000, S. 195, wobei festgehalten wird, dass die Leistungspflicht der obligatorischen Krankenversicherung bei einem geburtsgebrechlichen Kind auch gegeben ist, wenn die Voraussetzungen von Art. 6 IVG nicht erfüllt sind, denn Sinn und Zweck des Art. 27 KVG sind, dass im Sozialversicherungssystem keine Leistungslücken bestehen. Eine krankenversicherungsrechtliche Ungleichbehandlung von einem Kind, das mit einem Geburtsgebrechen in die Schweiz einreist, und einem Kind, das an einem nach der Geburt erworbenen Gebrechen leidet, ist sachlich nicht gerechtfertigt.

der mit Wohnsitz im Ausland erhalten nur IV-Leistungen, wenn ein Sozialversicherungsabkommen zwischen der Schweiz und diesem Land besteht. Besteht kein solches Abkommen, werden Leistungen nur so lange erbracht, wie die versicherte Person in der Schweiz wohnt. Verlässt eine ausländische Person die Schweiz, hat sie Anspruch auf Rückvergütung der einbezahlten Beiträge, sofern diese Beitragszeit länger als ein Kalenderjahr gedauert hat und der Versicherte mit seiner Familie[1248] seit mindestens einem Jahr nicht mehr in der Schweiz gewohnt hat.

Von der Versicherungspflicht ausgenommen sind, wie bei der AHV, Personen, die vorübergehend *Asyl* geniessen und keine Erwerbstätigkeit ausüben. Anerkannte Flüchtlinge und Staatenlose mit Wohnsitz in der Schweiz fallen seit der 10. AHV-Revision unter die einjährige Mindestbeitragsdauer und sind somit versichert.

Die Invalidität darf gemäss Art. 7 IVG, wie bei der AHV und der UV, *nicht vorsätzlich* oder *grobfahrlässig* oder bei Ausübung einer Straftat herbeigeführt worden sein; ansonsten ist eine *Kürzung* oder der *Entzug* der Leistung zwecks Schonung der Sozialversicherung, nicht jedoch als Strafe, möglich. Bei der Hilflosenentschädigung und dem Taggeld darf jedoch keine Kürzung stattfinden.

Die IV kennt *Eingliederungsmassnahmen* wie medizinische, berufliche und schulische Massnahmen, die Abgabe von Hilfsmitteln und akzessorische Leistungen gemäss Art. 8 Abs. 3 IVG, Taggelder, *Renten*, *Hilflosenentschädigungen* und *Pflegebeiträge an hilflose Minderjährige*.

b) *Medizinische Eingliederungsmassnahmen Art. 12–14 IVG*

Eine Voraussetzung der medizinischen Eingliederungsmassnahme ist, dass sie sich unmittelbar *auf die berufliche Eingliederung richtet* – die Behandlung des Leidens an sich ist Sache der Kranken- oder Unfallversicherung.

627 Die Massnahme muss gemäss Art. 12 ff. IVG i. V. m. Art. 2 ff. IVV geeignet sein, *die Erwerbstätigkeit dauernd und wesentlich zu verbessern* oder den Versicherten vor Beeinträchtigungen zu bewahren. Ob diese Voraussetzung erfüllt ist, wird sehr restriktiv geprüft[1249]. Gemäss Art. 2

[1248] Zu der Familie gehören Kinder unter 25 Jahren.
[1249] Aus dieser restriktiven Handhabung folgt, dass diese Leistungen nur selten von der IV erbracht werden müssen, sondern meist zulasten der Krankenkasse oder Unfallversicherung gehen.

Abs. 2 IVV soll die Behandlung dem *Verhältnismässigkeitsgrundsatz* zufolge nicht nur zweckmässig, sondern auch einfach sein, d. h., die IV übernimmt nicht die optimale, sondern die im Hinblick auf das Eingliederungsziel *notwendige* Behandlung[1250]. Eigentlich bilden diese medizinischen Massnahmen innerhalb der IV einen Fremdkörper. Entstanden ist diese Regelung, als der Krankenversicherungsschutz für grosse Bevölkerungsteile wesentlich schlechter war. Sie könnte heute ins KVG verlagert werden, was aber angesichts der Kostensteigerungen in der Krankenversicherung kein Thema ist.

In Bezug auf *Geburtsgebrechen* besteht gemäss Art. 13 IVG i. V. m. GgV[1251] für *Jugendliche* eine Sonderregelung, wobei es gemäss Art. 8 Abs. 2 IVG unwesentlich ist, ob das Geburtsgebrechen später die Erwerbsfähigkeit negativ beeinflussen wird. Zweck der Eingliederung ist es, die als Folge eines Geburtsgebrechens eingetretene Beeinträchtigung der Gesundheit zu mildern oder zu beheben[1252]. Bei den in der GgV anerkannten Geburtsgebrechen übernimmt die IV die Kosten der medizinischen Massnahmen im gesetzlichen Umfang[1253]. In der GgV nicht anerkannt sind Geburtsgebrechen, die gemäss Art. 13 Abs. 2 IVG entweder geringfügig oder einer medizinischen Behandlung nicht zugänglich sind. Gemäss Art. 20 IVG besteht bei Geburtsgebrechen von Personen, die sich nicht in einer Anstalt aufhalten und das zweite Altersjahr zurückgelegt haben, ein Anspruch auf Hauspflege. Die Leistungen für Geburtsgebrechen werden gemäss Art. 2 Abs. 1 und Art. 3 GgV ab vollendeter Geburt bis längstens zum Ende des Monats, in dem die versicherte Person das 20. Altersjahr zurückgelegt hat, entrichtet, selbst wenn eine vor diesem Zeitpunkt begonnene medizinische Massnahme über das 20. Altersjahr fortgeführt werden muss[1254]. Für später notwendige Massnahmen ist die Krankenkasse zuständig. Die IV übernimmt weitere Kosten nur noch, wenn die Voraussetzungen von Art. 12 IVG gegeben sind. Für Jugendli-

---

[1250] Vgl. BGE 122 V 380.
[1251] Vom Bundesrat aufgestellte Liste mit den anerkannten Leiden, die als Geburtsgebrechen gelten.
[1252] Vgl. BGE 115 V 205; Die Milderung der Beeinträchtigung der Gesundheit kann auch «nur» in der Lebenserhaltung bestehen.
[1253] Die IV übernimmt dabei auch die Kosten der Betreuung durch zusätzlich benötigte Hilfskräfte, die keinen anerkannten medizinischen Beruf ausüben, wie beispielsweise durch Angehörige übernommene Betreuung, sofern der Aufwand in Hauspflege zwei Stunden am Tag übersteigt oder eine dauernde Überwachung nötig ist. In Bezug auf die Behandlung übernimmt die IV die notwendigen Behandlungen, nicht aber die optimalen. Ansonsten entsprechen die Leistungen der IV denjenigen der UV oder MV.
[1254] Diese Verordnungsbestimmung ist gesetzmässig und absolut, d. h., eine Einzelfallgerechtigkeit ist ausgeschlossen. Vgl. BGE 120 V 277.

che bestehen als unechte Eingliederungsmassnahmen gemäss Art. 19 f. IVG zudem die Möglichkeiten der Sonderschulung und der Beiträge an die Betreuung.

c) *Berufliche Eingliederungsmassnahmen und schulische Massnahmen Art. 15–20 IVG*

628 Die beruflichen Eingliederungsmassnahmen stellen ein wichtiges Instrument der IV dar, mit welchem die Erwerbsfähigkeit verbessert oder erhalten werden soll. Der Gesetzgeber hat die Eingliederungsmassnahmen integral der IV zugewiesen; die UV kennt diese Kategorie von Massnahmen nicht.

Damit ein Leistungsanspruch auf berufliche Eingliederung überhaupt besteht, muss die versicherte Person gemäss Art. 8 Abs. 1 IVG invalid oder von einer Invalidität unmittelbar bedroht[1255] sein.

Zu den beruflichen Eingliederungsmassnahmen, die den Fähigkeiten und Neigungen des Versicherten Rechnung tragen sollen, gehören gemäss Art. 8 Abs. 1 i. V. m. Art. 15 ff. IVG die Berufsberatung[1256], die erstmalige berufliche Ausbildung[1257], die Umschulung[1258] sowie die Arbeits-

---

[1255] Unmittelbar drohend ist eine Invalidität nur, wenn diese in absehbarer Zeit voraussichtlich eintreten wird.
[1256] Als Berufsberatung im weiteren Sinne werden die Kosten der Abklärungen von spezialisierten Ausbildungs- und Eingliederungsstätten sowie der Transport, die Verpflegung und die Unterkunft für diese Abklärungen und Schnupperlehren übernommen.
[1257] Die erstmalige berufliche Ausbildung soll gemäss Art. 5 IVV die Förderung in beruflicher Hinsicht nach Abschluss der Volks- oder Sonderschule gezielt und planmässig fördern. Dabei werden invaliditätsbedingte Mehrkosten übernommen, wenn diese wesentlich sind, d. h. CHF 400.– pro Jahr erreichen. Übernommen werden dabei Ausbildungs- und Transportkosten, Arbeitsgeräte und Berufskleider. Vgl. Art. 5 IVV.
[1258] Durch geeignete Ausbildungsmassnahmen soll die Erwerbsfähigkeit gemäss Art. 17 Abs. 1 IVG wesentlich verbessert oder zumindest erhalten bleiben. Der Versicherte soll einen neuen, der gesundheitlichen Situation entsprechenden Beruf erlernen. Auch als Umschulung gilt die Wiedereinschulung in den angestammten Beruf. Damit die Umschulungsvoraussetzungen gegeben sind, muss eine Erwerbseinbusse infolge gesundheitlicher Gründe von ca. 20 % gegeben sein. Dabei werden Auslagen für die Ausbildung, für Transporte sowie Unterkunft und Verpflegung vergütet. Vgl. Art. 6 IVV. Vgl. WIDMER, 5.6.2.4. Vgl. Die Praxis 3/2000, S. 319, zur Abgrenzung Erstausbildung/Umschulung; danach kommt es für die Qualifikation einer Umschulung einzig darauf an, dass *jemals* ein relevantes Einkommen erzielt worden ist, dies muss aber nicht *unmittelbar* vor Eintritt des Versicherungsfalles erzielt worden sein.

vermittlung[1259] und die Kapitalhilfe[1260]. Für die beruflichen Eingliederungen gibt es keine Altersgrenze, jedoch muss gemäss dem Verhältnismässigkeitsgrundsatz ein vernünftiges Verhältnis zwischen der Dauer und den Kosten der Massnahme einerseits und dem wirtschaftlichen Erfolg andererseits bestehen, d. h., je kostengünstiger die Eingliederungsmassnahme ist, desto geringer darf die gesundheitliche Schädigung sein. Für berufliche Eingliederungsmassnahmen ist die Invalidenversicherung nur zuständig, wenn sie aus gesundheitlichen Gründen notwendig sind – mit Eingliederungsmassnahmen aus Gründen des Arbeitsmarktes bzw. wegen nicht ausreichender Qualifikation hat sich die Arbeitslosenversicherung bzw. die Sozialhilfe zu befassen.

Wer im angestammten Beruf dauernd, teilweise oder ganz arbeitsunfähig ist, jedoch in einem anderen Arbeitsumfeld seine volle oder annähernd volle Arbeitsleistung erbringen könnte, sollte sich so schnell wie möglich bei der IV anmelden, denn je früher sich jemand anmeldet, desto kleiner ist das Problem der Arbeitsentwöhnung und umso grösser sind die Chancen auf berufliche Wiedereingliederung[1261].

Bei der Sonderschulung noch nicht 20-Jähriger, die wegen der Invalidität[1262] die Volksschule nicht besuchen können, werden Schul- und Kostenbeiträge gemäss Art. 19 IVG i. V. m. Art. 8 ff. IVV gewährt. Für zusätzlich zum Schulunterricht notwendige Massnahmen pädagogisch-therapeutischer Art, wie beispielsweise Sprachheilbehandlung oder Förderung gestörter Motorik für Sinnesbehinderte, übernimmt die IV die effektiven Kosten laut Tarifvereinbarung.

[1259] Den Versicherten wird nach Möglichkeit eine den gesundheitlichen Problemen Rechnung tragende Stelle vermittelt. Bei einem erforderlichen Wohnungswechsel werden die Kosten des Transports des Hausrates von der alten zur neuen Wohnung übernommen. Wird nach einem invaliditätsbedingten Arbeitsplatzwechsel während der Anlernzeit ein reduzierter Lohn bezahlt, besteht für längstens 180 Tage Anspruch auf ein Taggeld. Vgl. Art. 6bis IVV. Vgl. WIDMER, 5.6.2.6.

[1260] Unter dieser Kapitalhilfe sind Geldleistungen ohne Rückzahlungspflicht, unverzinsliche und verzinsliche Darlehen sowie Garantieleistungen zu verstehen. Diese Leistungen werden nur ausgerichtet, wenn von der selbständigen Erwerbstätigkeit ein dauerndes und existenzsicherndes Einkommen erwartet werden kann. Vgl. Art. 7 IVV. Kapitalhilfen werden beispielsweise oft bei Landwirten ausbezahlt, damit sich diese invaliditätsbedingt notwendige landwirtschaftliche Maschinen anschaffen können, um weiterhin selbständig und existenzsichernd arbeiten zu können.

[1261] Die Invalidenversicherung kann gemäss Art. 10 IVG eingeschaltet werden, sobald eine Eingliederungsmassnahme im Hinblick auf das Alter und den Gesundheitszustand des Versicherten angezeigt ist. Die einjährige Wartefrist gemäss Art. 29 Abs. 1 lit. b IVG gilt nur bei den Renten.

[1262] Ein Schul- und Kostgeld wird bei Kindern mit geistigen oder körperlichen Behinderungen bezahlt; dazu gehören beispielsweise Blinde, Sehschwache, Gehörlose, Schwerhörige, Sprachgebrechliche oder Verhaltensgestörte.

Kapitel 7 – Gesundheitsrechtliche Bestimmungen im übrigen Sozialversicherungsrecht

Bei der Pflege hilfloser Minderjähriger, die das zweite Altersjahr zurückgelegt haben und sich nicht in einer Sonderschule oder entsprechenden Institution aufhalten, wird gemäss Art. 20 IVG i. V. m. Art. 13 IVV ein Pflegebeitrag gewährt. Nichterwerbstätige unter 20 Jahren gelten gemäss Art. 5 Abs. 2 IVG als invalid, wenn die geistige oder körperliche Beeinträchtigung voraussichtlich eine volle oder teilweise Erwerbsunfähigkeit zur Folge haben wird, d. h., es muss ein so erheblicher Gesundheitsschaden vorliegen, dass die zukünftige Erwerbsfähigkeit beeinträchtigt wird[1263].

d) Hilfsmittel

629 Durch Hilfsmittel sollen die Auswirkungen eines Gesundheitsschadens teilweise behoben oder doch gemildert werden, womit diese eine wichtige Kategorie der Eingliederungsmassnahmen darstellen. Ein Hilfsmittel liegt nur vor, wenn dieses ohne strukturelle Änderung abgelegt und wieder verwendet werden kann. Dies ist beispielsweise nicht gegeben bei einem ins Körperinnere chirurgisch eingebrachten Gegenstand wie dem Herzschrittmacher[1264].

Versicherte haben gemäss Art. 21 f. IVG i. V. m. Art. 14 IVV auf diejenigen Hilfsmittel Anspruch, welche sie zur Ausübung der Erwerbstätigkeit, zur Tätigkeit in ihrem Aufgabenbereich, zur Schulung, zur Ausbildung oder zur funktionellen Angewöhnung brauchen. Es werden somit nicht nur Hilfsmittel für die Eingliederung ins Erwerbsleben, sondern selbst solche, die zur Fortbewegung, für die Herstellung des Kontaktes mit der Umwelt oder für die Selbstsorge[1265] benötigt werden, von der IV übernommen. Als solche Hilfsmittel gelten Prothesen, Hörapparate, künstliche Augen, Blindenführhunde, Fahrstühle, Motorfahrzeuge, Hilfsgeräte am Arbeitsplatz usw. Die Liste der abzugebenden Hilfsmittel bildet Gegenstand einer Verordnung des Eidgenössischen Departementes des Innern[1266]. Bei Hilfsmitteln, die einen Gegenstand ersetzen, welcher ohne Invalidität auch angeschafft werden müsste, wie beispielsweise Schuhe,

---

[1263] Vgl. BGE 110 V 102.
[1264] Vgl. BGE 115 V 194.
[1265] Vgl. Die Praxis 1/2000, S. 103; Zu Art. 21 IVG i. V. m. Art. 14 IVV wird festgehalten, dass bei Hilfsmitteln bei neu erstellten Eigenheimen im Einzelfall zu prüfen ist, ob die entsprechenden Vorkehren nicht von vornherein einplanbar waren und damit ohne zusätzliche Kosten zu verwirklichen gewesen wären, denn dann besteht kein Anspruch auf Kostenbeiträge und auch keine sachlich nicht gerechtfertigte Ungleichbehandlung.
[1266] Die Hilfsmittelkategorien sind dabei *abschliessend* geregelt. Ob auch die Aufzählung innerhalb der Kategorien abschliessend oder beispielhaft ist, ist bei jeder Kategorie einzeln zu prüfen. Vgl. BGE 121 V 260.

wird den Versicherten ein Selbstbehalt auferlegt. Die versicherte Person hat dabei Anspruch auf ein Hilfsmittel in einfacher und zweckmässiger Ausführung gemäss Art. 21 Abs. 3 IVG, nicht aber auf das bestmögliche Gerät[1267]. Gemäss dem Verhältnismässigkeitsgrundsatz wird die Abgabe kostspieliger Hilfsmittel an besondere Bedingungen geknüpft. Die Geräte werden dabei gemäss Art. 21 Abs. 3 IVG entweder zu Eigentum oder leihweise abgegeben.

e) *Taggelder während Eingliederungs- und Abklärungsmassnahmen*

Taggelder dienen der Bestreitung des Lebensunterhalts der Versicherten und deren Familien während der Eingliederungsmassnahmen. Die Leistungen werden den Versicherten gemäss Art. 22 ff. IVG ab dem vollendeten 18. Altersjahr als *akzessorische* Leistung ausbezahlt, sofern die versicherte Person wegen der Eingliederung an wenigstens drei aufeinanderfolgenden Tagen keiner Arbeit nachgehen kann oder in der gewohnten Tätigkeit zu mindestens 50% arbeitsunfähig ist. Gemäss Art. 22 Abs. 1 letzter Satz IVG gelten bei Versicherten unter 20 Jahren, die noch nie erwerbstätig gewesen sind, und solchen bei einer erstmaligen Ausbildung restriktivere Bestimmungen. Es wird nur ein Taggeld[1268] ausgerichtet, wenn eine invaliditätsbedingte Erwerbseinbusse nachgewiesen werden kann. Muss eine zu mindestens 50% arbeitsunfähige Person auf eine Eingliederungsmassnahme warten, werden gemäss Art. 18 IVV Wartetaggelder entrichtet. Sobald eine subjektiv und objektiv angezeigte Eingliederungsmassnahme beschlossen wurde, mit welcher nicht unverzüglich begonnen werden kann, sprechen die IV-Stellen Wartegelder zu. Der Taggeldanspruch erlischt mit Erreichen der allgemeinen AHV-Altersgrenze gemäss Art. 22 Abs. 2 IVG.

630

Die Höhe des Taggeldes ergibt sich aus dem früher erzielten Einkommen, dem Zivilstand und den Familienlasten. Je nach Situation werden gemäss Art. 23^{quater} ff. IVG Kinderzulagen, Unterstützungszulagen, Betriebszulagen oder Eingliederungszuschläge gewährleistet. Dabei darf die Grundentschädigung zusammen mit allfälligen Kinder- und Unterstützungszulagen die Höchstgrenze von Art. 24 IVG i. V. m. Art. 21^{octies} IVG[1269] nicht übersteigen. Zusätzlich können Betriebs- und Eingliede-

---

[1267] Vgl. BGE 121 V 260.
[1268] Die Taggeldansätze sind dabei gemäss Art. 24 Abs. 2bis IVG i. V. m. Art. 21bis IVV wesentlich kleiner als die normalen Taggelder.
[1269] CHF 215.– pro Tag. Vgl. WIDMER, 5.6.7.4.

rungszuschläge gewährt werden. Das Überentschädigungsverbot gilt auch bei der IV, d. h., das Taggeld darf mit einem allfälligen Erwerbseinkommen den versicherten Verdienst nicht überschreiten. Bei Ablösung eines UV- durch ein IV-Taggeld gilt gemäss Art. 25bis IVG die Besitzstandgarantie.

f)   *Renten (Art. 28–41 IVG)*

> Ist ein Versicherter zu mindestens 40% dauernd erwerbsunfähig oder während mindestens eines Jahres[1270] ohne wesentlichen Unterbruch[1271] durchschnittlich mindestens zu 40% arbeitsunfähig und konnte das Hauptziel, die Eingliederung ins Erwerbsleben, nicht erreicht werden[1272] oder steht zum Vornherein fest, dass entsprechende Bemühungen aussichtslos sind, hat er gemäss Art. 28 IVG[1273] i.V.m. Art. 25 IVV Anspruch auf eine Rente.

631   Diese Renten stellen ein Ersatzeinkommen für eine aus Invaliditätsgründen beeinträchtigte Erwerbsfähigkeit dar. Die Renten werden ab dem vollendeten 18. Lebensjahr bis zum Erreichen des AHV-Rentenalters ausgerichtet; ab Erreichen des AHV-Rentenalters werden Altersrenten ausgerichtet. Der Rentenanspruch erlischt gemäss Art. 30 IVG, wenn die versicherte Person gemäss IV-Stelle nicht mehr in rentenbegründendem Ausmass invalid ist, mit dem Anspruch auf eine Altersrente der AHV oder wenn die Person stirbt. Die Rente kann schon vor Ablauf der einjährigen Wartezeit zugesprochen werden, wenn sich der Gesundheitszustand mit grösster Wahrscheinlichkeit weder verschlechtern noch verbessern wird. Die Berechnung der Rente basiert wie bei der AHV auf

---

[1270] Die einjährige Wartefrist beginnt zu laufen, sobald eine *deutliche Beeinträchtigung* der Arbeitsfähigkeit vorliegt, was bei einer Arbeitsunfähigkeit von mindestens 20% gegeben ist.
[1271] Ein wesentlicher Unterbruch ist gemäss Art. 29ter IVV gegeben, wenn die versicherte Person an 30 aufeinanderfolgenden Tagen vollumfänglich der Arbeit nachgehen konnte.
[1272] Der Grundsatz «Eingliederung vor Rente» ist Ausdruck des Schadensminderungsgrundsatzes, wonach Leistungen gekürzt oder verweigert werden können, wenn sich der Versicherte gegen Eingliederungsmassnahmen widersetzt. Vgl. BGE 122 V 218.
[1273] Gemäss BGE 126 V 75 wurde festgelegt, dass der Abzug vom statistischen Lohn gemäss Art. 28 Abs. 2 IVG unter Berücksichtigung aller jeweils in Betracht fallenden Umstände auf insgesamt 25% zu begrenzen ist. Es soll kein schematischer Abzug mehr stattfinden. Zudem hielt das Eidgenössische Versicherungsgericht fest, dass die Verwaltung kurz zu begründen habe, warum sie einen Abzug vom Tabellenlohn gewähre. Vgl. AJP 4/2001, S. 451 ff.

dem durchschnittlichen Einkommen und der Beitragsdauer. Bei jüngeren Invaliden wird eine Aufwertung wegen des durchschnittlich kleineren Einkommens als Zuschlag für eine entgangene Karriere vorgenommen. Je nach Invaliditätsgrad[1274] wird eine sehr grobe Abstufung der Rente vorgenommen: es werden *Viertel-, halbe und ganze Renten*[1275] ausbezahlt. Wer einen Invaliditätsgrad von unter 40% aufweist, hat gar keinen Anspruch auf eine Rente. Je nach Situation wird zusätzlich zur Invalidenrente gemäss Art. 37 IVG eine *Zusatzrente* für den nichtinvaliden Ehegatten[1276] und eine *Kinderrente*[1277] gemäss Art. 35 und 38 IVG ausgerichtet. Die Zusatzrenten werden dabei in Prozenten der Invaliditätsrente berechnet. Gemäss Art. 30 IVV werden Personen, die eine Arbeitslosenentschädigung beziehen, den Erwerbstätigen gleichgestellt.

Schweizerinnen und Schweizer, mit Wohnsitz und gewöhnlichem Aufenthalt in der Schweiz, die zwar lückenlos versichert, aber bis zur Entstehung des Rentenanspruchs nicht während eines vollen Jahres der Beitragspflicht unterstellt waren, können gemäss Art. 39 IVG i. V. m. Art. 34 IVV, welche auf das AHVG verweisen, eine ausserordentliche Rente beziehen, die den minimalen Beträgen der ordentlichen Renten entsprechen. 632

Wie auch bei der AHV sind die ausländischen Staatsangehörigen den Schweizerinnen und Schweizern grundsätzlich gleichgestellt, sofern sie ihren Wohnsitz in der Schweiz haben und sich gewöhnlich auch dort auf- 633

[1274] Der Invaliditätsgrad bemisst sich nicht anhand medizinisch-theoretischer Beurteilung, sondern bei *Erwerbstätigen* durch einen Einkommensvergleich. Es wird das Einkommen, das die Person ohne Gesundheitsstörung erzielen könnte (Valideneinkommen), wobei alle Einkommensbestandteile berücksichtigt werden (inkl. Nebenerwerb, Haushalt usw.), mit dem Einkommen verglichen, das sie nach Eintritt des Gesundheitsschadens in zumutbarer Weise erzielen könnte (Invalideneinkommen). Beim Validen- und Invalideneinkommen ist dabei vom gleichen geografischen Ort auszugehen. Bei *nicht erwerbstätigen* Personen wird die Invalidität, d. h. die Unfähigkeit, die angestammte Tätigkeit auszuüben, aufgrund eines *Tätigkeitsvergleichs* festgelegt. Bei *Teilzeitbeschäftigten* kommt eine Mischform zum Zug. Die Antwort auf die Frage, ob eine versicherte Person als voll, teilweise oder nicht erwerbstätig einzustufen ist, ergibt sich aus der Prüfung, was sie täte, wenn keine gesundheitliche Beeinträchtigung bestünde.
[1275] Gemäss Art. 28 Abs. 1 IVG wird eine ganze Rente bei Invalidität über 66⅔% gewährt, eine halbe Rente bei einer Invalidität zwischen 50 und 66⅔% und eine Viertelsrente bei einem Invaliditätsgrad zwischen 40 und 50%. In wirtschaftlichen Härtefällen hat die versicherte Person bereits bei einem Invaliditätsgrad von mindestens 40% Anspruch auf eine halbe Rente. Vgl. Art. 28 Abs. 1bis IVG.
[1276] In der IV wird, im Gegensatz zur AHV, die Zusatzrente für den Ehegatten nicht abgeschafft, sondern zivilstandsunabhängig ausgestaltet. Vgl. Art. 34 IVG. Dabei hat gemäss Art. 3 IVG eine geschiedene Person ebenso Anspruch auf eine Zusatzrente für den geschiedenen Ehegatten.
[1277] Die Kinderrente wird ausgerichtet, wenn das Kind im Fall des Todes des Vaters oder der Mutter, denen eine Invalidenrente zusteht, Anspruch auf eine Waisenrente hätte.

halten. Renten werden nur ins Ausland überwiesen, sofern die Schweiz mit dem betreffenden Land ein Sozialversicherungsabkommen unterhält. Besteht kein solches Abkommen, können sich die versicherten Personen beim definitiven Verlassen der Schweiz die entrichteten Sozialversicherungsbeiträge auszahlen lassen.

g) *Hilflosenentschädigung Art. 42 IVG i. V. m. Art. 38 f. IVV*

634 In der Schweiz wohnhafte Versicherte, die infolge Invalidität für die alltäglichen Lebensvorrichtungen wie z. B. Aufstehen, Ankleiden, Essen, Körperpflege oder Fortbewegung dauernd[1278] auf Hilfe Dritter[1279] angewiesen sind oder einer persönlichen Überwachung[1280] bedürfen, haben gemäss Art. 42 IVG Anspruch auf Hilflosenentschädigung. Bei Lebensverrichtungen mit mehreren Teilfunktionen genügt es, wenn die versicherte Person lediglich bei einem Teil regelmässig auf Dritthilfe angewiesen ist[1281]. Die Hilflosenentschädigung, die unabhängig von der Höhe der Kosten im Einzelfall erfolgt, wird dabei ausgerichtet, wenn kumulativ das 18. Lebensjahr zurückgelegt ist[1282], der Wohnsitz und der tatsächliche Aufenthalt in der Schweiz sind, der oder die Versicherte seit mindestens einem Jahr in erheblichem Masse hilflos ist und kein Anspruch auf Hilflosenentschädigung der UV oder MV besteht. Dabei spielt die finanzielle Situation der versicherten Person keine Rolle. Die IV muss somit nur subsidiär für die Hilflosenentschädigung einstehen, wenn weder die UV noch die MV diese Kosten übernimmt. Gemäss Art. 36 IVV wird eine Abstu-

---

[1278] Als «dauernd» gilt, wenn die auf Hilfe angewiesene Zeit länger als ein Jahr ohne Unterbruch andauert und voraussichtlich weiterhin bestehen wird. Vgl. BGE 111 V 226 ff.

[1279] Die Dritthilfe kann *direkt* oder *indirekt* sein: bei der direkten Hilfe wirkt die Drittperson unmittelbar mit, bei der indirekten nur, indem sie die behinderte Person auffordert, eine Lebensverrichtung vorzunehmen, die sie von sich aus nicht vornehmen würde.

[1280] Dabei geht es um eine medizinische oder pflegerische Hilfeleistung, die wegen des psychischen oder physischen Zustandes der versicherten Person nötig ist. Diese Unterstützung muss nicht rund um die Uhr geschehen.

[1281] So genügt es beispielsweise, wenn eine Person die Speisen nicht mehr selbst verkleinern kann.

[1282] Bis zum 18. Lebensjahr kann die Entschädigung in Form von «Beiträgen für hilflose Minderjährige» gemäss Art. 19 f. IVG ausgerichtet werden. Diese Entschädigung wird frühestens ab dem zweiten und längstens bis zum vollendeten 18. Lebensjahr ausgerichtet, sofern sich die Person nicht zulasten der Invalidenversicherung in einer Institution aufhält. Muss sich ein Kind ausschliesslich zur Pflege in einer Institution aufhalten, wird zum Pflegebeitrag ein Kostgeldbeitrag ausgerichtet. Bei der Hilflosigkeit von Minderjährigen ist zu beachten, dass eine gewisse Hilfs- und Überwachungsbedürftigkeit auch bei voller Gesundheit besteht. Massgebend ist daher nur der Mehraufwand, der im Vergleich zu einem gesunden Kind im gleichen Alter entsteht.

fung zwischen leichter, mittlerer und schwerer Hilflosigkeit vorgenommen, wonach auch die Entschädigung ausgerichtet wird[1283]. Bei einer nachträglichen Veränderung der tatsächlichen Verhältnisse wird gemäss Art. 86 IVV die Leistung diesem neuen Sachverhalt analog der Rentenrevision im AHVG angepasst oder aufgehoben. Mit der Hilflosenentschädigung soll den Invaliden ermöglicht werden, die von Dritten erbrachte Leistung zu finanzieren und somit möglichst autonom leben zu können. Im Sinne der Schadensminderungspflicht muss die invalide Person alles ihr Zumutbare vorkehren, um die Folgen der Hilflosigkeit bestmöglich zu mildern.

Gemäss Art. 38 IVV können Hilflosenentschädigungen, wie auch die Taggelder, wegen Selbstverschuldens weder verweigert, gekürzt noch entzogen werden.

Der Anspruch auf die Hilflosenentschädigung endet mit Wegfall der Hilflosigkeit, bei Wegzug ins Ausland oder beim Tod des Bezügers. Während eines stationären Aufenthalts zulasten der Versicherung ruht gemäss Art. 35 Abs. 2 IVV der Entschädigungsanspruch grundsätzlich.

h) *Förderung der Invalidenhilfe*

Zur Verbesserung der Infrastruktur für alle Behinderten richtet die IV nebst den Taggeldern, Renten und Hilflosenentschädigungen auch Subventionen aus; so übernimmt sie beispielsweise Bau- und Einrichtungsbeiträge und Baubeiträge von Eingliederungsstätten, Werkstätten, Wohnheimen, Begegnungs- und Tagesstätten. Auch unterstützt die IV Transport- und Beratungsstellen, die Ausbildung von Fachpersonal und die «Pro Infirmis». 635

5. Leistungserbringer

Ärzte, Zahnärzte und Apotheker, die aufgrund eines wissenschaftlichen Befähigungsausweises über eine Bewilligung zur Berufsausübung verfügen, sind zur Tätigkeit zulasten der Invalidenversicherung zugelassen. Die Versicherten haben unter diesen Leistungserbringern gemäss Art. 26 f. IVG die freie Wahl. Auch unter den medizinischen Hilfspersonen, Anstalten und Abgabestellen für Hilfsmittel können

---

[1283] Bei einer leichten Hilflosigkeit werden 20 % der Mindestrente ausbezahlt, bei einer mittleren 50 % und bei einer schweren 80 %.

> die Versicherten frei wählen, wenn diese den kantonalen Vorschriften und den Anforderungen der Versicherung gemäss Art. 26bis IVG genügen. Der Bundesrat kann gemäss Art. 27 IVG mit den Leistungserbringern Verträge über die Zusammenarbeit mit Versicherern und über die Tarife schliessen und soweit keine solchen vorhanden sind, Höchstbeträge festsetzen.

6. Organisation

636 Die IV ist organisatorisch eng mit der AHV verbunden. Die Invalidenversicherung wird gemäss Art. 53 f. IVG von den *kantonalen IV-Stellen* in Zusammenarbeit mit den AHV-Ausgleichskassen durchgeführt. Dabei klären die kantonalen IV-Stellen gemäss Art. 57 IVG die Anspruchsvoraussetzungen und die Eingliederungsfähigkeiten ab, bestimmen und überwachen Eingliederungsmassnahmen, bemessen die Invalidität und verfügen über die Leistungen der IV. Die AHV-Ausgleichskassen wirken gemäss Art. 60 IVG bei der Abklärung der versicherungsmässigen Voraussetzungen mit, berechnen die Renten und Taggelder und zahlen diese auch aus.

Die übrige Eingliederung erfolgt durch ausserhalb der Verwaltung stehende Personen und Institutionen, wozu die IV mit den Leistungserbringern Verträge und Tarifvereinbarungen abgeschlossen hat.

Die IV-Stelle des Bundes ist gemäss Art. 56 IVG für Versicherte im Ausland zuständig. Die Aufsicht über die IV-Stellen übt gemäss Art. 64 f. IVG der Bund aus.

7. Finanzierung

637 Art. 112 BV hält fest, dass die AHV und die IV durch Beiträge der Versicherten, wobei die Arbeitgeber und Arbeitgeberinnen die Hälfte der Kosten übernehmen müssen, des Bundes und allenfalls der Kantone finanziert wird. Dabei betragen die Leistungen des Bundes und der Kantone maximal die Hälfte der Ausgaben. Die Finanzierung erfolgt dabei nach dem *Ausgabenumlageverfahren*, d. h., die in einer Periode eingenommenen Beiträge werden zur Deckung der IV-Leistungen in derselben Periode verwendet. Die Negativdifferenz wird durch Beiträge der öffentlichen Hand, den Zinserträgnissen des Ausgleichsfonds und den Einnahmen aus dem Rückgriff auf haftpflichtige Dritte ausgeglichen.

Die *Beitragspflicht von Versicherten und Arbeitgebern* richtet sich gemäss Art. 2 IVG nach den Bestimmungen der AHV. Wer der AHV-Beitragspflicht unterstellt ist, ist dies auch gegenüber der IV. Die Versicherten sind beitragspflichtig, solange sie erwerbstätig sind, d. h. ab dem 18 Lebensjahr, mindestens aber vom 20. bis zum 64. bzw. 65. Altersjahr[1284]. Arbeitgeber, welche obligatorisch Versicherte beschäftigen, sind gemäss Art. 12 AHVG ebenfalls beitragspflichtig. Dazu kommen die *Subventionen* des Bundes und der Kantone gemäss Art. 77 IVG, welche sich in der Regel auf die Hälfte der jährlichen Ausgaben belaufen oder sogar die Beiträge der Versicherten und der Arbeitgeber übersteigen.

Die Beiträge der Arbeitnehmer richten sich analog der AHV nach dem massgebenden Lohn. Der Beitrag von maximal 1,4 % gemäss Art. 3 Abs. 1 IVG wird zur Hälfte vom Arbeitgeber und zur Hälfte vom Arbeitnehmer getragen. Selbständig Erwerbende entrichten 1,4 % des Reineinkommens aus selbständiger Erwerbstätigkeit. Nichterwerbstätige[1285] entrichten einen Beitrag je nach Höhe des Vermögens und kapitalisiertem Ersatzeinkommen[1286].

8. Bilaterale Verträge[1287]

Die bilateralen Verträge haben auf die IV keine grossen Einwirkungen, da die Schweiz schon vorher mit allen EU-Staaten ein Sozialversicherungsabkommen abgeschlossen hatte. Nach diesen Abkommen gilt der Grundsatz der *Gleichbehandlung*, wonach Bürgerinnen und Bürger aus der Schweiz und aus EU-Ländern gleich behandelt werden müssen. In der Schweiz «erworbene» IV-Renten werden den Angehörigen in EU-Länder überwiesen und umgekehrt. Ist jemand in verschiedenen Ländern versichert, hat jeder Staat eine aufgrund der verschiedenen Versicherungszeiten berechnete Teilrente zu entrichten. Hilflosenentschädigungen werden hingegen nicht exportiert, sondern nur bei Wohnsitz in der Schweiz ausbezahlt. Die Berechnung der IV-Renten erfolgt nach schweizerischem Recht, d.h., die einjährige Mindestbeitragsdauer als Voraussetzung für den Anspruch auf eine Rente muss in der Schweiz erfüllt werden, und bei Invalidität von weniger als 40 % wird keine Rente ausbezahlt.

638

[1284] Vgl. Art. 3 AHVG.
[1285] Bei den Nichterwerbstätigen ist der Begriff der Invalidität mit dem Begriff der Arbeitsunfähigkeit weitgehend deckungsgleich.
[1286] Der IV-Betrag liegt dabei gemäss Art. 3 Abs. 1bis IVG zwischen CHF 54.– und 1400.–.
[1287] Vgl. WIDMER, 5.7.

9. Die IVG-Revision[1288]

639 Um die Schulden der IV und ihre Zinsbelastung möglichst rasch abzubauen, sollen auf den 1.1.2003 1,5 Milliarden Franken aus dem EO-Fonds zur IV verlagert werden.
Zugunsten der IV soll ab 2003 die Mehrwertsteuer um 1% erhöht werden.
Die letzte übrig gebliebene zivilstandsabhängige Rente der ersten Säule, die Zusatzrente für Ehegatten, soll abgeschafft werden. Bereits zugesprochene Zusatzrenten werden jedoch weiterhin ausbezahlt. Die Aufhebung der Zusatzrente ist aber an die Bedingung geknüpft, dass eine substantielle Assistenzentschädigung[1289] eingeführt wird. Die bisherigen Hilflosenentschädigungen, Pflegebeiträge an hilflose Minderjährige und Beiträge an die Hauspflege sollen danach durch eine Assistenzentschädigung ersetzt werden. Anspruch auf die Assistenzentschädigung haben minderjährige und erwachsene Behinderte, die einer persönlichen Assistenz bedürfen, d.h. Personen, die bei den alltäglichen Lebensverrichtungen auf Hilfe Dritter angewiesen sind. Wie bei der Hilflosenentschädigung wird zwischen hohem, mittlerem und geringem Assistenzbedarf unterschieden. Neu sollen auch Personen mit psychischen oder leichten geistigen Behinderungen, die zu Hause leben und auf eine Begleitung von Drittpersonen angewiesen sind[1290], den Personen mit leichtem Assistenzbedarf gleichgestellt und entsprechend finanziell unterstützt werden.
Ist bei der Pflege Minderjähriger zusätzlich zum Assistenzaufwand ein invaliditätsbedingter Betreuungsaufwand notwendig, wird zusätzlich ein *Intensivpflegezuschlag* ausgerichtet.
Anstelle der Härtefallrente[1291] bei Invalidität zwischen 40 und 49% haben die Betroffenen neu die Möglichkeit, *Ergänzungsleistungen* zu beziehen.
Das überholte Taggeldsystem der IV soll durch ein *zeitgerechtes, transparentes* und *zivilstandsunabhängiges* Taggeldsystem ersetzt werden.
In Zukunft soll die IV die invaliditätsbedingten Mehrkosten im Bereich der beruflichen Weiterbildung unabhängig von der Art des Berufs-

---

[1288] Vgl. www.parlament.ch; www.bsv.admin.ch.
[1289] Mittels Assistenzentschädigung sollen Leistungen für Pflege und Betreuung Behinderter finanziell ersetzt werden, womit Behinderten mit Betreuungsbedürfnissen mehr Autonomie und Selbstbestimmung ermöglicht werden soll.
[1290] Beispielsweise die Begleitung zu Ämtern oder zum Treffen mit Kollegen, um damit der Gefahr der dauernden Isolation entgegenzuwirken.
[1291] Die Härtefallrente sah vor, dass bei Versicherten, die unter einer Invalidität von zwischen 40 und 49% leiden und die gesetzlich geschuldete Viertelsrente einen Härtefall bedeuten würde, eine halbe Rente ausgerichtet werden kann.

feldes unter klar definierten Voraussetzungen übernehmen, womit Behinderten die gleichen Möglichkeiten der beruflichen Weiterbildung wie nicht Behinderten offen stehen sollen.

Damit die Leistungsgesuche speditiv, gesamtschweizerisch einheitlich, gerecht und qualitativ besser beurteilt werden können, wird ein *regionaler ärztlicher Dienst* zur Unterstützung der IV-Stellen eingerichtet. Die ärztlichen Dienste sollen unmittelbar der fachlichen Aufsicht des BSV unterstellt sein. Zur Verstärkung der Aufsicht des Bundes sollen die Geschäftsprüfungen bei den IV-Stellen neu jährlich stattfinden.

Neu soll wie bei der UV, KV und MV auch bei der IV ein *Einspracheverfahren* eingeführt werden. Damit kann die IV, bevor die Gerichte angerufen werden, ihren Entscheid selbst überprüfen. Tarifstreitigkeiten sollen durch kantonale Schiedsgerichte beurteilt werden.

Mittels einer *besseren Zusammenarbeit* zwischen den IV-Stellen, den Durchführungsorganen der Arbeitslosenversicherung und den kantonalen Durchführungsstellen soll die berufliche Wiedereingliederung auf möglichst rasche und unbürokratische Weise gefördert werden.

§ 6 Berufliche Vorsorge

1. Allgemeines

Die Rechtsgrundlagen zur beruflichen Vorsorge (bV) finden sich im Bundesgesetz über die berufliche Alters-, Hinterlassenen- und Invalidenvorsorge (BVG), das auf Art. 113 BV gründet. Das BVG stellt ein Rahmengesetz dar, welches für die ca. 15 000 bestehenden Vorsorgeeinrichtungen Minimalvorschriften enthält. Die berufliche Vorsorge gliedert sich einerseits in die obligatorische bV, die im BVG geregelt ist, und in die ausserobligatorische bV, die in der Regel auf Vertragsverhältnissen beruht (Arbeits- und Vorsorgevertrag). Im Rahmen der obligatorischen beruflichen Vorsorge sind keine gesundheitlichen Vorbehalte zulässig.

2. Versicherte Risiken

Die berufliche Vorsorge deckt als 2. Säule neben AHV/IV das 640
Risiko Alter und Invalidität ab. Zusammen mit den Leistungen der ersten

Säule soll der Existenzbedarf angemessen gedeckt werden. Die zweite Säule soll dabei die Basisleistungen und existenzsichernden Leistungen der ersten Säule ergänzen und dafür sorgen, dass den Versicherten die Fortsetzung der gewohnten Lebenshaltung in angemessener Weise ermöglicht wird.

3. Versicherte Personen

641   *Obligatorisch* versichert sind gemäss Art. 2 BVG *Arbeitnehmer und Arbeitnehmerinnen* (Schweizer und Ausländer) mit einem Mindesteinkommen von CHF 24 720[1292] sowie Bezüger von Arbeitslosen- und Taggeldern[1293], die bei der AHV versichert sind. Arbeitnehmer und Selbständigerwerbende, welche der obligatorischen Versicherung nicht unterstehen, können sich gemäss Art. 4 BVG freiwillig versichern lassen.

Wer beispielsweise gegenüber der AHV nicht beitragspflichtig ist, in einem befristeten Arbeitsverhältnis steht, das kürzer als drei Monate dauert, im Sinne der IV mindestens zu zwei Dritteln invalid ist oder ein mitarbeitendes Familienmitglied in einem landwirtschaftlichen Betrieb ist, ist gemäss Art. 1 BVV 2 *nicht obligatorisch* versichert.

Freiwillig versichern lassen können sich Selbständigerwerbende gemäss Art. 44 ff. BVG und Arbeitnehmer, die im Dienste mehrerer Arbeitgeber stehen, deren gesamter Jahreslohn das Mindesteinkommen von CHF 24 700 jedoch übersteigt.

Die Versicherung beginnt mit dem Tag, an dem die versicherte Person aufgrund eines Anstellungsverhältnisses die Arbeit aufnimmt. Gemäss Art. 7 BVG sind die Risiken Tod und Invalidität ab Vollendung des 17. Altersjahres und das Risiko Alter ab Vollendung des 24. Altersjahres versichert. Der Versicherungsschutz für das Risiko Alter endet gemäss Art. 10 Abs. 2 BVG mit dem Austritt aus dem Betrieb; die Risiken Tod und Invalidität sind gemäss Abs. 3 noch einen Monat darüber hinaus versichert. Die Beitragspflicht endet mit Entstehen des Anspruchs auf eine Altersleistung, bei Tod oder Anspruch auf volle Invalidenleistung, bei Auflösung des Arbeitsverhältnisses oder wenn der Mindestlohn unterschritten wird. Die Vorsorgeeinrichtungen können «externe Mitgliedschaften» in

---

[1292] Dieses Mindesteinkommen gilt unabhängig vom Beschäftigungsgrad; nur bei Personen mit einer halben Rente muss der Betrag halbiert werden. Die Pensionskassen können diesen Grenzwert jedoch herabsetzen oder diesen nach dem Beschäftigungsgrad abstufen.
[1293] Bezüger der Arbeitslosentaggelder sind nur für die Risiken Tod und Invalidiät, nicht aber Alter obligatorisch versichert.

ihren Reglementen vorsehen und dadurch den Versicherungsschutz für Tod und Invalidität ausdehnen.

4. Leistungen

Damit eine Leistung ausbezahlt werden kann, muss die betroffene Person zu einem Zeitpunkt arbeitsunfähig und daraufhin invalid geworden sein, in dem sie bei der Pensionskasse versichert war. 642

> Im Sinne des Überentschädigungsverbots müssen Pensionskassen Invaliden- und Hinterlassenenrenten nur erbringen, wenn diese zusammen mit anderen Versicherungsleistungen 90% des mutmasslich entgangenen Verdienstes nicht übersteigen. Eine versicherte Person soll finanziell nicht besser gestellt werden, als sie es ohne Gesundheitsschaden wäre.

Gemäss Art. 37 f. BVG werden die Renten der bV i.d.R. monatlich ausbezahlt, können aber je nach Vorsorgeeinrichtung in Kapitalform ausgerichtet werden.

a)   Altersleistungen

Anspruch auf eine Altersrente haben gemäss Art. 13 BVG Männer, die das 65. und Frauen, die das 62. Altersjahr zurückgelegt haben. Das Reglement der Vorsorgeeinrichtung kann Abweichungen vom Rentenalter vorsehen. Wird die Altersrente frühzeitig bezogen, wird die Rente pro Jahr prozentmässig herabgesetzt. Die Höhe der Rente berechnet sich in Prozenten des Altersguthabens, das sich aus den Altersgutschriften[1294] samt Zinsen[1295] zusammensetzt. Die Kinderrente gemäss Art. 17 BVG beträgt 20% der Altersrente und wird zusätzlich je Kind ausgerichtet. Der Anspruch der Kinderrente erlischt mit Vollendung des 643

[1294] Die Altersgutschriften werden in Prozenten des koordinierten Lohnes gemäss Art. 16 BVG berechnet. Dieser Prozentsatz ist vom effektiven Alter und Geschlecht abhängig. Gemäss BVG sind nur Löhne bis CHF 74 160.– obligatorisch versichert, damit nur der Teil des Lohnes Gegenstand der beruflichen Vorsorge ist, welcher für die Weiterführung des gewohnten Lebensstandards in angemessener Weise notwendig ist. Der Rest des Verdienstes soll in der 3. Säule angelegt werden. Die Pensionskassen können jedoch höhere Grenzwerte vorsehen.

[1295] Der Bundesrat legt gemäss Art. 15 Abs. 2 BVG einen Mindestzinssatz vor, der von den Pensionskassen erhöht werden kann.

18. Altersjahres mit allfälliger Verlängerung bis längstens zum 25. Altersjahr für Kinder in Ausbildung oder bei einer 66⅔%igen Invalidität.

b)   Hinterlassenenleistungen

644   Die Witwe hat gemäss Art. 18 f. BVG Anspruch auf eine *Witwenrente,* sofern diese beim Tod des Ehegatten für den Unterhalt eines oder mehrerer Kinder aufkommen muss oder das 45. Altersjahr zurückgelegt hat und während mindestens fünf Jahren verheiratet war. Zudem musste der Ehegatte im Zeitpunkt des Todes versichert gewesen sein oder von der Vorsorgeeinrichtung eine Alters- oder Invalidenrente erhalten haben. Der Anspruch erlischt gemäss Art. 22 BVG mit der Wiederverheiratung oder dem Tod der Witwe. Bestand ein Anspruch auf Unterhaltsbeiträge und hatte eine Ehe länger als zehn Jahre gedauert, so wird die *geschiedene* Ehefrau der Witwe gleichgesetzt. Die Höhe der BVG-Rente beschränkt sich in dem Fall auf den ungedeckten Teil zwischen der AHV-Rente und dem Versorgerschaden.

Die Witwenrente beträgt gemäss Art. 21 BVG 60% der ganzen versicherten Invaliden- bzw. Altersrente. Eine Umwandlung der Witwen- in eine Altersrente analog der AHV ist bei der bV nicht vorgesehen, jedoch möglich.

Eine *Witwerrente* ist im heutigen BVG nicht enthalten. Verschiedene Vorsorgeeinrichtungen haben jedoch abweichende Regelungen getroffen.

645   Die Witwe hat Anspruch auf eine *Witwenabfindung* gemäss Art. 19 Abs. 2 BVG, wenn die Voraussetzungen für eine Witwenrente nicht gegeben sind.

646   Kinder haben Anspruch auf eine *Waisenrente* gemäss Art. 20 BVG, welche 20% der vollen Invalidenrente beträgt. Die Voraussetzungen für einen Waisenrentenanspruch bestimmen sich nach dem AHVG.

c)   Invalidenleistungen

647   Die Anspruchsvoraussetzungen sind mit denjenigen der IV weitgehend identisch. Die Leistungspflicht entsteht gemäss Art. 23 BVG jedoch erst bei einem Invaliditätsgrad von 50%. Dabei wird gemäss Art. 24 BVG für eine 50%ige Invalidität eine halbe und für eine 66⅔%ige Invalidität eine ganze Rente ausgerichtet. Der Invaliditätsgrad wird wie bei der IV anhand eines Einkommensvergleichs berechnet. Die Invalidenkinderrente gemäss Art. 25 BVG wird analog der Alterskinder-

rente zusätzlich je Kind ausgerichtet und beträgt 20%. Der Anspruch auf eine Invalidenrente nach BVG erlischt bei Wegfall der Invalidität oder beim Tod des Bezügers.

Die Invaliden- und Hinterlassenenrenten müssen periodisch alle drei Jahre an die Preisentwicklung angepasst werden.

d) Kapitalauszahlung

Die Pensionskassen *können* anstelle der Alters-, Witwen- und Invalidenrenten eine wahlweise Kapitalabfindung für ihre Versicherten vorsehen. Auch ist es möglich, eine Mischform zwischen Kapitalabfindung und Rentenbezug zu vereinbaren. Die einmal getroffene Auszahlungsform kann jedoch nicht mehr geändert werden. Meist wird der Entscheid für eine Kapitalauszahlung schriftlich und mindestens drei Jahre vor dem Auszahlungszeitpunkt verlangt. Da die Konkubinatspartnerin beim Tod ihres Partners meist keine Leistungen erhält, ist der Kapitalbezug vor allem in diesen Fällen von Vorteil. Mit der Rente sind dagegen weniger Unsicherheitsfaktoren verbunden. Gerade Männer mit wesentlich jüngeren Frauen tun gut daran, sich für die Rente zu entscheiden, welche der Witwe lebenslänglich in der Höhe von 60% des bisher ausbezahlten Betrags ausgerichtet wird. 648

e) Freizügigkeitsleistungen und Wohneigentumsförderung

Bei Austritt aus dem Betrieb und damit aus der Pensionskasse wird die *Freizügigkeitsleistung* fällig. Ein Freizügigkeitsfall liegt demgemäss vor, wenn ein Versicherter die Vorsorgeeinrichtung verlässt, bevor ein Vorsorgefall eingetreten ist[1296]. Gemäss Art. 27 BVG gilt für die Freizügigkeitsleistung das separate Bundesgesetz über die Freizügigkeit (FZG), das 1995 in Kraft trat. Dieses Gesetz, das für die obligatorische bV und für deren ausserobligatorischen Bereich gilt, hat eine wesentliche Verbesserung bei Stellenwechseln[1297] und bei all den Fällen, in denen die versicherte Person die Vorsorgeeinrichtung verlässt, ohne dass der Vor- 649

[1296] Vgl. dazu Art. 2 Abs. 1 FZG.
[1297] Die Austrittsleistung ist der Person, welche die Vorsorgeeinrichtung verlässt, ohne Rücksicht auf die Gründe, die zur Auflösung des Arbeitsverhältnisses geführt haben, zwingend geschuldet. Vgl. BGE 117 V 219.

sorgefall eingetreten wäre[1298], gebracht. Die Austrittsleistung, die eine versicherte Person beim Stellenwechsel von der alten Pensionskasse erhält, muss der neuen Pensionskasse überwiesen werden, da dieses Geld für die Vorsorge bestimmt ist[1299]. Insofern handelt es sich bei der Austrittsleistung um eine besondere Leistungsart, da die versicherte Person über das ausbezahlte Geld nicht frei verfügen kann. Tritt der oder die Versicherte keiner neuen Pensionskasse mehr bei, kann dieser an Stelle der Pensionskasse ein Sperrkonto bei einer Bank oder eine Freizügigkeitspolice bei einer Versicherungsgesellschaft eröffnen. Wer keine neue Stelle findet und sich zum Bezug von Arbeitslosentaggeldern anmeldet, muss die Freizügigkeitsleistung an die Auffangeinrichtung überstellen, welche Tod und Invalidität weiterversichert. Wird das Freizügigkeitsguthaben zu einem späteren Zeitpunkt nicht in eine Pensionskasse eingebracht, erfolgt die Auszahlung frühestens fünf Jahre vor Erreichen des ordentlichen Rentenalters gemäss BVG. Im Rahmen solcher Freizügigkeitskonten ohne zusätzliche Vorsorgeversicherung bei Todesfällen wird das vorhandene Guthaben im Sinne eines Todesfallkapitals ausbezahlt.

Beschränkt verfügbar ist die Austrittsleistung während des Vorsorgeverhältnisses zum Erwerb von Wohneigentum für den Eigenbedarf. Somit können die Versicherten seit dem 1. Januar 1995 gemäss Art. 30a BVG von der Pensionskasse Kapital im Umfang der *Freizügigkeitsleistung* beziehen, um damit selbst genutztes Wohneigentum zu fördern. Dabei muss aber der Eigenbedarf für den Erwerb und das Erstellen des Wohneigentums, die Amortisation eines Hypothekardarlehens oder den Erwerb von Anteilscheinen von Wohnbaugenossenschaften nachgewiesen werden. Durch diesen Vorbezug wird das *Eigenkapital* des Eigentümers am Wohneigentum *erhöht*. Damit später eine minimale Rente übrig bleibt, sind die Kapitalbezüge der über 50-Jährigen gemäss Art. 30c Abs. 2 BVG beschränkt. Ein Vorbezug ist nur alle fünf Jahre möglich und muss mindestens CHF 20 000.– betragen. Als Alternative zum Bezug der Vorsorgeleistung kann der Versicherte diese gemäss Art. 30b BVG i. V. m. Art. 331d OR auch verpfänden, wodurch sich der *Fremdkapitalanteil* des Eigentümers am Wohneigentum *verringert*. Der Vorsorgeschutz der versicherten Person wird dabei erst im Zeitpunkt der Pfandverwertung geschmälert. Die Verpfändung löst in dem Moment noch keine Steuern aus, sondern durch den Anstieg des Fremdkapitalanteils erhöht sich der Steuerabzug vielmehr.

[1298] Die versicherte Person verlässt die Vorsorgeeinrichtung, ohne dass das versicherte Risiko, wie Alter, Tod oder Invalidität, eingetreten wäre während der Dauer des Vorsorgeverhältnisses. Vgl. Art. 2 Abs. 1 FZG.

[1299] Gemäss Art. 12 FZV ist es nicht mehr zulässig, nur das BVG-Minimum einzubringen und den Rest auf einem Freizügigkeitskonto zu belassen.

Durch den Vorbezug vermindert sich die Altersrente, was zu einem eingeschränkteren Versicherungsschutz bei Tod und Invalidität führt. In jedem Einzelfall sollten die verschiedenen Möglichkeiten genau geprüft und gegeneinander abgewogen werden, um entscheiden zu können, was die beste Lösung im Einzelfall darstellt. Der Vorbezug ist im Zeitpunkt der Auszahlung zu versteuern.

Die Austrittsleistung ist insofern gebunden, als dass *vor* Eintritt des versicherten Risikos die Versicherten gemäss Art. 39 BVG grundsätzlich nicht frei über den erworbenen Anspruch verfügen können und dieser auch nicht pfändbar ist. Sofern kein gesetzlicher Ausnahmegrund gegeben ist, bleibt die Leistung dem Vorsorgezweck verhaftet. Von diesem Grundsatz gibt es drei Ausnahmen: eine *Austrittsleistung in bar* ist gemäss Art. 5 FZG nur möglich, wenn die versicherte Person *die Schweiz definitiv verlässt*, eine *selbständige Erwerbstätigkeit aufnimmt* oder die *Austrittsleistung kleiner ist als ein voller Jahresbetrag der versicherten Person*. Verheiratete Personen benötigen dazu die Zustimmung ihrer Partner[1300]. Dem neuen Scheidungsrecht angepasst, hält Art. 22 FZG fest, dass bei Ehescheidung die für die Ehedauer zu ermittelnden Austrittsleistungen gemäss Art. 122 f. und 141 f. ZGB geteilt werden.

Seit dem Inkrafttreten des neuen Scheidungsgesetzes vom 1. Januar 2000 werden gemäss Art. 122 ff. ZGB die während der Ehe gesparten Vorsorgegelder, ähnlich dem Splittingmodell bei der AHV, zwischen den Eheleuten geteilt.

5. Trägerschaft

Die Durchführung der beruflichen Vorsorge obliegt gemäss Art. 48 BVG den registrierten *Vorsorgeeinrichtungen*[1301], die gemäss Abs. 2 in der Rechtsform einer Stiftung, einer Genossenschaft oder einer öffentlichen Einrichtung organisiert sein müssen. Die *paritätische Verwaltung* nach Art. 51 BVG besagt, dass Arbeitnehmer und -geber das Recht haben, die gleiche Anzahl Vertreter dorthin zu entsenden. Die Arbeitge-

---

[1300] Seit dem 1. Januar 1995 stellt die Aufgabe der Erwerbstätigkeit zwecks Führen des Familienhaushalts für Frauen keinen Barauszahlungsgrund mehr dar.

[1301] Viele registrierte Vorsorgeeinrichtungen erbringen mehr als die von der BVG vorgeschriebenen Mindestleistungen; dabei wird von *umhüllenden Kassen* gesprochen. Bei den Leistungsbereichen, die über das BVG-Obligatorium hinausgehen, gelten nur die BVG-Vorschriften über die paritätische Verwaltung, die Verantwortlichkeit, die Kontrolle, die Aufsicht, die finanzielle Sicherheit und die Rechtspflege. Im Rahmen einer *Schattenrechnung* haben diese den Nachweis dafür zu erbringen, dass die BVG-Mindestvorschriften eingehalten werden.

ber müssen gemäss Art. 11 BVG eine Vorsorgeeinrichtung errichten oder sich einer bestehenden anschliessen[1302]. Sämtliche Beiträge des Arbeitgebers sowie allfällige Beiträge der Arbeitnehmer müssen dieser Einrichtung überwiesen werden, da in diesen Institutionen das Vermögen sichergestellt ist. Nebst diesen Vorsorgeeinrichtungen gibt es noch die besonderen Träger der Vorsorgeeinrichtung: die Sicherheitsfonds[1303], welche von den Vorsorgeeinrichtungen finanziert werden, und die Auffangeinrichtungen[1304], welche beispielsweise in die Lücke treten, wenn Arbeitgeber ihrer Pflicht, sich einer Vorsorgeeinrichtung anzuschliessen, nicht nachkommen. Ein Sonderfall der bV, im Gegensatz zu den anderen Sozialversicherungen, ist die Festsetzung eines Minimalstandards gemäss Art. 49 BVG, der zugunsten der Versicherten abgeändert werden kann.

6. Finanzierung und Beiträge

Die Finanzierung erfolgt durch *Beiträge der Versicherten und Arbeitgeber sowie durch Vermögenserträge* und beruht auf dem *Kapitaldeckungsverfahren*[1305], d.h., jede Generation finanziert ihre künftigen Renten selbst.

Das BVG enthält keine Vorschriften bezüglich der Höhe der Beiträge. Die Vorsorgeeinrichtungen legen die Höhe der Beiträge in reglementarischen Bestimmungen fest. Gemäss Art. 46 Abs. 3 BVG muss der Arbeitgeber jedoch mindestens gleich viel Beiträge erbringen, wie seine Arbeitnehmerinnen und Arbeitnehmer zusammen leisten[1306]. Der Arbeitgeber

---

[1302] Bei der Wahl der Vorsorgeeinrichtung hat das Personal ein Mitspracherecht.
[1303] Die Sicherheitsfonds richten Zuschüsse an Vorsorgeeinrichtungen mit «ungünstiger» Altersstruktur aus und stellen die gesetzlichen Leistungen bei zahlungsunfähig gewordenen Vorsorgeeinrichtungen sicher.
[1304] Die Auffangeinrichtungen führen das Obligatorium für bestimmte Personenkreise durch und leisten Versicherungsschutz gegen die Risiken Tod und Invalidität. Dies beispielsweise bei freiwillig versicherten Arbeitgebern, die zwangsweise angeschlossen werden mussten, aus der Vorsorge ausgeschiedenen Versicherten oder bei Personen, die Taggelder der Arbeitslosenversicherung beziehen. Finanziert wird die Auffangeinrichtung durch die Beteiligten. Sie stellt eine Sammelstiftung dar.
[1305] Beim Kapitaldeckungsverfahren ist ein Deckungsgrad von 100% gegeben. Einzig Pensionskassen öffentlicher Verwaltungen, bei welchen eine Betreibung im Konkurs nicht sehr gefahrreich ist, wird ein tieferer Deckungsgrad toleriert, d.h., bei diesen wird ein Teil mittels Umlageverfahren finanziert.
[1306] Will und kann der Arbeitgeber mehr als die Hälfte der Beiträge übernehmen, können diejenigen der Versicherten gesenkt oder aber höhere Leistungen ausgerichtet werden. Arbeitgeber leisten dabei bei gut ausgebauten Vorsorgeeinrichtungen oft mehr als das Doppelte der Summe aller versicherten Beiträge.

zieht den Beitrag des Arbeitnehmers direkt vom Lohn ab und überweist diesen zusammen mit seinem Beitrag an die Vorsorgeeinrichtung. Variable Beitragssätze nach Alter und Geschlecht sind dabei möglich.

Die Vorsorgeeinrichtungen sind gemäss dem Leistungs- oder Beitragsprimat aufgebaut. Beim *Beitragsprimat* wird die Leistung aufgrund der Beiträge festgesetzt, wobei jedoch prozentual sinkende Altersleistungen aus der Teuerungsentwicklung resultieren. Beim *Leistungsprimat* werden die Beiträge aufgrund der versicherten Leistung berechnet, was den Einkauf von Lohnerhöhungen erforderlich macht. Das BVG schreibt nicht vor, nach welchem Primat vorzugehen ist, und lässt selbst Kombinationen zu. Das BVG seinerseits geht vom Beitragsprimat aus.

7. Bilaterale Verträge

Sinn der bilateralen Verträge ist es, die in einem Mitgliedstaat einbezahlten Beiträge im Versicherungsfall auch ausbezahlt zu erhalten, damit nicht die Sozialhilfe eines anderen Staates belastet werden muss. Das schweizerische System ist jedoch weitgehend europakompatibel. Unterschiede bestehen aber in der Ansicht über die Barauszahlung der Freizügigkeitsleistungen bei endgültigem Verlassen der Schweiz. Nach den bilateralen Verträgen ist es verboten, die Austrittsleistungen der obligatorischen Vorsorge bei Einreise in ein Land, das eine obligatorische Vorsorgelösung für Alter, Tod und Invalidität kennt, zur freien Verfügung zu stellen[1307].

8. BVG-Revision

Die erste BVG-Revision steht im Zeichen der Harmonisierung mit den Neuerungen der 1. Säule[1308].

Das Rentenalter soll wie in der 11. AHV-Revision *erhöht* und *flexibilisiert* werden. Danach soll das ordentliche Rentenalter von Frauen in drei Schritten von 62 auf 65 Jahre angehoben werden[1309]. Zudem soll die Flexibilisierung des Rentenalters zum fixen Bestandteil der Mindestvorsorge

---

[1307] Das Pensionskassenguthaben aus dem überobligatorischen Teil kann jedoch weiterhin ausbezahlt werden.
[1308] Vgl. Medienmitteilung vom 1. März 2000; www.bsv.admin.ch/aktuell/presse; WIDMER, 7.16.
[1309] Aus der Mindestlösung im BVG folgt, dass die Pensionskassen auch weiterhin ein tieferes ordentliches Rentenalter vorsehen können.

werden. Ab dem 59. Lebensjahr können die Versicherten die Rente ganz oder teilweise vorbeziehen[1310]. Die ganze Rente kann dabei nur erhalten, wer die Erwerbstätigkeit ganz aufgibt. Die Rentenkürzung bei Vorbezug wird im Rahmen des BVG rein versicherungstechnisch berechnet[1311].

Die Pensionskassen erhalten laut BVG zudem die *Möglichkeit*, den Versicherten die Möglichkeit anzubieten, einen Viertel der ihnen zustehenden Leistungen nicht in Form einer Rente, sondern als *einmaliges Kapital* zu beziehen[1312].

Unter den gleichen Bedingungen wie heute die Witwen eine Witwenrente erhalten, sollen ab der 1. BVG-Revision auch die *Witwer* eine solche erhalten. Dabei ist, anders als bei der AHV, keine Verschärfung der Bezugsbedingungen für die Witwenrente geplant.

Mit der BVG-Revision soll zudem eine *Viertelsrente* analog der IV eingeführt werden, die bereits bei einem Invaliditätsgrad von *40%* ausbezahlt wird.

Die Vorsorgeeinrichtungen sollen zudem neu Hinterlassenenleistungen für den *nicht verheirateten Partner* vorsehen können, sofern die Partnerschaft ununterbrochen während mindestens fünf Jahren gedauert hat oder für den Unterhalt eines gemeinsamen Kindes gesorgt werden muss.

Die Pensionskassen werden neu verpflichtet, mit dem vorhandenen finanziellen Spielraum *Teuerungsanpassungen* vorzunehmen. Bis anhin waren die Vorsorgeversicherungen bei den Altersrenten völlig frei, ob sie die Renten der Preisentwicklung anpassen wollen.

Um Steuerschlupflöcher zu schliessen, soll die bisher unlimitierte überobligatorische bV auf das Fünffache des für die obligatorische Vorsorge geltenden Betrages begrenzt werden.

§ 7 Militärversicherung (MV)

1. Allgemeines

652　　Die Rechtsgrundlagen der Militärversicherung finden sich im Militärversicherungsgesetz, das 1994 als Neufassung in Kraft trat

---

[1310] In der AHV kann nur die halbe Rente sechs Jahre im Voraus bezogen werden, die ganze Rente aber erst drei Jahre früher.
[1311] Bei der AHV werden sozialverträgliche Kürzungssätze angewendet.
[1312] Die Pensionskassen können auch weitergehende Lösungen anbieten.

(MVG)[1313], und der dazugehörigen Verordnung. Die Grundlage zum MVG besteht in Art. 59 BV.

2. Versicherte Risiken

Die Militärversicherung versichert gemäss Art. 4 MVG wie die IV, AHV und bV *alle unfall- und krankheitsbedingten körperlichen und geistigen Gesundheitsschäden während*[1314] *des Militärdienstes* sowie die unmittelbaren wirtschaftlichen Folgen solcher Schäden. Auch Sachschäden, die in einem engen und unmittelbaren Zusammenhang mit einer versicherten Gesundheitsschädigung stehen, wie beispielsweise das Zerschlagen einer Brille, wird von der MV übernommen[1315].

653

> Wird die Gesundheitsschädigung *während* des Dienstes festgestellt, besteht gemäss Art. 5 MVG eine *gesetzliche Vermutung*, dass die Schädigung während des Dienstes verursacht oder verschlimmert worden ist. Dabei spricht man vom so genannten *Kontemporalitätsprinzip*, im Gegensatz zum Kausalitätsprinzip. Die MV wird von dieser Haftung nur dann befreit, wenn sie beweist, dass die Gesundheitsschädigung mit medizinisch-praktischer Sicherheit schon vor dem Dienst bestanden und in den Dienst mitgebracht worden oder zumindest im Dienst nicht verschlimmert[1316] worden ist. Wird die Gesundheitsschädigung erst *nach* Schluss des Dienstes festgestellt und bei der MV angemeldet, hat die versicherte Person gemäss Art. 6 MVG den Nachweis zu erbringen[1317], dass die Schädigung während des Dienstes verursacht oder verschlimmert worden ist oder es sich dabei um Spätfolgen oder Rückfälle einer versicherten Gesundheitsschädigung handelt.

[1313] Schon im Jahre 1852 gab es ein Sozialversicherungsgesetz für Wehrmänner. Somit stellt das MVG das älteste Sozialversicherungswerk der Schweiz dar.
[1314] Der Versicherungsschutz besteht während der Dauer des Dienstes, von Veranstaltungen inklusive Ausgang, Urlaub sowie Hin- und Rückreise vom oder zum Einsatzort in angemessener Frist. Nicht versichert sind vordienstliche Vorbereitungsarbeiten, wie beispielsweise Waffenputzen, bei welchen der Versicherte obligatorisch durch die UV versichert ist, da er einer Erwerbstätigkeit nachgeht.
[1315] Von der Versicherung von Sachschäden ausgenommen sind Schäden an Schmuck und Fahrzeugen.
[1316] Hat sich die Gesundheitsschädigung im Dienst verschlimmert, haftet die MV anteilsmässig für die Verschlimmerung während des Dienstes. Die Beweislast, dass die Gesundheitsschädigung schon vor dem Dienst bestanden hat, trägt die MV.
[1317] Aus der beim Gesuchsteller liegenden Beweislast geht nicht hervor, dass dieser für alle nötigen Abklärungen, wie beispielsweise medizinische Gutachten, zu sorgen hat. Die MV nimmt auch in diesen Fällen von Amtes wegen eine Abklärung vor.

Solange die MV Deckung gewährt, kommen die anderen subsidiären zivilen Versicherungen nicht zum Zuge.

3. Versicherte Personen

654 Versichert sind Diensttuende der Armee, des Zivildienstes und des Zivilschutzes, Teilnehmer und Teilnehmerinnen an der militärischen Vorbildung sowie Teilnehmer und Teilnehmerinnen bei «Jugend und Sport» sowie einige kleinere Personenkreise[1318].

4. Versicherungsleistungen

655 Die Militärversicherung weist das am meisten *ausgebaute Leistungsspektrum* auf: Es umfasst gemäss Art. 8 i. V. m. Art. 16 ff. MVG Heilbehandlung[1319], Reise- und Bergungskosten[1320], Zulagen für Hauspflege und Kuren, Hilflosenentschädigung, Hilfsmittel[1321], Taggelder[1322], Entschädigung für Verzögerung der Berufsausbildung, Entschädigung für Selbständigerwerbende, Eingliederungsleistungen[1323], Nachfürsorge[1324],

---

[1318] Vgl. dazu die detaillierte Aufzählung in Art. 1 MVG.

[1319] Die MVG übernimmt gemäss Art. 16 MVG die Kosten für eine *zweckmässige* und *wirtschaftliche* Heilbehandlung, wie die medizinische Untersuchung und Behandlung, ambulante und stationäre Pflege, Arzneimittel, andere der Heilung dienliche Mittel und Gegenstände sowie Analysen. Von der MV werden bei stationären oder teilstationären Aufenthalten die Kosten für die allgemeine Abteilung übernommen. Lässt sich jemand in der Halb- oder Privatabteilung behandeln, hat dieser die Mehrkosten selber zu tragen. Spezialbehandlungen sind bewilligungspflichtig.

[1320] In Ausnahmefällen übernimmt die MVG gemäss Art. 19 Abs. 2 MVG auch die den nächsten Angehörigen bei Spitalbesuchen des Versicherten entstehenden Kosten.

[1321] Im Gegensatz zur IV kennt die MV keine abschliessende Liste der Hilfsmittel. Zudem ist die Abgabe teurer Hilfsmittel nicht zwingend an die Bedingung der Erwerbstätigkeit geknüpft. Anstelle der Hilfsmittel können auch Dienstleistungen Dritter vergütet werden.

[1322] Das Taggeld beläuft sich gemäss Art. 28 Abs. 2 MVG einheitlich, unabhängig vom Zivilstand, auf 95 % des Verdienstausfalls, welcher Betrag bis zur Wiedererlangung der Arbeitsfähigkeit oder bis zum Ausrichten einer Invalidenrente bezahlt wird. Gekürzt wird das Taggeld bei teilweiser Arbeitsunfähigkeit. Durch das Taggeld soll eine Entschädigung für eine vorübergehende Verdiensteinbusse ausgerichtet werden.

[1323] Zu den beruflichen Eingliederungsleistungen gehören, wie bei der IV, die Beratung bei der Berufswahl, Umschulung oder Weiterbildung sowie Kapitalhilfen zur Aufnahme oder zum Ausbau einer selbständigen Erwerbstätigkeit.

[1324] Bei der Nachfürsorge gemäss Art. 34 Abs. 2 MVG werden zusätzliche Leistungen übernommen, wenn eine theoretisch vorhandene Arbeitsfähigkeit ohne Verschulden des Versicherten nicht verwertet werden kann.

Invalidenrenten[1325], Altersrenten für invalide Versicherte, Integritätsschadenrenten[1326], Hinterlassenenrenten[1327], Ehegatten-[1328] und Waisenrenten bei ungenügender Vorsorgeleistung, Übernahme von Sachschäden[1329], Abfindungen[1330], Genugtuungen[1331], Bestattungsentschädigung[1332] und Entschädigung für Berufsausbildungskosten. Des Weiteren unterstützt die MV gemäss Art. 62 MVG Massnahmen zur Verhütung von Gesundheitsschäden, womit das Selbst- und Mitverantwortungsgefühl im Bereich der Unfallverhütung und Krankheitsprophylaxe der MV-Versicherten gestärkt werden soll.

Analog der IV gilt auch in der MV Wiedereingliederung in die Erwerbsfähigkeit vor Rente.

Die Leistung der MV ist ab dem Tag geschuldet, an dem nach ärztlicher Feststellung die Gesundheitsschädigung aufgetreten oder der wirtschaftliche Schaden eingetreten ist[1333].

Der höchstversicherte Verdienst beträgt gemäss Art. 51 Abs. 2 MVG i. V. m. Art. 15 MVV jährlich 125 634 CHF. Ein analoger höchstversicherter Verdienst findet sich weder in der UV noch in der bV.

[1325] Der Invaliditätsbegriff entspricht demjenigen der IV und UV. Die Invalidenrente wird gemäss Art. 41 MVG entweder auf bestimmte oder unbestimmte Zeit festgelegt. Die Rentenabstufung ist wie bei der UV sehr fein. Eine Revision der MV-Invalidenrente erfolgt nur bei erheblich verändertem Invaliditätsgrad.

[1326] Eine Integritätsschadenrente wird im Falle einer dauernden erheblichen Beeinträchtigung der körperlichen oder geistigen Unversehrtheit individuell-konkret ausgerichtet. Als dauernd gilt dabei, wenn der Schaden voraussichtlich während des ganzen Lebens mindestens im gleichen Umfang besteht. I.d.R. wird diese Rente auf unbestimmte Zeit ausgesprochen und als Kapitalabfindung ausgerichtet. Ansprüche aus Integritätsschaden und Invalidität sind kumulierbar.

[1327] Auch Eltern werden gemäss Art. 55 MVG unter gewissen Umständen Hinterlassenenrenten ausgerichtet. Aus dieser Elternrente geht die haftpflichtrechtliche Komponente der MV hervor. Die Hinterlassenenrenten sind in den Art. 51 ff. MVG geregelt. Dabei wird auch die Situation der geschiedenen Ehegatten, welche geschlechtsunabhängig ist, ausführlich und eindeutig geregelt.

[1328] Die Ehegattenrente ist gemäss Art. 51 MVG in der MV vollständig geschlechtsunabhängig geregelt. Auf einschränkende Voraussetzungen, wie das Vorhandensein von Kindern oder Lebensalter, wird verzichtet. Als Spezialität der MV verliert die Witwe oder der Witwer bei Verheiratung den Anspruch auf die Rentenleistung nicht, sondern der Anspruch ruht während dieser Zeit lediglich.

[1329] Als Sachschäden gelten gemäss Art. 57 MVG durch die Gesundheitsschädigung entstandene Schäden an Kleidern, Brillen, Uhren, Prothesen usw.

[1330] Eine Abfindung kann gemäss Art. 58 MVG vertraglich vereinbart werden.

[1331] Eine Genugtuung gemäss Art. 59 MVG kann nicht zusätzlich zur Integritätsschadenrenten gemäss Art. 48 ff. MVG bezahlt werden.

[1332] Da der höchstversicherbare Verdienst sich auf CHF 125 634.– beläuft, beträgt die Bestattungsentschädigung gemäss Art. 60 MVG CHF 12 327.–.

[1333] Im Gegensatz zur IV, wo nach verspäteter Anmeldung des Schadens nicht ab Schadenseintrittstermin rückvergütet wird.

Als Schadensminderungspflicht auferlegt die MV in Art. 33 Abs. 3 MVG, analog der IV, der versicherten Person die Pflicht, aus eigenem Antrieb das Zumutbare zur Verbesserung der Erwerbsfähigkeit beizutragen.

Wenn die Gesundheitsschädigung schuldhaft herbeigeführt worden ist oder nur teilweise auf Einwirkungen während des Dienstes zurückgeht, ist gemäss Art. 64 ff. MVG eine *Leistungskürzung* möglich, und in ganz schweren Fällen kann eine Leistung gänzlich verweigert werden. Eine Kürzung ist gemäss Art. 65 MVG nur möglich, wenn der Schaden vorsätzlich, grobfahrlässig, bei Ausübung eines Verbrechens oder Vergehens oder bei unentschuldbarer Zuwiderhandlung gegen Dienstvorschriften oder Befehle herbeigeführt wurde. Dabei können stets nur Geld-, nie aber Krankheitsleistungen gekürzt werden. Die Kürzung erfolgt nach der Schwere des Verschuldens, unter Berücksichtigung des Verhältnismässigkeitsgrundsatzes[1334] und der wirtschaftlichen Verhältnisse gemäss Art. 65 Abs. 3 MVG.

Unrechtmässig bezogene Geldleistungen sind der MV gemäss Art. 15 MVG, wenn nicht verwirkt, zurückzuerstatten. Bei gutem Glauben kann gemäss Abs. 1 davon abgesehen werden. Dabei verzichtet das MVG bewusst auf das Tatbestandsmerkmal der grossen Härte, wonach dem Empfänger unabhängig von der wirtschaftlichen Lage die Rückerstattung erlassen werden kann.

Der *Rückgriff* auf haftpflichtige Dritte ist gemäss Art. 67 ff. MVG entsprechend demjenigen in der Unfallversicherung ausgestaltet.

Gemäss Art. 12 MVG ist jede Abtretung oder Verpfändung von MV-Leistungen nichtig. Integritätsschadenrenten und Genugtuungsentschädigungen sind gemäss Abs. 4 steuerfrei. Taggelder und Invalidenrenten sind dagegen zu versteuern.

5. Leistungserbringer und Tarife

656 Die Regelung in Bezug auf die Zulassung von Leistungserbringern und das Tarifwesen entspricht gemäss Art. 22 ff. MVG derjenigen des UVG. Die Medizinalpersonen haben als Spezialität dieser Versicherung einen direkten Anspruch auf die MV.

6. Organisation, Verwaltung und Finanzierung

657 Die Militärversicherung ist seit 1994 eine selbständige Dienstabteilung des Eidgenössischen Departements des Innern. Es handelt sich

---

[1334] Vgl. BGE 111 V 319.

dabei um den einzigen Sozialversicherungszweig, der unmittelbar von der allgemeinen Bundesverwaltung (gemäss Art. 81 MVG vom *Bundesamt für Militärversicherung*) geführt wird. Sie ist dezentral organisiert mit einer Direktion mit Sitz in Bern und drei Abteilungen in Bern, St. Gallen und Genf.

Der Bedarf wird gemäss Art. 82 MVG *ausschliesslich* aus *Bundesmitteln* (Steuergeldern) bestritten; es fehlt somit die Prämienkomponente, weshalb die Militärversicherung streng genommen keine Versicherung, sondern eine Einrichtung staatlicher Versorgung ist. Versicherte haben bei einem Versicherungsfall, dies eine Spezialität der MV, nicht einmal einen Selbstbehalt zu tragen.

§ 8   Mutterschaftsversicherung

1.   Geschichtliche Entwicklung

Seit 1945 besteht ein *Verfassungsauftrag* zur Errichtung der Mutterschaftsversicherung[1335]. In der alten Bundesverfassung war dieser Auftrag in Art. 34^{quinquies} Abs. 4, in der neuen Bundesverfassung ist er in Art. 116 verankert.

658

Verschiedene Versuche zum Erlass einer schweizerischen Mutterschaftsversicherung sind *gescheitert*. In der Volksabstimmung vom 13. Juni 1999 ist das Bundesgesetz über die Mutterschaftsversicherung vom 18. Dezember 1998[1336] abgelehnt worden, womit der Verfassungsauftrag nach über 55 Jahren immer noch nicht in die Tat umgesetzt wurde. Damit ist die Mutterschaft heute ungenügend geschützt. Die Einrichtung einer Mutterschaftsversicherung wäre ein Gebot der Gerechtigkeit und ein Akt der Solidarität mit Müttern und Familien und ein Beitrag zur Gleichstellung zwischen Mann und Frau. Frauen werden weiterhin ungleich behandelt und benachteiligt und die Kosten des

---

[1335] In den damals wirtschaftlich schwierigen Zeiten sagten mehr als drei Viertel der Stimmbürger «Ja» zum Familienschutzartikel in der Bundesverfassung. Diese Vorgabe konnte aber mangels Einigkeit des Schweizer Stimmvolks seither nicht umgesetzt werden.

[1336] Das Bundesgesetz über die Mutterschaftsversicherung wollte während 14 Wochen den Verdienstausfall erwerbstätiger Mütter zu 80 % ausrichten.

Mutterschaftsurlaubs werden einseitig den Arbeitgebern auferlegt[1337]. Eine gezielte Unterstützung für Eltern in bescheidenen finanziellen Verhältnissen wurde damit abgelehnt. Nach dem negativen Abstimmungsausgang ist die Schweiz das einzige Land in Europa, das keinen bezahlten Mutterschaftsurlaub kennt. Parlamentarische Vorstösse verlangen nach dem Scheitern der Vorlage eine Verbesserung der Lohnfortzahlung bei Mutterschaft im Obligationenrecht, Lösungen im Bereich des Sozial- und Privatversicherungsrechts und Änderungen in der Regelung für Bundesangestellte. Der Bundesrat will die geltende Regelung des Erwerbsausfalls bei Mutterschaft gesetzgeberisch korrigieren; denkbar ist sowohl eine Revision des Obligationenrechts als auch eine Versicherungslösung.

2. Mutterschaftsschutz

659 In der *Schweiz* bestehen heute zahlreiche Regelungen in verschiedenen Erlassen von Bund, Kantonen und Gemeinden, welche ein uneinheitliches System mit Lücken bilden, das nicht aufeinander abgestimmt ist und Ungereimtheiten aufweist[1338]. So gibt es beispielsweise keine Bestimmung, welche den Ersatz des Lohnausfalls während des achtwöchigen Arbeitsverbotes nach der Geburt sicherstellen würde.

Bei Schwangerschaft[1339] haben Frauen, die eine entsprechende *Taggeldversicherung* abgeschlossen haben, gemäss Art. 74 KVG Anspruch auf ein Taggeld während 16 Wochen, wovon mindestens acht Wochen nach der Niederkunft liegen müssen. Mutterschaftsleistungen werden zusätzlich zu Krankengeldleistungen erbracht, denn das Taggeld bei Mutterschaft darf nicht auf die Dauer der Bezugsberechtigung bei Krankheit angerechnet werden. Zu unterscheiden sind somit das Taggeld für die Arbeitsunfähigkeit bei Schwangerschaft einerseits und die eigentlichen 16-wöchigen Mutterschaftsgelder andererseits, wobei die beiden Leistungen

---

[1337] Vgl. www.bsv.admin.ch/aktuell/presse/1999.
[1338] So beträgt der Mutterschaftsurlaub für Frauen in 14 kantonalen Verwaltungen und beim Bund 16 Wochen. In elf Kantonen werden Bedarfsleistungen ausgerichtet. Diese finanziellen Beiträge für benachteiligte Mütter und Väter sind an Einkommensgrenzen gebunden.
[1339] Die Schwangerschaft umfasst die Zeitspanne ab Zeugung des Kindes bis zur Geburt, wozu auch eine Fehl- oder Frühgeburt zählt.

kumulativ zu erbringen sind[1340]. Häufiger als Taggeldversicherungen sind *Lohnausfallversicherungen* anzutreffen.

Da die komplikationslose Schwangerschaft keine Krankheit darstellt, erfolgt die Regelung der Schwangerschaft im KVG ausserhalb der übrigen KVG-Normen. Aus dem OR ergibt sich ein umfassender Kündigungsschutz. Danach darf Arbeitnehmerinnen während der Schwangerschaft und 16 Wochen nach der Niederkunft nicht gekündigt werden. Vorschriften des Arbeitsgesetzes schützen schwangere Frauen ebenfalls vor gesundheitlichen Schäden. All diese Bestimmungen sind jedoch schlecht koordiniert, sodass es Frauen etwa teilweise untersagt ist, ihrer Erwerbstätigkeit nachzugehen, jedoch auch kein Recht auf Lohnfortzahlung besteht.

Von der obligatorischen Krankenversicherung sind gemäss Art. 29 KVG i. V. m. Art. 33 lit. d KVV die Kontrolluntersuchungen während der Schwangerschaft, eine Nachuntersuchung nach der Geburt, die eigentlichen Kosten der Geburt sowie Stillberatungen zu übernehmen. Die Krankenkasse darf bei normalen Schwangerschaften, Risikoschwangerschaften, Fehl- oder Frühgeburten sowie durch eine Schwangerschaft verursachte Komplikationen keine gesetzliche Kostenbeteiligung[1341] erheben. Nicht von dieser Kostenbeteiligung befreit sind Leistungen für Krankheiten, die zwar während der Schwangerschaft auftreten, aber in keinem Zusammenhang damit stehen, wie beispielsweise eine normale Grippe. Durch diese Aufnahme des Risikos Mutterschaft in die obligatorische Krankenpflegeversicherung wurde die Mutterschaftsversicherung zumindest im Rahmen der medizinischen Leistungen verwirklicht.

Geburtszulagen werden in einigen Kantonen in Form von Familienzulagen oder Bedarfsleistungen nach dem Vorbild der Ergänzungsleistung der AHV und IV ausgerichtet.

In *Europa* ist der Schutz der Arbeitnehmerinnen bei Mutterschaft weit fortschrittlicher als in der Schweiz[1342]. So hat die EU 1993 ein Rahmengesetz über den Schutz schwangerer Frauen eingeführt, welches die Mitgliedstaaten verpflichtet, einen bezahlten Mutterschaftsurlaub von

---

[1340] Das Mutterschaftsgeld ist dabei in jedem Fall zu erbringen, das Taggeld für Arbeitsunfähigkeit wegen der Schwangerschaft wie bei sonstiger Krankheit nur, wenn ein ärztliches Zeugnis vorliegt.
[1341] D.h. keine Franchise, kein Selbstbehalt und kein Spitalkostenbeitrag.
[1342] Vgl. dazu die Übersicht in der Botschaft zum Bundesgesetz über die Mutterschaftsversicherung, BBl 1997 IV, 1002ff.

mindestens 14 Wochen zu gewähren. Nebst einem bezahlten Mutterschaftsurlaub kennen die meisten EU-Länder zusätzlich einen anschliessenden Eltern- oder Erziehungsurlaub.

Das Leistungsspektrum von Mutterschaftsversicherungen geht von Grundleistungen für alle Mütter, unabhängig davon, ob sie erwerbstätig sind oder nicht, über Erwerbsersatz für berufstätige Mütter, Erziehungs- oder Elternurlaub, Arbeitsplatzgarantie bis zu Sachleistungen. Neben den Leistungen und deren Umfang ist in der Schweiz vor allem auch die Finanzierung der Mutterschaftsversicherung ein umstittener Punkt.

660 Der Kanton Genf, welcher der eidgenössischen Mutterschaftsversicherung mit 74% JA-Stimmen zugestimmt hat, hat als erster Kanton eine kantonale Lösung entworfen. Um einer möglichst raschen Einführung der ersten kantonalen Mutterschaftsversicherung zum Durchbruch zu verhelfen, hat das Bundesamt für Sozialversicherung den im Kanton Genf domizilierten AHV-Ausgleichskassen eine Bewilligung zu deren Durchführung erteilt. Am 14. Dezember 2000 verabschiedete der Grosse Rat des Kantons Genf diese kantonale Mutterschaftsversicherung, welche per 1. Juli 2001 in Kraft trat. In diesem Gesetz sind Leistungen an im Kanton Genf arbeitende Arbeitnehmerinnen und Selbständigerwerbende vorgesehen. Dabei soll während 16 Wochen nach der Geburt 80% des versicherten Lohnes ausgerichtet werden. Diese Leistungen werden durch Beiträge der Arbeitgeber, der Arbeitnehmer sowie durch Selbständigerwerbende finanziert.

§ 9 Leistungskoordination in der Sozialversicherung[1343]

1. Allgemeines

Das Netz der sozialen Sicherheit in der Schweiz ist relativ dicht. Teilweise werden von verschiedenen Versicherungen Leistungen für dasselbe Risiko ausgerichtet. Die Regeln für die Koordination dieser Leistungen sind verstreut in den einzelnen Sozialversicherungsgesetzen zu

---

[1343] Zur Leistungskoordination siehe: KIESER/RIEMER-KAFKA, Tafel 75 ff. sowie vorstehend Rz. 559 ff.

finden; das ATSG[1344] wird mit seiner Inkraftsetzung eine erhebliche Vereinheitlichung mit sich bringen. Durch Koordinationsnormen soll ein möglichst reibungsloses und sinnvolles Ineinandergreifen der verschiedenen Systeme gewährleistet und sollen unausgewogene Lösungen verhindert werden. Durch die Koordination soll harmonisiert[1345] und eine Überversicherung[1346] vermieden werden.

Unterschieden wird dabei zwischen der: 661
– *Intra-systemischen Koordination*
Bei der intra-systemischen Koordination werden die einzelnen Leistungskategorien *innerhalb eines Sozialversicherungszweigs* aufeinander abgestimmt, wenn die Tatbestandsmerkmale für verschiedene Leistungen erfüllt sind; so regelt das UV-Recht beispielsweise das Verhältnis zwischen Invalidenrente und Taggeldanspruch in den Art. 16 Abs. 2 und 19 Abs 1 sowie in Art. 30 UVV, das IV-Recht hält die möglichen Konstellationen in Art. 43 Abs. 2 sowie in Art. 20ter UVV fest. Ausdruck des Überentschädigungsgebots ist auch die Kürzung der Kinder- oder Waisenrenten in der AHV/IV, soweit sie zusammen mit den Renten des Vaters oder der Mutter das massgebende durchschnittliche Jahreseinkommen wesentlich übersteigen[1347].

– *Inter-systemischen Koordination*
Bei der inter-systemischen Koordination wird zwischen *verschiedenen Sozialversicherungen*, die aus dem gleichen Sachverhalt gleichzeitig Leistungen gleicher Art und Zweckbestimmung zu erbringen haben, abgestimmt.
Bei *Sachleistungen* herrscht dabei meist eine *Prioritätenordnung* in dem Sinne, dass *eine* Sozialversicherung leistungspflichtig ist. So ist bei der *Heilbehandlung* bzw. der Krankenpflege primär die MV, in zweiter Linie die UV und subsidiär die KV leistungspflichtig[1348]. Die KV hat

---

[1344] Vgl. hierzu die vorstehenden Ausführungen unter Rz. 559 ff.
[1345] Bei der Harmonisierung werden Gesetze und Verordnungen aneinander angepasst, was jedoch zum Teil wegen der existenten Widersprüche schwer realisierbar ist.
[1346] Durch das Überversicherungsverbot darf eine geschädigte Person wegen des Versicherungsfalls durch die kumulierten Versicherungsleistungen nicht besser gestellt werden, als wenn der Versicherungsfall nicht eingetreten wäre, d. h., es darf nicht mehr als der mutmasslich entgangene Verdienst, die verursachten Mehrkosten und allfällige Einkommenseinbussen von Angehörigen vergütet werden.
[1347] Vgl. Art. 41, AHVG i. V. m. Art. 54bis AHVV sowie Art. 38bis IVG und Art. 33bis IVV.
[1348] Vgl. Art. 71 Abs. 1 MVG, Art. 3 Abs. 4 UVG i. V. m. Art. 3 Abs. 2 MVG, Art. 78 KVG i. V. m. Art. 110 KVV.

aber in zweifelhaften Fällen gemäss Art. 112 ff. KVV eine Vorleistungspflicht mit Kostenrückerstattungsanspruch.
Bei *Geldleistungen* geht man entweder von einer Prioritätenleistung aus, oder aber es werden kongruente Leistungen, wie beispielsweise im Fall von Renten unter Vorbehalt der Kürzung bei Überentschädigung, kumuliert[1349].

– *Extra-systemische Koordination*
Bei der extra-systemischen Koordination wird zwischen den *Sozialversicherungen und den anderen Schadensausgleichsystemen,* wie haftpflichtigen Dritten oder privaten Versicherern, koordiniert. Bei der extra-systemischen Koordination hat sich das System der Subrogation[1350] mit Regressrecht durchgesetzt, d.h., ein Sozialversicherungsträger erbringt vorerst seine dem Versicherten geschuldeten Leistungen und tritt dann von Gesetzes wegen in diesem Rahmen in die Rechte des Versicherten ein. Der Versicherer ist dann im Rahmen der erbrachten Leistungen Dritten gegenüber rückforderungs- und regressberechtigt. Die geschädigte Person kann einen haftpflichtrechtlichen Dritten jedoch noch insoweit belangen, als die Sozialversicherung ihr den Schaden nicht vollumfänglich gedeckt hat. Solche Koordinationsbestimmungen finden sich beispielsweise in Art. 48ter ff. AHVG i.V.m. Art. 79^{quater} AHVV, Art. 52 IVG i.V.m. Art. 39ter IVV, Art. 79 KVG i.V.m. Art. 123 KVV, Art. 41 ff. UVG i.V.m. Art. 52 UVV sowie Art. 67 ff. MVG. Für die bV gilt die Regressordnung aus Art. 51 OR, womit die bV schlechter als die anderen Sozialversicherungen gestellt ist.

Zwischen den Leistungserbringern herrscht grundsätzlich *Solidarität*, d.h., die Ersatzpflichtigen haften solidarisch für die Deckung desselben Schadens. Diese Koordinationsgemeinschaft besteht aber auch nur für diese *kongruente* Leistung. Als Grundsatz gilt zudem, dass vorerst die geschädigte Person schadlos zu halten ist, bevor die Versicherer den Streit über die Erfüllung der Leistung beginnen.

[1349] So wird die Invalidenrente der UV nur als Komplementärrente gewährt und entspricht der Differenz zwischen 90% des versicherten Verdienstes und der Rente der IV, höchstens aber dem für Voll- oder Teilinvalidität vorgesehenen Betrag. Vgl. Art. 20 Abs. 2 UVG i.V.m. Art. 31 UVV. Vgl. BGE 121 V 130. Die Invalidenrente der MV wird um so viel gekürzt, wie diese zusammen mit den Renten der UV und IV den Höchstwert von CHF 122 046.– übersteigt. Vgl. Art. 76 Abs. 1 und Art. 77 Abs. 1 und 2 i.V.m. Art. 40 Abs. 3 MVG und Art. 15 und 32 MVV.
[1350] Vgl. Art. 79 KVG und auch BGE 112 II 167 ff.

Im geltenden Sozialversicherungsrecht finden sich die Koordinationsnormen in weit über hundert Gesetzes- und Verordnungsbestimmungen. Für die *Krankenversicherung* sind die Koordinationsregeln in Art. 78 KVG sowie in den Art. 110 ff. KVV festgehalten. Die *Unfallversicherung* regelt das Verhältnis zu den anderen Sozialversicherungszweigen in Art. 40 sowie den Art. 103 und 104 UVG sowie in den Art. 51 und Art. 126 ff. UVV. Die Bestimmungen zur Leistungskoordination finden sich in der *Militärversicherung* in den Art. 71 ff. MVG. Die *Invalidenversicherung* regelt das Vorgehen beim Zusammenfallen von Leistungen aus verschiedenen Sozialversicherungszweigen in den Art. 43 ff. IVG.

2. Prioritätenordnung

Leistungen der *Militärversicherung* gehen gemäss Art. 71 Abs. 1 und 2 MVG in der Regel den Leistungen aus anderen Sozialversicherungsbereichen vor. Die *Invalidenversicherung* erbringt gemäss Art. 44 Abs. 1 IVG *Eingliederungsmassnahmen* nur *subsidiär*[1351] zu solchen der obligatorischen Unfall- und Militärversicherung. Das Taggeld der Unfallversicherung wird jedoch laut Art. 16 Abs. 3 UVG nicht gewährt, solange Anspruch auf ein Taggeld der Invalidenversicherung besteht. Treffen Leistungen nach KVG mit gleichartigen Leistungen nach dem UVG, MVG oder IVG zusammen, geht die Leistungspflicht dieser anderen Sozialversicherungen gemäss Art. 110 KVV vor. Die soziale *Krankenversicherung* muss somit bloss *subsidiär* Leistungen übernehmen. Bei der Leistungspflicht müssen die verschiedenen Leistungen unterschieden werden. Bei Pflegeleistungen, Wiedereingliederungsmassnahmen, Hilfsmitteln, Taggeldern oder den langfristigen Leistungen wie Renten ist nicht immer die gleiche Sozialversicherung leistungspflichtig. Somit muss für jede Leistung einzeln abgeklärt werden, wer nun leistungspflichtig ist.

662

[1351] Subsidiarität heisst, dass ein Versicherer gestützt auf eine Norm oder Vertragsbestimmung nicht zu leisten verpflichtet ist, sofern ein Dritter beim gleichen Schadensfall gleichartige Leistungen zu erbringen hat. Vgl. Art. 128 UVV oder Art. 71 Abs. 1 MVG. Im Gegensatz dazu setzt die *Komplementarität* zwei Leistungspflichtige voraus, wobei eine Doppelversicherung vermieden werden soll. Dabei werden Leistungen eines anderen Versicherers lediglich ergänzt oder bis zur gänzlichen Schadensdeckung aufgestockt. Vgl. Art. 20 Abs. 2 UVG.

3. Vorleistungspflicht[1352]

663   Ist umstritten, welche Versicherung – KV, UV, MV oder IV – Leistungen erbringen muss, trifft die *Krankenversicherung* für Pflegebehandlungen und Taggelder gemäss Art. 78 KVG i. V. m. Art. 112 ff. KVV eine vorläufige Leistungspflicht. Besteht Uneinigkeit darüber, ob die Militärversicherung oder die Unfallversicherung leistungspflichtig ist, kommt der *Unfallversicherung* gemäss Art. 103 Abs. 3 UVG eine Vorleistungspflicht zu. Hat eine Versicherung diese Vorleistungspflicht erbracht, tritt sie via Subrogation in die Stellung des Versicherten, den sie schadlos gehalten hat. Die Rechte der versicherten Person gehen auf den Versicherer über[1353], d. h., die versicherte Person verliert im Rahmen der Leistungen des Versicherers ihre Ansprüche gegenüber den Haftpflichtigen.

4. Verbot der Überentschädigung

664   Ziel der Koordination ist es unter anderem, einer Überentschädigung entgegenzuwirken. Verschiedene Bestimmungen sehen das Verbot der Überentschädigung vor. In der Krankenversicherung hat der Bundesrat gestützt auf Art. 78 Abs. 2 KVG zur Überentschädigung die Regelung in Art. 122 KVV erlassen:

1. Die Leistungen der Krankenversicherung oder deren Zusammentreffen mit denjenigen anderer Sozialversicherungen dürfen nicht zu einer Überentschädigung der versicherten Person führen. Bei der Berechnung der Überentschädigung werden nur Leistungen gleicher Art und Zweckbestimmung berücksichtigt, die der anspruchsberechtigten Person aufgrund des Versicherungsfalles ausgerichtet werden.

2. Eine Überentschädigung liegt in dem Masse vor, als die jeweiligen Sozialversicherungsleistungen für denselben Gesundheitsschaden die folgenden Grenzen übersteigen:

a. die der versicherten Person entstandenen Diagnose- und Behandlungskosten;

[1352] Bei der Vorleistungspflicht hat ein Versicherer seine Leistungen unabhängig von der allfälligen Belangbarkeit eines Haftpflichtigen vorgängig zu erbringen. Hat ein Ersatzpflichtiger den Anspruch des Geschädigten befriedigt, stellt sich die Frage, ob er die geleistete Zahlung von den anderen Ersatzpflichtigen ganz oder teilweise zurückfordern kann.

[1353] Der Versicherer kann jedoch auf Haftungsprivilegierte, wie sich in der Hausgemeinschaft befindliche Personen oder den eigenen Arbeitgeber und dessen Familienangehörige, zwecks Wahrung des betrieblichen oder häuslichen Friedens keinen Regress nehmen. Dieses Haftungsprivileg entfällt nur, wenn der Unfall auf Absicht oder Grobfahrlässigkeit einer nach Art. 44 UVG privilegierten Person zurückzuführen ist.

b. *die der versicherten Person entstandenen Pflegekosten und andere ungedeckte Krankheitskosten;*
c. *den der versicherten Person durch den Versicherungsausfall mutmasslich entgangenen Verdienst oder der Wert der ihr verunmöglichten Arbeitsleistung.*
3. Liegt eine Überentschädigung vor, so werden die betreffenden Leistungen der Krankenversicherung um deren Betrag gekürzt.
4. Ist die versicherte Person bei mehr als einem Krankenversicherer für Taggeld gemäss den Artikeln 67–77 des Gesetzes versichert und sind die Leistungen aufgrund der Absätze 1–3 zu kürzen, so ist jeder dieser Versicherer im Verhältnis des von ihm versicherten Taggeldes zum Gesamtbetrag der versicherten Taggelder leistungspflichtig.

Eine entsprechende Bestimmung findet sich auch in Art. 72 MVG. Die Invalidenversicherung sieht in Art. 38bis IVG eine Kürzung von Renten wegen Überversicherung vor.

Die Leistungen von *Privatversicherungen* können im Rahmen der Überentschädigungsberechnung grundsätzlich *nicht berücksichtigt* werden.

Index

Die Verweise beziehen sich auf die Randnummern, wo besonders angeführt, auf die Fussnoten.

Abgabestelle 315, 353, 366, 371, 479
Abstammung 231, 287
Abteilungspauschale 490
Additionseffekt 482
Akkreditierung 61 f., 293
Akteneinsichtsrecht 30, 159 f., 241
Akupunktur 67, 80 f.
Allgemeinabteilung 462, 482, 485, 509 f., *Fn.* 1152, 1319
Altersheim 115, 485
Altersrente 589, 601, 608 ff., 631, 643 f., 649, 651, 655, *Fn.* 1218
Amalgam 301, *Fn.* 680, 886
ambulante Versorgung 8, 42, 85, 154, 396 f., 405, 449, 460, *Fn.* 11, 184, 736, 901, 1047, 1152, 1319
Amtsgeheimnis 139, 246, *Fn.* 490, 521
Analyse(-n) 26, 457, 478, 489 f., 587
Anerkennung 34, 37, 63, 71, 73, 76, 81 ff., 88 ff., 146, 431, 442, 470, 486, *Fn.* 48, 89, 99, 108, 110, 120, 128, 587, 637, 1047
Anerkennungsrichtlinie 84
Angehörige 87, 144, 224, 231, 250, 600, 621, *Fn.* 464, 467, 1198, 1208, 1253
Anonymisierung 223, 241, 279, 296, *Fn.* 543
Anonymität 174, 287, *Fn.* 282, 497
Anstellung 530, *Fn.* 721, 1058
Apotheke(-r) 54, 64, 67, 182, 230, 245, 319, 323, 330, 420, 464, 469, 472, 576, 635, *Fn.* 128, 136, 630, 643, 673, 696, 752, 884, 1191
Arzneimittel 299, 303, 305 ff., 313, 315 ff., 321, 323, 325 ff., 330 ff., 335 f., 338 ff., 346, 352, 358, 363, 368, 370, 381, 384 f., 457 f., 527, 587, *Fn.* 397, 585, 588 f., 593 f., 602, 605 f., 620 f., 627, 630, 636, 639, 643, 646, 649, 651 f., 656, 663, 667 ff., 671 ff., 688, 714, 723, 1152, 1319

Arzneimittelversand 330
Arzneimittelzulassungen 381
Arztdiplom 89, 91, *Fn.* 131 f.
Arztgeheimnis 139, 144, 226, 230, 257, 287
Arzthaftung 208, 231
Arztpraxis 529, *Fn.* 143
Arztvertrag 106, 112, 196, *Fn.* 473
Arztwahl 8
Assistenz 196, 639
Aufklärung 123 ff., 132, 137 ff., 140, 143, 193 f., 197, 203 ff., 228, 255, 258 f., *Fn.* 206 f., 224, 268, 341 ff., 359 ff., 364, 370 ff., 376 f., 390, 400, 459, 461, 539
Aufsicht 41, 53, 55, 62, 64, 74, 89, 243, 315, 410, 429, 439, 441 f., 454, 476, 533, 575, 636, 639, *Fn.* 751, 1301
Aufsichtsbehörde 231, 247, 575, *Fn.* 524
Auftrag 111 f., 117 f., 121, 151, 171, 193 f., 203, 246, 257, 303, 349, 387, 450, 454, 466, 527, 658, *Fn.* 249, 303, 305, 379, 524, 1053, 1199
Ausbildung 13, 41, 53, 58 ff., 68, 72 f., 77 ff., 83 f., 171, 194, 323, 471, 546, 582, 604, 628 ff., 635, 643, *Fn.* 32, 55, 59, 61, 63 f., 70, 73, 87, 110, 1142, 1178 f., 1257 f.
Ausbildungstitel 37
Ausfuhr 315, 332 f., 335, 343, 363, 370, 384 f., *Fn.* 586, 646
Ausgleichskasse 596, 617, *Fn.* 1220
Auskunft 148, 224 f., 227, 231, *Fn.* 208, 238, 359, 431, 438 ff., 447 f., 451, 490
Auskünfte 136, 159, 228, 240, 280, 442, *Fn.* 300, 323, 467, 474, 490
Ausland 59, 61, 64, 89, 287, 321, 330, 332 ff., 356, 359, 370, 385, 424, 427, 554, 576, 593 ff., 621, 626, 633, 636, *Fn.* 636, 1141, 1156, 1198, 1226

381

Ausschluss 424, 482, 528, 530, *Fn.* 464
ausserkantonaler Ausweis 75
ausserkantonaler Aufenthalt 148, 510, 513, *Fn.* 935
Austauschbefugnis 515
Austrittsbericht 234
Autopsie 170 f., 175

Badekuren 459, *Fn.* 1152
Bearbeitung(Daten) 209, 212, 214, 216 f., 219, 226, 260, 279, 282 f., 288, *Fn.* 409, 444, 465, 491, 494, 496, 560
Bedarf 24, 26, 84, 481 f., 657, *Fn.* 144
Bedarfsplanung 482
Bedürfnis(-se) 151, 247, 522, *Fn.* 206, 930
Bedürfniskontrolle 330
Bedürfnisregelung 89
Befähigungsausweis 470, 476, *Fn.* 83
Behandlungsalternativen 126, 129, *Fn.* 363
Behandlungsbedürftigkeit 154, 420, 422, 461
Behandlungsfehler 134, 189, 199 f., 203, 208, *Fn.* 339, 355, 357 ff., 390, 392
Behandlungskosten 22, 280, 526, 551, 664
Behandlungspflicht 118
Behandlungsverhältnis 104, 113, 147 f., 151, 182, 193, 196, 218
Behandlungsvertrag 106, 117, *Fn.* 301
Behandlungszwang 145
Behinderte 639
Beitragsdauer 598 f., 631
Beitragsjahre 598
Beitragsleistung 597
Beitragspflicht 556, 592, 597, 616, 618, 626, 632, 637, 641, *Fn.* 1210
Beitragsprimat 649
Belegarzt 106, 192, 196
Belegarztmodell 110
Belegarzttätigkeit 520
Belegarztvertrag 110, 196
Berufsausübung 41, 53, 64, 67 ff., 74 f., 78, 93, 586, 635, *Fn.* 55 f., 157
Berufsausübungsbewilligung 59, 89, 91, 93, 523, *Fn.* 95, 143

Berufsgeheimnis 231, 234, 245, 261, 275, 286
Berufskrankheit 565, *Fn.* 1107
Berufsverbot 102
Besitzstandgarantie 630
Bestandesschutz 471, 481, 523
Betäubungsmittel 305, 384, *Fn.* 27, 48, 648
Betreuungsgutschriften 600, 621, 628, *Fn.* 1200, 1207, 1243
Betriebsbewilligung(-en) 315, 335, 363, 370, 482, *Fn.* 699
Betriebskosten 509
Betriebskostenanteile 510
Betriebsrechnung 533
Bettenabteilung 484
Bewilligung 64, 68 f., 93, 95, 106, 174, 247, 252, 255, 258, 260 f., 286, 306 f., 317 ff., 321, 325 f., 332, 341, 359, 383 f., 417, 427, 430, 432 ff., 635, 660, *Fn.* 97, 114, 135, 140, 539, 605, 648, 653, 703, 1047
Bilaterale Verträge 638, 650
Billigkrankenkassen 388
Binnenmarkt 68, 75, 81, *Fn.* 579
Binnenmarktgesetz 75, 327
Binnenmarktregelung 75
Bioethikkonvention 176
Biomedizin 176
Biostatistik 13
Blut 174, 302, 305 f., 312, 316, 354, 384, *Fn.* 586
Blutprodukte 305 f., 312, 316, 384

Chefarzt(-ärzte) 105 f., 196, *Fn.* 196, 329
Chinesische Medizin *Fn.* 162, 167
Chiropraktik 59 f.
Chiropraktor(-en) 8, 54, 63, 67, 69, 72, 81, 96, 164, 450, 455, 457, 468, 475, 540, 576, *Fn.* 51, 90, 884, 1191
Chiropraktorinnen 450

Datenbank(-en) 227, 283, 288, 296, 298
Datenbearbeitung 215, 217, 230, 270, *Fn.* 483

Index

Datenbekanntgabe 231, 444, *Fn.* 533
Datenbeschaffung 215, 219, 266
Datendiebstahl 266
Datensammlung 224, 226 f., 231, 264, *Fn.* 433, 438, 533, 544 f.
Datenschutz 209 ff., 237 ff., 243 ff., 277 ff., 288 ff., 296 f., *Fn.* 26, 210, 241, 397 f., 443, 511, 540, 561, 570
Datensicherheit 221, *Fn.* 423, 488, 560
Datentransfer 277, 298
Datenverarbeitung 222, 268, 275, 278
Defensivmedizin 208, *Fn.* 395
Defizitfinanzierung 52
Dentalhygienikerinnen 67, 69
Diagnose 4, 126 f., 149, 199 f., 217, 231, 240, 245, 290, 452 f., *Fn.* 347, 504, 860
Diagnosecodes 243, 279, 280
Dignitäten 454, 490
Diplom 301, 313, 384, *Fn.* 590, 732 f.
Doppelstandards 333
Drogerie 330, *Fn.* 630 f.
Durchführungsbewilligung 431, 442
Durchschnittskostenvergleich 526

Eigenforschung 259
Eingliederung 578, 623 f., 626 ff., 636, *Fn.* 1235, 1272
Einheitsprämie 390, 543
Einsichtsrecht 147 f., 150, 226, 228, *Fn.* 234, 241, 435, 455, 473 f.
Einweisung 154 f., 160, *Fn.* 246
Einwilligung 124, 140 ff., 166, 174, 177, 179, 182, 194, 197 ff., 202 f., 205, 216, 219, 230 f., 234, 239, 247, 250, 256 f., 270, 286, 288, 296, 321, 348, 350, *Fn.* 219, 224, 249, 292, 298, 317, 339 ff., 344, 368, 376 f., 385, 411, 464, 474, 497, 524, 526, 533 f.
Einzelleistungstarif 490
Epidemiegesetz 35, 302, 314, *Fn.* 478
Ergotherapie 450, 477
Ergotherapeuten 34, 67, 475
Erholungskuren 461
Ernährungsberater 54, 67
Ersatzeinkommen 576, 618, 631, 637
Ersatzkasse 571, 574
Ersatztarif 490

Erstanmelder 321, *Fn.* 642
Erweiterungsoperation 143
Erwerbsfähigkeit 578, 591, 627 f., 631, 655
Erwerbsunfähigkeit 578, 624, 628, *Fn.* 1164, 1233, 1235, 1237
Ethik 11, 20, 178, 293, *Fn.* 400
Ethikkommission 50, 350, *Fn.* 267, 695
Exit 146, 177, 179
Export 299, 301, 333, 343
Exportanteil 299
Exportkontrolle 333
Exportland 321

Facharzt 119
Facharztausbildung 55
Facharztprüfung 55, 89
Facharzttitel 55, 89 f., *Fn.* 132, 157
Fallgruppen 281
Fallkostenpauschale 281
Fähigkeitsausweis(-e) 75, 80 ff., 94, 97, *Fn.* 95, 97, 104, 151 f.
Finanzierung 7, 9, 41 f., 118, 358, 364, 368, 386, 389, 403, 405 f., 414 f., 425, 521, 533, 558, 589, 615, 622, 637, 659, *Fn.* 17, 199
Formula magistralis 317
Formula officinalis 317
Forschung 11, 13, 20, 22, 31, 50, 165 f., 169, 171, 252 ff., 257 f., 261, 286, 291, 298 f., 347 f., 365, 510, *Fn.* 267, 270, 397, 528, 533, 539, 640, 693, 1010
Forschungsprivileg 262
Fortbildung 20, 37, 55, 61, 88 f., 490, *Fn.* 56, 134
Fortpflanzungsmedizin 33
Freitod 177
Freitodhilfe 179, *Fn.* 296
Freizügigkeit 34, 60, 63, 71 f., 86, 88, 102, 649, *Fn.* 20, 28, 61, 114 f., 1109
Freizügigkeitsabkommen 401, 544
Freizügigkeitsleistung(-en) 649 f.

Garantenstellung 177
Gatekeeper 116, *Fn.* 189
Gebrauchsgegenstände 316, 339

383

Geburtsgebrechen 400, 419, 560, 623 f., 627, *Fn.* 930, 1247, 1251
Gebühren 358, 368, *Fn.* 707
Gefängnisärzte 246
Gegenrechtsvereinbarung 71, 470 f.
Gegenstände 339, 457, 468, 479, 527, 554, *Fn.* 622, 866, 1152, 1319
Gegenständeliste 400, 457
Geheimhaltung 159, 227, 231, 237, 245
Geisteskrankheit 154, *Fn.* 229
Gentechnologie 33, 36
Genugtuung(-en) 161, 206, 231, 655, *Fn.* 335, 384, 387, 1331
Genugtuungsanspruch 206
Genugtuungsleistung 204
Geschädigte(-n) 182, 188 f., 194, 197, 205, 207, 661, *Fn.* 307, 333, 343, 383, 389, 1352
Geschlecht 279, 412, 535, 553, 588, 649, *Fn.* 285, 1294
Gesundbeten 64
Gesundheit 11 ff., 16 ff., 24, 26, 32 ff., 41, 46, 61, 65, 68, 100, 112, 146, 166, 213, 228, 308, 313, 376, 419, 422, 429, 439, 452, 560, 627, *Fn.* 20, 97, 125, 525, 649, 709 f., 1252, 1282
Gesundheitsberufe 54, 466, *Fn.* 17, 48, 93
Gesundheitskosten 116, 299, 396, *Fn.* 588
Gesundheitsökonomie 24, 26, *Fn.* 912
Gesundheitspolizei 41, *Fn.* 17
Gesundheitsrecht 13 ff., 26, 34, 52, 118, *Fn.* 104, 1007
Gewebeentnahme 174
Gewinnerzielungsverbot 411
Gleichbehandlung 83, 88, 412, 432, 482, 622, 638, *Fn.* 1198
Globalbudget 521
Grosshandel 315, 325, 363, *Fn.* 646, 652, 699
Grundrecht 157, 210, 467, *Fn.* 364, 398
Grundversicherung 22, 102, 390, 396, *Fn.* 497
Grundversorgung 120, *Fn.* 649
Gutachten 76, 208, 246, 530, 531, *Fn.* 393, 441, 488, 521, 1169, 1317

Haftpflicht 171, 197
Haftpflichtfälle(-n) 208, *Fn.* 318, 390
Haftpflichtige(-n) 663, *Fn.* 1352
Haftpflichtprozessen 208
Haftpflichtversicherung 93, 152
Haftung 169, 182, 186 ff., 191, 194 ff., 200, 203, 208, 309, 653, *Fn.* 318 f., 322, 328, 390, 691
Haftungsansprüche 207
Haftungsausschluss 309
Haftungsbefreiung 180
Haftungsbestimmungen 181
Haftungsfällen 190
Haftungsfrage(-n) 180, 196
Haftungsgesetz 181, 190, 197
Haftungsgrundlagen 188, 196
Haftungsgründe 198
Haftungsordnung 188
Haftungsrecht 188
Haftungsregeln 181, *Fn.* 306
Haftungssubjekt(-e) 182, 190, 196, *Fn.* 307
Haftungsvoraussetzung(-en) 197, 208
Halbprivat 405, 407, 482, 510, 513 f., 552, 554
Halbprivatversicherung 396
Hausarzt 179, 234, 250
Hausarztmodell(-e) 8, 541
Hausarztversicherungen 116
Hauskrankenpflege 453
Heilbad 486
Heilmittel(-n) 300 ff., 308 f., 315 f., 326, 330, 333, 337, 340, 347, 353, 359, 362 f., 371, 380, 382, 384 f., 402, 489 f., 554, *Fn.* 586 f., 597, 599 f., 607, 621, 649, 655, 673, 682, 709
Heilmitteleinfuhren 359
Heilmittelkonkordat 303
Heilmittelkontrolle 47, 300, 303, 308, 310, 326, 366
Heilpraktiker 68, 99, *Fn.* 164
Heilung 337, *Fn.* 359, 371, 1152, 1319
Heilungschancen 126 f., 143
Heilungskosten 197, 205
Heilungsmöglichkeiten 134
Heilverfahren 102, 316, *Fn.* 624
Heilversuch(-e) 66, 165, 203

Heilwirkung 66
Heilzwecken 140, 157
Herstellungsbewilligung 372, 384 f., *Fn.* 631
Herstellungskontrolle 310, *Fn.* 587
Hilflosenentschädigung 576, 580, 583, 609, 626, 634, 639, 655
Hilfsberufen 69, 76, 79 f., *Fn.* 99, 145
Hilfsmittel 576, 579, 610, 626, 629, 635, 655, *Fn.* 1158, 1321
Hilfsstoffe 318, *Fn.* 688
Hinterlassenenrente 501, 603, 606, 622
Hippokrates 211, *Fn.* 400
Homöopathie 81, *Fn.* 135, 162, 164, 167
Honorarforderung 180, *Fn.* 524
Honorar 180
Hospitalisierung 580
Hotellerieleistungen 490, *Fn.* 198

Infrastrukturvoraussetzungen 482
Inländerdiskriminierung 88, 90, *Fn.* 69, 125, 143
Insolvenzfonds 433
Integritätsentschädigung(-en) 576, 579, 583
Integritätsschaden(-schäden) 579, *Fn.* 1326
Integritätsschadenrenten 655, *Fn.* 1331
Intransparenzabzug 510 f.
Invalidenrente 561, 578 f., 601, 607, 631, 644, 646 f., 661, *Fn.* 18, 1166 f., 1169, 1277, 1322, 1325, 1349
Invalidität 554, 561, 589, 624, 626, 628 f., 634, 636, 638 ff., 643, 647, 649 f., *Fn.* 1168, 1226, 1233 f., 1236, 1255, 1274 f., 1285, 1291, 1298, 1304, 1326

Jahresfranchise 397, 412

Kapitaldeckungsverfahren 588 f., 650, *Fn.* 1305
Kartellgesetz 482, 555, *Fn.* 714
Kausalhaftung 174, 191, 197, 208, *Fn.* 391 f.
Kausalzusammenhang 197, 565, 583, *Fn.* 1133

Kind/Kinder 144, 174, 287, 392, 536 f., 554, 581 f., 591, 600, 604 ff., 622, 643 f., 646 f., *Fn.* 229 f., 287, 335, 1212 f., 1247 f., 1277, 1282
Kollektivversicherungen 389
Komplementärmedizin 52, 81, 102, *Fn.* 111, 146, 639
Konkurrenzverbote 492
Konsument(-en) 60, 299, 308, 321, 330, 336 f., *Fn.* 600, 627, 649, 666
Kontingente 86, *Fn.* 119, 141
Kontingentierung 86
Kontingentierungsmöglichkeit 88
Kontrahierungszwang 405 f.
Konzessionäre 409, 436
Koordination 61, 559, 561, 585, 587, 661, 664, *Fn.* 350, 621, 755, 1189
Koordinationsnormen 660 f., *Fn.* 1186
Koordinationsregeln 394, 550 f., 561, 585, 661
Kopfprämien 393
Kostenarten 511
Kostenbeteiligung 533, 537 ff., 659, *Fn.* 759, 792
Kostendeckung 463, 510
Kostendeckungsgrad 414
Kostenentwicklung 521
Kostenneutralität 507
Kostenrückerstattungsanspruch 661
Kostenstellenrechnung 510 f.
Kostenträger 60, 511, *Fn.* 1014
Kostenvergütungsprinzip 576
Körperschädigungen 565
Körperverletzung 122, 173, 198, 206, *Fn.* 343, 728
Krankengeschichte 147 ff., 157, 203, 215, 220, 225, 231, 284, *Fn.* 241, 440 ff., 454, 474
Krankenhaus 119, *Fn.* 234
Krankenkasse(-n) 130, 133, 276, 280, 386 ff., 411, 415, 427, 430 ff., 442, 526, 539, 552, 573, 627, 659, *Fn.* 423, 436, 444, 497, 512 f., 561, 843, 1147, 1240, 1249
Krankenpflege 423, 450, 453, 473, 477, 481, 661, *Fn.* 901, 1065

385

Krankenpflegeversicherung 103, 237,
   390, 392, 394, 400, 409, 418, 423, 425,
   428, 430, 450, 452, 459, 482, 510, 522,
   532 f., 545 f., 552, 555, 570, 659,
   Fn. 495, 497
Krankentransport 46
Krankenversicherer 237 ff., 386 ff., 403,
   406, 409 f., 415, 418, 429, 432, 436 ff.,
   442 f., 446 ff., 451, 458, 463, 479,
   490 f., 509 f., 512, 514, 516 f., 526,
   528, 543, 550, 554 f., 664, *Fn.* 423,
   496 f., 502, 758, 780
Krankenversicherung(-en) 209 ff.,
   237 ff., 257, 276, 363, 386 ff., 395 ff.,
   400 f., 408 f., 414 ff., 425, 429 ff., 436,
   438, 440 ff., 447, 455 ff., 462, 464 ff.,
   471, 479, 485, 491, 495, 509, 514, 523,
   533, 550, 553, 555, 588, 562 f., 569,
   575 f., 627, 659, 661 ff., *Fn.* 109, 143,
   188 ff., 397, 423, 496 f., 738 ff., 752,
   754 f., 763, 765, 783, 824, 842, 851,
   892 f., 926, 928, 935, 1014, 1031,
   1049, 1089, 1107, 1147, 1247
Krankheit(-en) 61, 65 f., 115, 126 f.,
   144, 154, 159 f., 279, 288, 308, 316,
   321, 337, 345, 385 f., 389, 418 ff., 439,
   452, 460, 512, 533, 538, 546 f., 560,
   565, *Fn.* 115, 354, 397, 478, 482, 495,
   639, 728, 804, 836, 1166, 1227,
   1340
Krankheitsbehandlung 452, 460
Krankheitskosten 424, 664
Krankheitsprophylaxe 655
Kunstfehler 194, 199, *Fn.* 345, 367, 376
Kuranstalt 460, 586 f.
Kündigungsfrist 428, 504
Kürzung 561, 583, 585, 608, 626, 655,
   661, 664, *Fn.* 18, 1180 f.

Labor 219, *Fn.* 34, 132, 600
Laboratorium(-ien) 478, 586, *Fn.* 1191
Laboraufwände 468
Laborresultate 213
Lebendspende 174
Lebensgefahr 122, 174
Lebensmittel 35, 316, 321, 337, *Fn.* 621,
   625

Lebensmittelgesetz 35, 302, 314,
   Fn. 621
Lebensmittelpolizei 61
Lebensqualität 11, 19 f., 177
Leiche(-n) 170 f.
Leichnam 170, 173
Leistung(-en) 109, 114, 118, 240, 280 f.,
   296, 368, 386, 396 f., 400, 406, 412,
   415, 435, 437, 439, 444, 448 ff., 466,
   475, 485, 487 ff., 507, 511, 513 ff.,
   521, 524 ff., 532 f., 537 ff., 550 ff., 559,
   561 f., 573 f., 581, 585 ff., 600, 608,
   612 f., 621, 624, 626 ff., 636 f., 640,
   642 ff., 648 f., 655, 659 ff., *Fn.* 135,
   137, 198, 842, 851, 862, 928, 952,
   955 f., 1031, 1064, 1107, 1145, 1226,
   1239, 1249, 1253, 1260, 1272, 1289,
   1303, 1306, 1351 f.
Leistungsauftrag 7, 363, 482, 512,
   Fn. 713, 719, 722
Leistungserbringer 81, 104, 112, 114,
   117, 119, 149, 180, 240, 386, 396,
   402 ff., 410, 412, 415, 437, 445, 447,
   451, 453 f., 463, 466 ff., 474 ff., 482,
   489 ff., 497, 503, 512 ff., 519 ff., 530,
   532, 539 f., 542 f., 553 f., 576, 586 f.,
   635 f., 656, 661, *Fn.* 12, 109, 190, 752,
   755, 842, 890, 893, 996, 1047, 1064
Leistungskatalog 390, 453 ff.
Leistungskürzung 583, 655
Leistungspflicht 460, 531, 550, 554, 647,
   662 f., *Fn.* 851, 1247
Leistungsverweigerung 115
Logopädie 450
Logopädin(-innen) 81, 475

Marktüberwachung 310, 321, 341, 351,
   353, 363, 372
Massenuntersuchungen 288
Masseur 7, 67
Medikament(e), s. auch Heilmittel 7,
   135, 161, 178, 207, 321, 323, 326 f.,
   330, 333, 396, 464, 468, 472, 540
Medikamentenabgabe 327, 330, 472
Medizinalperson/-personal 34, 37, 72,
   74, 89, 182, 230, 246, 296, 323, 335,
   386, 395, 402, 465, 470, 519, 586, 656

Medizinalregister 257, 261, *Fn.* 541
Medizinprodukt(e) 299, 301 f., 305, 307 f., 316, 326, 339 ff., 358, 363, 385
Mehrfachhospitalisation 279
Meldepflicht 93, 97, 99, 232 ff., 350 ff., 385, *Fn.* 162, 168, 524, 595
Militärversicherung 39, 550, 558, 562, 585, 652 ff., 661 ff.
Mutterschaft 32 f., 40, 386, 389, 419, 423, 546 f., 560, 658 ff.
Mutterschaftsversicherung 33, 40, 387, 658 ff.

Negativliste 451, *Fn.* 851
Nichtberufsunfall 567, 588
Niederkunft 40, 423, 560, 659
Notfall 115, 119 f., 144, 194, 348, 464, 513
Notstandshilfe 144, 249, *Fn.* 296, 525

Obduktion 170 ff.
Offizin 317, 319, 326
Operation 22, 125, 132, 140 ff., 183, 196, 203
Organ 170 ff.
Organisationshaftung 191, *Fn.* 309
Organspende 174
Organtransplantation 176, 420, *Fn.* 286

Parallelimport 321, 385, *Fn.* 589, 636, 638, 641, 643
Patientendaten 218 f., 278, 286, *Fn.* 541, 558
Patientendekret 124, 131, 142, 147, *Fn.* 205
Patientendossier 231, 261, 283, 290, 292, 295
Patientenrechte 113 ff., 159
Patientenverfügung 146, 170, 175, 177, *Fn.* 232
Pauschaltarif 490, 508, 513
Personendaten 209, 212, 217 ff., 227, 235, 237 f., 240 f., 243, 250, 257, 262, 264, 282, 288, 354
Persönlichkeitsschutz 31, 113, 210, 235, 283

Pflege 4, 32, 109 f., 112, 115, 186 f., 196, 423, 453, 481, 485, 490, 628, 639
Pflegeheim 390, 444, 449, 453, 460, 468, 481, 485, 521
Pflegepersonal 158, 177, 180, 186, 231
Pflichtleistung 448, 515, 540
Pharmakopöe 311, 317 f., 346, 363, 384
Physiotherapie 54, 67, 80, 230
Praxisbewilligung 94, 174, 519
Praxislabor 490
Prämie 413, 428, 534, 541, 545, 588
Prävention 11, 20
Präventivmedizin 61
Preisüberwachung 41, 402, 447, 498, 509, *Fn.* 640
Privatabteilung 510, 513 f., *Fn.* 329, 1319
Privatklinik 119, 163
Privatpatient 106
Privatspital(s. auch Privatklinik) 104, 107, 124, 163, 185 ff., 513
Privatversicherung 396
Produkte 316, 321, 337, 339, 341, 344, 347, 359
Prognose 174, 177, 578, *Fn.* 461
Psychiatrie 155, 159, 227, 452, *Fn.* 258, 309, 913
Psychologe 7, 11, 13, 66, 81, 179, 212, *Fn.* 62, 110, 165, 556
Psychotherapie 54, 67, 81, 195, 228, 420, 450, 456
Publikumswerbung 336, 345

Qualitätssicherung 61, 101, 257, 317, 334, 363, 488, 532, *Fn.* 137

Rationalisierung 22, 90, 118, 291
Rechnung 96, 106, 213, 240, 280 ff., 292, 364, 410, 457, 464, 477, 489 f., 513 ff., 526, 576
Rechnungslegung 533
Register 170, 257, 261, 292, 573
Rehabilitation 4, 452, 460 f., 481, 485
Reserven 368, 414, 434, 438, 533, *Fn.* 707
Rezept 7, 323 f., 327, 330, 336

387

Risiko 132, 141, 144, 174, 194, 208, 306, 320, 348, 364, 389, 553, 570, 583, 588, 617, 624, 640 f., 649
Rückgriff 161, 189, 559, 615, 637, 655
Rücktransport 463
Rückversicherer 429, 431, 435

Sanitätsdirektorenkonferenz (SDK) 43, 51, 59, 73
Schadenersatz 122, 161, 204 ff., 231, 588, Fn. 335
Schiedsgericht 402, 442, 488, 528 f., 586, 639
Schulmedizin 81, 449, Fn. 108, 157
Selbstbestimmungsrecht 107, 113, 123, 127, 130, 133, 144 ff., 177, 180, 198 f., 203, 210, 228, Fn. 159, 180, 252, 342, 344, 385, 438, 458
Selbstdispensation 326, 464
Selbsttötung 171, 179, 564, Fn. 296
Sockelbetrag 407, 482, 510, 552
Solidarität 20, 22, 40, 408, 412 f., 543, 658
Sondervertragsverbote 492
Sorgfaltsmassstab 200 f.
Sorgfaltspflicht 147, 169, 191, 193 f., 200, 205, 309, 335, 385, Fn. 324
Spezialitätenliste 299, 458, Fn. 643, 884
Spital 104 ff., 114 ff., 131, 149, 180, 182, 184, 186 f., 189 ff., 196 ff., 231, 460, 462, 476, 482, 520, 551, 553
Spitalapotheke 317, Fn. 631
Spitalaufenthalt 423, 460
Spitalfinanzierung 405 ff., 512
Spitalliste 403, 481 ff., 513, 519, 554
Spitalplanung 9, 22, 45, 47, 386, 391, 403, 405, 440, 481 ff.
Spitaltarife 508 ff.
Spitalvertrag 108 ff., 185 ff., 196
Spitalwahl 9, 114, 116
Spitalzusatzversicherung 396
Standesordnung 117, 124, 178
Standortkanton 482 f.
Sterbehilfe 146, 177 ff.
Stillhalteabkommen 407
Subrogation 551, 661, 663

Subvention 42, 113, 188, 358, 389, 398, 403, 406 f., 409 f., 483, 509 f., 513, 552, 556, 571, 588, 635, 637
Swissmedic 315, 362

Tagespauschale 490, 508
Taggeld(versicherung) 423, 546 ff., 567, 576 ff., 583, 630 ff., 655, 659, 661 ff.
Tarif 114, 482, 489, 500 ff.
Tarifgenehmigung 496, 498, 502, 521
Tarifschutz 405, 514, 552, Fn. 1031
Tarifvertrag 403, 490, 492, 496 ff., 516, 586
TarMed 454, 490, 506, Fn. 137, 988
Taxpunkt(e) 490, 493, 505, 507, Fn. 956
Teilinvalidität 578, Fn. 1349
teilstationäre Pflege 8, 85, 405, 462, 481, 484, 503, 508, 513 f., 551, Fn. 13, 1319
Telemedizin 285, 290
Therapie 81, 94, 141, 157, 159, 165, 193, 199, 208, 245, 460
Transplantat/ion 33, 36, 170 ff., 302, 312, 365, 384, 420

Umstrittenheitsverfahren 451, 554
Unfall 32, 171, 386, 419, 422, 465, 533, 546, 554, 560, 564 f., 570, 578, 581, 583, 585, 624
Unfallversicherung 33, 39, 387, 419, 550, 563 ff., 617, 655, 662
Überentschädigung 578, 583, 585, Fn. 1167
Überkapazität 510

Verfügung 235, 322, 335, 361, 384, 531, 574, 583
Versandhandel 327 ff.
Versicherer s. Krankenversicherer, Unfallversicherer
Versicherungsobligatorium 389 f., 409, 425
Versicherungsleistung 423, 583
Versicherungslücke 572, 574
Versicherungsprodukt 391
Versicherungsschutz 541, 565, 589, 641, 649

Versuch(e) 165 ff., 303, 319, 347 ff.
Vertrauensarzt 240, 280, 391, 516, 529 ff., *Fn.* 492
Veterinärmedizin 57, 60, 63, 89
Vorsorgeeinrichtung 594, 640 ff.

Wahlfranchisen 428
Waisenrente 582, 604, 646, 655
Wartefrist 577
Weiterbildung 55, 59, 61, 74, 89 ff., 97, 171, 194, 469, 639
Wettbewerbskommission(WEKO) 76, 321, 447, 497
Wiedereingliederung 460, 628, 639, 655, 662
Wirtschaftlichkeit 240, 280, 415, 420, 444, 449 ff., 488, 490, 516 f., 521 ff., 530, 543, 576, 587
Wirtschaftsfreiheit 29, 53, 64, 67 f., 75 ff., 79, 94, 327, 359, 467, 482
Witwen-/Witwerrente 605, 607, 622, 644, 651
Wohnsitzkanton 114, 118, 513

Zahnarzt 37, 63, 78, 576, *Fn.* 151, 303, 313, 1152
Zahnmedizin 56, 89
Zahnprothetik 54, 67, 69, 81, 96
Zeittarif 490
Zelle(n) 174, *Fn.* 679
Zertifikat/Zertifizierung 280, *Fn.* 423, 561, 651
Zulassungsbeschränkung 115, *Fn.* 97, 1047
Zulassungspflicht 318 f.
Zulassungsverfahren 321, 466, *Fn.* 600
Zusatzversicherung(s. auch Privatversicherung) 212, 390, 396, 399, 414, 428, 431, 441, 497, 552 ff., *Fn.* 418, 495, 497, 759, 926, 1031, 1103
Zustimmung s. Einwilligung
Zwangsbehandlung 145, 156 ff.
Zwangsmedikation s. Zwangsbehandlung
Zweitanmelder 321

Ebenfalls im Stämpfli Verlag AG Bern erschienen:

Dr. Dr. Antoine Roggo

Aufklärung des Patienten

Eine ärztliche Informationspflicht

Abhhandlungen zum schweizerischen Recht ASR, Heft 663.
2002, 300 Seiten, broschiert,
CHF 78.–/€ 54.–
ISBN 3-7272-0396-X

Das für die Praxis geschriebene Buch soll aus Sicht eines klinisch tätigen Chirurgen aufzeigen, was unter einer rechtsgenüglichen Patientenaufklärung konkret zu verstehen und wie diese im klinischen Alltag umsetzbar ist. Hierbei werden die Erfordernisse an einen korrekten Aufklärungsvorgang (Gespräch, Formulare usw.), Inhalt und Umfang einer Aufklärung (besonders Risikoaufklärung) sowie Zeitpunkt und Aufklärungsverpflichteter (Delegationsrecht?) dargestellt. Die Person des Aufklärungsberechtigten wird analysiert sowie auf Fragen von Informationsansprüchen seiner Angehörigen bzw. Einwilligungsmöglichkeiten derselben eingegangen. Zur Ungewissheit der Aufklärungs- bzw. Einwilligungs-Dokumentation (Unterschrift des Patienten?) wird Stellung bezogen. Ergänzend werden die Themata «Therapeutisches Privileg» bzw. «Hypothetische Einwilligung» skizziert.

- **Patientenaufklärung und deren Umsetzung im Alltag**
- **Erfordernisse an einen korrekten Aufklärungsvorgang, Inhalt und Umfang einer Aufklärung sowie Zeitpunkt und Aufklärungsverpflichteter**

Mehr Informationen zum Verlagsprogramm unter
www.staempfliverlag.com, E-Mail info@staempfliverlag.com
oder bei Stämpfli Verlag AG, Hallerstrasse 7,
Postfach 8326, CH-3001 Bern